니 콜 라 오 스   바 실 리 아 디 스

죽음의 신비
죽음과 부활에 대한 정교회의 신학

죽음의 신비

초판1쇄 발행 2010년 5월 28일
초판2쇄 발행 2010년 11월 13일

지 은 이   니콜라오스 바실리아디스
옮 긴 이   요한 박용범
펴 낸 이   암브로시오스 대주교
펴 낸 곳   정교회출판사
출판등록   제313-2010-5호

주   소   서울특별시 마포구 아현동 424-1
전   화   02)364-7020
팩   스   02)365-2698
e-mail   editions@orthodox.or.kr

* 잘못된 책은 바꿔드립니다.

정가 25,000원
ISBN 978-89-92941-16-7 03230

ⓒ정교회출판사, 2010

* 이 책에 실린 내용은 무단복제와 무단전재를 할 수 없습니다.

니콜라오스 바실리아디스

죽음의 신비
죽음과 부활에 대한 정교회의 신학

니콜라오스 바실리아디스 저
요한 박용범 역

정교회출판사

그리스도께서 부활하셨네.

죽음으로 죽음을 멸하시고

무덤에 있는 자들에게 생명을 베푸셨나이다.

한국어판에 붙이는 머리말

예로부터 인간은 죽음의 신비 앞에서 언제나 벙어리처럼 지내왔다. 그리고 차가운 무덤과 화장된 후 남겨진 한줌의 재는 언제나 다음과 같은 화두를 인류에게 던졌다. "우리는 어디서 와서 어디로 가는가? 죽음은 끝인가, 아니면 새로운 생명의 시작인가?" 그리스의 시인 드로시니스도 죽음에 대해 다음과 같이 자문하였다.

"혹시 죽음 속에 진실이 있고, 삶은 어쩌면 환상 속에 숨어 있는 것은 아닐까요? 우리가 살아 있다고 말하는 것은 죽은 것이고, 죽었다고 말하는 것은 영원히 살아 있는 것은 아닐까요?"

철학과 종교 그리고 무신론은 이러한 질문에 대해 오늘날까지 수많은 답을 내놓았다. 하지만 죽음과 사후 세계에 대한 수수께끼는 아직도 풀리지 않고 있다. 고대 이집트와 그리스, 그리고 다른 고대 세계의 권력자들과 부자들의 무덤 속에서 발견되는 수많은 부장품들은 당시 사람들이 사후의 세계를 인식하고 고민했음을 확인해 준다.

죽음에 대한 공포와 사후의 세계에 대한 인간의 고민은 오직 "부활이요 생명"(요한 11:25)이신 참 하느님 그리스도의 부활로만 해결된다.

2천 년의 세월 동안 그리스도의 가르침을 순수하게 그리고 권위 있게 지켜 내려오고 있는 정교회는 오늘 이 책을 통해 죽음의 신비에 대한 그리스도의 대답을 분명하고 확실하게 제시한다. 이 책의 저자이자 많은 저서들을 저술한 저명한 정교회 신학자 니콜라오스 바실리아디스는 이미 "고전"으로 자리 잡은 이 책을 통해 자신의 해석이 아닌, 성서와 교부들의 가르침을 근거로 죽음에 대한 주제를 온전히 분석하고 있다. 이 책을 한국어로 번역, 출판할 수 있도록 허락해 준 저자에게 진심으로 감사의 말을 전한다.

이 중요한 책이 한국어로 출판된다는 것은 두 가지 큰 의미를 내포하고 있다. 하나는 온 인류의 화두인 죽음에 관한 문제를 정교회 교부들이 어떻게 해석하고 가르치고 있는지를 접할 수 있는 좋은 기회가 된다는 점이고, 또 다른 하나는 한국에서 전염병처럼 퍼져 나가는 자살에 대하여 그 심각성을 다시 되짚어 볼 수 있는 계기가 된다는 점이다. 한국에서 매년 일어나는 자살 사망률이 전 세계에서 가장 높은 수준이라는 사실은 참으로 가슴 아픈 사건으로서, 우리는 이 문제를 정말 진지하게 살펴보아야 할 필요가 있다.

"정교회출판사"에서 출간하는 이 책이 한국 독자들에게 죽음의 신비에 대한 이해를 돕고 또 그들이 일상생활 속에서 부활의 기쁨을 맛보며 한국 사회에서 일어나는 심각한 자살의 문제를 해결하는 데 도움이 되기를 진심으로 기원하는 바이다.

정교회 한국대교구 교구장
✝암브로시오스 조성암 대주교

서 문

"어떻게 죽음이 우리에게 신비가 되었는가? 어떻게 우리가 부패에 넘겨졌고 죽음과 동행하게 되었는가?" 교회의 거룩한 도구로서 하느님의 신비의 관상자인 다마스커스의 성 요한이 가졌던 이런 의문을 모든 인간들은 시대와 나이와 지식을 초월해서 끊임없이 던진다. 그것은 죄의 산물로 세상에 유입된 죽음이 인간이라면 어느 누구도 간과할 수 없는 근원적 질문이 되었기 때문이다. 우리는 죽음이 삶의 한 단면이라는 사실은 받아들이면서도 우리 자신의 죽음은 쉽게 받아들이지 못한다! 어찌 되었건 우리는 세상에 태어나는 순간 미래의 어느 순간에 반드시 죽고 만다! 그리고 단 한 번 우리를 찾아올 죽음을 생각하며 매일 두려움에 떨고 있다. 죽음은 타협할 줄 모른다. 큰 낫을 들고 앙상한 뼈만 있는 모습으로 - 화가는 죽음을 이렇게 그리고 있다 - 우리 앞에 나타나, 우리가 삶 가운데서 일구어 놓은 모든 것을 빼앗고 우리의 목숨을 "수확"한다. 이렇게 우리는 사랑했던 사람들의 죽음을 지켜보며 두려움을 느끼고 깊은 상념에 잠긴다.

젊은 시절 친한 친구를 잃고 슬퍼하던 성 아브구스티노스는 이렇게 고백했다. "내가 친한 친구를 잃었을 때, 그 슬픔이 너무나 커서 내 영혼은 깊은 어둠 속에 빠져 버렸다. 내 주변의 모든 것이 나에겐 아무런 의미도 없었다. 그래서 내 영혼에게 내가 왜 이리 슬프고 절망에 빠지게 되었는지를 물어보았지만 내 영혼은 나에게 아무런 답을 해 주지 못했다." 실제로 누군가가 죽으면 사람들은 죽음 앞에서 상념과 두려움에 잠기지만 아무런 답도 찾지 못하고 침묵한다. 왜냐하면 너울이 죽음의 신비를 덮고 있기 때문이다.

물론 인간은 언제나 죽음에 대한 답을 내놓으려 노력했다. 자연주의는 모든 것을 삶과 죽음의 규칙적인 교체라고 주장했고 낭만주의는 죽음을 신비적 관점으로 보았다. 현대 교육학은 침묵을 선호했다. 프로이드주의와 실존주의는 죽음을 절망과 비관으로 직시했다. 무신론은 대답 자체가 불가능했다. 막스주의자들의 한 모임에서 앙드레 말로는 당의 지도자에게 이렇게 물었다. "동지여, 사후에는 어떻게 되는 것인가?" 그의 이 질문에 대한 답은 돌아오지 않았다. 삶을 즐기는 사람들에게 죽음은 성가신 존재였다. 그래서 그들은 차라리 망각을 택했다. 아울러 이러한 정욕의 하인들은 완악한 고집을 부리며 끝까지 영원의 존재에 대항한다! 또한 겁쟁이들은 죽음의 공포를 물리치기 위해 쓸모없는 장식이나 부적을 사용했다. 마지막으로 어떤 이들은 "인간의 본질과 존재에 대해 기계론적(결정론적) 해석을 하는 오늘날에 우리가 초자연적인 것에 관심을 기울이는 것은 어리석은 짓이다."라고 주장했다.

하지만 이 결정론적 해석은 베르너 하이젠베르그, 파스쿠알 조르단, 발터 하이틀러, 카를 폰 바이츠제커와 같은 저명한 물리학자들로부터 치명적인 상처를 입었다. 사실 오늘날 인간은 강력한 종말론적 두려움에 사로잡혀 있다. 왜냐하면 현세에서 일어나는 사건들을 통해 과학과 기술이 이룬 성과를 두려움과 의심의 눈길로 바라보게 되었기 때문이다. 오늘날 우리는 일상적인 죽음에 대해 두려움을 느낄 뿐만 아니라 강력한 죽음의 공포를 겪으면서 살아간다. 그리고 이 공포는 사람들을 종말론적인 질문으로 눈을 돌리게 하고 죽음과 관련된 많은 서적을 탐독하게 만든다.

위의 사상들과 마찬가지로 여러 다양한 종교들에서도 죽음의 문제에 대해 나름의 답을 제시하고 있다. 하지만 죽음에 대한 인간의 두려움과, 또 죽음과 관련된 문제들에 대한 온전한 해답은 죽음의 신비에 대한 정교회의 가르침 속에 들어 있다.

"한번 결정적으로 전해진 그 믿음"(유다서 3), 곧 단 한 번 복음을 통해 그리스도인들에게 전해진 그 믿음을 변질 없이 지켜 내려온 정교회는 신인(神人)의 죽음과 부활로 죽음에 대한 승리, 곧 사탄에 대한 완전한 승리가 이루어졌음을 선포한다. 또한 저승세계와 죽음이 완전히 패했음을 확인한다. 정교인들은 죽음을 현세에서 내세, 즉 영원으로 넘어가는 통로로 믿는다. 그래서 정교인들은 이곳 세상을 떠난 형제가 또 다른 생을 살게 되었다고 느끼면서 죽음의 비극을 평화롭게 받아들인다.

교회의 정신에 부응하면서, 우리는 배움의 정신으로 그리고 성령께 뜨겁게 간구하는 가운데 할 수 있는 최대한 교회의 영적 가르침을 깊이 파헤치려 노력했다. 동시에 "참된 지식의 빛을 비춰 주고 성령의 깊은 곳을 들여다보며 하느님과 함께 하느님의 것들에 대해 깊이 사색했던"[1] 교회의 거룩한 교부들을 통한 인도를 요청했다. 교회의 교부들은 죽음의 신비에 대해 조직적인 가르침을 시도하지는 않았지만 우리가 가지고 있는 거의 모든 의문점들에 대해 답을 제시하고 있다. 교부들은 본질을 벗어나 쓸데없이 호기심을 가지거나 캐묻지 않으면서 믿음의 중대한 주제들을 다루고 있다. 성 요한 크리소스톰은 주님께서 제자들에게 나타났던 사건(요한 20:19-29)을 두고 이렇게 말했다. "나는 문이 닫혀 있었음에도 예수께서 제자들에게 나타나셨음을 성서를 통해 배웠다. 하지만 어떻게 그 문을 통과해서 들어가셨는지에 대해서는 나는 배우지 못했다. 따라서 나는 내가 알지 못하는 것에 대해 감히 말하지 않는다. 나는 문이 닫혀 있었음에도 제자들에게 나타나신 주님을 찬양하지만 어떻게 들어가셨는지에 대해서는 캐물으려 하지 않는다. 나는 주님께서 행한 기적을 경탄하지만 그 기적이 어떻게 일어났는지에 대해서는 자세히 알려고 하지 않는다. 왜냐

---

1) 신학자 그레고리오스, Λόγος 43, Εἰς τὸν Μ. Βασίλειον Ἐπιτάφιος, 65 PG 36, 584A.

하면 나는 주관자의 경이로운 기적을 귀 기울여 듣는 청중이지 하느님께서 어떻게 역사하시는지를 판단하는 심판자가 아니기 때문이다."[2]

이러한 정신으로 교부들은 죽음의 신비에 대해서도 말했다. 그들은 자신들이 가진 신학의 은총으로 하느님의 신비를 경이와 경건으로, 뜨겁지만 겸손하고 신실한 마음으로 받아들였다. 그리고 우리들은 성서 말씀대로 "마음이 어두워졌기"(에페소 4:18) 때문에 그들에게 모든 것을 물어보았다. 교부들은 그들의 영혼 속에 성 삼위를 모시고 있었기에 입에서 "천상의 영적인 만나" 같은 귀한 신학적 가르침이 흘러나왔다. 교부들은 진리와 빛 속에 있기에 우리를 서방의 "변질된 신학"으로부터 지켜주며, 기도로 또 성서와 교회 전승에 부합된 가르침으로 우리를 안전하게 이 거대한 주제로 이끌어 준다.

따라서 우리는 하느님의 계시와 사도전승 그리고 교회의 교부들의 인도로 다음의 주제들을 살펴보려 한다.

죽음은 어떻게 세상에 유입되었는가? 하느님께서는 어떻게 형벌을 은혜로 변화 시키셨는가? 신인(神人)께서는 어떻게 완전히 죽음을 이기셨는가? 주님께서 부활하신 이후로 우리는 어떻게 부활의 영원성을 미리 맛보고 있는가? 그리고 우리는 계속해서 다음과 같은 주제들도 살펴볼 것이다. 우리는 죽음에 대해 어떻게 긍정적으로 사고할 수 있는가? 영혼의 검증이란 무엇인가? 죽은 후에 잠든 영혼들은 어디로 가며 재림 때까지 그곳에서 어떠한 상태로 지내게 되는가? 이 세상에서 "타향사람이며 나그네에 불과한"(히브리 11:13) 우리가 어떻게 기도와 추도식을 통해 잠든 이들을 도와줄 수 있으며 또 그들은 어떻게 우리를 지켜보고 도와주는가? 이밖에도 우리는 한발 더 나아가 좀 더 어려운 주제들까지 담아 보았다. 죽은 자들의 부활은 어떻게 이루어지는가? 부활한 몸은 어떻게 되는가? 보편적 심판은 어떻게 행해지는가? 영원한 지옥은 존재하는가? 영원한

---

[2] 요한 크리소스톰, Ὁμ. λζ', Εἰς τὸν ἅγιον Ἀπόστολον Θωμ, 2 PG 59, 684

낙원은 어떤 상태이며, 세상의 종말과 새로운 세상은 어떻게 될 것인가?

우리는 자신의 부족함과 어리석음을 깊이 인식하는 가운데 주저함을 떨치고 용기를 내었다. 그리고 많은 기도로 이 어렵고 힘든 작업을 맡았다. 왜냐하면 신학자 그레고리오스 성인의 말에서 큰 용기를 얻었기 때문이다. "최선을 다하는 것은 하느님께서 기뻐하시는 일이다. 하느님께서는 인간이 최선을 다해 하는 모든 것을 높이 평가하신다."3)

우리의 간절한 소망은 성 삼위 하느님의 도우심과 우리의 자발적인 열정으로 정교회의 진리를 섬기는 것이기에 서문의 마무리를 신 신학자 시메온 성인의 가르침으로 갈음하려 한다. "나는 이 두 눈으로 이 모든 것이 성서에 씌어져 있는 것을 보았다. 그리고 성령에 의해 영적으로 그 가르침을 받았다. 그리고 나는 이 가르침을 그대들의 깨우침을 위해 기록했다. 그대들에 대한 사랑 때문에 나는 침묵하지 않았고 모든 것을 그대들에게 알려 주었다. 이렇게 나는 나의 달란트를 감추지 않았으며 그대들의 구원도 시기하지 않았다.... 나는 우리 주 예수 그리스도 안에서 그대들에게 해야 할 책무를 다했다."

1980년 3월 9일
니콜라오스 바실리아디스

---

3) 신학자 그레고리오스, Λόγος 43, Εἰς τὸν Μ. Βασίλειον Ἐπιτάφιος, 82 PG 36, 604D.

■■ 차례

- 한국어판에 붙이는 저자 서문　4
- 서문　7

인류에게 예외 없는 폭군　21
충격적인 사건　22
죽음에 대한 선천적 두려움　25
하느님 지혜의 놀라운 신비　28

죽음이 세상에 유입되다　32
시조의 복된 삶　33
우리의 자유의지에 달리다　37
지상에서의 첫 항명　41
결정은 "당일 발효되었다!"　46
영적 죽음　50
자연적 산물인 육체의 죽음　54
보편적 현상　58
그 누구도 아닌 바로 우리 자신들!　63
영혼은 힘겨운 투쟁을 치른다　68
영혼과 육체의 분리　71

형벌이 은혜가 된다　75
"영원한" 죄가 되지 않기 위해!　76
우리의 교만을 억제하다　79
몸의 부패는 은혜이다　82
건전한 사고의 계기　84
순교의 장이 우리에게 열리다　87
하느님께서는 희망을 가꾸신다　90
최상의 작품으로 개조하다　94

하느님이신 말씀의 육화 - 죽음의 멸망의 시작   98
"인간을 통한 죽음, 인간을 통한 부활"   99
주님의 절대적 무죄성   103
천상으로 향하는 길이 열리다   107
죽음을 제거하다   110
부활의 전조   113

십자가에 못 박히심 - 죽음의 멸망   118
"모든 이들을 위하여 그리고 모든 이들을 대신하여" 죽으시다   119
인간과 피조물에 생명을 주시다   125
죽음이 지배했던 그곳에서 십자가에 못 박히시다   130
"우리는 필멸에서 불멸하는 자가 되었다"   133

주님께서 저승에 내려가심   137
승리는 저승까지 미치다   138
그리스도께서 저승에 내려가심   141
"저승이 육신 한구를 손에 넣고 보니 하느님이 아니시던가!"   148
주권자로서 저승에 내려가심   152
부활로 향한 다리   157
저승을 하늘로 만드셨다   160

부활 - 승천 - 오순절   164
승리는 확인되었다   165
영원 속에서 찬란하고 완전하게 살아가는 사람들   168
즉각적이고 확연한 결과   172
"하느님과 인간이 한 혈육이 되다"   177
"성령의 은총으로 보상하셨다"   181

그리스도 이전과 그리스도 이후의 죽음　　185
- 그리스도 이전의 죽음의 공포　　186
- 북받치는 큰 슬픔　　189
- 이제 "죽음의 이름만이 있을 뿐"　　191
- 진정 죽은 것은 바로 사탄이다!　　194

죽음의 불시성　　199
- 죽음의 시간은 드러나지 않는다　　200
- 왜 죽음의 시간은 알 수 없는 것일까?　　202

죽음의 공포　　210
- 누가 죽음을 두려워하는가?　　211

죽음에 대한 두려움은 어떻게 극복되는가?　　217
- 죽음은 영원으로 들어가는 문이다　　218
- "눈물을 흘려라, 하지만 조용히"　　220
- 죽음을 대하는 그리스도인의 자세　　223

그리스도인들은 죽음에 대해 생산적으로 고찰한다　　231
- "조용히, 깊이 들여다 볼 지어다"　　232
- "특출 난 인간이 어디 있는가?"　　234
- "직시하고 한숨을 내쉬어라"　　238
- 즐거움과 끝없는 기쁨을 결실로 얻다　　241

죽음에 대한 기억   245
죽음을 기억하자   246
너는 결코 죄를 짓지 않을 것이다   249
북돋워 주는 힘   253
많은 덕을 포함하다   256

무덤의 교훈   260
"무덤으로 가자"   261
순교자들의 무덤   264
"무덤 앞에서 자주 기도하라"   266

순교자들의 죽음   269
"더 나은 삶을 위한 죽음"   270
모든 선물들의 뿌리와 샘 그리고 어머니   273

교부들은 우리를 어떻게 위로하는가?   276
사랑하는 사람들의 죽음   277
남편이나 부인의 슬픔에 대해서   280
"어떻게 자식의 죽음을 슬퍼하지 않을 수 있습니까?"   287
너의 자식이 죽었는가? "하느님께 감사를 드려라!"   295
유아들의 죽음은 복되다   299

어떤 것이 나쁜 죽음이고, 어떤 것이 좋은 죽음인가?   307
잔인하고 불의한 죽음이 나쁜 것인가?   308
죄인들의 죽음   311
의인들의 죽음   314

죽은 자를 위한 보살핌　318
- 준비, 마지막 인사 그리고 장례　319
- 교훈적인 상징들　327

장례 예식　332
- 교회의 가장 극적인 예식　333
- 행실이 깨끗한 사람　335
- 장례 예식의 에블로기타리아　339
- 통곡과 오열, 의문과 희망　341
- 구복단과 봉독　345
- 선포와 마지막 인사　350
- "흙에서 왔으니 흙으로 돌아가리라"　354

영혼의 검증　358
- 내세의 조용한 시작　359
- 세상을 떠나는 사람은 "천사의 권세"를 본다　361
- 의인과 죄인의 영혼의 검증　365

영혼의 중간 상태　373
- 영혼은 존재하며 육신 없이 활동한다　374
- 사후에 영혼은 어디에서 사는가?　377
- 재림을 기다리는 일시적 상태　381
- 그곳에서 영혼은 어떻게 살고 있을까?　385
- 잠든 영혼들은 우리를 지켜보며 우리를 위해 기도한다　388
- 하느님께서는 우리가 필요로 하는 것을 의인에게 알려 주신다　394

추도예식　　397
　잠든 이들을 위한 기도　　398
　거룩한 추도식　　401
　영혼 토요일 – 콜리바　　404
　추도식은 유익한 것인가?　　406
　잠든 이들을 위한 선행　　415

죽은 자들의 부활　　419
　윤회는 우매하고 어리석다　　420
　연옥은 존재하는가?　　423
　"죽은 자들의 부활을 기다리다"　　426
　육신의 부활은 하느님의 정의다　　431
　육신이 부패될 때 기뻐하자!　　434
　육신의 부활　　437

부활할 육신은 어떤 모습일까?　　447
　빛과 불멸과 영원의 특성　　448

보편적 심판　　460
　심판은 이루어질 것이다　　461
　누가 심판자가 될 것인가?　　468
　모든 민족들을 모을 것이다　　471
　심판은 어떻게 이루어지는가?　　478

죽음의 불사   484
    지옥은 존재하는가?   485
    무엇이 지옥의 형벌인가?   491
    지옥은 왜 영원한가?   499

영원한 낙원   515
    미래의 왕국   516
    형용할 수 없고 해득할 수 없는 미(美)   519
    인간의 신화   522
    의인들의 복된 삶   525
    끝없는 낙원의 기쁨   531
    의인들의 염원인 생명   533
    기쁨의 만남   538
    의인들의 복된 삶은 영원하다   542

세상의 종말   546
    "보아라, 내가 모든 것을 새롭게 만든다" (요한묵시록 21:5)   547

인류에게 예외 없는 폭군

충격적인 사건

인간의 삶에는 심오하고도 놀라운 두 가지의 신비로운 사건이 있다. 바로 탄생과 죽음이다. 그 중에서도 우리가 직면하게 될 죽음은 우리에게 심각한 문제의식을 불러일으킨다. 죽음은 생명 자체만큼 우리 삶 속에서 생동한다! 그리고 죽음은 지구상의 모든 생명체가 가지고 있는 그림자이며 그 누구도 피해 가지 못한다. 따라서 탄생이란 곧 죽을 운명을 의미한다.

죽음은 오직 인간에게만 의미가 있다. 왜냐하면 동물들은 전혀 죽음을 의식하지 않기 때문이다. 동물들은 왜 우주와 세상이 존재하는지, 그리고 왜 그러한 모습으로 존재해야 하는지에 대해 스스로 물어보지 않는다. 세상에서 잠시 살다가 사라지는 피조물들이 사후에 어떻게 될 것인지는 그들에게 중요하지 않다. 단지 그때그때 필요한 것만을 추구할 뿐이다. 반면에 인간은 죽음의 문제에 대해 동물들과는 다르게 접근한다. 인간은 하느님께서 심어주신 이성에 따라 죽음의 현상을 의식하고 사고하게 된다. 파스칼은 사고하는 존재인 인간을 흔들리는 갈대에 비유하며 이렇게 말했다. "만약 우주가 인간을 없애려 한다면 인간은 우주 앞에서 자신을 겸손하게 낮췄을 것이다. 왜냐하면 자신이 죽어 없어질 존재라는 것을 알고 있기 때문이다.... 반면에 우주는 이것을 전혀 알지 못한다."[1] 이처럼 삶의 현상을 의식할 수 있는 건 오직 인간뿐이다. 인간에게 죽음은 개별적이고, 개인적이며, 실체적인 사건이다. 그리고 늦든 빠르든 언젠가는 찾아올 죽음은 우리에게 무겁고 슬픈 삶의 현상이다.

그럼에도 불구하고 우리는 죽음과 타협하려 하지 않는다! 최대한 그 죽음을 멀리하려고 발버둥 치거나 그것을 의식하지 않으려 한다! 하지만 죽음을 현실로 받아들이지 않을 때 죽음에 대한 우리의 비극과 비탄은 더

---

[1] BL. PASCAL, Pensées, Transl. by A. J. Krailsheimer Penguin Classics, 1968, Page 95 (Σκέψη 347).

욱 커진다! 왜냐하면 우리는 결국 이 세상을 떠날 수밖에 없기 때문이다. 한 예로 스페인의 초현실주의 화가인 파블로 피카소는 생의 마지막 여생을 과학 연구에 쏟았다. 왜냐하면 인간의 수명을 150세까지 연장해 보고 싶었기 때문이다! 만약 과학의 힘으로 수명이 연장되었다 해도 독특했던 그는 또 다시 불평을 터트렸을 것이다. 왜냐하면 자신의 수명을 200세까지 늘리지 못했을 테니까 말이다! 과학의 힘을 빌려 "인간의 수명이 이 삼백 살까지 늘어도 죽음은 결코 패배하지 않는다. 왜냐하면 몸의 구조가 죽음을 필요"로 하기 때문이다.2) 따라서 생명공학자들이 호르몬이나 비타민 요법, 그리고 다이어트 등의 다양한 방법을 써서 "죽음을 거부하는" 오늘날의 문화는, 비록 이런 방법을 통해서 불로장생을 꿈꾼다 하더라도 무덤으로 향해 있는 우리 삶의 여정을 결코 되돌릴 수는 없다. 우리는 단테가 자신의 작품 "신곡"에서 베르길리우스의 인도로 저승에 내려가는 시작 부분에서 35년을 인생의 반으로 그렸다는 것을 염두에 둘 필요가 있다.

과연 누가 "마지막 원수"(고린토전서 15:26)인 죽음을 피해 숨을 수 있을까? 다양한 모습으로 우리를 위협하고 노쇠하게 만들며 예기치 않게 나타나 날카로운 낫으로 우리 생명의 끈을 끊어 버려 인생의 막을 내리게 하는 죽음을 피할 수 있을까? 그래서 더욱 우리에게는 죽음에 대한 저항과 더불어, 심도 있는 연구와 해석을 통해 더 많이 죽음을 이해해야 할 필요가 있는지도 모르겠다. 사실 두려움과 불안 속에서 죽음을 맞으면 무슨 유익이 있겠는가? 또 죽음이 갑자기 엄습하거나 여러 가지 현상을 통해 예시되었을 때 굳이 절망과 두려움 속에서 죽음을 맞이할 필요가 있겠는가? 어차피 우리가 죽음을 치료하는 약을 발명할 수 있는 것도 아니다. 우리가 죽음과 타협하는 것도 현명하고 하나의 유익한 방법이 될 것이다.

---

2) AL. CARREL, Σκέψεις γιὰ τὸν ἄνθρωπο καὶ τὴν ζωή, 번역. N. A. Τζάρτζανου, 출판. Κακουλίδη. Athens 1951, page 175.

죽음의 관점으로 우리 삶을 되돌아보면, 세상에 살고 있는 우리의 삶의 목적이 영원성과 맞닿아 있음을 알게 된다. 그리고 인생의 수많은 고통들이 특별한 의미를 지니고 있음을 확인하게 된다. 단적으로, 죽음은 인생의 수명과 삶의 질곡을 직시하게 만든다. 죽음은 우리가 원하든 원치 않든 현세의 삶이 하찮은 것임을 깨닫게 하며 인간이 광대한 영원의 바다 속에 있는 보잘것없는 존재임을 알게 한다. 요한 크리소스톰 성인이 "잔인한 망나니"로 명명한 이 죽음은 우리 수명의 길고 짧음과 관계없이 인생이란 일시적이며 순간적이라는 것을 상기 시킨다. 죽음은 언제나 우리와 대척점에 있으면서도 "인간이 왜 질풍과 노도처럼 교만하다가 먼지처럼 땅에 떨어지는지, 왜 화염처럼 정열적으로 타다가 연기처럼 사라지는지, 그리고 왜 예쁘게 단장하고 아름다운 꽃처럼 뽐내다가 마른 풀처럼 시들어 버리는지"에 대한 해답을 우리에게 요구하고 자문하도록 만든다.3)

요한 크리소스톰 성인이 "인류에게 예외 없는 폭군"이라고 명명한 죽음은 하느님의 존재와 지향하는 우리의 삶의 목표에 대한 즉각적인 답을 원하며, "사후에 인간이 어디로 갈 것인지, 관 두껑이 닫히는 순간 이후 어떤 삶이 인간을 기다리는지"에 대한 수수께끼를 풀라고 요구한다. 다시 말해, 죽음은 우리에게 지극히 현실적이면서, 삶의 문제와는 비교도 되지 않는 이와 같이 어려운 문제를 내놓고 그것을 풀라고 요구한다. 죽음은 어둠의 신비 속에 가려져 있다. 이것에 대해 우리는 이렇게 표현할 수 있을 것이다. "강압적인 죽음의 주변에는 이상한 침묵의 음모가 있다. 사람들은 죽음을 감추기 위해 시신을 '단장' 한다!"4)....

반면에 죽음은 인생의 동반자이기도 하다. 왜냐하면 우리에게 영원에 대한 희망을 품게 하기 때문이다. 그것은 하느님과 형제에 대한 우리의 책무가 우리 영혼 깊은 곳에 자리 잡도록 하는 데 도움을 주고 그것을 통해 우리의 삶을 더욱 풍요롭게 만든다. 그렇기 때문에 죽음 없는 생명

---

3) 요한 크리소스톰, Εἰς τὸ Πλήν μάτην ταράσσεται πᾶς ἄνθρωπος..., 1 PG 55, 559.
4) ALEX. SCHMEMANN, Γιά νὰ ζήσει ὁ κόσμος, 번역. Z. Λορεντζάτου, 출판 "Ἀθηνᾶ", Athens 1970, page 153.

은 빈약하다고 말할 수 있다. 그리고 죽음에 대해 의식하지 않는다면 우리의 삶은 동물이나 식물의 삶과 다름없다.

이런 이유로, 모든 시대와 인종을 망라해서 인간은 열성을 갖고 죽음을 연구했다. 그리고 불안한 인생을 진정 시키기 위해 끊임없는 고민 속에서 그 의미를 찾아 헤맸다. 죽음의 문제는 인간에게 언제나 커다란 주제여서 처음 종교가 생긴 이래, 하느님 계시의 종교인 그리스도교에 이르기까지 죽음의 주제를 다루지 않은 종교는 지금껏 존재하지 않았다. 만약 누군가가 인류의 종교에 대한 주제 목록을 작성하고 그것에 중요 순위를 매긴다면 그 중 으뜸은 죽음의 문제가 될 것이다.

죽음에 대한 선천적 두려움

인간은 자신의 지식이나 사회적 지위, 관심사에 따라 여러 문제들을 대면해 보았다. 하지만 죽음의 문제에 있어서만은 각자의 지식, 지위, 관심을 초월한다. 냉철하거나 다혈질인 사람, 자기중심적이고 이기적인 사람, 자신을 위해서라면 무엇이든지 하는 사람, 당대에서 회자되는 유명인과 저명한 인사 등 모든 인간들이 그러했다. 아일랜드 작가 버나드 쇼는 날카로운 유머로 사람을 웃기고 풍자하는 능력이 있었지만 생의 마지막 2, 3년 동안에는 촌철살인의 유머를 멈춘 채 그만 우울증에 빠져버렸다! 또한 스토아학파 사람들도 죽음을 달관한 듯이 행동했으나 실상 피하고 싶은 이 현상 앞에서 그들 역시 근심과 두려움에 사로잡혔다.

젊든지 늙든지, 건강하든지 쇠약하든지에 상관없이 인간의 몸은 서서히 죽음의 차가운 손에 내던져진다. 오늘 "부" 속에 있던 자가 내일 "무덤"에 묻히고, 오늘 보석으로 꾸민 자가 내일 "안장"되며, 오늘 "금은보화" 속에 살던 자가 내일 "관" 속에 갇힌다. 그리고 오늘 온갖 아첨꾼들에

둘러싸여 있던 자가 내일 구더기의 밥이 되는 것이다.5)

죽음은 과연 무엇인가? 시작인가? 끝인가? 다른 삶으로의 출구인가? 아니면 막다른 골목인가? 새로운 창조의 시작인가? 아니면 그냥 사라져 버리고 마는 것인가? 라는 수많은 질문들이 인간에게 던져진다. 하느님의 신비를 지켜본 다마스커스의 성 요한조차도 "어떻게 이것이 우리에게 신비가 되었는가? 어떻게 우리가 부패에 넘겨졌고 죽음과 동행하게 되었는가?"라고 스스로 자문했다.6) 이런 수많은 질문들은 우리를 혼란에 빠뜨린다. 파스칼은 이렇게 말했다. "죽음과 직결된 영혼의 불멸이라는 주제는 우리의 피부 깊숙이 와 닿는 문제이다. 따라서 누구든지 이 주제를 잊고자 하는 자는 그의 모든 감각을 상실해야 한다!..."

인류 역사가 의로운 아벨의 죽음과 거의 맞물려 있다는 점은 참으로 아이러니이다. 죽음은 첫 번째 포로로서 의인이자 순교자인 아벨(창세기 4:8)을 취했다. 첫 시조의 타락과 거의 동시에 시작된 인간의 이 참담한 비극은 형제를 죽인 카인이 엄청난 양심의 가책 속에서 그곳을 떠나는 것으로 귀결되었다. 하느님의 사람 모세는 살인자 카인이 더 이상 "하느님 앞"에 머물 수가 없어 "하느님 앞에서 물러나와 에덴 동쪽 놋이라는 곳에 자리를 잡았다"(창세기 4:16)고 기록했다.

시인 바이런은 그의 작품 "카인"에서 싸늘히 식어 굳어버린 동생 아벨의 죽은 얼굴을 보고 또 장작처럼 땅에 떨어진 형제의 굳어버린 손을 들어 올리려 한 후 "세상에 죽음이 왔도다!"고 두려움 속에서 울부짖는 카인의 모습을 그렸다. 카인의 이 외침은 인간이 만들어 낸 현실을 확인시켜 준다. 이렇게 아담과 이브는 두려움 속에서 하느님 말씀이 실현되는 것을 보았다. 그리고 "주께서 나에게 아들을 주셨구나."(창세기 4:1)라고 이브가 하느님께 외쳤던 아들 카인은 "두려움과 한숨 속에서"(창세기 4:12) 세상을 떠돌아다니는 신세가 되었다. 카인은 이 세상 어느 곳에서도 쉴

---

5) 요한 크리소스톰, Εἰς τὸ Πλὴν μάτην ταράσσεται πᾶς ἄνθρωπος..., 1 PG 55, 559.
6) ΕΥΧΟΛΟΓΙΟΝ τὸ ΜΕΓΑ (대 기도문), 출판 "Ἀστήρ", Athens 1970, Ἀκολουθία Νεκρώσιμος εἰς κοσμικούς, Ἰδιόμελον 8ον, page 414.

곳을 찾지 못한 채 두려워 떨며 한평생을 한숨 속에서 살다 갔다. 그리고 그에게 가장 가까운 벗은 죽음이었다! 이때부터 우리 삶에서 중심 화두는 생명이 아니라 죽음이 되었다! 그리고 인간은 죽음을 맞기 전에 이미 죽음이 자신에게 주어져 있음을 알았다.

죽음에 대한 선천적 두려움은 아주 자연스러운 것이다. 지금껏 예술이 인간의 감정을 다양한 표현으로 승화 시켜 왔듯이 죽음에 대한 인간의 감정 역시 시, 음악, 미술, 조각, 그리고 건축 등을 통해 표현되었다. 시는 엘레지를 발전 시켜 기쁨, 비탄, 경이, 두려움을 표현하였고, 음악은 극적 방법과 슬픈 음조로 깊은 내면에서 흘러나오는 감정을 나타냈다. 그리고 미술은 자유롭게 상상의 나래를 펴며 성서와 그 밖의 여러 곳에서 그 형상들을 이끌어냈다. 그래서 그림 속에서 죽음은 거대한 천사로서, 큰 낫을 들고 뼈만 남은 모습으로, 끔찍함과 두려움을 영혼에게 자아내는 칠흑 같은 어둠속의 환영으로, 인간을 삼켜버리기 위해 끊임없이 입을 벌리고 있는 굶주린 맹수로서, 그리고 사냥감을 잡기 위해 난데없이 덫을 치고 그물을 던지는 사냥꾼으로 표현되었다.

성서에서 가장 시적이고, 어린 양 그리스도께서 놀라운 방법으로 적그리스도를 이기고 기쁨과 위안의 소식을 전하는 심오하고도 신비로운 내용으로 가득한 책인 요한묵시록은 죽음을, 죽음의 색을 의미하는 푸르스름한 말을 타고 있는 기수로, 칼과 기근과 전염병으로 인간의 목숨을 빼앗아 자신의 뒤를 따르는 저승의 입 안으로 희생물을 던져 삼켜버리게 하는 모습으로 표현한다.(요한묵시록 6:7-8) 뛰어난 조각들과 수려한 무덤들, 엄청난 규모의 피라미드들, 고대 이집트의 파라오의 무덤들, 그 외에도 수많은 무덤 속의 조각과 건축에서도 죽음을 직면하면서 느낀 인간의 선천적인 두려움이 표현되어 있다.

하느님 지혜의 놀라운 신비

"만약 인생이 흐르는 강이라면 자연스럽게 두 개의 강 기슭이 있을 것이다. 하지만 인생이라는 강줄기를 따라가는 인간은 원하든 원치 않든 한쪽 기슭만을 체험하며 살아간다. 그리고 맞은편 한 기슭에 대해서는 미지로 남아 있길 원하거나 생각조차 하려 하지 않는다."7) 결과적으로 이 세상에서 살아가고 있는 우리에게 죽음의 신비는 더욱 깊어진다. 그리고 이곳 무덤 이쪽에 있는 세상, 즉 현존하는 세상은 "소멸하고 죽을 자들의 공간"이 되고, 진정 살아 있는 인간의 고향, 곧 무덤 저쪽은 "죽음의 표상"인 밤도 잠도 없는 세상이 된다.8)

하느님은 생명의 창조자이시다. 그래서 그 생명의 공간 속에 나타난 죽음은 "하느님의 지혜의 신비가 된다. 인간의 사고는 그 신비를 온전히 해득하거나 설명할 수가 없다."9) 왜냐하면 "두려움이 가득한 놀라운" 사건으로서의 죽음은 "하느님의 지혜의 놀라운 신비"가 되기 때문이다.10) 하느님께서는 우리가 미처 깨닫지 못하는 당신의 지혜로 우리의 인생을 정하시고 다른 생으로 우리를 옮기신다. 교회의 성가작가인 테오파니스 그랍토스는 이렇게 노래하고 있다. "주여, 당신은 심오한 당신의 지혜로 인생을 정하시고 죽음을 선견하시며 당신의 종들을 또 다른 생명으로 옮겨 살게 하시나이다."11)

죽음의 신비는 심연과 같다. 왜냐하면 죽음의 경험을 설명할 수 있는

---

7) I. K. 코르나라키, Ψυχολογία καί Πνευματική ζωή, 출판 " 'Ορθ. Κυψέλη", Thessaloniki 1976, page 228.
8) 대 바실리오스, Εἰς Ψαλ. 114, 5 PG 29, 492C and 493BC.
9) N. E. 미쵸풀루, Ὀ Θάνατος, Πνευματικός - Σωματικός - Αἰώνιος, Athens 1973, page 5.
10) 요한 크리소스톰, Εἰς Ἰω, Ὁμ. 83,1 PG 59, 447; Εἰς Πράξ, Ὁμ. 21,3-4 PG 60, 168.
11) ΕΥΧΟΛΟΓΙΟΝ το ΜΕΓΑ (대 기도문), Ἀκολουθία Νεκρώσιμος εἰς Μοναχούς, page 432.

사람이 아무도 없기 때문이다. 어떤 한 현상을 연구하기 위해 절대적으로 필요한 경험을 우리는 우리 자신이 죽는 그 순간에 얻는 것이다! 하지만 죽는 순간 겪는 이러한 경험은 우리에게 어떤 도움도 주지 못한다! 자신의 죽음을 세상적인 경험의 한 사건처럼 체험할 수 있는 사람은 아무도 없다. 오직 단 한 번, 처음이자 마지막으로 그 사건을 경험하는 순간 우리는 이 세상을 마감한다.

또한 그 누구도 다른 사람의 죽음을 빼앗지 못한다. 자신의 죽음으로 하느님께서 정하신 다른 사람의 죽음을 대신하지 못한다. 물론 다른 사람을 죽음에서 구하기 위해 대신 죽을 수는 있다. 하지만 그 죽음이 다른 사람의 죽음을 대신 죽는다는 의미는 아니다. 따라서 인간은 죽음을 제대로 파악할 수 없다. 그리고 이 세상에서 일어나는 하나의 현상인 죽음이라는 사건을 객관적으로 조명할 수 없다.

죽음의 신비는 근접이 불가능하다. 왜냐하면 보이지 않는 두꺼운 장막이 죽음의 시간과 영혼이 건너갈 장소, 그리고 그곳에서 살아가는 법을 감추고 있기 때문이다. 그래서 시나이의 아나스타시오스 성인은 영혼들이 지금 어디로 가고 있는지 그리고 그곳에서 어떻게 살아가고 있는지를 성가를 통해 자문했다. 그리고 "사람들은 신비를 알고 싶어하지만 아무도 그것을 설명할 수가 없다"고 가르쳤다. 성인의 또 다른 성가에서 이 사실은 재차 확인된다. "우리에 앞서 떠난 형제와 손자들이 어떻게 지내고 있는지 그 소식을 알려 주기 위해 되돌아오는 망자들이 없구나." 그러므로 우리는 이렇게 자문한다 : 과연 우리는 죽어 서로 만날 수 있을까? 과연 형제들을 만나는 일이 가능할까? 그곳 저승에서 우리는 과연 알릴루야를 외칠 수 있을까?[12]

사실 죽음에 관한 이런 의문들은 지극히 자연스럽다. 왜냐하면 죽음으로 인해 그동안 맺어 왔던 인간관계가 소멸되기 때문이다. 세상을 떠나는 자는 홀로 외롭게 충격적인 죽음 앞에 서게 된다. 삶의 여느 경우에서는

---

12) Op. cit., Ἀκολουθία Νεκρώσιμος εἰς Ἱερεῖς, page 455-456.

누군가가 우리의 친구가 되어 주고 아픔을 위로해 주며 힘이 되어 줄 수 있겠지만, 죽음 앞에 서면 그동안 연결되어 있던 모든 고리들은 한순간에 끊어져 버린다! 사랑하는 사람을 먼저 보내고 남은 사람들은 죽음의 충격으로 인해 말을 잃고, 친구의 장례식에서 어느 한 친구가 말한 것처럼 "죽은 자보다도 더 죽은 자"처럼 된다. 반면에 세상을 떠난 고인은 이미 반대편 기슭, 새로운 또 다른 세상에서 살아간다!

시나이의 아나스타시오스 성인의 성가는 이렇게 노래한다. "세상을 떠나는 이들의 외침은 얼마나 고통스러운가! 형제들이여, 내가 그대들을 두고 멀리 떠난다네. 앞으로 어디로 가서 어떻게 살아갈거나?" "영혼과 육체의 이별은, 전율의 신비…. 영혼이 통곡하며 떠나고 남겨진 몸은 흙으로 덮이는구나."13) 요한 다마스커스 성인도 이렇게 구슬프게 노래한다. "죽음을 생각할 때, 그리고 하느님의 모습으로 창조된 인간이 아름다움과 영광을 잃은 채 무덤에 뉘어져 있는 모습을 볼 때, 난 통곡하고 오열하네." 그리고 성인은 경이로움에 놀라 이렇게 외친다. "우리 주변에서 일어나는 이 고통스럽고 불가해한 신비는 무엇이란 말인가? 우리가 어떻게 부패에 던져졌으며 죽음과 결합되었는가?"14)

무신론자나 믿음이 약한 사람들은 흔히 점쟁이를 찾아 가거나, 미신에 의지하여 자신과 주변 사람들의 고민을 해소하고, 위로를 찾으려고 한다. 하지만 우리는 하느님의 계시를 인도자로 삼아 무덤 저편에 있는 생명에 들어가려 부단히 노력한다. 왜냐하면 살아계신 성 삼위 하느님께서 당신의 계시를 통해 우리에게 참된 가르침을 주시며 믿음과 사랑, 그리고 당신께서 약속하신 "미래의 마지막 날"에 대한 소망을 통해 그리스도인의 삶을 보살피시고 성장 시키시기 때문이다.15) 그러므로 우리는 성서를 인도자로, 그리고 성령의 빛을 받아 성서를 해석하는 하느님의 교부들을 길잡이로 해서 앞으로 나아가도록 해야 한다.

---

13) Op. cit., page 449-450, 455.
14) Op. cit., page 414.
15) Π. Ν. 트렘벨라, *Δογματική τῆς Ὀρθοδόξου Καθολικῆς Ἐκκλησίας*, 3, 출판 "'Ο Σωτήρ", Athens 1961, page 366

이런 노력을 기울이는 가운데, 우리는 교회가 "교육적 지혜로 아주 능숙하게 종말론적 요소들을 교의적으로 해석하려는 시도를 피해 왔음"을 간과해서는 안 된다. 주님의 재림과 최후의 심판, 그리고 죽은 자들의 부활을 선포하는 신앙의 신조(니케아신경) 외에 "정교회는 이와 유사한 교의적 형태를 사용하지 않는다." 우리는 "신학자들이 경외심 때문에" 여느 주제들처럼 죽음의 신비에 대해서도 "쉽게 접근하지 못하는 것"을 잘 알고 있다.16) 하지만 니사의 그레고리오스 성인이 말한 것처럼, 현상에 대한 진리를 온전히 파악하는 것이 지혜의 특성이고 또 미래에 대한 계시를 함축하는 것이 예언이라면, 그 때 예언의 도움으로 미래에 일어날 그것 역시 현재의 지식 속에 담아야 한다. 만약 그렇지 않으면, 그 누구도 지혜의 완전한 은사를 갖지 못할 것이다.17)

---

16) 에브도키모프, *Ἡ Ὀρθοδοξία*, 번역. Α. Τ. Μουρτζοπούλου, 출판. Β. Ρηχοπούλου, Thessaloniki 1972, page 435.
17) 니사의 그레고리오스, *Κατὰ Εὐνομίου*, Λόγ. Γ' PG 45, 580C.

죽음이 세상에 유입되다

시조의 복된 삶

하느님께서는 우리에게 죽음의 신비를 알려 주셨다. 그래서 우리는 하느님의 계시와 성령의 빛을 받은 교회 교부들의 인도로 죽음의 신비 속으로 들어선다. 그러나 하느님께서는 우리에게 유익한 부분만 알려 주시고, 인간의 나약함으로 인해 깨달을 수 없는 부분은 감추셨다. 따라서 우리는 하느님께서 허락해 주신 선에서 만족하고 머물러야 한다. "영원한 경계"를 옮기려 하거나 "하느님께서 전해 주신" 부분을 벗어나려 해서는 안 된다.18)

투쟁의 교회에서 사목하는 사제는 안식한 고인과 장지에서 마지막 인사를 나눈다. 그리고 잠든 고인의 주검 위에 흙을 조금 뿌리면서 "흙에서 났으니 흙으로 돌아갈지어다"라고 기원한다. 만약 잠든 이가 수도사라면 이런 성가를 부른다. "열린 무덤처럼 입을 벌리고 있는 땅이여, 하느님의 손으로 창조되었던 이를 받아들이라. 그를 낳았던 네게 그가 다시 돌아가노라. 너 땅이여, 창조주가 그의 영혼을 거둬 갔나니, 네게 속한 몸을 받으라."19) 하느님과 아담의 대화(창세기 3:19)가 반복되고 있는 이 성가는 우리가 "두 성질"을 지닌 영육의 존재임을 재확인해 주며 죽음의 시간에 이 신비로운 "결합"이 신비로운 방법으로 다시 분리됨을 알려 준다.

"주 하느님께서 진흙으로 사람을 빚어 만드시고 코에 입김을 불어넣으시니, 사람이 되어 숨을 쉬었다."(창세기 2:7) 물질인 우리 몸은 성 삼위 하느님의 특별한 개입(창세기 1:27)을 통해 흙으로 빚어졌다(욥기 34:15)고 구약성서에 기록되어 있다. 그리고 인간의 사고로는 헤아릴 수 없는 신성한 하느님의 이러한 사랑의 행위는 "주께서는 사람을 흙으로 만드셨다."(집회

---

18) 다마스커스의 요한, Ἔκδοσις ἀκριβὴς τῆς ὀρθοδόξου πίστεως 1 PG 94, 789B, 792A.
19) ΕΥΧΟΛΟΓΙΟΝ το ΜΕΓΑ (대 기도문), Ἀκολουθία Νεκρώσιμος εἰς Μοναχούς, page 436.

서 17:1)라고 하는 성서의 또 다른 곳에서 다시 확인할 수 있다. 하느님께서는 시조뿐만 아니라 이후에도 세세대대 그의 후손들도 그렇게 지으셨다. 아담의 후손은 알 수 없는 방법에 따라 복합체로 재구성(마카베오하서 22:7)되고 있고, 이것은 그가 신의 완전한 창조물임을 보여 준다. 몸은 비록 물질인 흙으로 된 존재이지만 하느님의 가르침에 따르면 그 가치는 엄청나다. "누구든지 인간의 피를 흘리는 자는 그 역시 피를 흘릴 것이다. 왜냐하면 인간은 나, 곧 '하느님의 모습'에 따라 내가 창조하였기 때문이다. 따라서 그 누구도 그 모습을 훼손할 권리가 없다."(창세기 9:6) 따라서 인간을 죽인 자는 위대하신 하느님만이 소유하고 있는 그 권리를 사유화하는 것이다.

인간의 몸은 헤아릴 수 없이 많은 가치와 복잡하고 조화로운 최고의 미를 가진 가장 완전한 물질적 창조물일 뿐만 아니라 영혼이 거주할 수 있는 적합한 거처이기도 하다. 성서는 몸을 영혼의 "거처", "장막", "의복"이라 하였다. 왜냐하면 하느님께서 물질인 몸에 "생명의 숨을 불어넣어, 숨이 있는 인간이 되게"(창세기 2:7 참조) 하셨기 때문이다. 즉, 하느님께서는 아담의 얼굴에 생명의 에너지, 생명을 주는 힘을 불어넣어 생명과 활력이 넘치는 몸과, 이성과 자유 그리고 불멸의 영혼을 가진 인간이 되게 하셨다. 니사의 그레고리오스 성인은 이렇게 기록하였다. "우리의 성질은 두 가지다. 하나는 영적이고 무게가 없으며 가볍고 용이하게 움직이는 영혼이고, 또 다른 하나는 물질로서 질량이 있는 무거운 육체이다."[20]

그런데 지금 우리는 두 성질을 가진 인간의 신비를 연구하려는 것이 아니다. 왜냐하면 이 책의 주제가 그것이 아니기 때문이다.[21] 다만 우리가 여기서 밝히고자 하는 것은 "물질적인 육체와 생명을 주는 불멸의 이성적 영혼에 힘입어 인간은 물질 세상뿐만 아니라 영적 세상에도 동참하게 되었다"는 점이다. 하느님의 놀라운 기적들 중의 하나인 물질로 이루어진 인간은 흙으로 되돌아가지만 몸과 결합되고 몸을 통해 작용하는 영

---

20) 니사의 성 그레고리오스, Εἰς τὰ Ἄσματα τῶν Ἀσμάτων, Ὁμ. 12 PG 44, 1017C.
21) Ν. Π 바실리아디, Χριστιανισμὸς καὶ ἀνθρωπισμός, page 283-342.

혼은 물질인 몸과는 별개이다. 육체는 만져지고 보여지고 관찰되지만 영혼은 우리의 오감으로 접근이 불가능하다. 영혼은 비록 육체와 결합되어 있지만 육체의 성질과는 완전히 별개이다. 그만이 추구하는 것이 있고 그만이 갈망하고 그리워하는 것이 있다. 그럼에도 불구하고 영육의 존재인 인간은 혼연일체가 되어 "하느님, 당신은 나의 하느님, 물기 없이 메마른 땅덩이처럼 내 마음 당신 찾아 목이 마르고 이 육신 당신 그려 지쳤사옵니다."(시편 63:1)라고 목 터지게 하느님을 찾는다. 따라서 영육은 함께 삶의 기쁨을 나누고, 욥이 "몸은 아픔으로 절었고 마음은 슬픔에 잠겼습니다."(욥기 14:22)라고 말한 것처럼 함께 아파하고 함께 슬퍼한다. 인간의 육체, 즉 몸은 아파하고 영혼은 슬퍼한다.

인간은 창조된 첫날부터 하느님의 사랑과 영원한 섭리의 대상이었다. 그리고 모든 물질세상은 하느님의 명에 따라 인간에게 복종하였다.(창세기 1:28) 하느님은 눈에 보이는 모든 것에 대한 "주인"으로 인간을 세우셨고, "생명 없는"22) 모든 것에 대해서도 그것들의 주인으로 세우셨다. 사람의 시조는 아픔, 슬픔, 근심, 고통, 불편이 없는 평화로운 세상에서 살아가고 있었다. 아담은 천사 같은 삶을 살았으며 "의복"조차 필요 없었다. 그는 모세가 은유적으로 낙원23)이라 명명했던 그런 곳에서 그렇게 "슬픔, 아픔, 한숨"은 물론 땀과 수고와 좌절도 모른 채 "부족한 것이라고는 하나도 없는"24) 그런 행복한 삶을 누렸다. 그것은 성 대 바실리오스가 기록한 것처럼, 그 당시 식물세계(또한 동물세계)는 농부의 경험 미숙이나 기상 악화, 기타 여러 다른 이유로 수확에서 피해를 입지 않았기 때문이다. 그 때는 아직 죄짓기 이전으로서 시조가 넉넉한 소출을 거두는 데 아무런 제약이 없었다. "이마에 땀을 흘려야 낟알을 얻어먹으리라."(창세기 3:19)25) 는 말씀이 현실이 된 것은 시조의 죄 이후였다.

---

22) 요한 크리소스톰, Εἰς Γέν. Ὁμ. 21, 2 PG 53, 177; 대 바실리오스 Εἰς Ἑξαήμερον Ὁμ. 6,1 PG 29, 117C.
23) 요한 크리소스톰, Εἰς Α' Κορ. Ὁμ. 17, 3 PG 61, 143; 대 아타나시오스 Λόγος Κατὰ Ἑλλήνων, 2 ΒΕΠΕΣ 30, 33 (4-6).
24) 요한 크리소스톰, Εἰς Ἀνδριάντας Ὁμ. 11, 2 PG 49, 121.
25) 대 바실리오스, Εἰς Ἑξαήμερον. 5, 5 PG 29, 105C.

아담은 지혜와 "예언의 은사"의 은총을 입고 있었다.26) 그의 지혜는 모든 들짐승들과 새들, 그리고 가축들에게(창세기 2:19-20) 이름을 붙인 것에서 잘 드러난다. 또한 그의 예언적 은사는 여자에 대한 예언에서 찾아볼 수 있다. 하느님의 사람 모세는 하느님께서 "아담에게서 취하신 그 갈빗대로 여자를 만드셨다."(창세기 2:22)라고 기록했다. 다시 말해서 최고의 예술가인 전능하신 하느님께서는 별도로 "창조물"을 만들지 않고 당신 창조물의 일부인 "갈빗대 중의 하나"를 취해서 완벽한 창조물인 여자를 만드신 것이다. 여자를 창조하신 자비의 하느님께서는 그 여자를 아담에게 데려다 주셨고, 아담은 그 여자를 보고 "내 뼈 중의 뼈요, 살 중의 살이라, 남자에게서 취하였은즉, 여자라 부르리라."(창세기 2:23)라고 외쳤다. 사실 아담은 그 순간까지 전혀 이 사건에 대해 모르고 있었다. 그는 여자가 창조될 때 잠자고 있었고 잠에서 깬 후 처음으로 여자를 보게 되었다. 그럼에도 그는 이 사건을 아주 정확하고 자세하게 설명하고 있는 것이 아닌가! 요한 크리소스톰 성인은 아담이 그 순간에 말한 모든 것은 예언의 은사에 의한 것이라고 평가했다. 즉, 아담은 성령의 가르침으로 그렇게 말했던 것이다.27)

아담은 하느님의 지혜와 예언의 놀라운 은총을 입고, 복된 낙원에서 행복을 누리며 살았다. 그는 그의 창조주와 대화하면서 "신의 음성을 들은 자"로서 형언할 수 없는 기쁨을 누렸다. 사랑이 넘치는 하느님께서 기꺼이 인간과 "동일한 언어를 쓰는 분"이 되셨던 것이다!28)

낙원에는 어둠이 전혀 없고 언제나 밝고 깨끗함이 가득하였다. 시조들은 영적 기쁨과 행복의 바다에서 살아갔다. 하느님의 창조되지 않은 은총의 에너지에서 영원히 흘러나오는 샘으로부터 축복을 받았다. 신성의 빛을 받으며 죄를 모르고 정욕(情慾) 없이 살아갔다. 잘 가꾸어진 인성과 신분은 그들이 천상의 왕족임을 보여 주었다. 그들은 주인이신 창조주의 현

---

26) 요한 크리소스톰, *Εἰς Γέν. Ὁμ.* 16, 5 PG 53, 132.
27) 요한 크리소스톰, *Εἰς Γέν. Ὁμ.* 15, 3 PG 53, 121-122.
28) 대 바실리오스 *Ὅτι οὐκ ἔστιν αἴτιος τῶν κακῶν ὁ Θεός* 7 PG 31, 334C; 그리고 *Ὁμ. ἐν Λακίζοις* 8 PG 31, 1453B.

존 속에서 "표현할 수 없는 행복과 형용할 수 없는 아름다움, 그리고 꽃으로 수를 놓은 낙원의 모습을 즐기며 근심이나 걱정 없이 천사들과 더불어 살았다."29)

하지만 세상에 죄가 들어오면서 시조의 고통 없는 삶은 더 이상 지속되지 못하였다. 그리고 죄의 결과는 죽음이었다. 다마스커스의 성 요한이 노래한 것처럼30), 죽음이 우리를 지배하게 되면서 성령의 조화롭고 아름다운 이 모든 선율들은 사라져 버렸다.

우리의 자유의지에 달리다

시조(始祖)는 죽음에 대해 문외한이었다. 그들은 "하느님을 지극히 사랑하면서" 낙원에서 고통을 모른 채 순수하고 맑고 선한 삶을 살았다. 그들은 "지혜와 슬기로움으로"31) 가득 찼고 참된 하느님을 알고 있었다. 그들은 천사들과 같은 권세를 누리고 있었다. 대천사들과 "동거"하며 하느님의 음성을 들을 수 있는 청중이 되었다.32) 하느님께서 "동산을 거니시고(창세기 3:8)" 창조물들과 다정스럽게 대화하는 모습은 하느님과 인간의 관계가 직접적이며 개인적이었음을 보여 준다. "천사들은 두려워 떨었으며, 헤루빔과 세라핌은 두려움으로 하느님을 제대로 바라보지도 못하였지만, 아담은 마치 친한 친구처럼"33) 하느님과 대화하였다. 이 모든 것은 하느님께서 인간을 "처음부터" 불멸의 존재로 창조하시려 했던 "불멸의 암시"였다.34)

---

29) 신 신학자 시메온, Κατηχητικός Λόγος Ε', 11 ΕΠΕ 19 Γ', 436 (9-12).
30) 다마스커스의 요한, Ἰδιόμελον ἐν τῇ Ἀκολουθίᾳ τοῦ ἐξοδιαστικοῦ (a) PG 96, 1368C.
31) 요한 크리소스톰, Εἰς Γέν. Ὁμ. 14, 5 PG 53, 117.
32) 대 바실리오스 Ὅτι οὐκ ἔστιν αἴτιος τῶν κακῶν ὁ Θεός 7 PG 31, 344CD.
33) 요한 크리소스톰, "Τῇ ἐπιούσῃ ἡμέρᾳ..." 1 PG 63, 473-474.
34) 요한 크리소스톰, Εἰς Α' Κορ. Ὁμ. 17, 3 PG 61, 143.

하느님께서 "처음부터" 인간을 불멸의 존재로 창조하시려 했다는 사실은, 인간에게 "영혼을 심어 주셔서" "지속적인 불멸"35)의 상태로 살아가도록 하신 데서 알 수 있다. 영혼은 육체와 같은 하느님의 창조물이지만 무형이고 영적이며 불멸이다. 그리고 무형인 영적 존재로서 육체인 물질과 구분되며 육체에 생명을 부여한다.36)

니사의 그레고리오스 성인은 "하느님께서 낙원의 한 가운데에 '선악을 알게 하는 나무'(창세기 2:17)를 심어 놓은 것은 인간이 생명과 불멸의 존재로 창조되었음을 보여 주는 것이다"고 하였다. 그것은 하느님의 선하심의 발로로서 인간이 나날이 성장하여 마침내 생명에 머무르도록 하기 위함이었다. "하느님의 명령은 생명의 법이었다. 그것은 죽지 않도록 하는 것이었다."37)

하느님께서 만드신 육체는 하늘로부터 방금 나온 "찬란하고 빛나는" 황금상과 닮았다. 슬픔과 아픔, 수고와 부패, 그리고 죽음은 하느님의 창조물인 육체를 건드리지 못했다.38) 하지만 모든 고통으로부터 벗어난 뛰어난 존재였던 그 육체는 불멸이나 부패에서 벗어난 존재는 아니었다. 그것은 부패와 부패 아닌 것을 모두 다 수용할 수 있는 그런 것이었다.39)

여기서 우리는 두 가지 면을 구분해 줄 필요가 있다. 첫 번째로 영혼의 불멸은 영혼의 자연적 특성이 아니라 하느님 은총의 선물이라는 점이다. 두 번째로는 하느님의 깊은 사랑의 행위, 곧 영혼과 육체의 창조는 하느님의 무한한 지혜와 인간에 대한 깊은 섭리를 보여 준다는 점이다. 그 이유는 이렇다 : 만약 하느님께서 인간을 불멸로 창조하셨다면, 인간은 타락해선 안 된다.(즉, 죄를 지어서는 안 되도록 그 상태를 유지해야만 한다) 왜

---

35) 요한 크리소스톰, Εἰς Γέν. Ὁμ. 21, 2 PG 53, 177.
36) 요한 크리소스톰, Εἰς Ἀνδριάντας. Ὁμ. 11,2 PG 49,122; Εἰς Α' Κορ. Ὁμ. 39, 3 PG 61, 335; Εἰς Γέν. Ὁμ. 13,1 PG 53, 106행부터.
37) 니사의 그레고리오스, Εἰς τὰ Ἄσματα τῶν Ἀσμάτων Ὁμ. 12 PG 44, 1020C.
38) 요한 크리소스톰, Εἰς Ἀνδριάντας. Ὁμ. 11, 2 PG 49, 121; Τῇ ἐπιούσῃ ἡμέρα... 1 PG 63, 473.
39) 안티오키아의 테오필로스, Πρὸς Αὐτόλυκον Β' 27 ΒΕΠΕΣ 5, 39 (26); ΕΙΡΗΝΑΙΟΥ, Ἔλεγχος....Ε' XII, 1 and XIII, 3 ΒΕΠΕΣ 5, 104 (21-22); 165-166 (39-40, 1-2).

나하면 불멸의 인간이 죄를 짓게 되면 인간과 함께 죄도 불멸의 존재가 될 것이기 때문이다! 또한 불멸의 인간은 죄를 지을 수 없게 되어 인간의 자유는 속박되었을 것이고 자유인이 될 수 없었을 것이다. 반대로 하느님께서 인간을 썩을 존재로 만드셨다면 창조자는 창조물에게 "죽음의 원인"이 되었을 것이다!

안티오키아의 테오필로스는 이 상황을 아주 잘 설명해 주고 있다. "하느님께서는 인간을 불멸의 존재나 부패할 존재로 정해서 창조하지 않으시고 그 두 가지를 다 받아들일 수 있도록 만드셨다. 만약 인간이 하느님의 계명을 지키며 불멸에 가까워지면 하느님께서는 인간에게 그 보상으로 불멸을 선물로 주어 '은총에 의한' 하느님이 되게 하셨다. 반면에 인간이 하느님의 뜻에 따라 살지 않고 죽음 쪽으로 가까이 나아가면 죽음의 원인이 인간 자신에게 있도록 하셨다. 왜냐하면 인간은 자유와 자제력의 존재로 창조되었기 때문이다"40)

니사의 그레고리오스 성인은 우리에게 "낙원에 사는 인간에게는 두 가지 가능성이 있었는데 하나는 죽음이고 다른 하나는 불멸이었다. 낙원 한가운데에 있던 '선악을 알게 하는 나무의 열매'(창세기 2:17)는 인간에게 '생명도 죽음도'41) 가져다 줄 수 있었다"고 가르쳤다. 결론적으로 불멸은 인간에게 "가능성"으로 주어졌다. 따라서 우리가 올바르고 선하게 우리의 자유를 사용한다면 우리는 마침내 불멸의 존재가 될 것이다.42)

이처럼 인간은 하느님의 섭리에 따라 죽음과 불멸의 두 상태를 받아들이게끔 창조되었다. "완전히 썩어 없어질 존재도, 완전히 불멸의 존재도 아니게" 창조되었다. 하느님의 계명을 자발적인 의지로 실천하려 했다면 그 선물로서 육체의 불멸을 취하게 되었을 것이고, 하느님의 계명을 거역하게 되었다면 그 자신이 죽음의 원인이 되었을 것이다.43)

---

40) 안티오키아의 테오필로스, op. cit., ΒΕΠΕΣ 5, 39 (25-31).
41) 니사의 그레고리오스, Εἰς τὰ Ἄσματα τῶν Ἀσμάτων Ὁμ. 12 PG 44, 1021A.
42) Γ. 플로로프스키, Ἀνατομία Προβλημάτων τῆς πίστεως, 번역 Ἀρχιμ. Μελετίου Καλαμαρά(현 프레베자의 대주교), 출판. Βασ. Ρηγοπούλου, Thessaloniki 1977, page 62.
43) 안디오키아의 테오필로스, Πρὸς Αὐτόλυκον Β 24 and 27 ΒΕΠΕΣ 5, 38 (12-13),

요한 크리소스톰 성인은 시조가 하느님의 계명을 거역한 후 우리를 지배하게 된 죽음을 언급하면서, 하느님을 대신해서 시조에게 이렇게 외쳤다 : 몸은 흙에서 왔으니 다시 흙이 되리라. 내가 이런 일을 방지하기 위해 너희에게 "선악과를 만지지 말라" 하였다.44) 따라서 죽음은 낙원에서 전혀 알지 못하는 것이었다. 죽음은 하느님의 창조물인 인간의 자유로운 본성과는 전혀 상관없는 생소한 사건이었다. 만약 시조가 하느님에게서 받은 풍부한 선물과 선천적으로 잠재되어 있는 불멸의 가능성으로 하느님의 뜻에 부응하고 순종하면서 그의 자유의지를 선에 고착 시켰다면 그들은 죽음을 맛보지 않고 불멸을 얻었을 것이다. 그리고 완덕을 향해 나아가면서 "하느님의 형상"을 새겼을 것이고 "은총에 의한 하느님"이 되었을 것이며 영원히 하느님과 함께 살아갔을 것이다.

타락 이후를 살고 있는 우리는 이것이 어떻게 가능한지 도저히 알 수 없다. 왜냐하면 우리가 이미 죽음의 지배 아래에 놓여 있어 "어려서부터 악행"(창세기 8;21)을 하고 의지도 정신도 흐려졌기 때문이다. 따라서 우리는 선조들이 하느님의 은총 속에 살았던 상황을 제대로 이해할 수 없다. 하느님 섭리의 깊고 높으심을 온전히 깨달을 수 없다. 시조를 감싸고 있던 하느님의 도움이 얼마나 넓고 깊은지 우리는 상상도 할 수 없으며, 또 하느님의 보호 안에서 근심 걱정 없이 자제와 자유를 만끽하며 선을 향하던 시조의 정신도 알 수 없다. 시조의 타락으로 우리 삶의 동반자가 되어 버린 질곡 같은 인생은 천사처럼 낙원에서 사는 삶을 상상할 수가 없다. 이것은 정확하게 자신들의 타락이 야기할 엄청난 피해를 그들이 상상하지 못했던 것처럼, 우리 역시 "불멸과 행복" 속에 살아가는 그들의 삶을 전혀 상상하지 못하는 것과 같다.45)

자비의 하느님께서는 아담에게 낙원에 있는 각종 나무의 열매는 따먹되 "선악을 알게 하는 나무의 열매는 먹지 말라, 네가 먹는 날에는 반드

---

39 (20-28).
44) 요한 크리소스톰, Εἰς Γέν. Ὁμ. 17,9 PG 53,147.
45) 니사의 그레고리오스, Εἰς τοὺς Μακαρισμοὺς Λόγ. 3 PG 44, 1225D-1228A.

시 죽으리라."(창세기 2:16-17)고 미리 경고하셨다. 하지만 인간은 하느님의 이 경고를 무시하고 그릇된 판단을 하고 말았다.

이제 우리는 비극적인 인류의 역사에 접어들게 된다. 죽음이 우리의 인생을 밑바닥부터 완전히 바꾸기 위해 급습한 것이다. 하느님과 우리의 관계를 단절 시키고 불멸의 삶으로 향하는 우리의 행로를 끊기 위해 들어온 것이다.

지상에서의 첫 항명

시조들에게 선악과를 따먹지 말라고 한 하느님의 계명은 덕을 향한 수련이었다.46) 그리고 그것은 자유의지의 시험이었다. 만약 그들이 계명을 지켰다면 그들은 도덕적 완성으로 나아갔을 것이며 "하느님의 형상"을 성취했을 것이다. 자비의 하느님께서 우리에게 "처음부터" 불멸을 주시려 한 것은 자명하다. 아담은 죽을 존재로 창조된 것이 아니라 그의 의지로 "불멸을 향해 가는" 존재였다.47) 더구나 그에게 주어진 계명은 그리 어려운 것이 아니었다. 단지 한 나무의 열매를 따먹지 말라는 것이었다. 다른 모든 것은 그들의 뜻 안에 있었다. 게다가 낙원에서의 상황은 단순히 좋은 것이 아니라 그들의 완전함을 실현 시킬 수 있는 최적의 조건이었다.

그러나 불행하게도 인간은 자유의지를 나쁜 곳에 사용하였다. 하느님께서 사랑으로 그들에게 세워주신 "온화한 경계"를 뛰어넘으려 하였다. 창조주께서 창조물이 타락하지 않도록 미리 예방조치를 취하셨음에도 아담은 하느님을 배제하고 "하느님이 되는 환상에 빠졌다." 그는 하느님의

---

46) 요한 크리소스톰, Εἰς Γεν. Ὁμ. 18,3 PG 53,151.
47) 요한 크리소스톰, Εἰς Ἐφεσ. Ὁμ. 19,2 PG 62,129; Περὶ τῆς τῶν νεκρῶν ἀναστάσεως, 8 PG 50, 430.

적인 사탄의 계획적인 꼬임에 의해 "하느님처럼" 되려고 시도하였다. 이렇게 아담은 뱀의 형상으로 나타난 살인자가 그에게 던진 달콤한 먹이를 깊은 생각 없이 덥석 물고 말았다.

"생명"이신 정의의 하느님으로부터 천상에서 쫓겨난 사탄은 하느님의 영광으로 빛나는 아담이 "무궁한 행복의 거처"인 낙원에서 "천상으로 향하는 것"을 용납할 수 없었다. 그래서 악의에 가득 찬 사탄은 인간을 "광적"으로 미워하였고 하느님께 항명하도록 인간을 부추겨 죽음과 저승의 종이 되게 하였다. 막시모스 성인은 이렇게 적었다. "사탄은 우리와 하느님을 시기하여, 하느님께서 인간을 질투하시는 것처럼 꾸몄으며 인간이 그분의 계명을 거역하게 만들었다. 그것은 인간을 신화(神化) 시킬 수 있는 하느님의 놀라운 능력을 볼 수 없게 하기 위한 증오였으며, 인간이 덕을 쌓아 하느님의 영광에 참여하지 못하게 하기 위한 질투였다."48)

이렇게 사탄의 증오와 질투는 "인간을 싫어하는 뱀"을 부추겨 하느님의 이성적 창조물을 속이게 한 원흉이 되었다. 사탄은 시조의 얼굴을 대면해서 속일 용기가 없었으므로 미끼와 속임수를 사용하였다. 그래서 "눈에 보이는 뱀의 모습"으로 시조에게 나타나 실상은 "사기꾼이며 사악한 적이었지만 친구이자 유용한 조언자처럼"49) 행동했다. 질투에 불타는 사탄은 먼저 이브에게 접근하였다. 그리고 달콤해 보이지만 그들을 파멸로 몰고 갈 "그 나무 열매를 따먹기만 하면 너희의 눈이 밝아져서 하느님처럼 선과 악을 알게 될 줄을 하느님이 아시고 그렇게 말하신 것이다."(창세기 3:5)라고 거짓말을 하였다.

분명 이브는 하느님의 계명을 거역했을 때 어떤 결과가 야기될 것인지 잘 알고 있었다. 왜냐하면 하느님께서 "선과 악을 알게 하는 나무 열매만은 따먹지 말아라. 그것을 따먹는 날, 너는 반드시 죽는다."(창세기 2:17)라고 미리 경고하셨기 때문이다. 그녀는 인류의 첫 어머니로서 형용할 수

---

48) 고백자 막시모스, *Περί Θεολογίας...* (κεφ. Ε'), Ἑκατ. Στ', κεφ. μη', *Φιλοκαλία τῶν Ἱερῶν Νηπτικῶν*, A. and E. Παπαδημητρίου, Athens 1958³, Τόμ. Β', page 157
49) 그레고리오스 팔라마스, *Ὁμιλίαι* ΚΒ', Ὁμ 51,1 출판 Σοφ. Κ. τοῦ ἐξ Οἰκονόμων, Athens, 1861, page 121.

없는 하느님의 사랑을 알고 있었고 창조주께서 주신 거룩한 선물 덕분에 뱀, 즉 사탄이 그녀에게 말하는 것들이 거짓임을 판단할 수 있는 능력도 있었다. 이브는 사탄이 진리의 하느님께서 그들을 시기하여 그들이 "하느님처럼" 될 수 있음을 숨기고 있는 것처럼 호도하면서 하느님을 모략하고 모욕하고 있음도 알고 있었다. 그래서 이브는 사탄에게서 뜻하지 않은 말을 듣자 처음에는 하느님의 말씀을 온전히 전달하려 시도했으나 사악한 사탄의 두 번째 핵심적인 공격(창세기 3:2-5) 앞에서는 대항하지 않았다. 사탄과의 대화를 허용한 순간부터 그녀의 내면 깊은 곳은 변질되었다. 사탄은 달콤한 말과 속임수로 그녀의 영혼이 하느님과 동등하게 되고자 하는 에고이즘의 욕망을 갖도록 부채질하였다. 그 때까지만 해도 순수하고 맑은 눈으로 선악과를 바라보았지만 이제 그녀는 "탐욕"과 음흉한 생각으로 그 열매를 바라보게 되었고 먹고 싶은 탐욕에 빠지게 되었다. 그녀는 에고이즘의 욕망으로 말미암아 흐려져 거짓과 속임을 일삼는 사기꾼이 말한 것을 절대적으로 믿게 되었다. 그래서 "그 열매를 따먹고 같이 사는 남편에게도 따 주었다. 남편도 받아먹었다."(창세기 3:6)

하지만 "여자가 그 나무를 쳐다보니 과연 먹음직하고 보기에 탐스러울 뿐더러 사람을 영리하게 해 줄 것 같았던"(창세기 3:6) 그것은 죽음의 씨로 드러났다! 그 때부터 죄는 일시적으로 "그 입술에선 꿀이 떨어지고 그 말은 기름보다 매끄럽지만, 그 끝은 소태처럼 쓰고 양쪽에 날선 칼처럼 날카로운"(잠언 5:3-4) 결과를 낳았다. 인간은 이후에도 끊임없이 이런 행위를 통해 하느님에 대한 배은망덕함과 무례함을 보여 줬으며 스스로 생명의 원천을 부정하였다. 이브의 행위는 세상에서 벌어진 첫 번째 항명이며 첫 번째 반역이었다! 다시 말하자면 이성적 인간이 행한 첫 번째 무신론적인 행위였다.

이런 사실은 아담이 하느님께 답한 말 속에서 드러난다. 하느님께서는 언제나 그러셨던 것처럼 "날이 저물어 동산을" 거니시면서 아담을 찾으셨다. 그런데 아담은 창조주 앞에서 두려워했고 창피해 했다. 그래서 하느님께서는 그에게 말하였다. "누가 네가 벌거벗었다고 일러 주더냐? 내가 너에게 금기한 열매를 따먹었구나?"

이 구절에 대해 신 신학자 시메온 성인은 다음과 같이 해석하였다.

"아담은 속임을 당했을 때 하느님께서 자기의 죄를 모를 거라고 생각했다. 그래서 그는 자신에게 아마도 이렇게 말했을 것이다 : 만약 내가 알몸이라고 말한다면 - 그 상황을 모르신 - 하느님께서 네가 왜 알몸이냐? 고 물으실 수 있겠지. 그러면 아무것도 모른 척 나도 잘 모르겠다고 말 해야지. 이렇게 하느님을 속인 다음 나의 첫 의복을 받아 내야지. 내 계획대로 안 된다 해도 적어도 나를 내쫓지는 않으시겠지."

하지만 아담은 자신의 창조주께 다음과 같이 대답했어야만 했다.

"'주인님. 그렇습니다. 제가 당신의 계명을 어기고 죄를 지었습니다. 여자의 충고를 듣고 그녀가 일러준 대로 행함으로써 당신의 말씀을 거역했습니다. 주여, 저를 불쌍히 여기시고 용서하소서.' 그런데 그는 이렇게 말하지 않았다. 그는 겸손하게 자신을 낮추지 않았다. 그의 심장은 강철처럼 굳어져 있었다. 만약 그가 잘못을 뉘우쳐 이렇게 말했다면 하느님께서는 그가 낙원에서 그대로 살기를 원하셨을 것이다. 그러면 그는 낙원에서 추방 당한 후에 온갖 불행한 일들을 겪지 않았을 것이며 저승에서 오랜 세월을 머무르지도 않았을 것이다."[50]

아담은 자비의 주관자께 회개와 용서를 구하는 대신 무례하게 대답했다.

"당신께서 저에게 짝지어 주신 여자가 그 나무에서 열매를 따 주기에 먹었을 따름입니다."(창세기 3:11-12) 이 대답으로 아담은 "하느님, 당신께서 제게 주신 그 여자가 저를 그릇되게 인도한 것이니 당신의 잘못입니다"[51]라고 말하는 것과 같은 잘못을 범했다. 그 결과 인류의 첫 아버지였던 아담의 죄는 더욱 커지게 되었다! 자신이 지은 거역의 책임을, 사랑으로 그를 창조한 분께 전가하려 시도한 것이다! 행복하고 티 없고 불멸의 존재로 창조물을 예비하신 그분께 책임을 넘기려 하였다! 무한한 사랑

---

50) 신 신학자 시메온, *Κατηχητικός Λόγος Ε'*, 8 ΕΠΕ 19Γ', 430-432.
51) Op. cit. ΕΠΕ 19Γ' 432(17-18).

의 성 삼위께서 "그의 일을 거들 짝"(창세기 2:18)을 만들어 주신 사실을 망각하고 또 여자의 머리로서 여자를 올바르게 인도하고 가르쳐야 함에도 불구하고 오히려 그녀의 손에서 의지 없는 존재처럼, "장난감"처럼 되었다.

하느님께서는 아담과 대화한 후에 "어쩌다가 이런 일을 했느냐?"(창세기 3:13)라고 이브에게 물으셨다. 이 질문의 의미를 신 신학자 시메온 성인은 다음과 같이 설명했다. "하느님께서 그녀에게 물으신 이유는 다름 아니라 그녀의 입으로 '죄를 지었다'는 고백을 하게 하기 위함이었다. 사실 하느님께서 그녀로부터 어떤 대답을 필요로 하겠는가? '주인님, 나의 무지로 인해 행동하였나이다. 불쌍하고 어리석은 종이 나의 주인인 당신의 뜻을 거역하였나이다. 저를 불쌍히 여기시고 용서하소서!' 하지만 그녀는 이렇게 답하지 않았고 '뱀에게 속아서 먹었다.'(창세기 3:13)"고 핑계를 대었다. 이브 역시 자신을 정당화하려 하였다. 하지만 그녀의 핑계는 절대 정당화될 수 없었다. 그것은 아담의 핑계보다 더 빈약했다. 이 부분을 시메온 성인은 다음과 같이 기술하고 있다. "창피한 줄도 모르다니! 너는 주관자이신 너의 하느님을 거스르며 지껄이는 뱀과 대화하기를 허락하지 않았는가?.... 그리고 너의 주인이신 하느님의 계명보다 뱀(사탄)의 꾐이 더 낫고 참되다고 판단하지 않았는가? 하느님께서는 너희가 죄를 고백하질 않았기에 복된 낙원에서 너희를 쫓아 낸 것이다. 만약 너희들이 회개하였다면 하느님께서는 너희를 추방하지 않으시고 흙으로도 다시 돌아가게 하지 않으셨을 것이다."52)

이브의 죄는 결코 작지 않다. 왜냐하면 "이브는 유혹을 받았다기보다 유혹에 그녀 자신을 스스로 내놓았기 때문이다." 간악한 사탄에게 계속 양보함으로써 마침내 하느님의 계명을 거역하였다. 그리고 그 거역은 "모든 것에 죄를 짓고자 하는 의지와 결단, 그리고 사악함을 양산하게 되었다."53)

---

52) 신 신학자 시메온. op. cit. ΕΠΕ 19Γ', 434 (11-25).
53) N. M. 파파도풀루, page 42.

어떤 사람들은 이브의 죄가 단순하지 않으며, 세 가지의 죄를 범했다고 지적한다! 첫 번째 죄는, 하느님의 계명을 어겨도 아무런 해가 없을 뿐만 아니라 인간이 "하느님처럼"(창세기 3:4-5) 되는 것을 시기하여 금기의 계명을 주었다는 사탄의 말에 현혹된 죄이다. 이브가 적그리스도인 사탄에게 굴복함으로써 지은 이 죄는 두 가지의 심각한 영적인 죄를 동반했는데 이것들은 자비로우신 진리의 하느님에 대한 믿음과 사랑을 저버리는 행위이다. 두 번째 죄는, 두 가지 영적인 죄의 결과로 육체에 "비정상적인" 탐욕이 생겨났다. 탐욕이 이브에게 생기자, "열매는 먹음직스럽고 탐스러워 보였으며 따먹고 싶은 충동"이 생겼다. 왜냐하면 그녀에게 지식을 가져다 줄 것으로 보였기 때문이다. 세 번째 죄는 그 누구의 강압도 없이 그녀 스스로 손을 뻗어 "나무 열매를 따먹은"(창세기 3:6) 죄였다.

처음으로 지은 죄의 결과는 너무 컸다! 하느님에 대한 믿음이 사라지고 창조주에 대한 창조물들의 사랑이 식어 버렸다. 그리고 육체를 죽이고 영혼을 타락하게 하는 비정상적인 탐욕이 인성을 지배하게 되었다!.....

이렇게 새로운 시대가 열렸다. 슬픔, 고통, 괴로움, 한숨의 시대가 도래했다. 영혼을 황폐화 시키고 인류를 지배하기 위해 "대성통곡하고도 남을" 죄가 엄습한 것이다. 왜냐하면 죄가 죽음을 불러들여 "불멸하는 영혼의 죽음"54)을 실현 시켰기 때문이다. 즉, 생명이자 불멸이신 하느님으로부터 영혼이 분리된 것이다.55)

결정은 "당일 발효되었다!"

악의에 찬 사탄의 음흉한 충동으로 말미암아 인간은 사탄이 겪었던 것을 겪게 되었다. 사탄이 자신을 과대평가하여,

---

54) 성 대 바실리오스, *Εἰς τὴν μάρτυρα Ἰουλίταν* 9 PG 31, 260A.
55) NIK. II. 바실리아디, *Χριστιανισμός καί Ἀνθρωπισμός*, page 343-358 참조.

하느님의 옥좌보다 자신의 옥좌를 더 높이 세우려 했던 것처럼, 인간도 거짓의 원조이자 인간을 파멸 시키려 하는 사탄의 속삭임에 넘어가 자기 자신을 과대평가했다. 인간은 하느님으로부터 벗어나면 더 큰 것을 얻을 수 있을 것이라 그릇된 판단을 했다. 하지만 그 순간, 그는 가지고 있던 것56)마저 잃었음을 확인했다. 왜냐하면 "너는 반드시 죽는다."(창세기 2:17)는 하느님의 경고가 현실이 되었음을 보았기 때문이다. 인간을 증오하는 사탄은 하느님에 반하는 속삼임으로 해서 인간 위에 그의 죽음의 힘을 독처럼 부었다.57) 물론 사탄의 죄와 아담의 잘못은 비교될 수 없다. 사악한 사탄에게 구원은 존재하지 않지만 아담에게는 구세주 예수 그리스도의 십자가의 죽음으로 구원이 제공되기 때문이다. 아담의 잘못은 치유되지만 사탄의 죄는 치유되지 않는다. 하지만 아담은 죄를 지은 바로 그 순간 고귀한 생명에 대해 "죽었으며", 낙원의 "성스럽고" 행복한 삶을 "동물적인 삶"으로 바꾸었다. 그 때부터 우리의 생명은 죽음이 이어받았다. 그것은 본질적으로 우리의 삶 자체가 이미 죽은 것과 같은 것이며, 또한 불멸이 제거된 생명은 완전히 죽은 것과 같았기 때문이다.58)

거룩한 계명에 대한 거역은 "죽음을 생산"했다. 왜냐하면 '죄가 우선했고 이어서 쓰디쓴 열매인 죽음이 들어왔기 때문이다.'59) 따라서 죽음은 죄와 함께 병행한다. 죽음은 이미 가장 큰 악이 되었고 그 악은 죄와 동일시되었다. 물론 죽음만이 죄의 열매는 아니었다. 거역을 통해 세상에는 엄청나고 끔직한 다양한 모습의 나쁜 것들이 유입되었다. 두려움, 슬픔, 고통, 여러 가지 병들, 양심의 예리한 가책 등이 들어왔다. 하지만 죄의 가장 쓴 열매는 역시 죽음이었다.

우리는 죽음을 말할 때 주로 영혼과 육체의 분리를 의미한다. 그러나

---

56) 요한 크리소스톰, Εἰς Γέν. Ὁμ. 16, 3-4 PG 53, 129-130; ibid Ὁμ. 17, 3-4 PG 53, 137-138; ibid Ὁμ. 18, 2 PG 53, 151; Εἰς ΜατΘ. Ὁμ. 59, 1 PG 58, 575; Εἰς ΜατΘ. Ὁμ. 15, 2 PG 57, 224; Εἰς Ἰωάν Ὁμ. 9, 2 PG 59, 72.
57) 그레고리오스 팔라마스, Ὁμ. 52, 1, 출판. Σοφ. Κ. τοῦ ἐξ Οἰκονόμων, 1861, page 121.
58) 니사의 그레고리오스, Εἰς τὰ Ἄσματα τῶν Ἀσμάτων Ὁμ. 12 PG 44, 1021D.
59) 요한 크리소스톰, Εἰς Α΄ Κορ. Ὁμ. 42, 1 PG 61, 363; Εἰς Ρωμ. Ὁμ. 10, 2 PG 60, 476;

이 죽음은 영적 죽음의 결과이다. 영적 죽음은 우리의 영혼과 우리 영혼의 영혼이신 하느님과의 분리이다! 영적 죽음은 "하느님으로부터 멀어짐", 즉 결별이다. 영적 죽음은 질서의 혼란이며 우리 삶이 가지고 있는 모든 선물들의 전복이다.60) 아담은 사려 깊지 못한 행동으로 "생각지 않게 죄를 지은 악인"이 되었다. 하지만 "죄 때문에 그는 죽었다." 왜냐하면 죄는 자신의 종들에게 "죽음"(로마서 6:23)으로 그 대가를 지불하기 때문이다. 아담이 생명에서 멀어지면 멀어질수록 죽음은 그에게 더욱 더 가까이 다가섰다. 왜냐하면 "생명이신 하느님, 생명의 결핍은 죽음"이었기 때문이다. 이렇게 하느님으로부터 멀어진 아담은 "당신을 떠난 자 망하리니"(시편 73:27)61)라는 시편의 말처럼 자기 자신 안에 죽음을 예비했다. 죽음은 "하느님과의 분리이며, 죽음의 핵심은 죄"이다. 아담은 죄의 가시에 찔림으로써 하느님으로부터 쫓겨나게 되었고 "생명의 열매를" 잃어버렸다. 그 결과, 육체의 죽음은 필연적으로 수반될 수밖에 없었다.62)

아담은 정당화될 수 없는 변명과 가식으로, 또 그의 무거운 잘못을(창세기 3:12) 하느님께 전가하려는 시도로, 그의 순수성과 무죄성은 물론 창조주 앞에서의 당당함과 절친한 관계마저 잃어버렸다. 그는 온유하고 자비로우신 창조주를 따르지 않고 자신의 영혼을 강탈한 자를 따름으로써 가치를 따질 수 없는 하느님의 선물들을 잃었다. 타락 이후에, "하느님의 모습"이었던 인간은 "혐오스러운 모습"으로 변질되었다. 왜냐하면 죄의 더러움이 그 아름다운 모습을 흉측하게 만들었기 때문이다.63) 하느님 계명의 거역으로 우리는 하느님의 모습의 특성들을 약화 시키고 무력화 시키며 뒤죽박죽으로 만들어 버렸다. 그리고 죄에 빠짐으로써 하느님과의 친교를 끊고 생명 밖에 놓여 죽음의 파멸의 종이 되었다.64) 그래서 이시

---

60) 대 바실리오스, Περί φθόνου, 6 PG 31, 385B.
61) 대 바실리오스, Ὅτι οὐκ ἔστιν αἴτιος τῶν κακῶν ὁ Θεός 7 PG 31, 345A.
62) 고백자 막시모스, Περί Ἀγάπης Ἑκατοντάς Β' ϟ γ', Φιλοκαλία τῶν Ἱερῶν Νηπτικῶν, Athens, 2, page 27.
63) 니사의 그레고리오스, Περί κατασκευῆς τοῦ ἀνθρώπου 18 PG 44, 193C; Εἰς τοὺς Μακαρισμούς, Λόγος Α' PG 44, 1197BC.
64) 다마스커스의 요한, Ἔκδοσις, 4, 4 PG 94, 1108B.

도로스 필루시오티스 성인은 이렇게 말했다. "죽음은 아담에게 일어났다. 그것은 영혼이 육체로부터 떠난 것이 아니라 불멸하는 성령의 영혼이 떠났기 때문이다."65) 이렇게 우리는 육체의 죽음을 맞기 전에 "영혼의 죽음", 즉 영적 죽음을 맞는다. 그리고 그것은 "하느님으로부터의 영혼의 분리"이다66)

이 모든 사실은 거역 이후에 수반된 모든 것에서 드러난다. 하느님은 첫 창조물들에게 "선과 악을 알게 하는 나무 열매만은 따먹지 말아라. 그것을 따먹는 날, 너희는 반드시 죽는다."(창세기 2:17)라고 미리 경고하셨다. 그런데 그들은 금기한 열매를 따먹었음에도 그 즉시 육체의 죽음을 맞이하지 않았다. 그들은 하느님께 항명하고 거역한 이후에도 수백 년을 더 살았다! 니사의 그레고리오스 성인은 이렇게 기록하고 있다. "첫 창조물들은 거역한 이후에도 수백 년을 더 살았다! 하지만 '따먹는 날, 반드시 죽는다.'라는 하느님의 말씀은 거짓이 아니었다. 왜냐하면 시조가 생명이신 하느님으로부터 멀어진 그 순간 '죽음의 결정'은 바로 발효되었기 때문이다. 하느님의 결정은 오랜 세월이 지나 아담의 육체의 죽음으로 나타났다."67) 신 신학자 시메온 성인은 다음과 같이 설명하고 있다. "아담이 따먹는 순간, 영적으로 이미 그는 죽었다. 그리고 930년 후에 육체의 죽음을 맞이했다. 영혼이 육체를 떠나는 것이 육체의 죽음이라면 영혼의 죽음은 인간을 창조한 하느님 성령의 은총이 영혼을 떠남을 의미한다. 하느님께서는 인간이 천사들처럼 살며 존재하기를 희망하셨다."68) 또한 성인은 다른 곳에서 "영적 죽음은 하느님의 계명을 어긴 그 순간 바로 시행되었다. 그래서 아담은 불멸의 의복으로부터 벌거벗겨졌다."고 가르쳤다.69)

우리들의 첫 조상은 성 삼위 하느님의 경고에 따라 죄를 지은 순간에

---

65) ΝΙΚΟΔΗΜΟΥ, Ἑορτοδρόμιον..., page 340.
66) 그레고리오스,팔라마스 Κεφάλαια φυσικά, Θεολογικά, ἠθικά τε καί πρακτικά, 39 PG 150, 1148B.
67) 니사의 그레고리오스, Πρὸς Εὐνόμιον ἀντιρ. Λόγ. 2 PG 45, 545C.
68) 신 신학자 시메온, Ἅπαντα..., Λόγ. 1, 2, page 30.
69) 신 신학자 시메온, Κατηχητικός Λόγος Ε΄, 9 ΕΠΕ 19Γ, 432.

즉시 본질적으로 죽었다. 자비의 하느님의 계명을 범한 순간, 그들은 죽음에 합당한 존재가 되어 버린 것이다!

영적 죽음

죄의 쓰라린 산물인 영적 죽음, 혹은 영혼의 죽음은 하느님을 거역한 이후에 즉시 발생했다. 하느님께서는 이 죽음을 시조에게 계명으로 예시하셨다. 그레고리오스 팔라마스 성인은 불순종이 행해진 순간, "하느님으로부터 멀어진 아담의 영혼은 사망했다"고 기록했다. 계속해서 회개를 받아들였던 아담은 육체의 죽음을 맞이하는 그 순간까지 "구백 삼십 년"(창세기 5:5)을 더 살았다. 그레고리오스 팔라마스 성인은 또 다른 그의 가르침에서 이렇게 말했다. "죄는 정신적 죽음이다. 왜냐하면 미래의 왕국이 올 때 감성은 사라지지만, 정신은 하느님의 계명을 어기고 회개하지 않은 상태에서 이 세상을 떠난 모든 이들에게 죽어서도 유효하기 때문이다.[70] 이처럼 '영혼의 죽음'은 본질적으로 죄이다."[71] 탈라시오스 성인에 따르면 영혼의 병은 악의 습관이고 영혼의 죽음은 죄의 행위이다.[72] '스스로의 뜻에 따라 하느님으로부터' 벗어나는 자들은 그 순간부터 하느님과 분리된다. 그런데 '하느님과의 분리는 죽음'이다. 빛에서 멀어지면 어둠에 묻히듯이 하느님과의 결별은 하느님의 모든 선물과 축복을 저버리는 결과를 초래한다. 따라서 거룩한 선물들을 내버린 그들은 모든 축복으로부터 멀어져 '참혹한 고통 속에 놓이게 된다.'[73] 따라서 영적 죽음 또는 영혼의 죽음

---

70) 그레고리오스 팔라마스, Πρὸς Ξένην μοναχὴν, Φιλοκαλία... 4, page. 93 (23-28); Ὁμ. 57, 8, 출판 Σοφ. Κ. τοῦ ἐξ Οἰκονόμων, 1861, page 222.
71) 알렉산드리아의 클리멘트, Στρωματεῖς 3, 9 ΒΕΠΕΣ 8, 33(25).
72) 리비아의 탈라시오스, Περὶ ἀγάπης... Ἑκατοντάς Β', πθ', Φιλοκαλία... τόμ. Β', page. 215.
73) 이리네오스, Ἔλεγχος... βιβλ. V, κζ' 2 ΒΕΠΕΣ 5, 167.

은 참 생명이신 하느님과 인간과의 단절이다.74) 이집트인 마카리오스 성인은 '진정한 죽음은 마음속에 있어, 인간은 내면에서 죽어간다'고 가르쳤다.75)

인간이 악의 근원이자 거짓의 원조인 사탄의 말을 받아들여 진리와 사랑의 하느님을 믿지 않게 된 그 순간부터 "암흑세계의 지배자들"(에페소서 6:12), "죽음의 세력"(히브리서 2:14)들이 인간의 영혼을 지배하기 시작하였다. 죄의 포로처럼 된 인간은 이미 "캄캄하고 어두운 죽음의 그늘"(이사야서 9:1) 속에 살며 어둠 속을 헤매는 백성처럼 되었다. 그리고 죄 속에서 살아감으로써 참된 하느님에 대한 지식을 갖지 못하고 비록 육체의 죽음을 맞진 않았어도 죽은 자나 다름없었다.76) 영적 죽음의 속박이 고통스러운 것이라는 사실은 "그리스도께서 우리를 '어둠의 세력'으로부터 구하시기 위해 오셨다."(골로사이서 1:13)는 사도 바울로의 말씀을 통해 증명된다. 사도 바울로는 "어둠으로부터"라고 단순히 말하지 않고 "어둠의 권세로부터"라고 말함으로써 어둠의 권세가 우리를 사로잡고 있음을 분명히 하였다. 영적 죽음 아래에 놓여 있다는 사실만으로도 버겁고 두려운데 "권세로"77) 우리를 지배하기까지 한다면 그것은 상상할 수 없을 만큼 참혹하다 할 것이다.

주님의 제자 중 한 사람이 "주님, 먼저 집에 가서 아버지 장례를 치르게 해 주십시오"라고 주님께 요청하자 주님께서는 "죽은 자들의 장례는 죽은 자들에게 맡겨 두고 너는 나를 따라라."(마태오복음 8:22, 루가복음 9:60)라고 말씀하셨다. 죽은 자들을 매장하는 사람들은 육체적으로 죽은 자들이 아니었다. 만약 그들이 육체적으로 죽은 자들이었다면 어떻게 죽은 자들을 매장할 수 있었겠는가? 주님께서 여기서 말한 경우는 영적으로 죽은 자들을 의미했다. 성 그레고리오스 팔라마스는 "주님께서는 '영적으로

---

74) 니사의 그레고리오스, Εἰς τὸ Ἅγιον Πάσχα Λόγ. Α' PG 46, 616C; Κατὰ Εὐνομίου Λόγ. 2 PG 45, 545B; 그리고 Λόγος Κατηχητικός ὁ Μέγας 8 PG 45, 36B 참조.
75) 이집트의 마카리오스, Περὶ φυλακῆς καρδίας 2 ΒΕΠΕΣ 42, 179(15-16).
76) 알렉산드리아의 키릴로스, Εἰς Ησ. θ' 1-3 PG 70, 248D.
77) 요한 크리소스톰, Εἰς Κολασ. Ὁμ. 2, 3 PG 62, 313.

죽은 그들을' 죽은 자로 명명하신 것이다"고 기록하고 있다.78) 탕자의 비유에서 "죽었던 내 아들이 다시 살아 왔다"고 했을 때의 그 아들 역시 이와 같은 맥락이었다. 왜냐하면 "하느님"이신 아버지로부터 떨어져 있었기 때문이다. 하지만 탕자는 참회하고 그의 아버지의 집인 "교회"로 돌아와 다시 살아났다! "정말 잘 들어 두어라. 내 말을 듣고 나를 보내신 분을 믿는 사람은 영원한 생명을 얻을 것이다. 그 사람은 심판을 받지 않을 뿐만 아니라 이미 죽음의 세계에서 벗어나 생명의 세계로 들어섰다. 정말 잘 들어 두어라. 때가 오면 죽은 이들이 하느님의 아들의 음성을 들을 것이며 그 음성을 들은 이들은 살아날 터인데 바로 지금이 그 때이다."(요한복음 5:24-25)라고 주님께서 유대인들에게 말씀하셨을 때도 "죽음"과 "죽은 이"는 똑같이 '영적 죽음'과 '영적으로 죽은 사람'을 의미했다.

죄와는 불가분의 관계인(로마서 5:12절 이하) 영적 죽음의 참상은 그리스도가 오시기 이전에 살던 사람들이 범한 거역과 죄로 인해(에페소서 2:1, 5 ; 골로사이서 2:13) 영적 죽음을 맞이한 사람만이 아니라 그리스도 이후에 살고 있지만 죄의 노예가 되어 사는 사람들에게도 해당된다. 그래서 사도 바울로는 그들에게 "잠에서 깨어나라. 죽음에서 일어나라. 그리스도께서 너에게 빛을 비추어 주시리라."(에페소서 5:14)79)라고 말했다. 신학자 그레고리오스 성인은 장례 예식에서 그의 아버지에게 이렇게 말했다. "생명은 하나입니다. 그것을 바라보십시오. 죽음도 하나입니다. 그것은 죄입니다. 왜냐하면 죄는 영혼을 파멸 시키기 때문입니다. 사람들이 자랑하는 그 밖의 것들은 사실을 왜곡하는 부질없는 꿈과 같은 것으로서 영혼의 그릇된 환영입니다."80)

따라서 죽음은 본질적으로 죄이다. 죄가 기여했고 완성 시켰고 영혼을 지배했다.(야고보서 1:15 참조) 이 죄는 생명이시자 생명의 원천이신 하느님

---

78) 그레고리오스 팔라마스, Εἰς Κολασ. Ὁμ. 2, 3 PG 62, 313.
79) 요한 크리소스톰, Εἰς Ἐφεσ. Ὁμ. 18, 1 PG 62, 122.
80) 신학자 그레고리오스, Λόχ. 18, Ἐπιτάφιος εἰ ς τόν πατέρα, 42 PG 35, 1041AB.

과 우리 사이를 갈라놓는다. 결국 "거룩한 복음의 진리는 다음과 같다. 성성(聖性)은 생명이고 죄성(罪性)은 죽음이다. 경건은 생명이고 불경은 죽음이다. 믿음은 생명이며 불신은 죽음이다. 하느님은 생명이시고 사탄은 죽음이다. 죽음은 하느님과의 결별이고 생명은 하느님으로의 회귀이고 하느님 안에서의 삶이다"[81]

그런데 참혹한 영적 죽음의 상태 말고도 더 비참한 상태가 있다. 그것은 영원한 죽음이다. 하느님과 분리되고 결별되는 영혼의 도덕적 죽음이 큰 악이라고 할 때 - 실제 그렇다 - 그보다 더 큰 악은 영원한 죽음이라 할 수 있다. 이것은 회복될 수 없는 악으로서 모든 악 중에서 최상위에 자리한다. 영적으로 죽은 자들은 실제로 아직 살아 있으며 회개와 부활, 그리고 구원의 희망의 여지가 남아 있다. 성 요한 크리소스톰은 이렇게 말한다 : 우리 모두는 언젠가 심판을 받을 것이다. 그렇다고 해서 지금 우리에게 용서와 회개의 문이 닫혀 있는 것은 아니다. 왜냐하면 우리는 "그리스도 안"에서 완성을 이루기 위해 매일 투쟁을 계속하고 있으며, 회개하기 위한 투쟁을 준비하고 있기 때문이다.[82] 반대로 우리가 회개하지 않고 "죄 속에서" 이 세상을 마치게 되면 우리는 "영원한 죽음"[83]의 품에 안기게 될 것이다. 그리고 투쟁과 회개는 물론이고 거듭나거나 그리스도의 신성한 빛을 받을 기회를 더 이상 가지지 못한다.

영원한 죽음에 대해서는 다른 단원에서 다시 다루기로 하고 하느님의 계명을 거역한 결과인 육체의 죽음에 대해 살펴보도록 하자.

---

81) I. 포포비츠, Ἄνθρωπος καὶ Θεάνθρωπος, 번역. Ἀθ. Γιέβτιτς, 출판 "Ἀστήρ", 1969, page 79.
82) 요한 크리소스톰, Πρὸς τοὺς λέγοντας ὅτι δαίμονες... Ὁμ. 2, 5 PG 49, 262.
83) 요한 크리소스톰, Εἰς Ἰω. Ὁμ. 5, 4 PG 59, 59.

자연적 산물인 육체의 죽음

 만약 아담이 창조주의 뜻을 온전히 깨닫고 있었다면 그는 "실존하는 하느님"과 닮아 있었을 것이며 영원히 부패하지 않았을 것이다. 성 대 아타나시오스는 이렇게 말했다. "한편으로, 인간은 본성적으로 썩어 없어질 존재였다. 왜냐하면 '존재하지 않았던' 무에서 창조되었기 때문이다. 하지만 또 다른 한편으로, 창조주의 뜻을 깨닫고 하느님의 뜻을 지켰다면 그는 자연의 부패를 약화 시키고 영원히 존재하시는 하느님을 닮아 마침내 불멸로 남았을 것이다." 지혜서도 우리에게 이 사실을 알려 준다. "지혜의 법을 지키는 것은 불멸의 보증을 얻는 것이다."(지혜서 6:18) 즉, 거룩한 지혜의 계명을 조심스럽게 지키는 것이 불멸의 보증인 것이다.[84]

그러나 불행하게도 아담은 창조주의 계명을 지키지 않았고 기어이 영적 죽음과 육체의 죽음을 불러왔다. 하느님과 인간의 단절로 인해 영육의 존재인 인간은 분해되었다. 즉, 영육이 분리되었다. 참 생명이자 생명의 원천인 하느님에게서 떨어져 나온 인간은 쓰디쓴 고통의 열매를 맛보게 되었고(창세기 3:16-20) 죽음의 환경 속에서 살아가게 되었다. 그리고 이미 인성을 지배한 "죽음"이 그 뒤를 따랐다. 그 때부터 "죽음의 삶은 우리를 이어받았다. 왜냐하면 불멸이 결핍된 우리의 생명은 사실 죽음이기 때문이다." 니사의 성 그레고리오스는 '금기된 열매를 따먹은 행위는 인류에게 죽음의 어머니가 되었다'고 가르쳤다.'[85] 요한 크리소스톰 성인도 '하느님의 계명을 어기고 금기인 열매를 따먹은 것이 결국 아담에게 죽음을 가져왔다'고 가르쳤다.[86]

이렇게 인간과 하느님과의 결별은 영혼과 육체의 분리를 가져왔다. 그리고 그 때부터 인간은 하느님께서 그들 각자에게 정하신 대로 언젠가

---

84) 성 대 아타나시오스, Περὶ ἐνανθρωπήσεως τοῦ Λόγου..., 4 ΒΕΠΕΣ 30, 78(25-28).
85) 니사의 그레고리오스, Περὶ κατασκευῆς ἀνθρώπου, 20 PG 44, 200D.
86) 요한 크리소스톰, Εἰς Γέν. Ὁμ. 18, 3 PG 53, 151.

한 번은 죽을 운명에 처하게 되었다.(히브리서 9:27) 인간에게 육체의 죽음은 이미 자연적이고 필수적인 결과로 인식되었으며 죄는 죽음의 지속적인 보호자가 되었다. 죄는 다양한 병균을 일으키며 생명을 가위질하고 인간의 삶의 환경을 근심과 스트레스로 변형 시킨다. 우리의 육체가 죽음의 차디찬 품 안에 안길 때까지 끊임없이 공격하여 우리를 쇠약해지게 만든다. 구약의 시편 저자는 이를 아주 잘 표현해 주고 있다. "인생은 기껏해야 칠십 년, 근력이 좋아야 팔십 년, 그나마 거의가 고생과 슬픔에 젖은 것, 날아가듯 덧없이 사라지고 맙니다."(시편 90:10)

창세기 5장은 인간의 창조에서부터 노아시대까지의 족보와 수명을 보여 준다. 그런데 우리가 여기서 주목해야 할 것은 아담이 930세, 셋이 912세, 에노스가 905세, 그리고 가장 오래 산 므두셀라가 969세 등 장수한 세월 바로 뒤에 하나같이 "그리고 죽었다."라고 기록되어 있다는 점이다. 본문에 8번 반복된 "그리고 죽었다."라는 이 두 단어는 바로 죽음이 모든 인류를 지배하고 있음을 강조하기 위한 것이다! 이렇게 죽음은 더 이상 피할 수없는 사건이 되었다. 왜냐하면 영육이 분리되었기 때문이다.

파트모스의 독수리라고도 하는 복음사 요한은 묵시록에서 죽음을 푸르스름한 말을 타고 있는 기수로 표현했다. 그리고 기수의 희생물들을 삼킬 준비가 된 지옥이 그 뒤를 따르는 모습을 그렸다.(묵시록 6:8) 사도 바울로는 죄는 기수의 끊임없는 박차이며 "죽음의 독침은 죄"(고린토전서 15:56)라고 말한다. 이렇듯 피도 눈물도 없는 기수, 즉 죽음은 푸르스름한 말의 옆구리를 독침인 죄로 찌르며 악의 기쁨을 만끽한다. 그리고 푸르스름한 말은 미친 듯이 무덤을 향하여 돌진한다!..... 결국 하느님의 법을 위반하고 죄의 비참한 종이 된 이들은 영육이 황폐해진 채 이 세상에서의 생명을 단축 시키며 죽음에 버려질 때까지 더욱 더 자신들을 파멸로 몰아간다.

인간에게 죽음과 부패를 들여온 인간의 불순종과, 하느님의 사랑에 대한 인간의 경시는 모든 피조물들의 부패와 대혼란을 야기했다. 시조의 타락은 인간과 주변 환경 사이의 친숙하고 조화로운 관계를 뒤흔들었다. 인간의 항명과 타락은 모든 자연계를 해체했고 자연 속에 무질서와 부조화를 가져왔다. 금육주일에 부르는 6조 성가의 작가는 이 모든 것을 생생하게 표현한다. "시조의 불순종으로 낙원이 닫히자 태양은 빛을 잃고, 달은 별과 함께 붉게 변했으며, 산과 동산들은 두려움에 전율했다."[87]

분명히 죽음은 하느님의 이성적 창조물인 인간에게 상처를 입히고 변질 시켰다. 죽음은 불멸을 전제로 해서 창조되지 않은 비이성적 피조물들에게 "자연적 삶을 마감하는 하나의 단순한 순간적 현상에 불과했었다." 그럼에도 불구하고 "인간의 타락으로 인한 죽음은 모든 피조물에게 비극적 특성과 나쁜 의미를 부여했다. 어떻게 보면 인간 부패의 시독(屍毒)에 창조물이 물들었다고 할 수 있다."[88] 이렇게 해서 다른 피조물들도 인간의 영혼이 경험했던 참혹한 결과를 경험한다. 인간이 "만물의 임금"이신 하느님께 대항해서 죄를 지은 뒤부터 모든 피조물도 함께 신음하고 함께 고통 받는다.(로마서 8:22) 고통 속에 살아가는 인간의 근심은 자연의 한숨과 함께한다.

인간이 시들어가는 것처럼 나무와 잎도 말라가서 재앙에 파괴된다. 인간이 아프고 고통 받고 굶주리고 병들듯이 동물들도 그러하다. 어떤 교부들은 이것을 조금 더 구체적으로 지적한다. "인간이 지은 죄"는 동물들에게도 해를 입히고 손상 시켰다. "인간이 하느님의 계명을 어김으로써 동물들도 함께 어기게 되었다."[89] 물론 동물들은 죄성이 없다. 왜냐하면 죄성이란 이성과 자유를 전제하고 있기 때문이다. 죽음은 동물이나 식물에게 "존재의 단순한 단절에 불과하다. 하지만 인간에게 있어 죽음은 인격을 '말살'한다. 그리고 인격은 단순한 존재에 견주어 볼 때 헤아릴 수 없는 큰 가치가 있는 그 무엇이다."[90]

시조가 범한 죄의 참담한 결과는 인류에게 실질적인 혼란을 가져왔다. 인성은 "자기 자신에 대항"하여 분열되었고 육체에는 다양한 "탐욕"이

---

[87] 트리오디온 Κατανυκτικόν, Κυριακή τῆς Τυρινῆς, Εἰς τὴν Λιτήν.
[88] Γ. 플로로프스키, Ἀνατομία προβλημάτων πίστεως, page 64-65.
[89] 안디오키아의 테오필로스, Πρὸς Αὐτόλυκον Β' 17 ΒΕΠΕΣ 5, 33(36-37).
[90] Γ. 플로로프스키, op. cit,. page 65.

"스며들었다." 그 결과 영육의 조화로운 관계는 단절되었고 그 둘 사이에 "치열한 전쟁"이 벌어졌다.91) 더 이상 우리의 육체는 창조주의 손에 의해 창조된 "휘황찬란한" 몸이 아니다. 창조되었을 때에 가졌던 원형의 미와 고결함 그리고 힘과 건강을 잃었으며 낙원에서 가지고 있던 권위를 상실했다. 인간을 지배한 수치스런 죄로 인해 인간은 자기 자신에 대한 인식을 멈추고 자신을 생각 없고 비이성적인 금수와 동일시했다.(70인역 시편 48:13 참조) 하느님의 말씀과 분리되자 인간은 목자 없는 양처럼 어리석은 부랑아가 되었고, 적군은 그 기회를 놓치지 않고 그를 사로잡아 저승에 던져 버린 후 죽음에게 넘겨 죽음이 그를 다루게 하였다!92)

동시에 우리의 육체는 부패와 밀접하게 결합되고 탐욕에 사로잡혔다. 더구나 더 경악스러운 것은 육체가 영혼에 대항하는 도구처럼 된 것이었다. 육체의 법은 영혼이 갈구하는 거룩하고 성스러운 모든 것에 대항(로마서 7:23)하는 "다른" 법이 되어버린 것이다.

그렇지만 우리는 두 가지 진리를 잊지 말아야 한다. 첫 번째로, 죽음에 의해 영육이 강제로 분리되는 것은 순리가 아니며 일시적이라는 점이다. 이 분리는 분리의 원인인 죄가 없어질 때 자연스럽게 소멸될 것이다. 두 번째로, 육체의 "자연적" 요소가 된 부패가 육체를 좀먹으며 쇠약하게 만들어 자신이 살고 있는 대지에 그 몸을 다시 내주게 하지만 그것이 인간의 본질은 아니라는 점이다. 그것은 죄를 통해 인간을 지배하게 된 탐욕에 기인한 것으로서 부자연스런 병적 상태에 놓여 있는 것이다.93) 우리가 꼭 기억해야 할 또 다른 점이 있다. 그것은 타락 이후의 육체의 죽음은 인간의 자연적 현상으로 자리 잡았지만 결국 소멸하게 될 때가 온다는 사실이다. 육체의 죽음은 "시조의 거역"으로 "자연적인 산물로 자리매김" 되었지만, "곧 해결될 것이며"94) "마지막으로 물리칠 원수는 죽

---

91) 요한 크리소스톰, Εἰς Ρωμ. 13, 1 PG 60, 507; Περί παρθενίας 84 PG 48, 595.
92) 대 바실리오스, Εἰς Ψαλ. 48, 9 PG 29, 453AB.
93) 요한 크리소스톰, Εἰς Β' Κορ. Ὁμ. 6, 4 PG 61, 441-442.
94) 요한 크리소스톰, Εἰς Ἐφεσ. Ὁμ. 4, 1 PG 62, 31; 대 바실리오스, Ὁμ. ἐν λιμῷ καί αὐχμῷ 9 PG 31, 328; 그리고 Ὁμ. περί ταπεινοφροσύνης 1 PG 31.525B 참조.

음이 될 것"(고린토전서 15:26)이다. 죽음이 사탄과 인간의 불순종에 의해 들어온 것처럼 그것들이 사라지면 죽음 또한 사라질 것이다. 사실 주님의 십자가의 희생과 부활로 이미 죽음은 "능력"에서는 분명히 소멸되었다. 하지만 그 때에는 "기능"조차도 완전히 사라질 것이다.

죽음은 인류를 지배할 것이다. 하지만 그 지배는 영원하지 못할 것이다! 성 대 토요일 카논의 찬송가는 "저승은 인류를 지배하지만 영원하지 못하다"[95]라고 노래하고 있다. 다시 말해 시조의 거역으로 저승은 인류를 지배하지만 그의 왕국은 영원하지 못하다는 것이다.[96]

보편적 현상

아담의 타락 이후에 육체의 죽음은 자연 현상으로 그치지 않고 보편적 현상이 되었다. 그것은 아담이 죄를 지어 이 세상에 죄가 들어왔고 그의 후손들이 아담과 밀접하게 연관됨으로써 죄를 지어 죽음이 인류를 지배하게 되었기 때문이다.(로마서 5:12) 우리는 지금 시조가 후손에게 남긴 죄의 상속에 관한 광범위하고 어려운 주제를 다룰 생각이 없다. 사도 바울로도 이 신비에 대해 우리에게 깊이 설명하려 하지 않았다. 그렇지만 사도 바울로의 가르침에서 근간이 되는 진리는 명백하다. 능력의 천사들이 있는 세 번째 하늘까지 "사로 잡혀" 올라갔던(고린토후서 12:2) 사도에게 있어 아담으로 인해 우리 모두가 죽게 되었다는 사실은 받아들이기에 그리 어려운 일이 아니었다. 사도 바울로에 대한 뛰어난 주석가인 성 요한 크리소스톰도 그러한 사실이 "분명하게 많은 경우를 통해 증명되었다"고 지적했다. 성 요한 교부에 따르면 "아담으로 인해 모든 사람이 죄를 지었다"는 사도 바울로

---

95) 트리오디온 Κατανυκτικόν, Κανὼν Μ. Σαββάτου πρωΐ, Ὠδὴ Ϛ'.
96) 아토스 수도사 니코데모스, Ἑορτοδρόμιον..., page 399.

의 표현은 "아담이 죽게 됨으로써" 금단의 열매를 먹지 않은 그의 후손들 역시 모두 "필멸의 존재"가 되었음을 의미한다. 후손들의 죽음은 시조의 육체를 지배하게 된 부패가 생물학적 유전을 통해 자연스럽게 후손에게 전해진 결과이다.97) 시조가 썩어 없어질 존재가 되었다는 것은 후손들 역시 부패하고 썩게 될 존재로 태어나는 것을 의미한다.98) 부패와 죽음(영적, 육적 그리고 영원한)이 죄의 산물이었던 것처럼, 우리의 본성과 한번 섞인 죽음은 세대와 세대를 거쳐 전달된다.99) 그레고리오스 팔라마스 성인은 이렇게 가르쳤다. "아담은 사탄에 패배해 죽음을 가져오는 열매를 먹었다. 하지만 그는 인류의 '뿌리'로서 '죽음의 새싹을 피운다.'"100) 시나이인 아나스타시오스 성인은 이렇게 첨언한다 : 아담은 죄를 지은 후에 '자식을 낳았다.' 그 결과 그의 후손들은 자연스럽게 '필멸의 존재가 되었다.'101) 아토스의 수도자 니코데모스 성인은 하느님께서 아담에게 하신 "땅에서 왔으니 땅으로 돌아가리라."(창세기 3:19)는 말씀을 언급하면서 그 말씀이 이브에게까지 적용되고 있음을 지적한다. "왜냐하면 아담으로 하여금 하느님의 뜻을 거역하게 만든 장본인이 바로 이브였기 때문이다." 한편 형벌은 온 인류를 포함한다. "왜냐하면 시조를 통해 죄가 온 인류에게 들어왔기 때문이다."102)

죽음을 피할 수 있는 사람은 아무도 없다. 반드시 자기가 태어난 흙으로 다시 돌아갈 것이다.(욥기 34:15) "흙에서 왔으니 흙으로 돌아가리라."(창세기 3:19)라는 충격적인 말씀이 전해진 순간부터 흙으로 지어진 것들은 다시 흙으로 돌아간다. 시편의 저자는 이렇게 외쳤다. "어느 누가 영원히 살아 죽음을 만나지 않으리이까? 저승의 갈고랑이에서 제 목숨을 구할 자 있으리이까?"(시편 89:48) 집회서는 이 사실을 분명하게 확인 시켜 준

---

97) 요한 크리소스톰, *Εἰς Ρωμ.* Ὁμ. 10, 2-3 PG 60, 477행부터.
98) 요한 크리소스톰, *Εἰς Ψαλ.* 50, 5 PG 55, 583.
99) 니사의 그레고리오스, *Εἰς τά Ἄσματα τῶν Ἀσμάτων* Ὁμ. 12 PG 44, 1021CD.
100) 그레고리오스 팔라마스, Ὁμ. *52*, 2, 출판 Σοφ. Κ. τοῦ ἐξ Οἰκονόμων, page 121.
101) 시나이인 아나스타시오스, *Ἐρωτήσεις καί ἀποκρίσεις περί διαφόρων κεφαλαίων...*, 143 PG 89, 796.
102) 아토스 수도사 니코데모스, *Ἑορτοδρόμιον...*, page 56.

다. "죽음은 모든 사람에게 내리신 주님의 선고다. 지극히 높으신 분의 뜻을 어찌 거역하려느냐. 십년을 살든지 백년을 살든지 천년을 살든지, 저승에서는 네 수명의 장단이 문제가 되지 않는다."(집회서 41:4) 우리의 육체는 아름답고 위대하고 조화로운 모습으로 하느님의 특별한 사랑의 증거가 되어 살아가지만 실상 그것은 일시적인 것이 되고 말았다! 하느님의 종 모세는 육체를 피었다 사라지는 "풀잎"으로 아주 잘 표현하였으며, 시편도 "아침에는 싱싱하게 피었다가도 저녁이면 시들어 마르는 풀잎이옵니다."(시편 90:5-6)라고 표현한다.

역사 속에서 단 두 사람만 이 보편적 현상에서 제외되었다. 한 명은 하느님께서 데려가신 의인 에녹(창세기 5:24, 히브리서 11:5)이다. 하느님께서는 에녹에게서 "덕의 모습"을 찾았고, 또 그의 덕으로 그가 아담의 죄를 "상쇄할 수 있음"을 보았다. 그렇지만 하느님께서 그를 불멸의 존재로 지상에 놔두지 않고 하늘로 들어 올리신 것은 죄에 대한 두려움을 인간에게 그대로 존속케 하기 위함이었다.103) 또 다른 한 명은 엘리야 예언자로서 그는 제자인 엘리사와 대화하는 도중에 회오리바람에 휩싸여 "하늘로" 올라갔다.(열왕기하 2:11, 마카베오상서 2:58) 이렇듯 죽음은 이 두 명을 제외하고는 모든 인간에게 보편적 운명이다. 아브라함, 다윗, 바울, 베드로, 바실리오스, 그레고리오스, 크리소스톰, 그 외의 성인들과 대 예언자들, 위대한 장군들, 절대 군주들 등 모든 인간은 죽음의 전령인 부패와 함께 여행한다. 물론 주님의 재림 때 살아 있는 자들은 육체의 죽음을 맛보지는 않을 것이다. 하지만 그들도 역시 그들에 앞서 죽었던 사람들처럼 육체의 변화를 겪을 것이며 썩을 몸에서 불멸의 몸이 될 것이다.(고린토전서 15:51)

육체의 죽음과 죄 사이에는 분명한 인과 관계가 존재한다. 이제 필멸의 존재가 된 우리의 육체는 "죄와 탐욕이 쉽게 공격할 수 있는 대상"이 되었다. 그렇다고 부패와 육체의 죽음이 죄의 특성을 갖는다고 말하진 못한다. 생물학적 죽음은 그 자체로서 비난의 대상이 되지 않기 때문이다. 영

---

103) 요한 크리소스톰, Εἰς Γέν. Ὀμ. 21, 4 and 24, 4 PG 53, 180 and 211.

적 죽음이 있는 것처럼 육체의 죽음이 있다. 하지만 육체의 죽음은 의지와는 관계없는 "타락"에 의한 특성이다. 육체의 죽음은 시조의 거역으로 발생했고 계속해서 자연법칙처럼 우리에게 들어왔다.104) 우리는 아담이 범한 것과 같은 죄를 반복하진 않지만 일상생활 속에서 죄를 짓고 살아가며 그것은 우리의 죽음을 정당화한다. 우리가 시조로부터 물려받는 것은 "아담의 개인적 죄가 아니라 시조 그 자체이다." 시조는 "우리 안에 강제적으로 존재"한다. 왜냐하면 우리는 그의 후손이기 때문이다. "시조는 인류가 지속되는 한 이 세상의 종말까지 계속해서 이어질 것이며 우리 모두는 그 안에서 죽게 될 것이다." 성 대 바실리오스도 같은 맥락에서 이렇게 강조한다. "아담의 죄는 일반적인 죄의 원형이며, 인간은 그 죄로 기운다."105)

신 신학자 시메온 성인은 이 진리를 좀 더 쉽게 분석한다. "아담이 하느님의 계명을 거역한 후 자신이 벌거벗은 것을 알고 부끄러워 하느님을 피했던 것처럼, 그리고 낙원에서 쫓겨나 천사들과 벗하며 누렸던 복을 잃었던 것처럼, 우리도 죄를 지을 때마다 당신의 거룩한 종들의 모임인 교회에서 떨어져 나가며, 우리가 세례 성사 때 입었던 거룩한 예복 - 우리가 그렇게 믿고 있는 것처럼 - 그리스도를 벗어 버린다. 동시에 우리는 영원한 생명과 빛, 선물, 성화 그리고 양자로서의 자격을 잃고 만다. 이렇듯 죄를 짓고 살아가는 우리는 두 번째 사람이신 주 예수 그리스도를 모든 면에서 닮은 천상의 인간이 되지 못하고 첫 번째 사람이 흙으로 돌아간 것처럼 다시 흙으로 돌아간다. 그리고 죽음과 어둠의 포로가 되어 꺼지지 않는 영원한 불 속으로 보내져서 그곳에서 엄청난 고통을 겪으며 통곡의 눈물을 흘리게 된다. 그것은 지금 우리가 아담처럼 눈에 보이는 물질적 낙원에서 쫓겨나 힘들게 세상을 살아가도록 심판받은 것이 아니

---

104) 요한 크리소스톰, *Εἰς Ἐφεσ.* Ὁμ. 4, 1 PG 62, 31.
105) ΔΗΜ. Γ. 차미, *Ἡ πρωτολογία τοῦ Μ. Βασιλείου*, 출판 K.B.E, Thessaloniki 1970, page 135.

라, '눈으로 본 적도 없고 귀로 들은 적도 없으며 아무도 상상하지 못한 일을 하느님께서 당신을 사랑하는 사람들을 위하여 마련해 주신'(고린토전서 2:9) 그 선물들을 누리지 못한 채 천상의 왕국에서 쫓겨나고 있기 때문이다. 이렇게 우리는 우리 자신을 내버리고 지옥의 포로가 된다. 하지만 우리에게는 원상회복할 수 있는 회개의 기회가 있다. 만약 그 기회가 우리에게 주어지지 않았다면 구원 받을 수 있는 사람은 단 한 명도 없었을 것이다."[106]

그런데 혹자는 '만약 우리가 필멸의 몸을 가지고 있지 않았다면 우리는 죄를 짓지 않았을 것이다'라고 주장할지도 모른다. 하지만 그 주장은 옳지 않다. 왜냐하면 필멸과 육체의 정욕은 죄의 원인이 아니기 때문이다. 만약 몸의 부패와 필멸이 죄의 원인이었다면 이것들의 지배를 받지 않고 낙원에서 살았던 아담은 죄를 짓지 않았을 것이다. 그리고 육체가 없는 에오스포로스(사탄)는 더욱 그러했을 것이다. 만약 육체의 부패와 필멸이 죄의 원인이었다면 덕을 이룬 인간은 결코 존재할 수 없었을 것이며 또한 육체적 성질의 특성이 악이었다면 모든 인간은 그것을 지니고 있어야 했을 것이다.[107]

결과적으로 한 인간의 불순종은 그 때까지 깨끗했던 세상에 죽음을 끌어들였다. 그리고 금기된 열매를 따먹은 그의 행위는 인간들에게 죽음의 어머니가 되었다.[108] 과거에 살았고 지금 현재에 살며 그리고 미래에 살아갈 인간은 "인류의 시초로서 인성 안에 죽음을 담은" 아담의 거역으로 말미암아 이미 죽음의 심판을 받았다.[109] 이렇게 육체의 죽음은 우리와 "타협하지 않는 망나니"로 변했다. 그리고 "우리 인류에게 예외 없는 폭력자요, 가식 없는 살인자"[110]가 되었다!

---

106) 신 신학자 시메온, *Ἠθικός Λόγος* ΙΓ' 8 ΕΠΕ 19Γ, 256-258.
107) 요한 크리소스톰, *Εἰς Α' Κορ.* Ὁμ. 17, 4 PG 61, 144.
108) 니사의 그레고리오스, *Περί κατασκευῆς ἀνθρώπου* 20 PG 44, 200D.
109) 알렉산드리아의 키릴로스, *Εἰς Ρωμ.* ε' 15 PG 74, 785C.

그 누구도 아닌 바로 우리 자신들!

우리는 나이와 상관없이 세상을 떠나가는 주변 사람들을 보면서 "왜 하느님께서는 죽음을 허락하셨을까?"라는 의문을 가진다. 또 전지전능하신 하느님으로서 과연 인간이 죄를 짓고 당신이 경고하셨던 "그것을 따먹는 날 너는 반드시 죽는다."(창세기 2:17)라는 말씀이 실현될 것을 모르셨을까? 하는 의구심도 가져 본다. 그리고 혹시 죽음에 대한 일말의 책임이 하느님께 있는 것은 아닐까? 하는 생각도 해본다.

하지만 형제여, 그런 불경스런 생각을 멀리하기 바란다! 하느님께서는 인간이 "온갖 영예"를 누리고 "천사의 삶"과 같은 삶을 살도록 창조하셨다. 그리고 당신의 현존이 발하는 빛과 기쁨, 그리고 청정함 속에서 이성적 창조물이 살아가게끔 창조하셨다. 인간의 최종 목적지는 하느님의 은총에 힘입은 신화(神化)였다. 하지만 인간은 그 길을 스스로 저버렸다. 이브는 사탄의 흉계에 빠져 하느님과 동등한 위치가 될 것 같은 허영에 빠졌다. 그리고 하느님과 같은 존재가 될 것이라는 교만에 사로잡혔다. 그녀는 즉시 금지된 열매를 먹기 위해 달려갔다. 그녀의 모든 생각과 온 마음은 그곳에 쏠려있었으며 사악한 사탄이 던진 독의 잔을 완전히 비울 생각에 집중되었다.111) 이미 밝힌 대로, 타락은 전적으로 자유를 악용한 우리에게 있다. 죄의 원흉이고 인간을 파멸로 이끄는 괴물은 비록 시조를 유린하였지만 시조의 자유와 자제력을 강제하지는 않았다.112)

결과적으로, 자비의 하느님께서는 죽음에 대한 일말의 책임도 없으시다. 영원하신 하느님께서는 "죽음을 만들지 않으셨으며" 죽음을 기뻐하지도 생명의 손상을 즐기시지도 않는다. 그분은 지고의 선을 가진 분으로서 인

---

110) 요한 크리소스톰, Εἰς τὴν ἀρχὴν τῶν νηστειῶν..., PG 62, 746.
111) 요한 크리소스톰, Εἰς Γέν. Ὁμ. 16, 3 and 17, 3 PG 53, 129·134.
112) 이리내오스, Ἔλεγχος... IV, 39, 3 ΒΕΠΕΣ 5, 159(2-4); 대 바실리오스, Ὅτι οὐκ ἔστιν αἴτιος τῶν κακῶν ὁ Θεός 7 PG 31, 345A; 요한 크리소스톰, Εἰς Γέν. Ὁμ. 17, 1 PG 53, 134.

간이 불멸의 존재로 살아가도록 창조하셨으며 그분의 영원한 본성을 본떠 인간을 만드셨다.(지혜서 1:13, 2:23) 안티오키아의 주교 테오필로스는 '아담은 하느님을 거역함으로써 죽음이 자신에게 들어오게 한 장본인'이라고 가르친다.113) 알렉산드리아 교회의 큰 별도 '영원에서 고개를 돌려 버린 후에 사탄의 간사한 충고를 받아들여 자연스런 부패의 상태로 되돌아간 인간 자신이 바로 죽음으로 인한 부패의 원인 제공자가 되었다.'114)라고 적었다. 만약 우리의 시조가 죄를 범하지 않았다면 그들은 죄의 형벌로서의 죽음을 겪지 않았을 것이다.115) 니사의 그레고리오스 성인은 이렇게 강조했다. "자발적으로 사탄의 먹이를 받아들인 인간은 생명의 원천인 하느님을 배제하고 자기 자신을 앞세웠다. 그 결과 인간은 덕과 정반대로 흐르려는 악의를 내면에 생산하면서 의지적으로 자신에 대항하는 "변질"된 첫 모습을 발견했다."116) 또 다른 곳에서 그레고리오스 성인은 "아담은 쉬운 길을 택했다. 그는 '생명 자체'이신 하느님에게서 멀리 떨어져 사는 것을 선호했다. 그래서 그는 죽음의 품으로 떨어졌다"고 가르치면서 우리가 그 어떤 의심도 갖지 않게 이렇게 적었다. "하느님은 죽음을 만들지 않았다. 죽음의 아버지는 생명으로부터 자기 자신을 박탈한 악의 임금, 사탄이다. 왜냐하면 죽음은 사탄의 시기함으로 인해 삶에 유입되었기 때문이다."117)

하느님께서는 분명 당신의 이성적 창조물에게 일어날 일들을 미리 알고 계셨다. 왜냐하면 만물을 보시는 하느님 앞에 드러나지 않는 것은 아무것도 없기 때문이다.(히브리서 4:13 참조) 결론적으로 하느님께서는 미래에 일어날 인간의 타락을 알고 계셨다. 그래서 당신은 그것을 미리 경고하셨다. 하느님께서 타락을 선견하시고 경고하셨다고 해서 그 타락에 어떤 영향을 미친 것은 아니다. 성 그레고리오스 팔라마스는 이런 의심을 품는

---

113) 안티오키아의 테오필로스, *Πρός Αὐτόλυκον* Β' 27 ΒΕΠΕΣ 5, 39(29).
114) 대 아타나시오스, *Περὶ ἐνανθρωπήσεως τοῦ Λόγου* 5 ΒΕΠΕΣ 30, 78(34-36).
115) 테오도리토스 키로스, *Εἰς τον 50όν Ψαλ.* 7 PG 80, 1244D-1245A.
116) 니사의 그레고리오스, *Περὶ παρθενίας* 12 PG 46, 372A.
117) 니사의 그레고리오스, *Εἰς τὰς ἐπιγραφὰς τῶν Ψαλμῶν* 16 PG 44, 601C.

사람들에게 창세기의 말씀에 귀 기울일 것을 요청한다. 그리고 이렇게 충고했다 : 창세기의 말씀을 주의 깊게 살펴본 사람들은 하느님께서 영육의 죽음을 창조하지 않았음을 알 것이다. 왜냐하면 하느님께서 시조에게 금기의 열매를 먹는 날 "너희는 죽는다"라고 명령하시지 않고 "죽게 될 것"(창세기 2:17)이라고 말씀하셨기 때문이다. 또한 지금 당장 죽어서 흙으로 돌아가라고 말씀하시지 않고 흙으로 "돌아가게 될 것"(창세기 3:19)이라고 말씀하셨기 때문이다. 하느님께서는 이렇게 시조에게 예언하셨고 허락하셨다. 그리고 그들이 저지른 불순종의 정당한 결과를 가로막지 않으셨다.[118)

인간은 죄를 지었다. 악의 원흉인 사탄의 꼬임에 넘어갔기 때문이다. 하지만 우리는 이 점을 간과해서는 안 된다 : 비록 사탄이 인간을 죄에 빠지게 했지만 그가 치르는 전쟁의 본질은 사실 우리를 노린 것이 아니다. 우리에 대한 사탄의 증오는 하느님과 그분의 업적에 대한 증오의 연장이라 할 수 있다. 왜냐하면 "모든 악의 그릇"인 사탄이 하느님처럼 되려다 하느님에게 벌을 받았기 때문이다. 사탄은 하느님에 대한 모든 악의를 하느님의 형상을 지닌 인간에게 쏟아 부어 "하느님에 대한 증오를 그대로 표출하였다." "하느님의 적대자"[119)로서 기본적으로 "인간을 증오하게 된" 사탄은 인류를 완전히 말살하려 했었다. 하지만 그의 노력은 성공하지 못했다. 왜냐하면 전능하신 하느님께서 "풀 수 없는" 법으로 사악한 사탄의 "파멸의 힘을 한정" 시키신 후, 구세주 그리스도의 십자가의 죽음과 찬란한 부활로 그에게 치명상을 입히셨기 때문이다.[120)

이처럼 인간은 자신을 증오하는 사악한 사탄에게 속아 죄를 지었다. 오리게네스는 "시조가 금기의 열매를 따먹는 날, 그 즉시 영적 죽음이 일

---

118) 그레고리오스 팔라마스, *Κεφάλαια φυσικά, Θεολογικά*... 51, *Φιλοκαλία*... 4 page 152-3.
119) 대 바실리오스, *Ὁμ. ἐν Λακίζοις* 9 PG 31, 1456BD; *Ὅτι οὐκ ἔστιν αἴτιος τῶν κακῶν ὁ Θεός* 8 PG 31, 348A행부터 참조.
120) 대 바실리오스, *Περί ταπεινοφροσύνης*, 2 PG 31 528BC; *Περί τοῦ μὴ προσηλῶσθαι τοῖς βιωτικοῖς*..., 1 PG 31, 540D 참조. and ΔΗΜ. Γ. 차미, *Ἡ πρωτολογία τοῦ Μ. Βασιλείου*, page 107 참조.

어났으며 시조를 손아귀에 넣은 자는 바로 '뱀을 통해 이브를 속이고' 그의 목적을 달성한 '살인자 사탄'이었다"고 지적한다.121) 오리게네스의 제자로서 네오케사리아의 주교였던 기적의 성인 그레고리오스도 그의 설교에서 이렇게 말했다. "나른하고, 무기력하고, 몽롱한 정신으로 '낙원에서 홀로 춤 춘 이브'는 악의 원흉인 사탄의 말을 사려 없이 받아들여 '그녀의 정신을 손상 시켰다.' 그리고 사기꾼 사탄은 독을 흘려 독과 죽음을 섞은 후 그녀를 통해 죽음을 온 세상에 '들여왔다.'"122)

인간이 죄를 지어 그 결과물 중의 하나인 죽음이 들어왔지만, 죄는 하느님께서 창조하신 요소가 아니다. 죄는 "말씀 한 마디에 모든 것이 생기고, 한 마디 명령에 제 자리를 굳힌"(시편 33:9) 하느님의 그 말씀 속에 들어가 있지 않았다. 무한하신 전지와 전지하신 선으로 "하느님께서 창조하신" 모든 것은 "참으로 좋은 것"(창세기 1:31)이었다. 그리고 "참 좋은 것"에는 "인간"도 있었다. 이것은 하느님의 창조물 중 가장 뛰어난 걸작이었다. 왜냐하면 그것은 니사의 그레고리오스 성인이 말한 것처럼 불멸의 미를 닮은 것보다 더 좋은 것은 없기 때문이다.123) 그레고리오스 팔라마스 성인은 이렇게 가르친다. "하느님의 창조물이 병으로 고통 받아도 병이 하느님의 피조물이 아닌 것처럼 이성적 영혼이 죄로 흘러도 죄 역시 하느님으로부터 온 것이 아니다. 우리의 의지로 이루어진 죄, 생명과의 거리가 죽음을 만들어 낸다. 왜냐하면 그것이 하느님과 우리를 멀리 떨어뜨리기 때문이다."124)

의문이 많은 사람은 자기의 생각을 이렇게 말할지도 모른다 : 하느님께서 우리를 자유로운 존재로 창조하시려 했을 때 왜 당신 곁에서 의무적으로 또 강제적으로 살아가게끔 하지 않으셨을까? 차라리 시조의 의지를 당신의 선에 굳건하게 고착 시켜서 파멸을 피하게 하는 것이 더 낫지 않

---

121) 오리게니스, *Eἰς Ἰω. Κ' XXV* ΒΕΠΕΣ 12, 232(1-5).
122) 네오케사리아스의 그레고리오스, *Ὁμ. Α'* ΒΕΠΕΣ 17, 351(16-20).
123) 니사의 그레고리오스, *Εἰς τὰ Ἄσματα τῶν Ἀσμάτων*, Ὁμ. 12 PG 44, 1020C.
124) 그레고리오스 팔라마스, *Ὁμ. 63*, 1, 출판 Σοφ. Κ. τοῦ ἐξ Οἰκονόμων, page 279, 280.

않을까? 혹시 시조에게 허락하신 자유가 "선물 아닌 선물"이 아니지 않았을까?

하지만 이런 의문은 비이성적이다! 왜냐하면 자유와 강압은 서로 상반되기 때문이다. 자유란 행위를 자유롭게 하는 능력이다. 반면에 선에 대한 의무적인 고착은 정해진 방향으로의 강제적 행위이다. 그것은 자유의 제거이다. 하느님의 전능은 무한하지만 언제나 이성적이고 자유로운 방법으로 역사하신다. 하느님께서는 우리를 자유로운 존재로 창조하셔서 우리가 스스로 선과 덕, 또는 사악한 길을 선택할 수 있도록 하셨다. 그것은 니사의 그레고리오스 성인이 말한 것처럼, 덕은 자발적인 자유의지에 따라 행동하는 것으로서 모든 필요로부터 속박되지 않기 때문이다. 이성적 인간은 그의 생각에 따라 스스로 선을 택해야 한다. 왜냐하면 덕은 모든 두려움에서 벗어나 속박되지 않는 것으로서 자신의 뜻과 생각에 따라 선을 선택하는 것이기 때문이다. 선은 "의지의 결핍"이 되어서는 안 되며 강제로 끌려가서도 안 된다. 반드시 자발적으로 성취되어야만 한다. 덕은 자유롭고 자발적인 것이어서 강압이나 폭력에 의한 것은 덕이 될 수 없다.125) 성 대 바실리오스는 이렇게 가르쳤다. "하느님께서는 강압이 아닌 우리의 자발적 의지로 성취하는 것을 사랑하신다. 덕은 강압이나 폭력이 아닌 자유의지일 때 생명을 가진다.'126) 이 밖에 우리는 알렉산드리아의 클레멘스 성인이 말한 것처럼, 우리가 "본질상" 덕을 위해 지어졌음을 잊지 말아야 한다. 그래서 비록 덕을 지니고 "태어나진" 않았지만 언제나 하느님의 은총에 힘입어 우리는 그 덕을 성취할 수 있다.127) 다마스커스의 성 요한도 '덕은 폭력이나 강압에 의해 이루어지는 것이 아니다'라고 핵심을 잘 표현했다.128)

---

125) 니사의 그레고리오스, Εἰς τὰ Ἄσματα τῶν Ἀσμάτων, Ὁμ. 5 PG 44, 877A; Εἰς τ ήν προσευχήν, Λόγ. 3 PG 44, 1156C; Εἰς τὰ Ἄσματα τῶν Ἀσμάτων, Ὁμ. 2 PG 44, 796D; Περὶ κατασκευῆς ἀνθρώπου, Ὁμ. 16 PG 44, 184B.
126) 대 바실리오스,Ὅτι οὐκ ἔστιν αἴτιος τῶν κακῶν ὁ Θεός, 7 PG 31, 345B.
127) 알렉산드리아의 클리미스, Στρωματεῖς ς', XI and XII ΒΕΠΕΣ 8, 213(36)-214(1-10).
128) 다마스커스의 요한, Ἔκδοσις, 12 PG 94, 924B.

하느님께서는 인간을 자유로운 존재로 창조하셨지만 방치하지는 않으셨
다. 그래서 하느님께서는 아직 시험 받지 않은 창조물의 의지가 선으로
향하게끔 방향을 정하셨다. 이렇게 인간은 선에 이끌려 선을 향하고 덕에
정착하도록 창조되었다.

악이 세상에 유입된 것은 절대적으로 우리의 부주의이지 하느님 때문
이 아니다.129) 그리고 거룩한 것은 본질 자체가 선하기 때문에 악의 원
인이 절대 될 수 없다.130) 자유의 선물을 과용한 우리 자신에게 원인이
있는 것이지 하느님이 그 원인이 될 수는 없다. 결국 죽음을 창조하신
분은 하느님이 아니다. 바로 우리 자신이 우리를 해롭게 하기 위해 죽음
을 끌어들인 것이다.131) 따라서 우리를 파멸 시킨 원인 제공자는 그 누
구도 아닌 바로 우리들 자신이다!....

하느님의 교부들은 이 가르침을 우리에게 주었다. 그래서 "정교회 전승
은 '인류에게 죽음이 유입된 것은 인간이 하느님과의 친교를 단절한 후
사탄에 복종한 결과'라고 가르친다."132)

영혼은 힘겨운 투쟁을 치른다

거룩한 포도원지기는 에덴동산에 품질이 우수한 순종 포
도를 심었다. 그런데 불행하게도 순종 포도는 생소한 잡종
포도로 변해 버렸다.(예레미야 2:21) 시조의 죄 이후에 "우리
는 몸소 죄를 짓고 그에 합당한 형벌을 선택한다."133) 왜냐

---

129) 신학자 그레고리오스, Λόγ, 40, Εἰς τό ἅ γιον Βάπτισμα, 45 PG 36, 424A.
130) 신학자 그레고리오스, Λόγ, 4, Κατά Ἰουλιανοῦ ..., 47 PG 35, 572B.
131) 대 바실리오스, Ὅτι οὐκ ἔστιν αἴτιος τῶν κακῶν ὁ Θεός, 7 PG 31, 332C and 345A.
132) ΒΑΣ. Τ. 율치 Θεολογία καί προσωπικαί σχέσεις κατά τόν Μ. Φώτιον, Ἀνάλεκτα Βλατάδων, Thessaloniki 1974, page 63.
133) 알렉산드리아의 클리미스, Παιδαγωγός Α' VIII ΒΕΠΕΣ 7, 111 (29-30).

하면 플라톤이 말한 것처럼 책임은 선택한 자에게 부여되는 것이기 때문이다. 하느님께서는 책임이 없다.134)

인류의 타락은 모든 것을 뒤죽박죽으로 만들었다. 인간은 서로 분열되었고 반목했다. 시조는 양심의 가책으로 엄청난 정신적 고통을 받으며 무거운 발걸음을 옮겨 행복했던 그들의 거처인 낙원을 떠났다. 그리고 먹구름과 번개, 깊은 슬픔에 빠진 자연의 재앙이 그들을 동반했다.(로마서 8:22) 낙원에서 추방된 그들은 죽음을 들여왔다. 그리고 자신들과 주변의 모든 존재 안에 죽음을 정착 시켰다. 이제부터 죽음은 '마르지 않는 고통과 슬픔의 샘이 된다. 그리고 인간에게서 죽음의 모든 신경은 시작된다. 왜냐하면 인간이 바로 죽음의 중추신경이기 때문이다.'135)

죽음은 더욱 강력하게 인간을 공격하며 안과 밖으로 침투한다. 밖으로는 죄의 유혹과 자극, 그리고 달콤함으로 인간을 사로잡으며(히브리서 12:1) 안으로는 "어려서부터 악한 마음"(창세기 8:21)을 지향하게끔 사악한 정욕을 불러일으킨다. 사악한 정욕은 쾌락의 미끼를 이용해 인간을 유혹하고 죄를 짓게 만든다. 그리고 죄가 실현되고 영혼을 지배하게 되면 죄는 마침내 죽음을 낳는다.(야고보서 1:14-15)

현자 시락은 죽음 앞에서 경이롭게 소리친다. "재산을 쌓아 놓고 행복하게 살며 아무런 근심 걱정 없이 모든 일에 성공하고 아직도 음식을 즐길 수 있는 사람에게, 죽음아, 너를 생각한다는 것이 얼마나 괴로운 일이겠느냐! 가난하고 힘이 빠진 사람, 끊임없이 근심 걱정에 시달려서 늙어버리고 모든 것이 귀찮고 참을성마저 없어진 사람에게, 죽음아, 너의 기약이 얼마나 반가운 일이겠느냐! 죽음이 있다는 것을 두려워하지 마라. 네 앞에 간 사람들과 네 뒤에 올 사람들이 있음을 생각하여라. 죽음은 모든 사람에게 내리신 주님의 선고다."(집회서 41:1-4)

이렇듯 죽음은 우리 모두가 지속적으로 힘겹게 투쟁해야 하는 현상이

---

134) 플라톤, Πολιτεία, X, 617E : "Αἰτία ἑλομένου. Θεὸς ἀναίτιος".
135) I. 포포비츠, Ἄνθρωπος καὶ Θεάνθρωπος, page 14.

다. 그것은 생명의 공간 안에 있는 쓰디쓴 경험이며, 원치 않는 냉혹한 출현이다. 인생은 죽음으로 인해 끝없는 근심과 위기에 직면한다. 물론 죽음이 영혼에 도움을 주는 면도 있다. 왜냐하면 이 세상에서의 삶의 고통을 종식 시키고 구원받은 영혼을 영원한 본향으로 옮겨주기 때문이다. 그럼에도 불구하고 죽음은 영혼에게 아주 강력한 시련이 된다. 특히 육체의 죽음의 시간에 영혼이 느끼는 그 시련은 우리가 상상하는 것보다 훨씬 슬프다. 왜냐하면 길든 짧든 희로애락을 함께하며 함께 투쟁했던 육체와 영혼이 서로 결별하는 것이기 때문이다. 그것은 아마도 우리 삶이 겪었던 그 어떤 시련보다 더 클 것이다. 사실 육체 속에 있는 영혼은 그것을 둘러싸고 있는 물질인 육체에 의해 자극 받으며 고통 받는다. 그렇지만 죽음의 순간에 지상의 거처와 이별하는 영혼은 썩어 없어질 동료와 헤어지게 되는 아픔을 손수 경험한다. 왜냐하면 영혼이 육체의 속박에서 벗어난다 해도 그동안 그 "굴레" 안에서 육체를 사랑하며 "성령이 거하시는 성전"(고린토전서 6:19)이 되어 살아갈 수 있도록 육체에게 혼을 불어 넣어 주었을 것이기 때문이다. 그리고 육체와 함께 하늘로 향하고자 한 신실했던 아름다운 순간과 고민을 같이 나눴을 것이기 때문이다.

하느님의 말씀께서도 육화를 통해 육체와 함께 사셨다. 아프고 헐벗고 슬퍼하는 사람들의 몸을 돌보고 존중하고 사랑하셨다. 그리고 거룩한 당신의 몸을 스스로 돌보고 고귀한 기름이 발리는 것을 허락하셨다. 이렇게 육체가 없으신 완전한 "영"(요한복음 4:24)이신 하느님께서 육체를 사랑하셨다면 어떻게 영혼이 육체를 사랑하지 않을 수 있으며 육체와 이별할 때 슬프지 않겠는가? 장례 예식의 성가는 이렇게 노래했다 : 슬프도다. 육체와 이별할 때 "영혼은 참으로 힘겨워 하는구나!" "슬프도다. 그 때 영혼이 수많은 눈물을 흘리지만 영혼을 애처로이 여기는 사람은 하나도 없네!"136) 다마스커스의 성 요한은 가슴을 파고드는 이 성가에서 이렇게

---

136) *ΕΥΧΟΛΟΓΙΟΝ τò ΜΕΓΑ* (대 기도서), Ἀκολουθία Νεκρώσιμος εἰς κοσμικούς, page 413.

말한다 : 영혼이 힘겨워 눈물을 흘리네. 그동안 신비롭고 조화롭게 결합했던 육체와의 단절에 깊은 슬픔을 느끼네. 영혼은 육체를 떠나 하늘로 오르고 자유를 얻네. 하지만 영혼을 품에 안았던 친구, 육체는 숨을 멈추고 죽어있네. 이제 차가운 땅만 그를 "왔던 곳으로" 되돌리기 위해 그를 품에 안고 받아들이네!

대 포티오스 성인은 영혼의 벗이었던 육체, 특히 주검의 얼굴에 대해 자세하게 묘사한다 : 입술은 말없이 깊은 침묵에 빠져 있고, 겸손과 고결을 말하던 입은 다물고 썩기만을 기다린다. 눈이여, 왜? 아, 침묵을 이기고 말하는 것이 정욕인가! 눈이여, (내가 어찌 말해야 할까?) 생기를 완전히 잃어버린 주검이 죽어 버린 눈썹으로 놓여 있구나. 주검의 얼굴의 볼은 자연스런 붉은 빛을 잃고 생기 없이 어두운 색으로 단장되어 있어, 아름다운 자태는 사라지고 흉측한 모습만 자아내는구나.137)

"죽음아, 너를 생각한다는 것이 얼마나 괴로운 일이겠느냐! 너의 기약이 얼마나 반가운 일이겠느냐!"(집회서 41:1-2)

영혼과 육체의 분리

이렇듯 육체의 죽음은 자연의 생명을 종식 시키고 그의 거처인 몸과 영혼을 분리한다. 그런데 우리가 주목해야 할 점이 있다. 그것은 성서가 죽음에 대해 말할 때 "육체와 영혼의 분리"라는 표현을 사용하지 않는다는 점이다. 성서는 죽음을 말할 때 세상을 떠난다는 표현을 사용하면서, 인간이 자연사한 이

---

137) 대 포티오스, Ἐπιστ. Ταρασίῳ πατρικίῳ ἀδελφῷ παραμυθητικὴ ἐπὶ θυγατρὶ τεθνηκυίᾳ, N. B. ΤΩΜΑΔΑΚΗ, Βυζαντινὴ Ἐπιστολογραφία, Athens 1969³, page 225.

후에도 영혼이 언제나 살아 있음을 강조한다. 그것은 생물학적 죽음이 인간의 종말이 아니라 영육의 일시적 이별이기 때문이다. 시조의 타락 이후에 죽음이 들어왔지만 영혼은 육체의 죽음 이후에도 죽지 않고 계속 살아가며, 육체만이 부패되고 분해된다. 이렇게 죽음은 육체적 삶, 즉 지상의 생만을 마감한다.

하느님의 영감 속에 쓰인 창세기는 선조 아브라함이 "천수"를 누리고 죽어 "그의 백성들 곁으로 갔다."(창세기 25:8)라고 기록한다. 선조 이사악도 "천수"를 누리고 "죽어 선조들 곁으로 갔다."(창세기 35:29)라고 기록한다. 마찬가지로 야곱(창세기 49:33)과 아론, 모세(민수기 20:24, 27:13, 31:2)도 그러했다. 사후에 그들 각자가 그들의 선조 곁으로 갔다는 것은 그들의 선조들이 죽지 않고 살아 있음을 암시한다. 특히 하느님께서 당신 자신을 "아브라함과 이사악 그리고 야고보의 하느님"(출애굽기 3:6)이라고 하신 점은 하느님께서 죽은 자들의 하느님이 아니라 "살아 있는 자들의 하느님"(마태오복음 22:32, 마르코복음 12:27)이심을 확인해 준다. 그분은 무덤 저편에 "영"으로 살아 계신 선조들의 하느님이다. 단지 아브라함, 이사악, 야고보만이 아니라 최근에 또는 오래전에 우리에 앞서 돌아가신 모든 분들의 살아 계신 하느님이시다. 세상을 먼저 떠난 우리의 선조들은 깊은 잠에 빠져 있거나 무의식이 아닌 상태에서 하느님과 살아 있는 관계를 유지하며 살아간다.

성서가 죽음에 대해 말할 때 "육체와 영혼의 분리"라는 표현을 사용하지 않았음에도 불구하고, 하느님의 계시를 체험하고 권위 있게 해석했던 교회의 거룩한 교부들은 죽음을 "육체와 영혼의 분리"[138]라고 분명하게 밝힌다. 니사의 주교 성 그레고리오스는 "죽음은 '몸과 영혼의 분리'[139] 이외에 그 무엇도 아니다."라고 기록한다. 동명이인이자 신학자인 그레고리오스는 자신의 시에서 생명과 죽음의 상반된 입장을 이렇게 표현한다.

---

138) 알렉산드리아의 클리미스, Στρωματεῖς 7, 12 and 3, 9 ΒΕΠΕΣ 8, 279(1-2) and 33(33-34).
139) 니사의 그레고리오스, Ἀντιρρητικὸς πρὸς τὰ Ἀπολλιναρίου, 17 PG 45, 1153D.

"생명이 영혼과 육체의 결합인 것처럼, 죽음은 그 둘의 분리이다."140) 그리고 테살로니카인들의 빛인 또 다른 세 번째 동명이인은 겸손한 크세니 수녀에게 이렇게 적어 보냈다. "영육의 분리는 육체의 죽음이다."141)

우리는 누군가가 세상을 떠날 때만 육체적인 죽음과 부패의 사건을 목격하는 것이 아니라 우리의 일상생활 속에서 지속적으로 그 사건을 몸소 겪는다. 니사의 그레고리오스 성인이 기록한 것처럼, 죄를 지은 이후, 우리의 육체는 "부패 속에" 놓여 매일 죽음 속에서 살아간다. 육체의 존재는 점차 "감각", "에너지", "활력"을 잃고 계속해서 "소멸"의 방향으로 진행한다.142) 달리 말하면, 죽음이 올 때까지 우리의 힘은 계속해서 소진되고 쇠약해지며 조금씩 사라져 가는 것이다! 멈추지 않는 부패, 즉 "끝없는 죽음, 아마 수 없는" 죽음은 "마지막 최후의 단 한 명까지"143) 이를 때까지 한없이 이어질 것이다.

인간이 죄를 지었음에도 불구하고, 지극히 자비로우신 하느님께서는 당신이 주신 선물을 남용했던 피조물에게서 자유의 선물을 몰수하려 하지 않으시고 피조물이 충동적 탐욕에144) 이끌려가도록 그냥 놔두셨다. 동시에 하느님께서는 당신의 무한한 자비와 자애로 이 문제를 해결할 방법을 찾아내셨다. 그리고 인간에 대해서 당신의 선한 계획을 세우셨다. 하느님께서는 죄를 지은 인간에게 형벌을 내림과 동시에 새로운 희망을 주셨다. 하느님께서는 땅을 저주했던 것처럼 뱀을 저주하신 후(하느님의 창조물을 저주하지 않고, 훈육의 방법으로 벌만 주심),145) 이렇게 말씀하셨다 : '여자의 후손이 너의 머리를 짓밟을 것이다.'(창세기 3:14-15) 다시 말해, 여자의 후손이 사탄에게 치명상을 입혀 완전히 굴복 시킬 것임을 말씀하셨다. 이렇게 시

---

140) 신학자 그레고리오스, Ἔπη Ἠθικά 34, 25 PG 37, 947A.
141) 그레고리오스 팔라마스, Πρός Ξένην μοναχήν, Φιλοκαλία... 4, page 93 (21).
142) 니사의 그레고리오스, Κατά Εὐνομίου Λόγ. 8 PG 45, 797C.
143) 그레고리오스 팔라마스, Κεφάλαια φυσικά, Θεολογικά... 52, Φιλοκαλία... 4, page 153.
144) 디오그니톤 (ΠΡΟΣ ΔΙΟΓΝΗΤΟΝ) 에게 보내는 편지, Ἐπιστολή 9 ΒΕΠΕΣ 2, 255(12-13).
145) 가발론의 세비리아노스 (ΣΕΒΗΡΙΑΝΟΥ ΓΑΒΑΛΩΝ), Εἰς τὴν πέμπτην ἡμέραν τῆς κοσμοποιίας, 10 PG 56.

조는 낙원을 저버렸지만, 하느님의 창조물은 그의 슬픈 운명의 저편에서 희망의 빛을 보았다. 그리고 그늘진 그의 영혼은 하느님께서 약속하신 희망의 무지개를 바라보았다. 왜냐하면 하느님께서는 "시조의 타락 이후, 인류는 비틀거리며 쓰러지고 일어서고 헤아릴 수 없는 슬픔에 잠길 것이다. 하지만 '때가 차면'(갈라디아서 4:4) 인류는 뱀의 머리를 분쇄할, 십자가에 못 박히시고 부활하시고 승천하신 신인(神人) 예수를 만나게 될 것이다"고 약속해 주셨기 때문이다. 그런데 하느님께서는 이 약속만 해 주신 것이 아니다. 자비의 하느님께서는 당신의 섭리로 육체의 죽음이 그리스도 이전부터 구세주 그리스도의 재림 때까지 오히려 인간에게 은혜가 되게끔 만드셨다!

　이렇게 하느님께서는 피조물이 자신의 잘못을 상쇄하고 "원형의 미"를 복원할 수 있도록 도와주셨다. 인간이 자의로 죄를 지은 것처럼 인간은 이런 방법을 통해 자신이 잃었던 것을 다시 찾을 것이며, 만약 자발적으로 순수하게 성장해 나간다면 잃었던 것보다 더 많은 것을 얻을 것이다. 그러면 인간은 창조주께서 맨 처음 계획하셨던 것처럼, 선을 승리의 선물로 받을 것이다. 죽음을 통한 일시적인 제어는 하느님의 계획을 무산 시킬 수 없다. 하느님의 계획이 실현되는 그 때까지 죽음과 인체의 부패는 "하느님의 생명체"인 인간의 파멸과 인성의 해체가 되지 못한다. 그것은 단순히 필멸의 존재가 사라지는 것이고 부패해야 할 존재가 파멸되는 것이다.146)

---

146) 요한 크리소스톰, *Εἰς Ψαλ.* 48, 5 PG 55, 230.

형벌이 은혜가 된다

"영원한" 죄가 되지 않기 위해!

거역의 쓰디쓴 열매인 죽음이 어떻게 인간에게 은혜가 될 수 있다는 말인가? 죽음이라는 것은 궁극적으로는 최후의 패배자(고린토전서 15:26)가 되겠지만 자비의 하느님께서 이성적 창조물에게 선물한 생명을 앗아가고 단절하는 적이 아니던가? 그렇다. 죽음은 그런 것이다. 하지만 죽음은 죄 많은 세상에 하나의 선(善)처럼 나타난다! 왜냐하면 쓴 것에서 단것을 추출하시는 하느님의 전지가 당신의 무한한 자비와 섭리 속에 선이 되게끔 만들어 내셨기 때문이다. 이렇게 외견상의 모순은 현실이 되었다. 우리의 적이었던 죽음은 이제 은혜로 바뀌고 우리에게 부과된 죄의 형벌은 인류에게 유익하게 되었다! 영육의 분리는 바라지 않는 고통이지만 그것은 은혜로운 특성과 중요한 긍정적인 의미를 취하게 되었다.147)

그리스도교의 변론자인 안티오키아의 테오필로스는 그의 이교도 친구인 아프토리코에게 보낸 편지에서 이렇게 썼다 : 하느님께서는 자연사(自然死)를 통해 인간에게 "큰 은혜"를 베푸셨다. 왜냐하면 인간이 죄의 상태에 계속 머무는 것을 제어하시고 "죄 속에서 영원히 살아가지 못하도록" 하시기 때문이다.148) 니사의 성 그레고리오스는 그의 철학적 사고와 영기로 이 진리를 좀 더 깊이 분석한다. 그리고 이렇게 말했다 : 인간의 영혼 안에 심어진 악이 불멸이 되지 않도록, 영혼의 "그릇", 즉 육체는 죽음을 통해 일시적으로 부패된다. 그리고 이것은 하느님의 지혜와 선, 자비의 섭리에 따른 것이다.149)

그의 형제 성 대 바실리오스는 죽음의 원인은 하느님이 아닌 우리라고 강조하면서 이렇게 부연했다 : 하느님께서는 영육의 해체, 즉 영혼과 육

---

147) N. E. 미쵸풀로스, *Ὁ Θάνατος, Πνευματικός - Σωματικός - Αἰώνιος*, page 46 참조.
148) 안티오키아의 테오필로스, *Πρὸς Αὐτόλυκον* Β' 26 ΒΕΠΕΣ 5, 39(5-6).
149) 니사의 그레고리오스, *Λόγος ἐπικήδειος εἰς Πουλχερίαν*, PG 46, 877A.

체의 분리를 막지 않으신다. 그것은 죄가 우리에게 영원히 남아 있지 않게 하기 위함이었다.150) 따라서 생명의 원천이신 하느님에게서 떨어져 나와, 살아 있어도 이미 죽은 것과 다름없는 죄인은 그 상태로 영원히 살아 갈 수 없다. 결국 육체의 죽음은 하느님의 정의나 형벌 정도로 여겨서는 안 되며 하느님의 사랑에 대한 방증으로 받아들여야 한다.151) 자비의 하느님께서는 죄에 빠진 인성을 벌하기보다 오히려 죽음으로 그것을 치료하신다.152)

알렉산드리아의 성 키릴로스는 이를 좀 더 발전 시킨다 : 거룩한 계명의 제정자께서는 육체의 죽음을 통해 죄의 길을 단절하고 "자비의 형벌"을 내리셨다. 그리고 아담이 하느님의 명을 거역하고 경고하셨던 형벌을 들여왔으므로 지극히 선하신 하느님께서 당신의 섭리로써 이 모든 상황을 반전 시켜 오히려 죄가 구원이 되게 하셨다! 왜냐하면 죽음은 "생명체(인간)를 해체하는 동시에 사악한 행위를 중단 시키기 때문이다." 죽음은 인간을 인생의 갖은 걱정과 슬픔, 수고에서 벗어나게 하고 육체의 모든 고통에 종지부를 찍는다. 자신의 생각을 갈무리한 키릴로스 성인은 경이로움에 이렇게 소리쳤다. "하늘의 심판자께서 형벌에 당신의 큰 자비를 혼화했도다!"153)

카파도키아 사람으로서 신학의 대변자인 한 교부는 이렇게 지적했다 : 인간은 육체의 죽음을 통해 유익을 얻는다. 물론 죽음이 형벌로 취해진 것이지만 결국 이 사건은 은혜로 귀결된다. 그 이유는 육체의 죽음으로 죄가 단절되고 악은 불멸하지 못하기 때문이다. 하느님의 형벌은 이렇게 자비로 드러난다. 그러면서 이 교부는 이렇게 덧붙였다 : 왜냐하면 나는 하느님께서 그렇게 형벌을 주신다고 믿고 있기 때문이다.154)

요한 크리소스톰 성인은 낙원에서 복된 삶을 빼앗기고 쫓겨났던 아담

---

150) 대 바실리오스, Ὅτι οὐκ ἔστιν αἴτιος τῶν κακῶν ὁ Θεός, 7 PG 31, 345AB.
151) ΔΗΜ. Γ. 차미, Ἡ πρωτολογία τοῦ Μ. Βασιλείου, page 136.
152) 참조. Γ. 플로로프스키, Ἀνατομία, page 67 참조.
153) 알렉산드리아의 키릴로스, Περὶ τῆς τοῦ Κυρίου ἐνανθρωπήσεως, 6. PG 75, 1424D.
154) 신학자 그레고리오스, Λόγ. 38, Εἰς τά Θεοφάνεια..., 12 PG 36, 324CD.

의 경우를 고찰한 후 '하느님께서는 당신의 큰 자비로 이렇게 하셨다'고 말했다. 아담은 낙원에서 자신을 제어하지 못하고 패배했다. 그곳에서 그의 생활은 절제되지 못했다. 그렇게 그는 "생명의 열매"까지도 따먹을 위험에 노출되어 있었다. 만약 아담이 그 열매를 먹게 되었다면 그는 불멸의 존재가 되고, 악 또한 불멸의 존재가 되어 그와 함께 더불어 살아갔을 것이다! 만약 아담이 그렇게 되었다면 그는 견딜 수 없는 불행에 처하게 되었을 것이다. 왜냐하면 영혼의 도구인 몸은 영원한 불사의 몸이 되어 영원히 죄를 지으며 살아갈 것이기 때문이다. 또한 죽어 없어질 몸이 아닌 불멸의 몸은 죄와 영원히 함께할 것이기 때문이다. 따라서 낙원에서의 아담의 추방은 하느님의 분노의 결과라기보다 하느님의 크나큰 관용과 배려의 모습이었다. 크리소스톰 성인은 간략하지만 분명하게 다음과 같이 말했다. "주인에 의해 정해진 죽음은 유익하게 섭리 되었다."155) 성인은 그의 다른 설교에서 "내 영혼아, 너 이제 평안히 쉬어라. 내 영혼을 죽음에서 건져 주시고"(시편 116:7-8)라는 시편 구절을 해석하면서 이렇게 지적했다. "죄로 인해 죽음이 세상에 유입되었지만, 하느님께서는 그것을 인간의 유익을 위해 활용하셨다."156) 같은 시편 구절을 가지고 또 다른 설교에서 성인은 이렇게 말했다 : 하느님께서 죽음을 "은혜라고 하는데 왜 너는 슬퍼하는가?" 만약 슬피 울어야 할 대상이 있다면 그것은 바로 사탄이다. 왜냐하면 우리는 죽음을 통해 진정한 행복을 향해 나아가기 때문이다. 죽음은 안식이며 평온한 항구이다.157)

죽음으로 "인간의 육체는 썩어 부패되며, 시신에서는 약간의 흙만 남는다. 인간은 영혼의 형제이자 동반자였던 육체를 약간의 흙으로 남겨 두고 떠난다." 하지만 "죽음을 통해 죄는 죽고 악은 불멸로 남지 못하게 되었다. 오, 하느님의 지혜와 선이여! 죄가 죽음을 낳았는데 죽음이 죄를 죽이다니요!"158) 그래서 거룩한 교회는 장례 예식 기도에서 "악이 불멸이

---

155) 요한 크리소스톰, *Εἰς Γέν.* Ὁμ. 18, 3 PG 53, 151; Πρός Σταγείριον 1, 3 PG 47, 429.
156) 요한 크리소스톰, *Εἰς Ψαλ.* 114, 2 PG 55, 318.
157) 요한 크리소스톰, *Εἰς Ματθ.* Ὁμ. 31, 3 PG 57, 374.

되지 않게 하기 위해서"159) 죽음은 마침내 은혜가 되었다는 진리를 우리에게 상기 시켜 준다.

우리의 교만을 억제하다

현상세계에서의 인간의 제왕적 위치는 자신의 "아킬레스건"을 만들었다. 사탄의 속삭임으로 말미암아 인간은 전지하신 하느님께서 준비하신 길로부터 벗어나 다른 길을 모색했다. 만약 시조가 그들의 주인인 하느님께 충실하고 겸손과 자숙으로 생활했었다면 그들의 권위는 상실되지 않았을 것이다. 그리고 하느님께서 입혀 주신 그 영예를 잃지 않았을 것이다.160) 그러나 불행하게도, 그들은 죽음과 탐욕이 없는 성스런 축복의 삶을 선호하지 않았다. 반대로 그들은 살인마 사탄의 계략에 빠져 하느님과 동등한 존재가 되려고 그 간계를 특권처럼 받아들였다.

이 주제와 관련된 요한 크리소스톰 성인의 가르침을 살펴보자 : 아담은 낙원에서 행복하게 살 때 지혜롭지 못했다. 그는 자신의 보호자를 욕되게 하고 자신을 높여 준 하느님보다 사기꾼인 사탄을 더 신뢰했다. 그래서 하느님께서는 그의 능력을 과신하여 하느님이 되려고 시도한 그를 더 큰 위험과 치명적인 파멸에서 건지시기 위해 교육적 차원에서 개입하셨다.161) 거룩한 하느님의 섭리의 계획은 그렇게 시행되었고 인성도 그렇게 교정되었다. 인간은 자신이 걸어야 할 반경을 벗어나려 애썼고 하느님께서는 당신의 사랑으로 그를 안전한 울타리 안에 다시 앉히셨다. 그리고

---

158) ΑΝΔΡ. 테오도로스, Ἔαρ ψυχῶν, 출판 "Ὀρθοδόξου Τύπου", Athens 1979, page 24.
159) ΑΓΙΑΣΜΑΤΑΡΙΟΝ ἤ ΜΙΚΡΟΝ ΕΥΧΟΛΟΓΙΟΝ, 출판 Μ. Ι. Σαλιβέρου, Athens, Ἀκολουθία Νεκρώσιμος εἰς κοιμηθέντας, Εὐχὴ α΄, page 371.
160) 요한 크리소스톰, Πρὸς τοὺς λέγοντας ὅτι δαίμονες..., 1, 3 PG 49, 249 참조.
161) 요한 크리소스톰, Εἰς Ἀνδριάντας Ὁμ. 11, 2 PG 49, 121.

영혼의 유익을 위해서, 또 영혼의 오만과 교만을 통제하기 위해서 몸을 썩게 만드셨다.162)

하느님께서는 이렇게 당신의 방법으로 활동하셨다. 그것은 그의 창조물을 혐오하거나 미워해서가 아니라, 인간의 영혼이 독으로 오염됨으로써 가지게 될 오만과 교만함을 처음부터 통제하기 위한 당신의 배려였다. 크리소스톰 성인은 하느님께서 인간에게 취하신 조치에 대해 그분의 대변자처럼 이렇게 말했다 : 나는 너를 아주 귀한 존재로 예정하였다. 그러나 너는 낙원에서 떨어져 나감으로 해서 네 자신을 그 가치 있는 선물에 합당치 못하게 만들었다. 그럼에도 불구하고 나는 너를 모른 채 하지 않고 너의 잘못을 고쳐 너를 하늘로 들어 올릴 것이다. 그러기 위해서 나는 네가 죽도록 놔둘 것이며 너의 몸이 부패되어 썩어 없어지게끔 할 것이다. 그러니 너는 네가 흙에서 온 보잘 것 없는 존재임을 깨닫고 "하느님처럼"(창세기 3:5)163) 될 수 있다는 사탄의 환상에 사로잡히지 말기 바란다.

그렇다. "인간은 차가운 무덤 속에 그의 꿈과 노고, 슬픔과 고민을 묻고 삶을 마감한다." 육체의 죽음에 "땅은 인간의 존재와 생명을 조소한다. 세상이여, 즐겨라. 피조물이여, 환호하라.... 땅의 주인, 피조물의 지배자, 역사의 주인공인 인간이 가차 없이 한줌의 흙으로 돌아가고, 열정적인 삶과 그의 다사다망이 흙으로 돌아간다."164) 죽음은 우리가 보잘것 없는 먼지 같은 존재임을 인정하게 만든다. 우리의 에고이즘과 우월감을 제약하고 통제한다. 만약 우리의 몸이 죽지 않았다면 우리에게는 악 중에 최악인 교만이 남아 있었을 것이다. 우리는 주검을 보고, 구더기를 보며, 악취에 코를 막는다. 그럼에도 많은 이들은 무모하게 자기 자신을 하느님으로 선포한다! 만약 이 모든 일들이 일어나지 않았다면 과연 우리는 어떻게 되었을까?165) 결국 부패와 함께 우리를 속박하는 죽음은 우리 자신

---

162) 요한 크리소스톰, Εἰς Ἀνδριάντας Ὁμ. 11, 5 PG 49, 126.
163) 요한 크리소스톰, Εἰς Ἀνδριάντας Ὁμ. 11, 2 and 5 PG 49, 121 and 126.
164) ΑΝΔΡ. 테오도로스, Ἔαρ ψυχῶν, page 24.
165) 요한 크리소스톰, Εἰς Ματθ. Ὁμ. 34, 4 PG 57, 403.

을 낮추고 겸손하게 하는 목적을 가지고 있다.

하느님의 은혜로운 교육과 심연 같은 지혜는 아벨의 죽음에서도 볼 수 있다. 하느님께서는 아담이 먼저 죽기를 허락하지 않으시고 하느님을 공경하는 아담의 아들이 먼저 죽도록 놔두셨다. 그래서 계명을 어긴 자에게는 죽음이 얼마나 무겁고 고통스러운 짐이 되는지를 배우게 하셨다. 만약 죽음을 몰랐던 아담이 먼저 죽었다면, 그는 결국 죽음의 참상을 알지 못했을 것이다. 하지만 아담은 살아 있을 때에 남이 아닌 바로 자기 아들의 죽음을 목격했다. 그리고 의인 아벨의 덕과 한창 꽃피우고 있던 젊음을 생각할 때 그의 죽음은 상상할 수 없는 슬픔이었다. 더구나 아벨은 자연사가 아니고 불의하게, 그것도 형제의 살인적 폭력에 희생되었다. 이 모든 것에 비추어 보면, 죽음의 가면은 참으로 두렵고 실제로 더 고통스럽게 보인다. 시조는 호흡도 움직임도 없는 자신의 아들을 바라보면서 그리고 젊은 아들의 몸이 썩고 분해되어 가는 것을 지켜보면서 새빨갛게 불에 달궈진 용광로의 뜨거움 같은 아픔과 슬픔을 경험했다. 시조의 오장육부는 소리도, 촉감도, 눈물도, 통곡도, 미동도, 그리고 서글피 우는 아버지의 아픔도 느끼지 못하는 아들의 주검을 보면서 갈기갈기 찢겨졌다.[166]

오늘날을 살고 있는 우리에게는 이런 죽음의 장면이 쉽게 와 닿지 않을 수 있다. 하지만 그 당시로 돌아가, 이것이 잔인한 범죄에 의해 너무도 갑작스럽게 일어난 최초의 죽음이라는 점을 생각한다면, 우리는 이 죽음이 아담에게 얼마나 끔찍한 충격으로 와 닿았는지 쉽게 이해할 수 있을 것이다. 그리고 여기서 한 걸음만 더 나아가 생각한다면, 죽음을 통한 하느님의 형벌이 우리에게 얼마나 큰 은혜가 되는지도 알게 될 것이다. 왜냐하면 죽음은 겸손과 깨달음을 통해 우리를 안전한 구원의 길로 다시 옮겨 주기 때문이다.

---

166) 요한 크리소스톰, Εἰς Ἀνδριάντας Ὁμ. 11, 2 PG 49, 121; Ὁμ. 3, Τῇ ἐπιούσῃ ἡμέρα..., 2 PG 63, 474-475.

몸의 부패는 은혜이다

하느님의 전지로 죽음이 은혜로 변화되는 것을 우리는 몸의 부패를 통해 확인한다. 우리는 이미 영혼과 육체의 신비로운 일치와 조화가 깨어질 때 육체의 부패가 온다는 사실을 알고 있다. 몸의 부패는 아주 혐오스러우며 완전한 생명의 말살로 보이지만 사실 그것은 하느님의 큰 축복이다! 요한 크리소스톰 성인은 하느님께서 우리를 멸시해서 죽음을 허락하신 것이 아니라고 설명한다. 왜냐하면 하느님께서 우리를 무시했다면 우리의 영혼이 불멸이 되도록 놔두지 않으셨을 것이기 때문이다![167]

안티오키아의 테오필로스는 이러한 하느님의 은혜를 강조하기 위해 도자기를 예로 들었다. 도공은 도자기를 제작할 때 문제가 발생하면 처음부터 "다시 빚어" 흠 없고 완벽하게 만든다. 인간도 이와 마찬가지이다. 죄로 인해 이미 "능력에서" 깨진 상태에 있는 인간은 부활할 때 "건강한" 즉 "의롭고 흠 없는 불멸의"[168] 존재로 다시 태어나기 위해 죽음을 맞는다. 기원후 2세기의 리온의 이리네오스 주교순교자는 이렇게 말했다 : 몸이 일시적으로 부패된다 해도 그것은 큰 은혜가 된다. 왜냐하면 몸은 "흙의 소화기관"을 거쳐 재탄생될 것이기 때문이다. 땅에서는 분해되는 것처럼 보이지만 본질적으로는 깨끗해지고 빛을 발하게 된다.[169]

올림보스의 주교순교자 메토디오스도 위의 견해를 같이하면서 좀 더 깊이 분석한다. 메토디오스 성인에 따르면 인간은 죽음의 권세 아래 놓였다. 그래서 죄는 "몸과 함께 죽고", 몸은 "죄를 떨쳐 버리고" 부활한다. 아주 심혈을 기울이고 정성 어린 애정으로 조각상을 제작한 예술가가 질투와 악의를 가진 사람에 의해 조각상의 팔다리가 잘려 나가는 것을 목격했다면 그는 손상된 조각상을 그냥 두지 않고 흙을 다시 개어 처음부

---

167) 요한 크리소스톰, Περί Ἄννης, Λόγ. Α' 2 PG 54, 635.
168) 안디오키아의 테오필로스, Πρὸς Αὐτόλυκον Β' 26 ΒΕΠΕΣ 5, 39(13-17).
169) 이리네오스, Ἀποσπάσματα 11 ΒΕΠΕΣ 5, 175(11-14).

터 다시 완전한 상을 만들 것이다. 하느님께서도 그러하시다. 하느님께서는 당신의 "고귀한 작품"이 사악한 자가 뿌려 놓은 죄에 오염되고 지배되는 것을 보면서 인간이 영원히 그 폐해 속에서 살아가지 않도록 죽음과 몸의 부패를 허락하셨다. 이렇게 몸은 새로운 모습으로 새롭게 단장되어 새롭게 태어난다.170)

성 요한 크리소스톰도 위와 같은 입장을 취했다. 그리고 좀 더 확실한 이해를 위해 뛰어난 솜씨로 위의 그림 위에 붓을 들었다. 성인은 슬퍼하는 사람에게 이렇게 말했다 : 너는 몸이 부패되는 것이 안타까운가? 하지만 부패는 큰 기쁨의 제공자가 아닌가! 진정 썩어 사라지는 것은 죽음이고 "육체의 본질"이 아닌 필멸의 존재가 파멸되는 것이다. 너는 동상이 용광로에 들어가 녹아 없어지는 것을 볼 때 파멸을 생각하는 것이 아니라 더 훌륭한 작품이 될 것을 생각할 것이다. 죽을 몸에 대해서도 너는 이렇게 생각하고 슬퍼하지 말아야 한다.171) 성인은 또 다른 설교에서 죽음을 통한 하느님의 자비가 얼마나 큰지를 강조하면서 다음과 같은 위로의 교훈을 주었다 : 죄는 두 가지를 생산했다. 슬픔과 죽음이다. 그러나 하느님께서는 이 두 가지로 죄를 죽이셨다. 왜냐하면 "하느님에 대한 슬픔"은 우리를 회개하게 만들고 구원으로 이끌어(고린토후서 8:10) 죄를 상쇄 시키기 때문이며, 또 다른 하나인 죽음은 죄를 없애 주기 때문이다. 이처럼 전지하신 하느님께서는 슬픔과 죽음으로 죄를 없애시고 자녀들을 통한 어머니의 파멸을 예비하셨다! 슬픔과 죽음은 죄의 자녀들이지만 마침내 그들의 어미를 집어 삼킨다! "슬픔과 죽음"은 죄에서 태어났지만 "죄를 삼켜 버렸다!" 그러므로 성인은 '우리는 죽음이 아닌 죄를 두려워하고 죄에 대해 슬퍼하자'고 말을 맺었다.172)

성령의 빛을 받은 교회 교부들의 공통된 견해에 따르면, 하느님께서는 인간의 유익을 위해 육체의 죽음을 허락하셨다. 따라서 죽음은 외형적으

---

170) 올림보스의 메토디오스, *Περὶ Ἀναστάσεως* XL and XLIII ΒΕΠΕΣ 18, 130(25-28) and 132-133.
171) 요한 크리소스톰, *Εἰς Ματθ.* Ὁμ. 34, 4 PG 57, 403.
172) 요한 크리소스톰, *Εἰς Ἀνδριάντας* Ὁμ. 5, 4 PG 49, 75.

로는 나쁜 것처럼 보일지 모르지만 이렇게 자비의 하느님에 의해서 큰 은혜로 변한다. 또한 인간의 병약함이 영원히 지속되지 않도록 하는 하느님의 온정이 된다.173) 하느님의 은혜로운 섭리는 육체적 수고와 고통으로 점철된 인생을 죽음으로 종식 시키고 나서 정해진 때 새로운 모습으로 육체를 재탄생 시킨다. 몸은 분해되지만 사라지지 않는다. 왜냐하면 소멸은 무가 되는 것이지만 분해란 몸을 이루었던 요소로 환원되는 것이기 때문이다. 비록 우리가 그 사실을 깨닫거나 체감하지 못할지라도 몸을 이루었던 요소들은 결코 사라지지 않는다.174)

성 사도 바울로가 기록한 것처럼(고린토전서 15:42-43) 죽음으로 부패될 인간의 몸은 씨처럼 땅에 뿌려진다. 하지만 땅은 죽은 자들의 부활의 날에 주님의 부활의 능력에 힘입어 그 씨들을 다시 꽃피울 것이다. 거룩한 교회는 모든 교부들의 주일날, 부활하신 구세주께 이렇게 감사의 찬양을 부른다 : 주여, 당신은 당신의 거룩한 부활로, 죄에 빠졌던 인간의 본질을 죽음의 흙으로 다시 새롭게 세우셨나이다. 그리하여 불멸의 찬란한 빛을 발하는 임금의 모습으로 다시 드러내셨나이다.175)

건전한 사고의 계기

육체의 죽음으로 우리는 해를 입지 않을 뿐만 아니라 오히려 유익함을 얻는다! 필멸은 우리에게 유익한 도움이 된다. 왜냐하면 필멸은 우리로 하여금 불멸의 몸에 죄를 짓지 않게 도와주기 때문이다. 이 밖에도, 육체의 죽음은

---

173) 대 바실리오스, Ὅτι οὐκ ἔστιν αἴτιος τῶν κακῶν ὁ Θεός 7 PG 31, 345A.
174) 신학자 그레고리오스, Λόγ. 18, Ἐπιτάφιος εἰς τόν πατέρα..., 42 PG 35, 1040C-1041AB; 니사의 그레고리오스, Λόγος Κατηχητικός ὁ Μέγας, 8 PG 45, 33-36.
175) ΠΕΝΤΗΚΟΣΤΑΡΙΟΝ (오순절예식서), Κανών Κυριακῆς Ἁγίων Πάντων, β΄ Τροπάριον τῆς Ε΄ Ὠδῆς.

유익한 구원론적인 사고의 계기가 된다. 성 요한 크리소스톰은 '이 끔찍한 사건은 우리로 하여금 경건과 인내에 대한 무한한 계기를 제공한다'고 말했다. 왜냐하면 목전에 있는 죽음을 기다리면서, 우리는 현명하고 지혜롭게 모든 악에서 벗어나 겸손하게 정도(正道)를 가려고 생각할 것이기 때문이다.176)

그렇다. 육체의 죽음은 영혼의 가장 천한 정욕(情慾)들을 제어하기 위한 확실한 구원의 약이 된다. 육체의 병을 치료하기 위해 반대되는 조건을 이용한다는 의사들의 처방처럼, 또 "냉동된 것을 열로 녹이고" 마른 것을 "촉촉하게" 하는 것처럼, 전지하신 영혼의 의사인 성 삼위께서는 당신의 자애와 무한한 자비로써 영혼의 죄의 탐욕을 치료하는 방법을 찾아내셨다. 죄로 인해 영혼은 절망에 빠지거나 하느님에게 대항하는 어리석은 짓을 하며 수없는 상처를 입었다. 그래서 선하신 하느님께서는 그 상처를 치료하기 위해 약을 사용하셨는데, 그 약은 영혼의 에고이즘, 사탄의 교만, 그리고 하느님에 대한 영혼의 격렬한 반항을 제어한다. 그럼, 이 약은 과연 무엇일까? 바로 죽음이다! 하느님께서는 죽음을 영혼의 주변에 성벽처럼 둘러쌓으셨다! 육체를 죽여서 그 몸이 썩고 구더기에게 먹히고 악취를 뿜으며 분해되도록 놔두셨다. 이렇게 하느님께서는 "겸손의 기초"를 처음부터 다시 세우셨다. 그래서 자기 자신이 뭔가라도 되는 것처럼 우월감에 빠진 사람들을 제어하신다. 사실 인간의 몸보다 더 더러운 것이 어디 있겠는가? 죽은 인간보다 하찮은 것이 또 무엇이 있겠는가?177)

성 요한 크리소스톰은 또 다른 곳에서 이렇게 가르쳤다 : 죽은 자는 전혀 죽음으로부터 해를 입지 않는다. 산 자 역시 이 사건으로부터 많은 도움을 받는다. 그는 타인의 죽음을 통해 많은 유익함을 얻는다. 왜냐하면 사탄이 하느님께 항명했던 것처럼 생각 없이 하느님께 반항했던 사람도 최근까지 함께했던 사람이 구더기에게 먹히고 한줌의 재와 먼지로 돌

---

176) 요한 크리소스톰, *Εἰς Ρωμ. Ὁμ.* 10, 3 PG 60, 478.
177) 요한 크리소스톰, *Ὁμ.* 8, *Γότθων ἀναγνόντων...*, 3 PG 63, 505.

아가는 것을 보면 두려움에 움츠러들고, 낮아지며, 끈기를 가지고 덕의 어머니인 겸손의 마음을 그의 영혼에 심기 때문이다. 이렇게 죽음은 세상을 떠난 사람에게도 해를 입히지 않고 살아 있는 사람에게도 커다란 유익을 준다. 왜냐하면 죽은 사람은 다시 흠 없는 불멸의 몸을 취할 것이며, 살아 있는 사람은 교훈을 얻을 것이기 때문이다. 이렇게 하느님께서는 우리의 삶을 고찰할 수 있도록 중요한 교사를 보내 주셨다. 이 교사는 우리의 생각을 교육하고 우리의 욕망을 제어하며 우리 삶의 험난한 파도들을 잠재워 평화를 가져온다!178)

주검의 모습은 현명함의 동기가 되고 유익한 생각을 자극하여 악과 죄를 움츠리게 한다. 크리소스톰 성인은 말한다 : 부자나 이기주의자들이 어떻게 움츠리는지 보라. 그들은 미동도 하지 않은 채 벙어리처럼 누워 있는 주검을 보면서 또 자녀들이 고아가 되고, 부인이 과부가 되며, 동료들이 검은 예복을 입고 울상 지으며 음울한 기운이 빈소를 덮고 있을 때 두려움에 사로잡힌다. 그럼 그들은 어떻게 자신을 낮추고 겸손해지는가? 사실 그들은 수많은 가르침을 듣고도 별로 개의치 않는다. 그러나 주검을 보면 많은 생각에 잠긴다. 그리고 자신들이 썩어 없어지면 부와 권력이 그들을 보호해 주지 못한다는 것을 인식한다. 더 나아가 그들은 다른 이들의 불행을 보고 "자신들의 불안"을 느낀다. 계속해서 교부는 말했다 : 그럼에도 불구하고 수없이 많은 탐욕과 욕망은 여전히 살아 있다. "큰 물고기가 작은 물고기를" 잡아먹듯이 힘 있는 자들은 여전히 가난한 사람들을 착취하고 있다. 결국 죽음 때문에 자신들이 착취한 재산을 남에게 넘기고 떠나야 한다는 사실을 잘 알고 있으면서도 그들은 여전히 거품을 물고 약자를 학대한다. 이러할진대 만일 죽음이 없다면 과연 그들은 무슨 짓을 하겠는가? 죽음에 대한 두려움 없이 안전하게 살아가게 된다면 과연 어떤 일이 벌어지겠는가? 과연 그 누가 그들의 더럽고 범죄적인 행위를 막을 수 있으며 그들의 사악한 탐욕의 불을 끌 수 있단 말인가?179)

---

178) 요한 크리소스톰, Πρός τούς σκανδαλισθέντας.... 7 PG 52, 496.
179) 요한 크리소스톰, Εἰς Ψαλ. 110, 1-2 PG 55, 280-281.

이렇게 육체의 죽음은 누구도 바라지 않는 끔찍한 현상인 것은 분명하지만 그럼에도 불구하고 그것은 분명 하느님의 은혜이다. 왜냐하면 죽음은 지상에서 천상으로, 그리고 유한의 시간에서 영원으로 가는 출구이기 때문이다. 불멸의 생명이 죽음을 통해 가능하다는 것은 참으로 아이러니이면서도 진리이다! 이것은 죽음이 갖는 가장 큰 파라독스이다. 이 파라독스는 하느님의 무한한 지혜와 사랑에서 기인한다.

시조의 거역 이후에 무한한 선이시고 전지하신 하느님께서 죽음을 허락하지 않으셨다면 이 지상에서 우리의 존재와 삶은 참으로 비참한 모습을 보이고 말았을 것이다. 그렇지만 이제 지상에서의 우리들의 삶은 깊은 의미와 목적을 지니게 되었다. 죽음이 하늘의 문을 열어 주었고, 우리가 그곳으로 들어갈 수 있게 되었기 때문이다. 우리는 비록 육체의 죽음이 끔찍하고 쓴 악이지만 실질적으로 영원으로 가는 과정이라는 사실을 알고 있기에, 그리고 이러한 근심과 고통의 과정이 현세에서 영원으로 뛰어넘는 하나의 방법이라는 것을 인식하고 있기에, 육체의 죽음이 너무나 큰 축복임을 깨닫는다.

죽음은 우리에게 이렇게 말한다 : 속지 말라. 현세의 사물들은 끊임없이 변하고 달아나고 없어진다. 너희의 영혼이 갈망하는 영원은 이곳이 아닌 다른 곳에 있다. 나는 너희들을 그곳으로 데려갈 것이다. 비록 내가 형벌로써 인간인 너희에게 내려왔지만, 나는 하느님의 지혜로 수레가 되어 너희가 그렇게 갈망하고 그리워했던 그곳으로 너희를 데려갈 것이다. 나는 하느님의 계명과, 심연 같은 그분의 섭리로써 너희들을 필멸에서 불멸로, 지상에서 천상으로, 순간에서 영원으로 옮길 것이다!

순교의 장이 우리에게 열리다

하느님은 찬양 받으셔야만 한다. 왜냐하면 하느님은 우리의 영적 유익을 위해 인간이 헤아릴 수 없는 방법으로 일을 하시기 때문이다. 하느님의 이 거룩한 자비를 성령의 정신으로 헤아리는 크리소스톰 성인은 이렇게 지적한다. '죽음은 은혜다. 왜냐하면 고생스런 삶의 노고로부터 우리를 쉬게 해 주기 때문이다! 아픔, 슬픔, 삶의 굴곡이 이 땅에서 마침내 멈추기 때문이다!' 그래서 성인은 이렇게 소리쳤다 : "형제들이여, 죽음은 나쁜 것이 아니라 유익한 것이다." 욥도 이렇게 소리쳤다 : "죽음은 인간에게 안식이다."(욥기 3:13) 왜냐하면 죽음을 맞는 순간 인간은 더 이상 죄를 짓지 않으며 악에 악을 더하지 않기 때문이다. 그리고 죄의 행위로 더 이상 하느님을 분노케 하지 않기 때문이다. 크리소스톰 성인은 "지혜롭게 들으라"고 충고하며 이렇게 말했다 : 죽음은 어린 아기들을 위한 안식이다. 힘겹게 살아가는 모든 이들의 위로이다. 온갖 근심 걱정에 힘겹게 살아가는 이들의 해결이다. 죽음은 죄를 멈추게 하고 단절 시킨다. 만약 죽음이 없었다면 인간은 서로 잡아먹고 먹혔을 것이다! 만약 심판자로 오실 분이 안 계셨다면 우리 삶은 희망이 없었을 것이다. 자, "너는 불순종에 대한 형벌이 구원이 되게 한 주인의 자비를 보았는가?"180)

죽음이 비록 죄의 열매이지만 넘치는 선과 완전무결의 하느님께서는 인간의 뛰어난 후견인으로서 죽음을 우리 인류의 유익을 위해 이용하셨다. 사실 죽음을 깊이 분석해 보면 우리는 죽음이 우리에게 해를 가한 것이 과연 무엇인지 반문하게 된다. 왜냐하면 죽음은 우리를 세상사의 온갖 근심 걱정에서 해방 시켜 주고 죄의 사슬을 끊어 주기 때문이다. 이렇게 죽음은 우리에게 실질적인 도움을 준다. 그래서 우리는 죽음을 통한 내세, 영원으로의 이주를 안식과 해방이라고 이름 붙인다.181)

현자 시락은 다음과 같이 칭송하며 죽음을 노래한다 : "가난하고 힘이 빠진 사람, 끊임없이 근심 걱정에 시달려서 늙어 버리고 모든 것이 귀찮고 참을성마저 없어진 사람에게, 죽음아, 너의 기약이 얼마나 반가운 일

---

180) 요한 크리소스톰, Περὶ ὑπομονῆς..., PG 60, 725.
181) 요한 크리소스톰, Εἰς Ψαλ. 110, 1 and 114, 2 PG 55, 280 and 318.

이겠느냐!"(집회서 41:2)

그밖에도 육체의 죽음은 또 다른 모습의 축복도 많이 가져왔다! 그것은 순교의 월계관이다. 죽음을 계기로 순교자들은 월계관을 쓰고 사도들은 수고한 상을 받는다. 선한 아벨이 죽음을 통해 인정을 받았고, 의인 아브라함도 자신의 아들을 죽여 제물로 바치려 했던 데서 인정받았다. 또한 하느님을 공경했던 세 아이들과 다니엘 예언자, 그리고 못된 헤로데에게 참수 당한 선구자 성 요한이 있다.[182)

죽음은 의심의 여지없이 죄의 산물이며 "최악"이다. 그럼에도 불구하고 선하신 하느님께서는 의인들을 위해 죽음을 가지고 영원히 썩지 않는 천상의 상(賞)을 만드셨다. 그것은 덕의 사람들 즉, 수도성인들, 성인들, 예언자들, 그리고 믿음의 고백자들이 하느님의 사랑과 영광을 위해 자발적으로 순교하는 죽음을 선택하기 때문이다. 그리스도께서는 그들을 용맹함과 인내로 무장 시켜 순교에 대한 공포와 고통 그리고 참혹한 참상을 무시하게 하신다. 아니 단지 무시할 뿐만이 아니라 그리스도를 위해서 형용할 수 없는 기쁨으로 순교를 받아들이게 하셨다! 이렇게 하느님 백성의 순교하는 죽음은 그들의 덕이 더욱 빛나는 계기가 된다. 그래서 요한 크리소스톰 성인에 따르면, "죽음이라는 단점"이 순교자들에게는 커다란 "장점"이 된다. 왜냐하면 그들이 필멸의 존재가 아니었다면 그들은 순교자들이 되지 못했을 것이고 죽음이 없었다면 순교의 길을 택하지 못했을 것이기 때문이다. 그러면서 성인은 이렇게 결론짓는다 : 그러므로 우리는 필멸의 존재라는 사실을 슬퍼하거나 불안해 하지 말고 오히려 하느님께 감사를 드리자. 왜냐하면 "죽음이 우리에게 순교의 장을 열어줬으며 부패가 우리에게 상을 가져다주기 때문이다. 우리가 투쟁해야 할 이유가 바로 여기에 있다." 교부는 특히 신자들에게 주의를 기울일 것을 요청하며 다음과 같이 부언한다 : 하느님의 지혜가 "악 중의 악, 불행의 우두머리, 즉 사탄이 들여온 죽음을" 우리의 영광과 영예로 변화 시킨 것을 너는

---

182) 요한 크리소스톰, Εἰς Ψαλ. 110, 2 PG 55, 281; Εἰς Ρωμ. Ὁμ. 10, 3 PG 60, 478.

보았는가? 또 하느님께서 당신을 위해 투쟁했던 선수들을 불멸과 영원의 상(賞)으로 인도하시는 것을 보았는가? 그러면서 요한 크리소스톰 성인은 혹시 있을 신자들의 의아심을 풀어 주기 위해 이렇게 지적했다 : 그렇다면 우리는 죽음을 가져온 사탄에게 감사해야 하는 것이 아닌가? 성인은 외쳤다. "있을 수 없는 일이다!" 성공은 그의 것이 아니다. 그것은 사랑이신 하느님 지혜의 소산이다. 그분께서 죽음을 우리를 위한 은사로, 고귀한 선물로 바꿔 놓으셨다. 사탄은 우리를 파멸 시키고 구원의 희망을 제거하기 위해 죄와 그 열매인 죽음을 들여왔지만 그리스도께서는 당신의 죽음을 통해 죽음을 선한 것으로 변화 시켜 우리를 하늘로 인도하시고 들어 올려 주셨다!183)

육체의 죽음에 대한 하느님의 자비와 그분의 지혜로운 섭리를 연구할 때마다 그리스도의 영혼들은 경이를 금치 못한다. 주님의 영혼들은 거룩한 사도 바울로와 함께 그리스도의 옥좌 앞에 감사의 무릎을 꿇고 경건하게 소리친다 : 오! 하느님의 풍요와 지혜와 지식은 심오합니다. 누가 그분의 판단을 헤아릴 수 있으며 그분이 하시는 일을 이해할 수 있겠습니까?(로마서 11:33)

하느님께서는 희망을 가꾸신다

슬기롭지 못한 시조의 부주의로 죄와 죽음 속에 던져진 우리에게 죽음을 은혜로 바꾸신 것 외에도 하느님께서 우리에게 베푸신 사랑에는 또 다른 증거가 더 있다. 그것은 부활에 대한 희망이다.

인간은 오랜 세월 죽음을 이겨내기 위한 투쟁을 해 왔다. 그래서 여러 가지 사상이나 철학에 의지하며 죽음의 공포와 참혹함을 극복하려 노력했

---

183) 요한 크리소스톰, Εἰς τοῦς ἁγίους πάντας...,1 PG 50, 707.

다. 그럼에도 불구하고 그들의 절망은 점점 더 커져 갔으며 그들의 숨통 역시 점점 조여졌다. 인간은 이 죽음의 공포와 근심을 제거하기 위한 그 어떤 약도 찾지 못했다. 단 하나, 죽음을 이겨내기 위한 하나의 치료약을 알고 있었는데, 그것은 바로 후손을 통한 인류의 연장이었다. 그것은 마치 생명이 죽음을 이긴 것처럼 보였다. 하지만 이 승리는 환상이고 유토피아적이다. 왜냐하면 후손을 생산하는 사람 자체가 이미 죽을 운명에 처해져 있는 존재이기 때문이다. 그는 이미 "심판 받아" 죽을 운명에 처해진 인간들을 이 세상에 들여온다! 따라서 인간은 이런 방법으로는 본질적으로 죽음을 이기지 못한다.184) 본인은 물론 후손들 역시도 죽음의 세력과 죽음의 나라에 복속되어 살아야 하기 때문이다.

  오직 부활의 가르침을 설파하는 그리스도교만이 죽음을 이겨내는 확실하고 진실한 희망을 제공한다. 그리고 이 희망은 하느님의 선물이다. 훈육적인 방법으로 우리를 깨우쳐 주시는 하느님께서는 우리에게 처음부터 부활을 주시지는 않았다. 하지만 부활의 희망은 주셨다. 하느님께서는 시조에게 땅으로 돌아갈 때까지 이마에 땀을 흘려야 먹고 살 수 있다고 말씀하셨다.(창세기 3:19) 창조주의 이 말씀을 요한 크리소스톰은 이렇게 해석하였다 : 자비가 넘치는 "오! 결정의 말씀이여! 오! 두려움의 말씀이여!" "귀환"의 희망으로 가득 채운 "오! 결정이여." 시조를 낙원에서 "귀향" 보내기 전에 당신은 이미 그를 불러들이셨고 낙원에서 그를 "추방"하기 전에 그를 당신 곁으로 다시 부르셨나이다. 하느님께서는 아담에게 기력이 다해 썩어 사라지라고 말씀하시지 않고 흙에서 나왔으니 흙으로 돌아가라고 말씀하심으로써 우리에게 "부활의 희망"을 갖게 하셨다. 즉, 하느님께서는 이렇게 말씀하신 것이다. "너를 취한 그곳(흙)으로 내가 너를 다시 보낸다. 내가 그곳에서 너를 취해 창조했던 것처럼, 그렇게 나는 '너를 다시 취할 수 있다.' 왜냐하면 너의 몸은 본래 흙이고, 육체의 죽음 이후에 너의 몸은 다시 흙이 될 것이기 때문이다.(창세기 3:19)" 너는 없어

---

184) 베른디아기에프, *Περὶ τοῦ προορισμοῦ τοῦ ἀνθρώπου*, page 350 참조.

지는 것이 아니라 분해되어 흙이 될 것이다. 크리소스톰 성인은 여기서 일부 주석가들이 "돌아가다"라는 용어를 "회귀"185) 즉, 부활로 해석하고 있음도 밝힌다.

이렇게 죄의 두려움이 커지고 인간의 영혼이 충격에 휩싸이며 참혹한 죽음이 확연해지자 자비의 하느님께서는 많은 수수께끼로 감춰진 어렴풋하지만 확실한 부활의 희망을 죄 지은 인간에게 들여오신다.186)

하느님께서 아담에게 하신 "흙에서 왔으니 흙으로 돌아갈 때까지"라는 말씀은 의인 아벨의 죽음으로 증명되었다. 하지만 하느님께서는 에녹을 하늘로 들어 올림으로써 죽음에 대한 당신의 결정이 일시적이며 죽음도 결국은 폐지될 것(창세기 5:21-24, 히브리서 11:5)임을 보여 주셨다. 또한 에녹의 천상으로의 이주를 통해 죽음의 기반이 무력해졌음을 당신의 창조물에게 알려 주셨다. 죄가 죽음의 양식인 것처럼 덕의 삶은 죽음의 폐지이자 제거이다. 죽음은 첫 희생물로 의인인 아벨을 취했다. 하지만 또 다른 의인인 에녹은 죽음을 이기고 무력화 시켜 죽음이 아무런 힘도 없음을 보여 주었다! 요나 예언자가 고래 뱃속에서 구원된 사건은 부활의 모습을 더욱 확실하게 해 준다. 주님께서는 "요나가 큰 바다 괴물의 뱃속에서 삼 주야를 지냈던 것같이 사람의 아들도 땅속에서 삼 주야를 보낼 것이다.(마태오복음 12:39-40)"라는 말씀으로 이 사건이 신인(神人)으로서의 당신의 부활에 대한 예시였음을 우리에게 확인 시켜 주셨다. 그렇다면, 엘리야 예언자의 승천(열왕기상 2:11-12)도 부활의 희망과 관계된 것은 아닐까?187) 구약성서의 여러 사건들은 부활의 희망을 보여 준다. 엘리야가 사렙다의 과부 아들을 살려낸 사건(열왕기상 17:17-24), 엘리사가 수넴 여인의 아들을 살려낸 사건(열왕기하 4:32-37), 이스라엘 사람들이 시체를 묻으려다가 강도떼를 만나자 시체를 엘리사의 무덤 속에 급히 던지고 달아났을 때 그 시체가 엘리사의 뼈에 닿자 다시 살아나 일어섰던 사건(열왕기하

---

185) 세비리아노스 가발론, Εἰς τὴν ἕκτην ἡμέραν τῆς κοσμοποιίας 10 PG 56, 499.
186) 요한 크리소스톰, Ὁμ. 3, Τῇ ἐπιούσῃ ἡμέρα... 2 PG 63, 475.
187) 요한 크리소스톰, op. cit ... PG 63, 475-476.

13:21) 등이 단적인 예들이다.

이 밖에도 에제키엘 예언자는 죽은 자들의 부활과 심판을 분명히 예시한다. "죽을 사람은 죄를 지은 장본인이다. 바로 살면 바로 산 보수를 받고, 못된 행실을 하면 못된 행실의 보수를 받는다."(에제키엘서 18:4, 20) 예언자는 들판에 말라 널려져 있는 뼈들의 모습을 통해 더욱 확실한 부활을 예시한다. 예언자는 하느님의 명령에 따라 뼈들에게 "'마른 뼈들아, 주의 말을 들어라"고 소리쳤다. 이 "주님의 말씀"을 듣자마자 뼈들은 모두들 살아나 즉시 제 발로 일어서서 큰 무리를 이루었다!(에제키엘서 37장 참조) 이 모습은 우선 이스라엘의 재건을 보여 준다. 하지만 죽은 자들의 부활을 상징하기도 한다. 그래서 위의 예언 구절은 성 대 금요일 만과 때 에피타피온(장례) 행렬 이후 성당 안에서 봉독된다. 이사야 예언자는 에제키엘보다 더 분명하게 예언한다. "그 시체들이 다시 일어나고 죽은 당신의 백성이 다시 살 것입니다."(이사야서 26:19) 다니엘 예언자도 땅에 묻혀 죽음의 잠을 자고 있는 자들에 대한 부활의 희망을 얘기한다. "잠에서 깨어나 영원히 사는 이가 있는가 하면 영원한 모욕과 수치를 받을 사람도 있으리라."(다니엘서 12:2)

현자 솔로몬도 분명히 말했다 : "의인들의 영혼은 하느님의 손에 있어서 아무런 고통도 받지 않을 것이다. 그들은 새롭고, 영원하고, 행복한 불멸의 희망으로 가득 차 있다."(지혜서 3:1, 4)

마카베오 시대에 들어와서는 부활의 희망에 대한 범위가 더욱 확장되고 뚜렷해진다. 마카베오의 셋째 아들은 그의 혀와 손을 자르려고 준비하는 폭군에게 이렇게 대답했다 : "하느님께 받은 이 손발을 하느님의 율법을 위해서 내던진다. 그러므로 나는 이 손발을 하느님께로부터 다시 받으리라는 희망을 갖는다."(마카베오하서 7:11) 유대인 원로 중 한 명인 경건한 유대인 라지스도 이와 비슷하게 말했다. 라지스는 상처를 입은 채 우뚝 솟은 바위에 올라가 그의 창자를 꺼내어 그곳에 모여 있던 백성들에게 보여 주며 영혼의 주인이신 하느님께서 정한 날 창자를 그에게 다시 돌려주십사 하고 호소하였다.(마카베오하서 14:37-46) 여기서 정한 날은 다름 아닌 바로 죽은 자들의 부활의 날을 의미한다.

이렇게 하느님께서는 그리스도께서 오시기 오래전부터 죽음을 이기고 승리할 희망을 우리에게 주셨다. 하느님께서는 이스라엘 백성의 사사(私事)나 민족의 불행을 기회로 당신의 창조물이 서서히 부활에 대한 사고를 하게끔 인도하셨다. 그리고 훈육적인 도움을 창조물에게 베푸시어 그들이 일시적인 부조화 뒤에 천상의 조화가 있음을 인식하게 하고 또 우리가 죽어 묻히는 이 땅이 의인이 보상 받을 그런 안전한 곳이 아님을 일깨워 주셨다. 이렇게 하느님의 사랑은 창조물에게 희망적이고 긍정적인 계시를 제공한다. 그리고 이 희망의 계시들은 커다란 빛의 줄기처럼 이성적 인간의 사고를 가득 채우고 그들에게 죽음과 저승에 대한 형벌의 아픔을 누그러뜨린다.

최상의 작품으로 개조하다

구약시대에는 "의로운 모습"과 "복된" 인물들이 등장하였다. 물론 이스라엘은 "악하고 절개 없고 죄 많은"(마태오복음 12:39, 마르코복음 8:38) 세대라고 표현되었다. 불신과 불순종의 경우가 적지 않았으며, 모세를 축복하시고 이스라엘에 은혜를 베풀어 주시는 하느님께 불평불만을 서슴지 않았다. 하지만 동시에 이스라엘은 믿음, 덕, 지혜, 사랑, 그리고 하느님에 대한 뜨거운 열정을 가진 의인들도 배출했다. 그렇지만 구약의 의인들 중 인류가 가진 뿌리 깊은 상처를 치유할 수 있는 사람은 단 한 명도 없었다. 또한 그 어떤 덕도 "성화와 축복과 생명으로 회복"되어야 할 인간을 충족 시킬 수 없었다. 결국 죽음과 저승에 대한 승리는 오직 흠 없으시고 죄 없으신 거룩하신 신인 예수 그리스도의 희생으로 성취되었다. 그리스도께서는 죽음을 이기시고 없애셨다. 그분은 죽음의 독침, 죄를 짓밟으셨다.(고린토전서 15:55-56) 죽은 자들 가운데서 부활하신 그리스도의 삼 일만의 찬란한 부활은 그리스도 이전 세계에 부활의 희망을 전했던 예언을 "확실하고 분명하게, 완전하고 신실하게" 증명하였다. 이렇게 주님께서 부활하신 후, "주님을 따른 백성들은 죽음을 무너뜨리고 찬란한 부활로 다시 꽃을 피웠다."188)

지금까지 우리는 죽음이 은혜로 바뀌는 이유를 살펴보았다. 그렇다면 그 가르침에 대한 맺음말로 요한 크리소스톰 성인과 그레고리오스 팔라마스 성인의 특징적인 가르침을 살펴보도록 하자.

크리소스톰 성인은 이렇게 힘주어 말했다 : 구세주의 부활의 은총은 단순히 죽음만을 폐지하는 것이 아니다. 우리는 그 은총으로 인해 비교할 수 없이 아주 고귀한 선물을 받는다! 사탄은 인간을 죄짓게 하여 죽음과 함께 낙원에서 쫓겨나게 만들었다. 하지만 자비의 하느님께서는 인류를 그대로 방치하지 않으시고 "죽음을 통한 불멸"을 선물로 주셨다. 그래서 사탄의 성공이 헛된 것임을 보여 주고 또 사랑과 애정으로 인간을 돌보고 있음을 보여 주셨다. 사탄은 인간을 낙원에서 쫓아내는 데 성공했다. 하지만 우리의 주인이신 그리스도께서는 당신의 거룩한 부활과 승천으로 인간을 "하늘로 인도했다." 결국 하느님께서 내리신 선물과 유익은 형벌보다 훨씬 큰 것이었다!189)

이번에는 정교회의 성스런 기둥, 교회 교리의 겸손한 무기고인 그레고리오스 팔라마스 성인의 특징적인 가르침을 살펴보자. 성인은 육체의 죽음이 전지하신 하느님의 자비와 은총임을 이렇게 강조한다 : 우리가 오랜 세월 죽음을 없애지 않고 놔두신 하느님의 지혜와 자비의 깊이를 깨닫기 위해서는 다음과 같은 점을 먼저 생각해야 한다 : 첫째, 하느님께서 우리에게 내리신 형벌이 당신의 자비와 온정의 방법에 따른 것이었다는 점이다. 하느님께서는 우리가 완전히 절망의 늪에 빠지지 않도록 당신의 엄격

---

188) 요한 크리소스톰, Ὁμ. 3 Τῇ ἐπιούσῃ ἡμέρᾳ..., 4 PG 63, 476.
189) 요한 크리소스톰, Κατήχησις 2, 7, Ἅπαντα τῶν ἁγίων Πατέρων, 출판 Ἕλλην. Ἐκδοτ. Ὀργανισμοῦ, 7, page 122.

한 잣대를 우리에게 들이대지 않으셨다. 오히려 우리에게 회개의 기회를 제공해 주셨다. 한편, 하느님께서는 사랑하는 사람들의 죽음이 가져오는 아픔을 새로운 생명의 탄생을 통해 위로해 주시며 세상을 떠나는 사람들보다 훨씬 많은 후손들이 태어나 불어나게 하셨다. 그리고 금기한 열매를 먹고 헐벗고 비참해진 한 명의 아담을 대신해서 "하느님의 지식과 덕 그리고 거룩하게 살아가는" 수많은 사람들이 있음을 보여 주셨다. 셋, 에노스, 에녹, 노에, 멜키세덱, 아브라함 외에도 동시대와 전후 시대의 많은 의인들이 바로 그들이었다. 하지만 이렇게 훌륭한 의인들일지라도 죄짓지 않고 산 자는 단 한 명도 없었다. 그래서 그들의 인간적 노력만으로는 에덴에서 시조가 겪었던 패배를 다시 회복할 수 없었고, 인류의 뿌리의 상처를 치료할 수 없었으며, "성화와 축복 그리고 생명으로 회귀"해야 할 미래의 모든 세대를 충족 시킬 수 없었다. 결국 하느님께서는 독생자 아들을 이 세상에 보내셨고 바로 이분이 구원의 사업을 완성하셔서 우리를 위한 하느님 아버지의 구원의 섭리의 계획을 이루셨다. 그레고리오스 교부는 하느님의 헤아릴 수 없는 심오한 뜻을 묵상하면서 "'오! 심오한 하느님의 풍요와 지혜'(로마서 11:33)와 자비여!"라고 사도의 가르침을 반복하며 이렇게 부언했다. "왜냐하면 죽음이 없었다면, 그리고 우리의 근본에 따라 필멸 이전에 우리가 살았다면, 우리는 하늘로 불려 올라가지 못했을 것이기 때문이다. 또한 우리 인성이 '모든 천군의 권세와 세력 위에'(에페소서 1:21) 자리하지 못했을 것이고 "하늘에서 전능하신 분의 옥좌 오른편에" 앉는 영광을 입지 못했을 것이기 때문이다.(히브리서 8:1) 이렇게 하느님께서는 우리가 알지 못하는 당신만의 방법으로, 당신의 지혜와 능력을 통해 하느님의 계명에서 벗어나 타락한 우리를 자비로써 개조하신다.190)

이 모든 것을 종합해 보면, 결국 육체의 죽음은 인류에게 형벌이 아니라 성 삼위 하느님의 무한한 사랑과 해득할 수 없는 당신의 전지에 따른

---

190) 그레고리오스 팔라마스, *Κεφάλαια φυσικά, Θεολογικά... νγ', νδ', Φιλοκαλία... 4*, page 153-154.

보편적 은혜임이 분명하게 드러난다! 아, 하느님의 연민의 자비는 얼마나 무한한가!191)

---

191) 바실리아디, *Χριστιανισμός καί Ἀνθρωπισμός*, page 376-380.

하느님이신 말씀의 육화
– 죽음의 멸망의 시작

"인간을 통한 죽음, 인간을 통한 부활"

하느님께서는 당신의 무한한 자비와 관용으로 죽음이 은혜가 되는 방법만을 고안하신 것이 아니라 한 걸음 더 나아가셨고, 방향을 잃고 "어둠과 죽음의 그늘진 땅에서"(마태오복음 4:16) 지쳐 절망 속에 살아가던 인류는 다시금 힘을 내어 저 높은 곳을 향해 나아가야 했다.

대 아타나시오스 성인은 이렇게 말했다 : 죽음과 타락이 인간을 지배하고 군림하자 "인류는 썩어가고", 하느님의 형상에 따라 창조된 이성적 인간은 "사라져 가며", 하느님께서 만드신 작품은 파괴되어 갔다. 이렇듯 이성적 인간이 사라져 가고 하느님의 작품이 파괴되어 가는 시점에 선하신 하느님께서는 과연 무엇을 하실 수가 있었을까? 부패가 이성적 창조물을 지배하도록, 죽음이 그들을 지배하도록 그냥 방치해 두셔야 했을까? 그렇다면, 하느님께서 세상과 인간을 무에서 창조하신 이유는 무엇이었을까? 사실 하느님께서 피조물을 창조하신 후 그대로 방치한다면 차라리 피조물을 창조하지 않은 것만 못하다. 왜냐하면 그것은 선하고 전능하신 하느님이 아니라 무책임하고 힘없는 하느님으로서 세상이 파멸되도록 내팽개쳐 버린 꼴이 되기 때문이다! 결국 성 삼위께서 당신의 손으로 손수 빚으신 인간을 무(無)에서 유(有)로 데려오시고 다시 그 작품들을 파멸로 내몬다는 것은 지극히 비정상적이고 무언가 "하느님의 선에 부합되지 않는" 부조화이다.192)

이렇게 자비의 하느님께서는 당신의 전지로 인간 구원을 위한 계획을 세우시게 된다. 하느님께서는 먼저 당신의 무한한 섭리로 적절한 때 적절한 방법으로 인간을 훈육하여 인간이 죄를 짓지 않도록 하셨다. 신학자 그레고리오스 성인은 이렇게 적고 있다 : 하느님께서는 인간을 교육하여

---

192) 대 아타나시오스, Περὶ ἐνανθρωπήσεως τοῦ Λόγου 6 ΒΕΠΕΣ 30, 79 (23-26) - 80 (1-11).

말씀으로, 법으로, 예언자로, 도움으로, 경고로, 홍수로, 화재로, 전쟁으로, 승리와 패배로, "하늘과 땅, 바람과 바다의 징표로, 그리고 민족, 도시, 군대의 징표"로 또 예기치 않았던 기적으로 훈육하셨다. 이 모든 것은 오직 단 하나의 목표가 있었는데 그것은 악을 지우기 위한 것이었다. 하지만 죄를 완전히 패배 시키기 위해서는 또 다른 방법, 더 본질적 방법이 필요했다. 그것은 영원 이전에 계시고 시공을 초월하신 시초 중의 시초, 빛으로부터 나신 빛, 생명과 불멸의 원천, 아버지와 동일하신 무형의 하느님의 말씀께서 당신 자신의 형상인 인간으로 오셔서 인간을 죄로부터 깨끗이 하는 일이었다. 신학의 금구(金口)인 크리소스톰 교부는 경이에 가득 차 이렇게 소리친다 : 아, 하느님과 인간의 새로운 일치는 얼마나 놀라운 일인가! 아, 신인의 결합은 얼마나 기이한가! 시초를 초월하여 영원 이전에 계셨던 분이 피조물이 되어 태어나시며, 제약 받지 않으시는 분께서 제약 받으시며, 부를 주시는 분이 가난해지신다. 하느님께서 가난한 자가 되는 이유는 당신의 신성으로 나를 부자로 만들기 위해 나의 육체를 취하시기 때문이다. 하느님께서 나를 창조하셨을 때 나는 거룩한 하느님의 형상을 취했다. 하지만 나는 그것을 지키지 못했다. 따라서 그분께서는 그 형상을 보존하고 더 나아가 육체를 불멸로 만들기 위해 나의 육체를 취하시고 입으신다.[193]

이렇게 창조주인 하느님의 말씀께서는 손수 우리 구원을 맡으셨다. 교회의 교부인 아타나시오스 성인은 이렇게 적는다 : 육체가 없고 부패를 모르시는 하느님 아버지의 말씀께서는 죽음의 종이 되어 있는 인간을 보시고 연민을 느끼셨다. 그래서 우리에게 당신의 관용을 베푸셔서 우리의 나약함을 손수 짊어지셨다. 주님께서는 전능하신 하느님으로서 더욱 성스런 방법으로 세상에 오실 수 있으셨지만, 인간 위에 군림하는 죽음에 의해 하느님 아버지의 작품이 불완전한 미완으로 사라져 가는 모습을 차마 보지 못하시고 우리 인간과 동일한 육체를 가지고 동정녀로부터 태어나셨

---

193) 신학자 그레고리오스, *Λόγ*. 45, *εἰς τὸ ἅγιον Πάσχα*, 9 PG 36, 633C-636A. and *Λόγ*. 38, *εἰς τά Θεοφάνεια*..., 13 PG 36, 325ABC.

다. 이렇게 말씀께서는 죽음과 파멸의 운명에 놓여 있는 인간을 위해 똑같은 몸을 동정녀 테오토코스를 통해 취하시고 죽음을 통해 하느님 아버지께 당신의 몸을 "만민"을 위한 제물로 제공하셨다.194)

니사의 그레고리오스 성인은 하느님이신 말씀과 인간과의 일치를 강조한다. 신인의 일치는 본래의 모습이었던 완전한 인성의 복원을 가져왔다. 아담의 인물 속에서 온 인류가 타락하고 인성의 변질을 겪었듯이 새로운 아담인 그리스도의 인물 속에서 완전한 인성이 복원된다.195)

하느님의 지혜인 그레고리오스 팔라마스 성인은 "과거의 아담을 비롯해 온 인류를 구원할 새 아담은 인간뿐만 아니라 하느님이셔야 했으며 또한 참되고 실질적인 생명이고 지혜이며 정의요 사랑이며 자비이고 완전한 선이어야만 했다. 왜냐하면 그 때 비로소 '과거의 아담을 일신하고 새 생명을' 성공적으로 성취 시킬 수 있으며 '악의 원흉인 뱀'이 성공한 '죽음과 부패'를 죽음과 미끼와 증오를 역이용하여 상쇄 시킬 수 있기 때문이다"고 강조한다.196)

하느님이신 말씀께서 완전한 인성을 취하시기 위해서는 거룩한 육화가 있어야만 했다. 그것은, 신학자 그레고리오스 성인이 기록한 것처럼, 취하지 않은 것은 치유되지 않은 채 남아 있기 때문이다.197) 하느님과 결합되는 모든 것, "그것은 구원된다." 교부의 이 가르침은 모든 교부들의 가르침의 기본을 이룬다. 우리를 위해 영원 이전에 성 삼위 하느님께서 하셨던 희망은 이렇게 실현되었다. 그리고 교회의 성가에 나오는 것처럼 "천사들에게도 감춰졌던 영원의 신비"가 거룩한 육화를 통해 드러났다. 복음사 요한 사도는 이렇게 적었다 : 참 생명이신 예수 그리스도께서는 인간으로 "나타나셨다." 그리고 그 생명을 우리는 눈으로 목격하였다. 그래서 우리는 "이 영원한 생명을 증언하고 선포한다." 이 생명은 하느님 아버지와 영원히 함께 계셨고 그분과 하나셨으며 우리 사도들과 제자들에

---

194) 대 아타나시오스, Περὶ ἐναθρωπήσεως τοῦ Λόγου 6 ΒΕΠΕΣ 30, 80-81.
195) 니사의 그레고리오스, Λόγ. Κατηχ. ὁ Μέγας 16 PG 45, 52.
196) 그레고리오스 팔라마스, Ὁμ. 52, 2, 출판 Σοφ. Κ. τοῦ ἐξ Οἰκονόμων, page 122.
197) 신학자 그레고리오스, Ἐπιστολή 101, PG 37, 181-182,

게 나타나셨다.(요한1서 1:1-2)

따라서 그리스도의 육화로 인성과 결합한 신성은 "죽음을 통해 죽음의 세력", 즉 사탄을 "파멸 시키는 사역"을 맡는다. 그리스도의 이 승리는 현세를 제대로 누리지 못하고 근심과 걱정 속에서 죽음의 공포를 느끼며 살아가는 이들을 해방 시켜 준다.(히브리서 2:14-15)

우리는 여기서 특별한 주의를 기울여야 한다. 그것은 예수 그리스도의 인물 속에는 건강했던 아담의 인성이 들어 있지 다른 인성이 들어 있지는 않다는 점이다. 이것은 굉장히 중요한 의미를 내포하고 있다. 왜냐하면 타락의 수치와 저주가 사라질 수 있는 방법은 오직 낙원에서 패했던 자가 다시 전쟁에 나설 때만이 가능하기 때문이다. 에덴동산에서 패했던 본성은 이 방법으로 악에 대해 승리를 얻게 될 것인데 "죽음이 한 사람으로 말미암아 온 것처럼 죽은 자의 부활도 한 사람으로 말미암아 왔기 때문이다."(고린토전서 15:21) 요한 크리소스톰 성인은 이렇게 해석했다 : 패했던 그 사람은 새로운 전쟁에서 그 패배를 설욕해야만 한다. 그래서 자기 위에 군림하고 있던 것을 벗겨 내야만 한다. 왜냐하면 이렇게 해야 죄의 굴욕을 완전히 씻어낼 수 있기 때문이다.[198]

지극히 거룩하신 테오토코스의 성령을 통한 초자연적인 임신과 주님의 출생은 하느님의 전지하신 섭리의 역사로서 두 가지의 목적을 지니고 있다. 첫째, 아담의 모든 후손들에게 유전되었던 시조의 죄성과 부정에서 벗어난 육체를 취하시기 위함이었다. 둘째, 인류 재창조의 서막을 열기 위함이었다. 때 묻지 않은 흙으로부터 만들어져 하느님의 생명을 받은 첫 번째 아담은 실패했다. 반면에 "성령과 동정녀 마리아로부터" 태어나신 두 번째 아담, 주 예수께서는 첫 번째 아담이 실패한 그것에서 성공을 이뤘다. 주님께서는 낙원에 있던 아담의 육체처럼, 순결하고 죄 없는 육체를 취하셨다. 왜냐하면 우리와 같은 육체를 취하셨지만 우리의 죄 없는 육체를 취하셨기 때문이다. 하지만 그리스도 육체의 본성은 우리의 본성

---

198) 요한 크리소스톰, *Εἰς Α' Κορ.* 'Ομ. 39, 3 PG 61, 336. and *Εἰς Ρωμ.* 'Ομ. 13, 5 PG 60, 514행부터.

과 똑같다.[199)]

아토스산의 수도사 니코데모스 성인은 다음과 같이 지적한다 : 모세가 사막에서 높이 쳐든 "구리 뱀"이 "뱀의 형태를 취했지만, 뱀의 독을 지니고 있지 않았던 것처럼, 주님께서도 인간의 육체를 가지고 계셨지만, 인간의 죄를 지니고 계시지 않았다."[200)] 성령이 충만한 바울로 사도도 이렇게 말했다 : 하느님께서는 죄를 없애시기 위해 이 세상에 육체를 취한 당신의 아들을 보내셨는데 그 육체는 닮은 모습을 취했지만 실질적으로 죄의 육체는 아니었다. 하지만 죄가 없었던 그리스도의 육체는 죽음에 넘겨졌을 때 죄의 결과들을 겪으며 죄를 정죄하고 무력화 시켰다. 이렇게 하느님 말씀의 거룩한 육화는 "시조가 죄를 짓기 이전, 타락 이전에 가지고 있었던 본래의 인성을 다시 취했다.... 인간에게 심어진 하느님의 형상이 육화를 통해 복원되었고 말씀의 육화로 인해, 하느님의 형상에 따라 창조된 인간 본래의 본성이 회복되었다." "물론 이 회복은 정욕을 가진 인성의 복원이 아니다." 다른 말로 표현하면 "인간 생명의 복원이지, 죽음의 복원이 아니다."[201)]

이렇게 죄와 죽음은 육화하신 주님 안에서 회복될 수 없는 치명상을 입었다.

주님의 절대적 무죄성

신앙의 신조에 나와 있듯이, "성령과 동정녀 마리아로부터" 초자연적인 방법으로 태어나신 우리 주 예수 그리스도께서는 단지 시조의 죄를 나누어 가지지 않으셨던 것뿐만이 아니라,

---

199) 요한 크리소스톰, *Εἰς Ρωμ. Ὁμ.* 13, 5 PG 60, 515.
200) 아토스 수도사 니코데모스, *Ἑορτοδρόμιον*..., page 9.
201) Γ. 플로로프스키, *Ἀνατομία*, page 55.

당신의 생애 내내 모든 죄로부터 벗어나 있는 분이셨다. 그분은 지상에서 "죄를 벗어나" 사신 단 한 분으로서 결코 죄를 알지 못하셨다. "너희 가운데 누가 나에게 죄가 있다고 증명할 수 있느냐?"(요한복음 8:46)라고 말씀하실 수 있는 분은 지상에서 오직 그분밖에 안 계셨다. 거룩한 사도들도 성령의 영감으로 써진 그들의 저서에서 이 사실을 증거한다 : "그리스도는 죄가 없는 분이십니다."(요한1서 3:5) "흠도 티도 없고"(베드로전서 1:19), "죄를 모르시는"(고린토후서 5:21, 히브리서 4:15, 7:26 참조) "그리스도는 죄를 지으신 일이 없고 그 말씀에도 아무런 거짓이 없었습니다."(베드로전서 2:22, 이사야서 53:9 참조)

거룩한 교부들도 성령의 가르침들을 뒤따른다. 니사의 그레고리오스 성인은 이단인 에브노미오에게 신인이신 주님과 아담이 모든 것에 동일하다는 의미로 사도 바울로가 "죽음이 한 사람으로 말미암아 온 것처럼 죽은 자의 부활도 한 사람으로 말미암아 왔다."(고린토전서 15:21)라고 말한 것이 아니라고 강조했다. 주님이신 예수께서는 "보통" 대중의 한 사람이 아니라 완전한 하느님이시자 완전한 인간이셨다. 그래서 완전한 하느님이시자 완전한 인간으로서 죄에 물든 인간의 본성을 재창조하신다. 하느님의 본성은 말씀의 육화 때 전혀 영향 받지 않았다. 정욕적인 부분은 오직 그리스도의 인간적 부분에만 관계한다. 그래서 우리는 이렇게 믿는다. "독생자 하느님께서는 정욕의 영향을 받지 않으시지만, 그리스도께서는 영향을 받으신다."202)

신학자 그레고리오스 성인도 "하느님이신 말씀은 죄를 제외한 모든 것에 있어 완전한 인간이시다"고 강조한다.203) 그레고리오스 팔라마스 성인도 같은 입장을 고수하면서 이렇게 말했다 : 새로운 아담이자 신인(神人) 주님께서는 죄를 모르시는 것뿐만이 아니라 "속임도" 패배도 전혀 모르시는 분이어야만 했다. 더 나아가 죄들을 용서하실 수 있어야 했으며 죄에 "무책임한 자들을 책임 있는 자들로" 만드셔야 했다. 그리고 생명으

---

202) 니사의 그레고리오스, Κατὰ Εὐνομίου Λόγ. 6 PG 45, 709A, 713AB, 716CD-717A.
203) 신학자 그레고리오스, Λόγ. 45, Εἰς τὸ Ἅγιον Πάσχα, 9 PG 36, 633D.

로만 계시는 것이 아니라 생명의 공급자로서, 당신이 용서한 자들과 당신 이전에 죽었던 자들에게 생명을 주셔야만 했다. 그래서 거룩한 사도 바울로는 "첫 사람 아담은 생명 있는 존재가 되었지만 나중의 아담은 생명을 주는 영적 존재가 되셨습니다."(고린토전서 15:45)라고 외쳤다. 그러면서 팔라마스 성인은 이렇게 말을 맺었다. "죄 없고 생명도 공급하며" 죄를 용서할 수 있는 분은 "하느님밖에" 아무도 없다.204)

게다가 주님께서는 천상의 아버지의 뜻에 절대적으로 순종하셨다. 그것은 하느님의 계명을 거역한 첫 번째 아담의 불순종과는 정반대였다. 주님께서는 말씀하실 때 당신의 인간적 의지로 행하지 않으시고 언제나 하느님 아버지의 뜻에 순종하셨다고 강조하셨다. 물론 십자가형을 앞둔 고통의 순간에 "아버지, 아버지께서는 하시고자만 하시면 무엇이든 다 하실 수 있으시니 이 잔을 저에게서 거두어 주소서."라고 간청하셨지만 바로 이어서 "그러나 제 뜻대로 마시고 아버지의 뜻대로 하소서."(마태오복음 26:39)라고 아버지의 뜻에 당신의 영혼을 맡기셨다. 절대적이고 무제한적인 하느님 아버지에 대한 주님의 순종은 마침내 고통과 치욕의 "십자가에 달려서 죽는"(필리비서 2:8) 모습에 이르렀다.

물론 주님의 절대적 무죄성의 근본은 "당신 안에" 신성과 인성인 두 본성의 위격적 결합(位格的 結合)에 있다. 인성은 신성의 결합으로 인해 성스러워지고 힘을 얻는다. 알렉산드리아의 키릴로스 성인은 성령에 의한 임신으로 "육체의 성화"가 실현된다고 말했다. 육체는 그 본성이 거룩하지 않지만 하느님과의 결합으로 성스러워진다.205) 다마스커스의 요한 성인은 '주님께서 거룩한 평생 동정녀의 태 속에 잉태되어 흠 없이 "육화된" 순간부터 육체는 신성으로 기름 발려졌다'고 지적한다. 왜냐하면 신학자 그레고리오스 성인에 의하면 그것은 인류의 기름발림이기 때문이다.206)

---

204) 그레고리오스 팔라마스, Ὁμ. 52, 2, 출판 Σοφ. Κ. τοῦ ἐξ Οἰκονόμων, Page 122.
205) 알렉산드리아의 키릴로스, Εἰς Ψαλ. 44, 8 PG 69, 1040C.

이렇게 시조의 죄를 나누지 않고 신성의 신비적인 친교로 성스러워진 주님의 인성은 처음부터 그리고 완전하게 하느님 아버지의 선과 뜻에 부합되어 죄로 인해 세상에 유입된 인간의 욕망과 나약함들을 "그리스도 안에서" 제거한다. 그리고 과거에는 하느님으로부터 멀어져 타락했기에 신인이신 주님께서는 인간에게 새로운 특성, 새로운 반죽을 제공한다. 크리소스톰 성인은 '이전에 흙에서 만들어졌던 육체의 본질은 죄로 인해 죽음에 이르러 생명 없는 사막이 되었기 때문에' 지극히 선하신 하느님께서는 당신의 독생자 아들을 통해 본질에서는 동일하나 죄는 제거된 생명이 넘치는 물질로 새롭게 반죽을 하셔서 아들의 육체에 새로운 생명을 들여오셨다.207) 결과적으로 신인이신 주님 안에는 과거의 "변질된" 요소가 제거된 새 아담, 새 인간의 완전한 모습이 담겨있다.208)

죄로 인해 자기 자신과 치열하게 싸워야 했던209) 인성은 그리스도의 육화로 다시금 조화롭고 정상적인 상태를 유지하게 되었다. 죄에 쉽게 굴복하였던 그리스도 이전의 육체는 그리스도의 육화로 이제 성령의 도구이자 성령의 통로로 거듭난다.210) 외부적 요소가 전혀 없는 완전무결한 신성은 있는 그대로의 상태를 유지하지만 인성은 신성과의 초자연적인 결합으로 말미암아 엄청난 혜택을 누리고 형용할 수 없는 영광을 거두었다. 그것은 크리소스톰 성인이 말하는 것처럼, 높은 것(신성)이 낮은 것(인성)에 접촉할 때 높은 것의 영광은 줄어들지 않고 그대로이지만 낮은 것은 높은 것의 영광에 영향을 받아 높아지는 것과 같은 이치이다. 이 현상은 정확하게 그리스도께 그대로 일어났다. 왜냐하면 당신의 신성을 전혀 감소 시키지 않은 그리스도의 육화가 당시까지 불명예와 죄의 어둠 속에

---

206) 다마스커스의 요한, Ἔκδοσις, 4, 6 PG 94, 1112AB.
207) 요한 크리소스톰, Εἰς Αʹ Κορ. Ὁμ. 24, 2 PG 61, 201.
208) 참조. 요한 크리소스톰, Εἰς Ἐφεσ. Ὁμ. 5, 3 PG 62, 40.
209) 요한 크리소스톰, Περὶ παρθενίας 84 PG 48, 595.
210) 요한 크리소스톰, Εἰς Ρωμ. Ὁμ. 12, 3 PG 60, 498 행부터; Ὁμ. 13, 5 PG 60, 514

살던 인간들을 형용할 수 없는 영광으로 높였기 때문이다.211)

천상으로 향하는 길이 열리다

신인의 절대적인 무죄성은 죄와 영적 죽음에게 치명적 상처가 되었다. 왜냐하면 하느님의 계명을 어기고 항명했던 첫 번째 아담을 대신해서 두 번째 아담이자 신인인 그리스도께서는 하느님 아버지께 죽음까지도, 특히 십자가에서 죽음까지도 순종하여서, 항명했던 인간의 정당성을 회복 시켰기 때문이다. 인간을 대표하는 아담의 불순종으로 시조의 후손들 모두 죄인이 되었던 것처럼, 새로운 아담, 예수 그리스도의 완전한 순종으로 말미암아 그를 믿는 사람들은 모두 의인이 된다.(로마서 5:19)

니사의 그레고리오스 성인은 첫 번째 인간의 불순종으로 죽음이 생명에 들어왔기 때문에 두 번째 인간의 순종은 그것을 내쫓는다고 말한다. 그래서 그리스도께서는 불순종으로 인한 거역을 순종으로 치료하기 위해서, 그리고 불순종과 함께 유입된 죽음을 부활로 제거하시기 위해서 "죽음까지 순종"하신다. 왜냐하면, 죽음으로부터의 부활은 실제적인 죽음의 제거이기 때문이다.212)

죄를 발명했고 인간을 증오하는 사탄은 개인적으로 신인이신 주님께 패배했다. 사악한 적은 사막에서 구세주를 시험하였다. 그는 주님을 여느 사람처럼 다뤘다. 그리고 기회를 포착하자 그를 공격했다. 첫 번째 아담을 음식으로 유혹했던 것처럼 새로운 아담도 그렇게 공격했다. 아담을 하느님으로부터 떨어뜨려 놓기 위해 노력했던 것처럼, 하느님으로부터 예수

---

211) 요한 크리소스톰, *Εἰς Ἰω. Ὁμ.* 11, 1 PG 59, 79.
212) 니사의 그레고리오스, *Ἀντιρρητικὸς πρὸς τὰ περὶ Ἀπολλιναρίου*, 21 PG 45, 1165B.

를 갈라놓고 자기편으로 끌어들이려 노력했다! 낙원에서 아담에게 신처럼 될 수 있다고 감언이설로 현혹했듯이, 예수께 자신의 힘과 권력을 주기 위해 도움을 베푸는 것처럼 행동했다! 항명의 방법으로, 신이 될 수 있는 것처럼 아담을 부추겼듯이 예수를 부추겨 아주 쉽고 빠르게 세상의 메시아로서의 당신을 선포하게끔 선동했다! 사탄은 주님의 눈과 정신과 판단이 흐려지도록 주님을 공격했다. 하지만 주님께서는 단호하게 사탄을 물리치셨다. "사탄아 물러가라."(마태오복음 4:1-11, 루가복음 4:1-13)라는 주인의 명령에 사탄은 아무 소득 없이 수치스럽게 떠나야 했다.

또한 신인은 인간의 본성, 즉 흔히 말하는 자연의 법칙을 따르는, 비난할 수 없는 인간의 속성인 허기, 갈증, 아픔, 눈물 등에서도 언제나 승리자로 남으셨다. 주님께서는 지극히 정결하신 당신의 육체에게 이런 욕구를 용인하셨다. 주님께서는 40일 간의 금식 후에 허기지셨고, 야곱의 우물에서 목이 타셨으며, 배 위에서 잠이 드셨다. 친구인 라자로의 무덤에 가실 때는 눈물도 흘리셨다. 이렇게 완전한 인간으로서의 주님께서는 죄를 제외하고 인간의 자연스런 욕구를 가지고 계셨다.[213]

인간이 갖는 자연스런 욕구들도 인간이 주의를 기울이지 않으면, 죄와 영적 죽음으로 인간을 몰고 갈 수 있다. 하지만 주님께서는 인간으로서 이런 욕망 앞에 무릎을 꿇은 적이 단 한순간도 없었다! 그래서 주님께서는 완전한 인간으로서 사탄을 쫓아내고 죽음을 이겨낼 수 있었던 것이다.

알렉산드리아의 키릴로스 성인은 지적한다 : 만약 유혹하는 사탄을 신성이 이겨냈다면, 우리 인간들에게는 아무런 유익이 되지 못했을 것이다. 왜냐하면 인간이 사탄과의 싸움에서 아무런 역할을 하지 않았기 때문이다. 오히려 사탄은 이를 악용하여 하느님과 겨뤘다고 자랑하고 하느님에게 패한 것을 생색낼 것이다.[214] 하지만 지금 사탄은 그런 자랑을 할 수가 없다. 왜냐하면 그리스도의 인성과 싸웠고 그것에 완전히 패했기 때문

---

213) 다마스커스의 요한, Ἔκδοσις, 3, 20 PG 94, 1081ABC.
214) 알렉산드리아의 키릴로스, Περὶ τῆς τοῦ Κυρίου ἐνανθρωπήσεως, 15 PG 75, 1444A.

이다! 거룩한 육화에 힘입어 말씀께서는 인간으로서 사기꾼인 사탄과 싸운다. 말씀께서는 종의 모습을 취하시고 언젠가 패배했던 인간의 그 모습으로 적에 대항하여 싸우고 승리를 거두셨다.215) 다마스커스의 요한 성인은 이렇게 지적한다 : 사악한 사탄에게 패했던 예전의 인성은 사탄이 낙원에서 자신을 공격해서 이겼던 것과 똑같은 방법을 사용해 적을 이긴다.216)

결론적으로 "우리와 마찬가지로 모든 일에 유혹을 받으신"(히브리서 4:15) 그리스도께서는 죄를 짓지 않으신 채 온갖 종류의 유혹과 욕망을 이겨내셨다. 신비스러운 방법으로 전능하신 신성과 결합하여 힘을 얻은 나약한 인성은 용감하게 유혹에 대항해서 싸웠다. 이 싸움에서 주님의 인성은 신성에 의해 힘을 받았다. 첫 번째 아담도 그리스도처럼 사탄의 유혹에 당당하게 맞섰다면 이렇게 하느님의 힘을 받았을 것이다. 알렉산드리아의 키릴로스 성인은 다음과 같이 기록하였다 : 신인께서는 어떤 경우에서도 신성의 권세가 아니라 "인간적으로" 상대방인 적을 누르고 물리치셨다.217)

이 승리로 그리스도께서는 우리에게 천상으로 나갈 수 있는 길을 열어 주셨다. 왜냐하면 우리 죄인과 같은 몸으로 나타나셔서 죄를 심판하시고 아담의 잘못들을 회복 시켜 주셨기 때문이다. 이런 방법으로 주님께서는 죄가 유입되어 부패와 죽음으로 무너졌던 육체를 가지고도 인간이 죄를 짓지 않고 세상에서 살아갈 수 있는 길을 열어 주셨다.218) 이렇게 신인의 은총으로 우리 인성은 성화가 가능해졌다. 그리고 죽음의 어머니인 죄를 완전히 이길 수 있는 가능성이 열렸다. 이제 우리는 죽음도 이겨내고 부활과 영원한 왕국을 차지할 수 있게 된 것이다.

거룩한 육화로 인성 본래의 완전한 모습은 복원되고 인간은 다시 하느

---

215) 대 아타나시오스, Κατὰ Ἀπολλιναρίου Λόγ. 2, 9 ΒΕΠΕΣ 37, 290(29-30).
216) 다마스커스의 요한, Ἔκδοσις, 3, 20 PG 94, 1081C.
217) 알렉산드리아의 키릴로스, Περὶ τῆς τοῦ Κυρίου ἐνανθρωπήσεως, 24 PG 75, 1464A; Λόγ. β' 36 PG 76, 1384.
218) 대 아타나시오스, Κατὰ Ἀπολλιναρίου Λόγ. Α' 7 ΒΕΠΕΣ 37, 271(38-40) - 272(1-3).

님과 친교를 나눈다. 그러나 무엇보다 중요한 것은 바로 "새로워"지고 재창조되는 것이다.

죽음을 제거하다

거룩한 육화는 신인께서 사탄과 죄, 그리고 죽음에 대항하는 기반이자 시작이다. 육화하신 하느님의 말씀께서는 우리에게 영혼을 새롭게 하는 성화의 방법과 기회를 제공하셨다. 동시에 말씀께서는 영적 죽음을 제거하시고 육적 죽음도 없애셨다. 구세주께서 당신의 육화로 이 두 가지 일을 하신 것은 우리에 대한 자비의 발로였다. 구세주께서는 죽음을 제거하시고 우리를 새로운 피조물로 변화 시키셨다.219) "하느님이신 구세주께서는 죽음에서 우리 영혼과 육체를 구하시기 위해 당신의 영혼과 육체, 그리고 신성을 가지고 우리에게 나타나셨다."220) 혹은 신학자 그레고리오스 성인이 말하듯이 하느님의 말씀께서는 인간 구원을 위해, 또 하느님의 형상을 지키고 육체를 불멸로 하기 위해 일시적으로 하느님의 영광을 비우고 나와 같은 육체를 취해 인간이 되신다.221)

구세주 그리스도께서 이 세상에 오시기 전에 "우리 인간들은 단지 죽음만 알고 있었다. 인류의 모든 것은 죽음으로 물들었고, 종속되었고, 죽음의 패배자였다. 죽음은 우리 자신보다 훨씬 더 가까이 있었고 우리 자신보다 더 현실적이었다. 그것은 개인이나 무리가 힘을 합쳐도 이겨낼 수 없는 가장 강한 것이었다. 세상은 죽음에 대한 공포의 감옥이었고 우리는 그의 포로가 되어 있었다.(히브리서 2:14-15) 신인이신 그리스도께서 오셨을

---

219) 대 아타나시오스, *Περὶ ἐνανθρωπήσεως τοῦ Λόγου* 16 ΒΕΠΕΣ 30, 88(4-5).
220) 레바논의 탈라시오스, *Πρὸς Παῦλον Πρεσβύτερον, Ἑκατοντὰς Δ´, νθ´, Φιλοκαλία...* 2, 226.
221) 신학자 그레고리오스, *Λόγ.* 38, *Εἰς τά Θεοφάνεια...*, 13 PG 36, 325C.

때 비로소 죽음의 비참한 종살이에서 절망적으로 살아가는 인간에게 '생명' 곧 '영원한 생명'이 나타났다."222)

정교회의 구세주 탄생 이콘은 주님의 육화로 인해 죽음과 저승이 무너지는 모습을 생동감 있게 표현한다. 어린 아기 예수를 감싸고 있는 강보는 수의의 형태를 갖는다. 이 수의는 죽음을 누르고 부활하신 분의 승리를 알리기 위해 부활의 아침에 천사가 향료 가진 여인들에게 가리킨 그것이었다. 구유에서 미동도 하지 않는 어린 예수는 성 대 토요일의 침묵을 암시하며 성가작가의 "생명은 잠자고 저승은 떨고 있다"223)는 말을 상기 시킨다. 생명이신 그분이 죽음의 잠을 자고 저승은 두려움에 떤다! 천상의 빛으로 밝히 비춰진 거룩한 아기는 어둠의 심연과 대조되며 주님께서 저승에 내려가심을 상징한다. 또한 어두운 색상으로 된 동굴은 "죽음의 중심", 죄로 어두워진 세상을 보여 준다. 그리스도께서는 이미 이 세상에서 "인류의 빛"이 되어 죄로 어두워져 그릇된 길에서 헤매는 자들을 비춘다.(요한복음 1:5)

어둠의 세력의 장물아비인 세상적인 요소들은 죽음과 저승에 대항해서 싸우는 신인의 투쟁을 암시한다. 이런 요소들은 물과 바람, 그리고 사막이다. 주님께서는 사막으로 나가셔서 그곳에서 사탄과 싸우신다. 그러고 나서는 바람과 바다의 풍랑을 질책하신다.(마태오복음 8:26, 마르코복음 4:37, 39) 신현(테오파니아) 축일 성가 중 하나는 주님께서 선구자 요한을 향해 말씀하시는 내용을 소개하고 있다 : "예언자여, 주저하지 말고 나에게 세례를 베풀라." 이 일을 전혀 주저하지 말라. 왜냐하면 나는 "물 속에 숨어 있는 전사, 어둠의 제왕"을 빨리 제압하여, 그의 덫에 걸려 신음하는 "세상을 구원하고" "자비로운 이로서, 영원한 생명을 주기 위함이니라."224)

신현 축일의 또 다른 두 개의 성가들도 이 진리를 잘 표현해 주고 있다. 먼저 한 성가 내용을 살펴보자 : 주여, 당신은 선구자 앞에서 머리를

---

222) I. 포포비츠, Ἄνθρωπος καὶ Θεάνθρωπος, page 77.
223) 트리오디온, "Ὄρθρος Μ. Σαββάτου, α' τροπάριον τῶν Αἴνων.
224) 신현축일 대시과 예식, 6시과, Ἰδιόμελον α'.

숙이시고, 당신의 구원의 사역을 방해하는 사탄의 능력의 머리를 부수셨나이다. 요르단 강물 앞에 서서, 당신의 거룩한 빛으로 세상을 밝히셨나니, 구세주이신 주여, 우리 영혼의 빛이신 당신께 영광 돌리나이다.225) 두 번째 성가를 살펴보자 : 영원한 임금이신 주님께서는 죄로 인해 부패해 버린 아담을 요르단 강물로 새롭게 하시고, 물 속에 숨어 있는 사탄의 능력의 머리를 부수셨나이다.226)

예배 용어로 성수가 되지 않은 물은 "물무덤"으로 불린다. 그래서 정교회 세례 이콘은 주님께서 요르단강 물 속으로 들어갈 때 신인의 흠 없는 온 몸을 둘러싸고 있는 물무덤 안에 들어가는 것처럼 표현한다.227) 예루살렘의 키릴로스 성인은 요르단강 물 속에 들어가시는 주님의 모습을 이렇게 설명했다 : 그것은 괴물(즉, 하느님의 뜻에 반항하는 사탄의 세력들)이 "물 속에 있어"(욥기 40:25), 그 괴물의 머리를 부수러 요르단강 물 속에 들어가신 것이다. 그리고 주님께서는 그 세력들을 사로 잡아버리셨다. "이렇게 생명은 죽음에 재갈을 물리기 위해 오셨다." 그래서 구원받은 우리 모두는 큰 소리로 외친다. "죽음아, 네 승리는 어디 갔느냐? 죽음아, 네 독침은 어디 있느냐?"(고린토전서 15:55) 그리고 키릴로스 성인은 이렇게 부언했다 : 죽음의 독침은 세례로 폐지된다.228) 죽음의 독침이란 독사처럼 인간을 무는 죄이다(고린토전서 15:56) 그러나 거룩한 세례는 죄의 흔적을 모두 없애버린다. 따라서 죽음의 독침 역시 사라지게 된다.

우리는 하느님의 말씀이시자 아들인 분의 육화가 얼마나 큰 선물을 우리에게 가져왔는지 목격했다. 말씀의 육화로 그리스도께서는 완전한 인성의 중심이 되셨다. 그분은 모든 이에 앞서 "시초"가 되셨고 새 본성의

---

225) 신현축일 만과, Δοξαστικὸν Στιχηρῶν Ἑσπερινοῦ.
226) 신현축일 카논, Ὠδή αʹ, Τροπ. αʹ.
227) Π. 에브도키모프, *Ἡ πάλη μὲ τὸν Θεόν*, 번역 Ι. Κ. Παπαδοπούλου, Thessaloniki 1970, page 113 참조.
228) 예루살렘의 키릴로스, *Κατηχήσεις πρός Φωτιζομένους*, Γʹ 11 ΒΕΠΕΣ 39, 64 (8-16).

"맏아들"로서 모든 인간의 특성을 "다시 반죽"하신다. 하느님의 말씀께서는 당신을 비우시고 낮추셔서 이 세상에서 죽음의 종으로 살아가는 쓰러져 있는 인간들을 다시 일으키신다.229) 대 바실리오스 성인은 말했다 : 만약 그리스도께서 육화를 통해 세상에 오시지 않았다면, 구세주의 사역은 죽음의 왕국을 멸망 시키지 못하였을 것이다. 만약 주님께서 취하신 그 육체가 죽음이 지배하고 있는 우리의 것과 다른 것이었다면, 죽음은 계속해서 그의 일을 해 나갔을 것이다. 그리고 주님의 거룩한 육체의 수난도 우리에게 도움을 주지 못했을 것이며 죄를 죽이지도 못했을 것이다. 그렇다면 아담과 함께 죽었던 우리는 그리스도를 통해 생명을 얻지 못했을 것이고 완전히 쓰러져 비참하게 살아가는 우리 세대는 다시 일어서지 못했을 것이다. 또한 뱀의 현혹에 빠져 하느님과 멀어진 인간은 하느님과 재결합되지 못했을 것이다. 그러나 죽음이 아담의 육체를 통해 우리에게까지 왔던 것처럼, 신인의 신성은 죽음을 완전히 흡수하고 제거했다. 이제 죄는 예수를 통해서 우리에게 주어진 정당성 앞에서 완전히, 그리고 완벽하게 사라져버렸다. 그래서 죽은 자들의 부활 때 우리가 다시 취할 그 몸은 더 이상 죽음에 놓이지 않게 되고 죄에 대한 책임도 지지 않게 된다.230)

부활의 전조

주님의 탄생과 거룩한 세례 그리고 당신의 가르침과 세상에서의 신인의 생애 자체는 죄와 죽음에 대한 승리의 전조요 부활의 전조였다.

주님께서 십자가를 통해 사탄과 죽음에게 완전한 치명상을

---

229) 니사의 그레고리오스, Λόγ. Κατηχ. ὁ Μέγας, 32 PG 45, 80BC.
230) 대 바실리오스, Ἐπιστολὴ 261, 2, 3 PG 32, 969B and 972BC.

입히기 전에 당신께서는 이미 죽음에 대한 당신의 권세를 인간들에게 보여 주셨다. 주님께서는 "젊은이여, 일어나라."(루가복음 7:14)라는 명령으로 나인 동네에 사는 과부의 죽은 외아들을 살려 내셨고, "아이야, 일어나거라."(루가복음 8:54)라는 말씀으로 야이로 회당장의 12살 된 딸을 살려 내셨다. 그리고 죽은 지 나흘이 지난 라자로에게 "라자로야, 나오너라."(요한복음 11:43)라는 명령을 내려 마리아와 마르타의 오빠를 살려 주셨다.

주님께서 기적을 보여 주신 이 세 가지 사건 중에서 우리는 마지막 사건을 좀 더 깊이 조명해 보려 한다. 주님께서는 죽음이 인간에게 얼마나 참혹하고 고통스러운 것인지를 누구보다 잘 알고 계셨다. "생명이시고 부활이신" 주님께서 당신의 친구 라자로의 무덤 앞에서 "눈물을 흘리신" 이유도 바로 여기에 있다. 라자로의 죽음 앞에서 울고 있는 유대인들을 보고 인간으로서의 주님께서는 비통한 감정에 북받쳐 무덤으로 향했다.(요한복음 11:33, 35, 38) 주님의 죄 없으신 인성은 이렇게 깊게 자극받고 흔들렸다. 그분은 눈물을 흘리며 싸늘한 죽음의 품안에 안겨 있는 친구의 주검 앞에서 내적인 감정을 추스르려 노력했다.

하지만 생명의 눈물은 이미 승리의 전조였다. 이제 제자들과 유다 군중들은 라자로의 기적을 통해 구세주의 삼 일만의 부활을 보게 될 것이었다. 주님께서는 라자로를 살려 내시기 전에 기도를 하신다.[231] 하지만 그 기도는 그 자리에 함께 있던 사람들의 나약한 믿음을 위한 것이었다. 당신은 그 사실을 당신 스스로 확인해 주셨다 : "아버지, 제 청을 들어 주셔서 감사합니다. 그리고 언제나 제 청을 들어 주시는 것을 저는 잘 압니다. 그러나 이제 저는 여기 둘러 선 사람들로 하여금 아버지께서 저를 보내 주셨다는 것을 믿게 하려고 이 말을 합니다."(요한복음 11:41-42) 기도가 죽은 자를 위한 것이 아니었다는 증거는 기도가 끝난 직후에도 라자로가 아직 살아나지 않았다는 것으로 확인된다. 라자로는 "라자로야, 나오너라"라는 주님의 명령을 들은 후에 비로소 살아났다.

---

[231] 아토스 수도사 니코데모스, Ἑορτοδρόμιον..., page 262.

요한 크리소스톰 성인은 이 기적을 계기로 죽음, 저승과 함께 독특한 대화를 나눈다 : "죽음의 폭군, 영혼을 사로잡고 있는 폭군" 저승아, 기도가 끝났는데 아직도 죽은 자를 잡고 있는가? 저승이 '그렇다'고 대답하자, 교부는 '무엇 때문인가?'라고 저승에게 다시 물었다. 그러자 저승은 이렇게 대답한다 : 왜냐하면 나는 죽은 자를 놓아주라는 명령을 아직 받지 못하였기 때문이다! 나는 이곳에서 죄인을 지키는 간수이다. 따라서 나는 명령 없이 그를 놓아줄 수 없다. 나는 지금 영혼을 풀어 주라는 "명령을 기다리는 중이다." 그런데 놀라운 일이 아닌가! "라자로야, 나오너라."라는 주님의 명령이 떨어지자마자 죽은 자가 바로 그 즉시 죽음의 법을 무력화 시키지 않는가!232)

우리는 주님의 명령에서 주의를 기울여야 할 또 다른 중요한 가치를 발견한다. 주님께서는 명령에서 "다시 살아나라"라고 말씀하시지 않고 "밖으로 나오너라"라고 말씀하셨다. 그럼, 무엇 때문에 그렇게 말씀하셨을까? 그것은 그 자리에 있는 사람들에게 라자로를 부르고 있는 당신이 죽은 자가 아닌 산 자들의 하느님이심을 가르쳐 주시기 위함이었으며, 라자로가 참으로 죽었음을 그의 수의를 통해 보여 주시기 위함이었다. 또한 주저 없는 라자로의 순종과 "경외심"으로 "주인의 권위"를 선포하기 위함이었다. 주님께서는 큰 소리로 외치셨다. 그것은 당신의 크고 강한 목소리로 미래의 부활을 예시하시려는 것이었다. 미래에 부활의 때에, 천사는 나팔을 불고 죽은 자들은 부활할 것이다.(고린토전서 15:52)233)

그런데 주님께서는 왜 이름을 불러 라자로를 나오게 하셨을까? 그것은 당신의 목소리가 죽은 자 모두에게 영향을 "미쳐" 부활되지 않도록 하기 위함이었다! "라자로야, 밖으로 나오너라.", 내가 죽은 자들 중에서 "한 명"인 너를 살려 내어 미래에 행할 나의 능력을 보여 주고자 한다. 왜냐하면 너 한명을 부활 시킨 나는 모든 인류를 부활 시킬 수 있기 때문이

---

232) 요한 크리소스톰, *Περί ἀκαταλήπτου (...) πρὸς Ἀνομοίους, Λόγ. Θ'*, 3 PG 48, 783-784.
233) 요한 크리소스톰, *Εἰς τόν τετραήμερον Λάζαρον* PG 50, 643.

다.234) 주님께서는 사후세계가 부산스레 움직이고 부활하려는 것을 예방하시기 위해 명령을 두 번 반복하지 않으셨다.…… 당신의 명령은 "단 한 명의 죽은 자를 원하니" 다른 이들은 나서지 말라는 말씀이었다. 죽은 자들이 아직 하느님의 아들의 음성을 들을 때가 오지 않았던 것이다. 지금 당장에는 그곳에서 단 한명만 나오라, 하느님의 독생자와 우정을 나눌 단 한명만 풀려나오라, 나는 단 한 명의 묶인 자, 나의 친구가 필요하다. 저승에 놓여있는 자들 중 그 누구도 항명하지 말라. 눈에 안 보이는 보초도 잔인한 간수도 저승의 열쇠를 가지고 있는 이들도 내 뜻에 반하지 말라. 저승아, 너는 내 소유물을 먼저 내 놓는 것을 배워라. "그리고 손 끝 하나 다치지 않는 주인에게 복종한 채 입을 다물고 침묵하라.…… 라자로는 이미 너의 문턱을 벗어나 탈주자가 되는도다. 라자로야, 밖으로 나 오너라"라는 나의 명령으로 그는 죽음을 이겼도다.235)

죽음의 사슬을 푸신 주님께서는 분명히 라자로를 감고 있던 수의를 푸실 수 있으셨다. 하지만 유대인들에게 그 일을 맡기심으로써 이 기적에 대한 확신을 그들 스스로 갖게 하셨다. 그리고 그리스도께서 생명과 죽음의 권세를 지니신 분임을 받아들이게 하셨다. 더 나아가 십자가 상에서 벌어질 유례없는 싸움 이전에 죽음에 대한 승리를 확인 시키기 위함이었다.236)

성지주일과 주님의 친구인 의인 라자로의 아폴리티키온 성가는 죽음과 저승에 대한 주님의 승리를 노래한다 : 하느님 그리스도시여, 당신은 당신의 겸손한 수난 이전에 온 인류의 부활을 확신 시키기 위해 죽은 자들 중에서 라자로를 부활 시키셨나이다. 그래서 당신께서 예루살렘에 입성하실 때 아이들과 백성들이 종려나무가지를 흔들고 환호하며 환영하였듯이, 우리도 승리의 상징을 들고 죽음의 승리자인 당신께 외치며 찬송하나이다 : 지극히 높은 하늘에서 거룩한 천사들로부터 영광 받으시는 하느님, 우

---

234) 요한 크리소스톰, *Περί ἀκαταλήπτου (...) πρὸς Ἀνομοίους, Λόγ.* Θ', PG 48, 784.
235) 요한 크리소스톰, *Εἰς τὸν Λάζαρον Ὁμ. α´* PG 62, 775-776.
236) 요한 크리소스톰, *Εἰς τὸν τετραήμερον Λάζαρον* PG 50, 643.

리를 구원하소서. 죄와 죽음으로부터 우리를 구원하시기 위해 하느님 아버지의 사절로서 오시는 이여, 찬미와 영광 받으소서.

십자가에 못 박히심 – 죽음의 멸망

"모든 이들을 위하여 그리고 모든 이들을 대신하여" 죽으시다

만약 그리스도의 거룩한 육화가 죽음과 저승의 사슬에서 인류가 벗어나는 시작이 되고, 신인이신 그리스도의 생애에서 각별히 나인의 과부의 아들, 야이로 회당장의 딸, 그리고 나흘만에 라자로를 죽음에서 부활 시키신 것이 죽음에 대한 승리의 전조라고 한다면, 죽음에 대한 승리, 즉 "우리의 구원은 그리스도의 십자가를 언급한 다볼산이 아닌 골고타에서 완성된다.(루가복음 9:31) 그리스도께서는 완전한 생명을 인류에게 물려주시기 위해 죽으셔야만 했다. 이것은 세상의 필요가 아닌, 하느님의 사랑, 하느님의 질서의 필요 때문이었다. 우리는 이 신비를 이해할 수 없다. 왜냐하면 '부활과 생명'(요한복음 14:6)이신 '한 분'의 죽음을 통해서 참 생명이 드러나야 했기 때문이다. 이 신비를 이해하기 위한 오직 하나의 답은 이것이다 : 구원은 죽음과 인간의 필사적 운명에 대한 승리여야 했다."237)

따라서 그리스도의 겸손한 수난과 찬란한 부활은 죽음에게 치명적 부상을 입히는 결과를 가져온다. 그래서 다마스커스의 요한 성인은 그리스도의 십자가의 죽음은 "하느님의 말씀의 육화의 정수"라고 기록하고 있다. 또 다른 그의 저서에서 성인은 좀 더 생생하게 이 진리를 분석한다 : 그리스도의 모든 행위와 기적의 능력은 성스럽고 놀라운 업적이다. 하지만 그보다 더 크고 경이로운 업적은 당신의 거룩한 십자가이다. 왜냐하면 예수 그리스도의 십자가로 죽음도 폐지하고, 시조의 죄도 풀며, 저승을 빈털터리로 만들고, 포로로 사로잡을 수 있기 때문이다. 또한 우리에게 부활의 선물을 가져다주고 현세와 죽음을 경시할 수 있는 능력을 키워주며 예전의 복된 생활로 우리를 복원 시켜 주고 낙원의 문을 열어 주기

---

237) Γ. 플로로프스키, *Θέματα Ὀρθοδόξου Θεολογίας*, 출판 "Ἄρτος ζωῆς", Athens 1973, page 101-102.

때문이다. 또한 인성이 하느님 오른편에 영예롭게 앉을 수 있게 해 주고 하느님의 자녀로서 상속자가 될 수 있게 해 주기 때문이다. 이 모든 것이 바로 주님의 십자가의 죽음으로 실현된다.238)

하느님의 아들은 인간의 악이 극에 달하여 더 이상 방치될 수 없는 상황에239) 이르렀을 때 육화하셨다. 그것은 우리를 깨끗이 하기 위한240) "제물"로서 당신을 바치기 위한 것이었고, 더 나아가 당신의 죽음을 통해 하느님 아버지와 화해 시키시기 위한 것이었다.(로마서 5:10, 골로사이서 1:22)

우리 인간들은 죄로써 십자가를 들어 올렸다. 그런데 "죄를 지으신 일이 없고 그 말씀에도 아무런 거짓이 없어"(베드로전서 2:22), 죽음과 심판을 겪을 필요가 없으신 그분께서, 십자가에 못 박혀야 할 우리 대신에 순수 십자가에 못 박히신다. 아무 죄가 없으신 주님께서는 이렇게 우리의 나약함을 손수 맡으시고 우리가 앓을 병을 대신 앓으시며 우리를 치유하시기 위해 상처를 입으셨다.(이사야서 53:4, 5) 그리고 우리를 위해 저주받은 자가 되시어(갈라디아서 3:13) 우리를 저주에서 풀어 주시고 영광의 생명으로 우리를 다시 데려가시기 위해 영예롭지 못한 죽음을 당하셨다.241) 주님께서는 스스로 십자가를 매시고 악인처럼 십자가에 못 박히셨다. 이렇게 당신께서는 죄와 죽음의 종말을 "완성"하시기 위해 죄와 죽음의 저주를 감내하셨다. 하느님께서는 죄를 모르시는 그리스도를 죄 있는 분처럼 여기시고, 우리는 그리스도로 말미암아 하느님께로부터 무죄선언을 받게 되었다.(고린토후서 5:21)

주님께서는 모든 사람, 모든 세대를 대신하여 당신 자신을 내놓으셨다. 그래서 "모든 이들을 위해"(고린토후서 5:14) 돌아가셨다. 그분은 단 한 번 당신 자신을 속죄 제물로 바치심으로써 이 일을 단 한 번에 전부 이루셨

---

238) 다마스커스의 요한, Εἰς τὸ ἅγιον καὶ μέγα Σάββατον, 2 PG 96, 604A; Ἔκδοσις 4, 11 PG 94, 1128-1129.
239) 대 바실리오스, Εἰς Ψαλ. 7, 3 PG 29, 236B 참조.
240) 요한 크리소스톰, Εἰς Ἑβρ. Ὁμ. 5, 1 PG 63, 47.
241) 대 바실리오스, Ὅροι κατὰ πλάτος, Ἐρώτ. 2, 4 PG 31, 916A. 참조. Εἰς Ψαλ. 61, 3 PG 29, 476A : "Τιμὴ ἀνθρώπου τὸ αἷμα τοῦ Χριστοῦ".

다.(히브리서 7:27, 9:28, 10:10-12) 그래서 태초부터 세상 종말에 이를 때까지 모든 인간의 죄를 덮어 주셨다. 주님께서는 단 한 번 희생하셨지만 그 희생의 효력은 영원하다.242) 그분의 희생은 "모든 인간의 본성을 위해" 제공되었고 "모든 이를 구원할 능력"이 있다.243)

이그나티오스 테오포로스 성인은 이렇게 기록했다 : 사람들은 죄를 씻어 주는 주님의 십자가의 희생에 힘입어, 돌아가신 예수 그리스도의 뜻에 맞게 살아간다. 따라서 그들은 주님의 죽음을 믿고 죽음을 벗어난다.244) 대 아타나시오스 성인은 우리 모두가 죽음의 부패에 대한 책임자이기 때문에 주님께서 우리와 같은 몸을 취하시고 당신 몸을 죽음에 내놓으셨다고 강조한다. 그러면서 성인은 이렇게 지적한다 : 하느님의 말씀께서는 "인간들의 부패"를 폐기 시킬 수 있는 방법이 오직 당신의 죽음밖에 없음을 잘 알고 계셨다. 하지만 불멸의 존재인 하느님의 말씀께서는 죽음이 불가능하셨다. 그래서 만물의 지배자인 말씀께서는 당신의 뜻에 따라 죽을 수 있는 몸을 취하셨고 만인을 대속해서 돌아가시게 되었다. 하지만 하느님의 말씀의 거처인 육화한 몸은 부패되지 않고 보존되었다. 성인은 계속해서 말했다 : 죽음의 부패는 주님의 부활에 힘입어 더 이상 인간 위에 군림하지 못하게 되었다. 왜냐하면 육신을 가진 하느님의 말씀께서 그들에게 거하고 계시기 때문이다. 만약 "만물의 주인이시며 구세주"께서 세상 구원을 위해 죽을 목적을 가지고 이곳에 오시지 않았다면 아마도 인류는 사라지고 말았을 것이다. 그리스도께서는 당신의 거룩한 몸의 희생으로 우리를 짓누르던 법을 폐기하시고 "부활의 희망"을 우리에게 심어줌으로써 생명의 시작을 다시 세우셨다. 따라서 이제 더 이상 우리는 죽음에 처해진 죄인처럼 죽지 않으며, 부활할 것이라는 희망 속에 "보편적 부활"을 기다린다.245)

분명 주님께서는 모든 이의 죄를 짊어지시고 돌아가셨다.246) 그리고

---

242) 요한 크리소스톰, *Εἰς Ἑβρ. Ὁμ.* 17, 3 PG 63, 131.
243) 요한 크리소스톰, *Εἰς Γαλ. Ὁμ.* 2, 8 PG 61, 647.
244) 안티오키아의 이그나티오스, *Πρός Τραλ.* 2 ΒΕΠΕΣ 2, 272(5-7).
245) 대 아타나시오스, *Περί ἐνανθρωπήσεως τοῦ Λόγου* 8, 9, 10 ΒΕΠΕΣ 30, 80-83.

"우리를 위해 저주받는 자"(갈라디아서 3:13)가 되셨다. 그러나 당신 자신은 절대 죄가 없으신 분으로 남아 계셨다. 행여 죄가 있다 가정해도 "하느님 본성으로서의 성성"은 그대로 남아 있었다. 당신의 거룩한 육신의 죽음은 육체적 법의 폐기를 위해 이루어졌다. 그리고 그 죽음은 하느님 아버지께서 기쁘게 받아들이시는 성스럽고 흠 없는 아름다운 향기였다.247)

주님의 십자가의 죽음은 온전히 당신 뜻에 따른 것이었다. 그것은 인간을 향한 하느님의 무한한 사랑의 명령이었다.(요한복음 17:26) 내적, 외적 필요나 그 어떤 힘으로도 강제되지 않았다.(요한복음 10:18) 신인께서는 피치 못해 십자가에 끌려가야 하는 그런 나약한 피조물이 아니었다. 하느님의 아들로서 모든 외적인 힘(마태오복음 26:53)을 즉시 제압할 수 있는 능력과 또 한순간에 모든 사탄의 계략을 무너뜨릴 수 있는 분이셨다. 이렇게 주님의 겸손한 수난은 당신의 절대적인 자유에 따른 결정이었다. 교회에서 부르는 두 개의 성가는 이 진리를 잘 표현해 준다. 먼저 첫 번째 성가를 보자 : "축복 받으시는 어머니를 부르신 당신께서는 자발적으로 수난 받으러 가셔서 십자가 위에서 빛을 밝히셨나이다. 아담을 찾기를 원하신 당신께서는 천사들에게 나와 함께 기뻐하라, 잃었던 돈을 찾았노라고 말씀하셨나이다. 모든 것을 지혜로써 섭리하시는 하느님 당신께 영광 드리나이다."248) 두 번째 성가를 보자 : "인류의 생명이신 그리스도께서 자발적으로 나무십자가에 못 박혀 조롱거리가 되셨도다. 이 광경을 보고 땅은 진동했고 잠자던 많은 성인들이 살아났으며, 저승의 감옥은 무너졌도다."249)

구세주의 십자가의 죽음은 "자발적"인 뜻에 따른 것이었다. 왜냐하면 시조의 죄에서 벗어나 있는 신인의 흠 없는 인성에는 죽음이 원천적으로 존재하지 않기 때문이다. 죽음은 죄에 물든 우리의 육체에 심어진 선천적

---

246) 대 아타나시오스, op. cit, 20 ΒΕΠΕΣ 30, 90(42-43).
247) 알렉산드리아의 키릴로스, Γλαφυρὰ εἰς τὸ Λευϊτικόν, PG 69, 549D; 다마스커스의 요한, Εἰς τὸ ἅγιον Σάββατον, 20 PG 96, 617BC.
248) 오순절예식서, Σάββατον Ζ΄ Ἑβδομάδος, Εἰς τὸν Ὄρθρον, Κάθισμα, Θεοτοκίον.
249) 오순절예식서, Κυριακὴ τῆς Σαμαρείτιδος, Κανών, Ὠδὴ Θ΄, τροπ. α΄.

요소이다. 그렇지만 죽음을 모르는 주님께서는 당신의 창조물인 우리에 대한 무한한 자애로 스스로 돌아가셨다. 죽음은 절대적으로 죄가 없으신 주님 위에 그 어떤 힘도 미치지 못했지만 신인께서는 당신의 의지에 따라 십자가 위에서 "숨을 거두셨다." 이것은 십자가 위에서 당신의 거룩한 고개를 떨어뜨리는 모습에서 드러난다. 아토스 수도사 니코데모스 성인은 다음과 같이 기록한다 : "십자가에 못 박히신 그리스도의 신성이 '죽음으로 죽음을' 없애시기 위해 죽음에게 가까이 오라고 명령하자 죽음은 하느님의 명령에 종처럼 순종하며 두려움 속에 그분께 다가왔다. 그리고 이것은 십자가 위에서 당신의 거룩한 고개를 떨어뜨리는 모습에서 나타났다." 왜냐하면 "대 아타나시오스 성인이 해석한 것처럼, 당신의 목을 떨어뜨려 (본성상) 두려움에 접근하지 못하는 죽음에게 가까이 올 것을 명령하셨기 때문이다." "주님께서 고개를 떨어뜨리시는 모습은 자연스러운 것이 아니라 초자연적이며 특별하다. 이 현상을 복음사 요한은 경이로운 모습으로 바라봤고 '고개를 떨어뜨린 후, 숨을 거두셨다.'(요한복음 19:30)"라고 기록했다. 흔히 "사람들은 숨이 넘어가려 할 때, 머리를 먼저 밑으로 떨어뜨리지 않는다. 그것은 아마도 영혼이 쉽게 빠져 나가기 위한 것일지도 모르겠다. 아무튼 사람들은 숨을 거둔 후 머리를 밑으로 떨어뜨린다. 그런데 주님께서는 반대로 행하셨다. 먼저 당신의 고개를 떨어뜨린 후 목숨을 거두셨다." 이 현상은 "초자연적이고 독특한 모습이다. 따라서 테오필락토스 성인은 말했다 : 우리는 정반대이다. 먼저 숨을 거두고, 나중에 고개를 떨어뜨린다. 반면에 당신은 먼저 고개를 떨어뜨린 후, 숨을 거두셨다. 이 모든 현상은 주님 자신이 죽음의 주인이시고 만물 위에 당신의 권세가 있음을 보여 준다. 지가이노스도 말했다 : 주님께서는 우리처럼 숨을 거둬 고개를 떨어뜨린 것이 아니라 고개를 떨어뜨리신 후 숨을 거두셨다. 이것은 당신이 원하신 때, 그 때 돌아가셨음을 우리에게 보여 준다. 이렇게 당신의 거룩한 영혼은 당신의 흠 없는 몸으로부터 주권적으로 분리되었다."250)

그리스도의 이 죽음은 부활이요 생명이신 영원한 생명 그분의 죽음이다. 물론 이 죽음은 인간의 죽음에 관한 것이다. 하지만 육화하신 하느님 말씀의 위격 안에서의 죽음이다. 따라서 부활하신 분의 죽음에 관한 것이다.... 더 옳게 말하면, 하느님께서 (우리의 인성과 같은 본질이었던) 당신의 인성에 따라 십자가 위에서 돌아가셨다고 표현하는 것이 더 옳을 것이다. 이 죽음은 오직 한 분이신 영원한 생명, 그분의 자발적 죽음이었다.

그렇다. 그것은 한 인간의 죽음, "인성에 따른" 죽음이었다. 하지만 육화하신 말씀의 위격 안에서의 죽음, 즉 부활의 죽음이었다. 그리고 그것은 "주님께서 받으셔야 할 세례"(루가복음 12:50)였다. 나지안조스 사람 그레고리오스 성인은 "그것은 십자가 상의 죽음이었으며, 그리스도 자신이 흘리시고 세례 받으신 피였다"라고 말했다. "피의 세례인 십자가 상의 이 죽음은 십자가의 구원의 신비를 보여주는 정수이다."251)

그리스도의 십자가와 죽음은 신성이 아닌 인성의 수난이었다. 신성은 불멸이므로 당신의 인성만이 "수난과 죽음을 맛볼 수 있는 가능성이 있었다." 그럼에도 불구하고 주님께서는 신인으로서, 즉 두 개의 본성을 소유하신 한 분으로서 그리고 "서로 통일된 상호작용"을 지니신 한 분으로 계셨기 때문에 불멸이신 말씀의 죽음, 신의 죽음 등에 대한 논란의 개연성은 존재했다.252) "신성은 불멸이며 어떤 영향도 받지 않는 본질이고 죽음에 동참하거나 수난을 느끼지 않지만 그리스도의 인물 속에서의 인성의 수난과 밀접하다."253) 예루살렘의 키릴로스 성인도 같은 정신으로 말했다 : 그분께서는 인류를 구원하셨다. 왜냐하면 십자가에서 고통 받으신 그분은 하찮은 "인간"이 아니라 "육화하신 하느님"으로서 "인내의 월계관"을 위해 투쟁하셨기 때문이다.254)

결과적으로 구세주의 죽음은 죄와 죽음에게 치명적인 부상을 입혔다.

---

250) 아토스 수도사 니코데모스, Ἑορτοδρόμιον..., page 387, 388.
251) Γ. 플로로프스키, Θέματα Ὀρθοδόξου Θεολογίας, page 65, 103.
252) 트리오디온, 성 대 금요일, 시과 예식, 6시과, Στιχ. Ἰδιόμελον, Εἰς τὸ Δόξα καὶ νῦν...
253) ΑΝΔΡ. 테오도로스, Τὸ χαροποιὸν πένθος τῆς Ἐκκλησίας, Athens 1974, page 51.
254) 예루살렘의 키릴로스, Κατήχ. 13, 6 ΒΕΠΕΣ 39, 155(24-26).

왜냐하면 그것은 육화하신 하느님의 말씀의 죽음이었고 말씀의 육화 속에 완전한 인성이 있었기 때문이다. 그리스도의 죽음은 결과를 가져왔다. 왜냐하면 신인의 죽음이었기 때문이다. 육화하신 하느님 아버지의 말씀이시며 독생자께서는 골고타에서 "끔찍하고 영광스러운 십자가의 죽음의 성사를" 집전하셨다. 그래서 바실리오스 성인은 이렇게 적고 있다 : "구원을 위해 형제"가 아닌, 너의 인성을 뛰어넘는 분, "여느 사람이 아닌 하느님 예수 그리스도를 요청하라."255) 성령의 비추임을 받은 나지안조스 사람 그레고리오스 성인도 이렇게 표현했다 : 죄의 저주와 영원한 죽음에서 벗어나기 위해서 또 "생명을 얻기 위해서 우리는 육화하시고 돌아가신 하느님이 필요했다."256) 좀 더 정확하게 표현하면 '하느님께서는 우리의 구원을 위해 우리와 같은 인성 부분에서만 십자가에서 돌아가셨다' 라고 말하는 것이 옳을 것이다.257) 따라서 우리는 성 대 토요일에 이렇게 노래한다 : "하늘과 땅아, 경천동지하라." 하늘 높은 곳에 거하시며 죽음을 모르시는 하느님께서 육신에 따라 죽임을 당하시고 죽은 자로 여겨져 죽은 자들과 함께 당신과 전혀 연관 없는 무덤에 묻히신다!258) 그러므로 너희 아이들아, 그분께 영광을 드려라, 성직자들이여, 그분을 찬송하라. 그리고 경건한 백성들아, 인간을 영광스럽게 높이신 높은 곳 중에 높은 곳에 계시는 그분을 드높여라. 현재뿐만 아니라 세세대대로!....

인간과 피조물에 생명을 주시다

신인께서는 죽음에서 인류를 구하시기 위한 몸값으로 자

---

255) 대 바실리오스, Εἰς Ψαλ. 48, 4 PG 29, 440.
256) 신학자 그레고리오스, Λόγ. 45, Εἰς τό Ἅγιον Πάσχα 28 PG 36, 661C.
257) Γ. 플로로프스키, Ἀνατομία, page 72-73; Θέματα Ὀρθοδόξου Θεολογίας, page 102-103 참조.
258) 트리오디온, 성 대 금요일 저녁(성 대 토요일 아침), Κανών, Ὠδή η΄, Εἱρμός.

신을 내놓았을 뿐만 아니라(디모테오전서 2:6 참조) 사탄과의 투쟁을 통해서, 인류의 온 세대를 아우를 결정적인 승리를 십자가 위에서 거두셨다.

우리는 승리자이신 주님께서 어떻게 저승에 내려가셔서 죽은 자들에게 자유를 주셨는지 앞으로 계속해서 살펴볼 것이다. 그래서 지금 우리는 요한 크리소스톰 성인의 지적을 통해 죽음과 저승의 나라가 산산이 무너져 내린 것을 강조하고자 한다. 왜냐하면 "정교회의 구원론에서는 십자가의 정수가 거역한 인간의 죄의식에 대한 사면이나 하느님의 정의에 대한 만족보다 사탄의 능력과 죽음을 파멸 시킨 것에 더 큰 비중을 두고 있기 때문이다."259) 요한 교부는 이렇게 지적했다 : 성서는 십자가에 못 박히신 주님께서 구리 문을 열었다고 하지 않고 죽음과 저승의 감옥을 완전히 초토화하기 위해 구리 문을 "부수셨다"(시편 116:16, 이사야서 43:3 참조)고 표현한다. 신인께서는 단순히 저승의 어둠의 세력만을 제거하신 것이 아니라 더 이상 그 감옥을 사용하지 못하게 초토화하셨다. 왜냐하면 "문도 힘도" 없는 곳은 누가 들어가도 그를 사로잡을 수 없기 때문이다. 이렇게 그리스도께서는 "죽음이 종말을" 맞이했음을 보여 주시기 위해 그 문을 쳐부수셨다. 저승의 문을 구리 문이라고 이름 붙인 것은 죽음의 잔인성과 꺾이지 않는 단단한 성질을 보여 주기 위한 것이다. 구리와 철은 아주 단단해서 죽음의 후안무치하고 잔인한 면을 상징한다.260)

인류사에 있어서 유례없는 투쟁과 승리의 장소, 골고타에 세워진 십자가는 그리스도께서 당신의 흠 없는 육체의 희생을 통해 죽음을 제거하셨다고 소리친다.261) 십자가는 구세주의 겸손한 수난을 통해 우리가 무정욕(아파테이아)해지며 죽음을 통해 불멸을 물려받는다고 선포한다.262) 그래서 우리는 성 대 목요일에 이렇게 노래한다 : 죄의 정욕에서 온 인류를 구원하기 위해 당신의 뜻에 따라 구원의 수난을 걸어가신 그리스도여, 당신

---

259) ΑΝΔΡ. 테오도로스, Ἔαρ ψυχῶν, page 57.
260) 요한 크리소스톰, Εἰς τό ὄνομα τοῦ Κοιμητηρίου... PG 49, 395.
261) 대 아타나시오스, Περί ἐνανθρωπήσεως τοῦ Λόγου, 9 ΒΕΠΕΣ 30, 81 (33-34).
262) 대 아타나시오스, Περί τῆς ἐνσάρκου ἐπιφανείας τοῦ Θεοῦ Λόγου καί κατά Ἀρειανῶν, 5 ΒΕΠΕΣ 33, 223(35-36).

께서는 당신의 친구이자 사랑하는 제자들에게, 세상을 떠나기 전, 십자가에 못 박히기 전, 영적 과월절을 제자들과 함께 지내려 얼마나 기다렸는지 모른다고 말씀하셨나이다.(루가복음 22:15 참조) 그것은 하느님 아버지께서 외아들인 당신을 속죄물로 바쳐 온 세상의 죄를 씻고 구원하시기 위한 것이었나이다.(요한1서 1:2 참조)263)

이 밖에도 그리스도께서는 십자가의 죽음을 통해 우리에게 생명을 주신다. 슬픔의 장례 예식 두 번째 스타시스의 아름다운 가사는 이 진리를 생동감 있게 상징적으로 표현한다 : "말씀이시여, 당신께서는 펠리컨 새처럼, 당신의 상처 난 옆구리에서 흘러나오는 성스런 피로 죽어가는 당신의 자녀들을 살리셨나이다."264) 펠리컨 새는 여러 다른 먹이 외에도 독사를 먹고 큰다. 이렇게 해서 그 새의 피에는 뛰어난 독성면역혈청이 있게 된다. 그래서 독사가 펠리컨의 새끼들을 물었을 때 어미는 새끼들을 치료할 수 있게 된다. 펠리컨의 어미새는 독사에 물려 죽을 위험에 빠진 새끼들을 보면, 어미의 지극한 사랑이 담긴 행동을 보여 준다. 즉, 그 연약한 젖먹이들 위에 서서 부리로 자기 옆구리를 상처 내기 시작한다. 그러면 상처에서 피가 흐르기 시작하고 그 피를 한 방울씩 자기 새끼들에게 떨어뜨려 먹인다. 새끼들은 면역혈청이 있는 피를 받아먹음으로써 생명을 유지할 수 있게 되고 부모의 자발적인 상처에 의해 살아난다. 이렇게 과거에 새끼들을 낳았던 어미는 지금 또다시 새끼들을 재탄생 시킨다! 슬픔의 장례 예식을 노래한 경건한 작가는 주님의 십자가의 죽음의 경우도 이와 같다고 생각한다 : 펠리컨 새가 자기 부리로 상처를 내고 피를 흘려 젖먹이 새끼들을 살려내듯이, 하느님의 말씀이신 당신께서도 우리에게 생명을 주셨나이다. 왜냐하면 악의 원흉인 뱀, 괴물, 사탄이 낙원에서 그의 독침인 죄로 우리를 찔러 우리에게 독을 퍼뜨렸기 때문입니다.(고린토 전서 15:56 참조) 하지만 지금 당신은 독이 퍼진 당신의 자녀, 인간의 영혼

---

263) 트리오디온, 성 대 수요일 저녁(성 대 목요일, 조과에서), Κανών, Ὠδὴ δ΄, τροπάριον α΄.
264) 트리오디온, 성 대 금요일 저녁(성 대 토요일 아침), Ἐγκώμια, Στάσις Β΄.

에 생명을 공급하는 당신의 옆구리와 거룩한 상처의 "생명관"을 통해 고귀한 핏방울을 떨어뜨려주시나이다. 그리고 당신의 피는 우리에게 생명을 가져왔나이다! 구복단의 한 성가는 다음과 같이 노래한다 : "뱀은 이브에게 독을 내뿜고 그녀는 귀를 열어 뱀의 사악한 충고를 받아들였으나, 주님께서는 십자가 나무 위에 올라가 인류에게 생명의 달콤함을 샘솟게 하셨도다."265) 슬픔의 장례 예식의 또 다른 성가 가사들도 그리스도의 수난을 통한 인간의 보편적 생명에 대해 노래한다. "나의 구세주여, 인간의 육신을 취한 당신은 새로운 아담처럼 세상에 나타나셨나이다. 당신의 죽음은 증오의 사탄에게 죽임을 당했던 예전의 아담에게 새 생명을 가져다 주시나이다."266) 다른 성가 가사를 살펴보자 : "나의 주인이여, 당신은 매를 맞고 거룩한 옆구리를 창으로 찔리고 정결한 당신의 손이 십자가에 못 박히기를 수락하셨으나 당신 옆구리의 거룩한 피는 상처를 치유하고 죽음을 세상에 들여온 선조들의 무절제한 손을 고치셨나이다."267)

이렇게 "지극히 거룩하고" "지극히 공경되는" 주님의 십자가는 에덴동산의 금기된 열매를 따먹어 죄와 죽음을 들여온 인간에게 "생명수", "생명을 꽃피우는 나무"268)가 된다. 따라서 주님을 사랑하는 영혼은 그리스도의 십자가를 부끄럽게 생각하지 않고 오히려 자랑스럽게 여기며 노래한다 : "당신께서 비록 악인들의 손에 죄인처럼 잡혔다 할지라도, 그리스도여, 당신은 나의 하느님으로서 나는 그것을 부끄러워하지 않나이다. 등에 채찍을 맞은 당신을 부정하지 않으며 여느 죄인처럼 십자가에 못 박히신 당신을 숨기지 않나이다. 나는 당신의 거룩한 부활을 자랑하나이다. 왜냐하면 당신의 죽음은 죄로 죽어있던 나에게 생명의 근원이 되기 때문이나이다. 전능하시고 자비로우신 주여, 당신께 영광 돌리나이다."269)

---

265) ΠΑΡΑΚΛΗΤΙΚΗ, Περίοδος Βαρέος Ἤχου, Κυριακή πρωΐ, Ἐν τῇ Λειτουργίᾳ, Τὰ Τυπικὰ καὶ οἱ Μακαρισμοί, τροπάριον δ΄.
266) 트리오디온, 성 대 금요일 저녁(성 대 토요일 아침), Ἐγκώμια, Στάσις Α΄.
267) 트리오디온, 성 대 금요일 저녁(성 대 토요일 아침), Ἐγκώμια, Στάσις Β'.
268) 십자가 현양축일 성가, MHNAION Σεπτεμβρίου, τῇ ΙΔ' Σεπτεμβρίου.
269) ΠΑΡΑΚΛΗΤΙΚΗ, Περίοδος τοῦ Βαρέος ἤχου, Τῷ Σαββάτῳ ἑσπέρας. Ἀνατολικόν.

이런 이유로 거룩한 교회는 형용할 수 없는 큰 기쁨으로 부활 첫 주간 월요일과 3조 성가 주일에 3조 곡으로 이렇게 찬송한다 : "구세주 그리스도여, 당신의 십자가로 죽음의 권세가 무너지고, 사탄의 오류가 폐지되었나이다. 십자가의 거룩한 신비를 믿음으로써 구원 받은 인류는 날마다 당신을 찬미하나이다."270)

주님의 십자가의 죽음은 단지 인간에게만 생명을 가져다 준 것이 아니라 온 피조물에게도 생명을 공급하고 일신 시켰다. 신학자 그레고리오스 성인은 이렇게 적었다 : 주님의 십자가의 희생은 일시적으로 세상의 작은 부분을 정화하는 것이 아니라 온 인류를 세세대대로 정화한다.271) 덧붙여 성인은 피조물의 새 생명을 형용할 수 없는 기쁨 속에 간략하게 서술한다. 그렇지만 인간의 새 생명 앞에서는 모든 것이 하찮은 것임을 강조하면서 다음과 같이 적었다 : 십자가에 못 박히셨을 때 큰 기적들이 - 태양은 빛을 잃었고, 성전의 휘장은 찢어졌으며, 주님의 거룩한 옆구리에서 피와 물이 흘러나왔고, 땅이 흔들렸으며, 바위가 갈라졌고, 무덤이 열려 죽은 자들이 부활 - 많이 일어났다. 그러나 이 모든 것들은 나의 구원의 기적과는 비교가 되지 않는다. 주님의 성혈의 핏방울들은 우유의 응고효소처럼 온 세상, 온 인류를 새롭게 창조한다. 이 핏방울들은 응고효소가 우유를 응고 시키는 것처럼, 우리를 응고 시켜 우리를 신비로운 사랑과 분리되지 않는 영적 결속으로 하나가 되게 한다.272) 따라서 죽음의 표시들, 즉 창에 찔린 옆구리와 정결한 신인의 손과 발로부터 "불멸하는 생명의 파도들은 연달아 밀려왔다."273)

---

270) 오순절예식서, 부활절 첫 주간 월요일, 만과, Στιχηρά άναστάσιμα τῆς Ὀκταήχου. ΠΑΡΑΚΛΗΤΙΚΗ, Περίοδος τοῦ Γ΄ Ἤχου, Τροπ. α΄.
271) 신학자 그레고리오스, Λόγ. 45, Εἰς τό ἅ γιον Πάσχα, 13 PG 36, 640C.
272) Op. cit. 29 PG 36, 661D-664A.
273) ΑΝΔΡ. 테오도로스, Ἔαρ ψυχῶν, page 58.

죽음이 지배했던 그곳에서 십자가에 못 박히시다

정교회는 그리스도의 십자가 이콘을 통해 십자가 위에서 죽음과 저승을 누르고 일찍이 없었던 세상 구원에 승리를 가져오시는 신인(神人) 주님을 표현한다. 이콘을 살펴보면 십자가의 발판 아래에는 골고타 바위 정상 아래에 있는 움푹 파인 어두운 동굴이 대개 그려진다. 동굴 속에는 아담의 해골이 하나 그려지고 십자가에 못 박히신 분의 거룩한 피가 그 위로 떨어진다. 그리고 동굴은 저승을 의미한다.

이 이콘의 표현은 정교회 성화작가의 환상에 의한 것이 아니다. 그것은 오리게네스가 증거하듯이 아주 오랜 전통에 기인한다. 그는 해골산에 관해서 자기가 들었던 유대 전승을 다음과 같이 기록하고 있다 : 나는 유대인들로부터 내려오는 전승이 있음을 들었다. 그것은 아담이 "해골산"(마태오복음 27:33)에 묻혔고 그의 후손인 우리 모두는 아담과의 연관성 때문에 죽게 되었다는 것이다. 그리고 그리스도의 죽음을 통해 아담은 다시 살아났고 그의 후손 모두는 그리스도와의 연관으로 다시 살아나게 될 것이라는 것이었다.(고린토전서 15:22 참조)274) 대 바실리오스 성인도 같은 전승을 받아들인다 : "주님께서는 인간 죽음의 시작을 살펴보신 후에 해골산 이라 불리는 장소를 선택해서 수난을 당하셨다." 그리스도께서는 인간의 부패가 시작된 그곳에서 십자가형을 당하심으로써 그곳에서 천상 왕국의 새 생명의 시작을 여셨다. 그리고 "죽음이 아담 안에서 효력이 있었던 것처럼" 그렇게 "그리스도의 죽음 안에서" 죽음은 약해지고 패배하게 될 것이다.275) 크리소스톰 성인도 이 오랜 전승을 인정한다 : 일부 사람들은 아담이 죽어 해골산에 묻혔다고 말한다.276) 그래서 예수께서는 "죽

---

274) 오리게네스, *Εἰς τὸ κατὰ Ματθαῖον*, 551 II καὶ III ΒΕΠΕΣ 14, 390(4-7 and 21-25).
275) 대 바실리오스, *Εἰς Ησ.* 5, 141 ΒΕΠΕΣ 56, 150 (24-28).
276) 키프로스의 에피파니오스 성인은 "그곳에서 시조의 해골이 발견되었고 그곳에 그의 뼈가 매장되었기 때문에 '해골의 장소'라 명명되었다"고 적고 있다.

음이 지배했던" 그곳에 십자가의 승전비를 세웠다.277) 성서의 주석가 지가비노스도 "하느님께서는 이러한 방법으로 '섭리'하셔서 '옛날의 아담이 죽어 쓰러진 그곳에 새 아담' 즉, 우리 구세주 예수의 '죽음을 멸하는 승전비'를 세우셨다. 이 승전비가 바로 십자가이다"라고 하였다. 또한 아브구스티노스 성인은 "환자가 있었던 그곳에 의사가 높이 들어 올려졌다."278)라고 기록했다.

생명의 나무는 사탄과 죄, 그리고 죽음에 대한 승리의 상징이지만 "정의의 저울"279)로 그치는 것이 아니다. 그것은 또한 "왕국과 저승 가운데를 잇는 고리처럼 (두 강도의) 가운데에 있는 영원의 시작이다."280) 아울러 십자가는 영광의 표시이다. 러시아의 저명한 신학자인 플로로프스키가 저술하고 있는 것처럼, "정교 신학은 생동하는 '영광의 신학'이다. 왜냐하면 무엇보다도 '십자가의 신학'이기 때문이다. 십자가는 영광의 표시이다. 십자가는 그리스도의 겸손의 극치로 여겨지기보다 하느님의 영광과 권능의 계시로서의 가치가 더 크다." 주님께서는 유다가 주님을 배반하기 위해 자리를 떴을 때 "이제 사람의 아들이 영광을 받게 되었고 또 사람의 아들로 말미암아 하느님께서도 영광을 받으시게 되었다."(요한복음 13:31)라고 말씀하셨다. 이렇게 우리의 죽음을 제거할 주님의 십자가의 희생은 신인에게 있어 가장 낮은 모습이었으나 한편으로는 영광이었다. 왜냐하면 사탄의 권세에 대한 승리였으며 죄와 죽음으로부터 우리 인간을 해방 시키시고 하느님 아버지와 평화를 맺게 해 주었기 때문이다. 그래서 우리는 매 주일 조과 복음 바로 후에 "그리스도의 부활을 본 후에...."를 고백한다. 온 세상은 기뻐한다. 왜냐하면 "십자가 상에서의" 주님의 죽음은 "생명이 드러나는 것"이기 때문이다. 하느님의 인간 창조의 사역은 "십자가

---

277) 요한 크리소스톰, *Εἰς Ἰω. Ὁμ.* 85, 1 PG 59, 459.
278) Π. Ν. 트렘벨라, *Ὑπόμνημα εἰς τὸ κατὰ Ματθαῖον*, 출판 "'Ο Σωτήρ" Athens 1979³, page 490 참조.
279) 9시과예식서. "두 강도들 가운데에 당신이 십자가가 정의의 저울처럼 있었나이다. 한 명은 무거운 욕설로 지옥에 떨어졌고, 다른 한명은 하느님을 고백함으로써 죄가 씻어져 하늘로 올랐나이다. 그리스도 하느님이시여, 당신께 영광 바치나이다."
280) Π. 에브도키모프, *Ἡ πάλη μὲ τὸν Θεόν*, page 114.

위에서 완성되었다." 교부들의 가르침에 따르면, 주님의 십자가의 죽음은 죄 없고 흠 없는 한 분의 죽음으로, "순종과 인내의 표시로, 단순한 인간적 순종의 미덕으로 그치는 것이 아니라, 무엇보다도 그리스도의 주권의 계시로서, 육화하신 하느님의 죽음으로서 가치가 있다."281)

"크리소스톰(金口) 성인께서는 이 진리를 아주 뛰어나게 표현했다 : 너는 못과 십자가를 보지만 "이 십자가는 왕국의 상징이다. 따라서 나는 십자가를 임금이라 부른다. 왜냐하면 나는 백성들을 위해 십자가에 못 박히신 분을 보고 있기 때문이다."282)

또한 주님의 십자가는 "구원의 표지(標識)", 승리와 권능의 깃발이다. 그리고 죽음에 대한 "승리의 능력"이다. 거룩한 교회는 주님의 거룩한 십자가를 공경하며 예를 표한다. 왜냐하면 신인께서 단판의 승리를 그 위에 가져와 새 생명의 상징, 불멸의 상징이 되었기 때문이다. 따라서 우리는 이렇게 노래한다 : "주여, 온 세상이 만물의 생명처럼, 당신의 십자가에 입을 맞추나이다...."283) 주님의 십자가 위에서의 겸손한 수난은 우리 구원의 "표지"이며 동시에 신인의 영광의 표시이기도 하다.

믿음의 진리를 신자들에게 가르쳐 주기 위한 정교 이콘은 이 주제를 온전히 표현한다. 이미 잘 알고 있는 것처럼, 주님을 십자가에 못 박은 불경스런 자들은 주님을 비하하고 욕되게 하기 위해 십자가 위에 I.N.B.I., 즉 유다인의 왕 나자렛 예수(요한복음 19:19)라는 명패를 달았다. 하지만 정교회 성화작가는 그곳에 'OBCATΔΞC'라는 글귀 즉, '영광의 왕'을 새겨 넣는다!....

---

281) Γ. 플로로프스키, Τὸ Σῶμα τοῦ ζῶντος Χριστοῦ, 번역 I. K. Παπαδοπούλου, Thessaloniki 1972, page 120, 121.
282) 요한 크리소스톰, Εἰς τὸν Σταυρὸν καὶ τὸν Λῃστήν, Ὁμ. 1, 3 PG 49, 403.
283) 트리오디온, 4번째 주간 화요일 조과, Κάθισμα (μετὰ τὴν γ′ Στιχολογίαν).

"우리는 필멸에서 불멸하는 자가 되었다"

정교회는 많은 성가들을 통해 주님의 십자가의 죽음이 가져온 선물, 즉 새 생명과 죽음의 그늘에서 벗어난 자유를 노래한다. 우리는 수도사의 장례 예식에서 이 진리를 생동감 있게 보여 주는 두 개의 성가를 뽑아 보고자 한다. 먼저, 하나를 살펴보자 : 당신은 거룩한 피로 붉게 물든 당신의 손가락으로 임금답게 나에게 (죽음으로부터의) 자유를 선언하시고 서명하셨나니, 주인이시여, 믿음을 갖고 당신께 열렬히 간구하오니, 자비로우신 당신을 향해 떠난 우리의 형제가 (하늘에 있는) 선조들과 함께 당신의 정의의 기쁨을 누릴 수 있게 하소서.

또 다른 성가는 시신이 매장될 때 사제가 흙을 집어 십자가 형태로 주검 위에 뿌리며 "땅의 모든 것과 이 땅은 주의 것이요"라고 하는 순간에 시작된다. 당연히 시신에 기름이 뿌려지는 시간에도 성가는 이어진다. 성가 내용을 살펴보자 : 자비로우신 이여, 당신의 십자가의 표시로 죽음은 멸망하고, 저승도 파괴되었으며 이전에 죽었던 이들은 부활하여 당신께 찬미를 드리나이다. 하느님 그리스도시여, 당신께 우리가 외치나니 우리 곁을 떠난 형제가 당신 곁에서 행복을 누리는 이들의 거처에서 안식을 누리게 하시고 당신의 신성을 찬양하게 하소서.284)

주님께서 십자가의 죽음을 통해 우리에게 주신 불사와 불멸의 선물은 부활의 기쁨과 축제의 원인을 제공한다. 그래서 우리는 이렇게 노래한다 : 그리스도시여, 당신은 "십자가를 통해 옛 것을 새 것으로, 필멸을 불멸로" 만들어 우리가 "새 생명 안에서" 합당하게 살아가도록 하셨나이다.285) 또 다른 성가는 이렇게 노래한다 : "십자가에 올라 나를 구원하시고, 나를 영광으로 이끌어 주신 구세주여, 당신께 영광 바치나이다."286)

---

284) *ΕΥΧΟΛΟΓΙΟΝ τὸ ΜΕΓΑ* (대 기도문), Ἀκολουθία Νεκρώσιμος εἰς Μοναχούς, page 431, 436.
285) 오순절예식서, 토마주일 조과에서, Κανών, Ὠδὴ γ´, Τροπάριον α´.

위에서 언급한 장례 예식은 물론 오순절 예식 성가의 승리적 색채도 그리스도의 십자가로 죽음의 폐지를 경험한 우리 영혼의 형용할 수 없는 기쁨의 표현이다. 왜냐하면 신인께서는 당신의 죽음으로 죽음의 세력과 능력, 즉 사탄을 무력화 시키고, 이승에서 한평생 죽음의 공포에 싸여 살고 사후세계에 있을 심판에 대한 두려움에 떨던 사람들을 해방 시켜 주시기 위해 오셨기 때문이다.(히브리서 2:14-15) 구세주께서 우리에게 주신 구원은 "단지 죄인을 용서하거나, 하느님과 죄인의 화해에 그치는 것이 아니다. 죄와 죽음에서 인간을 해방하고, 완전히 죄를 씻겨내는 것이다. 구원은 '십자가의 보혈로' 십자가 위에서 완성되었다.(골로사이서 1:20, 사도행전 20:28, 로마서 5:9, 에페소서 1:7) 구원은 십자가 위에서의 수난과 십자가 위에서의 죽음으로 완성되었다. 이렇게 죽음은 사멸되었다."287)

크리소스톰 성인은 히브리인들에게 보낸 편지를 계기로 이렇게 지적한다 : 여기서 우리는 아주 놀라운 점을 발견한다. 바로 사탄이 지배했던 그것이 사탄을 패하게 했다는 사실이다. 그리고 그리스도의 죽음으로 그의 손아귀에 있었던 인류에 대한 강력한 무기, 즉 죽음이 "치명상을 입고" 쫓겨났다는 것이다. 이것은 승리자의 강력한 힘을 보여 준다. 그래서 성인은 이렇게 첨언했다. '구세주의 죽음이 얼마나 큰일을 했는지 잘 보았는가?288)

교회의 성가작가들과 하느님의 교부들은 죄가 아담을 이긴 것과 새 아담인 그리스도가 죄를 이긴 것을 강조하기 위해 상반된 표현법을 사용했다. 신 신학자 시메온 성인은 이렇게 적었다 : "시조 아담의 불순종은 인류에게 저주를 가져왔고, 저주 이후에 타락, 타락 이후에 죽음을 가져왔다. 반면에 두 번째 아담인 그리스도의 순종은 인류에게 저주 대신 축복을 가져왔고, 축복 이후에 불멸, 불멸 이후에 불사, 불사 이후에 생명을

---

286) 오순절예식서, Παρασκευὴ τῆς Μεσοπεντηκοστῆς πρωῒ, Εἰς τοὺς Αἴνους Τροπ. α´.
287) Γ. 플로로프스키, Ἀνατομία προβλημάτων τῆς πίστεως, page 61.
288) 요한 크리소스톰, Εἰς Ἑβρ. Ὁμ. 4, 4 PG 63, 41.

가져왔다. 본래 그것은 하느님으로부터 받았던 것이었다."289)

성 대 주간의 성가를 살펴보자 : "당일 강도를 낙원에 들게 하신 주여, 당신의 십자가 나무로 나 또한 밝히시고 구원하소서."290) "그리스도여, 당신은 죄인들과 함께 악인처럼 다뤄졌으나, 사탄의 오랜 흉계로부터 우리를 구원하셨나이다."291) "그리스도시여, 사탄의 칼날이 당신을 쳤을 때 그의 날카로운 칼날과 에덴의 불칼은 힘을 잃었나이다."292) 이제 새 왕국의 문은 모든 사람에게 자유롭게 열렸다. 십자가는 강력한 무기로 드러났다. "성 삼위의 강력한 에너지와 의지"의 불에 의해 "강력하고 날카로운 칼날은 십자가 앞에서 무뎌진다."293)

크리소스톰 성인의 놀라운 대조적인 표현을 살펴보자 : "너는 놀라운 승리를 보았는가? 십자가의 성과를 보았는가?" 하지만 더 놀라운 것을 너에게 말해 주마. 먼저 승리의 방법을 알아보라. 그러면 너는 더욱 경이에 빠질 것이다. 왜냐하면 사탄이 승리했던 그 무기와 똑같은 것으로 그리스도께서 사탄을 정복하셨기 때문이다. 그리스도께서는 그가 사용했던 것과 같은 무기로 그를 물리쳤다. 그러면 어떤 방법을 쓰셨는지 들어 보라 : 우리가 낙원에서 패배했던 상징들은 "동정과 열매와 죽음"이었다. 순결은 이브였다. 왜냐하면 그 때까지 그녀는 남자를 몰랐기 때문이다. 열매는 "선악과"였다. 그리고 죽음은 아담에 대한 형벌이었다. "그런데 보라, 패배의 상징들인 동정과 열매와 죽음"이 "승리의 상징들"이 되었다! 왜냐하면 우리에게 "이브 대신" 동정녀 마리아가 계시고 선악과 대신에 십자가 나무가 있으며 아담의 죽음 대신 그리스도의 죽음이 계시기 때문이다. 자, 보았는가. 사탄이 승리했던 그 무기들이 바로 사탄의 패배를 가져왔다. 사탄은 열매로 아담을 이겼지만 그리스도께서는 십자가로 사탄을 물리치셨다. 과거의 그 열매는 인간을 저승으로 몰았지만 새 열매

---

289) 신 신학자 시메온, Μέρος Α', Λόγ. 29, 4, Ἅπαντα..., page 146.
290) 트리오디온, 성 대 목요일 만과, Ἀκολουθία τῶν Παθῶν, Ἐξαποστειλάριον.
291) 트리오디온, 성 대 금요일 만과(성 대 토요일 아침), Ἐγκώμια, Στάσις α΄.
292) Ibid.
293) ΑΝΔΡ. 테오도로스, Τὸ χαροποιὸν πένθος τῆς Ἐκκλησίας, page 93.

인 십자가는 그곳에 있는 자들을 다시 생명으로 불러들였다. 과거의 죽음은 불순종 이후의 인간을 심판했지만, 새 아담, 그리스도의 죽음은 당신 이전의 인간을 다시 살리셨다. 크리소스톰 성인은 경이로움에 가득 차 소리 높여 외쳤다 : 죽음에 속박된 우리가 이제 불사가 되었구나. 이 모든 것은 십자가의 성과이다. 이제 너는 승리의 방법과 승리를 알게 되었으니 그 성과가 어떻게 이루어졌는지 배우기 바란다. 우리는 피로 무기를 물들이지 않았다. 적과 전쟁을 치르기 위해 나서지도 않았다. 부상을 당하지도 않았고 전쟁을 보지도 못했다. 하지만 우리는 승리를 거두었다! 주인 그리스도께서 우리를 대신해 전쟁을 치루셨고 우리가 승리의 월계관을 차지했기 때문이다. 자, 이제 승리는 우리의 것이 되었으니, 승리한 군인처럼, 우리 모두 소리 높여 승리의 찬가를 부르자. 주인께 찬양을 올리며 큰소리로 외치자 : 죽음은 완전히 사라졌다. 완전히 패배했다. 그 어느 곳에서도 더 이상 보이지 않는다! 죽음아, 네 승리는 어디 갔느냐? 죽음아, 네 독침은 어디 있느냐?(고린토전서 15:54-55, 호세아서 13:14, 이사야서 25:8 참조)294)

---

294) 요한 크리소스톰, *Εἰς τὸ ὄνομα τοῦ Κοιμητηρίου...* 2 PG 49, 396. 그리고 *Λόγος εἰς τὸ Ἅγιον Πάσχα*, 2 PG 52, 768.

주님께서 저승에 내려가심

승리는 저승까지 미치다

죽음과 저승에 대한 신인의 완전한 승리는 적들이 이 세상에서 신인을 완전히 이기고 제거했다고 생각했던 바로 그 장소에서 시작된다. 인간의 살육자(사탄)의 도구들은 예수의 무덤을 철통같이 지켰다. 즉, 무덤을 돌로 막고 군인 보초병들을 세웠다.(마태오복음 27:66 참조) 하지만 주님께서 십자가 위에서 거두신 승리는 이미 그 시간에 저승에까지 미치고 있었다. 익히 알고 있는 바와 같이, 정교회에서의 성 대 금요일은, 1년 중 가장 슬픈 날이며 경건한 침묵의 날이다. 그날 그리스도께서는 무덤에 안장된다. 그래서 그날 교회는 감사의 성사를 집전하지 않는다. 그렇지만 암브로시오스 성인의 표현에 따르면, 그날 오후, 곧 성 대 금요일 만과부터 이미 축복된 토요일이 시작된다. "지극히 축복 되는 토요일에 그리스도께서 잠에서 깨어나시어 삼 일 만에 부활하신다."295) 즉, 그 어떤 날보다 더 축복 되는 토요일, 실제적인 대 축일의 날이다. 왜냐하면 그리스도께서 안장되어 죽음의 잠을 잔 지 삼 일이 되는 주일날 부활하실 것이기 때문이다. 우리가 이미 언급한 바와 같이, 죄는 죽음의 어머니요 양식이다.296) 따라서 누군가가 죄가 없다면, 죽음은 그를 붙잡아 둘 수 없다. 그리고 죄의 능력은 상실된다. 정결하고, 흠 없으신 거룩하신 구세주 그리스도께서 정확히 이것을 이루어 내셨다. "그리스도는 죄를 지으신 일이 없고 그 말씀에도 아무런 거짓이 없는"(베드로전서 2:22), 순백처럼 깨끗한 본성을 지니셨다. 그래서 주님께서는 죽음과 죄의 고리를 끊어 버리시고, 죄의 포로가 되어 죽음에 넘겨졌던 인간을 승리자로 세우셨다.

주님께서 자발적으로 십자가의 죽음을 받아들이신 것은 영광스러운 죽음의 파괴자로서 죽음을 받아들이신 것이었다. "주님께서는 폭군인 죽음

---

295) 트리오디온, 토요일 아침(성 대 금요일 저녁), Κοντάκιον καὶ Οἶκος.
296) 요한 크리소스톰, Περὶ τοῦ μὴ ἀπογινώσκειν..., 3 PG 51, 367. 참조. Εἰς Ρωμ. Ὁμ. 10, 4 PG 60, 479.

에 대항하는 승리의 깃발처럼 십자가를 짊어지시고" 골고타로 향하셨다. 당신께서는 승리자처럼, 승리의 상징인 십자가를 어깨에 짊어지셨다.297) 주님께서는 십자가의 희생을 통한 당신의 죽음으로 죽음의 나라와 권세, 즉 사탄을 무력화 시키려 하셨다.(히브리서 2:14) 그리스도께서는 당신의 섭리에 따라 "죽음의 세력"298)을 멸하기 위해 죽음을 받아들이셨다.

그리스도께서는 돌아가셨다. 당신의 거룩한 영혼은 정결하신 당신의 몸과 분리되어 저승에 내려가셨다. 시신은 명망 있는 의회의원인 요셉이 거둬 니코데모와 함께 새 무덤에 장사지냈다.(마르코복음 15:43, 요한복음 19:39) 하지만 바로 그 순간부터 부활의 신비가 실현되기 시작하였다. 왜냐하면 주님의 몸이 부패의 법을 무력화 시키고 죽음을 힘없는 존재로 만들었기 때문이다.

하느님의 몸이 장사되는 것은 천군천사들에게도 대단히 놀라운 사건이 아닐 수 없다. 이 말할 수 없는 신비를 성가작가는 온전히 표현하려 노력했다 : "아버지 품에 앉아 계시던 불멸하시는 분이 죽은 자로 무덤에 묻히심을 보고 천군천사들이 놀랐도다."299) 주님을 호위하고 있는 천군천사들과 곧 자유를 얻고 기쁨에 넘칠 저승에 있는 자들은, 창조주이시고 보이는 세상과 안 보이는 세상의 주인이신 그분께 영광을 올리고 그 높으신 업적을 칭송한다.

영혼이 떠나간 후에 주님의 몸은 조직이 분해되고 부패되기 시작해야만 했다. 그러나 전혀 그런 현상을 겪지 않았다. 구약의 시편 저자가 예언했던 것처럼 아무런 손상을 입지 않으셨으며 후에 베드로와 바울로 사도에 의해 확인되었다 : "하느님께서는 그를 죽음의 세계에 버려두지 않으시고 그의 몸을 썩지 않게 하셨습니다."(시편 16:10, 사도행전 2:31, 13:35-37) 다른 방법은 사실상 존재할 수 없었다. 왜냐하면 "주님의 죄 없는 몸은 죽음에 구속될 수 없었기 때문이다. 죽음은 시조의 불순종과 죄

---

297) 요한 크리소스톰, Εἰς Ἰω. Ὁμ. 85, 1 PG 59, 459.
298) 알렉산드리아의 키릴로스, Περὶ τῆς ἐν πνεύματι καὶ ἀληθείᾳ προσκυνήσεως καὶ λατρείας, Λόγ. 11 PG 68, 757A : "Ὑπέδυ τὸν θάνατον οἰκονομικῶς".
299) 트리오디온, 성 대 토요일 아침(성 대 금요일 저녁), Καθίσματα, Δόξα καὶ νῦν.

로 인해 인성에 유입된 것이었다." 주님의 죽음은 분명한 사실이었지만 그것은 "잠이라 하기에 더 타당"하였다.300) 그래서 우리는 이렇게 노래한다 : "우리의 주인이시며 임금이시여, 당신은 인성에 따른 죽을 존재로서 죽음의 잠에 드셨으나, 삼 일만에 부활하셨나이다."301) 저명한 작가 다마스커스 요한 성인도 "그 때 인간의 죽음은 잠으로 밝혀졌도다."302) 라고 훌륭하게 표현한다.

주님의 흠 없고 성스런 몸은 부패를 알지 못했으며 알 수도 없었고 아무 손상 없이 온전히 남아 있었다. 왜냐하면 신성과 일치되어 있었기 때문이었다. 대 아타나시오스 성인은 말했다 : 주님께서는 온 인류를 구원하시기 위해 돌아가셨지만 "부패"를 모르셨다. 그리스도께서는 "온 인류를 구원하셨다." 왜냐하면 당신의 몸은 여느 사람들의 몸이 아니라 생명의 몸이었기 때문이다. 생명 자체로서의 그리스도께서는 죽음에 구속될 수 없었다.303) 니사의 그레고리오스 성인도 신인께서는 육체의 죽음으로 부패의 활동을 중지 시키셨다고 기록한다. 그리고 이것은 분명한 죽음의 폐지이며, 그리스도의 생명의 본성 안에서 부패는 무기력하게 사라졌다고 강조한다. 그러면서 성인은 이렇게 말을 맺는다 : 이렇게 주님께서는 죽음을 향해 나아가시지만, 죽음의 포로는 되지 않으신다.304) 그의 형제인 대 바실리오스 성인도 다음과 같이 말하였다 : 죽음은 완전히 사라졌다. 그리고 "신성에 의해" 패배했다.305)

거룩한 교회는 부패가 구세주 그리스도의 몸을 전혀 훼손하지 못했음을 아름다운 성가로 찬양한다 : "천사가 무덤 옆에서 향료 가진 여인들에게 소리쳤도다. 향료는 죽은 자들에게 소용되겠지만, 그리스도께서는

---

300) Γ. 플로로프스키, *Ανατομία*, page 86.
301) 오순절예식서, 부활주일, Ἐξαποστειλάριον αὐτόμελον.
302) *EYXOΛOΓION τὸ MEΓA* (대 기도문), Ἀκολουθία Νεκρώσιμος εἰς ἱερεῖς, page 462.
303) 대 아타나시오스, Περὶ ἐνανθρωπήσεως τοῦ Λόγου, 21 ΒΕΠΕΣ 30, 92(25-27).
304) 니사의 그레고리오스, *Αντιρρητικὸς πρὸς τὰ Απολλιναρίου* 17 PG 45, 1153D-1156AB.
305) 대 바실리오스, Ἐπιστ. 261, 3 PG 32, 972B.

불멸을 나타내셨나이다."306) 성 대 토요일 카논의 한 성가는 다음과 같다 : 주여, 당신은 당신의 죽음을 통해 필멸을 불멸로 바꾸시나이다. 왜냐하면 당신께서는 하느님께 걸맞은 방법으로 신성이 취하신 육신에 불사를 주셔서 부패할 인류를 불멸로 만드시기 때문입니다. 주인이신 주여, 당신의 성스런 몸은 영혼과 분리돼 이별을 하지만 부패로 없어지지 않나이다. 또한 저승에 내려갔던 당신의 정결하신 영혼은 여느 인간들의 영혼처럼 그곳에 남아 있지 않나이다. 왜냐하면 당신의 영혼이 저승에 방치되지 않았고 당신의 육체도 부패를 몰라 그 둘이 결합되어 둘 다 부활하였기 때문입니다. "이렇게 당신의 인성은 불멸을 입었나이다."307) 결과적으로 아담을 비롯한 온 인성은 모두 불멸을 입는다. 또 다른 한 성가도 이와 같이 고백한다 : "우리 영혼의 구세주의 성스런 몸은 무덤에서 부패를 몰랐나이다."308)

그리스도께서 저승에 내려가심

주님께서 저승에 내려가신 구원론적 진리에 대한 정교회 가르침은 위대한 베드로 사도의 두 말씀에 기초한다.
거룩한 사도 베드로는 성령이 내려오신 후에 바로 이어서 한 그의 설교에서, 주님께서는 죽음에 사로잡혀 계실 수 없는 분이라고 강조했다. 그는 "어찌 이 목숨을 지하에 버려두시며 당신만 사모하는 이 몸을 어찌 썩게 버려두시리이까?"(시편 16:10)라는 시편의 구절을 인용하며, 다윗의 이 말은 예수를 지칭하는 것이라고 가르쳤다. 왜냐하면 예수의 영육이 죽음의 세력에 사로잡히거나 부패됨이 없이 영혼을

---

306) 트리오디온, 성 대 토요일 아침(성 대 금요일 저녁), Ἀπολυτίκιον.
307) 트리오디온, 성 대 토요일 아침 (성 대 금요일 저녁), Κανών, Ὠδὴ ε´, Δόξα Πατρί.
308) ΠΑΡΑΚΛΗΤΙΚΗ, Περίοδος Πλαγ. δ´ ἤχου. Τῷ Σαββάτῳ ἑσπέρας, Ἀπόστιχα (β´).

통해 저승에 내려가셨기 때문이다.(사도행전 2:24, 27-31 참조) 또 다른 인용글에서 사도는 주님께서는 십자가의 죽음으로 산 자와 죽은 자 모두를 구원하셨다고 가르친다. 그런데 그의 편지를 받아 읽은 사람들은 주님께서 저승에 내려가셨다는 사실을 이미 진리로 받아들이고 있는 것으로 보인다. 왜냐하면 모두 그 사실을 믿고 고백하고 있기 때문이다. 그래서 사도 베드로는 그리스도께서는 단지 육적 죽음을 겪었으나, 그 죽음을 통해 죄를 이기고 당신의 영혼은 새 생명의 능력을 취했다고 의미를 부여한다. 그리고 그리스도께서는 죽음을 겪자마자 바로, 생명의 능력이 충만한 영혼으로 저승에 내려가셔서 저승의 감옥에 사로 잡혀있는 영혼들에게 구원의 기쁜 소식을 전했다고 가르친다.(베드로전서 3:18-20)

　같은 서간문의 다른 부분에서도 사도 베드로는 위의 진리를 반복한다. 그리고 미래에 있을 심판에 대해 언급하면서 우리 모두 재림 때 심판자의 두려운 심판대 앞에서 각자의 삶에 대해 고해야 함을 강조한다. 그리고 계속해서 이렇게 부연했다. "그래서 죽은 자들에게도 복음이 전해진 것입니다. 그것은 그들이 육체로는 인간이 받는 심판을 받았지만 영적으로는 하느님을 따라 살 수 있게 하려는 것이었습니다."(베드로전서 4:6)

　사도 바울로도 '하느님께서 죽은 자들로부터 살려내신' 주님은 "부패를 몰랐으며"(사도행전 13:36-37) "땅 가장 깊은 곳에 내려가셨다."(에페소서 4:9-10)라고 가르쳤다. 상당수의 주석가들은 "내려갔다"라는 표현을 주님께서 "땅 가장 깊은 곳", 즉 저승에 내려가신 것과 연관 지었다. 사도 바울로는 그의 다른 서간에서 이 사실을 좀 더 명확히 하고 있다. 사도 바울로는 그리스도께서 돌아가시고 부활하셔서 인간으로 다시 생명을 취하신 것은 산 자와 죽은 자의 주님이 되기 위한 것이었다고 가르쳤다.(로마서 14:9) 또한 사도 바울로는 '죽음이 완전히 사라졌다.'(이사야서 25:8)라는 승리의 말을 반복한다. 사도들의 이 가르침들은 우리도 호세아처럼(호세아 13:14) "죽음아, 네 승리는 어디 갔느냐? 죽음아, 네 독침은 어디 있느냐?"(고린토전서 15:55-57)라고 말할 수 있음을 보여 준다. 따라서 우리는 예수 그리스도를 통해 죽음에 대한 승리를 주신 하느님께 감사를 드려야 한다. 그리고 사도들의 이 가르침을 단순히 반복하지 않고 부활의 설교에 포함 시켜야 한다.309) 그래서 우리 모두 그 말씀을 군가와 승전가와 승리에 대한 환호로 만들어야 한다.

형용할 수 없는 천상의 신비한 영상을 지켜본 사도 요한은 묵시록에서 다음과 같이 적었다 : 나는 내게 말씀하시는 주님, 예수님의 목소리를 들었다. "두려워하지 말아라. 나는 처음과 마지막이고 살아 있는 존재이다. 나는 죽었었지만 이렇게 살아 있고 영원무궁토록 살 것이다. 그리고 죽음과 지옥의 열쇠를 내 손에 쥐고 있다."(요한묵시록 1:17-18) 그렇다면 언제 주님께서 이 열쇠를 당신의 손에 쥐게 되셨을까? 언제 예수께서 죽음과 생명의 주인이 되셨을까? 그것은 당연히 당신이 돌아가신 직후 저승에 내려가셔서 죽음을 폐하시고 저승을 무력화 시키셨을 때였다.

주님께서는 고래 뱃속에서 삼 일 간 머물렀던 요나 예언자를 비유로 들어 저승에 내려가실 당신을 예언하셨다. "요나가 큰 바다 괴물의 뱃속에서 삼 주야를 지냈던 것같이 사람의 아들도 땅속에서 삼 주야를 보낼 것이다."(마태오복음 12:40) 실제로 요나 예언자는 "주님께서 저승에 머무르실 것임을 미리 보여 줬다."310) 요나는 저승에 내려가시기로 예정되어 있던 주님의 예시였다.311)

위에서 언급했던 것처럼, 하느님께서는 이미 구약시대부터 당신의 아들이자 말씀께서 저승에 내려가실 것임을 계시하셨다. 시편의 저자인 다윗은 메시아의 이름으로 말한다 : "어찌 이 목숨을 지하에 버려두시며 당신만 사모하는 이 몸을 어찌 썩게 버려두시리이까."(시편 16:10) 또한 죽음과 저승에 대한 구세주의 승리를 확신하며 승리의 찬가를 부른다 : "쇠빗장을 부러뜨리시고 놋 대문을 부수셨다."(시편 107:16) 의인 욥은 그리스도께서 오시기 16세기 전에 이미 구세주를 통해 저승에 나타나는 하느님의 성스럽고 전능하신 능력을 보고 놀라 소리친다 : "너는 죽음의 문이

---

309) 요한 크리소스톰, *Κατηχητικὸς εἰς τὸ Ἅγιον Πάσχα* PG 59, 721-724.
310) 니사의 그레고리오스, *Εἰς τὸ Ἅγιον Πάσχα Λόγ. α´* PG 46, 604B.
311) 예루살렘의 키릴로스, *Κατηχήσεις ΙΗ´ Φωτιζομένων* 14, κ´ ΒΕΠΕΣ 39, 179(34-35).

환히 드러나는 것과 암흑의 나라 대문이 뚜렷이 나타나는 것을 본 일이 있느냐?"(욥기 38:17) 구세주의 탄생 약 800년 전쯤 호세아 예언자는 하느님의 이름으로 예언한다 : 내가 너를 저승의 손에서 벗어나게 하고 너를 죽음에서 구원할 것이다. 그러면 그 때 나는 승리에 차서 말할 것이다 : "죽음아, 네 승리는 어디 갔느냐? 죽음아, 네 독침은 어디 있느냐?"(호세아서 13:14)

주님의 육화와 죽음과 저승에 대한 주님의 승리 이후, 성서의 주석가들과 거룩한 교부들은 이와 연관된 예언의 구절들과 또 유사한 인용들을 연구하면서 교회의 기본적인 가르침을 더욱 충실하고 정확하게 대변한다. 알렉산드리아의 클리멘트는 이 진리에 대해 온전히 한 단원을 할애해서 설명한다.312) 오리게네스는 주님께서 "육체 없는" 인간의 영혼으로 저승에 내려가셔서, 그곳에 육체 없는 영혼들에게 구원의 기쁜 소식을 전파하였다313)고 가르쳤다. 교회의 사도전승도 이 진리를 강조한다. 세례예비자들은 거룩한 세례성사 때 이 진리를 고백한다. 그리고 이 진리는 성스런 예배와 거룩한 설교에 있어 필수적인 부분이다. 우리는 성 대 바실리오스 성찬예배 때 이 부분을 고백한다. 봉헌기도, 즉 "거룩하고, 거룩하고, 거룩하신 만군의 주...."의 성가가 불러질 때 사제가 드리는 기도의 일부는 이러하다 : "그리스도께서는 십자가의 죽음을 거쳐 저승에 내려가시어 손수 모든 일들을 이루셨고, 죽음의 고통을 멸하시고, 사흘만에 죽은 이들 가운데서 부활하셨으니, 이는 생명의 조물주께서 사멸에 묶여 있을 수 없었기 때문이나이다. 그는 이미 잠든 이들 가운데 첫 열매요...."

또한 신자들이 익히 잘 알고 있는 대 영광송 전의 조과 부분에서 지극히 거룩하신 성모님께 드리는 성가가 있다. 이 성가를 통해 우리는 정결하신 하느님의 어머니를 찬양한다. 왜냐하면 당신을 통해 말씀께서 육화하심으로써 "저승은 속박되고, 아담은 회복되었으며, 저주가 사라지고, 하와는 풀려나, 우리가 생명을 얻었기" 때문이다.

---

312) 알렉산드리아의 클리멘트, $\Sigma\tau\rho\omega\mu\alpha\tau\varepsilon\tilde{\iota}\varsigma$, Βιβλ. ΣΤ' VI and Βιβλ. Β' IX ΒΕΠΕΣ 8, 193-197 and 7, 323(35-40)-324(1-10).
313) 오리게네스, $Κατά\ Κέλσου$ II, 43 PG 11, 864-865.

특히 정교회는 성 대 토요일에 구세주 그리스도께서 저승에 내려가시는 승리의 사건을 기념한다. "성 대 토요일은 부활 저녁보다 더 큰 의미가 있다."314) 이렇게 의미 있는 날의 시낙사리온은 "축복된 토요일"의 놀라운 소식을 충실하게 전해준다. 시낙사리온의 내용을 살펴보자 : "우리는 성 대 토요일에 우리의 구세주 예수 그리스도의 성스런 육신의 안장과 저승에 내려가심을 기념한다." 이 사건들을 통해 인류는 아담이 죄를 짓기 이전의 상태로 복원되며, 이미 영원한 생명으로 인도된다. 시낙사리온의 저자는 예수 그리스도의 성스런 육신의 안장과 저승에 내려가심을 기뻐하며 이렇게 말했다 : "보초병들이여, 헛되게 무덤을 지키는구나. 무덤이 생명의 원천이신 분을 어찌 제약할 수 있겠는가? 죽음은 먼지가 되어 완전히 사라졌나니."315)

문학적인 표현과 세련된 기교로 이 진리를 함축하고 있는 성 대 토요일의 성가들은 성스런 표현과 그 깊이로 신자들의 영혼과 가슴을 울린다. "오늘 저승이 탄식하며 소리치도다." 계속해서 교회의 위대한 교의학 성인인 다마스커스의 요한이 작곡한 세 개의 스티히라가 반복되어 불려진다. 저승은 소리치며 괴로워한다. 왜냐하면 "저승의 세력이 무너졌고" "그의 힘이 완전히 사라졌기" 때문이다. 또한 저승이 폐지되어 더 이상 "그의 세력은 무용하기" 때문이다.316) 성 대 토요일인 이날 요나 예언서의 봉독이 이루어진다. 왜냐하면 저승에 내려가시는 주님의 신비와 예언자 요나가 삼 일 동안 밤낮으로 고래 뱃속에 들어 있다가 아무런 해도 입지 않은 채 나온 기적을 통해 기원전 800년경에 이미 주님께서 저승에 내려가셔서 머무르는 예언을 담고 있기 때문이다.317) 요나의 경험은 오래전부터 주님의 죽음과 부활에 대한 중요한 예시의 하나로 여겨졌었기 때문에 부활 주일 부르는 성가의 한 주제를 구성했다 : "그리스도여, 당신

---

314) Γ. 플로로프스키, Θέματα Ὀρθοδόξου Θεολογίας, page 105.
315) A. 테오도로스, Τό χαροποιόν πένθος..., page 159.
316) 트리오디온, 성 대 토요일 저녁(성 대 토요일 아침), Τροπάρια, Ἦχος πλ. δ´, Εἰς τὸ Κύριε ἐκέκραξα...
317) 니사의 그레고리오스, Εἰς τὸ Ἅγιον Πάσχα, Λόγ. α´ PG 46, 604B.

께서는 땅의 가장 낮은 곳으로 내려가셔서 죽은 자들의 영혼을 사로잡았던 저승과 죽음의 우두머리를 부수시고 요나가 고래 뱃속에서 나오듯, 삼일만에 무덤에서 부활하셨나이다."318)

교회는 주님께서 구원의 사역을 위해 저승에 내려가시는 이 진리를 아주 비중 있게 다룬다. 그래서 주님께서 겸손의 수난을 겪으시는 성 대 금요일 예배에서만 50번이 넘도록 이 진리를 증거한다. 예를 들어보자. "주인이시여, 당신의 육신은 부패를 알지 못했고, 당신의 영혼 역시 저승에 구속되지 않았나이다. 전능하신 주여, 무덤에 묻히신 당신은 생명의 손으로 죽음의 자물쇠를 부수시고 영원히 그곳에 사로잡혀 있던 자들에게 참된 구원을 선포하셨나이다." 또 다른 성가를 살펴보자 : 만물의 구세주이신 당신께서 온 인류의 구원을 위해 무덤에 묻히셨을 때 "조롱당한 저승은 당신을 보고" 두려움에 사로잡혔도다. "문들이 부서지고 세력들이 제압되며 무덤들이 열리고 죽은 자들이 부활하였도다." 세 번째 성가를 살펴보자 : 말씀이시여, 저승이 당신을 만나고 경악하였나이다. 구세주 주님이신 당신을 죽은 자로 가슴에 품었던 저승이 회복할 수 없는 부상을 입었나이다....

기쁨의 축일인 오순절 예배에서도 그리스도께서 저승에 내려가신 이 구원의 진리를 200번 넘게 강조한다! 우리는 이렇게 경축조로 노래한다 : "그리스도께서 저승에 내려가셔서 복음을 전하셨다." "그리스도여, 당신께서는 구리 문과 그곳의 세력들을 짓부수셨나이다...." 그렇다면 연중 축일들과 매 주일 드리는 찬양가는 어떨까? 이 찬양가들을 살펴보면 주님께서 저승에 내려가신 사실이 백오십 번 이상 나타남을 알 수 있다.319) 이 찬양가들 중 상당수는 다른 축일들이나 다른 예식에서도 함께 불려진다. 2조 아폴리티키온에서 우리는 큰 소리로 노래한다 : "주께서 죽음에 임하셨을 때 하느님 본성의 빛으로 저승을 멸하시고...." 3조에서 우리는

---

318) 오순절예식서, Κανὼν Κυριακῆς τοῦ Πάσχα, Ὠδὴ στ΄.; Γ. 테오도로스, *Πάσχα, Κυρίου Πάρχα*, 출판 Α.Δ. Athens 1976, page 36-37 참조.
319) ΙΩ. Ν. 카르미리, *Ἡ εἰς Ἅδου κάθοδος τοῦ Χριστοῦ ἐξ ἐπόψεως Ὀρθοδόξου*, Athens 1939, page 56-57참조.

천상과 지상의 형용할 수 없는 환희를 노래한다 : "하늘에 있는 자도 즐거워하고 땅에 있는 자도 반가워하라." 왜냐하면 "주님께서 우리를 저승 가운데서 건지셨기" 때문이다. 또한 6조에서는 "주는 손상됨이 없이 저승을 사로잡았도다"라고 노래한다.

정교회는 시, 성가, 예배, 그리고 기도뿐만 아니라 이콘으로도 정교의 믿음을 표현한다. 이콘 내용의 주된 출처는 성서와 성가 그리고 교회 교부들의 가르침인데, 각별히 키프로스의 대주교 에피파니오 성인의 가르침의 하나가 이콘의 출처가 되어 있다.320) 그런데 여기서 우리의 주목을 끄는 이콘이 있다. 그것은 다름 아닌 저승에 내려가시는 주님의 이콘이 실질적인 "부활의 이콘"으로 정교회 안에서 받아들여지고 있다는 사실이다.

부활 이콘의 하단에는 어두운 심연이 험하게 경사진 바위 사이로 펼쳐진다. 이 심연은 "땅속 가장 낮은 곳" 또는 "저승의 보고"인데 그리스도께서는 "오랜 세월 그곳에 사로잡혀 있는 자들에게 구원의 기쁜 소식을 전하기 위해 내려가셨다." 오순절에 우리가 무릎을 꿇고 올리는 기도 내용처럼, 주님께서는 "풀리지 않는 죽음의 사슬과 저승의 자물쇠를" 부수신 분이다. 그분은 "저승에 내려가셔서 영원한 그곳의 세력들을 쳐부수시고 그곳에 사로잡혀 있던 자들을 다시 풀려나게 하셨다."321) 어두운 동굴 위에는 십자가가 새겨진 둥근 "후광"을 하고 "죽음과 지옥의 열쇠를 가지고 계신"(요한묵시록 1:18) 살아계신 승리자 그리스도의 모습이 그려진다. 빛을 발하는 주님의 후광과 의상, 손에 쥐고 계신 승리의 전리품들은 당신의 승리를 상징한다. 승리의 전리품은 아담과 이브인데, 당신의 전능하심과 권세를 보여주는 생동하는 몸짓으로 그들을 저승의 깊은 곳에서 다시 일으키신다. 생동하는 몸짓의 증거는 바로 힘차게 휘날리는 승리자 그리스도의 의상이다. 그리스도의 왼손은 승리의 상징으로서 엄청나게 큰

---

320) 키프로스의 에피파니오스, Εἰς τὴν Θεόσωμον ταφὴν τοῦ Κυρίου (...) καὶ εἰς τὴν ἐν τῷ Ἅδῃ τοῦ Κυρίου κατάβασιν... PG 43, 440-464 참조.
321) 오순절예식서, Κυριακὴ τῆς Πεντηκοστῆς, Ἡ α΄ εὐχὴ μετὰ τὸ "Καταξίωσον Κύριε...".

십자가를 쥐고 있다. 승리자 그리스도에 의해 부서진 저승의 문인 두 개의 문짝은 못 자국이 선명한 정결하신 발아래에 십자가 형태로 그려진다.

같은 내용의 다른 이콘들은 더욱 생생하게 표현한다. 한 손에 "무적의 깃발"인 십자가를 들고 있거나, 찬란한 부활의 소식이 적힌 두루마기를 들고 계시는 주님의 모습이 그려진다. 그리고 주님의 좌우에는 두 명의 천사들이 묘사된다. 죽음은 사슬에 묶여있는 노인으로 표현된다. 이 사슬은 죽음이 자신의 희생물들이었던 인간들을 그 때까지 서로 묶고 있었던 바로 그 사슬이다. 저승의 어두운 동굴에는 부서진 열쇠들, 못들, 나사들, 빗장 등이 그려져 있다. 이 모든 것들은 폭압적 왕국이었던 저승의 완전한 파괴를 의미한다. 부활하신 주님께서는 시조와 구약의 의인들 또 메시아를 기다리며 덕의 삶을 살았던 경건한 자들을 무덤에서 일으켜 자유를 주신다. 그래서 이콘의 좌우에는 의인과 임금, 예언자와 구약의 성인들의 모습이 그려진다.322) 그리스도께서는 "생명을 주는 무덤"에서 올라오실 때 무덤에서 나오는 것이 아니라 "신방"에서 나오는 것처럼 묘사된다. 빛을 발하며 나오시는 그리스도께서는 강력한 승리자로서 "오랜 세월 구속되었던" 이들에게 자유를 주시고 인류에게 "불멸"과 영원한 생명을 선물하신다.323)

"저승이 육신 한구를 손에 넣고 보니 하느님이 아니시던가!"

당신의 뜻에 따라 십자가의 죽음과 장사를 허락하신 신인(神人) 주님께서는 무덤에 안장되신 이후에도 여전히 성 삼위일체 중의 한 분으로 계신다. 인간에게는 신비하고 불가

---

322) 책표지의 이콘을 참조. 이 아름다운 부활이콘은 저명한 이콘작가 마누일 판셀리노스 (13세기, 아토스 성산 카리예)의 작품이다.
323) ΠΑΡΑΚΛΗΤΙΚΗ, Περίοδος δ΄ Ἤχου, Ἀπόστιχα Ἀναστάσιμα Ἑσπερινοῦ.

해한 하느님의 아들과 인성의 결속은 당신께서 돌아가시고 안장되신 후에도 단절되지 않는다. 그래서 성가작가는 놀라움에 이렇게 소리쳤다 : "하늘이여, 경천하고, 땅이여, 동지하라. 무한한 하늘이 담을 수 없는 그분께서 작은 무덤에 들어가시며 죽은 자들과 함께 하노라. 오늘 신성에 따라 불사하시는 분이 무덤에 잠시 거하시며 우주가 담을 수 없는 무한하신 분이 작은 무덤에 묻히신다. 용광로에서 세 명의 아이들이 그분을 노래하고 사제들도 찬양하며, 신자들 모두가 '세세대대로' 그분을 칭송하는도다."324)

다마스커스의 요한 성인은 말한다 : 그리스도께서는 "당신의 거룩한 영혼이" 정결하신 당신의 몸과 분리되어 "인간으로서" 돌아가셨다. 그렇지만 그리스도의 신성은 영육에서 분리되지 않은 채 그대로 남아 계셨다. 이렇게 한 위격은 두 위격으로 전혀 나뉘지 않았다. 왜냐하면 한편으로 주님의 거룩한 영혼이 죽음을 통해 육신과 분리되었지만, 또 다른 한편으로 하느님 아들과 "위격으로" 결합되어 계셨기 때문이다. 따라서 그리스도의 위격은 언제나 하나로 존재한다. 결론적으로, 영혼은 공간적 개념으로 육신과 분리되었지만 위격적 개념으로는 말씀을 통하여 육신과 하나로 결속된 채 있었다.325)

인성을 취하신 하느님의 말씀, 신인의 위격은 특정한 시간에 생명을 주는 육신과 공간적으로 분리되었지만 결코 나뉘지는 않았다. "달리 말하면, 비록 죽음으로 분리되었지만, 영육은 말씀의 신성을 통해 일치된 채 남아 있었다. 영육 중 그 어떤 하나도 말씀과 떨어지지 않았다. 그렇다고 그것이 죽음의 실체적 특성을 변질 시키는 것은 아니며 죽음의 의미를 변화 시키는 것이다. 그 죽음은 '불멸의 죽음'이며 이 불멸의 죽음 안에서 죽음이 패하고, 이 불멸의 죽음에서 부활이 시작된다."326)

교회의 경건한 성가작가들은 이 모든 진리를 성 대 토요일 성가에 훌

---

324) 트리오디온, 성 대 토요일 아침(성 대 금요일 저녁), Κανών, Ὠδὴ η´, ὁ Εἱρμός.
325) 다마스커스의 요한, Ἔκδοσις 3, 27 PG 94, 1097AB.
326) Γ. 플로로프스키, Θέματα Ὀρθοδόξου Θεολογίας, page 96.

륭하게 담았다. 우리는 이렇게 노래한다 : 주님께서 돌아가셔서 무덤에 삼 일 간 계실 때 저승에 내려가신 그리스도의 신성은 육신과 분리되지 않은 채 하나였다. 무덤에 계신 당신의 정결하신 육신과 또 저승에 내려가신 당신의 거룩하신 영혼과 함께 계셨다. 또한 강도와 함께 낙원에도 계셨다. 그리스도께서는 하느님 아버지와 성령과 나뉘지도 분리되지도 않은 하나의 위격으로 계셨다. 삼 일 사이에 신비롭게 일어났던 경이롭고 불가해한 신인의 죽음과 부활의 모든 사건들은 당신을 믿는 우리의 구원을 위한 것이었다. 그래서 우리는 멜로디에 맞춰 이렇게 노래한다 : 우리의 하느님이시며 구세주이시여, 당신께 영광 돌리나이다.327)

이 신비로운 구원의 진리는 또 다른 성가에서도 강조된다. 즉, 죽음은 구세주 그리스도의 인성의 자연적 일치를 일시적으로 단절 시켰지만, 신성과 인성의 나뉘지 않는 두 성질의 일치를 분리하지는 못했다. 그럼 성가 내용을 살펴보자 : 하느님의 말씀이시여, 당신께서는 육체적으로 죽음을 겪으셨으나 우리를 위해 당신의 신성은 육신에서 분리되지 않았나이다. 왜냐하면, 비록 당신의 수난기간에(구체적으로 주님의 삼 일 간의 죽음) 당신 육신의 성전이 무너졌으나(즉, 육신이 죽고 영혼이 분리됨. 그리고 영혼은 저승에 내려가고 육신은 안장됨; 요한복음 2:19 참조) 영혼과 육체로부터 분리되지 않은 당신의 신성은 하나의 위격으로 그대로 계셨기 때문이나이다. 그것은 당신의 두 성질(두 위격으로 분리되지 않은 신성과 인성) 안에 하느님의 말씀인 아들과 신인인 당신께서 한 위격으로 존재하시기 때문입니다.328)

결과적으로, 예수 그리스도께서는 아무런 무기도 없이 세상에 오셔서 "인간의 무기"인 육신을 "취하셨다." "그리고 그것을 통해 전쟁을 했고 죽음을 겪으셨다. 적군은 그분의 육적 죽음을 통해 죽었고, 그분은 육신의 무기를 통해 몸 안에 있는 죄를 심판했다."329) 아담부터 그리스도에 이르기까지 언제나 죄에 패했던 인성은 신인의 이런 방법을 통해 보편적

---

327) 트리오디온, 성 대 토요일 아침(성 대 금요일 저녁), Κανών, Ὠδὴ Ζ´, Καὶ νῦν.
328) 트리오디온, 성 대 토요일 아침(성 대 금요일 저녁), Ὠδή Ϛ´, Τροπ. α´.
329) 이집트의 마카리오스, Ὁμιλίαι πνευματικαί, 52, 2 ΒΕΠΕΣ 42, 16(15-18).

이고, 자랑스러운 결정적 승리를 거두었다. 죄와 죽음은 주님을 욕보이려 시도했다. 그들은 주님을 지배할 수 있는 권리도 가질 수 있으리라 생각했다. 하지만 그들은 비참하게 조롱당했다. 그들의 노력은 처참하게 부서졌다! 그들은 정당하게 심판을 받고 형벌에 처해졌다! 왜냐하면 죽음은 그 때까지 "죄인들을 취했는데" 주님께서는 전혀 죄가 없으신 분이었기 때문이었다. 죄는 주님의 "죄 없는 몸"을 죽음에 "넘김으로써" "불의한 자로서 심판 받았다." 결과적으로 인간에 대한 죽음의 권리는 그리스도로 인해 소멸되었다. 그리고 기쁜 결과가 뒤따랐다. 그것은 애초에 창조주께서 우리에게 주시려 했지만, 우리가 하느님의 거룩한 계명을 비이성적으로 거역함으로써 잃었던 부활과 불사의 선물이었다.330)

크리소스톰 성인이 죽음을 부수시고 승리하신 그리스도를 설명하기 위해 사용한 묘사는 아주 인상적이다. 성인은 죽음을 죽은 자들을 삼키는 괴물로 묘사하면서 이렇게 말했다 : 그리스도의 몸을 받아들인 죽음은 큰 실수를 저질렀다. 그는 주님의 몸을 죄를 짓고 자신의 폭압적 세력에 잡혀있는 여느 죄인들의 죽을 운명의 주검과 같다고 생각했다. 하지만 소화시킬 수 없는 음식을 먹은 사람이 먹은 음식은 물론 이미 먹었던 다른 음식까지도 토해내는 것처럼, 죽음도 그러했다. 그는 주님의 지극히 정결하고 불멸하는 몸을 받아먹었다. 하지만 불사의 생명은 게걸스럽게 먹어대는 저승에게는 소화해내기 힘든 쓰디쓴 음식이었다! 결국 그는 생명을 소화하지 못하고 토해냈다! 하지만 그는 생명과 함께 그의 뱃속에 "오랜 세월" 가둬둔 모든 죽은 자들을 함께 뱉어냈다! 죽음에게 소화 잘되는 적절한 음식은 오직 죄밖에 없다. 그래서 주님의 죄 없는 몸은 적당한 음식이 아니었다. 그것은 소화불량은 물론 위장에 남아 해를 입히고 구멍이 나게 하는 돌과 같았다. 이렇게 죽음은 "모퉁이 돌", 구세주의 거룩한 몸을 삼켜버린 후 "고통스러워 했으며" "그의 모든 능력은 힘을 잃었다." 그래서 베드로 성인은 "죽음이 겪는 해산의 고통을 풀어 주셨다."

---

330) 요한 크리소스톰, Εἰς Ρωμ. Ὁμ. 13, 5 PG 60, 514; Εἰς Α′ Κορ. Ὁμ. 42, 2-3 PG 61, 365행부터; ibid, Ὁμ. 17, 3 PG 61, 143.

(사도행전 2:24)라고 말했다. 왜냐하면 주관자의 육신을 받아들였던 시간 동안 죽음이 겪었던 그 고통은 여인이 해산할 때 겪는 고통보다도 더 컸기 때문이다. 죽음은 다니엘 예언자가 준비했던 음식을 먹고 배가 터져 죽어버린 바빌론의 괴물(다니엘서 14:23-27)과 똑같다. 왜냐하면 그리스도께서 죽음의 입을 통해 밖으로 나오시지 않고 괴물의 배를 갈라 "광채" 속에 나오셔서, 당신의 성스런 빛이 천상을 넘어 "은총의 높은 옥좌"에까지 비치도록 하셨기 때문이다.331) 따라서 크리소스톰 성인은 부활 설교에서 다음과 같이 설파하고 있다. "저승이 육신 한 구를 손에 넣고 보니 하느님이 아니시던가, 땅을 붙잡았는데, 보라, 하늘과 겨루고 있지 않은가, 눈에 보이는 것을 손에 넣었는데, 보이지 않는 것에 정복되고 말았도다!"

주권자로서 저승에 내려가심

생명을 주는 주관자의 육신이 위격 안에서 신성과 하나되어 무덤에 있는 동안, 주님께서는 "당신 자신의 영혼으로" 칠흑같이 어두운 왕국, 저승으로 내려가셨다. 그것은 저승의 어두운 심연에 갇혀 있는 영혼들에게 구원의 기쁜 소식을 전하기 위해서였다.(베드로전서 3:19)332) 그리고 당신의 신성의 능력과 구원의 기쁜 소식으로 그곳에 있는 영혼들을 자유롭게 하고 그들에게 구원의 길을 보여 주기 위해서였다.333) 무덤에 있는 당신의 지극히 정결하신 몸이 육체적 부패를 폐지하고 우리의 불멸과 부활을 예시해 주었던 것처럼, 당신의 영혼은 저승에 있는 영혼들에게 구원의 기쁜 소식을 전해

---

331) 요한 크리소스톰, Εἰς Α΄ Κορ. Ὁμ. 24, 4 PG 61, 203-204; Περὶ τοῦ μὴ ἀπογινώσκειν 3 PG 51, 367; 그리고 Ἐγκώμιον τῆς Α΄ Στάσεως τοῦ Ἐπιταφίου Θρήνου 참조.
332) 대 아타나시오스, Ἐπιστολὴ πρὸς Ἐπίκτητον Κορίνθου 6 ΒΕΠΕΣ 33, 154-155(35-38, 1-2).
333) 알렉산드리아의 키릴로스, Περὶ τῆς ὀρθῆς πίστεως..., 22 PG 76, 1165.

저승의 세력을 무력화 시키셨다. 대 아타나시오스 성인은 이렇게 기록했다 : 한편으로 하느님의 영혼을 통해 죽음의 세력은 폐지되고 저승에서의 부활은 실현되었으며 영혼들에게 기쁜 소식이 전해졌다. 또 다른 한편으로 그리스도의 육신을 통해 부패가 제거되고 무덤 안에 불멸이 나타났다.334)

하느님 말씀께서 인간의 모습으로 인간들 사이에 나타나신 것처럼, 육신 없는 당신의 영혼은 저승에 있는 육신 없는 영혼들 사이에 나타나셨다. 시나이인 아나스타시오스 성인은 우리는 무덤에서 예수를 보았는데 그분은 영혼도 인간의 혼도 없었다. 우리는 저승에서 다시 그분을 보았는데 그분은 육신도 피도 뼈도 부피도 물질적인 형태도 없이 육신에서 분리된 신화된 정신적 영혼만을 가지고 있었다고 기록했다.335) 다마스커스의 요한 성인도 "주님의 신화된 영혼이 저승에 내려갔다. 따라서 '어둠 속에 있는 죽음의 나라', 저승에 있는 자들에게 당신의 빛을 밝히셨다. 그것은 정의의 태양이 떠올라 세상에 있는 모든 이들을 비추는 것처럼 세상에 전파됐던 모든 것이 저승에서도 실현되게 하기 위함이었다"고 가르쳤다.336) 이처럼 신성과 결합된 신인의 영혼은 무덤에 있는 성스런 육신을 벗어나 빛이 없는 죽음의 심연으로 가셨다. 또는 키프로스의 에피파니오스 성인은 말했다 : 주님께서는 "신성의 영혼으로 지하 깊은 곳에"337) 내려가셨다. 베드로 모길라는 이렇게 적는다 : "그리스도의 영혼은 육신으로부터 분리되어 있었지만, 언제나 신성과 함께 결합되어 있었다. 그리고 이 신성과 함께 저승에 내려가셨다."338) 바로 이 점을 우리는 부활 후 일 주일 동안 강조하면서 아름다운 성가로 노래한다 : "육신은 무덤에, 영혼은 저승에, 낙원에는 강도와, 옥좌에는 아버지와 성령과 함께 계신 그리스도시여, 당신은 만물을 채우시는 형용할 수 없는 분이시나이

---

334) 대 아타나시오스, *Κατὰ Ἀπολλιναρίου Λόγ.* β' 15 ΒΕΠΕΣ 37, 294(28-30).
335) 시나이인 아나스타시오스, *Ὁδηγός,* ιγ' PG 89, 225A.
336) 다마스커스의 요한, *Ἔκδοσις* 3, 29 PG 94, 1101A.
337) 키프로스의 에피파니오스, *Κατὰ αἱρέσεων* 20, 2 PG 41, 276ί.
338) 베드로 모길라, *Ὀρθόδοξος Ὁμολογία Α',* μθ'.

다." 따라서 주관자 그리스도의 "저승에 내려가신 가장 주된 이유는 바로 부패와 죽음의 영역으로의 '입장', 아니 하나의 '잠입'이다."339)

그리스도의 "신화된 영혼"이 저승에 내려간 시점은 십자가 상에서 승리의 외침이었던 "다 이루었다"라는 말씀 직후였다. 그 때 거룩한 영혼은 정결하신 당신의 몸과 분리되었다. 당신의 성스런 몸이 아무런 손상을 입지 않은 채 주검으로 무덤에 묻혀있는 삼 일 동안 주님께서는 저승에 머무르셨다. 다시 말해 성 대 금요일 오후부터 부활 주일 아침까지였다. 주님께서는 이 사실을 이미 예언했었다 : 요나가 큰 바다 괴물의 뱃속에서 삼 주야를 지냈던 것같이 사람의 아들도 땅속에서 삼 주야를 보낼 것이다.(마태오복음 12:40) 정교회 교의의 위대한 수호자인 다마스커스의 요한 성인은 주님께서 저승에 내려가신 시점을 다음과 같이 밝히고 있다 : 구세주께서 "다 이루었다"라고 말씀하신 순간 그리고 어둠이 땅을 덮었을 때, 그 어둠 속에서 "주님의 지극히 거룩하신 영혼"은 거룩하고 생명을 주시는 당신의 육신과 분리되어 땅 깊은 곳을 방문하였다.340) 더구나 "죄를 제외한" 모든 것에 있어 인간으로서 우리와 똑같았던 구세주의 거룩한 영혼은 죽음 직후에 모든 인간들의 영혼들이 거주하는 공동장소에 내려가시는 것 말고는 다른 여지가 없었다. 이것은 당신의 뜻에 따라 죽음을 받아들이시고 죽음 이후에 일어나는 모든 결과를 받아들인 그리스도의 실질적 죽음과 인성의 자연적 귀결이었다. 주님께서는 죄를 짓지 않았기에 죽음이 강제되거나 필연적이지 않았다. 하지만 우리에 대한 당신의 사랑의 발로로써 그리고 죄와 영원한 죽음으로부터 우리를 구원하시기 위해 죽음을 용인하시고 받아들이셨다. 주님의 겸손한 수난과 죽음은 우리에 대한 하느님의 "소망"이었고 창조물들에 대한 하느님의 무한하고 불가해한 사랑의 명령이었다.(요한복음 7:26 참조) 그리고 이 모든 것을 주님께서는 당신의 권세와 하느님의 능력으로 실행하셨다.341) 이미 우리가 설명

---

339) Γ. 플로로프스키, Ἀνατομία, page 82.
340) 다마스커스의 요한, Ὁμιλ. εἰς τὸ Ἅγιον Σάββατον, 26 PG 96, 625ἰ-628A.
341) 알렉산드리아의 키릴로스, Περὶ τῆς ὀρθῆς πίστεως... 22 PG 76, 1165A.

했듯이 주님께서는 당신의 뜻에 따라 죽음을 받아들이셨다. 그래서 "당신이 원하셨을 때, 그 때 돌아가심으로써"342) 당신의 거룩한 영혼은 "주권자로서" 당신의 흠 없는 육신으로부터 분리되었다.

우리는 주님의 자발적 희생과 죽음을 다음과 같이 찬양한다 : 하느님이신 당신을 담을 수 있는 곳이 없으나 주여, 당신께서는 봉인된 무덤에 갇히시기를 허락하셨나니…. 그리고 또 다른 성가에서는 이렇게 노래한다 : 땅은 나를 덮지 못하지만, 내가 그것을 원했기에 나를 덮었도다.343) 또 다른 성가를 보자 : 나에게 생명을 주신 생명의 원천이신 예수님, 당신께서는 뜻에 따라 돌아가시고 무덤에 묻히셨나이다. 또 다른 성가를 살펴보자 : 당신의 뜻에 따라 죽을 운명의 인간처럼 땅속 무덤에 내려가셨나니344)….

주인이신 그리스도께서는 죽음과 저승의 강압 없이 이 모든 것을 실행하셨다. 생명의 주인으로서, 승리자로서 저승에 내려가셨다. 비록 자신을 낮추셔서 내려가셨지만 "비천함이 아닌" "영광 속에" 내려가셨다. 주인으로서 그리고 주권자로서 죽음을 받아들이셨다. 말씀께서 거하신 주관자의 몸은 말씀의 본성이 나약해서 돌아가신 것이 아니라 구세주의 능력으로 "그 몸 안에서" 죽음이 사라지게 하시기 위함이었다.345)

주님께서는 우리 구원의 성스런 계획을 완성하시기 위해 죽음의 강력한 정복자로서 저승에 내려가셨다. 비록 죄를 짓지 않으셨지만, 당신 자신이 내렸던 결정을 폐지하시기 위해 그리고 하느님과 인간들을 다시 화해 시키시기 위해 심판 받은 죄인의 모습으로 나타나셨다.346) 당신께서는 영혼과 몸이 분리된 후 죽음에 처해지는 여느 인간들처럼 필연적으로 저승에 내려가지 않으셨고 혹독한 저승조차도 당신에게 그 영향을 미칠 수

---

342) 아토스 수도사 니코데모스, Ἑορτοδρόμιον… page 388.
343) 트리오디온, 성 대 토요일 아침(성 대 금요일 저녁), Κανών, Ὠδὴ γ΄, Καὶ νῦν… Ὠδὴ θ΄, Δόξα Πατρί…
344) Op. cit., Ἐγκώμια, Στάσις Α΄.
345) 대 아타나시오스, Περὶ ἐνανθρωπήσεως τοῦ Λόγου 26 ΒΕΠΕΣ 30, 96(9-11).
346) 대 아타나시오스, Κατὰ Ἀπολλιναρίου Λόγ. α΄ 14 ΒΕΠΕΣ 37, 277(32-40)-278(1-2).

없었다. 또한 당신께서 어두운 저승에 내려가셨다는 사실이 당신의 영광과 위대함 그리고 신성의 능력의 약화나 결핍을 의미하지 않았다. 주님께서는 "죽은 자들 중에서 오직 단 한 분의 자유인"(시편 88:5)으로서 그곳에 당신의 권세와 함께 내려가셨다. 당신께서는 "그곳을 지배하는 자들의 포로가 아니라 그곳에 대항하기 위한 주인으로서" 내려가셨다.[347] 임금의 권한을 행사하시는 주인으로서 그리고 주권자로서 싸워 승리하기 위해 내려가셨다. 그리스도께서는 주검으로서 무덤에 계시는 동시에 생소하고 별난 방문자로서 저승에 나타나셨다. 그리고 "생명의 원천자로서", 전능하신 분으로서, 그리고 "강력한 힘의 소유자"로서 머무르셨다. 비록 수난의 상처를 입었지만 아담은 "신성을 입고 돌아가신 분"을 보고 기뻐했다. 한편 인간에게 있어 잔인하고, 끔찍하고 두려운 존재인 저승은 괴로움에 말도 하지 못하고 온몸을 떨다가 "큰 소리를 지르며" 바닥에 쓰러졌다! 그리고 죽었다![348] 교회는 "불멸의 생명이신 당신께서 죽음에 내려가셨을 때", 당신은 신성의 광채로 "저승을 죽이셨나이다"라고 노래한다.[349] "저승이 옆구리에 창으로 찔리신 주관자이신 그리스도를 품에 안는 순간 치명적 부상을 입었도다."[350](요한복음 19:34 참조) 이렇게 치명상을 입은 저승은 그 고통에 신음하며 초가 불에 녹듯이 신성의 불에 의해 녹아 없어진다.

주님께서는 고래 뱃속에서 삼 일 동안 지낸 요나 예언자의 비유를 드시며 당신께서 저승에 내려가실 것임을 미리 예언하셨다.(마태오복음 12:40) 예루살렘의 키릴로스 성인도 주님의 이 말씀을 통해 다음과 같이 지적한다 : 요나가 니느웨를 회개 시키기 위해 파견되었듯이 주님께서도 저승에 묶여있는 자들에게 회개를 선포하신다. 요나는 하느님의 명을 애초에 부정하고 어쩔 수 없이 하느님에 의해 고래 뱃속에 들어가게 되었지만 주

---

[347] 오리게네스, *Εἰς Α' Βασ.* 28, 3-25 ΒΕΠΕΣ 11, 231(18-19).
[348] 트리오디온, 성 대 토요일 아침(성 대 금요일 저녁), Κανών, Ὠδὴ δ', Τροπάριον γ'.
[349] 트리오디온, op. cit. Τροπάριον, Δόξα Πατρί, Εἰς τὸ Θεός Κύριος... 부활 아폴리티키온 2조와도 같다.
[350] 트리오디온, op. cit. Κανών, Ὠδὴ ζ', Τροπ. α'.

님께서는 "정신적 죽음의 고래"인 저승에 자발적으로 내려가셨다. 그것은 "저승의 손아귀에서 건져내리라. 이스라엘을 죽음에서 빼내리라."(호세아서 13:14)라는 예언의 말처럼 그동안 수없이 많은 사람을 집어 삼켰던 죽음을 뱉어내게 하기 위함이었다. 죽음은 죽음의 사슬에 묶이지 않은 채 여느 죽은 자들과는 사뭇 다른 자로 내려오는 주님을 보고 경악하며 두려워하였다.[351]

부활로 향한 다리

정교회는 성 대 토요일, 즉 십자가의 죽음이 기념되는 성 대 금요일과 생명을 주시는 주님의 부활 주일 사이에 세상에 구원과 기쁨을 주기 위해 저승에 내려가신 주님의 사건을 기념한다. 그날의 시낙사리온은 다음과 같이 기록하고 있다 : "우리는 성 대 토요일에 주님이시고 하느님이신 우리 구세주 예수 그리스도의 안장과 저승에 내려가심을 축일로 지낸다." 그리고 이 사건을 통해 "우리 인류는 다시 회복되고 부패에서 영원한 생명으로 옮겨진다." 이러한 사실은 "영혼이 저승에 내려가는 사건과 육체가 안장되는 사건을 정교회가 동시에 축일로 지내는 데"서 확인된다. 이렇게 주님께서 저승에 내려가시는 사건은 "죽음과 부활 사이에" 놓인다.[352] 동정녀 성모님이 "하느님 말씀께서 세상에 들어오시게 된 문과 통로가 된 것처럼" 죽음도 "말씀께서 저승으로 내려오는 문과 통로"가 되었다.[353]

주님께서는 더 이상 저승에 머무르실 필요가 없었다. 삼 일이라는 시간

---

351) 예루살렘의 키릴로스, *Κατηχήσεις ΙΗ' Φωτιζομένων*, 14 ιζ' and ιθ' ΒΕΠΕΣ 39, 178(34-38) and 179(20-21).
352) ΙΩ. Ν. 카르미리, *Ἡ εἰς Ἅδου κάθοδος τοῦ Χριστοῦ...*, page 93.
353) 테오도로스 아브카라, *Ὅτι πέντε ἐχθροὺς ἔχομεν, ἐξ ὧν ἡμᾶς ὁ Σωτὴρ ἐλυτρώσατο*, PG 97, 1469BC.

은 당신의 구원의 사역을 완성하기에 충분했다. 왜냐하면 하느님의 말씀이신 아들께서는 비록 시간 안에서이지만 "거의 시간이라 할 수 없는"354) 찰나와 같은 순간에 육체 없는 영혼에게 역사하셨기 때문이다. 그것은 영이 방해나 제약을 받지 않고 직접적이고 즉시, 그리고 거의 찰나에 다른 영에게 영향을 미치는 것과 같다. 니사의 그레고리오스 성인은 아주 짧은 시간 안에 우리 구원의 커다란 위업을 완성하신 그리스도의 초자연적 능력을 노래하면서 이렇게 지적한다 : 태초부터 십자가 수난의 그날까지 쌓였던 그 엄청난 죄를 주님께서 단 삼 일만에 흩어 버리신 것은 유례없는 기적이며 당신의 초자연적 능력을 보여주시는 위대한 증거이다.355)

주님께서는 자발적으로 의기양양하게 영혼의 "여관"인 저승에 내려가셨다. 그리고 그곳에 있던 모든 영혼들을 방문하셔서 의인과 죄인, 유대인과 이방인들에게 기쁜 소식을 전파하셨다. "정의의 태양이 땅 위에 올라 비치는 것처럼" "죽음과 어둠의 그늘에" 있던 자들에게 당신의 빛을 밝히셨다. 세상에 있는 자들에게 평화의 기쁜 소식을 전하고, 죄의 포로들에게 용서를 주시며 장님들에게 눈을 뜨게 해 주신 것처럼, 저승에 있는 자들에게도 그렇게 하심으로써 "하늘과 땅과 지하의" 모든 세력들이 주님 앞에 겸손하게 "무릎 꿇게" 하셨다.356) 신인께서는 지상뿐만 아니라 "땅속까지" 내려가심으로써 모든 이들에게 참 하느님을 알려 주셨고 구원의 복음을 선포하여 모든 것이 신성으로 가득 차게 하셨으며357), 산 자와 죽은 자의 주인이 되셨다.(로마서 14:9) 주님께서 저승에 내려가신 사건은 보편적 기쁨의 동기가 되었다. 그래서 우리는 이렇게 노래한다 : "모든 피조물들아 기뻐 뛰어라. 흙으로 빚어진 모든 인간들아 환호하라. 인류의 적, 저승이 패하였도다. 향료를 가진 여인들은 나를 맞이할 지어다. 나는 아담과 이브, 그리고 그들의 후손인 인류를 구원하고 삼 일 만

---

354) IΩ. N. 카르미리, Op. cit., page 95.
355) 니사의 그레고리오스, Εἰς τὸ Ἅγιον Πάσχα..., Λόγ. α' PG 46, 609A.
356) 다마스커스의 요한, Ἔκδοσις 3, 29 PG 94, 1101A.
357) 다마스커스의 요한, Εἰς τὴν πρὸς Ἐφεσ. Ἐπιστ. 4, 10 PG 95, 841B.

에 부활할 것이니라."358) 이렇게 주님께서 저승에 내려가신 사건은 온 인류의 부활을 가져왔다.359)

결국 주님께서 저승에 내려가신 목적은 두 가지였다 : 첫째, 당신의 죽음으로 죽음의 나라와 세력, 즉 사탄을 거세하고(히브리서 2:14), 죽음과 저승의 권세를 완전히 초토화 시켜(고린토전서 15:55, 요한묵시록 1:18), 종의 사슬에서 아담을 해방 시키기 위함이다. 이 모든 것은 산 자와 죽은 자에 대한 당신의 주권과 권세, 절대적 힘과 승리, 그리고 당신의 영광을 보여 준다.(로마서 14:9, 에페소서 4:10) 둘째, 그곳에 오랜 세월 죄의 포로로 사로잡혀 있던 영혼들에게 구원의 기쁜 소식을 선포하고(베드로전서 4:6, 3:19), 그 기쁜 소식을 받아들이는 영혼들을 해방 시켜 구원하시기 위함이다. 거룩한 교부들 중 한 분은 소리 높여 외친다 : "아, 저승에 내려가신 주님의 행위가 오랜 세월 죽어있던 자들의 부활의 다리가 되는도다."360)

따라서 "축복된 토요일"은 "전야축제"나 우리 구원의 "전야"가 아니다. 그날은 대 예언자 모세가 "신비스럽게" 언급했던 "구원의 날"이다.361) "부활 이콘이 분명히 보여주는 것처럼, 주님께서 저승에 내려가심은 이미 부활임을 보여 준다."362) 그리고 그것은 당연하다. 왜냐하면 강력한 하느님의 말씀에 의해 죽음이 제거되고 부패가 사라진 이상 부활은 자연적 귀결이기 때문이다. 족쇄가 풀리면 자연적으로 자유가 뒤따르듯, 부패가 제거되면 인성은 다시 회복되어 흔들림 없이 불멸과 영생으로 나아간다.363)

---

358) 트리오디온, 성 대 토요일 아침(성 대 금요일 저녁), Κανών, Ὠδὴ θ´, Καὶ νῦν...
359) Εἰς τοὺς Αἴνους, Στιχ. Ἰδιόμελον, ἦχος β´.
360) 콘스탄티노플의 프로클로스, Λόγ. α´, Εἰς τὸ Πάθος τοῦ Κυρίου Λόγ. ια', 4 PG 65, 785C.
361) 트리오디온, 성 대 토요일 아침(만과와 성찬예배), Εἰς τὸ Κύριε ἐκέκραξα, Δοξαστικόν.
362) Γ. 플로로프스키, Ἀνατομία, page 80.
363) ΑΝΔΡ. 테오도로스, Πάσχα, Κυρίου Πάσχα, page 33 참조.

저승을 하늘로 만드셨다

거룩한 부활 주일의 이코스와 콘타키온 성가 뒤에 봉독되는 내용처럼, 그리스도께서는 저승과 싸우러 내려가셨다가 "많은 승리의 전리품"을 가지고 올라오셨다. 하지만 그곳에 묶여있던 모든 영혼이 전부 다 영적 죽음에서 자유로워지지는 못했다. 왜냐하면 그곳에 있던 모든 영혼들이 - 이곳 세상에서처럼- 당신의 복음을 받아들인 것은 아니기 때문이다.

승리자로서 저승에 내려오시는 그리스도를 뵙고도 그분을 받아들이지 않는 그들의 불신에 대해 알렉산드리아의 키릴로스 성인은 이렇게 대답한다 : "육화하신 그리스도께서 세상 사람들에게 구원의 복음을 전했을 때 복음을 받아들인 자들만이 그 혜택을 입었던 것처럼, 저승에 내려가셨을 때에도 당신을 믿고 받아들인 자들만이 죽음의 사슬에서 자유로워졌다. 그것은 이교와 육적 쾌락에 빠져 살던 영혼들이 육체적 정욕에 눈이 멀어 버린 것처럼, 그들은 거룩한 신성의 빛을 감당할 수 없어 영혼을 구원하러 저승에 내려오신 그분을 믿음으로 받아들일 수가 없었던 것이다. 그리스도께서는 모든 인류에게 당신의 자비와 당신의 정의를 보여 주셨다. 따라서 성스럽고 값진 은혜를 저버린 자들은 스스로 자기 자신들을 책망해야 한다. 왜냐하면 스스로 만물의 창조주 하느님을 저버리고 인간을 증오하는 사탄의 종이 되어 어둠의 세력을 따라 살았기 때문이다."364)

저승에 내려가신 구세주의 사역은 완성되었다. 그 오랜 세월 아무도 죽음의 수하에 있던 자들을 풀지 못했는데 '천사들의 주관자'이신 분께서 어둠의 그곳, 감옥에 내려가셔서 강력한 폭군을 묶고 그의 무기를 빼앗아 사로잡혀 있던 자들을 풀어 주셨다! 정의의 태양의 신성한 광채는 저승의 어두운 동굴을 '환히 밝혔고' 그곳을 폐허로 만들었으며 찬란하고 영원한 부활의 빛을 방방곡곡에 비추었다. 주님의 정결하신 몸은 인광체처럼

---

364) 알렉산드리아의 키릴로스, *Εἰς Α' Πέτρ.* γ' 19-20 PG 74, 1016AB.

그리고 빛을 밝히는 등잔처럼 땅속에 안치되어 있었지만 흘러넘치는 빛과 강력한 광채는 저승을 지배하던 어둠을 내몰고 온 우주를 빛으로 채웠다. 찬미가는 다음과 같이 아름답게 노래한다 : "이제 하느님의 육신은 됫박 아래 숨겨져 빛을 내는 등불처럼, 땅속에 숨어들어 저승에 있는 어둠을 몰아낸다."365) "불사의 생명이 죽음에 내려가셨을 때 저승은 신성의 찬란한 광채로 인해 멸했도다."366) 이제 하늘과 땅, 그리고 지하 모두가 성삼위의 복된 영광의 빛을 받아들인다. 인류와 세상 그리고 형언할 수 없는 기쁨의 축제를 즐기는 만물이 새로 태어난다.367)

주님께서는 이 모든 것으로 죽음을 완전히 사멸하시고 "저승을 하늘로 만드셨다!" 왜냐하면 "그리스도께서 계시는 그곳이 바로 하늘"이기 때문이다. 도시를 공포로 몰아넣은 약탈자가 강탈한 재산을 동굴 깊숙한 곳에 숨겨두고 몸을 숨기지만, 잡히는 순간 숨겨둔 보물들은 다시 회수되고 포승줄에 묶여 형벌에 처해지듯이, 우리 영혼의 약탈자도 그의 캄캄한 동굴에 엄청난 "보화를 감추어 두었지만"(이사야서 45:3) 임금 중의 임금이신 그리스도께서는 주권자로서 그곳에 내려가셔서 "약탈자, 간수, 사탄을 죽음과 함께" 사로잡고 약탈자의 모든 재산, 즉 "인류"를 "임금의 보고"로 옮기셨다. 사도 바울로는 다음과 같이 적었다 : "아버지께서는 우리를 흑암의 권세에서 건져 내시어 당신의 사랑하시는 아들의 나라로 옮겨 주셨습니다."(골로사이서 1:13)

그러나 더욱 놀라운 일은 이것이다 : 죽음과 저승에 사로잡혀 있는 자들에게 임금께서 직접 가셨다는 사실이다. 임금은 "감옥이나 그곳에 묶여 있는 자들"에 대해 수치나 거부감을 갖지 않으셨다. 왜냐하면 당신께서 손수 지으신 창조물이었기 때문이다. 임금은 손수 그곳에 가셔서 저승의 "문을 부수시고 그곳의 힘들을 분쇄하셨다." 저승에 나타나셔서 저승과 싸우시고 그의 감옥을 비우셨다. 폭군은 "꼼짝없이 묶여서" 포로처럼 끌

---

365) 트리오디온, 성 대 토요일 아침(성 대 금요일 저녁), Ἐγκώμια, Στάσις α'.
366) Op. cit., Εἰς τὸ Θεὸς Κύριος, Δόξα Πατρί...
367) 오순절예식서, Κυριακὴ τοῦ Πάσχα, Κανών.

려나왔다. 그리고 죽음 자신은 무기를 버린 채 도망치다가 영광의 왕의 발 앞에서 무참히 쓰러졌다.368) 따라서 우리는 이렇게 노래한다 : "당신의 죽음으로 죽음의 세력을 없애신, 전능하신이여" 당신의 무덤은 "생명의 보고"요, 우리 부활의 원천이 되나이다. "이렇게 신인의 죽음은 '죽음으로 죽음을 멸한' 부활의 의미를 깨닫게 해준다."369)

저승에서의 사역이 완성되었을 때, "주님의 죽음으로 죽음이 사멸되었을 때,"370) 속박되어 있던 이들이 복음을 듣고 구원을 받았을 때, 주님의 거룩한 몸은 다시 "신화된" 영혼과 하나가 되었다. 육적 죽음의 부패를 이기신 후, 아무런 손상도 입지 않으신 당신의 몸은 영적 죽음을 이기신 흠 없는 영혼과 결합되었다. 죽음도 "말씀의 영혼을 사슬로 묶어두지 못했고," 부패도 성스런 몸을 강제하지 못했다.371) 이것은 "설명되지 않는 신성"이 영육과 동행했기 때문에 가능했다.372) 그리스도의 신성은 하나이며 분리될 수 없었다. 이 신성은 무덤에는 육신과 함께 있었고 저승에는 영혼과 함께 있었으며 낙원에서는 아버지와 성령과 분리되지 않은 채 일치되어 있었다.373) 생명을 주시는 주님의 육신은 분명히 죽음을 통해 특정한 시간 속에서 영혼으로부터 분리되었다. 하지만 "영원한 신성"은 몸이 숨을 멈춘 채 무덤에 있었던 그 시간에도 몸과 함께 "결합"되어 있었다. 구세주의 영혼은 특정한 시간에 육신과 분리되었지만 신성과 "단단히 결속" 되어 있었다. 우리가 이미 언급했던 것처럼, 주님께서는 바로 이 신성과 함께 "강력하게" 죽음의 어두운 거처로 내려가셨다. 그 어떤 능력도 신인의 이 두 본성을 분리 시킬 수 없었다. 죽음은 단지 구세주의 인성의 일치(영혼과 육체)를 일시적으로 뒤집었을 뿐이다. 신비롭고 설명할

---

368) 요한 크리소스톰, Εἰς τὸ ὄνομα τοῦ Κοιμητηρίου... 2 PG 49, 395-396.
369) Γ. 플로로프스키, Ἀνατομία, page 71.
370) 요한 크리소스톰, Εἰς Ἐφεσ. 8, 3 PG 62, 58.
371) 다마스커스의 요한, Εἰς τὸ ἅγιον καὶ μέγα Σάββατον, κθ' PG 96, 632 참조.
372) 대 아타나시오스, Περὶ σαρκώσεως τοῦ Κυρίου κατὰ Ἀπολλιναρίου Λόγ. Α΄ 14 ΒΕ ΠΕΣ 37, 277 (28-30); 알렉산드리아의 디디모스, Ὑπόμνημα εἰς τοὺς Ψαλμούς, Ψαλ. 15,9 ΒΕΠΕΣ 45, 67(8-29).
373) 성 대 토요일 아침(성 대 금요일 저녁), Κανὼν Ὠδὴ ζ΄.; op. cit Ὠδη Ϛ', Τροπ. β'.

수 없는 당신의 두 본성에 대해서는 전혀 건드리지 못했다. 이렇게 "살아서뿐만 아니라, 죽음 속에서도 신성의 통로이며 보고인" 주님의 성스런 육신은 "자연의 부패의 법을 벗어나" 영혼과 함께 다시 하나 되어 삼 일 만에 불멸로 부활하셨다. 그리고 영혼의 멍에와 함께 승리자로서 "지극히 높은 영광의"(히브리서 1:3, 8:1) 옥좌에 오르셨다.374)

우리가 믿고 있는 이 엄청난 진리는 인간의 지력으로는 도저히 헤아려지지 않는다. 알렉산드리아의 키릴로스 성인이 말한 것처럼, 인간적 사고나 의문으로 이 진리를 연구하고자 노력하는 것은 "아주 어리석은" 일이다.375) 아무튼 그리스도께서는 부활하셨다. 그리고 이제는 더 이상 죽지 않는다. 죽음은 더 이상 그분 위에 어떤 힘도 미칠 수 없다.(로마서 6:9) 그리스도께서는 악과 죽음을 제거하신 후 "하느님께 걸맞는 능력과 권세로" 별 어려움 없이 부활하셨다.376) 그리고 이 방법으로 인간들에게 불멸과 불사와 영원한 영광의 길을 열어주었다.

---

374) ΑΝΔΡ. 테오도로스, *Tὸ χαροποιὸν πένθος...*, page 36-39.
375) 알렉산드리아의 키릴로스, *Περὶ τῆς ὀρθῆς πίστεως*, 23 PG 76, 1165C.
376) 알렉산드리아의 키릴로스, op. cit., 1165A'; 니사의 그레고리오스, *Εἰς τὸ Ἅγιον Πάσχα... Λόγ. α΄*, PG 46, 609BC

부활 – 승천 – 오순절

승리는 확인되었다

만약 사탄, 죄, 그리고 죽음과의 전쟁이 구세주의 거룩한 육화를 통해 시작되었고 세상을 구원하기 위한 전쟁이 십자가의 죽음을 통해 주어진 것이었다면 그리고 저승의 문이 그곳에 내려가신 구세주를 통해 열린 것이었다면, 구세주의 승리는 당신의 찬란한 부활을 통해 분명히 확인된 것이다. 왜냐하면 악의를 가진 유대인들이 "돌로 봉인하고 경비병을 세워 무덤을 단단히 지키게" 하였지만, 주님께서는 태어나실 때 남자를 모르는 어머니의 동정을 전혀 손상하지 않았던 그 때처럼 전혀 봉인을 손상하지 않은 채 "무덤에서 부활하셨기" 때문이다. 주님께서는 부활하셨다. 또한 우리에게 낙원의 문도 열어주셨다.377) 특히 신방에서 나오는 신랑처럼, 화려하고 찬란하게 부활하셨다. 천상의 모든 능력이 감춰져 있었던 흠 없는 강력한 몸(골로사이서 2:9 참조)으로, "성 삼위 하느님 역사의 완성, 말씀의 영원한 위격"378)으로 부활하셨다. 정교회의 기둥인 대 아타나시오스 성인이 말한 것처럼, 주님께서는 당신의 몸이 무덤에 오랜 기간 안치되는 것을 허락하지 않으셨다. 그것은 죽음과의 투쟁 때문에 당신의 몸이 죽었다는 사실을 입증하는 만큼만 머무르시는 것을 의미했다. 그리스도께서는 죽음에 대한 승리의 상징, 즉 불멸과 당신께서 성취한 무정욕으로 치장한 당신의 성스런 육신을 삼 일만에 다시 부활 시키셨다. 물론 당신께서는 이런 상징들 없이도 죽은 자들로부터 당신의 몸을 부활 시키고 그 몸이 살아 있음을 증명하실 수 있으셨지만 당신의 선하신 예지로 그렇게 하지 않으셨다.379) 이렇게 주님께서는 "무덤에서 화려하고" 찬란하게 빛을 발하며 부활하셨고, 당신의 신성의 영적 빛으로 세상을 밝히셨다.380)

---

377) 오순절예식서, 부활주일, Κανών Ὠδὴ ϛ΄.
378) ΑΝΔΡ. 테오도로스, Ἔαρ ψυχῶν, page 34-35.
379) 대 아타나시오스, Περὶ ἐνανθρωπήσεως τοῦ Λόγου 26 ΒΕΠΕΣ 30, 95(27-32).
380) 오순절예식서, 사마리아 여인 주일, Κανών, Ὠδὴ Θ΄.

악인은 영광의 왕을 죽였다고 생각했다. 그러나 그분은 당신의 십자가와 부활을 통해 오히려 인류를 새롭게 하셨다. 왜냐하면 "인성 속에 나타난 생명의 발현처럼 그리스도의 육화가 부활로써 완성되었기"381) 때문이다. 또한 부활을 통해 이방인들의 계획이 무참히 짓밟히고 백성의 임금들과 군주들의 계획이 무너졌기 때문이다. 부활은 어둠의 계획들과 범죄적인 목적들을 무력화 시켰다.382) 대 바실리오스 성인은 탄생에서 영광스러운 승천까지 그리스도를 통한 섭리를 훌륭하게 요약했다 : 그리스도께서는 "이미 태어난 이들을 재탄생 시키기 위해 여자를 통해 태어나셨다." 자신들의 뜻에 따라 십자가에 못 박히지 않은 자들을 당신 가까이 부르시기 위해 뜻에 따라 십자가에 못 박히셨다. 그리고 "죽은 자들을 살리시기 위해 죽음을 받아들이셨다. 무지한 죽음은 그리스도를 삼켰다." 그러나, 삼킨 후에 그는 누구를 삼켰는지 깨달았다. "생명을 삼켰고 생명에 의해 패망했다. 만인과 함께 하는 한 분을 삼켰고 그 한 분으로 모든 이가 풀려났다. 사자처럼 그분을 물었는데 사자 이빨들은 산산이 부서졌다." 이렇게 죽음은 보잘것없는 존재처럼, 우리의 무시를 당하게 되었다. 그래서 우리는 더 이상 죽음을 사자처럼 두려워하지 않고 "가죽처럼" 그를 짓밟는다!383)

하느님의 자비는 죽은 자들로부터 부활하신 구세주에 의해 다시 승리했다. 왜냐하면 인간들은 하느님의 아들을 죽음으로 몰고 갔지만, 아들은 당신의 부활을 통해 인간들을 불멸로 인도했기 때문이다! 인간 살육자의 부추김을 받은 인간들은 "하느님을 죽을 존재로 만들려" 시도했지만 "하느님께서는 당신의 부활을 통해 인간들을 불멸의 존재로 바꾸셨다. 십자가에 희생되신 하느님께서는 부활하셔서 죽음을 멸하셨다."384) 따라서 불멸은 세상에 들어와 인류를 휘감았다. 죄와 또 그 죄에 의해 세상에 유

---

381) Γ. 플로로프스키, Ἀνατομία, page 88.
382) 대 바실리오스, Εἰς Ψαλ. 32, 6 PG 29, 340B.
383) 대 바실리오스, Πρὸς τοὺς συκοφαντοῦντας ἡμᾶς, ὅτι τρεῖς Θεοὺς λέγομεν 4 PG 31, 1496A.
384) I. 포포비츠, Ἄνθρωπος καί Θεάνθρωπος, page 40.

입된 영적 죽음에서 인간은 자유를 얻고 구원되었다. "죽음의 시작"이 단 한 사람, 아담을 통해 온 인성에 미쳤던 것처럼, 같은 방법으로 "부활의 시작이 한 분을 통해" 즉, 신인을 통해 온 인류에 미친다.385)

우리는 놀라운 부활의 기적에 집착하려 하지 않는다. 우리의 목적은 주님의 초자연적인 부활의 진리를 입증하기 위한 것이 아니라, 부활이 기적 중의 기적이고, 신인의 무한한 초자연적인 능력의 영역이며 세상이 그 때까지 보고 들었던 기적들과는 견줄 수 없는 위대한 업적이라는 점을 강조하고 싶은 것이다. 부활은 세계적 관심사나 우리 희망의 부활, 또는 우리 갈망의 완성으로 그치지 않는다. 또한 인류에게 주어진 새로운 생명의 시작에 멈추지 않는다. 부활은 무엇보다도 하느님과 우리의 화해, 사탄의 완전한 패배, 그리고 죽음의 결정적 파멸이다.

그리스도의 적들은 이성적 방법으로 그리스도의 부활을 연구하려 노력했다. 하지만 기적 중에서도 기적인 이 초자연적인 현상은 그런 연구방법으로 해법을 찾을 수 없다. 적그리스도의 도구들은 부활을 욕 되게 하기 위한 시도를 하곤 했다. 하지만 인류사에서 그 어떤 사건도 부활만큼 분명하고 강력하며 확고하게 증명된 것은 없었다. 이 사건은 절대 쓰러지지 않을 견고한 바위이다. 오직 눈먼 선입견을 가진 자들만이 부활의 증거들이 충분치 않다고 주장할 것이다. 부활은 현자들에 의해 전해진다. 이들은 부활하신 분을 보았다고, 함께 대화를 나누었다고, 그리고 그분과 함께 식사를 했다고 확인해 준다. 부활하신 분은 "돌아가신 뒤에 다시 살아나셔서" 여러 가지 확실한 기적들을 통해 그들에게 신비의 진리들을 계시하셨다.(사도행전 1:3) 그들이 주님의 부활이 어떤 방식으로 또 언제 어떻게 이루어졌는지 상세하게 우리에게 전하진 않지만 그들의 글과 말로써 부활하신 분께서 그들에게 나타났다는 확고한 사실을 우리에게 전해 준다. 그리고 이것은 강력한 객관성의 근거가 된다.

---

385) 니사의 그레고리오스, *Λόγος Κατηχητικὸς ὁ Μέγας*, 16 PG 45, 52C.

부활을 부정하는 사람은 비어있는 무덤이나 당시 두려움에 사로잡혀 있던 사도들이 겁 없이 "주께서 확실히 살아나셨다"(루가복음 24:34)라고 사람들에게 증언하는 것에 대해 설명할 수 없다. 부활을 부정하는 사람은 초기 그리스도인들의 용맹함과 순교자들의 인내, 그리고 육화한 천사들, 즉 성인과 수도사들의 경이로운 영적 승리의 월계관에 대해 설명할 수 없다. 세상에서 일어나는 수 없이 많은 기적의 강물을 설명할 수 없다. 교회의 빠른 성장과 설립에 대한 수수께끼를 풀 수가 없다. 합리주의자 카르낙은 그리스도의 무덤 안에서 어떤 일이 일어났던지 간에, 또 그리스도께서 당신의 제자들에게 어떤 방법으로 출현했든지 간에 "무덤은 죽음이 패해 완전히 쫓겨난 곳이며 영원한 생명이 존재한다는 불멸의 믿음이 탄생한 장소"386)라는 한 가지 사실은 분명하다고 말했다. 그러나 부활의 가장 확실한 승리의 증거는 이것이다 : 누구든지 죄와 투쟁하고 부활하신 분의 선물을 자기 것으로 만들려고 하는 만큼 그만큼 "주님께서 실제로 살아나셨고" 죽음을 사멸 시켰으며, 부활하신 분의 능력에 힘입어 사탄과 죄 그리고 죽음도 물리칠 수 있다는 확신을 갖게 된다는 사실이다. 따라서 이 세상에서 가장 불행한 존재는 생명의 공급자이신 주님의 찬란한 부활을 믿지 않는 자들이라 할 것이다.(고린토전서 15:19 참조)387)

영원 속에서 찬란하고 완전하게 살아가는 사람들

우리는 지난 단원에서 영혼과 육체, 혼과 물질이 완전한 인간을 구성하고 있음을 밝혔다. 이렇게 영혼은 육체를 위

---

386) A. Von. HARNACK, *What is Christianity!* transl. by T. B. Saunders, N. Y., G. P. Putnam's Sons, 1903², page 174-175.
387) 주님의 부활의 증거와 기적에 대해서는 Π. N. 트렘벨라, *Απολογητικαί Μελέται*, 5, 출판 "Ο Σωτήρ", Athens 1973⁴ page 546-617 참조.

해, 육체는 영혼을 위해 창조되었다. 따라서 신비롭고 불가해한 이 두 가지는 때로는 죄로 인해 현세에서 서로 다투고, 때로는 진실 되고 조화로운 동반관계가 된다. 주님께서는 당신의 거룩한 육화를 통해 영육을 취하심으로써 완전한 인간이 되셨다. 완전한 인간이 되신 주님께서는 십자가와 삼 일만의 부활을 통해 죽음을 이기시고 영광스럽고 거룩한 생명을 다시 얻어 영육의 인간에게 은혜로운 결과를 가져오셨다. 인간은 신인의 부활을 통해 영육의 일치 속에서 마침내 영원한 생명의 복된 삶으로 인도된다.

니사의 그레고리오스 성인은 말한다 : 주님께서는 우리의 완전한 인성을 죽음으로부터 복원하기 위해 당신의 방법에 따라 거룩한 손을 우리에게 내밀어 주셨다. 우리의 썩을 몸 위로 당신을 숙이시고 죽음에 아주 가까이 근접하셔서 마침내 당신의 몸으로 죽음을 접하셨다. 그리고 당신의 "능력"과 함께 모든 사람을 부활 시키심으로써 죽음에서 부활할 수 있는 가능성을 인류에게 열어주셨다. 부활 때 신성과 함께 높이 들려 올라간 하느님의 육신은 다른 곳이 아닌 바로 우리의 육신에서 나왔기에 주님의 부활은 "전체", 즉 인간의 영혼과 육체를 포함한다.388)

구세주께서 당신의 찬란한 부활로 우리에게 선물하신 불멸에 대해 우리는 기쁨에 넘쳐 노래한다 : "부패가 내쫓기고 불멸이 꽃피었다. 오랜 세월의 사슬은 풀렸다. 하늘과 땅과 온 만물도 기뻐 뛰었다. 그리스도께서 부활하셔서 죽음이 무너졌기 때문이다...."389) 모든 성인들의 주일에 우리는 이렇게 찬양한다 : "십자가에 못 박히신 그리스도께서 살아나셨다. 우쭐대던 사탄은 추락했으며 처참하게 쓰러져 있던 인간은 다시 일어섰다. 부패는 쫓겨났고 불멸은 꽃피었다. 생명에 의해 필멸이 산산이 부서졌기 때문이다."390)

예전에 죄를 모르고 순결하게 살아갔을 때의 인간이 완전한 모습을 지

---

388) 니사의 그레고리오스, *Λόγος Κατηχητικὸς ὁ Μέγας* 32 PG 45, 80BC 참조.
389) 오순절예식서, Παρασκευὴ μετὰ τὴν τοῦ Θωμᾶ, Πρωΐ. Στιχηρὰ τῶν Αἴνων.
390) Op. cit. 모든 성인들의 주일, 조과에서, Κανών, Ὠδὴ η΄.

니고 있었던 것처럼, 부활의 은총을 입은 인간도 충만한 빛 속에서 영원히 살아 갈 것이다. 물론 육체의 죽음은 지금 강제적으로 영육을 갈라놓는다. 하지만 그것은 강압에 의한 일시적 이별에 불과하다. 따라서 죽은 자들이 부활하는 그날이 오면 육신은 불멸의 영혼과 다시 결합하여 완전하게 부활할 것이다. 왜냐하면 크리소스톰 성인이 말한 것처럼 인간은 "영혼의 존재가 아니라 영육의 존재"이기 때문이다. 만약 영혼만이 부활한다면 전체가 아닌 반만 부활하는 것이 될 것이다.391) 우리는 앞으로 죽은 자들의 보편적 부활이 어떻게 이루어지는 가에 대해 계속해서 살펴보게 될 것이다. 그래서 지금 우리는 구세주의 부활을 통해 인간이 본래 누렸던 영광스럽고 복된 상태로 다시 완전하게 부활한다는 놀라운 구원의 진리를 강조하려 한다. 올림보스의 주교인 순교자 메토디오스는 이렇게 지적했다 : 그리스도께서는 인성을 다른 형태로 개조하거나 변형하기 위해 오신 것이 아니라 죄를 짓기 이전의 그 상태로 복원 시키기 위해 오셨다.392)

대 아타나시오스 성인이 지적한 바와 같이, 지극히 선하신 분은 이성적 인간들이 파멸되고 그의 작품들이 부패를 통해 사라지는 것을 용인할 수 없었다. 그리고 하느님 계명의 파기는 하느님의 정의의 치욕이 될 것이었다. 회개도 시조의 거역으로 인한 자연적 산물을 지워 없앨 수 없었다. 왜냐하면 회개는 단지 죄에 대한 의식에서 죄인을 벗어나게 해 줄 뿐이기 때문이다. 인간은 죄만 지은 것이 아니라 부패에도 던져졌다. 하느님 말씀께서 육화하셔서 인간이 되신 이유가 바로 여기에 있다. 하느님께서는 인간들에게 새 생명을 주시고 그들을 불사로 데려가시기 위해 인간이 되셨다. 그리고 이것은 성공했다. 왜냐하면 육화하신 인간의 몸으로 죽음에서 그들을 벗어나게 하고 부활로 불이 갈대를 태워 없애듯이 죽음을 없애셨기 때문이다.393) 이렇게 죽음과 부활로 나타내신 당신 자애의 신비

---

391) 요한 크리소스톰, Περί τῆς τῶν νεκρῶν ἀναστάσεως, 7 PG 50, 430.
392) 올림보스의 메토디오스, Ἐκ τοῦ περί Ἀναστάσεως PG 18, 277C-280A.

로운 섭리에 의해 죽음은 폐지된다. 니사의 그레고리오스 성인은 다음과 같이 기록했다 : 쓰러져 죽어버린 우리에게 다시 생명을 주시고 우리의 필멸의 몸을 다시 새롭게 하셨다. 그리고 혐오스러운 모습으로 무덤 속에 누워 있는 주검을 당신의 자애로써 "썩지 않는 생명의 존재로 변화 시키셨다."394)

불사의 영혼은 부활에 힘입어 과거의 영광, 본연의 미를 다시 성취했고 찬란해졌다. 시조의 죄로 인해 흐려졌던 "하느님의 모습"은 힘을 받아 복원되었고 현세에서 하느님을 "닮을 수" 있게 되었다. 인간의 몸은 능력을 얻어 현세에서 성 삼위 하느님의 거처, "성령이 계시는 성전"(고린토전서 6:19)이 되고 재림 때는 새롭게 변화된 모습으로 부활하여 주님의 영광스러운 몸처럼 될 것이다. 그리고 영광스럽고 불멸하는 모습으로 끝이 없는 영원 속에서 영육이 하나 된 몸으로 살아갈 것이다.(필립비서 3:21) 장례 예식의 두 번째 에블로기따리오 성가는 이렇게 노래한다 : "예전에 무에서 나를 지으시고 당신의 모습으로 영예롭게 하신 하느님, 당신께서는 계명을 거역한 나를 흙으로 다시 돌아가게 하셨나니, 다시금 나를 당신의 모습으로 복원 시키고 본래의 미를 회복 시켜 주소서."

결과적으로 "인간은 어머니에 의해 세상에 태어났을 때가 아니라 부활하신 구세주 그리스도를 믿을 때 진정 태어난다. 왜냐하면 그 때에 비로소 불사와 영원한 생명으로 탄생되기 때문이다. 어머니는 자식을 낳아 죽음으로, 무덤으로 향하게 한다. 반면에 그리스도의 부활은 우리 모든 그리스도인들의 어머니이자 불멸하는 자들의 어머니이다. 인간은 주님의 부활에 대한 믿음을 통해 새롭게, 영원을 위해 태어난다.... 세상 속에서 진정 참된 삶은 정확하게 구세주의 부활에서 시작된다. 왜냐하면 그것은 죽음으로 끝나는 삶이 아니기 때문이다. 그리스도의 부활 없는 인류의 생명

---

393) 대 아타나시오스, Περί ἐνανθρωπήσεως τοῦ Λόγου 6-8 ΒΕΠΕΣ 30, 79-81.
394) 니사의 그레고리오스, Εἰς τὸ Ἅγιον Πάσχα... Λόγ. Γ΄, PG 46, 653CD.

은 서서히 죽어가는 것과 다름없다. 반대로 진정한 생명은 죽음에서 끝나지 않는 그것이다. 하지만 이 지상에서 이런 생명은 오직 신인이신 그리스도의 부활을 통해서만이 가능하다."395)

인간과 죽음에 관한 모든 것은 십자가와 부활을 통해 완전히 바뀌었다. 인간에게 있어 잔인하고 끔찍한 죽음은 이미 그 힘과 세력을 완전히 잃어, 오히려 죽음이 인간을 두려워하는 존재가 되었다! 만약 인간이 부활하신 분께 희망을 걸고 살아 있는 믿음을 지키며 살아간다면 삶은 아름답고 밝게 빛날 것이다. 더 나아가 부활하신 분의 능력을 통해 죄와 폭군과 통치자로서 지배했던 영적 죽음을 이겨낼 것이다. 그리고 마침내 폭군과 통치자의 위치에 있었던 그 영적 죽음은 인간의 발아래 놓이게 될 것이다. 구체적으로 말한다면 인간 앞에 그것은 사체처럼 놓이게 될 것이다! 인간은 현세에서 떠날 때 잠시 그의 물질 부분을 벗어던진다. 그것은 주님의 재림 때 찬란하고 영광스러운 불멸의 옷을 입기 위해 또 끝없는 복된 삶을 영원히 살기위해 옷처럼 벗는 것이다.

즉각적이고 확연한 결과

부활하신 분의 세상구원적인 승리의 결과는 즉시 나타났다. 인간들의 눈에는 사탄과 죽음과 저승과의 전쟁이 보이지 않았지만 거룩한 천사들은 이 모든 것을 지켜보고 있었다. 천사들은 "무장하지 않은 나무, 철심 없는 십자가와 주검이 사탄과 그의 수하들을 이기고 죽이는 것"을 보았다. 왜냐하면 "가장 강력하신 분", 즉 예수님께서 "당신 자신의 완전무장을 통해" 사탄을 이긴 후에, "강력한 전사(사탄)"를 멸하셨기 때문이다.396)

---

395) I. 포포비츠, Ἄνθρωπος καί Θεάνθρωπος, page 42, 80.
396) 이집트의 마카리오스, Ὁμιλια Γ'(=Ξ) ΒΕΠΕΣ 42, 41-42.

그래서 크리소스톰 성인은 "내가 바라는 것은 그리스도를 알고 그리스도의 부활의 능력을 깨닫고 그리스도와 고난을 같이 나누고 그리스도와 같이 죽는 것입니다."(필립비서 3:10)라는 사도 바울로의 가르침을 해석하면서 그리스도의 "부활의 능력"이 무슨 의미인가? 자문한다. 그리고 그것은 "새로운 어떤 형태"를 갖는 것이다"라고 자답한다. 왜냐하면 그리스도 이전에 분명 죽은 자들이 살아난 경우가 있었으나 주님과 같이 살아난 사람은 아무도 없었기 때문이다. 죽었다 살아난 그들은 일시적으로 죽음의 종살이에서 벗어났다가 모두 흙으로 다시 돌아갔다. 하지만 "주관자의 몸"은 부활하신 후 흙으로 되돌아가지 않고 "하늘로 올라가 적의 모든 폭압을 무력화 시키셨다." 동시에 온 인류를 부활 시키셨다. 따라서 "필멸의 몸"은 주님의 거룩한 부활로 "부활해서 끝없는 영원한 생명으로 들어갔다." 그리고 "죽은 자들 가운데서 다시 살아나신 그리스도께서는 다시는 죽는 일이 없어 죽음이 다시는 그분을 지배하지 못하게 되었다." (로마서 6:9) 결과적으로 두 가지 기적이 행해졌다. 하나는 부활이고 또 하나는 부활의 놀라운 형태이다.397)

결국 아담의 죄는 "하느님을 죽인 것이 아니라 죽어야 할 존재를 죽인 것"이었다. 아담의 죄는 그리스도 인성의 죽음을 가져왔지만 불멸하는 신성을 죽일 수는 없었다. 저승은 시조의 거역으로 인류를 지배하고 있었지만, 그 왕국은 그리스도의 부활로 지속될 수 없게 되었다. 왜냐하면 "무덤에 안장되신" 강력한 주님께서 당신 생명의 손으로 "죽음의 자물쇠"를 부수시고, 그곳에 오랜 세월 붙잡혀 있던 자들에게 구원의 참된 소식을 전파했기 때문이다. 그리고 "죽은 자들 중의 장자"398), 즉 죽은 자들 중에서 제일 먼저 부활하셨기 때문이다. 이렇게 주님께서는 당신의 거룩한 몸으로 저승의 강력한 힘을 부수시고399) 즉시 그곳에 묶여있던 자들을

---

397) 요한 크리소스톰, *Περὶ ἀκαταλήπτου, πρὸς Ἀνομοίους, Λόγ.* 2, 6 PG 48, 716-717.
398) 트리오디온, 성 대토요일 아침(성 대 금요일 저녁), Κανών, Ὠδὴ στ´.; 아토스 수도사 니코데모스, *Ἑορτοδρόμιον*... page 400.
399) 요한 크리소스톰, *Εἰς Ματθ. Ὁμ.* 36, 3 PG 57, 416.

풀어 생명을 주셨다. 그리고 우리 모두에게도 즉시 부활의 길을 열어주셨다.[400)

따라서 그리스도의 찬란한 부활은 당신의 죽음에 대해서만 승리한 것이 아니라 죽음에 대한 보편적 승리였다. 신자들은 기쁨에 넘쳐 승리의 곡조로 구세주를 노래한다. 왜냐하면 "죽음의 사멸과 저승의 파괴 그리고 또 다른 새 생명의 시작을 경축하기 때문이다."[401) 온 인류는 부활하신 분과 함께 부활한다. "인류는 불멸을 옷 입었다."[402) 그래서 아토스 수도사 니코데모스 성인은 부활하신 분께서 우리에게 주신 새롭고 끝이 없는 영원한 생명의 선물을 "커다란 은사, 가장 충만한 행복…. 은사중의 은사, 선물중의 선물, 은혜중의 은혜"라고 명명했다.[403)

부활하신 주님을 믿었었고 또 현재 믿는 이들이 영원한 죽음에서 벗어나는 것은 직접적이다. 하지만 육체의 죽음에서 벗어나는 것은 간접적이다. 왜냐하면 죄가 인성에 심었던 죽음의 독이 아직 우리의 몸과 뼈에 퍼져있어 계속해서 육체의 죽음을 맞이하기 때문이다. 하지만 죽음에 대한 공포나 절망은 이미 제거되었고 부패의 지배 또한 사라졌다. 이제 우리는 부활과 새 생명의 희망 속에서 살아간다. 사도 바울로는 다음과 같은 말로 우리에게 확신을 심어줬다. "만일 죽은 자가 부활하는 일이 없다면 그리스도께서 다시 살아나셨을 리가 없고, 만일 죽은 자들이 다시 살아나는 일이 없다면 그리스도께서 다시 살아나실 수 없었을 것입니다. 만일 그리스도께서 다시 살아나시지 않았다면 여러분의 믿음은 헛된 것이 될 것입니다."(고린토전서 15:13, 16-17) 사도 바울로의 이 가르침은 결국 그리스도를 믿으며 거룩한 교회의 몸을 이루는 우리 모두 그리스도와 함께 부활해야 함을 일깨워준다. 그리스도께서는 부활하셔서 우리에게 부활의 은총을 주셨다. 다른 열매들보다 앞서 익은 첫 열매가 앞으로 있을 열매들의 수확을 미리 알려주는 것처럼, 그리스도께서는 모든 자들에 앞서 가

---

400) 다마스커스의 요한, Ἔκδοσις 3, 29 PG 94, 1101A.
401) 오순절예식서, 부활 주일, Κανών, Ὠδὴ ζ´, Δόξα Πατρί.
402) ΠΑΡΑΚΛΗΤΙΚΗ, Περίοδος Γ´ Ἦχου, 조과에서,
403) 아토스 수도사 니코데모스, Ἑορτοδρόμιον… page 441.

장 먼저 부활하셔서 죽은 자들 모두에게 부활이 뒤따를 것임을 확인 시켜 주셨다.(고린토전서 15:20 참조)

신인께서 저승에 내려가심으로써 육체의 죽음은 패했지만, 주님의 영광스러운 출현, 재림 때 우리 육체는 부활하여 영혼과 다시 하나로 결합할 것이다. 성서는 우리의 이 믿음에 대해 비록 적지만 확실한 예들을 보여준다. 복음사 마태오는 이렇게 기록했다. "무덤이 열리면서 잠들었던 많은 옛 성인들이 다시 살아났다. 그들은 무덤에서 나와 예수께서 부활하신 뒤에 거룩한 도시에 들어가서 많은 사람에게 나타났다!"(마태오복음 27:52-53) 부활하신 주님께서는 당신에 의해 자유를 얻은 자들의 호위를 받으며 "죽은 자들 가운데서 살아나신 최초의 분이"(골로사이서 1:18) 되셨다! 그리스도께서는 실제로 죽음의 힘과 저승의 왕국이 파멸했음을 입증하시기 위해 당신의 부활 후 죽은 자들의 부활도 즉시 이루어지도록 하셨으며 또 그들과 함께 하셨다. 물론 복음서의 내용이 부활한 사람들이 어떻게 되었고 누구에게 나타났었는지에 대한 복음서의 내용은 다소 불명확하다. 하지만 대다수의 주석가들은 그들이 확실히 부활하여 주님과 함께 "거룩한 도시와.... 이곳과 높은 곳에 들어갔다"고 받아들인다.404) 아무튼 부활하신 분에 의해 "찰나에" 낙원의 빛이 있는 곳으로 옮겨진 이들은 우리의 부활 약속을 보증한다.405) 더 나아가 "그리스도의 죽음을 통해 죽음이 폐지되었음"을 증명한다. "왜냐하면 그리스도의 죽음이 우리를 하늘의 예루살렘으로 오를 수 있게 해 주었기 때문이다."406)

이 모든 것은 요한 크리소스톰 성인이 기록한 그것을 확인 시켜 준다 : 그리스도의 부활 후에도 우리는 죽는다. 하지만 우리는 죽음에 머무르지 않는다. 결국 그것은 죽음이 아님을 의미이다. 왜냐하면 실질적 죽음이나 죽음의 강압은 죽은 자가 더 이상 생명으로 돌아갈 수 없는 상태를 의미하기 때문이다. 죽었다가 더 좋은 생명에서 살 수 있다면 그것은 죽음이

---

404) 키프로스의 에피파니오스, $Κατὰ\ αἱρέσεων$ 75, 8 PG 42, 513D.
405) 니키포로스 칼리스토스, $Ἐκκλησιαστικὴ\ Ἱστορία$, 10:31, PG 145, 724D-725A.
406) 알렉산드리아의 키릴로스, $Εἰς\ Ματθ$. 27, 41 PG 72, 468BC.

아니라 잠이다!407) 대 아타나시오스 성인도 같은 가르침을 준다 : 이제 우리는 주님의 부활 이전에 죽었던 것처럼 죽지 않는다. 우리는 시조의 형벌의 대가였던 그 죽음으로 죽지 않는다. 왜냐하면 그 형벌은 이미 멈췄기 때문이다. 하지만 그리스도의 부활로 부패가 중지되고 사라진다 해도 하느님께서 우리 각자에게 주신 그 시간에 우리는 죽음을 맞아 육체의 분해를 맞는다. 그것은 우리를 더 좋은 부활에 합당케 하기 위한 것이다. 그것은 땅에 뿌려진 씨들이 썩지만 사라지지 않는 것과 같은 이치이다. 이처럼 구세주의 은총으로 죽음이 폐지된 지금 죽음을 맞는 우리의 육체는 분해되어 사라지는 것이 아니라 더 나은 부활이 되기 위해 씨처럼 뿌려질 것이다.408) 그리고 부활하신 주님 덕분에 이제 "부활은 불사와 '영원한' 생명으로의 신비로운 탄생이 된다. 죽음도 탄생이다.... 모두 부활할 것이며.... 앞으로 육체로부터의 이별은 일시적이 될 것이다."409)

주님의 오른팔은 놀라운 일만 하신 것이 아니라 경이로운 방법으로 일 하셨다. 왜냐하면 "죽음으로 죽음을 멸하시고 저주로써 저주를 제거하시고 축복을 주셨기 때문이다." 낙원에서 "처녀 이브"는 우리를 "내쫓았다" 하지만 우리는 동정녀 테오토코스를 통해 "영원한 생명을 얻었다." 주님께서는 다음과 같은 경이로운 업적을 우리에게 해 주셨다. "죽음은 무너지고, 저승은 폐허가 되었다. 낙원은 열렸고, 하늘은 자유로워졌다. 사탄의 입은 봉해졌고... 형용할 수 없는 불멸의 갈망은 부활의 희망을 열어주었다."410)

---

407) 요한 크리소스톰, *Εἰς Ἑβρ. Ὁμ.* 17, 2 PG 63, 129.
408) 대 아타나시오스, *Περὶ ἐνανθρωπήσεως τοῦ Λόγου* 21 ΒΕΠΕΣ 30, 91(26-33).
409) Γ. 플로로프스키, *Θέματα Ὀρθοδόξου Θεολογίας*, 77, 78.
410) 요한 크리소스톰, *Εἰς Ψαλ.* 44, 7 PG 55, 193.

"하느님과 인간이 한 혈육이 되다"

신인의 사역이 찬란한 부활로 끝난다 해도 그것은 엄청난 업적일 것이다. 그런데 주님께서는 우리에게 주신 놀라운 부활의 선물에 만족하지 않으셨다. 주님께서는 한 발 더 나아가 십자가 상에서의 영광스러운 승리와 삼 일만의 부활 후 육체와 함께 하늘로 승천하셔서 하느님 아버지 옥좌 오른편에 앉으셨다.(시편 110:1, 히브리서 1:3) 주님께서는 인류를 위해 자신을 낮추셔서 십자가에 못 박히시고 죽음의 잔을 맛보신 후 찬란한 부활과 더불어 당신 육체와 함께 영광의 승천을 하셨다. 그리고 끝이 없는 영광으로 인류를 데려가시기 위해 완전한 영광과 영예의 관을 쓰셨다.(히브리서 2:9, 10 참조) 승천하신 주님께서는 아버지 오른편에 앉으셔서 영원 이전의 영광을 다시 회복하셨다. 그리고 온 인류를 당신과 함께 머무르도록 천상으로 부르셨다.(에페소서 2:4-6) 하느님 아버지 오른편, 그곳에 그리스도께서는 영원히 "앉으셨다!"(히브리서 10:12)

악의 원흉, 사탄의 목표였던 인간은 육체와 함께 영광스럽게 승천하신 주님에 의해 영예만 입은 것이 아니라 하느님 말씀과 함께 천상에 앉아서 다스린다. 그래서 우리는 하느님 구세주 예수 그리스도의 승천 축일에 이렇게 노래한다 : 하느님 당신께서는 "땅 깊은 곳으로 내려간 아담의 인성을" 성스런 육화와 십자가의 피로, 부패에 대한 승리와 거룩한 부활로 새롭게 하신 후에 오늘 "모든 권세 위에" 올려주셨나니 그것은 "그를 사랑하셔서 당신과 함께 앉히시고, 그를 연민하셔서 당신과 결합 시키시며, 그와 결합하심으로써 수난을 함께 겪으시고, 수난을 모르시면서도 수난을 받는 분이 되어 함께 영광을 받게 하신 것이니...."411)

이 밖에도 인간은 주님의 거룩한 승천으로 개인적 신화를 이룰 수 있는 가능성을 얻게 되었다. 이 신화는 죽음과 저승의 승리자로부터 솟아나

---

411) 오순절예식서, Πέμπτη τῆς Ἀναλήψεως, Ἐν τῷ Μ. Ἑσπερινῷ.

오는 "은총에 의해" 우리에게 제공된다. 대 바실리오스 성인은 다음과 같이 말했다 : 우리의 주님 예수 그리스도께서는 죽어있던 우리를 다시 생명으로 복원 시키는 것에 만족하지 않으셨다. 그래서 우리에게 신성의 은총을 베푸셔서 인간의 정신으로는 도저히 헤아릴 수 없는 환희가 넘치는 영원한 안식처를 마련해 주셨다.412)

신인의 십자가, 부활 그리고 승천으로 우리는 땅의 형상을 버리고 하늘의 형상을 취한다. 낙원에서의 추방 기간은 이미 끝났으며 낙원의 문은 우리를 맞이하기 위해 다시 열렸다. 이 모든 것들은 단 한 번에 확정적으로 이루어졌다. 죽음은 그리스도 안에서 그의 능력을 잃었다. 이제 죽음은 현실이 아닌 종이호랑이가 되었다.413) 그래서 "땅에서 평화, 하늘에서 평화, 지극히 높은 곳에 영광"이 자리하게 되었다.414)

상상조차 할 수 없는 엄청난 선물로 이루어진 그리스도 안에서의 새 창조는 첫 번째 창조 때보다 훨씬 위대하다. 왜냐하면 주님께서는 아담이 지은 죄로 우리가 입은 해만큼 우리를 유익하게 하신 것이 아니라 그보다 훨씬 많은 은총을 우리에게 베푸셨기 때문이다.415) 구원과 재창조 그리고 하느님에게로의 복귀는 완전하게 결정되었다. 썩어 없어질 하찮은 인성은 부활하시고 승천하신 그리스도로 인해 그 어떤 피조물들보다 많은 영예를 누리게 되었다. 그래서 정교회는 이렇게 노래한다 : 오, 세상에 둘도 없는 경이로운 기적이로다. 해득할 수 없는 방법으로 만물의 주관자, 하느님 말씀의 신성과 결합된 필멸의 인성이 하늘에 올라 성 삼위의 복된 영광의 상속자가 되는도다.416)

그런데 진짜 놀라운 일은, 하느님 말씀, 교회의 머리와 결합된 인성이 단순히 높은 곳에 자리 잡는 것이 아니라 천사들417)보다 훨씬 "더 높은" 곳에 자리하며 하느님의 영광의 동참자가 된다는 것이다! 왜냐하면 크리

---

412) 대 바실리오스, Ὅροι κατά πλάτος, Ἐρώτ. 2, 4 PG 31, 916A.
413) 신학자 그레고리오스, Λόγ. 18, Ἐπιτάφιος εἰς τόν πατέρα..., 42 PG 35, 1041A.
414) 대 바실리오스, Ὅτι οὐκ ἔστιν αἴτιος τῶν κακῶν ὁ Θεός 10 PG 31, 352C.
415) 요한 크리소스톰, Εἰς Ρωμ. Ὁμ. 10, 2 PG 60, 476.
416) 오순절예식서, Παρασκευὴ στ' ἑβδομάδος.
417) Πέμπτη τῆς Ἀναλήψεως, Εἰς τὸν Ὄρθρον.

소스톰 성인이 말한 것처럼, "흙에서 왔으니 흙으로 돌아가리라"고 말했던 그 인성에게 하느님께서 "내 오른편에 앉으라"고 말씀하셨기 때문이다! 이렇듯 거룩한 선물에 부적합하고, "사탄의 놀이감"과 죽음의 포로였던 인간은 이제 죽음을 이기고 불멸을 입는다. 그리고 "더 이상 내려갈 수 없는" 깊은 곳까지 떨어졌던 인간은 이제 "더 이상 오를 수 없는" 높은 곳까지 올랐다. 그것도 하느님의 옥좌 오른편에 앉았다. 그것은 "머리가 있는 곳에 몸이 있으며, 머리와 몸은 결코 분리되지 않기 때문이다. 그 둘은 따로 분리될 수 없다. 만약 분리된다면 그것은 몸도 머리도 될 수 없을 것이다." 그래서 크리소스톰 성인은 놀라움에 소리친다 : "진정 어디까지 교회를 높이셨는가!" "참으로 이 사실들이 놀랍지 않은가!"418)

신 신학자 시메온 성인은 이 진리를 아주 잘 분석한다 : "만약 시조들이 낙원에 있을 때 회개하였다면 그들이 얻을 수 있는 것은 낙원 말고 없었을 것이다. 하지만 그들은 회개하지 않았고 낙원에서 쫓겨난 후 뒤늦게 가슴을 치고 통곡하며(만약 낙원 안에서 회개하였다면 이런 고통을 겪지 않았을 것이다) 진정한 회개를 보였다. 주관자 하느님께서는 그들의 아픔과 땀과 수고를 보시고 그들을 영예롭게 하시길 원하셨다. 더 나아가 그들이 이 모든 고통과 두려움을 잊고 살아가길 원하셨다. 그렇다면 하느님의 자애가 얼마나 크신지 한번 지켜보라! 하느님께서는 저승에 내려가셔서 그들을 부활 시킨 후 낙원에서 쫓겨났던 그들을 다시 낙원으로 복원 시키지 않고 하늘 위의 하늘인 그곳까지 올리셨다. 그리고 시초 없으신 하느님 아버지 오른편에 앉으신 후 본질에서는 당신의 종이 될 수밖에 없었던 인류에게 은총을 베푸셔서 그(아담, 인류)의 아버지가 되셨다. 자, 주관자 그리스도께서 어느 경지까지 그를 높였는지 보라!" 자비의 하느님께서는 "아담뿐만 아니라 아담의 참회와 회개, 슬픔과 눈물 등을 본받은 그의 후손들, 즉 우리 모두를" 영예롭게 하고 영광스럽게 하셨다." "이렇게 하느님께서는 아담처럼, 우리를 높이시고 영광스럽게 하셨으며, 수도사나

---

418) 요한 크리소스톰, Εἰς Ἐφεσ. Ὁμ. 3, 2 PG 62, 25-26; Εἰς τὴν Ἀνάληψιν 2-4 PG 50, 445-448; Εἰς Κολοσ. Ὁμ. 5, 1 PG 62, 332.

평신도에 상관없이 그렇게 살아왔고 또 앞으로 살아갈 사람들을 높이실 것이다."[419]

크리소스톰 성인은 우리가 하느님을 거역해서 잃은 것들과 신인을 통해 얻은 것들을 비교하면서 다음과 같이 기록했다 : 창조주께서 처음 인간을 창조하셨을 때는 "하느님의 모습에 따라 인간을 지으셨는데" 지금은 인간을 하느님 자신과 결합 시키셨다. 그 때에는 인간에게 "동물과 물고기"를 다스릴 권한을 주셨는데 지금은 "하늘보다 더 높은 곳으로 우리를 들어 올리셔서 다스리게 하셨다." 성스런 육신과 함께 승천하신 그리스도께서는 첫 열매처럼 "잠든 자들의 시초"가 되심으로써 "당신의 그 시초의 육신을 통해 우리 인류를 축복 되게 하셨다." 이전에는 죄 때문에 "인간보다 더 보잘 것" 없는 것이 없었으나, 이제는 "인간보다 더 가치 있는" 것이 없다.[420] 인간은 부활하시고 승천하신 그리스도를 통해 부패를 이겨내고 불멸을 얻는다. 또한 인간은 죽음을 이긴다. 왜냐하면 죽음은 완전히 패해서 그 어느 곳에서도 찾을 수 없기 때문이다. 인간은 불멸을 획득하고 신화를 이룬다. 이미 "하느님과 인간은 한 혈육이 되었다."[421]

성가작가는 이 점을 깊이 깨닫고 승천 카논의 9오디 메갈리나리온 성가에서 이렇게 노래한다 : 하늘 높은 곳에서 자신을 겸손하게 낮추시고 위대한 육화를 통해 세상에 오신 하느님의 말씀이시여, 당신은 하늘 높은 곳으로 다시 오르시어 아버지와 함께 하심으로써 타락한 우리 인성을 영예롭게 하셨나이다. 그러므로 우리 모두는 축제를 즐기고 승리의 찬가를 부르며 영적 기쁨과 환희 속에 환호하나이다.

하지만 인간이 승천하신 분의 선물을 자기 것으로 만들기 위해서는 예수님과 함께 죽어야 한다. 그리고 예수님의 삶을 자기 것으로 여기고 살

---

419) 신 신학자 시메온, *Κατήχησις Ε'* 13 ΕΠΕ 19Γ', 440.
420) 요한 크리소스톰, *Εἰς Ἰω. Ὁμ.* 25, 2 PG 59, 150; *Εἰς τὴν Ἀνάληψιν* 2 PG 50, 445; *Πρὸς τοὺς λέγοντας, ὅτι δαίμονες...* 1, 2 PG 49, 246행부터.
421) 요한 크리소스톰, *Εἰς τὴν Ἀνάληψιν* 16 PG 52, 789; Ψαλ. 8, 1 PG 55, 107 참조.

아가야 한다. 그럴 때 우리는 신학자 그레고리오스 성인과 함께 이렇게 큰 소리로 외칠 수 있다 : "어제 그리스도와 함께 십자가에 못 박히고, 오늘 함께 영광을 입는다. 어제 그리스도와 함께 죽고, 오늘 함께 생명을 얻는다. 어제 그리스도와 함께 안장되고, 오늘 함께 살아난다." 자, 우리 모두 우리를 위해 수난 받으시고 부활하신 주님께 열매를 바치자!422) 이제 우리는 승천하신 주님의 선물에 온전히 동참하도록 하자. 그러면 우리의 부활은 벽돌을 만들고 밭일을 가꾸고, 힘들고 고된 어둠의 이집트 생활(출애굽기 1:14)을 벗어나 부패와 죽음을 누르고 기쁨에 넘쳐 영원한 생명과 끝없는 환희가 지배하는 약속의 땅, 하늘의 예루살렘으로 넘어가는 진정한 축일이 될 것이다.423)

"성령의 은총으로 보상하셨다"

그러면 이 시점에서 부활하신 주님께서 우리에게 주신 "마지막 선물", "축일들의 중심", "약속의 열매"424), 즉 주님께서 약속하신 성령이 인성에게 충만한 선물을 베푸셨던 거룩한 오순절에 대해 한번 살펴보자.

성령은 주님께서 세상을 떠나신 후에 지상에 내려오셨다. 말씀이신 아들께서 처음부터 누리셨던 빛나는 영광을 다시 받으신 후 그 영광을 세상에 전하시기 위해 세상에 내려오셨! 크리소스톰 성인은 이렇게 말한다 : 신인께서는 "영광 속에" 하늘로 승천하실 때 지상에서 당신이 실현한 사역의 보증으로 또 본보기로 일신된 인성을 놀라워하는 천사들 앞으로 옮기셨다. 그리고 당신의 구원 사역의 최종 완성, 보증인 성 삼위의

---

422) 신학자 그레고리오스, Λόγ. Α', Εἰς τό Ἅγιον Πάσχα, 4 PG 35, 397B; Κανών τῆς Κυριακῆς τοῦ Πάσχα, Ὠδή γ'.
423) 신학자 그레고리오스, Ἐπιστ. 120 PG 37, 213C, 216A 참조.
424) 요한 크리소스톰, Εἰς τήν Ἁγ. Πεντηκοστήν Ὁμ. 2, 1 PG 50, 463.

세 번째 위격인 성령을 지상에 보내셨다. 그런데 이것은 그리스도께서 우리 인간과 하느님 아버지를 화해 시켜 주셨음을 의미한다.425) 교부는 이 위대한 진리를 확실히 밝히기 위해 그 시대의 예를 이렇게 인용했다 : 그리스도께서는 "우리 인성을 취하시고" 그 대가로 우리에게 "성령의 은총을" 주셨다. 그런데 서로 주고받는 이 모습은 오랜 전쟁 후 흔히 있었던 그 당시의 관행이었다. 당시 전쟁이 끝나고 평화가 이루어지면, 서로 적이었던 그들은 보증과 담보를 교환했다. 하느님과 인성사이에도 이와 똑같은 일이 벌어졌다. 죄와 죽음의 권세 아래에 있던 필멸의 인성이 그리스도를 통해 보증과 담보로써 하느님께 "보내지고" 하느님께서는 인성에 대한 보증과 담보로써 우리에게 성령을 보내셨다.426) 이렇게 우리는 미래의 생명과 영원한 왕국에 대한 "확실한 약속"을 가지게 된다. 그 약속은 "(한편으로는) 위에 계신 주님의 몸"이고 "(또 다른 한편으로는) 우리에게 내려오신 당신의 성령"이다.427)

정교회 예배와 이콘들은 제 나름의 방법으로 우리 믿음의 놀라운 진리를 증거 하며 이 기쁜 소식을 강조한다. 오순절 이콘은 환한 다락방에서 평화로이 그리고 화사하고 부드러운 얼굴로 반원형으로 앉아있는 선택 받은 하느님의 사도들을 그린다. 그리고 그들 내면이 성령으로 가득 찼음을 그들 머리 위에 있는 혀 모양의 불꽃을 통해 보여 준다.(사도행전 2:3-4 참조) 사도들은 그리스도께서 그들에게 준 가르침의 은사의 상징인 두루마기를 들고 있으며 그 은사에 따라 그리스도의 십자가와 부활을 중심으로 백성들에게 회개의 복음을 전파하게 된다. 거룩한 사도들이 앉아 있는 반원형 아래에는 어두운 배경 속에 임금의 옷과 왕관을 쓰고 손에는 12개의 두루마기로 된 천을 들고 있는 한 노인이 그려진다. 이것은 죄 속에서 늙어간 세상과, "이 세상의 지배자"에게 포로가 된 피조물을 상징한다. 깊은 어둠이 노인을 휘감고 있는 것은 "죽음의 그늘 및 어둠"(루가복

---

425) Op. cit., PG 50, 456.
426) Op. cit., Ὀμ. 1, 5 PG 50, 461.
427) 요한 크리소스톰, Εἰς τὴν Ἀνάληψιν 16, PG 52, 789.

음 1:79), 저승을 상징한다. 하지만 그 저승에 포로로 사로잡혀 있었던 세상은 이미 저승으로부터 자유로워진다. 그의 손에 들고 있는 12개의 두루마기들은 성령의 영감을 받은 12사도의 설교들의 상징으로서 저승과 죽음의 포로들에게 죄의 용서와 빛을 전한다.

오순절 주일의 한 아름다운 성가는 성령의 은총을 입은 교회 자녀들의 복된 삶을 노래한다 : 하느님의 은총의 광채로 빛나는 교회의 자녀들이여, 성령의 시원한 기운을 받아들일지어다. 그 기운은 단순히 시원함만을 주는 것이 아니라 불도 내 뿜는도다. 이 기운은 용서를 주고 죄를 정화하며, 죄의 무게에서 영혼을 구원하고 악들을 쫓아내며 너희를 밝히는도다. 이 거룩한 오순절 날, 새로운 구원의 복음의 법, 불혀의 모습을 한 성령의 은총이 교회(새로운 시온)로부터 나오기 때문이로다.428)

또한 거룩한 오순절 대 만과의 세 번째 기원은 구세주께서 저승에 내려가심을 언급하고 이 세상을 떠난 고인들을 위해 하느님께 간구한다 : 죽음의 견고한 사슬을 끊고 저승의 자물쇠들을 부수시며 어둠속에 갇혀있던 이들에게 부활을 보여 주신 우리 하느님 그리스도시여, 당신은 부활의 희망으로 죽음의 독침에 신음하는 자들에게 생명을 주시나이다. 주관자이신 주여, 당신께서는 놀라운 구원의 날인 오순절에, 거룩하시고 일체이시며 영원하시고 분리되지 않으시며 혼합되지 않으시는 성 삼위의 신비를 우리에게 나타내셨나이다. 당신께서는 저승에 사로잡혀있는 자들의 영혼의 안식을 위해 완전한 구원의 축일인 오늘 우리에게 간구를 올릴 수 있도록 하셨나니, 그들의 영혼들이 고통도 슬픔도 한숨도 없는 밝고 서늘하고 평안한 곳에서 편히 쉬게 하소서. 죽은 자들이 당신을 찬양할 수 없겠지만 살아 있는 우리가 그들 영혼을 위해 당신을 찬양하고 당신께 간구하며 당신께 죄 사함의 기도와 제사를 바치나이다.429)

이렇게 우리 인간에게 주신 상상할 수 없고 형용할 수 없는 구세주의 선물들은 형용할 수 없을 만큼 엄청나다. 저승의 사슬을 부수고 죽음의

---

428) 오순절예식서, 오순절 주일, Κανών Ἰαμβικός, Ὠδὴ ε´.
429) 오순절예식서, 오순절 주일, Ἀκολουθία τῆς Γονυκλισίας, Εὐχὴ Γ´.

이름을 제거하고 "당신의 붉은 피로 우리의 폭군인 사탄과 죽음, 저승과 박해자를 파멸 시켰다."430) 죽음과 저승은 처참하게 완전한 패배를 당했다. 그러므로 우리 모두 기뻐 뛰며 환호하자. 비록 "우리 주관자께서 승리하시고 승전비를 세우셨지만 그것은 바로 우리 인간들의 공통된 기쁨이요 환희이기 때문이다."431) 주님께서 사탄과 죽음, 그리고 저승에서 완전한 우리의 구원을 위해 모든 것을 바쳐 일하셨기 때문이다.

---

430) 콘스탄티노플의 게르마노스, *Εἰς τὴν Θεόσωμον ταφὴν τοῦ Κυρίου*... PG 98, 284.
431) 요한 크리소스톰, *Εἰς τό Ἅγιον Πάσχα* 2 PG 52, 767.

그리스도 이전과 그리스도 이후의 죽음

그리스도 이전의 죽음의 공포

죽음과 저승과의 싸움에서 신인의 완전한 승리를 제대로 알기 위해서는 구약시대의 아담의 후손들이 어떻게 죽음을 직시했는지 살펴봐야 한다. 구세주의 십자가와 부활 그리고 주님께서 육신과 함께 하늘로 승천하실 때까지 죽음이라는 그 단어는 인간들에게 두려움과 공포였다. 그것은 사실 당연한 결과였다. 왜냐하면 한편으로 하느님께서는 "너는 반드시 죽는다."(창세기 2:17)라는 "무서운 형벌"을 시조에게 내리셨고, 또 다른 한편으로는 육신과 영혼의 분리가 단지 죽음으로만 불린 것이 아니라 "저승"으로도 불렸기 때문이다. 이런 이유로 구약성서의 많은 부분은 이 세상을 떠나는 것을 "죽음과 저승"432)이라 명명했다. 예를 들어 보자. 요셉이 시메온을 이집트에 붙들어두자 야곱의 자식들이 시메온 없이 이집트에서 아버지께 돌아갔다. 그러자 야곱은 자식들에게 말했다. "이 애만은 데리고 가지 못한다. 그 형은 죽었고 이 애 하나 남았는데 가는 길에서 무슨 변이라도 당하면 어떻게 할 셈이냐? 너희들은 이 늙은 것이 백발이 성성해 가지고 슬퍼하며 지하(저승)에 내려가는 꼴을 보고 싶으냐?"(창세기 42:37-38) 예언자 이사야 역시 말했다. "땅(저승)이 목구멍을 열고 입을 찢어지게 벌릴 것이니 귀족과 서민이 함께 떠들고 날뛰다가 빠져 들어 가리라."(이사야서 5:14) 다윗은 그의 영혼을 깊은 어둠의 저승과 확실한 죽음에서 구해 주신(시편 86:13) 하느님을 찬양하였다.

구약성서의 의인들이 죽음 앞에서 보였던 태도에서 알 수 있듯이 그리스도 이전의 죽음은 인간에게 엄청난 두려움이었다. 그것은 죄인에게만 국한 된 것이 아니었다. 하느님 앞에서 솔직했던 의인들 역시도 죽음을 두려워하였다. 왜냐하면 죽음의 가면은 그리스도 이전의 모든 사람들에게 보편적인 두려움이었기 때문이다.433)

---

432) 요한 크리소스톰, Εἰς τό Ἅγιον Πάσχα 1 PG 52, 767.

몇 개의 예들을 살펴보자. 이스라엘의 법제정자이고 지도자이며 대 예언자이고 하느님을 뵈었던 모세는 사막으로 도망쳤다. 왜 도망쳤을까? 그것은 다름 아닌 죽음에 대한 두려움이었다.434) 크리소스톰 성인은 의인 아브라함의 믿음과 용맹함, 덕을 칭송하며 하느님에 대한 그의 절대적 순종과 솔직함에 경탄한다. 그러면서 성인은 "하느님의 친구"인 그도 죽음 앞에서 겁을 먹었던 때가 있었음을 지적한다. 그는 자신의 목숨을 부지하기 위해 그의 부인인 사라를 부인이라 하지 않고 자매라고 거짓말했다. 그래서 사라를 간음의 위험에(하느님께서 사라의 겸손함을 보시고 지켜주신 것과는 별개의 것) 빠지게 하였다!(창세기 12:11-13 참조) 성인은 지금 의인을 비난하기 위해 이 사건을 언급하지 않는다. 이 사건을 통해 죽음에 대한 그 당시 의인들의 정신세계를 보여주고 있다. 왜냐하면 성인이 기록한 것처럼, 아직도 구리 문이 부서지지 않고 죽음의 독침이 무뎌지지 않아 죽음이 여전히 두려움의 존재로 남아 있었기 때문이다.435)

요한 크리소스톰 성인은 아브라함의 자손인 야곱에 대해서도 이와 유사한 지적을 한다. 믿음의 수많은 성과들과 덕의 투쟁을 통해 젊은 나이에 사도들과 같은 덕을 보여 준 야곱이 장인인 라반에게서 나와 그의 고향인 가나안으로 돌아갔을 때 그가 한 행동이 무엇이었는가? 그는 자신에게 아버지의 축복을 빼앗긴 형이 복수할 것이 두려워 다음과 같이 하느님께 기도를 드렸다 : 나의 주님, 나의 형 에사오의 손에서 나를 구해 주소서. 저는 그가 두렵습니다. 혹시 그가 성난 나머지 나에게 달려들어 나와 나의 가족을 죽일지도 모르오니 저를 구해 주소서.(창세기 32:12) 그리고 성인은 이렇게 부연했다 : "그가 얼마나 죽음을 무서워하는지 알겠는가? 얼마나 무서우면 하느님께 그토록 간절히 구하겠는가?"436)

---

433) 요한 크리소스톰, Εἰς τὰς ἁγίας μάρτυρας Βερνίκην καὶ Προσδόκην... 1 PG 50, 630.
434) 요한 크리소스톰, Περὶ Ἐλεαζάρου καὶ ἑπτὰ παίδων, 2 PG 63, 526.
435) 요한 크리소스톰, Εἰς Ὀλυμπιάδα, Ἐπιστ. Γ΄ 3 PG 52, 575; Εἰς τὰς ἁγίας μάρτυρας Βερνίκην καὶ Προσδόκην... 1 PG 50, 630-632; Εἰς Γέν. Ὁμ. 32, 5 PG 53, 299.
436) 요한 크리소스톰, Εἰς τὰς ἁγίας μάρτυρας Βερνίκην καὶ Προσδόκην... 2 PG 50, 632.

불같은 일리아 예언자도 죽음의 두려움 앞에서 멀리 도망쳐 버렸다. 그의 기도로 하늘을 닫고 열고 하던 그가, 하늘로부터 불을 내리고 인간의 몸으로 천사와 같은 삶을 살았던 바로 그가 죽음을 두려워했다. 왜냐하면 그리스도 이전의 죽음의 본질은 엄청나게 무서운 대상이었기 때문이다. 그는 이세벨을 질책할 때 결코 두려워하지 않았다. 하지만 이세벨이 죽이겠다고 위협했을 때 그는 겁을 먹었다. 모든 인간적 두려움을 경시하던 그가 타락한 이세벨의 죽이겠다는 위협 앞에서 밤낮 40일에 걸쳐 멀리 도망쳤다.(열왕기상 19:2-3 참조) 그러면서 크리소스톰 성인은 이렇게 묻는다 : "죽이겠다는 여자의 위협에 도망치는 일리야를 보았는가?"437)

흠 없고 진실하며 하느님을 공경하고 악한 일은 거들떠보지도 않는(욥기 1:1), 인내와 믿음의 훌륭한 선수였던 욥도 참을 수 없는 고통에서 다소라도 벗어나게 해달라고 하느님께 간청 드렸다 : "나의 수명은 이제 다 되었습니다. 좀 내버려 두소서. 잠깐만이라도 밝은 날을 보게 하여 주소서. 잠시 후에 나는 갑니다. 영영 돌아 올 길 없는 곳, 캄캄한 어둠만이 덮인 곳으로 갑니다."(욥기 20-21) 히즈키야 왕 역시 병이 깊어 임종이 임박했을 때, 하느님께 자신을 살려달라고 기도하였다 : 아직 한창 살 나이에, 나의 왕국의 영화가 가장 꽃 필 적에 내가 저승의 문에 들어가게 되었구나! 공포의 그 장소에 있는 자들이 당신의 자비를 입지 않는다면, 그들은 당신을 찬미하지도 영광을 드리지도 않을 것이며 당신의 거룩한 자애에도 희망을 두지 않을 것입니다.(이사야서 38:1-14)

이렇게 구약의 의인들은 물론 하느님의 말씀을 전하는 예언자들도 죽음과 저승 앞에서 두려움에 떨었다!

---

437) Op. cit., PG 50, 632-633 and PG 52, 574-575.

북받치는 큰 슬픔

요한 크리소스톰 성인이 올림비아다 봉사자에게 보낸 편지에서 적고 있는 것처럼,438) 그리스도 이전 시대의 죽음은 두려움 그 자체이고 악 중의 악, 북받치는 큰 슬픔이다. 그것은 구약의 의인들이 죽은 자들을 장사지내는 방법에서 보여진다. 그 당시의 "의인들의 죽음"은 오열과 눈물로써 점철된다. 그래서 대 바실리오스 성인은 '요셉은 야곱이 죽었을 때 대성통곡하였다.'라고 지적했다.439) 구약의 창세기는 요셉이 돌아가신 아버지 야곱의 "얼굴에 엎드려, 울며 입을 맞추었다."(창세기 50:1)라고 기록한다. 하지만 그 슬픔은 거기서 끝나지 않았다. 요셉은 아버지를 묻기 위해 가나안 땅까지 올라간다. 파라오의 종들은 물론 "병거와 기병"까지도 그 행렬에 동참했다. 이 엄청난 행렬은 알로니 아닷이라고 불리는 요르단 강 건너편까지 이어졌다. 그곳에서 그들은 "엄청난 오열 속에" 야곱의 죽음을 슬퍼했다. 그들은 칠 일 간 야곱을 매장하지 않은 채 선조 의인의 주검 옆에서 슬픔의 눈물을 흘렸다.(창세기 50:7-10) "금구(金口)" 교부는 선한 요셉의 이 행위에 대해 주석하면서 이렇게 지적한다 : "사랑하는 형제여, 자네는 이런 모습을 보고 들으면서, 단순하게 생각하거나 지나치게 판단해선 안 되네." 만약 자네가 그 시대에 흔히 행해지는 일을 생각한다면 현명한 요셉을 비난할 수 없을 것일세. 그리고 그 어떤 책임도 의인에게서 "찾아선 안 되네." 왜냐하면 아직 저승의 문이 파괴되지 않았고 죽음의 사슬도 끊어지지 않았으며 죽음도 잠이라 불리지 않았던 시대였기 때문일세. 그리스도 이전의 시대에는 인간들에게 죽음은 두려움의 그 무엇이었네. 그들이 이렇게 행동한 이유는 죽음이 두려웠기 때문이라네.440)

유대인은 모세에 대해서도 무척 슬퍼했다. 구약의 신명기는 "이스라엘

---

438) 요한 크리소스톰, *Εἰς Ὀλυμπιάδα, Ἐπιστ. Γ'*, 3 PG 52, 574.
439) 대 바실리오스, *Εἰς Βαρλαάμ μάρτυρα* 1 PG 31, 484A.
440) 요한 크리소스톰, *Εἰς Γέν. Ὁμ.* 67, 4 PG 54, 577.

백성은 삼십 일 동안 모세의 죽음을 슬퍼하며 곡했다."(신명기 34:8)라고 기록했다. 이스라엘 백성들은 그들에게 자유를 선물한 그들의 지도자를 한 달 간 광야에서 곡하며 슬피 울었다. 성서는 백성들이 모세의 무덤에서 곡을 했다고 기록하지 않았는데 그것은 그의 무덤의 위치를 몰랐기 때문이다.(신명기 34:6) 또한 이교도들이 하는 것처럼 백성들이 모세를 신처럼 우상화 시킬 위험이 있었기 때문이다. 구약의 위대한 예언자, 이스라엘의 제정자, 그리고 자유를 가져온 지도자가 어디에 어떻게 묻혔는지 아무도 알지 못했다. 이미 여러 사건들을 통해 보았듯이, 그것은 백성들이 돌들을 신처럼 예배하는 것을 아주 쉽게 여겨왔기에, 그의 주검을 마법적 목적에 사용하는 데 주저하지 않았을 것이기 때문이다. 유대인들은 사무엘 예언자의 죽음도 곡을 하며 장사지냈다. 그가 죽자 "온 이스라엘이 모여 들어 그의 죽음을 슬퍼하며 라마에 있는 그의 집에 안장하였다."(사무엘상 25:1)

물론 우리가 들 수 있는 예들이 더 많이 있을 것이다. 하지만 위의 예로도 이미 충분하다. 왜냐하면 이 정도의 예들로도 그리스도 이전의 죽음이 얼마나 슬프고 끔찍한지, 그리고 "얼마나 두려운" 실체인지 입증되기 때문이다. 그리스도 이전에는 죽음의 신경들이 끊어지지 않았다. 그의 능력이나 권세가 파멸되지 않았다. 죄가 지배하고 저주가 꽃을 피웠던 시대로서 사탄의 성곽이 아주 견고하였다.441) 믿음과 덕행으로 빛났던 그리스도 이전의 의인들이 죽음 앞에서 움츠리고 두려워했던 이유가 바로 여기 있다. 대 아타나시오스 성인은 "우리는 죽은 자들을 두 번 다시는 보지 못할 것처럼 그들 앞에서 슬피 운다!"고 기록하였다.442)

따라서 그리스도 이전 세상은 오류와 이교 속에서만 산 것이 아니라 지속적이고 끊임없는 죽음의 공포와도 살았다. 사람들은 죽음이라는 이 피할 수 없는 운명 앞에서 죽음을 기다리며 떨어야 했기에 이 세상을 제대로 즐기며 기쁨 속에 지낼 수가 없었다. 왜냐하면 죽음을 무서워하는

---

441) 요한 크리소스톰, Περὶ Ἐλεαζάρου καὶ ἑπτὰ παίδων 2, PG 63, 525-526.
442) 대 아타나시오스, Περὶ ἐνανθρωπήσεως τοῦ Λόγου, 27 ΒΕΠΕΣ 30, 96(19-20).

가운데 자신들의 죽음을 기다리고 있어 그 공포에 어떤 행복도 누릴 수 가 없었기 때문이다.443) 사람들은 죽음을 두려워하였다. 그것은 불쌍한 종이 잔인한 주인을 두려워하는 것보다 더 무서운 것이었다. 그들은 삶의 기쁨을 온전히 누리지 못했다. 왜냐하면 언제 찾아올지 모르는 끔찍한 죽음 앞에서 그들의 영혼은 언제나 근심과 두려움에 떨어야 했기 때문이다.

이제 "죽음의 이름만이 있을 뿐"

그리스도 이전의 죽음은 인간에게 두려움과 공포를 자아냈다. 그러나 "세상의 생명과 구원을 위한" 그리스도의 육화와 십자가, 저승에 내려가심과 부활, 그리고 영광스러운 구세주의 승천 이후, 죽음은 이름만 남는 존재가 되었다. 아니 그 이름조차도 빼앗겨 버렸다! 왜냐하면 그 때부터 죽음은 더 이상 죽음으로 불리지 않고 "잠, 수면"으로 불리기 때문이다!444) 주님께서는 당신의 친구 라자로에 대해 "라자로가 잠들어 있으니 이제 내가 가서 깨워야겠다."(요한복음 11:11)고 말씀하셨다. 주님께서는 라자로가 이미 죽어있었음에도 죽었다는 표현을 쓰지 않으셨다. 당시까지는 "잠", "수면"이라는 단어가 죽음에 사용되지 않았다. 그래서 제자들은 주님의 그 말씀에 놀라 이렇게 대답하였다 : "주님, 라자로가 잠이 들었다면 곧 살아나지 않겠습니까?" 라자로의 부활 기적을 기술하고 있는 이 제자는 우리에게 다음과 같은 사실을 알려 준다 : 예수는 라자로의 죽음에 대해 말씀하신 것이었지 그의 잠을 말씀하신 것이 아니었다.(요한복음 11:11-13) 주님께는 죽은 라자로를 살려내시는 일이 자고 있는 누군가를 깨우는 일보다 식은 죽 먹기였다! 주님께서 죽음을 "잠"으로 표현하신 것은 이번

---

443) 요한 크리소스톰, Εἰς Ἑβρ. Ὁμ. 4, 4 PG 63, 41.
444) 요한 크리소스톰, Εἰς Γέν. Ὁμ. 29, 7 PG 53, 270.

만이 아니다. 야이로의 어린 딸이 죽었을 때도 그렇게 표현하셨다. 주님
께서는 죽은 아이를 가리켜 "울지 말라. 아이는 죽은 것이 아니라 잠을
자고 있다"고 말씀하셨지만 "사람들은 아이가 죽은 것을 알고 있었기 때
문에 코웃음만 쳤다."(루가복음 8:52-53)

"그리스도께서 세상에 오셔서 십자가의 희생을 감수하시기 전까지" 죽
음이라는 이름은 두려움의 대상이었다. 하지만 지금은 잠, 수면 또는 이
주(移住)라는 의미가 되어 부활의 확실한 희망을 가져다 주는 달콤한 대상
이 되었다. 바울로 사도는 테살로니카인들에게 편지를 쓸 때 죽음을 잠,
수면이라 했다 : 우리는 여러분들이 "잠든 자들", 즉 죽은 자들에 대해
무지하지 않기를 바랍니다. 주님께서 다시 오시는 날까지 우리가 살아남
아 있다 해도 우리는 이미 "잠든 자들", 즉 죽은 사람들보다 결코 먼저
가지는 못할 것입니다.(테살로니카전서 4:13, 15)

또한 죽은 자들이 안치되는 그 장소의 이름 역시 위로와 영생과 하늘
왕국에 대한 희망을 심어준다. 크리소스톰 성인은 그곳이 "안식처(잠자는
곳)"로 불렸음을 지적한다. 그리고 그 이름을 깊이 고찰한 후 그리스도인
들을 향해 말했다 : 네가 고인을 이곳에 모셔 올 때 "장사지내러 고인을
모신 것이 잠자는 곳에 모셔온 것이다. 곧 고인을 "안식처"에 내려놓는
것이다. 고인을 이곳에 모시면서 너는 "그리스도의 죽음으로" "죽음의
모든 신경이 이미 끊어졌음을" 잊지 말아야 한다. 이렇게 너는 다른 많
은 약들 말고도 무기력이나 슬픔을 이길 수 있는 강력한 약, "장소의 이
름"을 가지고 있다.445)

바울로 사도가 자신의 죽음에 대해 어떻게 말하는지 한번 살펴보자. 죽
음은 그의 복된 영혼에 전혀 두려움을 주지 못했다. 오히려 사도는 죽음
을 갈망했다. 그는 그의 서신에서 이 세상을 떠나 그리스도와 함께 살기
를 갈망한다고, 이 세상에서 떠나는 것이 자신에게는 생명보다 훨씬 좋은
것이라고 적었다.(필립비서 1:23) 구약의 의인들에게 죽음이 두려움이었다면

---

445) 요한 크리소스톰, *Εἰς τὸ ὄνομα τοῦ Κοιμητηρίου*... 1 PG 49, 394.

그리스도의 사도들에게는 생명보다 더 좋은 것이 되었다! 전자에게는 "혐오스럽고" 거부의 대상이었다면 후자에게는 기쁨이 되었다! 이것은 당연한 결과이다. 왜냐하면 그리스도 이전에는 "죽음이 저승으로 데려갔는데" 지금은 "죽음이 그리스도께 보내주기" 때문이다. 선조 야곱은 "너희들은 이 늙은 것이 백발이 성성해 가지고 슬퍼하며 지하로 내려가는 꼴을 보고 싶으냐?"(창세기 42:38)라고 말했지만, 바울로 사도는 "이 세상을 떠나서 그리스도와 함께 살고 싶습니다. 또 그 편이 훨씬 낫겠습니다."(필립비서 1:23)라고 말한다!

구약 시대의 의인들은 죽음 앞에서 통곡하며 한없이 슬퍼하지만, 오늘날 신자들은 성당에서 하느님께 "시편과 기원과 찬양"을 올린다. 시편들과 찬양가는 비록 슬픈 곡조를 띠고 있지만, 돌아가신 분들에 대한 희망과 용기를 우리에게 북돋워준다.446) 죽음은 이미 폐지되어 지상에서의 마지막 잠, 수면이 되고, 우리는 현생에서 내생으로 넘어간다는 부활의 확고한 희망을 가지고 있기에, 우리는 언제나 평화와 희망, 기쁨과 환희 속에 살아간다. 더구나 우리가 한 종류의 생명에서 또 다른 종류의 생명으로 단순히 옮겨가는 것이 아니라 부패할 생명에서 더 좋은 생명으로 넘어가기에 우리의 이 기쁨은 배가 된다. 우리는 "순간적인 삶에서 영원한 삶으로, 세상적인 삶에서 천상의 삶으로" 이주한다.447) 케사리아의 빛인 대 바실리오스 성인은 이렇게 부언한다 : 우리는 더 이상 성인들의 죽음을 슬퍼하거나 곡을 하면서 그들을 보내지 않는다. 왜냐하면 슬픔의 본질이 주님의 십자가와 부활 이후에 변했기 때문이다. 오히려 우리는 그들의 무덤 주변에서 축제를 연다. 왜냐하면 그리스도 이후의 의인들의 죽음은 더욱 행복하고 더욱 복된 삶의 여정이기 때문이다.448)

---

446) 요한 크리소스톰, *Εἰς τὰς ἁγίας μάρτυρας Βερνίκην καὶ Προσδόκην...* 3 PG 50, 633, 634 참조.
447) 요한 크리소스톰, *Εἰς Γέν.* Ὁμ. 67, 4 PG 54, 577.
448) 대 바실리오스, Ὁμ. 17, *Εἰς Βαρλαὰμ μάρτυρα* 1 PG 31, 484A.

진정 죽은 것은 바로 사탄이다!

사도 바울로는 히브리인들에게 보낸 편지에서 주님께서 인간이 되신 것은 당신의 죽음으로 사탄을 무력화 시키기 위한 것이었다고 강조한다. 그리고 이 방법을 통해 "죽음의 세력을 잡은 자 곧 악마를 멸망 시키시고 한평생 죽음의 공포에 싸여 살던 사람들을 해방 시켜 주셨다."(히브리서 2:14-15)라고 기록한다. 그런데 사탄이 무력화된 지금 "무엇 때문에 우리는 그를 두려워하는가?" 라고 크리소스톰 성인은 묻는다. 왜 너는 짓밟혀버린 그를 두려워하는가? 이미 "보잘것없고 아무 가치도 없는"449) 그를 왜 너는 두려워하는가? 그러면서 성인은 이렇게 첨언했다 : "사탄의 속임수는" 그리스도의 찬란한 부활에 힘입어 "무너졌다." 그래서 우리는 죽음을 조소한다.450)

죽음을 조소하고 우습게 여기는 현상은 그리스도인들의 삶 속에서 확연히 드러난다. 특히 여성이나 아이 순교자들에게서 더욱 그러하다. 왜냐하면 그들은 특성상 약하고 쉽게 겁을 먹는 성질을 가지고 있기 때문이다. 그리스도 이전에는 하느님 앞에서 담대하고 솔직했던 의인들조차도 죽음 앞에서 떨었지만, 그리스도 이후에는 "어리고 여린 소녀들에게조차" 죽음은 놀림 받는다! 그렇게 두렵고 타협할 줄 모르던 죽음이 이제는 너무도 경멸되는 대상으로 전락하여, 많은 사람들이 기쁜 마음으로 죽음과 대항하며 다음 세상으로 넘어가기를 서두른다.451)

대 아타나시오스 성인은 지적한다 : 신인께서 부활하시고 승천하신 그 시간부터 모든 신자들은 마치 죽음이 없는 존재처럼 죽음을 짓밟는다! 그들은 그리스도에 대한 믿음을 부정하기보다 차라리 죽음을 선호한다. 이제 죽는 자들은 존재하지 않는다. 과거 인간의 죽음을 자축했던 사탄만이

---

449) 요한 크리소스톰, *Εἰς Ἑβρ. Ὁμ.* 4, 4 PG 63, 41.
450) 요한 크리소스톰, *Εἰς τό Ἅγιον Πάσχα*, 2 PG 52, 767.
451) 요한 크리소스톰, *Εἰς Γέν. Ὁμ.* 45, 2 PG 54, 416.

죽어있다. 그만이 진정 죽은 자가 되었다. 왜냐하면 그가 심었던 고통들이 사라졌기 때문이다.(사도행전 2:24) 그 증거는 이것이다 : 그리스도를 믿기 이전 사람들은 죽음을 두려워하였다. 하지만 세례를 받고 교회의 구성원이 되었을 때 그들은 죽음을 철저히 무시하며 자발적 죽음을 향해 순교자가 되었다. 죽음은 이처럼 빈약해졌다. 이브를 통해 죽음에게 속임을 당했던 여성들은 물론 아이들조차도 이제는 죽은 자처럼, 부서진 존재처럼 죽음을 놀린다.452)

금구 성인은 이런 진리를 염두에 두고 거룩한 순교자들인 베르니키와 프로스도키, 그리고 그들의 어머니인 돔니나를 칭송하며 외쳤다 : 자비로우신 하느님의 능력과 위대한 업적을 경탄하자. 일리아 예언자는 죽음을 피해 도망쳤지만, 연약한 여인들은 죽음을 향해 나갔다. 하늘을 찌를 듯한 일리아의 영혼은 "죽음을 피해 멀리 도망가 버렸지만", 연약한 성질의 그녀들은 "죽음을 추구했다." 아브라함과 일리아는 그들의 마지막을 걱정했지만, 여인들은 죽음을 도자기처럼 그들의 발로 짓밟아버렸다. 금구 성인은 계속해서 말을 이었다 : 하느님이시여 찬양 받으소서, 여인이 죽음을 멸시합니다. 우리의 삶에 죽음을 가져왔던 여인, 곧 사탄의 옛 무기, 힘없고 약한 도구, 쉽게 상처 나는 주체가 아주 강력한 무기가 되었나이다! 여인들이 죽음을 경시합니다! 이 얼마나 놀라운 일입니까? 이교도들은 부끄러워할지어다. 그리스도의 부활을 믿지 않는 유대인들은 얼굴을 감추어라. 이 엄청나고 놀라운 변화보다 더 큰 주님의 부활 증거가 어디 있겠는가? 그리스도 이전에는 죽음보다 강한 것이 없었고 우리보다 약한 것이 없었는데 이제는 죽음보다 약한 것이 없고 우리보다 더 강한 것이 없다. 이런 완전한 변화, 갑작스럽고 근본적인 변화는 주님의 삼 일간의 묻히심과 부활에 기인한 것이다. 만약 주님께서 저승의 구리 문을 부수지 않았다면, 여인들은 그리 쉽사리 닫힌 문을 열려고 시도하지 못했을 것이다. 만약 주님께서 저승의 강력한 힘을 무력화 시키지 않았다면,

---

452) 대 아타나시오스, Περὶ τῆς ἐναθρωπήσεως τοῦ Λόγου 27-28, ΒΕΠΕΣ 30, 96 (21-41) - 97(1-34).

순결한 처녀들이 그 힘을 쉽게 누르지 못했을 것이다. 만약 주님께서 죽음과 저승의 감옥을 못 쓰게 만들지 않았다면, 거룩한 순교자들이 두려움 없이 감히 들어가지 못했을 것이다.453)

그 단적인 예로서, 테오포로스 성인의 경우를 들 수 있다. 이그나티오스 테오포로스 성인은 초대 기독교 시대의 인물로서 순교의 길을 걸었다. 성인은 죽음을 맞기 전에 로마의 기독교인들에게 이런 편지를 썼다 : 불과 십자가 그리고 맹수들의 공격으로 나의 뼈들이 산산이 부서지고 쪼개지며 나의 사지가 찢겨 나가고 가루가 된다 해도 그것들은 나를 겁주지 못한다. 난 오직 하나만 소망하며 갈망한다. 그것은 나의 주님 곁으로 가는 것이다. 이그나티오스 성인(주교)은 신자들에게 그가 순교의 순간을 맞이할 때 두려움에 사로잡히지 않도록 기도해 달라고 요청했다. 성인은 하늘에 계신 아버지 곁으로 가기 위해 진정으로 순교의 죽음을 갈망했다. 그래서 성인은 다음과 같이 적었다 : "살아 있는 내가 그리스도를 위해 죽기를 희망하고 있습니다." 나의 사랑, 그리스도께서 십자가에 못 박히셨듯이 내 안에는 육욕의 불이 없으며 오직 내 안에는 "아버지에게 오라!"고 말씀하시는 생명수만 있습니다. 그리스도에 대한 그의 사랑의 깊이와, 죽음에 대한 그의 용맹한 정신은 계속되었다 : "만약 순교에 의해 내가 죽는다면 그것은 당신들이 진정 나를 원했고 사랑한 것이며, 나를 위해 기도한 것이 됩니다. 그러나 만약 내가 죽음을 거부하고 순교하지 않는다면, 그것은 여러분이 나를 진정 사랑하지 않고 나를 미워한 것이며 나를 위해 기도하지 않았음을 방증하는 것입니다!"454)

대 바실리오스 성인이 말하듯이, 그리스도의 십자가의 죽음 이후 순교자들은 자신들의 죽음을 기쁘게 받아들였다. 왜냐하면 그리스도의 순교자는 참혹한 순교의 시간에 "위험을 바라보지 않고 승리의 관"을 바라보았기 때문이다. 그들은 상처를 두려워하지 않고 받을 상을 생각한다. 하늘

---

453) 요한 크리소스톰, *Εἰς τὰς ἁγίας μάρτυρας Βερνίκην καὶ Προσδόκην*... 1, 3 PG 50, 629, 633.
454) 안티오키아의 이그나티오스, *Πρός Ρωμαίους* V, VII, VIII ΒΕΠΕΣ 2, 304; 305.

에 계시는 부활하신 주님을 향한 순교자의 갈망은 너무나 커서 지상에서 자신을 채찍질하는 잔인한 망나니가 아닌 하늘에서 그를 환호하며455) 형용할 수 없는 기쁨 속에 승리의 관을 씌워주려 기다리는 천사들을 상상한다. 이것은 아주 자연스러운 현상이다. 왜냐하면 성인들과 그리스도의 순교자들은 썩어 없어질 물질적 일상에서 벗어나 내적 환희 속에 죽음을 살고 있기 때문이다. 그들에게 있어 죽음은 참된 생명으로 가는 새로운 탄생이며 무한한 가치의 선이다. 니사의 그레고리오스 성인은 "죽음은 선이 된다"고 말했다. 성인이 기록한 자신의 남매인 마크리나 성녀의 죽음에 대한 전기는 우리의 심금을 울린다. 무엇보다도 가장 우리의 심금을 울리는 것은 세상을 떠나기 몇 시간 전, 하느님께 마지막으로 뜨거운 기도를 올리기 전에 보여 주었던 죽음에 대한 성녀의 자세였다. 그레고리오스 성인은 이렇게 적고 있다 : 해는 서쪽으로 기울고 있었다. 그리고 이 세상에서 벗어나고 싶은 마크리나의 갈망은 점점 더 뜨거워졌다. 왜냐하면 신랑 그리스도의 아름다운 모습이 더욱 선명하게 보였고 갈망하던 그분께 빨리 달려가고 싶었기 때문이다. 그런데 여기서 성녀는 갑자기 아무도 없는 것처럼 우리에게 하던 말을 멈추고 "동쪽을 향해" 시선을 고정한 채 그리스도께 말하기 시작했다.456) 그런데 사실 이런 현상이 설명 불가능한 것은 아니다. 왜냐하면, 이집트의 마카리오스 성인이 적고 있는 것처럼, 그리스도 임금에 대한 뜨거운 사랑이 심장을 관통한 사람들은 그리스도를 만나고픈 강렬한 열망에서 나오는 그런 행동들을 하기 때문이다.457)

그렇다면 어떻게 이 모든 일들이 가능할까? 그것은 그리스도 임금께서 당신의 십자가의 죽음과 삼 일만의 부활로 저승을 무너뜨리고 죽음을 폐하셨기 때문이다. 그래서 금구 성인은 소리친다 : "십자가 나무가 순교자들의 훌륭한 꽃을 피웠다!" 왜냐하면 이들 뿐만 아니라 이와 유사한 수

---

455) 대 바실리오스, Εἰς Βαρλαάμ μάρτυρα 1 PG 31, 484AB.
456) 니사의 그레고리오스, Εἰς τὸν βίον τῆς ὁσίας Μακρίνας, PG 46, 984B.
457) 이집트인 마카리오스, Ὁμιλίαι πνευματικαί 5, 6 ΒΕΠΕΣ 41, 173(34-36).

많은 사람들이 "그 죽음의 성과물"이기 때문이다.458)

그래서 신자들은 이렇게 찬양 한다 : 주관자이신 주여, 자연사로 땅으로 돌아갈 때 나는 더 이상 죽음을 두려워하지 않나이다. 왜냐하면 당신께서는 내가 저승의 어둠의 포로가 되어 절망과 슬픔에 잠겨 있을 때 당신의 끔찍한 사랑과 자비로 저 높은 천상으로 올려 주셨고 당신의 거룩한 부활로 불멸과 영원의 찬란한 의복으로 나를 입혀주셨기 때문입니다.459) "피조물이 그를 지으신 창조주께 돌아가는 것은 참으로 감미롭다!"460)

---

458) 요한 크리소스톰, Op. cit., PG 50, 629.
459) 오순절예식서, 교부들의 주일, Κανών, Ὠδὴ ε´.
460) ΑΝΔΡ. 테오도로스, Ἔαρ ψυχῶν, page 28-29.

죽음의 불시성

죽음의 시간은 드러나지 않는다

하느님의 헤아릴 수 없는 무한한 사랑 때문에 우리는 무에서 유로, 그리고 영원으로 향해 간다. 하지만 우리가 그곳으로 가기 위해서는 하느님의 섭리에 따라 육적 죽음을 거쳐야 한다. 그곳으로 가는 "단 하나의 길", 그것은 "죽음의 길 밖에는 없다." 육적 죽음은 "샛길"이 없는 "오직 하나의 다리"로서 우리를 무덤 저편의 생명으로 옮겨 준다. 죽음은 단순히 "모든 이들의 의무이고 최후"이며, 우리 모두가 마셔야 할 "공동의 잔"일 뿐만 아니라 그 누구에게도 특혜를 주지 않는 "성스런 칼"이다. 죽음은 왕도 두려워하지 않고 "대사제도 예외가 아니다." 노인을 연민하지 않으며, "아름다움과 젊음을 봐주지 않는다." 외아들을 불쌍히 여기지 않으며, 눈물에 약해지지도 않는다. 통치자도 두려워하지 않고 돈으로도 살 수 없으며, "특정인이나 대리인도 봐주지 않고 모든 이에게 공평하게 다가선다."461)

이렇듯 죽음이 우리 삶에 분명하게 일어날 사건임에도 불구하고 그날과 그 시간은 아무도 모른다. 주님의 재림의 날이 "밤중의 도둑같이"(테살로니카전서 5:2) 오는 것처럼, 각 사람은 알 수 없는 시간에 죽음을 맞이하게 될 것이다. 왜냐하면 그 죽음의 시간은 재림 때를 "닮았기" 때문이다. 주님의 재림이 단 한 번 갑작스럽게 이루어질 것처럼, "이것(죽음의 날)도 그렇게 될 것이다." 따라서 우리 각자의 생의 끝이 "종말의 모습"이고 죽음을 현세의 끝이라 이름 붙인다 해도 그것은 잘못이 아니다. 크리소스톰 교부는 언제 세상의 종말이 올 것인가에 집착하는 사람들에게 이렇게 말했다 : 왜 너희는 모든 사람들이 공통으로 맞이하는 최후에 대해 그렇게 신경 쓰며 걱정하는가? 개개인의 최후가 곧 그의 생의 마지막이 아닌가?462)

---

461) 요한 크리소스톰, *Περί ύπομονής...*, PG 60, 723-724.
462) 요한 크리소스톰, *Εἰς Α' Θεσ. Ὁμ.* 9, 1 PG 62, 447; *Περί Θανάτου* PG 63, 801.

우리 모두는 죽음의 갑작스런 공격에 노출된 채 살아간다. 왜냐하면 죽음은 "편견 없는 폭군"일 뿐만 아니라, 초대받지 않고도 찾아오는 무례한 존재이기 때문이다! 그는 아무런 연락도 하지 않고 "타협할 줄 모르는 망나니"463)같이 찾아온다. 그리고 "두 세계의 여행자", 인간이 걸어가는 길에 매복한 적처럼 숨어 있다. 죽음은 치유가 힘든 중병으로 우리에게 어떤 메시지를 먼저 보내기도 하며 때로는 인간 자신이 그런 죽음을 불러들이기도 한다! 하지만 죽음의 보편적 원칙은 기습이다! 내일 올지 몇 시간 뒤에 올지 아무도 모른다. 우리 인생은 이렇게 예기치 못하거나 생각지도 않은 사건들에 대해 우리를 준비 시킨다. 우리는 오늘 할아버지의 죽음을 보고, 내일은 한창 꽃피고 있는 청소년의 죽음을 목격한다. 또한 솜털이 나기 시작하는 아이의 죽음을 보고, "원기 왕성"한 청년의 죽음, 그리고 사랑스런 딸과 사는 연로하신 어머니의 죽음을 본다.464)

이렇듯 우리의 생의 경계는 뚜렷치 않고 감춰져 있다. 그래서 대 바실리오스 성인은 구원의 사역을 미루고 있는 사람에게 묻는다 : 형제여, 누가 너에게 생의 경계를 정해 주었는가? 누가 너에게 수명의 기간을 정해 주었는가? 누가 너에게 내일까지 살 것이라고 확실하게 보증하는가? 너는 유아들과 노인들이 떠나가는 것을 보지 못하는가? 형제여, 현세가 언제 끝날지 특정한 시간이 정해져 있는 것이 아니라네.465) 이 부분에 있어 우리 인간들이 말할 수 있는 것은 오직 이것뿐이다 : "하느님의 정당한 판단과" 당신의 선이 정하신 때 우리에게 죽음이 찾아온다. 오직 당신만이 당신의 전능하심으로 피조물이 떠날 때를 알 수 있다. 바로 그분이 당신의 전지로 우리의 영적 유익을 위해서 인간의 생의 경계를 정하신다.466) 그래서 교회는 다음과 같이 찬양한다 : 그리스도시여, 당신께서

---

463) 요한 크리소스톰, Εἰς τὴν ἀρχὴν τῶν νηστειῶν..., PG 62, 746.
464) 니사의 그레고리오스, Πρὸς τοὺς βραδύνοντας εἰς τὸ βάπτισμα, PG 46, 417D-420A.
465) 대 바실리오스, Προτρεπτικὴ εἰς τὸ ἅγιον βάπτισμα, 5 PG 31, 434C.
466) 대 바실리오스, Ὅτι οὐκ ἔστιν αἴτιος τῶν κακῶν ὁ Θεός, 3 PG 31, 333B 참조.

는 우리가 알 수 없는 판단과 전지로 우리 각자의 생이 언제 어떻게 마칠 것을 정하셨나이다.467)

따라서 죽음은 예외 없이 "모든 이에게 공평하게 다가간다. 오늘 우리와 함께 있던 사람이 내일은 우리에 앞서 다른 세상에 있으며, 오늘 우리와 친숙하게 인사 나누던 사람이 내일 우리에 앞서 떠난다. 오늘 함께 숨을 쉬던 사람이, 내일 무덤 속에 안장된다. 오늘 눈앞에 보이던 사람이 내일은 구더기의 밥이 된다. 오늘 아름다운 향기를 풍기던 사람이 내일 악취를 풍긴다." 우리는 가끔 눈에 보이지 않은 사람에 대해 "혹시 누구 못 봤어?", "누가 안보이네?"라고 생사를 묻곤 한다. 그리곤 "돌아가셨대", "죽었대", "떠났어", "저 멀리 가셨어!"468)란 대답을 듣곤 한다.

그렇다면 왜 하느님께서는 이렇게 심각하고 중요한 죽음의 시간을 알려 주시지 않을까? 우리가 확실히 언제 죽을 것이라는 것을 알려 주시지 않는 걸까? 과연 언제 우리 인생의 막이 내려질까? 우리는 이 대답을 다음 장에서 찾고자 한다.

왜 죽음의 시간은 알 수 없는 것일까?

"왜 하느님께서는 우리 죽음의 시간을 미리 알려 주시지 않을까?"라는 의문에 우리는 시편 저자의 말로 그 대답을 줄 수 있다 : 우리가 심해를 제대로 알 수 없는 것처럼 우리 지력으로는 인간의 삶을 지배하시는 하느님의 계획과 지혜로운 판단을 헤아릴 수 없다. 크리소스톰 성인은 다윗의 위의 말을 좀 더 깊이 새기면서 우리가 죽음의 날을 알 수 없는 것은 나름의 의미와 목적이 있는

---

467) 트리오디온, Τῷ Σαββάτῳ τῆς Ἀπόκρεω.
468) 요한 크리소스톰, *Περὶ ὑπομονῆς...*, PG 60, 724.

것이라고 지적했다. 그런데 그것 역시 우리 지력으로는 제대로 알 수 없는 하느님의 지혜와 자비의 배려라고 지적한다 : "하느님의 지혜가 언제나 우리에게 분명하게 보이는 것은 아니다."469) 만약 우리가 죽음의 날을 아는 것이 영혼에 유익한 것이었다면 하느님께서는 분명 우리에게 그 날을 알려 주셨을 것이다. 성 삼위 하느님의 경이로운 전지와 우리에 대한 당신 사랑의 크신 업적을 더 자세히 알기 위해 좀 더 깊이 탐구해보자.

하느님께서 죽음의 시간을 우리에게 감추신 것이 당신의 이성적 창조물을 배려한 지혜이며 유익이라는 사실을 우리는 아래의 5가지 경우를 통해 살펴볼 수 있다.

1) 신앙이 깊은 경건한 사람들은 이렇게 말했다 : "만약 내가 나의 죽음의 시간을 알 수 있었다면, 나는 좀 더 많은 노력을 경주해서 하느님 앞에 더욱 합당하게 설 수 있을 텐데...." 하지만 이런 생각을 하는 사람들은 그들이 보지 못하는 정말 중요한 진리를 알아야한다 : 죽음에 대한 두려움 때문에 행해지는 덕은 참된 덕이 못 된다. 그것은 강압이며 종의 특성이다. 다마스커스의 요한 성인은 "강압에 의해 이루어지는 것은 이성적이지도 않고 덕이 될 수도 없다."고 가르친다.470) 크리소스톰 성인도 '만약 성인들이 자신들의 죽음의 날을 정확히 알고 있다는 전제하에서 덕을 쌓았다면 그들 역시도 덕의 보상을 받지 못할 것이다' 라고 지적했다. 만약 "3년 후에" 무슨 일이 있어도 죽어야만 하고, "그리고 그 이전에는 결코 죽지 않는다" 사실을 알고 있다면, "힘든 과정을 극복했다고 해서 과연 무슨 보상을 받겠는가?" 성인은 그의 생각을 좀 더 분명히 하기 위해 아브라함과 사도 바울로 그리고 세 아이를 예로 들었다. 만약 선조 아브라함이 그의 외아들 이사악이 끝내 희생되지 않을 것을 알았었다면, 과연 하느님에게서 덕의 보상을 받을 수 있었을까? 그것은 당연히 아니었다. 만약 사도 바울로가 자신이 죽지 않고 위험에서 벗어나게 될

---

469) 요한 크리소스톰, *Πρὸς Σταγείρον λόγ. α′ 7*, PG 47, 441.
470) 다마스커스의 요한, *Ἔκδοσις* 2, 29, PG 94, 969B.

것이라는 확증이 있는 상태에서 위험에 놓였었다면 과연 자기 자신을 버린 그 덕행의 보상을 받을 수 있었을까? 이런 조건하에서라면, 또 그 어떤 상처도 입지 않을 것이라는 확증이 있다면, 그 누가 불속에 뛰어드는 것을 주저하겠는가? 세 명의 아이들이 상을 받을 수 있었던 이유는 바로 하느님께서 그들을 위해 어떻게 개입하실 것이라는 사실을 알지 못한 채 불가마에 과감히 들어갔기 때문이었다. 그들은 느부갓네살에게 이렇게 말했다 : "저희가 섬기는 하느님께서 저희를 구해 주실 힘이 있으시면 소신들을 활활 타는 화덕에 집어 넣으셔도 저희를 거기에서 구해 주실 것입니다. 비록 그렇게 되지 않더라도 저희는 임금님의 신을 섬기거나 임금님께서 세우신 금신상 앞에 절할 수 없습니다."(다니엘서 3:17-18)[471]

2) 죽음의 시간을 모르면 악인이 범죄 계획을 세워 실행하는 것을 사전에 방지할 수 있다. 만약 악인이 자신이 죽을 날을 정확히 알고 있다면, 그는 그날이 오기 전에 자기의 원수라고 여기는 사람들에게 온갖 못된 짓을 자행할 것이다. 그리고 그에게 반감을 가졌던 사람들에게 복수를 했다는 만족감을 느끼며 죽을 것이다.[472]

시나이인 아나스타시오스 성인은 이렇게 말했다 : 만약 인간이 자신이 죽는 시간을 먼저 알고 있다면, 그는 온갖 만행을 저지를지 모른다. 왜냐하면 죽음의 날이 가까이 다가오면 그는 이래 죽으나 저래 죽으나 어차피 죽을 운명인데 나를 못살게 굴었던 원수나 죽이고 떠나야겠다고 생각하고 그를 죽이려 할 수 있기 때문이다![473]

따라서 죽음의 시간을 모르는 것은 오히려 악행을 범하고자 하는 악인들의 행위를 제어하는 역할을 한다.

3) 만약 우리가 죽음의 날을 정확히 알고 있다면, 일부 사람들은 덕을 쌓는 데 노력을 경주하겠지만, 불경한 사람들과 육체적 쾌락을 좇고 즐기는 사람들은 주로 "내일이면 죽을 테니 먹고 마시자."(고린토전서 15:32)하

---

471) 요한 크리소스톰, Εἰς Α' Θεο. Ὁμ. 9, 2 PG 62, 448; Περί Θανάτου PG 63, 802.
472) 요한 크리소스톰, Op. cit., PG 62, 447 and PG 63, 801-802.
473) 시나이인 아나스타시오스, Ὁδηγός, Ἐρωταπ. κα´, page 77-78.

며 그들의 구호를 더욱 소리 높여 외칠 것이다. 또 일부 사람들은 절망과 슬픔과 우울증에 빠져 혼란과 무기력한 증상들을 보일지도 모른다. 위의 현상에 비추어 볼 때, 인간사회는 일반적으로 끊임없는 혼란과 불안에 고통 받을 것이며 인간 사회와 그 모든 삶에 심각한 파괴적 결과를 양산하게 될 것이다.

4) 크리소스톰 성인은 인간이 죽음의 날을 정확히 안다면 "아무도 덕을 쌓으려 하지 않고 세상사에만 힘을 기울일 것이다"라고 말했다. 만약에 사람들이 생의 마지막 날을 알고 있다면, 그들은 많은 잘못된 행위들을 할 위험에 노출될 것이다. 그리고 죽기 바로 전날쯤에 그들이 범한 죄에 대해 회개하려 할 것이다. 크리소스톰 성인은 말을 계속 이어갔다. 죽음의 시간이 확실치 않을 때는 우리 영혼이 제어되지만, 그 날을 알게 되면, 많은 사람들이 죄 속에서 삶의 시간을 허비하다가 비로소 생의 마지막 때가 되어서야 겨우 세례를 받으러 교회를 찾을 것이다.(당시에는 어른일 때 세례를 받았다) 사람들이 자신들의 마지막 날을 알고 있다면, 과연 "누가 덕에 관심을 기울이겠는가?" 우리가 갑작스런 죽음에 대한 공포를 갖지 않는다면 과연 "누가 지혜로운 자가 될 것이고 과연 누가 온유하게 될 것인가? 아무도 없을 것이다."[474]

대 아타나시오스 성인도 이와 유사한 지적을 한다. 만약 인간이 미리 죽음의 시간을 알게 된다면, 생애 내내 아무런 두려움 없이 죄를 지으며 살다가 죽기 2-3일전쯤 하느님께서 예언자에게 하신 "그 때 너를 찾을 것이고, 그 때 너를 심판할 것이다."라는 말씀을 악용해서 회개하려 할 것이다. 그래서 성인은 이렇게 부연한다 : "하느님을 경멸하면서 수없이 많은 죄를 저지르다가 겨우 이틀 전에 나쁜 행위를 멈춘다고 과연 은총이 되겠는가?"[475]

시나이인 아나스타시오스 성인도 거의 같은 가르침을 준다 : 만약 누군가가 100년을 산다는 사실을 알고 있다면, 그는 정의나 덕에 정진하기보

---

474) 요한 크리소스톰, Op. cit., PG 62, 447 그리고 PG 63, 801-802.
475) 대 아타나시오스, Πρὸς Ἀντίοχον ἄρχοντα, 36 ΒΕΠΕΣ 35, 109(34-41).

다 죄와 육적 쾌락으로 살고 지내다가 죽기 며칠 전에야 회개하려 할 것이다. 그런데 그동안 사탄과 함께 살았던 자가 필요에 의해서 며칠간 하느님에게 속한다 해서 과연 은총이 되겠는가?476)

시나이의 저명한 수도자이며 클리막스(사다리)의 저자인 요한 성인도 같은 진리를 강조한다. 성인은 이렇게 말했다 : 하느님께서는 놀랍게도 죽음의 시간을 감추는 방법으로 우리의 구원을 실현하신다! 왜냐하면 누구라도 죽음의 시간을 정확히 알고 있다면, 그렇게 빨리 세례를 받거나 수도생활에 정진하려 하지 않을 것이기 때문이다. 죄 속에서 자기 삶의 대부분을 보낸 후 이 세상을 떠날 때쯤 비로소 "세례와 회개"의 모습을 보이려 급하게 움직일 것이다. 하지만 과연 그것이 성공할 수 있을까? 아마도 불가능해 보인다. 오랜 세월 몸에 밴 나쁜 습관과 그릇된 행동은 이미 그에게 본성처럼 자리잡았을 것이다. 그리고 그의 마음은 단단히 굳어져 그의 의지는 마비되어 있을 것이다. 이렇게 그는 "고쳐지지 못한 채"477) 죄로 범벅이 되어 다음 생으로 떠나가게 될 것이다. 그리고 그의 불쌍한 영혼은 덕의 열매가 아닌 그동안 지은 죄들로 가득 채워진 무거운 짐들을 영원으로 옮겨 갈 것이다!

5) 죽음의 시간을 모르는 것은 다음 생을 준비하는 데 도움을 준다. 하느님께서는 우리의 죽음의 날을 감추심으로써 미래의 희망과 함께 언제나 덕의 삶 속에서 살아가도록 우리를 붙들어 두신다.478) 주님께서는 당신의 제자들에게 말씀하셨다 : 사람의 아들도 너희가 생각지도 않은 때에 올 것이다. 그러니 너희는 늘 준비하고 있어라.(마태오복음 24:44) 주님의 재림 날인 "마지막" 날은 인간 각자의 심판의 날이 궁극적으로 죽음의 때임을 보여 준다. 결과적으로 주님께서는 우리가 떠날 날을 감추심으로써 우리에게 항상 영적으로 깨어 있는 상태, 영적으로 무장된 상태에 있도록 요청하신다. 이 끊임없는 대기상태는 우리를 재촉하여 덕행에 매진하도록

---

476) 시나이인 아나스타시오스, Op. cit., page 78.
477) 시나이인 요한, $Kλῖμαξ, Λόγος στ'$, page 60.
478) 요한 크리소스톰, $Εἰς Ἑβρ. Ὁμ.$ 4, 1 PG 63, 37.

독려한다.479)

  사탄이 인간을 영원한 파멸로 모는 결정적인 무기는 지연 시키는 것이다. 그는 지연 시키는 것을 통해 인간이 회개하고 하느님께 돌아가는 길을 무력화 시킨다. 그래서 크리소스톰 성인은 다음과 같이 충고했다 : 노인들과 청년들은 언제나 죽음을 기억하고 자신들의 구원을 지연 시키지 않도록 해야 한다. 청년들은 노인들에 앞서 세상을 떠난 젊은이들이 많다는 사실을 가볍게 보아 넘겨서는 안 된다. 구약성서는 이렇게 기록한다. "하루하루 미루지 말고 한시 바삐 주님께로 돌아오너라."(집회서 5:7) 왜냐하면 "하루 사이에 무슨 변이 생길지 모른다."(잠언 27:1) 지연에는 "위험과 공포"가 도사리고 있지만 지연의 거부는 안전하고 확실한 구원이다. 그러니 열정을 가지고 그리스도의 삶을 추구하라. 그렇게 살면, 네가 젊은 나이에 세상을 떠나도, 안전하게 떠날 수 있을 것이다. 나이가 지극히 들어 떠난다 해도 풍부한 영적 상태로 떠나게 될 것이다. "나는 아직 수덕을 할 시간이 많다"고 말하지 말라. 이런 말들은 하느님을 화나게 하는 말이다.480)

  이렇게 당신의 지혜로 우리 인간의 구원을 예비하시고 다양한 방법으로 우리를 당신께로 돌아오게 하시는 자비의 주님께서는 우리가 열정과 관심을 가지고 거룩한 삶에 진력할 수 있도록 우리에게 죽음의 시간을 감추신다. 현세는 불안정하고 불확실하며 유동적이고 끊임없이 변화한다. 이는 우리가 우리 죽음의 주인이 되기 더욱 힘들어짐을 의미함과 동시에 우리가 "덕의 주인"481)이 될 수 있음을, 아니, 되어야함을 말해 준다. 사도들의 으뜸으로 불리는 베드로 사도도 알 수 없는 죽음의 시간에 대해서 우리가 항상 영적으로 깨어 있어야 함을 말해 준다 : "주님의 날은 도둑처럼 갑자기 올 것입니다."(베드로후서 3:10) 그 날은 도둑처럼, 갑자기 연락도 없이 찾아오겠지만 훔치기 위해 오는 것이 아니라 우리를 더욱

---

479) 요한 크리소스톰, Εἰς Ματθ. Ὁμ. 77, 2; 3 PG 58, 705.
480) 요한 크리소스톰, Εἰς Β' Κορ. Ὁμ. 22, 3 PG 61, 551.
481) 요한 크리소스톰, Πρὸς τοὺς ἐγκαλοῦντας, τίνος ἔνεκεν οὐκ ἐκ μέσου γέγονεν ὁ διάβολος... Ὁμ. 2, 5 PG 49, 263.

안전하게 해 주기 위해 올 것이다. 왜냐하면 도둑을 지키는 사람은 눈을 부릅뜨고 집 안과 주변에 불을 켜놓고 기다리기 때문이다. 이와 같이 우리도 "올바른 행실과 믿음의 불"을 켜고 밤새 끊임없이 불을 밝힌다. 왜냐하면 "언제 신랑이 올 줄" 정확히 모르기 때문이다. 우리는 신랑이 왔을 때 언제나 깨어 있는 상태에서 맞을 수 있도록 준비되어 있어야만 한다.482)

우리가 우리 구원을 지연 시킬 때 그리고 미온적이고 나태하게 우리 자신을 세상사에만 집착하도록 놔둘 때, 우리는 어느 날 갑자기, 전혀 준비도 되지 않은 상태에서 "죽음의 바다"의 위험에 처할 것이다.483) 니사의 그레고리오스 성인은 아주 좋은 예를 들어 우리를 일깨워 준다 : 머리카락이 백발이 되고 삶의 끝이 다가오며, 죽음의 낫이 우리를 주시할 때, 나는 혹시 낫을 든 무서운 사신이 헛된 시간을 보내면서 게으르게 잠들어 있는 나를 찾아올까봐 두렵다. 그런데 젊은 너는 "난 아직 늙지 않았어요"라고 나에게 말하겠지. 그러면 난 네게 이렇게 대답해 줄 것이다. "혹시 네 자신이 속고 있지 않은지 잘 살펴보아라! 죽음은 나이를 따지지 않는다. 최고의 권력자도 두려워하지 않으며, 힘이 다 빠진 노인들에게만 힘을 뻗치는 것도 아니다."484)

아토스 수도사 니코데모스 성인도 우리에게 이렇게 충고한다 : "예기치 못한 시간에 도둑처럼 죽음이 너를 찾아온다는 것"을 잊지 말라. 언제, 어느 때 찾아올지 모른다. 네가 아침에 눈을 떴을지 모르나 저녁을 맞이하지 못할 수도 있다. 저녁을 맞이한다 해도 다음날 아침을 보지 못할 수도 있다.... 그러니 형제여, 네 자신에게 말하라. "만약 갑작스런 죽음이 찾아와 죽게 되면 가련한 나는 어떻게 될까? 이 세상의 온갖 쾌락을 즐긴들 나에게 무슨 유익을 가져다줄까? 죄를 지으면 내가 얻는 것은 무엇일까? 나쁜 짓을 하면 나에게 남는 것은 무엇일까? 사탄아, 그리고 사

---

482) 요한 크리소스톰, *Εἰς τὸ "Τοῦτο δὲ γινώσκετε, ὅτι ἐν ἐσχάταις ἡμέραις..."* 6 PG 56, 278.
483) 대 바실리오스, *Περὶ τοῦ μὴ προσηλῶσθαι τοῖς βιωτικοῖς* 11, PG 31, 561C.
484) 니사의 그레고리오스, *Πρὸς τοὺς βραδύνοντας εἰς τὸ βάπτισμα*, PG 46, 417C.

악한 생각아, 나에게서 물러가라. 나에게 죄를 지으라고 속삭이는 너의 말을 나는 결코 듣지 않을 것이다."485)

우리는 지금까지 죽음의 때를 감추신 하느님의 섭리가 얼마나 중요하고 큰 도움을 가져다주는지 살펴보았다. 따라서 우리는 언제 죽을 것인가에 대한 불필요한 호기심이나 비생산적인 것을 논하기 보다는 "생의 시간이 빠르게 흘러가고" 있음을 기억해야 한다. 또한 헛된 것에 우리의 삶을 소진 시키지 말고 방황하지 않도록 해야 한다. 그리고 늘 성찬예배에서 간구하듯이 "평화롭고, 부끄럼 없이, 신자답게" 생을 마칠 수 있도록 준비하여 "그리스도의 두려운 심판에서 좋은 결과를" 얻도록 해야 한다.

---

485) 아토스 수도사 니코데모스, *Ἐξομολογητάριον*, page 216.

죽음의 공포

누가 죽음을 두려워하는가?

의심의 여지도 없이 죽음은 인간 각자에게 엄청난 반향을 일으키는 사건이며 두려움과 공포의 대상이다. 이런 인간의 심리적 상태는 하느님의 계명을 거역한 시조로부터 전해져 내려왔다. 그래서 오랜 세월 철학은 인간의 두려움을 잠재우고 죽음의 시간을 준비하려 노력해 왔고 아주 극소수의 문제만이 해결되었다. 오히려 인간이 죽음의 두려움에 종속되는 데 일조를 한 적도 있었다.

이 죽음의 공포를 이겨내기 위해서 "내일이면 죽을 테니 먹고 마시자."(고린토전서 15:32)라고 구호를 외치던 철학자들도 있었다. 이 구호는 미래의 생명에 대한 희망과 무덤 저편의 심판과 보상을 조소하였다. 하지만 죽음 앞에서 취하는 이 쾌락주의적 태도가 죽음이 만들어 내는 근심을 해결해 주지 못하고 있음은 자명하다. "어차피 내일 죽을 것이니, 오늘 신나게 즐기며 지내자"라는 물질주의적 사고는 죽음 앞에서 떨고 있는 영혼과 채울 수 없는 빈 공간에 대한 절망적 노력에 불과하다. 이런 시각으로 삶과 죽음을 직면하는 사람들은 여느 다른 사람들보다 더욱 두려움에 종속된다!..... "내일이면 죽을 테니 먹고 마시자"라는 외침은 승리의 소리가 아니다. 그것은 두려움과 공포에 대한 외침이다. 왜냐하면 생물학적 수준에 그들의 삶을 한정 시켰기 때문이다. 그들은 죽어 나가는 시신을 보며 "다음에는 누가 죽을까?" 하고 초조해 하며 불안에 떤다.

교회의 교부들은 이 주제에 대한 연구를 하면서, "왜 우리가 죽음을 두려워하는지, 과연 이 두려움은 극복될 수 없는지" "위에서 내려오는"(야고보서 3:15) 지혜를 통해 우리를 비춰준다.

1) 죽음에 대한 두려움은 인간을 증오하는 사탄의 작용에 의해 자주 발생한다. 질투의 화신은 우리를 공포로 몰아넣기 위해 죽음의 두려움을 이용한다. 그래서 하느님에 대한 사랑과 자애, 선에 대한 우리의 믿음과

신뢰를 흔들어 우리 영혼을 종처럼 사로잡으려 하는 그의 흉악한 계획을 실현한다.

2) 그러나 죽음에 대한 두려움은 우리가 참된 믿음에서 멀어진 결과이다. 세속적인 생활, 하느님과의 괴리, 그리고 보편적인 죄는 지속적이고 예리하게 양심의 가책을 자극한다. 그리고 그 가책들은 영혼을 나약하게 만들어 죽음을 두렵고, 버겁고, 끔찍하고 무서운 것으로 만든다. 크리소스톰 성인은 '우리는 죽음을 두려워한다. 왜냐하면 "바르게 살지 않고, 선한 양심도 지니고 있지 못하기" 때문이다'라고 말했다. 만약 하느님의 뜻을 우리가 조심스럽게 지켜왔다면, 우리가 하느님 앞에서 양심을 가지고 떳떳하게 살아왔다면, 죽음이나 이와 비슷한 해악, 또 온 재산을 잃는 불행은 우리를 공포로 몰아넣을 수 없다.[486]

시리아의 이사악 성인은 '인간이 태만하게 살면 죽음의 시간을 무서워한다. 다시 말해 세상적인 지식과 육정의 삶을 살면 죽음을 두려워한다'고 지적한다.[487] 태만한 육적 인간은 말 못하는 동물이 도살당하는 것을 두려워하듯이 죽음을 무서워한다. 반면에 하느님께서 뜻하시는 삶을 사는 사람은 미래의 심판을 두려워하지 않는다. 그래서 그는 죽음을 겁내지 않는다. 클리막스의 요한 성인은 우리에게 이렇게 가르친다 : 인간이 죽음 앞에서 두려워하는 것은 아담의 불순종에 기인한 자연스런 현상이다. 하지만 죽음에 대한 두려움은 아직 인간 안에 회개하지 않은 죄가 있음을 보여 준다. 따라서 아직 회개도 하지 않고 죄의 용서도 받지 못한 것임을 보여 준다.[488]

3) 죽음을 두려워하는 또 다른 원인은 현세의 가치를 너무 높이 평가하는 데 있다. 현세는 하느님의 선물이다. 그래서 현세를 사랑하는 것은 인간에게 심어진 본능이다. 그래서 우리는 죽음이라 불리는 모든 부패와 상황에 반항한다. 하지만 낙원에서 죄를 짓고 쫓겨난 이후에 우리는 현세

---

486) 요한 크리소스톰, Εἰς Ἀνδριάντας Ὁμ. 5, 4 PG 49, 74.
487) 시노스의 이사악, Ἅπαντα τὰ ἀσκητικά, Λόγ. Λη´, 출판 Χ. Σπανός, Athens, page 162-163.
488) 시나이인 요한, Κλῖμαξ, Λόγος στ´, 59.

를 지나치게 높이 평가했다. 대 아타나시오스 성인은 시조의 죄로 인해 우리는 다음과 같은 일을 겪게 되었다고 적었다 : 나쁜 욕망들이 들어오고 그것들이 우리 영혼을 지배하게 된 이후 우리는 이 욕망들을 즐기기 시작했고, 혹시나 그것들을 잃을까 노심초사하게 되었다! 그런데 여기에 "두려움과 쾌락" 그리고 세상적인 사고가 영혼에 더해졌다. 영혼은 현세의 헛된 쾌락을 사랑한다. 그래서 영혼을 말살하는 그것을 오히려 온 힘을 다해 추구한다. 이 모든 것들은 영혼이 "죽음과 육체적 분리를" 두려워하는 결과를 양산했다.489)

시리아의 이사악 성인은 '깨끗하지 못한 삶을 살아가는 죄인에게는 스쳐 지나가는 현세가 매력적이다'라고 말한다. 그래서 성인은 육적 인간에게 이렇게 충고한다 : 세상의 온갖 좋은 것과 나쁜 것은 하나의 그림자이며 꿈이라고 여겨야 한다. 죽음이 너에게서 이 모든 것을 앗아갈 것을 두려워하지 말라. 죽음을 맞이하기 전에 이 모든 것들이 너를 버리는 경우가 허다하다. 그러면서 이렇게 부연했다 : 죽음의 두려움은 양심의 가책을 받고 있는 사람을 지배하며 단죄한다. 그러나 선한 양심을 가지고 살아가는 사람은 그 참된 증거로 죽음을 생명처럼 사랑하며 희망한다.490) 사도 바울로도 말했다 : "나는 그 둘 사이에 끼어 있으나 마음 같아서는 이 세상을 떠나서 그리스도와 함께 살고 싶습니다. 또 그편이 훨씬 낫겠습니다."(필립비서 1:23)

4) 인간이 죽음을 두려워하는 또 다른 이유는 죄인들이 심판 때 받을 미래의 형벌을 무서워하지 않기 때문이다. 크리소스톰 성인은 설파한다 : 우리는 영원한 지옥의 불을 두려워하지 않는다. 그래서 이 힘겨운 악, 죄를 두려워하지 않고 오히려 죽음을 두려워한다. 지옥의 고통이 엄청나다는 사실을 제대로 인식 못하는 우리는 죄 보다 죽음을 더 무서워한다. 만약 죄에 대한 두려움이 우리 영혼을 지배하고 있다면, 죽음의 공포는 우리 마음속에 들어올 그 어떤 틈도 찾지 못할 것이다. 만약 미래에 있

---

489) 대 아타나시오스, Κατὰ Ἑλλήνων 3, ΒΕΠΕΣ 30, 33(30-37).
490) 시로스의 이사악, Op. cit., Λόγ. α', page 7-8.

을 지옥의 두려움이 우리 영혼에 자리하고 있다면 모든 인간적 두려움은 사라질 것이다. 따라서 누구든지 끊임없이 지옥의 불을 기억하고 살아간다면, 그는 모든 종류의 죽음을 경시하게 될 것이다. 그리고 이 경시는 현세에 대한 온갖 근심과 영원한 지옥의 형벌로부터 그를 벗어나게 해 줄 것이다. 왜냐하면 지옥의 형벌을 두려워하는 사람은 계속되는 두려움으로 지혜로워지기 때문이다.491) 만약 이와 달리 생활하는 사람이 있다면 그는 어린 아기 같은 생각을 하는 사람이다.(고린토전서 14:20 참조) 왜냐하면 아기들은 가면을 무서워하는 반면, 불은 무서워하지 않기 때문이다! 그래서 등잔을 보면 불꽃을 잡으려고 손을 뻗는 우를 범한다. 아기들은 하찮은 가면을 두려워하면서도 정말로 무서운 불은 두려워하지 않는다. 따라서 우리는 어린 아기 같은 생각을 하지 말고 악을 모르는 순수하고 순결한 아기처럼 되어야 한다. 그러면 우리는 죽음을 두려워하지 않게 될 것이다.492)

5) 우리는 죽음을 두려워한다. 왜냐하면 하늘의 왕국을 향한 뜨거운 열망이 우리 가슴을 태우고 있지 않기 때문이다. "왕국에 대한 사랑이 우리를 태우지 못했고 미래에 대한 갈망이 우리를 불붙이지 못했다." 만약 우리를 뜨겁게 달궜다면 우리는 복된 사도 바울로처럼 현세에 집착하지 않았을 것이다. 사도 바울로는 그리스도를 얻기 위해 "모든 것을 장애물"로 여겼다.(필립비서 3:8) 그래서 크리소스톰 교부는 말했다 : 사도 바울로께서 살았던 생애처럼 나 또한 그렇게 산다면 나는 결코 죽음을 두려워하지 않을 것이다.493)

순결의 삶으로 성령의 은총이 함께 하셨던 수도자 성인 중 한 명인 테오그노스토스 성인은 다음과 같은 훌륭한 가르침을 주었다 : 네가 죽음을 두려워한다는 것은 아직도 네가 그리스도에 대한 사랑이 부족해서 그리스도와 밀접하게 일치되지 못했음을 의미한다. 왜냐하면 네가 그리스도와

---

491) 요한 크리소스톰, *Εἰς Ἀνδριάντας* Ὁμ. 5, 3 PG 49, 72-73.
492) 요한 크리소스톰, *Περί Θανάτου* PG 63, 808.
493) 요한 크리소스톰, *Εἰς Ἀνδριάντας* Ὁμ. 5, 2; 3 PG 49, 71-72.

일치되어 있다면 너는 세상적인 삶에 집착하지 않고 네가 사랑하는 분이 계시는 곳으로 달려갔을 것이기 때문이다.494)

6) 우리는 아직도 죽음을 두려워한다. 왜냐하면 죽음에서 실체가 아닌 외형만 보고 본질은 깊이 보지 못했기 때문이다. 우리는 이미 앞에서 죽음이 무엇인지 설명했다. 그래서 지금 우리는 크리소스톰 교부의 가르침 하나를 여기서 살펴보려 한다. 교부는 죽음이란 네가 옷을 벗는 것 말고 아무것도 아니라고 가르친다! 왜냐하면 영혼은 육체를 옷처럼 입고 있기 때문이다. 우리는 이 옷을 죽음을 통해 잠시 벗고 육체의 부활 때 더욱 좋은 찬란한 옷을 입는다. 죽음은 "일시적으로 떠나는 것, 일상적인 잠보다 좀 더 깊은 잠"이다. 따라서 만약 죽음을 두려워한다면 잠을 두려워해야 한다. 만약 죽은 자들에 대해 가슴이 아프다면 먹고 마시는 사람에 대해서도 아픔을 느껴야한다. 왜냐하면 사람에게 음식과 음료가 당연한 것처럼, 필멸하는 인간에게 죽음은 자연스러운 것이기 때문이다.495)

7) 또한 죽음에 대한 두려움은 죄에 대한 나약한 투쟁의 강도에 기인한다. 우리는 죽음을 두려워한다. 왜냐하면 "그리스도인다운 철저한 생활을 하지 않고" 게으르고 안락한 삶을 영위하기 때문이다. 십자가의 삶은 죽음의 두려움에서 벗어날 수 있는 아주 강력한 방법이다.496) "자신의 십자가를 지고" 매일 투쟁하는 그리스도인은 사도 바울로가 강력한 전사의 정신 속에서 현세의 삶을 경시하고 매일 자신을 죽여 가며 죽음을 조소했던 것처럼 죽음을 두려워할 이유가 전혀 없다. 이것은 바빌론의 불가마 속에 있던 세 아이 성인들에게 일어났던 것과 같다. 용맹한 세 아이들이 "불을 두려워하지 않아 그 불을 피할 수가 있었던 것처럼, 우리도 죽음을 두려워하지 않을 때 죽음을 피할 수 있게 된다." 세 아이들은 불을 두려워하지 않았다. 왜냐하면 믿음을 지키기 위해 불에 타는 것은 그들에게 아무 것도 아니었기 때문이었다. 그들은 오직 죄만 두려워했다.

---

494) 테오그노스토스, Περὶ πράξεως καὶ θεωρίας καὶ περὶ ἱερωσύνης, ιθ΄, Φιλοκαλία, 2, page 258.
495) 요한 크리소스톰, Εἰς Ἀνδριάντας Ὁμ. 5, 3 PG 49, 73.
496) Op. cit., 6, 3 PG 49, 85.

왜냐하면 하느님께 불경하는 것이야말로 큰 범죄였기 때문이다. 우리 모두는 세 아이들과 또 그들처럼 용맹하게 우리의 믿음을 지켜냈던 성인들을 본받아야 한다. 우리가 하느님을 기쁘게 하기 위해서는 "위험을 두려워하지 말아야 하며 실제 그럴 때 우리는 위험을 벗어나게 된다." 우리는 용맹함과 담대함으로 진정으로 흉악한 악인 죄에 대항해야 한다. 죽음을 두려워 말고 죄를 두려워하며 죄에 대해 슬퍼해야 한다.[497] 죄를 두려워하지 않는 영혼은 죽음 앞에서 두려워 떨지만 죄에 대한 두려움은 죽음의 공포를 물리친다.

---

497) Op. cit., 5, 4 PG 49, 75.

죽음에 대한 두려움은 어떻게 극복되는가?

죽음은 영원으로 들어가는 문이다

인간은 죽음의 공포를 극복하기 위해 죽음에 여러 가지 이름을 붙이고 다양한 모습으로 죽음을 표현하였다. 우리는 비록 세속적 철학이 이미 많은 이론을 내세웠지만 결코 죽음의 두려움을 제거하거나 약화 시키지 못했음을 언급했다. 실존주의 역시도 더 나은 해결책을 제시해 주지 못했으며 죽음을 존재의 한계상황으로 소개했다. 하지만 그것도 인간에게 그 어떤 위로가 되지 못했다.

하지만 그리스도 교회는 죽음 앞에서 전혀 다른 태도를 취한다. 그리스도교 믿음만이 당당하게 죽음을 직면하게 하는 강력한 요인이 된다. 교부 "크리소스톰 성인"은 말한다 : 혹시 우리의 가르침이 전설 같아서 그 가르침을 믿지 못하는 것인가? 만약 네가 그리스도인이라면 그리스도를 믿고 죽음이 아무것도 아님을 너의 믿음으로 보여라. 무신론자들은 당연히 죽음을 두려워한다. 왜냐하면 그들은 부활의 희망을 받아들이지 않기 때문이다. 그런데 부활을 믿으면서 앞으로 다가올 미래의 생에 대해 올바르게 고찰할 위치에 있는 네가 무신론자처럼 죽음을 두려워한다면 과연 너는 어떤 변명을 내어 놓을 수 있겠는가?[498]

사실 죽음은 "끔찍하고 두려움이 가득한" 사건임이 틀림없다. 하지만 그것은 믿는 자들에게 해당되지는 않는다. 왜냐하면 신자들은 죽음을 "이주" 또는 긴 잠으로 여기기 때문이다. 신자들은 죽음 앞에서 떨기보다 기뻐한다. 왜냐하면 썩어 없어질 생에서 또 다른 생, 지금과는 비교도 되지 않을 찬란하고 끝이 없고 영원한 곳으로 옮겨 가게 된다는 것을 알고 있기 때문이다. 비신자들은 죽음 앞에서 두려워 떤다. 왜냐하면 그들은 죽음을 인간존재를 말살하고 분해 시켜 없어지게 하는 것으로 여기기 때문이다.[499] 신자들은 죽음이 "관(冠)을 받는 길"이라는 것을 잘 알며, 육

---

498) 요한 크리소스톰, *Εἰς Ἀνδριάντας* Ὁμ. 5, 2 PG 49, 71.

체의 분해가 존재의 말살이나 제거가 아니라, 부패의 제거이며 썩어 없어질 것의 파멸임을 안다. 그리고 죽음이란 육체를 파멸 시키는 것이 아니라 부패를 제거하는 것임을 잘 안다.[500]

결과적으로 그리스도교 믿음은 인간에게 새로운 시각, 죽음에 대한 참된 지식을 제공한다. 인간은 이 새로운 시각으로 죽음이 영원으로 들어가는 문이고 자비의 하느님의 온화한 품으로 돌아가는 것임을 본다. 믿음은 자신보다 먼저 떠난 사람들을 무덤 저편에서 다시 만나게 될 것임을 확신한다. 따라서 죽음에 대한 두려움은 부활의 희망과 영생에 대한 확신만으로도 제거된다. 물론 우리가 죽음을 이겨내기 위해서는 분명 하느님께서 우리 믿음을 북돋워 주셔야 한다. 왜냐하면 불행하게도 육적(肉的) 사고는 우리가 죽음을 극복하는 데 전혀 도움을 주지 않기 때문이다. 그래서 크리소스톰 성인은 하느님의 지혜에 힘입어 우리에게 말한다 : 우리는 죽음을 두려워하지 말자. 왜냐하면 비록 영혼이 본능적으로 생명을 사랑하지만, 그 영혼이 세속적 삶에 종속되거나 아니면 격리되는 것은 바로 우리 하기에 달려있기 때문이다. 하느님께서는 우리가 하느님의 선물인 현세적인 것들을 경시하는 것을 막지 않으시는 가운데 우리가 우리의 생명을 제거하지 못하도록 금지하면서, 우리 영혼의 깊은 곳에 생명에 대한 열망을 심어 주셨다. 따라서 만약 이런 진리를 깊이 인식하고 있는 사람은 그 어떤 고통과 슬픔을 겪어도 감히 "자살을" 감행하지 못할 것이다. 또한 두려움 속에 죽음을 향해 나아가지 않을 것이다. 오히려 "현세보다 내세를" 더 바라면서 희망과 용기로 나아갈 것이다.[501]

결론적으로 죽음은 하느님으로부터 멀리 떨어져 사는 사람들이 생각하는 것만큼 또는 보여지는 것만큼 그렇게 두렵지 않다. 그래서 신자들은 죽음 앞에서 두려움에 사로잡히지 않는다. 교부들은 오직 한 가지 경우에만 죽음의 두려움과 망자에 대한 슬픔을 인정한다. 그것은 바로 "죄 속

---

499) 요한 크리소스톰, *Eiς Ἰω. Ὁμ.* 83, 1 PG 59, 447.
500) 요한 크리소스톰, *Eiς Ψαλ.* 48, 5 PG 55, 230.
501) 요한 크리소스톰, *Eiς Ἰω. Ὁμ.* 85, 2 PG 59, 462.

에서 죽은 자들이다." 오직 하나의 죽음, "죄인들의 죽음", "사악한", 즉 치욕스럽고 악한 죽음만이 인간을 헤집어 놓을 수 있다. 이런 죽음 외에 다른 죽음은 두려움이나 지나친 슬픔을 정당화하지 못한다. 폭압적인 죽음이나 부당한 죽음도 그렇다. 폭압적인 죽음은 죽는 그 사람에게 전혀 해를 입히지 못한다. 또한 부당한 죽음도 죽는 그 사람에게 해를 입히지 못한다. 왜냐하면 부당하게 죽는 그 사람은 그의 부당한 죽음 때문에 하느님의 성인들이 모두 모여 있는 그곳으로 가기 때문이다. 사실 하느님을 기쁘게 하고 덕으로 빛났던 이 세상의 많은 사람들이 부당하게 죽음을 맞았다. 바로 그 첫 번째 예가 바로 아벨이다. 그는 카인에 의해서 죽임을 당했다. 카인에게 잘못을 했다거나 그의 마음을 상하게 해서가 아니라 바로 "하느님을 공경했기" 때문이었다. 그의 부당한 죽음은 오히려 하느님으로부터 인정을 받는 계기가 되었고, 하느님께서는 의인 아벨에게 "부당하게 죽임을 당한 것보다 더 빛나는 관"을 씌워 주셨다. 따라서 우리가 무언가를 두려워해야만 한다면, 그것은 부당하게 죽는 것이 아니라, 회개하지 않고 죄와 함께 죽는 것이다.502)

"눈물을 흘려라, 하지만 조용히"

죽음의 직시는 인간 존재의 내면을 흔들어 놓는다. 대 바실리오스 성인이 "두려운 강도의 소굴"503)이라 불렀던 죽음에 대해 무관심한 사람은 단 한 명도 없다. 왜냐하면 하느님의 피조물 가운데 오직 인간만이 사고할 능력을 가지고 있고 또 그렇게 죽음을 바라보기 때문이다. 이처럼 인간은 끊

---

502) 요한 크리소스톰, Εἰς Ἀνδριάντας Ὁμ. 5, 3 PG 49, 72; Περί Θανάτου PG 63, 809.
503) 대 바실리오스, Περί τοῦ μή προσηλῶσθαι τοῖς βιοτικοῖς 1, PG 31, 541D.

임없이 떠나가는 죽음의 행렬 앞에서 흔들리게 되며 죽음에 대한 사소한 기억만으로도 우리가 아픔과 두려움을 느끼게 한다. 주검을 우리 눈으로 직접 목격할 때는 더 그렇다. 사실 가까운 동료가 갑자기 세상을 떠나고, 오랜 지병으로 혹은 정신적 고통 속에서 살다가 싸늘하게 식어 버린 지인의 사체를 보고 어떻게 슬퍼하지 않고 가슴이 메어지지 않겠는가? 숨이 끊어져 미동도 하지 않는 주검 앞에서 울고 있는 산 자들의 통곡을 듣지 못하는 고인을 보고 어떻게 눈물을 흘리지 않을 수 있겠는가?

그리스도교 신앙은 죽음의 두려움을 극복함과 동시에 아픔을 완화 시키며 그 죽음을 평안으로 변화 시켜 준다! 정교회는 주검 앞에서 흘리는 눈물을 막지 않으며 슬픔을 비난하지도 않는다. 구약의 집회서는 "죽은 사람을 위해서 눈물을 흘려라.... 사람이 죽으면 눈물을 흘리고"(집회서 22:11, 38:16)라고 기록하고 있다. 인간 영혼의 깊이를 잘 알고 있는 크리소스톰 교부는 말한다 : "나는 눈물 흘리는 것을 막지 않는다." 왜냐하면 "나는 금수도 아니고 쇠도 아니기" 때문이다. 인간은 사랑하는 사람의 죽음 앞에서 슬퍼하지 않을 수 없다. "주님께서도 라자로의 주검 앞에서 눈물을 흘리셨다." 이처럼 "너 역시 눈물을 보일 수 있다. 하지만 조용히, 절제 있게, 그리고 하느님에 대한 경건한 마음으로 흘려라." 이런 자세로 네가 눈물을 보인다면, 너는 네가 보편적 부활을 믿고 있음을, 인간적으로 슬퍼하면서도 사랑하는 사람과의 이별에 좌절하지 않고 있음을 증명하게 된다. 먼 객지로 떠나보내는 것처럼 작별하며 눈물을 흘려라. 계속해서 교부는 '내가 이렇게 권고하는 것은 법처럼 적용하기 위해서가 아니라 인간의 나약한 부분에 공감하기 때문이다'고 덧붙였다.504)

따라서 신자들에게 요청되는 그것은 겸손하고, 조용하며 절제된 방법으로 슬픔을 표출하는 것이다. 슬픔은 절대 지나쳐서는 안 된다. 라자로 앞에서 눈물을 보이셨던(요한복음 11:35 참조) 신인 주님께서도 바로 우리에게 그런 슬픔을 보여주셨다. 주님께서는 통곡하거나 울부짖거나 하시지 않으

---

504) 요한 크리소스톰, *Εἰς Ἰω. Ὁμ.* 62, 4, 5 PG 59, 347-348.

셨다. 그저 눈물만 흘리셨다. 이렇게 주님께서는 우리에게 기준과 원칙과 슬픔의 정도를 정하시고, 우리가 과도하게 슬픔을 표출하지 않도록 가르치셨다. 사도 바울로도 "죽은 사람들에 관해서 여러분이 알아 두셔야 할 것이 있습니다. 여러분은 희망을 가지지 못하는 다른 사람들처럼 슬퍼해서는 안 됩니다."(테살로니카전서 4:13)라고 주님과 같은 맥락에서 가르치고 있다. 하느님의 뜻에 따라 말씀하시는 크리소스톰 성인도 너는 부활도 믿지 않고 영생에 대한 희망도 없는 이교도처럼 슬퍼하지 말라고 말한다.505) 신자들에게 요구되는 것은 죽음 앞에서 단호한 모습을 보이는 것이 아니라 용맹한 투사처럼 인내하는 것이다. 투사란, 대 바실리오스 성인이 말하듯이, 적들을 물리칠 수 있는 용맹함과 능력만을 보여주는 것이 아니라, 그들의 공격을 당당히 받아들일 수 있는 용맹함도 함께 보여주는 것이다. 성인은 말했다 : 너는 이와 유사한 경우에 처할 때 지혜롭고 용감한 선장처럼, 너의 영혼을 모든 풍랑보다 높이 세워 침몰하지 않도록 해야 할 것이다.506)

크리소스톰 성인은 정도를 넘어선 슬픔, 특히 머리를 쥐어짜고 소리를 지르고 운명을 한탄하는 등의 행동을 아주 강하게 질책한다. 성인은 이런 행위들을 "광적이고 비이성적이며 여성적 영혼의" 단면으로 여긴다. "추함"과 "과시", "허영"과 여성적인 "기교"로 보았다. 신자들은 그의 집에서 "영적으로 조용히" 슬퍼할 것을 요청받는다. 이 절제되고 고결한 자세는 진정으로 세상을 떠나는 사람에 대한 "공감"이며, 슬픔에 잠긴 사람을 유익하게 해 준다.507)

교부는 "내가 사람인데 어떻게 슬퍼하지 않을 수 있습니까?"라고 물어 온 사람에게 이렇게 대답한다 : "그렇다면 나는 네게 정반대로 물어보겠네. 어떻게 이성과 판단의 능력을 영예롭게 입고 미래에 있을 부활의 희

---

505) 요한 크리소스톰, Εἰς τὸν πτωχὸν Λάζαρον καὶ τὸν πλούσιον, Ὁμ. 5, 2 PG 48, 1019.
506) 대 바실리오스, Εἰς τὴν Μάρτυρα Ἰουλίταν 4, PG 31, 248AB.
507) 요한 크리소스톰, Εἰς τὸν πτωχὸν Λάζαρον καὶ τὸν πλούσιον, Ὁμ. 5, 2 PG 48, 1019; Εἰς Φιλπ. Ὁμ. 3, 4 PG 62, 203.

망을 들었던 사람이 그렇게도 슬퍼할 수 있는가?" 그러자 그의 질문이 다시 이어졌다. "그렇다면 이런 아픔을 이겨낸 사람들이 있었던 말입니까?" 그 질문에 성인은 "우리 선조들은 물론 우리 세대의 수많은 사람들이 수많은 곳에 있었다네." 그러면서 그 단적인 예들로 욥과 아브라함의 경우를 들었다. 욥은 순식간에 그리고 갑작스럽게 그의 자식들을 잃었다. 비록 하느님의 허락을 받은 사탄이 욥의 "모든 열매를" "수확" 했지만 "나무(욥)는 쓰러뜨리지 못했다." 사악한 사탄은 "심한 풍랑으로 바다를 일으켰지만 배(욥)를 침몰 시키지 못했다. 그는 모든 힘을 다 쏟았지만, 성벽(욥)을 무너뜨리지 못했다." 왜냐하면 사방에서 공격 받은 욥이 비록 아프고 고통스러웠지만 반석처럼 흔들리지 않았기 때문이다. 그에게 "수많은 화살들이 날아들었지만 아무런 상처도 입지 않았으며 수없이 많은 공격에도 다치지 않았다." 아브라함도 마찬가지였다. 그는 외아들이 있었지만, 하느님의 말씀에 순종하여 그 외아들을 제물로 바쳤다. 이렇게 아브라함도 자신의 분신인 사랑하는 아들의 죽음을 그만의 용맹함으로 대처했다!508)

과거 구약의 인물들이 용맹함과 담대함 그리고 고귀한 정신으로 사랑하는 사람들의 죽음을 직시했다면, 구세주 그리스도의 부활 이후에 살고 있는 오늘날의 우리는 이와 같은 상황에서 더욱 그러해야만 할 것이다.

죽음을 대하는 그리스도인의 자세

교부들의 금언들은 신자들이 그리스도인답게 또 하느님의 뜻에 부합되게 죽음을 직시하도록 도와준다. 그래서 그 금언들은 아주 귀한 가치를 지닌다. 우리는 교부들의

---

508) 요한 크리소스톰, Εἰς τὸν πτωχὸν Λάζαρον καὶ τὸν πλούσιον, Ὁμ. 5, 4행부터, PG 48, 1022행부터

금언들을 최대한 간략하게 요약해서 열거해 보려 한다. 왜냐하면 우리들에게 많은 교훈을 주기 때문이다.

1) 요한 크리소스톰 성인은 부활의 희망이 없어 죽음 앞에서 오열하며 비탄에 빠지는 이교도들의 모습을 통해 우리에게 이렇게 일깨워 준다 : 부활에 대해 전혀 확신을 가지지 못하는 이교도들도 서로 "힘을 내게. 자네가 그리 슬피 운다고 해서 달라질 게 무엇이 있나?"라고 위로하는데 자네는 비교할 수도 없는 지혜와 유용함을 담고 있는 복음의 말씀을 듣고도 이교도들보다 더 못나게 행동하는 것이 부끄럽지 않은가? 나는 이미 벌어진 일이고 달라질 게 없으니 이제 그만 힘을 내라고 자네에게 쉽게 말하진 않겠네. 하지만 나는 자네에게 이것을 말하려 하네 : "용기를 내게." 자네가 사랑하는 그 사람은 분명히 부활할 것일세. 자네 자식은 죽은 것이 아니라 다만 잠자고 있는 것일세. 사라진 것이 아니라 조용한 것뿐일세. 부활과 영생 그리고 불사가 지금의 그 상태를 이어받을 것일세. 자네는 시편의 저자가 "너를 너그럽게 대하셨으니 내 영혼아, 너 이제 평안히 쉬어라."(시편 116:7)라고 말하는 것을 듣지 못하였는가? 하느님께서 시편의 저자를 통해 그것이 은혜라고 하셨는데 자네는 왜 그리 슬피 우는가? 만약 자네가 죽은 자의 인척이 아닌 원수였다면 자네는 무엇을 더 했겠는가?509)

2) 지나친 슬픔과 한탄은 죽음을 이기신 신인의 사역에 대한 모욕이다. 크리소스톰 성인은 부활 이후에 죽음은 하나의 잠이 되었는데 왜 자네는 아무런 도움도 안 되는 슬픔에 젖어있는가? "왜 울며 통곡하는가?"라고 다시 묻는다. 그러면서 그리스도인들은 이렇게 행동하는 이교도들을 닮지 말아야 하며 특히 죽은 자들이 부활한다는 사실이 자명함에도 불구하고 이교도들이 하는 어리석은 행동을 보이는 그리스도인들은 용서받지 못한다고 말했다. 너는 "그리스도가 어떻게 벨리아르(사탄)와 마음을 합할 수 있으며 믿는 사람이 안 믿는 사람과 무엇을 같이 할 수 있겠습니까?"(고

---

509) 요한 크리소스톰, *Εις Ματθ. Όμ.* 31, 3 PG 57, 374.

린토후서 6:15)라는 사도 바울로의 말을 듣지 못하였는가?510) 지나친 슬픔이나 통곡 그리고 한탄은 자신이 비신자와 같음을 스스로 증명하는 것이다. 그것은 신인이신 주님을 따르는 것이 아니라 사탄과 그의 졸개들을 따르는 그리스도인임을 드러내는 것이다.

3) 대 바실리오스 성인은 경건한 아들을 잃어버린 넥타리오스 부인에게 다음과 같은 위로의 편지를 썼다 : 우리에게 일어나는 모든 일들은 하느님의 구원의 섭리 안에 있으며 또 의미 없이 이루어지는 것은 하나도 없으니 그만 슬퍼하기 바랍니다. 우리를 창조하신 분의 뜻에 따라 이루어진 일입니다. 누가 하느님의 뜻에 반할 수 있겠습니까? 우리는 일어난 일들을 겸허히 수용하도록 해야 합니다. 지나친 아픔이나 슬픔이 이미 일어난 일들을 되돌릴 수 없으며 더 나아가 우리 자신들을 황폐화 시킬 뿐입니다. "하느님의 정당한 판단을 우리는 비난하지 말아야 합니다." 우리는 아직 하느님의 깊은 뜻과 판단을 헤아릴 수 있을 만큼 성숙하지 못합니다. 이번 사건을 통해 당신이 겪는 감내는 순교자의 몫을 받는 하나의 계기가 될 것입니다. 사실 나는 이 사건이 큰 불행임을 고백합니다. 하지만 이런 유사한 상황을 잘 감내하는 사람들은 "주님으로부터 큰 보상을 받게 됩니다." 성인은 특히 7명의 아들들이 참혹하게 살해 당하는 모습을 보고도 탄식하거나 "적절하지 않은 눈물을" 흘리지 않았던, 오히려 하느님께 감사를 드렸던 마카베오의 어머니의 경우를 경건한 그녀에게 상기 시켰다. 이렇게 불과 쇠와 잔인한 고문으로 육신의 사슬에서 벗어나는 일곱 아들들을 지켜보면서 하느님께 감사의 기도를 올렸던 그 어머니는 하느님의 영예와 더불어 사람들에게 영원히 잊혀지지 않는 존재가 되었다.511)

결과적으로 죽음은 신자와 이교도, 그리고 비신자간의 근본적 차이를 드러내는 훌륭한 기회가 되며 그리스도인으로서의 용맹성을 보여 주는 계기가 된다. 주님에 대한 자신의 사랑이 모든 것 위에 우선하고 있음을

---

510) Ibid.
511) 대 바실리오스, Ἐπιστολή στ΄, 2 PG 32, 241D-242A.

보여 주며, 성 삼위의 선과 지혜의 섭리에 자신의 삶을 얼마나 충실히 맡겼는지를 알게 해 준다. 그리고 "인내를 통해 순교자의 몫을" 취하는 훌륭한 계기가 된다.

4) 교부들은 사랑하는 사람이 떠나간 것에 대해 한탄하거나 지나치게 슬픔에 빠지는 사람은 자기 자신과 전쟁을 치르는 것이라고 가르친다. 왜냐하면 고인은 평온한 "항구에 정박"하기 위해 떠났는데 오히려 자신은 운명을 한탄하고 통곡하며 심한 정신적 혼란을 일으키기 때문이다. 고인은 "고통도 슬픔도 한숨도 없는", 수고가 필요 없는 "끝없는 행복"(이사야서 35:10)이 있는 다른 생으로 떠났다.

더욱이 산 자들의 이런 행동은 고인을 욕되게 하며 살아 있는 사람들에게 죽음에 대한 두려움을 자아낸다. 그리고 선하신 하느님께서 무슨 큰 잘못을 행한 것처럼 하느님을 비난하게 만든다. 크리소스톰 성인은 말한다 : 화를 내거나 탓하지 말고 사랑하는 사람을 거두어 주신 주님의 자비에 감사를 드려라. 그러면 너는 사랑하는 사람을 욕되게 하지 않고 그를 아름답게 치장하게 된다. 그리고 빛나는 부장품들을 고인과 함께 보내라. 만약 네가 탄식 한다면, 너는 고인을 욕되게 하는 것이며 당신 곁으로 불러주신 주관자 하느님을 화나게 하는 것이다. 또한 네 자신을 해롭게 하는 것이다. 반대로 네가 담대하게 이 사건을 받아들이고 하느님께 감사를 드리면 너는 고인을 아름답게 치장할 뿐만 아니라 그를 데려가신 분께 영광을 드리는 것이며 너 자신도 유익하게 하는 것이다.512) 신세한탄과 오열, 머리를 쥐어뜯는 등의 행동은 떠나는 사람에 대해 마지막으로 명예가 아니라 "불명예"가 된다. 고인에 대한 명예는 고인을 보내는 사람들의 "찬양과 시가와 훌륭한 생애에 대한 칭송"이다. 왜냐하면 현생에서 경건한 삶을 살다 떠나는 그 주검 옆에, 비록 함께하는 사람 하나 없지만 그의 영혼은 거룩한 천사들의 호위를 받으며 다음 생으로 옮겨 가기 때문이다. 회개하지 않은 죄인 역시 온 도시가 나서서 그를 보낸다

---

512) 요한 크리소스톰, Εἰς τὸν πτωχὸν Λάζαρον καὶ τὸν πλούσιον, Ὁμ. 5, 2 PG 48, 1019.

해도 오열과 통곡을 통해서 얻을 수 있는 유익은 아무것도 없다.513)

5) 교부들은 비신자들이 지나친 슬픔에 빠지는 이유가 자기 자신을 "믿었기" 때문이라고 가르친다. 부활에 대해 전혀 알지 못하거나 "죽음을 진정 죽음으로" 여기는 사람은 깊은 슬픔에 빠지고 위로를 얻지 못한다. 왜냐하면 그는 세상을 떠난 고인이 완전히 무로 사라져 버리는 것으로 생각하기 때문이다! 부활을 믿는 사람은 깊은 슬픔에 빠질 하등의 이유가 없다.514) 그런 행동은 믿음의 결과와 부합되지 않는다.

더욱이 그리스도인이 이교도의 방식으로 죽음을 대하고, 부활을 가지지 못한 그들처럼 오열하고 통곡을 한다면 어떻게 불사와 내생의 진리를 비신자들에게 전할 수 있겠는가? 그러면서 크리소스톰 성인은 이렇게 말했다 : 나는 창피하다. 이교도인들 앞에서 머리를 쥐어뜯고 손에 상처를 내며 볼을 때리고 흉측한 모습으로 시장을 지나가는 여자들의 행렬을 보면 나는 너무도 창피해서 얼굴이 빨개진다! 이교도들이 이 모습을 보고 그리스도인들에 대해 어떤 생각을 할 것이며 어떤 말을 하겠는가? 그들은 이 사람들이 부활을 믿는 사람들이란 말인가 하고 말할 것이다. 사실 맞는 말이지 않는가? 이런 행위는 믿음에 전혀 부합되지 않는다. 말로만 부활을 믿고 행위로는 비신자들과 다르지 않다. 그들이 부활의 신념을 확고히 하고 있었다면 그렇게 행동하지 않았을 것이다. 만약 그들이 사랑했던 고인이 더 좋은 곳으로 떠났다고 믿었다면 그렇게 통곡하지는 않았을 것이다. 비신자들은 그리스도인들의 통곡을 들을 때 내가 말한 것보다 더 심한 말도 한다.515)

크리소스톰 성인은 언젠가 다시 물어보았다. "만약 우리가 이교도들보다 더 죽음을 두려워하고 끔찍해 한다면 어떻게 이교도를 설득할 수 있으며 다른 이들에게 부활에 대해 전할 수 있겠는가? 상당수 이교도들은 비록 불사에 대해서 아무것도 모르지만, 그들의 자녀들이 죽었을 때 머리

---

513) 요한 크리소스톰, *Εἰς Ἰω. Ὁμ.* 62, 5 PG 59, 348.
514) 요한 크리소스톰, *Εἰς Α' Θεσ. Ὁμ.* 6, 2 PG 62, 430.
515) 요한 크리소스톰, *Εἰς τὸν πτωχὸν Λάζαρον καὶ τὸν πλούσιον, Ὁμ.* 5, 2 PG 48, 1020.

에 관을 쓰고 흰 의복을 차려입었다. 그것은 오직 하나, 사람들의 영광을 받기 위한 것이었다.516) 한 예를 보자. 크세노폰은 신들에게 제물을 바치는 순간 만디니아의 전쟁에서 그릴로스의 아들이 전사했다는 소식을 접했다. 이교도의 관습에 따라 제물을 바치는 시간에 관을 썼던 크세노폰은 이 슬픈 소식을 접하자 그의 머리에서 관을 벗어 슬픔을 표시했다. 그러나 사람들이 그릴로스는 전쟁에서 용맹하게 싸우다 전사했다고 그에게 말을 하자 그는 다시 관을 머리에 썼다! 일부 사람들은 크세노폰이 이 슬픈 소식을 접했을 때 전혀 눈물을 보이지 않은 채 "나는 그를 필멸의 존재로 낳았다!"라는 말만 했다고 전한다.517)

6) 사랑하는 사람이 등불이 꺼지는 것처럼 우리 품에서 영원히 사라지는 모습은 충격적이다. 조금 전까지도 우리 곁에서 활활 삶의 불꽃을 피우던 사람이 어느새 죽어 입술은 굳게 닫히고 목소리는 침묵한다. 고인을 차가운 땅속에 내리며 "흙에서 왔으니 흙으로 돌아가리라"는 말로 마지막 인사를 할 때 우리 영혼은 더욱 흔들린다. 하지만 신인께서 죽음을 이겨내신 후, 그리스도인들은 죽음이 이미 잠이 되었다는 사실을 누구보다 잘 안다. 그래서 사랑하는 고인과 마지막 입맞춤을 할 때 고인의 감긴 눈이 새로운 세계를 보기 위해 다시 눈뜰 것이라는 확신을 갖는다. 지금은 우리가 고인에게 하는 인사말에 계속 침묵하고 있지만 마침내 우리가 다른 사람의 배웅을 받으며 세상을 떠날 때 우리에게 "어서 오세요, 만나서 반갑습니다."라고 말을 할 것이라는 것을 안다. 구약의 인물들이 사랑하는 사람을 떠나보낼 때 담담하게 보냈다면 신약의 시대에 살고 있는 우리는 더욱 그러해야 한다. 왜냐하면 "죽음은 이제 이름만 존재하며 사막과 같은 것이기 때문이다." 죽음은 이제 "잠과 이주, 평안과 평온한 항구, 세상적인 근심과 걱정에서의 자유"이다.518) 우리는 잠자는 사람을

---

516) 요한 크리소스톰, *Εἰς Ματθ.* Ὁμ. 31, 4 PG 57, 375; 참조. *Εἰς Ἰω.* Ὁμ. 62, 4 PG 59, 347.
517) 디오게니스 라에르티오스, *Βίοι φιλοσόφων* Ⅱ, 54-55.
518) 요한 크리소스톰, *Εἰς Ἀνδριάντας* Ὁμ. 7, 1 PG 49, 91-92; *Εἰς Ματθ.* Ὁμ. 31, 2-3 PG 57, 373-374.

보고 걱정하거나 실망하지 않는다. 그것은 그가 깨어날 것임을 알고 있기 때문이다. 우리는 고인 앞에서 이렇게 행동해야 한다. 떠들지 말고 좌절하지 말자. 왜냐하면 죽음은 하나의 긴 잠이며, 우리가 사랑했던 고인이 알지 못하는 다른 생에서 긴 잠에서 깨어나는 것에 불과하기 때문이다.

7) 거룩한 교부들이 말하는 것처럼, "놀라운 신비"가 죽은 자에게 "거행된다.""하느님 지혜의 위대한" 신비, "놀랍고 전율이 이는 진정한 기쁨과 찬양의" 신비이다. 크리소스톰 성인은 이렇게 말했다. 만약 어떤 임금이 우리 중 누군가를 왕궁에 초대했다면 우리가 울고불고 하겠는가? 당연히 아닐 것이다. 사랑했던 고인을 보낼 때도 이와 마찬가지다. 하늘의 임금으로부터 파견된 천사들이 그들의 동료를 자기 들이 있는 그곳으로 데려가기 위해 찾아오는데, 너는 왜 우는가? 이것은 전혀 울 일이 아니다. 영혼이 지상의 거처를 떠나 그의 주님과 주권자에게 달려가는데 왜 너는 슬퍼하는가? 만약 그렇다면 아기가 태어날 때도 우리는 슬퍼해야만 한다. 왜냐하면 아기가 어머니의 모태에서 나와 새로운 빛 속에 태어나고 감옥 같은 곳에서 자유로워지기 때문이다. 이와 마찬가지로 경건한 영혼도 깨끗하고 선한 양심을 가지고 육체를 떠날 때 밝게 빛난다. 너는 영혼이 무엇인지, 영혼이 이 세상을 떠날 때 어떤 놀라운 일을 경험하고 놀라운 광경을 목격하는지, 또 어떤 표현할 수 없는 기쁨을 느끼는지 생각해 보라.519)

이제 우리는 떠나는 사람을 위해 서럽게 울기보다 기뻐해야 할 것이다. 농부는 밀의 씨가 썩지 않으면 걱정에 빠진다. 그러나 씨가 땅에서 썩은 것을 알게 되면 기뻐한다. 왜냐하면 이 씨의 죽음이 나중에 수확할 열매를 위한 첫 걸음이 되기 때문이다. 이와 같이 썩어 없어질 거처가 무너질 때 그리고 죽음으로 "인간이" "땅에 뿌려질 때" 우리는 기뻐해야 한다. 왜냐하면 죽음과 안장, 그리고 부패는 물질적인 씨와는 비교되지 않는 우수한 씨이기 때문이다. 씨의 파종이 끝나면 죽음과 노고, 위험과 보

---

519) 요한 크리소스톰, Εις Πράξ, Ὁμ. 21, 3-4 PG 60, 168.

살핌이 뒤따르듯이 우리가 하느님 뜻대로 살다가, 씨가 파종된 것처럼 무덤에 안장되면 "영광의 관과 보상이" 뒤따른다. 씨가 뿌려지면 "부패와 죽음이" 이어지지만, 인간의 죽음과 안장은 "불멸과 불사, 그리고 무한한 복"을 물려받는다.520)

따라서 성령에 따라 사는 교부들의 가르침에 따르면 죽음은 더 밝게 빛나는 또 다른 생으로의 이주이다. 그러므로 우리는 이 죽음의 사건을 낙관적으로 바라봐야 한다. 죽음은 한편으로는 잠이지만 또 한편으로는 하느님의 사랑이 넘치고 그분의 영원한 빛이 지배하는 영원한 왕국과 복된 삶에서 다시 깨어나는 것이다. 이집트의 마카리오스 성인은 이렇게 말했다. 경건한 그리스도인들은 영혼이 "성령이 계시는 천상의 거처와 불멸의 영광이 있는" 곳으로 사후에 인도된다는 점과 죽은 자들이 부활하는 날 영혼이 "육체의 집을" 다시 세우고 영광스럽게 될 것이라는 사실을 잘 안다.521)

이 모든 것을 비추어 보았을 때, 크리소스톰 교부는 다음과 같이 아주 훌륭하게 결론을 맺는다 : 만약 인간의 죽음에 대해 누군가가 슬피 울어야 한다면, 사탄이 울어야만 할 것이다! 사탄이 통곡하며 슬피 울도록 놔두라. 왜냐하면 우리가 이미 그의 덫에서 빠져나와, 준비되어 있는 위대하고 영원한 선으로 향하고 있기 때문이다. 두려움과 공포, 통곡과 비탄, 한탄과 처절한 외침은 하느님의 "모습"과 "형상"에 따라 창조된 너, 창조주의 이성적 피조물로서 영광의 관을 쓰고 영원한 복을 누릴 네가 아니라 "사악한 그에게" 어울리는 것들이다.522)

---

520) 요한 크리소스톰, *Εἰς Α' Κορ.* Ὁμ. 41, 4 PG 61, 360.
521) 이집트의 마카리오스, *Ὁμιλίαι πνευματικαί* 5, 7 ΒΕΠΕΣ 41, 180(36-39).
522) 요한 크리소스톰, *Εἰς Ματθ.* Ὁμ. 31, 3 PG 57, 374.

그리스도인들은 죽음에 대해
생산적으로 고찰한다

"조용히, 깊이 들여다 볼 지어다"

하느님께서 우리에게 계시하신 진리에 힘입어 그리스도인들은 두려움 없이 죽음을 직면한다. 더 나아가 죽음의 신비에 대해 건강하고 생산적으로 고찰할 수 있는 능력을 갖는다.

죽음의 시간, 우리가 진정 바라고 있었던 생명으로의 재탄생, 그것은 아주 심오하고 신비하다. 우리는 불꽃이 파르르 떨며 꺼져갈 때가 되어서야 우리의 짧은 생, 영원의 빛을 조명하기 시작한다. 시간이 빠르게 지나 영원과 만나는 죽음의 시간이 임박했을 때 비로소 우리는 삶의 의미에 대해 많은 질문들을 던진다.

우리가 처음 태어났을 때, 곧 무에서 유로 이 지상에 들어왔을 때 우리는 갓난아기 같아 우리 인생의 행로에 대해 의문을 가질 수가 없었다. 하지만 새로운 생명으로 향하는 두 번째 탄생, 곧 죽음의 시간 때 우리는 원하든 원하지 않든 다음과 같은 질문들을 던지게 된다 : 지금까지 살아오면서 우리를 짓눌렀던 근심과 걱정, 고된 삶은 과연 무엇이었을까? 태어남과 동시에 죽을 운명임을 잘 알고 있으면서 왜 우리는 죽음을 무서워할까? 혹시 죽음의 진리를 깨쳐 죽음에 대한 두려움을 떨치기엔 시간이 부족한 것일까? 세상을 떠난 누군가가 돌아와서 하느님과 영혼들이 얼굴을 맞대며 살고 있는 무덤 저편의 세상에 대해 말해 준다면 좋지 않을까?

그리스도인은 이런 의문들과 유사한 질문들에 있어 남들이 갖지 못하는 특권을 누린다. 왜냐하면 그리스도인의 믿음과 희망은 이런 신비의 베일을 벗겨 주기 때문이다. 그래서 크리소스톰 성인은 이렇게 말했다 : 다른 생을 향해 가는 고인 주변에 다 같이 모여 보세. 그리고 자네들 앞에 있는 고인을 "괴롭히지 말고... 자리에 앉아 안정을 찾게. 그리고 이 놀라운 신비를 자세히 들여다보게...." 그리고 침묵 속에서 스스로에게 물어

보게 : "내 앞에서 일어나는 이 놀라운 신비가 무엇이란 말인가?" 어제 나와 함께하며 "생에 집착을 보였던 그가, 지금 내 앞에서 혐오스럽게 누워있지 않은가? 어제 나의 동료였는데 오늘 그가 생소하지 않은가? 얼마 전까지만 해도 내 품에 안겼던 그를 나는 지금 만지기조차 싫어하지 않는가?" 내 사람처럼 눈물로 그를 적시면서 육체가 썩는 역겨운 악취를 내가 피하고 있지 않은가?523)

성인은 언젠가 이렇게 충고하였다 : 네가 다른 생으로 넘어가는 누군가를 본다면 화내지 말고 네 자신에 몰입하라. 그리고 네 양심을 잘 살펴라. 그리고 "너도 얼마 남아 있지 않음을 생각하라." 계속해서 성인은 지적한다 : 우리의 자세는 비신자들의 그것과 다르다. '왜냐하면 그리스도인은 비신자와 달리 다른 각도에서 사건을 바라보기 때문이다.' 우리는 죽음의 경우에서 그 차이를 확연히 느낀다. 비신자들은 죽은 자를 보고 죽었다고 말한다. 그런데 우리는 죽은 자를 보고 죽은 것이 아니라 잠을 자고 있다고 말한다. 이렇게 사람들은 현세에서 일어나는 사건들을 같은 눈으로 보지만 같은 정신, 같은 생각으로 보지는 않는다.524)

죽음을 직면할 때 영혼이 겪는 충격은 상당하다. 그래서 견문이 넓고 학식이 높은 사람들도 고인 앞에서 많은 깨달음을 얻는다. 왜냐하면 인생이 참 보잘것없고 허무하며, 그들이 누리는 세상의 권력도 한순간임을 깨닫기 때문이다. 또한 타인의 불행한 사건 속에서 자신들의 미래가 어떻게 될 것인지를 내다보며 삶에 대한 고찰을 하기 때문이다.525)

그리스도인들은 이렇듯 참되고 건강한 사고뿐만 아니라 담대함도 얻는다. 내세에 대한 그들의 희망은 높이 나래를 편다. 이렇게 그리스도인들은 죽음을 죽음으로 보지 않는다. 그들은 죽은 자를 볼 때 여느 사람들이 겪는 그런 위험에 노출되지 않는다. 왜냐하면 그들은 "상(賞)이나 관(冠), 곧 '눈으로 보지 못하고 귀로 듣지 못했던' 형용할 수 없는 선물인,

---

523) 요한 크리소스톰, *Περὶ ὑπομονῆς...*, PG 60, 727.
524) 요한 크리소스톰, *Εἰς τὸν πτωχὸν Λάζαρον καὶ τὸν πλούσιον*, Ὁμ. 5, 2 PG 48, 1020-1021.
525) 요한 크리소스톰, *Εἰς Ψαλ*. 110, 1 PG 55, 280-281.

천사들과 함께 하는 삶"을 생각하기 때문이다.526)

따라서 신자들은 죽음을 건강한 눈으로 바라본다. 신자들은 죽음의 시간에 "쾌락적인 마음이 감옥 속에 있던 사슬로 드러나고, 노고의 마음이 영원으로 인도하는 열린 문이 될 것임을 안다."527) 더 나아가 신자들은 죽음의 신비 앞에서 두려워하거나 무서워하지 않는다. 왜냐하면 그 앞에서 긍정적이고 생산적인 자세를 취해 죽음이 만들어내는 자연적인 두려움을 물리친다. 그리스도의 교회는 복음의 빛으로 현세와 내세, 생물학적 삶에서의 죽음의 의미를 되새기게 해 주며 죽음 속에서 새롭고, 영원하고, 끝이 없는 생명의 의미를 고찰하도록 신자들을 독려한다. 신자들은 우리 삶의 여느 시간들과는 전혀 다른 충격적인 그 시간을 깊이 있게, 또 제대로 이해한다. 그들은 오직 하느님만이 죽음의 시간에 도움을 줄 수 있다는 사실을 인식한다. 왜냐하면 우리의 창조주이신 오직 그분만이 세상을 떠나 영원으로 향하는 인간 영혼의 깊이를 알고 계시며 새로운 생명에 대한 확실한 약속으로 영혼을 만족 시키고 충족 시킬 수 있기 때문이다.

"특출 난 인간이 어디 있는가?"

죽음의 신비에 대해 고찰하는 그리스도인은 현세 삶의 가치를 깊이 있게 이해한다. 현세의 삶을 올바르게 산다면 현생이 영생을 누릴 수 있는 곳으로 인도한다는 것을 확신한다.528) 그리고 주님께서 이 세상에 오신 것은 우리를 "죽이고 현세에서 데려가시기" 위한 것이 아니라, 우리를 이 세상에서 준비

---

526) 요한 크리소스톰, *Εἰς Ψαλ.* 48, 5 PG 55, 230.
527) 마르코 수도자, *Τὰ 200 κεφάλαια περὶ πνευματικοῦ νόμου*, 출판 "'Ορθόδοξος Κυψέλη", Thessaloniki 1974, page 14.
528) 요한 크리소스톰, *Εἰς Γέν. Ὁμ.* 34, 5 PG 53, 319.

시켜 하늘의 생명에 걸맞게 만드시기 위한 것임을 깨닫는다. 만약 지상의 삶이 뭔가 나쁜 것이었다면 우리는 인간 살육자에게 상을 주어야만 한다. 왜냐하면 우리를 죽이는 것이 우리에게 은혜가 되고 우리를 악에서 벗어나게 해 주는 것이 되기 때문이다. 크리소스톰 성인은 소리친다 : 가련한 이여, 너는 하느님을 알게 된 "현생이 사악하다 생각하는가?" 그런데 이곳 현생에서 "우리는 내세를 고찰하고 있지 않는가?" 그리고 현생에서 "인간 천사가 되어 능력의 천사들과 함께 춤추고 있지 않는가?"529)

죽음의 신비를 깊이 들여다보는 사람은 인성이 보잘것없음을 더 잘 인식한다. 그리고 세상을 떠난 고인의 시신이 썩어 들어가는 모습과 여러 현상들을 보며 교훈을 얻는다.530) 이렇게 쉽게 잊히고 그만큼 쉽게 교만에 빠진다는 진리는 되풀이된다! 구약의 시편 저자는 이 진리를 이렇게 표현했다 : "걸어 다닌다지만, 실상은 그림자."(시편 39:6) 실제로 인간은 이 세상을 거닐지만 잠시 후에 사라지는 그림자처럼 지나간다. 하지만 안타깝게도 인생이 헛되고 찰나인 것을 깨닫지 못하고 무익한 근심걱정에 짓눌려 헛되게 땀 흘리며 고생한다!

크리소스톰 성인은 이렇게 적는다 : 인간은 "혼란스러워 하다가 마침내 사라진다. 혼란스러워하다가" 평온을 찾기 전 또 다시 몰입한다. "불처럼 타오르고, 짚처럼 재가 된다. 폭풍우처럼 일었다가, 먼지처럼 떨어진다. 불꽃처럼 피었다가, 연기처럼 사라진다. 꽃처럼 아름다웠다가, 풀처럼 말라버린다…. 혼란과 평안, 근심과 기쁨, 슬픔과 쾌락. 아, 우리의 하찮은 비극이여! 아, 인간의 보잘것없는 승리여!"531) 이 밖에 우리는 주검을 보면서 무엇이 인간인가를 깨닫는다. 크리소스톰 성인에 따르면, 인간은 "생을 잠시 빌린 것, 제때에 죽음에게 갚아야 하는 빚"이다. 악에 사용되게끔 특별하게 고안된 창조물…. "탐욕으로 무장되고, 끝없는 탐욕…. 교만에 찬 거드름…. 무례한 진흙…. 자신을 과신하는 먼지, 쉽게 흔들리는

---

529) 요한 크리소스톰, *Εἰς Γαλ.* κεφ. α', 4 PG 61, 618-620.
530) 요한 크리소스톰, *Περί Θανάτου* PG 63, 803.
531) 요한 크리소스톰, *Εἰς τὸ "Πλὴν μάτην ταράσσεται πᾶς ἄνθρωπος ζῶν"* 1 PG 55, 559·560.

등불, 오늘은 공격자, 내일은 패배자, 오늘은 부자, 내일은 땅속, 오늘은 왕관, 내일은 무덤"이다.532) 그래서 금구(金口)의 나팔은 우렁차게 소리낸다 : "왕들이여" 사색하는 자세로 주의 깊게 주검을 보라. "그리고 너희 자신들을 제대로 직시하고 위대하다 생각하지 말라. 세력가들이여, 너희 자신들을 깊이 살펴보고 위대하다 상상하지 말라." 세상의 권력자는 주로 힘으로 보여 준다. 하지만 그 역시 "(죽음의) 잔에 떤다. 여느 사람과 똑같이 불안해한다. 보라, 완전히 비참해졌다. 조금 전까지 강력했던 자가 죽어있다. 보라, 죄인처럼 끌려간다." 누가? "어제 죄인들을 떨게 했던 그 강력했던 자가. 보라, 그가 떨었다. 보라, 그가 당황했다. 보라, 모든 지혜와 왕조가 완전히 사라졌다. 보라" 경이로 가득 했던 것이 뒤죽박죽 되었다. 따라서 교부는 사람들에게 이렇게 요청한다 : 고개를 숙여 유심히 주검 위를 살펴보고 "그곳에 누워있는 예전의 임금들을 찾아보라. 주검이 되어버린 예전의 세력가들을 찾아보라. 끔찍한 주검의 모습을 보고 말해 보라. 누가 왕이며 누가 세력가인가? 누가 군인이며 누가 장군인가? 누가 부자며 누가 빈자인가? 누가 청년이며 누가 노인인가?"533)

다마스커스의 요한 성인도 영적 몰입과 신심을 일으키는 깊은 신학적 의미를 담고 있는 장례 예식의 한 성가를 노래한다 : "죽음 이후에 사라지는 인간적인 만사는 헛되다. 부도 남아 있지 않고 영광도 없다. 죽음이 오면 이 모든 것이 사라지기 때문이다." 같은 예식의 다른 성가에서는 이렇게 노래한다 : "세상적인 노력(열정적인 노고)이 어디 있는가? 일시적인 환상(순간적인 것에 대한 자랑)이 어디 있는가? 금과 은이 어디 있는가? 그 많은 하인들과 소음은 어디 있는가? 모든 것이 먼지요, 모든 것이 재요, 모든 것이 그림자이니!....."534) 이 성가들은 영혼을 건강하게 가꾸어 준다. 왜냐하면 엄청난 노력과 심신을 지치게 하는 수고를 원하는 짧고 불확실한 현세에 대해 비관적인 자세를 갖도록 영혼을 채우고, 동시에 영원

---

532) Op. cit., PG 55, 559.
533) 요한 크리소스톰, Περί ὑπομονῆς..., PG 60, 727.
534) ΕΥΧΟΛΟΓΙΟΝ τὸ ΜΕΓΑ (대 기도서), Ἀκολουθία Νεκρώσιμος εἰς κοσμικούς, page 413.

으로 떠난 고인의 안식에 대해서 희망적인 신념으로 채우기 때문이다. 많은 생각을 하게 하는 이 성가들은 영혼의 깊은 내면을 자극하고, 성가의 깊은 의미를 통해 영혼 속에 실망과 위로 사이를 오가는 하나의 감정, 즉 강력한 생산적 감정을 일으킨다.

이외에도, 주검의 모습과 고인의 장례를 지켜보고 따르는 사람들의 자세와 모습 은 믿는 영혼에게 훌륭한 교육의 장이 된다. 크리소스톰 성인은 말했다 : "만약 네가 상여와 그 뒤를 따르는 자녀들, 통곡하는 미망인", 슬피 우는 하인들, 슬픔에 빠진 친구들을 보면 세상적인 것이 다 보잘것없고 아무것도 아님을 깨닫고 현세의 만물들이 그림자나 꿈과 전혀 다르지 않음을 생각하기 바란다. 이런 모습들을 잘 고찰하고, "인간적 외형"의 화려함을 놀라워하지 말라. 허풍 떨고 자랑하는 자나 비싼 외투를 입고 "말을 타고 그를 뒤따르는 자들"을 부러워하지 말고 이 모든 것이 다 끝날 것임을 생각하라.535) 현세의 헛된 일을 추구하며 살아가는 인간들이 감탄하는 세상적인 아름다움은 하루살이에 불과하며 죽음 이후에는 그 어떤 흔적도 남기지 않고 사라진다! 교부는 계속해서 말했다. 나는 조금 전에 내 앞에 있었던 고인의 모습을 떠올린다. 하지만 나는 지금 그 모습을 전혀 찾아 볼 수가 없다. "잘 생긴 얼굴 모습이 어디 갔는지" 그는 새파랗고 생기가 사라진 흉측한 모습으로 변했다. 눈짓을 하던 그 아름다웠던 눈들은 어디 갔는지 다 사라졌다. "머리카락의 아름다운 모습은 어디 갔는지, 전부 다 빠져 버렸다. 그 잘난 체 하던 자가 어디 있나 했더니, 바닥에 쓰러졌다. 말 잘 하던 혀는 어디 갔는지, 침묵을 지키고 있다.... 향유는 어디 갔는지, 악취만 풍긴다. 청춘의 미는 어디 갔는지, 사라져버렸다. 특출난 인간이 어디 있는지, 그는 이미 흙과 먼지가 되어버렸다!....536)

이렇게 누구든지 그리스도인의 관점에서 죽음을 고찰하면 할수록 그만

---

535) 요한 크리소스톰, *Περί θανάτου* PG 63, 809-810.
536) 요한 크리소스톰, *Περί ὑπομονῆς...*, PG 60, 728.

큼 그는 자비로우신 하느님의 무한한 선에 대한 뜨거운 믿음과 달콤한 희망의 감정을 더 많이 느끼고 유익을 얻는다.

"직시하고 한숨을 내쉬어라"

신자들이 그리스도인에 걸맞게 죽음을 고찰하면 세상에서 일어나는 현상에 종속되거나 영향 받고 휩쓸리는 위험에서 벗어날 수 있다. 왜냐하면 죽음의 신비를 깨달으면 깨달을수록 그만큼 세상적인 것들이 한낱 먼지이고 재라는 것을 잘 알게 되고 사람들 중에 진정 누가 부자이며 누가 빈자인지를 깨닫게 되기 때문이다! 우리 주변에서 일상적으로 일어나는 것들은 우리를 쉽게 현혹하고 잘못된 길로 이끈다. 그래서 우리는 그릇된 사고를 형성하게 되고 잘못된 판단과 그릇된 결과로 우리자신을 이끈다.

신학자 그레고리오스 성인은 그의 형제 케사리오에게 한 장례 예식 조사에서 우리가 어떤 식으로 인간적인 사물과 현세의 사건들을 대처해야 하는지를 정확하게 알려준다. 그레고리오스 성인은 말했다 : 한낱 짧은 생을 살고 있는 우리 삶이 이런 것이다. 세상의 장난이 이런 것이다. 우리는 없었던 존재였지만 잉태되었고 생명으로 들어온 지금 죽음을 향해 나아간다! 우리들은 사라지는 꿈이며 아무것도 남지 않는다. 날아서 사라져버리는, 새의 날개 짓이다. 뒤에 아무 흔적도 남기지 않은 채 바다를 지나가는 배다. 우리들은 "먼지요, 연기요, 매서운 아침바람이다." 그리고 성인은 자신이 전혀 과장되지 않다는 것을 확인 시켜 주기 위해 "인생은 풀과 같은 것, 들에 핀 꽃처럼 한번 피었다가도"(시편 103:15)라는 다윗의 말을 인용한다. 시편의 저자는 다른 곳에서 이렇게 말한다 : " 나의 하느님이여, 이 몸을 중도에서 데려 가지 마소서."(시편 102:24) 그리고 "나의 세월을 한 뼘 길이로 만드셨고."(시편 39:5) 그레고리오스 성인도 "헛되고 헛되다. 설교자는 말한다. 세상만사 헛되다."(전도서 1:2) "모든 일은 바람

을 잡듯 헛된 일이었다."(전도서 1:14)라는 전도서의 말을 상기 시킨다.537)

크리소스톰 성인도 헛된 세상적인 것에 속아 넘어가면 반드시 잘못된 판단과 그릇된 결과로 흐른다는 진리에 대해 설명하면서, 우리를 좀 더 이해 시키기 위해서 익히 알고 있는 부자와 라자로의 비유(루가복음 16:19-31 참조)의 깊은 의미를 성령의 빛으로 들여다보고 지적한다 : 둘 다 죽는 그날까지 부자는 행복해 보였고 빈자 라자로는 불행해 보였다. 그러나 "죽음이 찾아왔을 때, 부자의 모든 것은 사라져 버렸다." 죽음을 계기로 부자와 라자로와의 관계는 변한다. 그리고 이미 누가 부자이고 누가 빈자인지 알게 된다. 지금 라자로는 큰 부자가 되었고, 반면에 부자는 빈자가 되었음이 공지된다. 교부는 말을 계속한다. 이미 잘 알고 있는 것처럼, 연극이 끝나면 배우들은 분장을 지우고 이전의 자신의 모습으로 돌아간다. 이와 마찬가지로 죽음이 오고 현생의 "연극"이 끝나면 그 때 우리 모두는 "가난과 부의 분장"을 지우고 실제적인 우리의 모습으로 돌아간다. 그리고 우리의 삶의 행실에 따라 누가 진정한 부자이며, 누가 빈자인지, 누가 영예를 입고, 누가 영광을 잃었는지 판단 받게 된다.538)

우리는 세상을 떠날 준비가 되어 있는 강력한 통치자나 권력자를 본다. 임종이 임박한 마지막 순간에 그들은 분장을 지우고 실체를 보여 준다. 그들은 생전에 오만과 교만으로 거드름을 떨었고 모든 것을 원하던 대로 했으며 근심 걱정 없이 안락하게 생을 즐기며 살았다. 그런데 지금 그 모든 것을 누리던 그들의 몸은 어떻게 되었는가? 크리소스톰 성인은 그것을 확인하는 것이 그다지 어려운 일은 아니라고 말한다. 사색의 눈으로 구역질 나고 더러운 "그곳의 시신과 먼지, 재와 구더기를 보라. 그것을 직시하고 깊은 한숨을 내쉬어라."539)

그런데 그리스도인으로서 우리가 바라보는 죽음은 단지 외형적인 눈물이나 형식적이고 순간적인 슬픔의 감정이 되어서는 안 된다. 그것은 단호

---

537) 신학자 그레고리오스, Λόγ. Ζ΄, Εἰς Καισάριον... ἐπιτάφιος 19 PG 35, 777C.
538) 요한 크리소스톰, Εἰς τὸν πτωχὸν Λάζαρον καὶ τὸν πλούσιον, Ὁμ. 2, 3 PG 48, 985-986.
539) 요한 크리소스톰, Περί Θανάτου PG 63, 810.

한 결심으로 이어져야 한다. 그러니, 형제여, 너 역시 얼마 지나지 않아 똑같은 말로를 맞이할 것이라는 것을 깨닫는다면 너의 영혼 깊은 곳에 신심과 겸손이 싹트게 노력하라. 그리고 이 성스런 감정들이 너를 회개로 이끌 수 있도록 투쟁하라. 끊임없이 너의 삶이 되게 하고 구체적인 행위로 실천하며 하느님을 경배하라. 지금보다 더 지혜로운 자가 되고 타인의 죽음을 보며 하느님을 경외하라. 그리고 나태함을 벗어라. 또한 네가 그동안 저지른 행위를 떠올리고 너의 잘못들을 고쳐 나가며 최상의 모습으로 변화하라.540)

만약 인간의 죽음이 인간인 우리를 일깨우지 못한다면 과연 무엇이 우리를 깨닫게 할 수 있을까? 고인의 모습 앞에서 지혜롭지 못하면 우리가 언제 죄에 대해 부끄러워하고 하느님을 두려워할 수 있을까? 그러므로 우리는 이 훌륭한 배움터에서 잘 보고 많은 것을 느끼며 배워야 할 것이다.541) 금육주일 전 토요일의 한 성가는 우리 각자에게 아름다운 선율로 말한다 : "사람들이여, 우리는 흙으로 빚어진 인간인데 왜 헛된 것을 사랑하며 세상에 집착하는가? 그리스도에 의해 심고 재배되는 나무처럼 우리가 그리스도와 하나 되어 있는데 왜 그분께 달려가지 않는가? 한순간에 필멸하는 삶을 완전히 부정한다면서 왜 우리는 불사와 영원으로 달려가지 않는가? 그리스도는 우리의 생명과 속죄, 그리고 우리 영혼을 환히 비춰주시는 분이시다."542)

뛰어난 심리학자이고 빛의 스승인 지혜의 교육자 크리소스톰 성인은 임종을 앞둔 우리 형제의 모습은 우리 심금을 울린다고 말했다 : 임종이 임박한 우리 형제가 "떨고 있다. 그런데 너는 쉽게 생각하는가?…. 그는 두려워 떨고 있다." 그런데도 너는 기도와 회개, 덕행과 선행으로 네가 떠날 날을 왜 준비하지 않는가? "그는 결코 보지 못했던"것을 보고, "결코 듣지 못했던 것을" 들으며 "놀라움에 두려워 떨고 있다." 그는 수확

---

540) 요한 크리소스톰, Εἰς τὸν πτωχὸν Λάζαρον καὶ τὸν πλούσιον, Ὁμ. 5, 2 PG 48, 1020.
541) 요한 크리소스톰, Περὶ ὑπομονῆς…, PG 60, 723.
542) 트리오디온, 금육 전 토요일, Εἰς τοὺς Αἴνους.

하는 사람들이 땀을 흘리듯이 땀을 흘리면서 혀가 굳을 때까지 "우리 곁으로 와 우리 모두에게 입을 맞추며" 우리에게 이렇게 소리친다. "형제들이여, 건강하게, 건강하게 그리고 나를 위해 기도해 주게." 지금 나는 한 번도 가지 않았던 길을 걸어 그 누구도 돌아오지 못했던 "영혼의 세계"로 이동한다네. "나와 동행하는 사람이 아무도 없는 두려운 곳, 두려운 심판이 있는 곳을" 향해 나아간다네. 그곳에서 나에게 어떤 일이 일어날지 모르지만, 네게 말해 주지 않았던 "새로운 것"을 나는 만날 거라네. "내가 도움을 요청하는데 아무도 나서지 않는다네."543) 사람들이여, 정신을 차리고 영혼의 눈을 뜨라. 죄의 나락에서 깨어나고 현세의 헛되고 헛된 것을 벗어 버려라.

하느님의 뜻대로 죽음을 생각하는 그리스도인들은 참으로 많은 유익을 얻는다!

즐거움과 끝없는 기쁨을 결실로 얻다

 혹시 누군가는 죽음에 대한 그리스도교적 사고가 영혼을 절망의 감정으로 채우는 것이 아니냐고 반문할 수도 있다. 하지만 그 말은 옳지 못하다. 왜냐하면 우리가 지금까지 말했던 것과 또 계속해서 다룰 내용을 깊이 새겨본다면 건설적인 낙관론으로 가득 차 있음을 알게 될 것이기 때문이다. 이제 왜 그런지 살펴보자.

하느님의 숨겨진 지혜와 신비를 깨닫는 그리스도인들은 죽음이 손실이나 소멸이 아니라는 점을 잘 안다. 하느님의 성령은 우리가 현생을 떠나게 되면 지상의 생보다 훨씬 유익하고 찬란한 또 다른 영생으로 넘어가는 것임을 알려 준다.544) 크리소스톰 성인은 슬퍼하는 사람에게 말한다 :

---

543) 요한 크리소스톰, Περὶ ὑπομονῆς..., PG 60, 726.

네가 사랑하는 사람이 "어디로 갔는지 생각하고" 위로를 받기 바란다. 그는 사도 바울로가 있고 사도 베드로가 있는 그곳으로 옮겨 갔다. 그는 지금 "성인들의 무리"가 있는 그곳에 있다. 또한 그가 어떤 영광과 광채로 부활한 것인가를 생각해 보라. 신자들은 이 모든 것으로부터 아주 많은 유익을 얻으며 그 결실로 "즐거움과 끝없는 기쁨"을 취한다.545) 왜냐하면 죽음이 평온한 항구라는 것을 알고 있기 때문이다. 신자들은 세상에 악이 얼마나 만연해 있는지 잘 깨닫고 있다. 성인은 계속해서 말했다. 네 자신이 얼마나 많이 세상을 저주했는지 생각해 보라. 그것은 다른 것은 차치하더라도, 시조의 거역으로 "아기를 낳을 때 몹시 고생하리라", "이마에 땀을 흘려야 낟알을 얻어먹으리라"(창세기 3:16, 19)는 형벌을 받고 네가 태어났기 때문이다. "너희는 세상에서 고난을 당할 것"(요한복음 16:33)이라는 신인의 말씀을 너는 들었다. 하지만 죽음 저편의 생에 대해서는 전혀 반대의 말씀을 주셨다. 신인은 "아픔과 한숨은 간데없이 스러지리라."(이사야 35:10) "많은 사람이 사방에서 모여 들어 하늘나라에서 아브라함과 이사악과 야곱과 함께 잔치에 참석할 것이다."(마태오복음 8:11)라고 말씀하셨다. 또한 그 생을 "영적 신방" "찬란한 불빛"546)이 있는 곳이며 그 생으로 초대하는 그분은 바로 임금 중의 임금, 주인중의 주인, 천사들의 주관자라고 말씀하셨다. 그분은 인간의 지력으로 알 수 없고 인간의 말로는 형용할 수 없는 선물들을 제공하신다. 왜냐하면 신랑 그리스도께서는 이 지상에서 다른 지상으로 우리를 부르는 것이 아니라 이 지상에서 천상으로, 필멸의 존재에서 신비로운 불사의 영광으로 부르시기 때문이다.

그리스도인들은 이 모든 사실을 잘 알고 있다. 왜냐하면 하느님께서 우리에게 계시해 주셨기 때문이다. 그러나 세상적인 사람은 이런 사실을 믿지 않으려 한다 : 죽었던 사람이 살아 돌아와 나에게 무덤 뒤편의 세계

---

544) 요한 크리소스톰, Εἰς Ἰω. Ὁμ. 83, 1 PG 59, 447.
545) 요한 크리소스톰, Εἰς τὸν πτωχὸν Λάζαρον καὶ τὸν πλούσιον, Ὁμ. 5, 3 PG 48, 1021.
546) 요한 크리소스톰, Εἰς ΜατΘ. Ὁμ. 31, 3 PG 57, 374.

에 대해서 말해 준다면 나 역시 이 모든 것을 믿고 받아들일 것이다. 하지만 비신자의 이런 입장에 대해 해법을 제시하는 것은 그리 어려운 일이 아니다. "영적 세계의 수많은 별들"인 하느님의 교부들은 그 해법을 제공한다. 그들은 이렇게 말한다. "하느님의 성서가 언제나 분명하게 우리에게 가르쳐 주고 있는 것처럼, 죽은 자들로부터 무엇인가를 알려고 하지 말라. 왜냐하면 죽었던 자가 살아나는 것이 산 자들에게 유익했다면 하느님께서는 우리 영적 유익을 위해 분명 그렇게 허락하셨을 것이다." 대 아타나시오스 성인도 같은 지적을 한다. 그것은 인간의 삶에 엄청난 혼란과 수많은 오류를 만들어 낼 것이다. 왜냐하면 수많은 악령들이 죽은 사람의 모습을 취하고 마치 죽었다가 살아난 것처럼 꾸밀 것이기 때문이다. 그리고 무덤 저편의 생에 대해 많은 거짓을 만들어 우리를 오류와 영원한 파멸로 끌고 갈 것이다.[547]

교회의 교부들은 계속했다. 더욱이 계속해서 죽은 자들이 살아나 우리에게 무덤 이후의 생에 대해 말해 준다면, 이것 역시 시간과 더불어 서서히 무시될 것이다. 왜냐하면 사람들은 그것에 익숙해질 것이기 때문이다. 동시에 우리 영혼의 적, 사탄은 이런 기회들을 악용하여 아주 쉽게 사악한 가르침을 들여올 계략을 세울 것이다. 예를 들어, 우상을 내세우거나 또는 일부사람들을 부추겨 마치 그들이 죽었다가 다시 살아난 것처럼 꾸밀 것이다. 그래서 어리석은 영혼들은 그것을 믿고 계속해서 사탄이 원하는 대로 끌려 다닐 것이다. 사실 지금도 수많은 사람들이 꿈속을 헤매는데 실상 죽은 자들이 살아 돌아온다면 얼마나 많은 사람들이 오류 속을 헤매겠는가? 이것이 현실화된다면, "사악한 사탄은 수없이 많은 속임수를 꾸며, 삶 속에 엄청난 혼란을 가져올 것이다." 교부들은 다음과 같이 마무리한다. 그래서 "하느님께서는 이 문을 봉쇄하셨다." 그리고 인간의 살육자 사탄이 이 사건을 악용해 우리의 삶 속에 그의 사악한 흉계

---

[547] 대 아타나시오스, Πρὸς Ἀντίοχον ἄρχοντα, Ἐρώτησις λε´, ΒΕΠΕΣ 35, 109 (23-31).

를 뿌려놓지 못하도록 죽은 자가 돌아와 무덤 저편의 생을 말하지 못하도록 하셨다. 사실 우리는 역사 속에서 이것을 본 적이 있지 않았던가? 예언자 시대에 거짓의 대부인 사탄은 거짓 예언자들을 내세웠고 사도시대에는 거짓 사도들을 내 세웠다. 그리고 사탄은 올바른 가르침이 전파되었을 때 이단들을 통해 교회에 가라지와 거짓의 씨를 뿌렸다. 이처럼 사탄은 이번 경우에서도 호시탐탐 기회를 엿보며 똑같은 악행을 자행할 것이다. 하느님께서는 우리에 대한 사랑과 당신의 전지하심으로 섭리를 펴시어 미리 사탄의 계략과 술수를 파악하시고 그가 악한 흉계를 꾸미는 것을 방지하셨다. 이렇게 하느님께서는 인간의 살육자 사탄이 꾸밀 계략의 동기를 제거하시고 그의 무기인 사악한 흉계를 못 쓰게 만드셨다.[548]

따라서 우리는 단순한 호기심으로 하는 토론과 그리스도교 진리에 대한 나약한 믿음을 물리치고, 성령의 인도로 써진 성서가 가르치는 대로 그리스도적으로 생각해야 한다. 그 때 우리는 풍부한 영적 유익을 얻고 안전하게 하늘나라의 불멸의 행복 속으로 들어가게 될 것이다.

---

[548] 요한 크리소스톰, *Εἰς τὸν πτωχὸν Λάζαρον καὶ τὸν πλούσιον*, Ὁμ. 4, 3 PG 48, 1010; *Εἰς ΜατΘ*. Ὁμ. 13, 5 PG 57, 216 참조.

죽음에 대한 기억

죽음을 기억하자

그리스도인의 영혼은 무덤 너머의 생명과 감미로운 낙원의 희망 속에서 언제나 죽음을 기억하며 지낸다. 집회서는 이렇게 기록하고 있다. "무슨 일을 하든지 너의 마지막 순간을 생각하라."(집회서 7:36) 즉, 생의 마지막인 죽음을 언제나 삶 속에서 기억하며 살아가라는 말이다. 그리스도인은 사후의 생을 위해 끊임없이 죽음을 준비하고, 또 언제든지 현세를 떠나 심판과 영생으로 들어갈 수 있음을 인식하고 있어야 한다. 그래서 신학자 그레고리오스 성인은 현생은 "죽음의 탐구"라는 플라톤의 말을 자주 인용한다. 성인은 친구 필라그리오에게도 현생이 "죽음의 탐구"라는 사실을 일깨워 주며 현재가 아닌 미래를 위해 살라고 충고한다.549) 또한 포티오스 사제에게도 이렇게 적었다 : 우리의 관심과 신경은 오직 하나, 우리가 이 세상을 떠날 준비를 하는 데 있다. 우리는 현명하고 지혜로운 여행자처럼 떠날 것을 준비하고 예비해야 한다.550) 대 아타나시오스 성인도 동정에 관한 그의 저서에서 다음과 같이 충고한다 : "언제나 네가 떠날 것임을 기억하고 매일 죽음이 목전에 있음을", 또 누구 앞에 네가 서게 될 것인지를 기억하라.551) 시나이인 요한 성인도 '죽음의 기억과 함께 잠들고 깨어나라'고 충고한다.552)

혹자는 현생에서 떠날 것만 생각하는 것은 병적 상태가 아닌가요? 그리고 그것은 우리의 현세적인 활동을 상당히 제약할 뿐만 아니라 하느님께서 우리에게 선물하신 현생에 대한 경시가 아닐까요? 라고 반문할지 모른다. 사실 무덤 이후의 내세를 믿지 않고 그리스도와 떨어져 사는 사람들은 죽음에 대한 생각 자체가 그들의 두려움이다. 그래서 그들 대부분

---

549) 신학자 그레고리오스, Ἐπιστολὴ λα΄, PG 37, 68C.
550) 신학자 그레고리오스, Ἐπιστολὴ ρξη΄, PG 37, 277C.
551) 대 아타나시오스, Περὶ Παρθενίας, 23 ΒΕΠΕΣ 33, 72(36-38).
552) 시나이인 요한, Κλῖμαξ, Λόγ. ιε΄, page 91.

은 죽음에 대한 대화 자체를 피한다. "죽음"이라는 이 단어는 그들에게 커다란 충격이 되며, 그들은 이런 심리적 상태를 벗어나기 위해 "내일이면 죽을 몸, 실컷 먹고 마시자."(이사야서 22:13)라고 하면서 먹고, 취하고, 쾌락에 온 몸을 맡긴다. 그들은 이런 행위를 통해 죽음의 존재를 잊으려 노력한다!.... "수명은 더 연장되고 죽음조차도 곧 극복하게 될 거라는 엄청난 말을 하면서 좀 더 확실한 안전책을 마련하고자 하는 그들의 절망적인 노력은 불안한 그들의 생을 어떻게라도 피해보고자 하는 고육지책임을 단적으로 보여 준다." 죄가 넘치게 되었기에, "현대인들은 무의식적으로 불안에 내몰리고 죽음과의 대화를 고집스럽게 부정한다." 따라서, "어떤 외적인 사건이나 강력한 의식이 그들의 얼굴에 죽음의 입김을 불어대면" 그들은 온몸에 두려움의 전율을 느낀다.553)

하지만 하느님의 사람들은 모든 것을 영생의 관점으로 보고 사고하기 때문에 그들은 죽음에 대한 기억을 그들의 참된 영적 생활에 꼭 필요한 전제로 여긴다. 그리고 그 기억을 죄와의 투쟁을 도와주는 지속적인 기폭제 역할로 생각한다. 죽음에 대한 기억은 죄를 미워하게하고, 세상에 대한 모습들을 긍정적이며 올바르게 가치매김한다. 또 온 영혼을 다해 갈구하는 "내세의 영원"의 가치를 온전히 평가할 수 있도록 도와준다. 고백자 막시모스 성인은 죽음의 기억이 하느님에 대한 기억과 함께하면 그리스도를 따라 살아가는 신자들에게 큰 도움이 된다고 가르친다 : 사실 죽음의 기억보다 더 놀라운 것은 없으며, 하느님의 기억보다 더 위대한 것은 없다. 왜냐하면 죽음에 대한 기억은 구원을 가져오는 슬픔을 제공하고, 하느님에 대한 기억은 기쁨을 선물하기 때문이다. 그래서 예언자는 "하느님을 기억하고 기쁨에 넘칩니다."(시편 76:4 70인역)라고 외쳤다. 구약의 집회서는 "무슨 일을 하던지 너의 마지막 순간을 생각하고 절대로 죄를 짓지 말아라."(집회서 7:36)라고 충고했다. 죽음에 대한 쓰디쓴 기억을 통해 구원을 손수 체험하기 전에는 죄를 짓지 않고 살아가는 것이 불가

---

553) ΙΩΑΝ. Κ. 코르나라키, *Πατερικὰ βιώματα τῆς Ἑνδεκάτης ὥρας*, Thessaloniki 1971, page 34, 35.

능했기 때문이다.554)

그렇다면 성인들의 가르침을 잠시 떠나 죽음을 기억하라는 주님의 말씀을 살펴보자. 특히 우리가 주의 깊게 보아야 할 부분은 "너희의 주인이 언제 올지 모르니 깨어 기도하라."는 주님의 이 말씀이 명령조였다는 점이다. (마태오복음 24:42, 26:41) 교회의 한 사제순교자는 주님의 이 말씀을 해석하면서 다음과 같이 지적한다 : 신인께서는 이 말씀을 통해 모든 이들에게 죽음을 기억하게끔 미리 공지하셨다. 그것은 우리를 준비 시켜 심판의 날에 우리의 생각과 행실에 대해 변론을 할 수 있게 하기 위한 것이다.555)

사실 이 주제와 관련해 지나친 주장이 있었음이 사실이다. 일부 사람들은 죽음의 기억을 지나치게 강조하면서 하느님 사랑의 커다란 선물인 현생의 특별한 가치와 거룩한 목적을 왜곡했다. 하지만 이것이 이 구원의 진리의 가치를 전혀 훼손하지 않는다. 왜냐하면 죽음의 기억은 정신을 일깨워 주는 놀라운 능력을 가지고 있기 때문이다. 구원의 진리는 일부 사람들이 생각하는 것처럼, 수도자들에게만 국한된 것이 아니라 모든 그리스도인들에게 해당된다. 왜냐하면 주님의 말씀은 모든 계층, 모든 세대에 있는 당신의 제자들을 아우르고 있기 때문이다. "영적인 능력은 죽음의 참혹한 모습 앞에서 즉각적으로 반응하고, '비상 대기상태에 들어가' 죽음의 근원인 죄에 강력히 대항할 방어막을 친다…. 한창 왕성한 활동을 하는 시기의 갑작스런 죽음에 대한 대비는 그 활동 안에 있는 부정적인 요소를 제거하여 순수한 활동이 되게 만든다."556) 그래서 시리아의 에프렘 성인은 우리는 매일 떠날 것에 대해 준비해야 한다고 충고한다. 왜냐하면 "우리가 매 순간 준비하고 있지 않으면, 갑자기 무서운 명령이 떨어져, 준비되어 있지 않은 자들에게 큰 불행이 닥쳐올 것이기 때문이다." 성인의 이 가르침은 다음의 가르침을 통해 더욱 뚜렷해진다. "수확의 때

---

554) 고백자 막시모스, Ἕτερα Κεφάλαια, ριθ' PG 90, 1428.
555) 사제 순교자 다마스커스의 베드로, Ὅτι ἀδύνατον ἄλλως σωθῆναι, εἰμὴ διὰ προσοχῆς ἀκριβοῦς καὶ τηρήσεως νοός, Φιλοκαλία, 3 page 30(7-10).
556) ΙΩΑΝ. Κ. 코르나라키, Op. cit., page 34, 36.

가 이미 도래했다. 이 세대가 끝날 때가 되었다. 천사들은 낫을 들고 있으며 (주님의) 신호만 기다리고 있다. 사랑하는 형제여, 두려워하라. 시간은 벌써 11시를 가리키고 있다.... 그러므로 우리 모두 깨어 있자." 또 다른 곳에서 성인은 이렇게 가르쳤다. "날과 달과 해가 꿈처럼, 석양의 그림자처럼, 사라져간다. 그리고 놀랍고 위대한 그리스도의 출현이 갑자기 다가온다."557) 이와 같이 누구든지 주님의 "깨어 있으라"는 말씀을 귀담아 듣고, 죽음을 기억하며 살아간다면, 육체의 죽음을 전혀 두려워하지 않을 뿐만 아니라 영원한 죽음에서 구원될 것이다.

너는 결코 죄를 짓지 않을 것이다

죽음의 기억은 다양한 유익을 제공한다. 왜냐하면 우리를 제어하고 죄로부터 보호하기 때문이다. 아담이 하느님의 성스런 계명을 어긴 가장 큰 이유도 금기된 열매를 따먹는 날 죽을 것(창세기 2:17 참조)이라는 하느님의 경고를 무시했기 때문이었다. 더 옳게 표현한다면, 그는 죽음에 대한 경고를 그의 영혼 속 깊이 새겨 넣지 못했다. 그것은 사악한 사탄이 하느님의 경고에 대한 시조의 생각을 무력하게 하고 시조의 생각을 다른 곳으로 돌리기 위한 시도에서 찾아 볼 수 있다. 사탄은 이브에게 속삭였다. "절대로 죽지 않는다."(창세기 3:4) 사탄은 이 속임수로 그녀의 반발을 무력화하고 불순종과 영혼을 말살하는 죄의 길을 열었다.

하느님의 영감에 의해 쓰여진 창세기는 우리 삶에 있어 죽음의 기억이 얼마나 중요한지를 여러 예를 통해 제시한다. 익히 알고 있는 것처럼, 하느님께서는 자주 아브라함과 대화를 나누셨다. 그러나 그가 헤브론에 자신의 무덤을 마련했을 때 하느님께서는 더 이상 그와 대화를 하지 않으

---

557) 시리아의 에프렘, *Ασκητικά*, page 179, 192, 47.

셨다. 왜 그러셨을까? 그것은 하느님의 교부들이 해석한 것처럼, 하느님과의 대화가 현자에게 미치는 영향과 죽음의 기억이 똑같았기 때문이었다! 죽음을 생각하는 사람은 모든 죄로부터 멀어지고 모든 악한 행위를 피한다. 그래서 공동체의 창시자 대 테오도시오 성인은 그의 무덤을 준비한 후에, 그곳을 수시로 방문하고 뜨겁게 눈물을 흘리곤 하였다.

대 바실리오스 성인은 한 미망인에게 편지를 쓰면서 주님의 심판(결과적으로 죽음)의 날을 생각하고 두려운 심판대에서 생전의 삶을 고백할 것을 의식하는 사람은 아주 특별한 경우가 아니면 전혀 죄를 짓지 않는다고 강조했다. 죽음의 기억과 "죄의 위협을 받고 살아가는 사람들의 절절한 그 희망은" "한시도" 그들이 죄를 짓게 놔두지 않는다.558) 대 안토니오스 성인의 수제자인 사막의 수도사 암모나 대 성인은 죽음을 기다리며 살고 있는 사람은 "많은 죄를 짓지 않는다"고 가르친다.559) 당연히 성인은 대 안토니오스 스승에게서 분명 이런 가르침을 들었을 것이다. "죽음이 너의 눈앞에 있게 하라. 그러면 어떤 악에도, 세상적인 탐욕에도 집착하지 않게 될 것이다."560) 결과적으로 죽음의 기억은 죄로 흐르려는 경향을 강력하게 제어하고 통제한다.

교회의 또 다른 성인인 죽음의 기억의 신비주의자 클리막스의 요한 성인은 이 중요하고 거대한 화두를 정의하고 생생한 예를 통해 26개의 단원으로 나누어 분석한다. 특히 성인이 기술하고 있는 한 사건은 자신이 직접 목격한 사건이다. 성인은 호리비토의 이시히오스 수도사의 경우를 이렇게 써 내려갔다. 이시히오스는 자신의 영혼은 전혀 돌보지 않는 아주 나태한 수도사였다. 어느 날 그는 아주 심한 병이 들어 채 한 시간도 살지 못할 것처럼 보였다. 하지만 그는 다시 의식을 찾았고 그 자리를 지켰던 우리 모두에게 그만 가도 좋다고 하였다. 모두가 그 자리를 떠난

---

558) 대 바실리오스, Ἐπιστολή 174, PG 32, 652A.
559) 암모나, Περὶ τῆς χαρᾶς τῆς ψυχῆς τοῦ ἀρξαμένου δουλεῦσαι Θεῷ, ΒΕΠΕΣ 40, 70(12-13).
560) 대 안토니오스, Παραινέσεις περὶ ἤθους ἀνθρώπων καὶ χρηστῆς πολιτείας 4α' (91), Φιλοκαλία 1, page 17.

후에 이시히오스 수도사는 그의 켈리(기도처) 문을 봉쇄한 채 대화를 단절하고 그곳에서 12년을 살았다. 그는 그곳서 홀로 은둔생활을 하며 빵과 물만으로 연명하였다. 그는 무아지경에서 보았던 두렵고 놀라운 뭔가를 깊이 생각하는 듯 언제나 말없이 정신이 나간 것처럼 앉아있었다. 그는 항상 깊은 사색에 빠져 있는 모습이었으며 소리 없이 뜨거운 눈물을 쏟아냈다. 요한 성인은 계속해서 말을 이었다. 그의 임종이 가까이 다가왔을 때 우리는 그의 켈리 문을 부수고 안으로 들어갔다. 그리고 세상을 떠나기 전에 마지막으로 우리에게 유익한 조언이나 위로의 말을 해 달라고 부탁하였다. 수도사는 우리에게 한 가지 가르침을 주었다. "형제들이여, 나를 용서하시게. 사람이 언제나 죽음을 기억하고 사색하며 주관자 그리스도의 두려운 심판대에 설 것을 의식하면, 더 이상 죄를 지을 수가 없답니다! 클리막스의 요한 성인은 다음과 같이 말을 맺었다 : 우리는 과거에 나태하게 지냈던 이시히오스 수도사가 그렇게 빨리 복된 모습으로 변화된 것을 보고 참으로 놀라웠다!561) 이렇게 죽음의 기억은 죄를 없애고, 언제나 깨어 기도하는 영혼에게는 죄가 미칠 수 없도록 해 준다.

또 다른 공동체의 초석인 파코미오스 성인은 다음과 같은 가르침을 주었다 : 형제들이여, 우리 모두 "온 힘을 다해" "매 순간" 죽음을 생각하고, "끔찍한 지옥"을 가슴 속에 새기세. 왜냐하면 죽음의 기억은 우리의 정신을 맑게 해 주고 우리의 사고를 "분별 있게" 해 주며, 이기적인 생각과 허영을 버리게 하고, 우리 영혼에 겸손한 생각과 내실을 가꾸어 준다네. 인간이 죽음의 시간과 정의의 심판대를 기억할 때 수많은 죄로부터 벗어나고 "진정으로 하느님의 참된 성전"이 되니, "어떤 사탄의 계략이 우리를 속일 수 있겠는가?"562)

마카리오스 대 성인과 동시대 인물인 사막의 수도사 이사야 성인은 "매일 자신이 오늘밤에 살지 못할 거라고 생각하는 사람은 하느님께 죄를 짓지 않는다"고 가르쳤다."563) 에바그리오스 수도원장(니사의 그레고리 성

---

561) 시나이인 요한, Κλῖμαξ, Λόγος στ΄, page 61.
562) 대 파코미오스, Κατήχησις ὠφέλιμος πάνυ, ΒΕΠΕΣ 40, 207(30-39)-208(1-25).

인에 의해 보제로 서품되었으며, 신학자 그레고리오스 수도원의 장 보제로 있었다)도 우리에게 다음과 같이 가르친다 : 너의 죽음을 잊지 말라. 그러면 네 영혼에 죄를 짓지 않을 것이다.564) 시리아의 이사악 성인은 '죽음의 기억은 육체의 지체들을 죄로부터 지켜내는 가장 훌륭한 방법이다'라고 말했다. 그래서 다음과 같이 충고한다 : 네가 잠을 자기 위해 침대에 갔을 때, 너는 침대에게 말하라. "침대여, 오늘밤 네가 나의 무덤이 되어 짧은 잠이 아닌 영원한 그 잠이 이 밤에 나를 찾아올지 모르겠구나." 그러니 형제여, 끊을 수 없는 그 사슬이 네 다리를 묶기 전에 어서 너의 튼튼한 다리로 선행을 베풀어라. 죽음이 너를 찾아오기 전에 어서 성한 너의 손가락으로 성호를 긋고 기도하여라. 먼지가 너의 눈을 덮기 전에 어서 눈물로 그 눈을 적셔라.... 오, 인간이여, 이곳에서 네가 떠날 것을 기억하여라. 그리고 언제나 "하느님의 사자가 문 앞에서 나를 지켜보며 서 있는데, 다시는 되돌아오지 못할 영원한 이주가 나를 기다리고 있는데, 내가 지금 가만히 앉아 무엇을 하고 있는 거지?"라는 말을 되새겨라. 성인은 다른 곳에서 이렇게 가르쳤다. 죽음에 대한 기억은 인간의 마음을 지배하고 영혼을 생명으로 인도하는 가장 첫째 개념이다.... 만약 인간이 이 의미를 가슴 속 깊이 새기고, 세상적인 근심 걱정에 휘말리지 않은 채 끊임없이 그 의미를 고찰하고 키워 나간다면, 그 때 그는 형용할 수 없는 깊은 세계의 경지로 나아가게 될 것이다. 사탄은 인간이 죽음을 기억하는 것을 무척 싫어한다. 그래서 사탄은 온 힘을 다해 인간에게서 그 생각을 빼앗으려 한다. 그리고 가능하다면, 아예 그 생각이 자리하지 못하도록 세상의 온갖 부귀영화를 주며 세상살이에 물들게 만들 것이다. 왜냐하면 사악한 사탄은 죽음의 기억을 갖고 있는 한 인간은 더 이상 세상의 그릇된 현혹에 빠지지 않으며, 사탄의 온갖 계략과 획책과 술수에 넘어가지 않음을 잘 알고 있기 때문이다.565)

---

563) 이사야 수도원장, *Εὐεργετινός*, 출판 Βίκτ. ΜατΘαίου, Athens, 1, page 58.
564) Γεροντικόν, 1, page 59.
565) 시리아의 이사악, *Ἅπαντα, Λόγος λδ´, Λόγ. λΘ'*, page 150, 151, 167, 168.

크리소스톰 성인도 이와 같은 구원의 진리를 놓치지 않는다 : 현재의 죽음과 앞으로 다가올 죽음은 우리에게 많은 유익을 제공한다. 죽음을 목격하고 죽음을 회상하고 죽음을 기다리는 것은 우리를 겸손하게 낮춰 주며 우리를 온전하게 사고하게 한다. 그리고 지혜롭게 살도록 해 주며 또 죄로부터 우리를 지켜 주고 대개 모든 악으로부터 벗어나게 해 준다.566) 성인은 "자기 십자가를 지고 나를 따라오지 않는 사람은 내 사람이 될 자격이 없다."(마태오복음 10:28)라는 주님의 말씀을 성령의 빛 속에 해석하면서 이렇게 말한다 : 주님의 이 말씀은 우리의 어깨에 나무십자가를 지게 하기 위한 것이 아니라 "날마다 죽음의 위험을 당하고도"(고린토전서 15:31)그 죽음을 조소하고 현세를 경시했던 사도 바울로와 같이, 우리도 언제나 우리 눈앞에 죽음을 두고 살아가라는 말씀이다.567)

북돋워 주는 힘

죽음에 대한 기억은 악을 제어하는 데 그치지 않고 유혹과 죄에 대항하는 힘을 북돋워 주기도 한다. 매 순간 죽음을 각오하며 살았던 사도 바울로처럼, 우리도 매 순간 죽음을 각오하며 산다는 것, 그것은 분명 "구원을 위한 유혹"이며 투쟁 정신의 발로가 된다.

시나이인 요한 성인은 분명히 말한다 : 죽음의 기억은 일상의 죽음이다. 그리고 현세를 떠남에 대한 기억은 계속되는 한숨이다.568) 혹은 요한 성인의 글에 대한 해석에서처럼, 죽음의 기억은 정지되어 있는 것이 아니라 역동적 에너지로서 현자로 하여금 자신이 살아 있는 것보다 더 죽은

---

566) 요한 크리소스톰, *Εἰς Ρωμ. Ὁμ.* 10, 3 PG 60, 478.
567) 요한 크리소스톰, *Εἰς Ἀνδριάντας Ὁμ.* 5, 4 PG 49, 75.
568) 시나이인 요한, *Κλῖμαξ, Λόγ. στ´*, page 59, 62.

것같이 사고하게 만든다! 그래서 요한 성인은 그리스 철학자들(플라톤)이 철학을 "죽음의 탐구"라고 특징지은 것에 놀라움을 표한다.

시리아인 에프렘 성인은 조언한다 : "형제여, 매 순간 네가 떠날 것을 생각하고 그 여정을 준비하라." 왜냐하면 무서운 명령이 네가 알지도 못하는 시간에 떨어질 것이기 때문이다. 그 때 준비되어 있지 않은 자들은 참으로 불행하다.569) 또 언젠가 성인은 이렇게 충고했다 : "사랑하는 이여, 정의롭고 두려운 (심판관의) 심판대를 기억하라." 이 기억은 너에게 큰 힘이 될 것이며 수덕의 투쟁에 강력한 지렛대가 될 것이다. 그러면 너는 너의 영혼을 훼손하는 것들과 온전히 맞서 싸울 수 있게 될 것이다.570)

"죽음에 대한 나무랄 데 없는 기억", 우리가 현세를 떠나는 것에 대한 바르고 건강한 생각은 "영혼과 육체에 있어 아주 유용한 교육자가 된다." 이 기억은 언제나 깨어 있는 정신을 만들어 지속적인 기도생활에 도움을 주고 우리가 죄를 멀리하게 만든다. 이처럼 죽음의 기억을 통해 그리스도인의 영혼이 얻는 유익은 참으로 많다. 그래서 우리는 모든 덕이 그것을 통해 흘러나온다고 감히 말하게 된다.571) 따라서 죽음을 기억하는 사람은 누구나 한낱 썩어 없어질 물질적인 삶의 태도를 벗어나 더 높은 이상을 추구하게 된다. 이렇게 인간은 죽음을 통해 자비로워지고 형제를 사랑하게 되며, 하느님의 사람으로 변하고 보화를 하늘에 쌓아둔다.

사막의 이름 없는 영적 투사들의 문헌에는 의지가 나약해지고 좌절에 빠질 때마다 죽음의 기억 하나만으로 극복해 나간 거룩한 한 영혼의 사례가 있다 : 나는 일할 때, 물렛가락을 돌리고 내려놓을 때, 그리고 그것을 다시 들 때 내 눈앞에 있는 죽음을 바라본다. 왜냐하면 "매 순간 눈앞의 죽음을 직시하는 사람은 나약함을 이겨 낸다"고 하였기 때문이다.572)

거룩한 삶과 정교의 믿음을 지키기 위해 투쟁했던 위대하고 용감한 영

---

569) 시리아의 에프렘, *Εὐεργετινός*, 1, page 56.
570) 시리아의 에프렘, Op. cit., 3, page 175.
571) 이시히오스 사제, *Πρὸς Θεόδουλον, Φιλοκαλία*, 1, page 155, 165.
572) *Εὐεργετινός*, 1, page 55.

혼의 소유자, 테오도로스 스투디티스 성인은 그의 저명한 수도원에 다음과 같은 제도를 도입하였다. 즉, 영적 투쟁의 기간인 성 대 사순절에 연로한 수도사들 중 한 명이 아침 9시부터 수도사들이 일하는 여러 곳을 방문하는 것이었다. 연로한 수도사는 수도사들이 봉사하고 있는 어떤 한 곳에 이르자, 먼저 메타니아(허리를 깊이 굽히고 고개는 아래를 향한 채 성호를 긋는 행위)를 하고 그들에게 말했다 : "사제들과 형제들이여, 우리 자신을 잘 돌아보고 우리가 죽는다는 것, 우리가 죽는다는 것, 우리가 죽는다는 것을 잊지 말게. 그리고 하늘의 왕국을 기억하게."573) 이처럼 하늘의 왕국과 죽음에 대한 이 기억은 저명한 스투디티스 수도원의 그 수도사들의 마음속 깊은 곳에 새겨져, 피어오르는 죄의 욕망을 억제하고, 그들의 영적 투쟁에 힘을 북돋워 주었다. 왜냐하면 죽음의 고찰과 기억은 쾌락의 유혹과574) "유해한 생각"에 아주 치명적 무기들이 되기 때문이다. 그래서 아모나 사부는 말했다 : "너의 정신을 잘 다스려 죽음의 날을 기억하라." 찰나의 생이 끝나고 내세로 갈 때 어떤 일이 일어날 것인가를 생각하라. "죄인에게 내릴 심판을 생각하고" 혹시 네게도 그런 일이 닥칠까 우려하며 "한숨과 슬픔과 눈물을 흘려라." 또한 의인들을 위해 예비하신 "선물들을 기쁘게 환호하라." 그리고 그 선물을 누릴 수 있도록 신경 써라. 이렇듯 너는 죽음의 기억으로 "해로운 생각들을 피하고" 투쟁의 정신을 유지하게 될 것이다.575) 특히 성인은 "죽음의 기억은 '일상 속의' 매사에 우선해서 앞서야 한다고 하였다. 그래서 그리스도인들이 나태하지 않게 영적 투쟁의 삶으로 정진하여야 한다"고 권고했다.576)

신자들의 영적 투쟁에 이 무기가 얼마나 큰 도움이 되었는가는 믿음의 초심자뿐만 아니라 이미 높은 덕에 이른 영적 스승들까지도 그것을 사용

---

573) 테오도로스 스투디티스, Ὑποτύπωσις καταστάσεως τῆς Μονῆς τοῦ Στουδίου, 23 PG 99, 1712; 아토스 수도사 니코데모스, Ἐξομολογητάριον, page 216, ὑποσ. 2 참조.
574) 대 안토니오스, Παραινέσεις περὶ ἤθους ἀνθρώπων..., Φιλοκαλία 1, page 26 참조.
575) 암모나, Ἀποσπάσματα, 2 ΒΕΠΕΣ 40, 74(1-25).
576) 암모나, Περὶ τῆς χαρᾶς τῆς ψυχῆς τοῦ ἀρξαμένου δουλεῦσαι Θεῷ, ΒΕΠΕΣ 40, 70 (18-25).

한 사실에서 잘 드러난다. 역사가 소조메노스가 육신을 취한 천사로, 참으로 자비롭고, 무척 하느님을 사랑하는 사람으로 특징지었던 파코미오스 성인의 전기는 성인이 언제나 "하느님에 대한 경외심과 최후의 심판, 그리고 영원한 불의 고통"을 사색하면서 지냈음을 보여 준다. 그 결과 그의 정신은 언제나 깨어 있었고 "강도의 침입을 막기 위한 튼튼한 구리 대문처럼" 사탄의 갖은 계략에 흔들리지 않았다. 질투의 화신이며 선을 증오하는 사탄이 성인을 이기기 위해 온갖 방법을 다 동원할 때 성인은 주님께 모든 희망을 걸고 있었다. 결국 사탄과 그의 수하들은 결코 그의 상대가 되지 못한 채 비웃음과 조롱거리가 되었다.577)

많은 덕을 포함하다

죽음의 기억은 각별한 은혜이다. 왜냐하면 우리를 회개로 이끌어 주고 잘못된 삶을 바르게 잡아 주기 때문이다. 대 바실리오스 성인은 약속을 저버리고 수도사의 길을 포기한 한 수녀가 회개하도록 다음과 같은 편지를 썼다 : 죽음을 기억하라. 왜냐하면 너는 영원히 살 수 없기 때문이다. 네 생의 마지막 날을 생각하라. 그리고 죽음의 시간에 네가 직면할 초조한 순간과 가쁜 숨을 생각하라. 갑작스러운 하느님의 결정을 기억하고 두려움에 떨고 있는 네 영혼 앞에 나타날 천사들을 생각하라. 너는 죽기 전에 양심의 가책을 심하게 받을 것이며, 네가 세상을 떠나는 바로 그 순간에 너의 영혼은 네가 현생에서 살아왔던 그동안의 뒷모습을 보게 될 것이다. 네가 이 세상에서 멀리 떠나가야 하는 운명인 것을 기억하기 바란다. 너는 세상을 심판하러 인간의 아들이 오실 그 날에 대해 네 생각을 말해 보기 바란다. 왜냐하면 "우리 하느님 행차하신다. 조용조용 오시지 않고 삼키

---

577) 파코미오스 첫 전기 (Βίος πρῶτος), 18 ΒΕΠΕΣ 40, 136 (15-30).

는 불길을 앞세우고 돌개바람 거느리고" 오시기 때문이다.(시편 50:3) 너는 주님께서 산 자와 죽은 자를 심판하러 오셔서 각자의 행실에 따라 심판하신다는 사실과, 큰 나팔소리에 죽은 자들이 일어나, 선한 이들은 영원한 생명을 누리기 위해 부활하고, 죄인들은 심판 받아 영원한 고통을 겪기 위해 부활하게 된다는 것을 마음속 깊이 새기기 바란다.578)

시나이인 요한 대 성인도 같은 생각을 가지고 있었다. 그래서 다음과 같이 충고했다 : 배고픈 사람이 음식 생각을 떨칠 수 없듯이 진정으로 회개와 영혼의 구원을 얻고자 하는 사람은 앞으로 있을 심판과 죽음을 생각하지 않을 수 없다.579)

이밖에도 죽음의 기억은 우리로 하여금 초조함이나 불안감 없이 죽음의 마지막 순간을 하느님에 대한 믿음과 희망으로 맞이할 수 있도록 도와준다. 크리소스톰 성인은 죽음을 기억하는 사람은 이 놀라운 신비를 올바르게 "고찰"하기 때문에 여느 사람들처럼 죽음을 받아들이지 않으며, 죽음과 대면할 때도 "대개의 사람들"과는 달리 초조해 하거나 "두려워하지 않는다"고 말했다.580) 사막의 꽃인 이사악 성인도 죽음을 기억하는 사람은 죽음을 두려워하지 않을 뿐만 아니라 오히려 죽음을 희망한다고 하였다. "현자에게는 죽음이 갈망의 대상이다." 그래서 하느님의 뜻에 따라 사는 현자는 언제나 죽음을 기억하고 영적으로 깨어 있으며, 세상과 투쟁한다. 반면에 어리석고 우매한 사람은 나태하고 계획 없이 인생을 보낸다. 왜냐하면 하늘의 왕국보다 여기 이곳의 짧은 안락함을 더 좋아하기 때문이다.581)

죽음을 생각하면서 영혼이 얻는 많은 결실에 대해 시나이 교부들의 한 분이었던 저명하고 훌륭했던 수도원 원장 필로테오스 성인은 그의 아름다운 영적 가르침들의 말미에 다음과 같이 적었다 : 죽음에 대한 생생한

---

578) 대 바실리오스, Ἐπιστολὴ μστ΄, 5 PG 32, 377C-380A.
579) 시나이인 요한, Κλῖμαξ, Λόγ.26, page 147-148.
580) 요한 크리소스톰, Λόγ. λα', Περί Θανάτου PG 63, 802-803.
581) 시리아의 이사악, Ἅπαντα, Λόγ. 26, , page 115.

기억은 실제적으로 많은 덕들을 제공한다. 그것은 하느님을 향한 슬픔을 생산하고 모든 것에 절제를 권장하며 "지옥"과 죄인들의 두려운 심판을 상기 시킨다. 그리고 우리가 열렬히 기도할 수 있게 힘이 되어준다. 죄의 공격에서 우리의 마음을 강건하게 지켜내며 구원을 가져다주는 하느님에 대한 경외심을 우리 영혼 속에 탄생 시킨다. 그리고 죄를 짓게 하는 생각들을 몰아내고 우리 내면의 세계를 깨끗하게 만들어 준다. 죽음의 기억은 우리 주 예수 그리스도의 여러 계명의 집약이다.582)

이처럼 끊임없는 죽음의 기억은 영혼과 육체의 훌륭한 인도자이다. 하지만 불행하게도 우리의 세상에 대한 애착과 바쁜 일상, 불필요한 세상사에 대한 온갖 근심과 걱정, 죄와 또 그로 인한 끝없는 유혹들이 이 구원의 진리를 우리가 가슴 속에 담아두지 못하게 만든다. 그럼에도 불구하고 위대한 성인들은 그것을 이루어 냈으며 그 결과 지금 그들은 이 세상을 밝게 비추고 있다. 그들은 알렉산드리아의 총대주교였던 자비의 요한 성인처럼 영원한 생명이 있는 그곳에서 빛을 발하고 있다. 그러면 이 시점에서 자비의 요한 성인에 대해 전해 내려오는 이야기를 한번 살펴보자. 성인은 사목에 필요한 여러 일들로 바쁜 가운데서도 언제나 죽음에 대한 기억을 그의 정신 속에 담아 두려고 사람들에게 자신의 무덤을 만들되 무덤을 완성 시키지는 말라고 명령하였다. 더 나아가 성인은 큰 축일 때마다 화려한 주교 제의를 입은 자신이 사람들로부터 영광을 받고 칭송을 받아 죽음을 망각하고 하느님께서 원치 않는 행실을 할까 봐 모든 사람들이 지켜보는 가운데 그 일을 맡은 사람들이 자신 앞에 와서 큰소리로 이렇게 말하도록 시켰다. "주교여, 당신의 무덤이 아직도 미완성으로 남아 있나이다." 그러니 우리가 그 무덤을 완성할 수 있도록 허락하소서. 왜냐하면 당신의 죽음이 언제 찾아올지 모르나이다....583)

이렇게 위대한 성인들은 사라져 버릴 세상의 헛된 영광으로부터 교만

---

582) 시나이인 필로테오스, *Νηπτικά Κεφάλαια*η', *Φιλοκαλία*... 2, page 286.
583) *Εὐεργετινός*, 1, page 54 참조.

해지지 않기 위해 또 겸손한 모습으로 안전하게 영원한 왕국에 들어가기 위해 그렇게 죽음을 기억하고 또 그렇게 실천하였다. 반면에 나태하고 어리석은 사람들은 죽음의 위협아래 노출되어 오늘이나 내일 죽을 운명인데도 죄를 회개하지 않고 살아간다. 인간 살육자에게 속아 넘어간 어리석은 그들은 자신들이 불멸하는 존재인 것처럼 그렇게 세월을 허비한다! 아, 영원한 파멸로 자신을 이끄는 영적 무지와 눈먼 장님들이여!....

무덤의 교훈

"무덤으로 가자"

 신자들은 죽음의 기억을 통해 그리스도인답게, 그리고 생산적이고 긍정적으로 사고한다. 한발 더 나아가 거룩한 교회나 하느님의 교부들은 신자들에게 무덤을 방문할 때도 죽음에 대해 깊이 생각하라고 요청한다.

세상 사람들은 "부귀영화와 건강, 소망과 열정, 계획과 영광, 시련과 아픔이 하나의 재와 구더기로 변한"584) 무덤을 지켜보면서 전율하고 두려움에 사로잡힌다. 그리고 그 무덤이 자신의 존재를 없애고 몰락 시키는 종말로 생각한다. 그들은 무덤이 모든 것을 무로 만드는, 출구가 없는 암흑처럼 생각한다! 하지만 그리스도인들은 무덤을 새로운 세상, 하늘의 세상으로 우리를 인도하는 신비의 문으로 생각한다. 그들은 "땅과 하늘이 서로 사랑의 입맞춤을 나누는" 달콤한 입인 듯이 무덤을 바라본다!585)

크리소스톰 성인은 무덤의 모습을 통해 신자들이 얻을 수 있는 유익을 다음과 같이 설명하였다. : 무덤을 바라볼 때 우리는 많은 유익을 얻는다. 왜냐하면 영혼이 나태하고 무기력할 때 무덤을 통해 자극받고 깨닫기 때문이다. 만약 영혼에 생기가 있는 사람이라면 무덤을 통해 그 영혼은 더욱 활기차게 된다. 만약 자신의 가난을 슬퍼하는 사람이 있다면, 그는 무덤을 보고 위로를 받는다. 만약 자신의 부에 대해 교만한 생각을 품는 사람은 겸손해지고 절제하게 된다. 왜냐하면 무덤은 자신의 죽음을 의식하고 깊이 생각하게 만들기 때문이다. 죽음은 세상에 불변하는 것은 없으며 슬픔도 기쁨도 영원하지 않음을 일깨워 준다. 무덤의 모습은 우리가 원하든 원치 않든 우리로 하여금 마지막을 위해 준비하게끔 만든다.586)

성인은 다른 곳에서 이렇게 가르쳤다 : 무덤을 통해 얻는 유익은 무척

---

584) 콘스탄티노스 칼리니코스, *Πέραν τοῦ τάφου*, 출판 Χριστ. Βιβλίου, Athens 1958², page 15.
585) Ibid.
586) 요한 크리소스톰, *Εἰς τὴν μεγαλομάρτυρα Δροσίδα...*, 1 PG 50, 683-684.

크다. 그래서 "도시에 있든, 시골에 있든" 그리고 어떤 장소에 있든 우리 앞에 있는 이 "겸손의 교실"은 우리 인성의 병약함과 나약함을 끊임없이 상기 시킨다. 누군가 풍성하고 활기찬 "임금의 도시"로 어서 들어가, 그토록 갈망했던 것을 보려 해도 그는 먼저 죽음이 준비한 이것과 마주쳐야 한다. 이렇게 우리는 무덤을 통해 우리가 어떤 상태에 놓이게 될 것인지를 먼저 배우고, 나중에 우리가 그리워하고 그토록 기다려왔던 것을 보기 위해 임금의 도시 안으로 들어간다.587)

그러나 이런 유익이 전부가 아니다. 무덤의 모습은 또한 우리 현생의 헛됨을 깨닫게 도와준다. 그래서 크리소스톰 성인은 신자들을 회개로 이끌기 위해 다음과 같이 말했다 : "우리의 육신이 살아 있는 동안, 무덤으로 가자. 우리의 집이 될 그곳에서 우리의 헛된 생각을 일깨우자. 곧 있을 우리의 모습을 지켜보고 방황하지 말자. 썩어 없어질 우리 자신을 보고 우리 삶을 되돌아보자. 그리고 우리가 어떻게 될 것인지 살펴보고 우리의 마지막을 준비하자."588)

그런데 이것은 사실 한 면만을 바라본 것이다. 거기에는 또 다른 면이 있다. 하느님의 성령의 빛을 받은 크리소스톰 주교는 부연한다 : 지금 네 눈에 보이는 차가운 무덤이 전부라고 생각하지 말고 부활을 생각하라. 조금 전까지 그를 품에 안았던 네가 지금은 그와 접촉하는 것조차 싫어하지만, 그가 다시 부활할 것이라는 것을 "생각하고 믿어라." 지금은 그의 혀가 침묵을 지키지만 천사와 인간들이 주님 앞에 엎드리고 악령들조차 두려움 속에 그분의 영광스런 옥좌와 놀라운 그분의 위엄 앞에 엎드리는 (필립비서 2:10 참조), 곧 주님께서 임금으로 지배하시는 날, 그는 다시 말을 하게 될 것이다. 그러면 그분께서 그를 심판하시고 정당한 보상을 그에게 내리실 것이다.589)

이처럼 그리스도인의 시선이 어두침침한 침묵의 무덤을 사색할 때 그

---

587) 요한 크리소스톰, Λόγ. λα', Περὶ Θανάτου PG 63, 803.
588) 요한 크리소스톰, Περὶ ὑπομονῆς..., PG 60, 728.
589) Ibid.

의 정신은 희망으로 가득 차 하늘로 날아오른다. 천사들의 기쁨이 있고 주관자 주님께 끊임없는 찬송가가 울려 퍼지는 그곳, 그가 그토록 갈망하고 열망했던 낙원으로 올라간다.

그리스도교는 무덤에 관한 또 다른 중요한 가르침을 우리에게 준다 : 죽음은 모든 사람들을 평등하게 한다! 부자도 빈자도 모두 죽고, 주인도 하인도 모두 죽는다. 죽음은 사회적 차별을 비롯한 모든 차별을 폐지한다. 아니 더 옳게 말하면 구분 짓지 않는다. 그리고 인류를 생명의 본질적 의미로 인도한다! 무덤은 우리에게 죽음이 만인에게 평등한, 즉 지배자와 피지배자의 구분을 두지 않는 오직 하나의 국가를 세운다는 사실을 알려준다! 죽음은 인간의 나약함이나 이기주의, 개인주의나 신분으로 삶 속에서 갈라진 모든 이들을 하나로 일치 시킨다. 크리소스톰 성인은 그의 어느 설교에서 말했다 : "흙과 먼지에 불과한 인간이 잘난 체할 것이 무엇인가?"(집회서 10:9) 왜 너는 네 자신에 대해 그렇게 자랑하는가? 우리 같이 무덤으로 가서 그곳에 있는 신비를 보자. 가서 인성이 산산이 흩어져 있는 것을 보자…. 네가 아직도 현자라면, 살펴보라. 만약 네가 생각이 있는 자라면, 그곳에서 누가 임금이며 누가 백성인지, 누가 귀족이며 누가 종인지, 누가 현자이며 누가 어리석은 자인지를 내게 말해보라.[590]

대 바실리오스 성인도 신자들에게 사색의 눈으로 무덤을 바라보라고 요청하면서 같은 진리를 강조하였다 : 정치적 권력을 가졌던 이들이 어디에 있는가? 견줄 자 없었던 설교자들이 어디에 있는가?…. 군인들, 지배자들, 폭군들이 어디에 있는가? 그들 모두 먼지가 되지 않았는가?…. 그들이 세상을 살고 갔던 흔적은 남아 있는 약간의 뼈들뿐이 아닌가? 머리를 숙여 무덤을 잘 살피고 누가 종이고 누가 주인인지, 누가 빈자이고 누가 부자인지를 구분해 보라. 네가 만약 할 수 있다면 임금과 포로, 약한 자와 강한 자, 못난 자와 잘 생긴 자를 구분해 보라. 만약 네가 같은 인성인 것을 생각한다면 결코 너는 자랑하거나 교만하지 못할 것이다.[591]

---

590) 요한 크리소스톰, Περί μετανοίας, Ὁμ. 9 PG 49, 346.
591) 대 바실리오스, Εἰς τὸ "Πρόσεχε σεαυτῷ", 5 PG 31, 209D-212A.

성령의 도구인 다마스커스의 요한 성인은 교부들의 이 가르침을 장례 예식의 아름다운 선율의 곡으로 만들었다 : "....무덤 안을 유심히 살펴보았더니 벌거벗은 뼈들이 있어 말했도다. 누가 임금이며, 군인이고, 누가 부자이며, 빈자인가? 그리고 누가 의인이며, 누가 죄인인가?"592)

구원의 삶을 살도록 도와주는 장례 예식의 또 다른 성가는 우리에게 권고한다 : "...가서 무덤에서 일어나는 현상을 샅샅이 살펴보라. 육체의 아름다움이 어디 있고 젊음이 어디 있는가? 육신의 형체는 어디 있는가? 모든 것이 풀처럼 말랐도다."593) 같은 예식에서의 또 다른 성가는 무덤을 "사유하면서" 바라보라고 조언한다. 그러면 우리는 "그곳에 젊음도 늙음도 없고 연기와 재와 구더기가 있고" "알릴루이야"를 외치는 자 하나 없이 침묵만이 있음을 확인하게 된다.594)

그런데 구약의 현자는 이미 우리에게 이렇게 말하지 않았던가? "사람이 죽으면 벌레와 짐승과 구더기의 차지다."(집회서 10:11) 죽음은 인간의 그 어떤 위대함도 비참하게 만든다. 왜냐하면 무덤에 안장되지 않을 때는 짐승과 맹수의 밥이 되고, 무덤에 안장되어 있을 때는 구더기의 차지가 되기 때문이다!....

순교자들의 무덤

여느 무덤을 방문하는 것이 우리에게 커다란 유익을 가져다준다면 세상의 권력자 앞에서 그리스도를 위해 당당하

---

592) *EYXOΛOΓION τὸ MEΓA* (대 기도서), Ἀκολουθία νεκρώσιμος εἰς Κοσμικούς, Ἰδιόμελον, page 414.

593) *EYXOΛOΓION τὸ MEΓA* (대 기도서), Ἀκολουθία Νεκρώσιμος εἰς Μοναχούς, page 434.

594) *EYXOΛOΓION τὸ MEΓA* (대 기도서), Ἀκολουθία Νεκρώσιμος εἰς Ἱερεῖς, page 456.

게 믿음을 고백하고 순교한 순교자들의 무덤을 방문하는 일은 이루 헤아릴 수 없는 유익을 우리에게 가져다줄 것이다. 크리소스톰 성인은 고백한다 : 나는 순교자들의 무덤이 있는 이곳을 그 어떤 곳보다 사랑한다. 나는 신자들의 축일 모임이 있을 때만 이곳을 찾는 것이 아니라 셀 수 없이 자주 이곳을 찾아온다. 나는 홀로 이곳을 찾아와 현생은 변화하는 하나의 여정이요, 기쁨도 슬픔도 다 사라져가는 것임을 생각한다. 내가 이런 생각에 잠길 때 나의 눈은 고요한 침묵 속에 조용히 무덤 주변을 살펴본다. 그러면 어느새 나의 영혼은 이 세상을 떠나 복된 삶을 살고 있는 순교자들에게 올라간다.595)

언젠가 성인은 안티오키아의 주교(240-250)였던 복된 바빌라 순교자를 칭송하면서 이렇게 말했다 : 자비의 하느님께서는 구원을 위해 우리에게 많은 기회를 제공하셨다. 하느님께서는 우리에게 다양한 구원의 길들과 함께 우리를 덕으로 인도해 줄 수 있는 길을 열어 주셨다. 이렇게 선하신 하느님께서는 아주 오래전부터 성인들의 유해를 우리에게 남겨 주셨다. 그것은 "성인들의 무덤이" 설교능력 다음가는 위치를 차지하고 있었기 때문이며" 성인들의 무덤을 방문하는 영혼들을 일깨워 순교 성인들이 가졌던 열정을 갖도록 그들을 변화 시켜 주었기 때문이다. 순교자들의 유해를 담고 있는 무덤은 경이로 영혼을 채우고, 자극하고 일깨운다. 그리고 그리스도인은 이런 축복 속에서 완전히 새로운 사람이 되어 수덕의 삶의 의지를 다지며 순교자들의 무덤을 떠난다.596)

요한 교부는 대순교자인 성녀 드로시다597)를 칭송하면서 신자들이 순교자들의 무덤을 방문할 때 얻는 커다란 유익을 강조한다 : 우리가 거룩한 순교자들의 무덤을 방문할 때 우리의 마음은 더욱 굳건하게 되고 우리의 영혼은 더욱 강건하게 된다. 그리고 영적 투쟁에 대한 더욱 확고한 신념과 뜨거운 믿음에 불탄다. 특히 순교 성인들의 고통과 투쟁, 그들의

---

595) 요한 크리소스톰, Ἐγκώμιον εἰς τὴν μεγαλομάρτυρα Δροσίδα..., 1 PG 50, 685.
596) 요한 크리소스톰, Εἰς τὸν μακάριον Βαβύλαν..., 11 PG 50, 550-551.
597) 요한 크리소스톰, Ἐγκώμιον εἰς τὴν μεγαλομάρτυρα Δροσίδα..., 4 PG 50, 688.(6월 28일에 축일을 지낸다.)

승리와 빛나는 보상, 그리고 그들이 받을 월계관을 생각하면 우리는 다시 한 번 우리 자신을 겸손하게 돌아보는 계기가 된다. 왜냐하면 우리의 투쟁이 아무리 크다 할지라도 그들의 투쟁에 견줄 수 없음을 알기 때문이다. 순교자들의 무덤을 보고 그들의 용맹함에 위로 받는 사람은 비록 자신이 높은 덕에 이르지 못했어도, 결코 자신의 구원에 대해 좌절하지 않는다. 오히려 그는 하느님께서 당신의 자비로 이와 같이 영적 투쟁을 할 수 있도록 힘을 주시어, 마침내 하늘에 올라 가 투쟁의 독려자이신 그리스도의 옥좌 앞에 당당히 설 수 있도록 하실 것임을 믿는다.598)

"무덤 앞에서 자주 기도하라"

우리가 무덤을 방문할 때마다 받는 영혼의 충격은 상당하다. 특히 순교자들과 성인들의 무덤을 방문할 때는 더욱 그렇다. 그래서 이 방문은 단순히 그리스도 신자들만 "덕행"의 삶을 살도록 변화 시키는 것이 아니라, 불경하고 매몰찬 사람들에게도 그 영향을 미친다. 크리소스톰 성인은 말했다 : 너는 "교만하고 무례한 자들이" 시신과 무덤 앞에서 움츠러드는 것을 보지 못했는가? 그들은 누군가가 세상을 떠났다는 말을 들으면 두려움에 움찔한다. "그래서 우리는 우리 장래의 모습을 무덤을 통해 고찰한다." 어떤 계기가 있어 무덤을 방문하게 되면 우리는 서로 "인생이 참 불쌍하지. 그런데 우리가 죽으면 어떻게 될까?" 하며 이런 저런 말을 주고받는다. 우리는 이렇게 "쉽게 생각하고" 마치 악에서 완전히 벗어난 것처럼 행동한다. 하지만 불행하게도 인성은 죄로 인해 타락과 취약과 모순으로 가득하며 구원의 사고를 망각한다. 그래서 "말로는 그럴 듯하게 하지만 행위로는 언제나 하느님께 반항하는" 슬픈 모습을 보여 준다. 그리곤 한편으로

---

598) 요한 크리소스톰, *Ἐγκώμιον εἰς τὴν μεγαλομάρτυρα Δροσίδα...*, 2 PG 50, 685.

"과연 우리는 어떻게 될까?"라고 질문하며 또 다른 한편으론 "빼앗고 복수하자"고 외친다!599)

시나이인 요한 성인도 이와 같은 견해를 가지고 충고한다 : 형제여, "주검 앞에서 자주 기도하라. 그리고 그들의 모습을 너의 가슴속에 새겨라."600) 나의 형제여, 시신을 모신 관이나 무덤 앞에서 자주 기도하라. 그리고 인생의 짧음과 무덤 이후의 생을 깊이 고찰하고 네 마음속에 각인 시켜라. 네가 드리는 이 기도는 너를 도와주어 구원의 감정이 네 영혼에 깃들도록 해 줄 것이다. 그리고 너를 회개로 이끌어 주고 그리스도의 거룩한 덕으로 너의 삶을 꾸며 줄 것이다.

그리스도인은 무덤과 주검 앞에서 그리스도적으로 사고할 때 분명 커다란 유익을 얻는다. 하지만 그 유익조차도 요한 성인이 부언한 것처럼, 거룩한 하느님의 선물이라는 점을 우리는 간과해서는 안 된다. 왜냐하면 우리들 중 일부 사람들은 무덤 앞에서 아무런 느낌도 감정도 "눈물도 없이 매몰찬 모습"으로 있기 때문이다!601) 반면에 우리는 자주 고인의 관이나 무덤을 보지 않고도 "신심의 모습을" 갖추고 있기 때문이다! 그럼에도 우리는 무덤 앞에서 다짐했던 회개의 마음과 거룩한 구원의 결심을 차돌 같이 굳어 버린 우리 마음 때문에 그곳을 떠나는 순간 쉽게 망각하곤 한다. 다시 말해서, 자비의 하느님께서 은총을 우리에게 베풀어 주시지 않으면 우리는 아무런 유익 없이 그곳을 떠나게 되는 것이다!....

우리는 지금까지 여러 교부들의 견해를 들었다. 마지막으로 크리소스톰 성인의 충고로 이 중요한 단원의 주제를 마무리하려 한다 : 우리가 세상살이에 얽매이지 않고 죄에 끌려 다니지 않으려면 우리 모두 하늘을 바라보고 우리의 시선을 고인의 관과 무덤으로 돌려 보자. 왜냐하면 우리도 고인과 같은 결말을 맞을 것이기 때문이다. 우리 모두 세상을 떠날 준비를 하자. 우리의 이 여행에는 필요한 것이 많을 것이다. 왜냐하면 엄청난

---

599) 요한 크리소스톰, Λόγ. λα', Περί Θανάτου PG 63, 803-804.
600) 시나이인 요한, Κλῖμαξ, Λόγ. 17, page 101.
601) 시나이인 요한, Κλῖμαξ, Λόγ. 6, page 61.

더위와 심한 가뭄, 그리고 황폐한 사막이 우리를 맞이할 것이기 때문이다. 우리는 숙박도 안 할 것이며 물건을 사지도 않을 것이다. 그러니 우리는 지금 모든 준비를 마쳐야만 한다. 성서에서 슬기로운 다섯 처녀들이 미련한 다섯 처녀들에게 무엇이라 말했는가? "우리 것을 나누어 주면 우리에게도, 너희에게도 다 모자랄 터이니 너희 쓸 것은 차라리 가게에 가서 사다 쓰는 것이 좋겠다. 미련한 처녀들이 기름을 사러 간 사이에 신랑이 왔다. 준비하고 기다리고 있던 처녀들은 신랑과 함께 혼인 잔치에 들어갔고 문은 잠겨 졌다."(마태오복음 25:9-11)라고 하지 않았는가? 또한 아브라함이 부자에게 한 말을 듣지 못했는가? "우리 사이에는 큰 구렁텅이가 가로 놓여있다."(루가복음 16:26)라고 하였다. 하느님의 예언자 에제키엘이 그 날에 대해 말한 것을 듣지 못했는가? "그리고 거기에 노아나 다니엘이나 욥 같은 사람이 있다고 하자. 그 세 사람도 옳게 산 덕분에 자기들의 목숨이나 겨우 건질 수 있으리라. 주가 하는 말이다." 의인 노아와 경건한 욥, 그리고 "성령을 갈구하는 사람" 다니엘도 그들의 자녀들과 후손들이 스스로의 덕행을 증명하지 못하면 심판관 앞에서 그들을 구원하지 못할 것이다. 그러면서 교부는 이렇게 결론을 맺는다 : 그러므로 우리는 이러한 두려운 말씀을 듣지 않도록 하자. 그리고 거룩한 생활과 진실한 회개로 영원한 왕국을 준비하여 당당하게 우리 주 예수 그리스도를 만날 수 있도록 하자.602)

---

602) 요한 크리소스톰, *Eiς Ἰω. Ὁμ. πδ'* 3 PG 59, 460.

순교자들의 죽음

"더 나은 삶을 위한 죽음"

만약 순교자들의 무덤이 신자들에게 다양하고 많은 유익의 원천이 된다면 순교자들의 죽음은 그보다 훨씬 더 큰 유익이 될 것이다. 주님께서는 "육신은 죽여도 영혼은 죽이지 못하는 사람들을 두려워하지 말고 영혼과 육신을 아울러 지옥에 던져 멸망 시킬 수 있는 분을 두려워하라."(마테오복음 10:28)는 말씀으로 제자들에게 용기를 심어 주셨다. 주님의 이 말씀에 대한 초대교회의 믿음은 아주 강렬하였다. 사랑의 제자 요한은 하느님의 말씀을 지키기 위해 죽임을 당했던 영혼들이 천상의 거룩한 제단 아래에 있는 것을 보았다고 언급한다. 지금 그들은 천상에서 살고 있으며 큰 소리로 신자들의 박해자들을 심판하고 형벌을 내려 달라고 주님께 요청한다. 그들은 주님께 물었다 : "우리가 얼마나 더 오래 기다려야 땅 위에 사는 자들을 심판하시고 또 우리가 흘린 피의 원수를 갚아 주시겠습니까?"(요한묵시록 6:9-10) 이런 모든 것들은 그리스도인들이 용감하게 순교에 직면할 수 있도록 도와주었다. 용감한 그 투사들은 죽음 앞에서 절망을 느낀 것이 아니라 오히려 평화와 형용할 수 없는 내적인 기쁨과 희망으로 죽음을 받아들였다. 그들은 그리스도를 체험하고 불멸과 영원에 대한 그들의 확고한 믿음을 발산하면서 그들의 온 영혼을 다해 그리스도를 위한 죽음을 갈망했다.

그 몇 가지 사례 중에 하나는 안티오키아의 주교 이그나티오스 테오포로스 성인의 순교다. 성인은 주체할 수 없는 열망으로 순교를 갈망했다. 순교하기 전에 그의 놀라운 순교자적 자세를 보여 주는, 로마인들에게 보낸 그의 편지에는 그리스도를 위해 희생하고자 하는 그의 열망이 가득했다! 테오포로스 주교는 그 편지에서 놀라운 정도의 평정과 형용할 수 없는 환희로 자신이 받을 수난에 대해 자세히 설명하면서 다음과 같이 강조했다 : 아직은 살아 있는 내가 당신들께 편지를 씁니다. 하지만 지금 나는 그리스도를 위해 순교하고픈 열망으로 가득합니다. 나의 사랑, 그리스도께서는 십자가에 못 박히셨습니다. 지금 내 안에는 생명을 부지하고자 하는 감정이 전혀 없습니다. 그리고 내 안에서 샘물처럼 흘러나오는 생명수가 지금 나를 부르며 "아버지께로 오라!"고 소리치고 있습니다. 맷돌로 밀을 갈듯이 맹수의 이빨이 나를 물어뜯어 내가 빨리 그리스도 곁으로 갈 수 있도록 나를 그들의 밥이 되게 버려두십시오. 나는 하느님의 밀로서 그리스도의 순수한 빵이 되어 내세로 가려고 맹수들의 이빨에 산산이 찢겨지고자 합니다. 당신들은 맹수들을 잘 다독여 그것들이 나의 육신을 하나도 남기지 않게 해서 나의 무덤이 되게 하여야 합니다. 그래서 제가 흔적도 없이 사라져 공기처럼 잠에 들도록 해야 합니다. 이렇게 해서 사람들이 더 이상 나의 육신을 보지 못할 때 그 때에 비로소 저는 예수 그리스도의 진정한 제자가 될 것입니다. 왜냐하면 없어질 세상에서 내가 왕이 되어 군림하는 것보다 예수 그리스도를 위해 죽는 것이 더 낫기 때문입니다.603) 즈미르니의 폴리카르포스 성인도 자신의 순교를 앞두고 하느님께 기도하며 감사드렸다. 왜냐하면 하느님께서 그를 순교자들의 대열에 포함 시켜 주셨기 때문이다. 그리고 그는 평정을 누리는 가운데 불 속에 던져졌다.

   크리소스톰 성인도 순교자들의 죽음과 또 그와 유사한 죽음을 생각하면서 그들의 죽음을 "더 나은 삶을 위한 죽음"이라고 말했다. 죽음은 삶보다 비할 수 없이 좋은 것이다. 만약 네가 그 사실을 믿지 못한다면, "순교의 시간에 기쁨에 넘쳐 환히 빛나는 순교자들의 얼굴"을 직접 목격한 사람들의 말을 들어 보라. 순교자들은 불 속에서 태워지고 있음에도 온갖 부귀영화를 누리는 것보다 더욱 "기뻐하고 환희에 넘쳤다." 그래서 사도 바울로는 그의 생을 순교로 마감할 때 다음과 같은 편지를 썼다 : 나는 기쁩니다. 왜냐하면 그리스도를 위해 죽기 때문입니다. 그리고 나는 이 죽음을 통해 얻게 될 유익에 대해 여러분과 함께 기뻐합니다. 그러니

---

603) 안티오키아의 이그나티오스, *Πρός Ρωμαίους* 7, 4, 6 ΒΕΠΕΣ 2, 304-305.

기뻐하십시오. 그리고 나와 함께 나의 순교에 대해 기뻐하십시오.(필립비서 2:17-18 참조) 크리소스톰 성인은 신자들에게 묻는다 : 바울로 사도가 사람들에게 그의 기쁨에 동참해 달라고 간절히 요청하는 것을 보았는가? 그것은 사도 바울로가 이 세상을 떠나는 것이 "커다란 선물"임을 잘 알고 있었기 때문이다. 그는 보통 사람들이 두려워하는 죽음을 오히려 사랑하였고 소망하였으며 만인이 간절히 추구할 가치가 있는 그 무엇인가로 여겼다.604)

하지만 누군가 그것은 생명에 대한 경시가 아닌가요? 그리고 그토록 열망하면서 죽음을 향해 나아가는 것은 현생의 가치를 비하하는 것이 아닐까요? 라고 이의를 제기할 수 있다. 그러나 우리는 아니다! 라고 분명히 대답한다. 왜냐하면 이전에 이미 밝힌 바와 같이 그리스도인들은 여느 사람들이 생각하는 것보다 훨씬 더 생명을 창조주의 커다란 선물로 받아들이기 때문이다. 그들은 진심으로 이 선물에 대해 하느님께 감사드린다. 그리스도인에게 있어서 지상의 삶은 영원한 생명으로 가기 위한 과정이고, 기다림이며, 천상의 복된 삶의 전주이다. 이미 신자들은 그리스도를 따라 살 때에만 비로소 천상의 왕국의 상속자가 된다는 것을 알고 있다. 크리소스톰 성인은 사도 바울로의 "우리 자신도 하느님의 자녀가 되는 날과 우리의 몸이 해방될 날을 고대하면서 속으로 신음하고 있습니다."(로마서 8:23)라는 말을 해석하면서 이렇게 말했다 : "현세를 비난하지 않고 더 큰 것을 갈망하며" 부패로부터 육신의 해방을 기다리는 우리는 마음 속 깊은 곳에서 흘러나오는 한숨을 내쉰다.605) 다시 말해 우리의 이 신음은 현세의 경멸이 아니라 미래의 복된 선물에 대한 강렬한 갈망이다.

초대 그리스도인들의 무덤의 비문에는 이런 표현이 자주 사용된다 : "예수 그리스도를 믿었으며 성부와 성자와 성령 안에서 살았다." 이 표현은 그토록 기다렸던 미래의 왕국에 대한 신자들의 뜨거운 믿음과 그들의 거룩한 삶의 관계를 아주 잘 보여 준다. 그리스도인들의 무덤에서 대

---

604) 요한 크리소스톰, Εἰς Ματθ. Ὁμ. 38, 4 PG 57, 433.
605) 요한 크리소스톰, Εἰς Ρωμ. Ὁμ. 14, 6 PG 60, 531.

표적인 표현은 "복된 자"라는 단어이다. 흔히 세상을 떠난 사람들을 호칭할 때 사용되는 고인, 망자 등의 표현을 사용하지 않고 "복된 자"라는 용어를 사용한다. 즉 시편 첫 장의 첫 단어, 주님께서 산상설교에서 당신의 백성들에게 하신 그 단어를 사용한다. 세상을 떠난 사람은 복되다. 즉, 행복하다. 거룩한 삶을 살았고 거룩함 속에서 죽었다. 그리고 지금 모든 성인들과 함께 산다. 성 삼위의 신비의 지식인인 요한 복음사가 확인 시켜 주는 것처럼 복된 자는 "생명의 샘터로 인도하시고 눈에서 눈물을 말끔히 씻어 주시는"(요한묵시록 7:17) 성 삼위와 함께 산다.

모든 선물들의 뿌리와 샘 그리고 어머니

순교자들의 무덤을 방문하고 그들의 순교적 생의 마감을 가슴 속에 새긴 신자들은 많은 것을 사색하고 또 많은 유익을 거둔다. 크리소스톰 성인은 순교자 드로시다에 대한 찬사에서 풍부한 이 영적 열매들을 요약하고 있다 : "순교자들의 죽음은 신자들의 위로와 교회의 당당함, 그리스도교의 반석과 죽음의 폐지, 부활의 증거와 사탄에 대한 조소, 악마의 비난과 철학의 가르침", 세상적인 것에 대한 무관심과 우리를 채찍 하는 시련에 대한 위로, 그리고 미래의 선물을 갈망케 하는 권고이다. 이밖에도 그리스도 교회의 순교자들의 죽음은 인내의 동기이자 끈기에 대한 독려이다. 일반적으로 순교자들의 죽음은 "모든 선물들의 뿌리와 샘 그리고 어머니"이다. 사실 그렇다. 그리스도의 사랑을 위해 죽어간 복된 순교자들을 생각하는 사람은 매우 용맹스러워진다. 그래서 그는 이단자나 이교도들과 대항할 때 "순교자들의 죽음을" 예로 들며 말한다 : 누가 현생을 경시하게끔 순교자들을 설득하였는가? 만약 그리스도께서 돌아가시고 부활하시지 않았다면 누가 이런 초자연적인 투쟁을 이루어 낼 수 있겠는가? 이런 경이로운 업적들을 성취할 수 있는 것은 그리스도께서 "순교자들의 영혼에 거하고 활동하신다는 것"을 의미한다. 크리소스톰 성인은 물었다. 믿음의 적대자들이 말하는 것처럼 만약 순교자들이 오류와 속임에 빠진 희생자들이라면 또 그들의 죽음이 아무런 가치도 없는 것이라면, 왜 악마들은 그토록 순교자들의 유해들을 두려워하는가? "왜 (순교자들의) 무덤들을 피하는가?" 악마들은 결코 시신을 두려워하지 않는다. 왜냐하면 악령은 수시로 그의 희생물들을 강제로 무덤으로 데리고 가서 그곳에서 살게끔 하기 때문이다. 악마들은 뜨거운 불이나 감당할 수 없는 형벌이 있는 것처럼 순교자들의 유해가 있는 무덤을 피해 도망친다. 이렇듯 순교자들은 그들의 강력한 목소리로 그들을 벌벌 떨게 만든다.606)

거룩한 순교자들이 보여 준 믿음의 업적은 참으로 위대하다. 그리스도의 사랑과 천상을 향한 그들의 열망은 그들을 결코 한 치도 물러서지 않게 만들었다. 복된 순교자 고르디오가 "죽음을 통해" 영원한 생명으로 가고자 갈망했을 때 그의 친구들은 그를 둘러싸고 순교의 길을 가지 말라고 간절히 애원하였다. 하지만 그는 "그 어떤 유혹에도 굽히지 않고 담대하고 당당하게" 그리스도에 대한 믿음을 흔들림 없이 지켜 냈다. 그리고 그는 친구들에게 말했다 : 내가 어릴 때부터 경배하던 나의 하느님을 내가 어떻게 부정할 수 있겠나? 그렇다면 나 때문에 하늘이 놀라고 별들이 빛을 잃지 않겠는가? "어차피 모든 인간은 죽는다네. 하지만 순교자들은 극히 적다네. 그러니 우리가 죽을 날을 기다리지 말고 차라리 빨리 현세에서 내세로 넘어가세." 어차피 죽을 것이니 죽음으로 생명을 타협 보는 것이 좋지 않겠는가. "우리가 반드시 겪을 일이라면 차라리 먼저 실천하는 것이 나을 것일세. 사라질 수밖에 없는 우리의 목숨을 슬퍼하지 말게나."607)

또 다른 예로 40인 순교자들이 있다. 그들은 이교도 집행관의 명령으로 옷을 벗고 꽁꽁 얼은 얼음 호수 위로 올라가게 되었는데 아주 기쁜 마음으

---

606) 요한 크리소스톰, Εἰς τὴν ἁγίαν μεγαλομάρτυρα Δροσίδα..., PG 50, 685-686.
607) 대 바실리오스, Ὁμ. 18, Εἰς Γόρδιον μάρτυρα 1, 8 PG 31, 504-505.

로 그것을 받아들였다. 그리고 놀랍게도 서로 전리품을 차지하려는 것처럼 서로 독려하며 하느님께 감사를 드렸다 : 주여, 당신께 감사드립니다. 왜냐하면 우리의 옷과 함께 죄를 벗어던지기 때문입니다. 뱀의 간교로 인해 옷을 입게 되었지만 그리스도의 은총으로 그것을 벗습니다. 자, 우리 모두 그리스도께서 우리의 죄를 위해 벌거벗은 것처럼, 죄로 잃은 낙원을 위해 옷을 벗어던집시다.... "겨울은 매섭지만, 낙원은 달콤하다. 얼음은 고통스럽지만, 안식은 달콤하다. 우리는 작은 것을 바라지만 선조의 품이 우리를 받아 줄 것이다. 우리는 짧은 밤과 영원을 교환할 것이다." 우리는 이 밤의 순교로 영원한 복된 생명을 차지하게 될 것이다! 천상의 왕국에서 천사들과 영원히 춤을 추도록 매서운 추위로 우리의 발을 얼게 하라. 주관자께 당당하게 손을 치켜 올릴 수 있도록 추위에 팔이 잘리게 하라. 어차피 우리는 필멸의 존재로서 죽을 몸이니, 영생을 위해 순교의 죽음을 맞이하자.608) 이렇게 성인들은 그들의 "선한 고백으로" 하늘에 "보화"를 쌓아 놓고 이 세상을 떠났음을 우리에게 확인 시킨다.609)

따라서 지금 순교 영혼들은 "하느님의 곁에서 호위자"610)가 되어 천상에서 살아간다. 그러므로 우리는 천상에서 살고 있는 거룩한 순교자들의 유해 앞에 신심으로 엎드려야 할 것이다. 왜냐하면 순교 성인들의 성해함과 무덤들도 "순교자들의 유해와 같이 큰 힘을 지니고 있기 때문이다." 순교자들은 이 세상에서뿐만 아니라 세상을 떠난 지금도 하느님 앞에서 솔직하게 이야기를 나눈다. 아니 세상을 떠난 지금은 더욱 솔직하다. 왜냐하면 그들은 주님이신 예수의 낙인을 지니고 있기 때문이다. 그들이 예수의 낙인을 그리스도 임금께 보여줄 때, 그들은 우리를 위해, 우리의 축복을 위해 주님께 더 큰 간청을 드릴 수 있게 된다.611)

---

608) 대 바실리오스, Ὅμ. 19, Εἰς τοὺς ἁγίους Τεσσαράκοντα μάρτυρας 6, PG 31, 516-517.
609) 니사의 그레고리오스, Ἐγκώμιον εἰς τοὺς ἁγίους Τεσσαράκοντα μάρτυρας, Λόγ. β΄, PG 46, 768C.
610) 니사의 그레고리오스, Εἰς τοὺς ἁγίους Τεσσαράκοντα μάρτυρας ἐγκωμιαστικός..., PG 46, 785C.
611) 요한 크리소스톰, Εἰς τὰς ἁγίας μάρτυρας Βερνίκην καὶ Προσδόκην καὶ Δομνίναν τὴν μητέρα αὐτῶν 7, PG 50, 640.

교부들은 우리를 어떻게 위로하는가?

사랑하는 사람들의 죽음

사실 죽음은 굉장히 충격적인 사건이다. 그래서 죽음은 애초부터 인간에게 아픔과 슬픔을 일으켰다. 각별한 온정으로 인간을 감싸 주는 그리스도의 믿음은 인간의 이런 아픔을 언제나 존중했다. 특히 구약시대에는 슬퍼하는 사람들을 위로하라고 권고했다. 잠언의 저자는 큰 슬픔에 빠진 사람의 아픔을 완화해 주고 편하게 해 주기 위해 약간의 포도주를 제공하라고 조언한다.(잠언 31:6) 또한 경건한 사람들에게 슬픔에 빠진 사람들을 방문하여 위로해 주라고 요청한다. 사실 그것은 잔칫집을 방문하는 것보다 다방면에서 더욱 유익하고 고귀한 것이기 때문이다.(전도서 7:2) 사도 바울로 역시도 우는 사람이 있으면 함께 울어 주라고 가르친다.(로마서 12:15) 대 바실리오스 성인은 슬픔에 빠진 자들을 방문하여 위로의 말로 그들에게 도움을 주라고 강조한다. 그러나 그들의 슬픔이나 하느님께서 원치 않는 오열과 통곡에 동화되지는 말라고 하였다.[612]

만약 일반 사람들의 죽음이 우리에게 아픔과 슬픔으로 다가온다면, 사랑하는 사람의 죽음은 말할 수 없이 우리를 아프게 할 것이다. 사랑하는 반려자, 자녀, 부모와의 사별에 대한 슬픔은 주로 통곡과 비통, 한없는 눈물과 가슴이 에이는 듯한 아픔으로 표출된다. 그리스도의 믿음은 친인척의 죽음 앞에서 감정 없는 자세를 요청하지 않는다. 그것은 주님께서 그의 사랑하는 친구 라자로의 죽음 앞에서 눈물을 흘리신 데서 알 수 있다. 주님께서는 그를 부활 시키기 위해 무덤으로 가실 때 슬픔이 너무 북받쳐 힘들게 그 내적 감정을 조절하셨다.(요한복음 11:35, 38 참조)

케사리아의 현자가 말했듯이, 사랑하는 사람과의 이별이나 상실은 서로간의 밀접한 관계 때문에 "참을 수 없는" 무게로 다가온다. 성인은 그것이 말 못하는 동물에게도 똑같다고 하면서 이렇게 말했다 : 나는 언젠가

---

612) 대 바실리오스, *Εἰς μάρτυρα Ἰουλίταν* 8, 9 PG 31, 256C-257A,D 참조.

소가 우리 안에서 우는 것을 보았다. 그것은 바로 함께 멍에를 지던 자기 짝이 죽었기 때문이었다.613) 하지만 이성이 있는 인간, 특히 신자들은 자기 자신을 정도에 맞게 억제해야 한다. 왜냐하면 지나친 슬픔은 고인에게도 또 살아 있는 사람에게도 유익하지 않기 때문이다. 특히 산 자는 지나친 슬픔으로 인해 회복할 수 없을 정도로 건강을 잃을 수도 있다.(집회서 38:18-21) 크리소스톰 성인도 같은 가르침을 준다. 왜냐하면 '친인척의 죽음에 대해 슬퍼하지 않는 것은 인간의 도리가 아니기' 때문이다.614)

물론 하느님께 자신의 삶을 바친 사람들, 즉 수도사들은 하느님께 찬양과 감사와 영광을 드리며 먼저 잠든 형제들을 배웅한다. 수도사들은 어떤 형제가 잠들었다는 소식을 접하면, "기쁨과 환희를 느낀다."615) 왜냐하면 신학자 그레고리오스 성인이 기록한 것처럼, 그 사건은 복음의 뜻대로 살려고 노력하는 수도사들에게 기쁨과 환희의 계기가 되기 때문이다. 특히 형제의 죽음을 슬퍼하거나 우울해 하기보다 잠든 형제의 거룩한 삶을 본받을 것을 남은 수도사들에게 장려한다.616)

하지만 수도사가 아닌, 세상에 살면서 가족과 친지가 있는 일반 사람들의 경우는 다르다. 이미 대 바실리오스 성인이 언급했던 것처럼, 말 못하는 짐승도 자기의 짝을 잃고 아픔에 눈물을 짓는데 부부나 부모, 또는 자녀의 연을 맺게 된 하느님의 이성적 창조물의 아픔은 얼마나 크겠는가…. 하지만 역설적으로 이성적 창조물이기에 신인께서 라자로의 경우에 보여주셨던 것처럼 슬픔을 이겨 낼 수 있고 또 이겨 내야 한다. 비탄에 빠져서는 안 된다. 성 요한 크리소스톰은 우리에게 "그리스도께서 라자로를 위해 보이셨던 슬픔만큼 우리도 그분을 본받아 그렇게 슬퍼하자"고 충고한다. 그리스도께서는 우리에게 "정도"를 보여 주시고 우리가 그 정도를 넘어서지 않도록 눈물을 흘리셨다. 그렇다면 잠시 후에 라자로를 부활 시키실 텐데 왜 눈물을 보이셨을까? 그것은 우리가 "얼마만큼" 눈물

---

613) Op. cit. 4 PG 31, 248B.
614) 요한 크리소스톰, Ἐπιστολὴ 197, PG 52, 721.
615) 요한 크리소스톰, Εἰς Αʹ Τιμ. Ὁμ. 14, 5 PG 62, 577.
616) 신학자 그레고리오스, Ἐπιστολὴ 238, PG 37, 380C-381B.

을 흘려야 하는지를 알게 해 주시기 위한 것이었다. 이런 방법으로 우리는 "같은 인간으로서 인성의 공감을 보여줌과 동시에 비신자들의 잘못된 모습을 멀리하게 된다."617)

하느님과 멀리 떨어져 사는 사람들은 탄식과 오열에 나름대로 이유를 가지고 있다. 그러나 그리스도인들은 이것에 대해 전혀 변명의 여지가 없다. 왜냐하면 우리는 우리를 위로해 주는 영원한 생명에 대한 희망이 있기 때문이다. 우리는 다음과 같은 크리소스톰 성인의 지적을 생각해 봐야 한다 : 우리는 오열하며 통곡한다. 무엇 때문인가? 떠난 사람이 나쁜 사람인가? 그렇다면 우리는 더욱 하느님께 감사를 드려야 한다. 왜냐하면 죽음이 막아 그가 더 이상 악으로 흐르지 않게 되었기 때문이다. 우리는 울고 있다. 무엇 때문인가? 그가 "선하고 온유한 사람이라 그런가?" 그렇다면 우리는 다시 기뻐해야만 한다. 왜냐하면 그가 악에 물들어서 "이성을 잃기"(지혜서 4:11) 전에 하느님께서 불러 주셨기 때문이다. 지금 그는 어떤 위험도 존재하지 않는 안전한 곳에 있다. 거룩한 교부는 묻는다. 너는 통곡한다. 왜? 그가 청년이기 때문인가? 그렇다면 "하느님께 영광을 올려라." 왜냐하면 하느님께서 그를 일찍 불러내어 더 좋은 삶으로 데려가셨기 때문이다. 죽은 자가 청년이 아닌 연세 드신 노인인가? "이 또한 그를 데려가신 하느님께 감사드리고 영광을 돌려라."618)

만약 우리가 이곳 세상에서 영원히 산다면 세상을 떠난 그들을 위해 슬피 울 이유를 갖게 된다. 하지만 우리 모두는 예외 없이 죽음을 향해 간다. 그러니 우리에 앞서 떠나가는 그들로 인해 너무 슬퍼 말자. 요한 교부는 말했다 : 너는 우리에 앞서 떠나는 그들을 위해 우리가 무엇을 하는지 보지 못했는가? 우리는 찬미와 찬양으로 그들을 앞서 보낸다. 그

---

617) 요한 크리소스톰, Περὶ ὑπομονῆς καὶ τοῦ μὴ πικρῶς κλαίειν τοὺς τελευτῶντας, PG 60, 729.
618) 요한 크리소스톰, Εἰς τὸν πτωχὸν Λάζαρον καὶ τὸν πλούσιον Ὁμ. 5, 2 PG 48, 1020.

것은 우리가 "주관자에게 감사"를 표현하는 것이다. 우리는 그들에게 새로운 옷을 입힌다. 그것은 우리가 영원한 복을 누릴 때 입을 "불멸의 새로운 의복"을 미리 보여 주는 것이다. "우리는 그들에게 바르는 향유와 세례성사의 미로(특별한 축복 속에 만들어진 기름)가 영원한 길을 떠나는 그들의 보급품임을 믿는다." 그리고 "어둠의 행실을" 벗어 버리고 "참된 빛으로 나아간 것을" 보여 주기 위해 우리는 아름다운 향과 불 밝힌 초로 그들을 동행한다. 또한 얼굴을 동쪽으로 향하게 시신을 배치함으로써 우리의 연인을 기다리는 "부활을 예비한다."619)

아픔에 섬세하게 공감하는 거룩한 영혼들, 교회의 거룩한 교부들은 그 누구보다도 인간을 사랑하고 아픔을 함께했으며 사랑하는 사람들의 죽음을 위로하기 위해 많은 가르침을 남겼다. 그리고 지금도 그들은 사랑하는 사람을 잃고 고통 받고 있는 아버지나 어머니, 남편이나 부인 또는 아이들이 가지는 모든 의문에 대해 대답해 주고 있다. 우리는 다음 장에서 성인들의 가르침을 계속 다룰 것이다. 왜냐하면 우리에게 많은 위로와 영혼의 평온을 가져다주기 때문이다.

남편이나 부인의 슬픔에 대해서

성령의 빛을 받은 거룩한 교부들이 남편이나 부인의 아픔을 어떻게 위로하는지 살펴보기로 하자. 왜냐하면 부부 중 다른 배우자의 상실은 남아 있는 사람에게 아주 민감하게 다가오며 배우자의 죽음으로 인한 상처는 엄청난 슬픔과 큰 정신적 충격을 야기하기 때문이다.

---

619) 요한 크리소스톰, Περὶ ὑπομονῆς καὶ τοῦ μὴ πικρῶς κλαίειν τοὺς τελευτῶντας, PG 60, 725.

대개의 사람들은 사랑하는 사람이 죽었을 때 '지금껏 함께 살아왔는데, 아직도 당신의 숨결이 느껴지는데 어떻게 당신 없이 살아 가냐'고 통곡한다.

그렇다. 오랜 기간 함께 나누었던 정은 이별을 힘들게 만든다. 하지만 '이런 이별에 대해 인간이 통곡하는 것은 잘못된 것이다'라고 대 바실리오스 성인은 말한다. 그러면서 다음과 같이 충고한다 : 영혼의 법이 당신의 욕망에 부합되는 것을 바라지 말라. 현생에서 함께 살았던 사람들을 죽음이 갈라놓는 것은 여행자들이 한길을 걷는 것과 같은 것이다. 왜냐하면 여행자들은 가는 목적지가 같을 때 서로 동료가 되어 행로를 같이 하다가 헤어져야 하는 지점에 다다르면 또 제각기 자기 갈 길을 찾아가기 때문이다. 위의 경우도 이와 똑같다. 너희는 사랑하는 사람-남편, 어머니, 자식-과 행로를 함께했지만 헤어져야 할 시간이 온 것이다. 너희는 서로 의지하며 살았다. 하지만 우리를 창조하시고 영혼을 주신 하느님께서는 서로 다른 삶의 방법과 길을 정하셨다. 어떤 이에게는 당신의 지혜와 사랑으로 좀 더 오래 세상에 살도록 하셨고, 또 어떤 이에게는 현생에서 일찍 떠나도록 하셨다. 또 어떤 이에게는 당신의 알 수 없는 뜻과 정의에 따라 일찍 육신의 사슬에서 풀어 주셨다. 이렇게 각자가 저마다의 시작이 있었듯이 그렇게 저마다의 끝이 있다.620)

크리소스톰 성인은 "너는 옛정이 그리워" 오열하며 우는가? 라고 묻는다. 그러면서 성인은 하느님에 대한 믿음과 죽은 자의 부활을 믿던 사람이 죽었다고 전제하고 이렇게 대답한다 : 이 얼마나 비이성적인가? 네가 딸을 결혼 시켰다고 치자. 그리고 사위가 네 딸을 멀리 데려가 행복하게 살고 있다고 치자. 너는 그것을 어떻게 생각하겠는가? 잘못된 일이라 생각하겠는가? 아마도 너는 그것이 전혀 잘못된 것이라고 생각하지 않을 것이다. 오히려 딸의 행복한 소식으로 인해 멀리 떨어진 이별에 대한 슬픔을 위로받을 것이다. 그런데 왜 너는 슬퍼하고 아파하며 오열하는가?

---

620) 대 바실리오스, Εἰς τὴν μάρτυρα Ἰουλίταν 4, 5 PG 31, 248B,D; 249A-C.

네가 사랑하는 사람을 데려간 분이 여느 사람도 네 동료도 아닌 바로 만물의 주관자이신 그리스도 아니신가.621) 물론 그간의 정 때문에 네가 떠나간 사랑을 그리며 사무쳐 하는 것을 나는 잘 안다. 하지만 네가 조금만 더 깊이 생각한다면, 그리고 너의 반려자를 데리고 간 분이 누구라는 걸 깊이 새겨본다면 너는 사별이 가져온 아픔의 고통을 충분히 이겨낼 수 있을 것이다.622)

어떤 사람들은 고인이 자신의 보호자였다고 말하면서 통곡한다. 크리소스톰 성인은 이렇게 지적한다 : 만약 보호가 필요해서 "떠나간 남편에 대해 통곡한다면", 만인의 보호자시며 은혜를 베푸시는 구세주 하느님께 나아가라. 어디서나 우리를 안전하게 보호하시고 "언제 어디에나 계시며, 끊임없는 보호자가 되시고 언제든지 도움"을 베푸시는 그분께서 너의 강력한 원군이 되게끔 요청하라.623) 비록 너를 지켜 주었던 사람을 잃었지만 너는 언제나 전능하시고 자비하신 하느님을 강력한 원군으로 가지고 있다.

또 어떤 이들은 자기의 희망을 죽은 자에게 걸었다며 대성통곡한다. 그들은 '내 남편, 내 자녀만 믿고 그들에게 희망을 걸고 살았는데....' 라고 하면서 "남편과 아들을 찾으며 가슴을 치고 통곡한다." 그러면서 그들은 부활은 믿지만 앞으로 살아갈 막막함과 홀로 남겨진 것에 대한, 그리고 그동안 함께 해 왔던 보호자요 반려자이자 위로자를 잃은 것에 대한 슬픔이라고 강변한다. 하지만 크리소스톰 성인은 대답한다 : 만약 네가 말한 것 때문에 슬퍼한다면 너는 네 인생 내내 슬퍼해야만 할 것이다. 하지만 너의 슬픔은 1년 정도 갈 것이고 그 이후로는 모든 것을 잊게 될 것이다. 그러면 너는 죽은 사람을 슬퍼하지도, 또 그의 보호를 받지 못하고 있는 것도 슬퍼하지 않게 될 것이다. 너는 남편이나 자녀와의 이별을 견디지 못할 거라고 생각하는가? 그렇다면 그것은 나약한 믿음의 증거가

---

621) 요한 크리소스톰, *Εἰς τὸν πτωχὸν Λάζαρον καὶ τὸν πλούσιον* Ὁμ. 5, 2 PG 48, 1019.
622) 요한 크리소스톰, *Εἰς Α' Κορ.* Ὁμ. 41, 4 PG 61, 360.
623) Ibid.

아니겠는가? 왜냐하면 너는 하느님보다도 남편이나 자녀가 너를 더욱 안전하게 지켜줄 거라고 생각하기 때문이다! 이런 약한 믿음은 하느님을 화나게 한다. 그래서 하느님께서는 때때로 네가 너무 많이 의지하지 못하도록, 너의 희망을 그들에게 걸지 못하도록 너의 보호자들을 데려가신다. 우리가 하느님을 망각하고 세상적인 것에 눈을 돌리기 때문에 사랑이 많으신 하느님께서는 우리의 뜻과는 관계없이 당신께서 원하시는 방법으로 우리를 이끌어 가신다. 하느님보다 죽은 남편을 더 사랑하지 말라, 그러면 혼자라고 느끼지 않을 것이다. 더 옳게 표현한다면, 비록 너에게 그것이 현실이 된다 해도 너는 전혀 그것을 느끼지 못하게 될 것이다. 왜냐하면 너는 불멸하시는 하느님을 보호자로 모시고 있기 때문이다. 그분은 너의 남편이나 자녀보다도 더욱 더 너를 사랑하신다.624)

이미 설명한 대로 그리스도의 사람들에게 죽음은 그 자체가 죄이다. 거룩한 교부들은 사랑하는 사람을 보내고 슬퍼하는 사람들을 위로할 때 이 진리를 분명하게 강조한다. 신학자 그레고리오스 성인은 아버지의 죽음을 슬퍼하고 있는 경건한 어머니 노나를 위로하기 위해 이 진리를 강조한다. 신학자인 성인은 그의 친구인 대 바실리오스 성인도 자리를 함께 했던 장례 예식에서 세상적인 것들은 순간적인 것이고 시들며 사라진다고 말했다. 그리고 생명은 오직 하나로서, 우리의 시선은 바로 그 생명을 향해야 한다고 하였다. 본질적으로 죽음은 하나이고 그것은 곧 죄이다. 왜냐하면 그것은 영혼의 파괴자이기 때문이다. 다른 모든 것들은, 비록 일부 사람들은 아주 큰 가치가 있다고 여기지만, 다 사라져 버리는 꿈으로서 실체적 존재가 없는 것이다. 그것들은 영혼을 현혹하는 환영이다. 그러니 어머니, 우리가 이 점을 잊지 않는다면, 우리는 현생에 대해 그 가치 이상으로 생각하지 않을 것이며 (아버지의) 죽음에 대해서도 정도를 넘어서 슬픔에 빠지지 않게 될 것입니다. 이렇게 우리의 생각이 정리되면 우리는 다음과 같이 생각하며 살아야 한다. "우리가 이미 이곳에서의 짧은 생을

---

624) 요한 크리소스톰, *Εἰς Α' Θεσ.* 'Ομ. 6, 2-3 PG 62, 431-432.

떠나 참되고 영원한 생명으로 옮겨 갔는데, 죽음이 뭐가 그리 큰 대수가 되겠는가?"625)

크리소스톰 성인은 말한다 : 너는 아이들의 어머니인 부인을 먼저 보냈는가? 주체할 수 없는 슬픔이나 절망에 사로잡히지 말라. 오히려 하느님께 감사와 영광을 드려라. 이런 방법으로 "너는 안전을 담보하라." 그리고 주님이신 주관자의 자비에 반목하지 말라. 행여 "너 역시 세상을 떠나게 될지 모른다."626) 교부는 세상을 떠난 부인의 남편에게 모든 것에 있어 하느님께 감사하라고 주문한다 : 만약 네가 귀한 딸을 잃었다 해도 다시 "감사드려라!" 왜냐하면 하느님께서 이 계기를 통해 너를 더욱 훌륭한 선수로 만들어 영광스러운 승리의 관을 씌워 주시기 위한 것일지도 모른다. 또는 너를 금욕으로 이끌어 결혼의 끈에서 자유롭게 하기 위한 것일 수도 있다. 만약 우리가 이렇게 생각하고 실천한다면 우리는 그 힘든 순간들 속에서도 내적인 평화를 누리고 "기쁨"을 누릴 것이며 미래의 왕국의 관(冠)을 쓰기에 합당케 될 것이다.627)

교부는 부인에게 남편이 죽어서 부인 혼자 남았는가? 라고 물으며 말한다 : 만약 네 남편이 언제나 너의 뜻을 따라주고, 어디에서든지 너를 존중해 주어 사람들로부터 좋은 평판을 받았다고 치자. 그리고 너를 아끼고 사랑해 주는 지혜로운 남편이어서 남편을 잘 얻은 네가 만인의 부러움을 받았다고 치자. 그런데 어느 날 불행하게도 남편과 함께해서 낳은 너의 자식이 세상을 일찍 떠났다면, 그 때도 지금처럼 네가 그토록 깊은 슬픔에 잠기겠는가? 분명 아닐 것이다. 왜냐하면 너에 대한 남편의 지극한 사랑이 아이를 잃은 그 슬픔을 덮어 주고 줄어 주었을 것이기 때문이다. 이처럼 남편을 데려가신 하느님을 네가 남편보다 더 많이 사랑한다면 너는 그렇게 큰 슬픔을 겪지 않을 것이다. 그런데 너는 하느님께서 남편처럼 너를 돌보아 주시지 않을 거라고 주장한다. 이런 불경스러운 말이

---

625) 신학자 그레고리오스, Λόγ. 18, Ἐπιτάφιος εἰς τὸν πατέρα, 41 PG 35, 1041AB.
626) 요한 크리소스톰, Περὶ ὑπομονῆς καὶ τοῦ μὴ πικρῶς κλαίειν τοὺς τελευτῶντας, PG 60, 726.
627) 요한 크리소스톰, Εἰς Α' Κορ. Ὁμ. 41, 5 PG 61, 362.

어디 있는가? 사실 지금까지 너는 온유하신 하느님으로부터 모든 것을 받아 왔다. 네가 남편에게 받은 것이 있다면 과연 무엇이 있겠는가? 그것은 아마 네가 남편에게 해 준 수고의 보상일 것이다. 하지만 하느님께서는 우리에게 어떤 수고도 바라지 않으신다. 오직 당신의 선하심으로 우리에게 영원한 왕국, "불멸의 생명과 영광"을 주시고, 우리를 도와 당신의 "자녀"가 되게 하시며 "외아들의 공동 상속자"가 되게 하신다. 그렇다면 너는 남편에게 무엇을 받았는가? 혹시 이것들 중에 하나라도 남편이 너에게 해 준 것이 있었는가? 네가 남편으로부터 받은 것은 대개 고통과 슬픔, "욕과 조소, 비난과 분노"로 가득하다. 물론 너는 남편이 많은 선물을 해 주었다고 말할 것이다. 그러면 그것이 무엇인가? 비싼 옷인가? 금목걸이나 비싼 귀걸이를 해 줘서 만인의 부러움을 샀는가? 하지만 "임금(하느님)께서도 옷"을 가지고 계신다. 그런데 그 옷은 일상적인 그런 옷이 아니라 비교할 수 없을 만큼 귀한 옷이다. 그 옷은 바로 고결하게 빛나는 영혼의 옷, 겸손과 영예로운 과부로서의 삶이다. 혹시 자녀들의 양육을 걱정하는가? 고아들을 지켜 주시는 아버지가 계시는데 무엇이 걱정인가? 왜 너는 아버지 없는 자식들이 명예롭지 못하다고 생각하는가? 하느님 아버지가 그들의 부모인데 무엇이 창피한가? 홀어머니 손에 자라서 세상에서 빛을 발한 자녀들이 얼마나 많은지 일일이 내가 설명해 줘야 알겠는가? 오히려 아버지가 있음에도 얼마나 많은 자녀들이 길을 잃었는가? 크리소스톰 성인은 미망인에게 계속해서 충고한다 : 그러니 내가 말한 것들을 기억하라. 그러면 그 무엇도 네가 인내하지 못할 것이 없다. 너는 비록 "남편과 헤어졌지만 하느님과 하나가 되었다." 너는 이제 "인간이 아닌 주관자이신" 하느님을 진정한 벗으로 가지고 있다.[628]

대 바실리오스 성인은 죽음으로 갈라진 부부간의 사별을 "양분"이라고 이름 지었다. 그리고 브리소노 부인에게 고백한 것처럼, 브리소노가 죽은

---

628) 요한 크리소스톰, *Εἰς Α' Θεσ. 'Ομ.* 6, 3-4 PG 62, 432-434.

소식을 접하고 무척 가슴 아파했다. 더 나아가 브리소노 부인의 슬픔에 전적으로 공감하고 있음을 표시하였다. 왜냐하면 천성이 선하고 온유하며 조용한 성격의 부인에게 남편의 죽음은 "힘겹고 인내하기 힘든 사건"이었기 때문이다. 하지만 교부는 죽음이 아담 이래 모든 인간이 겪어야 할 운명임을 상기 시키며 그녀를 위로했다. 그리고 나서 남편이 병으로 심한 고생을 겪지 않고 젊은 나이에 세상을 떠난 것을 상기 시켰다. 그리고 이렇게 부언했다. 온 나라가 네 남편의 죽음에 대해 슬퍼하니, 그런 훌륭한 남편과 함께 산 것에 대해 위로를 받기 바란다. 또한 남편의 생전의 덕을 기억하고 위안 받기 바란다. 그리고 남편과 함께해서 얻은 자식이 너의 빈자리를 위로해 줄 그의 "살아 있는 모습"임을 생각해야 한다. 그러면서 교부는 주님께서 기뻐하시는 생활과 모든 사람들에게 모범이 되는 덕의 여생을 살아갈 것을 마지막으로 조언한다.629)

크리소스톰 성인도 익히 알고 지내던 한 가정의 젊은 미망인의 아픔을 위로하기위해 사랑이 넘치는 내면을 열어 보인다. 성인은 티라시오스 시대에 잘 알려진 정숙한 미망인의 아픔에 전적으로 공감하면서 위로의 말을 하였다 : 남편이 믿음이 깊고 선하고 덕이 많은 사람이어서 슬퍼하는 거라면, 오히려 너는 기뻐해야 한다. 왜냐하면 "영광이 있고 안전한" 내세로 옮겨 가서 지금 "평화 속에" 살고 있기 때문이다. 너는 그의 목소리를 듣고, 그의 현존과 사랑을 느끼고 싶을 것이다. 그렇다면 정숙하게 살고 남편에 대한 믿음을 저버리지 말며 과부가 된 지금도 남편이 살아 있던 때처럼 그렇게 너의 삶을 계속 살아가도록 하라. 그러면 너는 세상을 떠나, 성인들이 거하시는 복된 그곳에 가서 오 년, 이십 년, 백 년, 천 년, 이천 년, 만 년, 수 만 년도 아닌 끝이 없이 영원히 그와 함께 살게 될 것이다. 고위직에 올라 너를 안락하게 해 줄 것이라 믿었던 남편이 많이 그리운가? 하지만 몇 명의 고관들이 그 지위를 누리다 자연사

---

629) 대 바실리오스, Ἐπισ. 302, Πρὸς τὴν ὁμόζυγον Βρίσωνος παραμυθητική, PG 32, 1049CD-1053A.

하겠는가? 대개 그들은 갑작스런 죽음에 의해 제 명을 못살아 부인들의 가슴을 갈가리 찢어 놓는다. 너는 남편이 물려준 재산을 잘 보존하고 싶은가? 그렇다면 선행과 자선으로 남편이 있는 하늘에 그 재산을 쌓아라. 그러면 너는 이곳에서도 안전을 보장 받고 그곳에서도 네가 쌓은 보화를 찾을 것이다. 크리소스톰 성인은 다음과 같이 말을 맺는다 : 슬픔을 중단하고 남편과 함께 생활했던 것처럼, 아니 좀 더 조심스럽게 삶을 지속하라. 그러면 너는 불멸하는 영원 속에서 남편과 다시 만나 하나가 될 수 있을 것이다. 물론 그 삶은 세상에서 맺어진 "결혼에 의한 결합"의 형태가 아닌 더 지고한 모습이 될 것이다. 이곳 세상에는 단순한 육체적 결합만이 있지만 그 때 그곳에서는 "영혼과 영혼"의 결합, 육체적 결합과는 비교되지 않는 아주 감미롭고 지고하며 완전한 결합이 실현될 것이다.630)

"어떻게 자식의 죽음을 슬퍼하지 않을 수 있습니까?"

인간이 참기 힘든 가장 큰 슬픔의 하나는 자식의 죽음이다. 특히 그 자식이 외동딸이나 외아들인 경우는 더욱 그러하다. 그 때 겪는 부모의 슬픔은 어떤 말로도 위로 받기 힘들다. 부모의 가슴은 갈기갈기 찢기며 그 아픔은 이루 헤아릴 수가 없다. 하지만 이런 경우에도 거룩한 교부들은 아픔을 겪는 부모에게 따뜻한 위로가 되며 그 아픔을 함께 나눈다.

우리는 크리소스톰 성인이 자식을 잃고 고통을 토로하는 한 아버지를 어떻게 위로하고 있는지 살펴보자. 자식을 잃은 아버지가 말했다 : 나에게는 예의 바르고 착한 외아들이 있었습니다. 그 아이는 우리 집안을 이

---

630) 요한 크리소스톰, *Εἰς νεωτέραν χηρεύουσαν παραινετικός* 3,4,7 PG 48, 602· 603· 605· 608· 610.

을 자손이었고 내 재산의 상속자였습니다. 그는 내가 슬플 때 위로가 되었고 내 노후의 희망이었습니다. 그는 항상 밝고 말도 잘 들어 사람들로부터 칭찬을 많이 받는 그런 아이였습니다. 그런데 그렇게 귀엽고 사랑스런 아들이 갑자기 내 곁을 떠나갔습니다. "자신의 생부를 떠나 창조자께로 갔습니다.... 어머니의 품을 떠나 만인의 어머니인 땅으로 돌아갔습니다." 그런데 내가 어떻게 울부짖지 않을 수 있겠습니까? 어떻게 내가 오열하지 않을 수 있겠습니까? 눈에 넣어도 아프지 않던 내 아들인데 어떻게 내가 그 아이를 찾지 않을 수 있단 말입니까? 저는 그렇게 할 수가 없습니다. 절대로 그렇게 할 수 가 없습니다!.... 그 어떤 말씀을 내게 한들, 슬퍼하지 말라고 수없이 충고한들, 아무런 소용이 없습니다!.... 그렇다. 하나밖에 없는 자식을 잃은 아버지나 어머니는 참으로 아픔을 감내하기 힘들다. 그럼에도 거룩한 교부는 다음과 같이 대답한다 : 나의 사람아, 나는 자네에게 그런 말을 하고 싶지 않네. 그대 자식의 죽음에 대해 슬퍼하지 말라고 충고하고 싶지도 않다네. 만약 내가 자네에게 그런 말을 한다면 그건 불가능한 것을 하라는 말이 되지. 왜냐하면 나 역시도 인간으로서 죽을 존재이며 어머니로부터 태어나 자네와 똑같은 인간본질을 가지고 있기 때문이라네. 인간의 영혼을 잘 알고 있는 크리소스톰 교부는 인간의 아픔을 절절히 공감하면서 다음과 같이 말을 맺는다 : 나는 아버지들의 통곡을 알고 어머니들의 탄식을 안다. "감내하기 힘든 슬픔과 상심"을 잘 알고 있다. 그리고 미치도록 자식을 그리워하는 심정으로 환영 속에서 사랑하는 자식의 모습과 행동과 목소리를 듣는다는 것도 잘 알고 있다.[631]

   이렇게 교부들은 상심에 빠진 부모들의 심정을 먼저 통감한 후에 하느님의 진리의 말씀에 의지할 수 있도록 부모에게 위로와 힘을 북돋워 주는 말을 해 준다. 케사리아의 현자 대 바실리오스 성인은 올곧게 성장했던 대학생 아들이 유학을 갔다가 시신이 되어 돌아오자 그 슬픔을 감내

---

[631] 요한 크리소스톰, *Περὶ ὑπομονῆς καὶ τοῦ μὴ πικρῶς κλαίειν τοὺς τελευτῶντας*, PG 60, 728-729.

하지 못하고 통곡하는 그리스도인인 아버지에게 다음과 같은 글을 썼다 : 자네는 통곡하는가? 그러나 땅이 너의 사랑하는 아들을 받아들인 것이 아니라 하늘에서 받아들였음을 잊지 말라. 우리의 인생을 섭리하시고 우리 각자의 "수명"을 제정하신 하느님께서 당신의 지혜로써 그를 데려가신 것이다. 또한 우리는 "벌거벗고 세상에 태어난 몸, 알몸으로 돌아가리라. 주께서 주셨던 것, 주께서 도로 가져가시니 다만 주의 이름을 찬양할지라."(욥기 1:21)라고 외치는 욥의 교훈을 간직하고 있다.632)

요한 크리소스톰 성인은 대 바실리오스 성인의 이 위로의 말에 다음과 같이 첨언했다 : 사악한 인간이나 우리의 적이 너의 사랑하는 아들을 데려간 것이 아니라 그 누구보다 너를 아끼는 창조주 하느님께서 그를 데려가셨다. 너는 얼마나 많은 자식들이 부모에게 "감내하기 힘든 고통"을 안겨 주고 있는지 생각해 보았는가! 물론 너는 그것은 빗나간 자식의 경우라고 내게 항변할 수 있다. 나도 그 사실을 인정한다. 하지만 세상을 떠난 네 아이는 세상에 있는 아이들보다 더욱 안전하다. 비록 네 아이가 세상을 떠났지만 세상에서 겪어야 할 온갖 악에서 벗어나 천상에서 살게 되었으니 너는 전혀 근심 걱정할 필요가 없다. 물론 아직 이곳 세상에 살아 있는 아이들은 더욱 성장하게 될 것이다. 하지만 그들의 종말이 어떻게 될지는 아무도 모른다.633)

때론 거룩한 교부들이 부모들을 엄하게 꾸짖는 경우가 있다. 다름 아닌 일부 부모들이 자식의 죽음에 대해서 하느님께 원망과 불만을 늘어놓을 때이다. 크리소스톰 성인은 "원망은 수치다"라고 말한다. 그것은 모욕이나 다름없다. 왜냐하면 "은혜를 모르는 짓"이기 때문이다. "원망하는 사람은 하느님의 은혜에 감사를 드리지 않는다. 하느님의 은혜에 감사를 드리지 않는 사람은 결국 하느님을 욕되게 하는 사람이다." 크리소스톰 성인은 예기치 않게 순식간에 일곱 명의 아들들과 세 명의 딸들을 잃었음

---

632) 대 바실리오스, Ἐπιστ. 300, *Πρὸς πατέρα Σχολαστικοῦ παραμυθητικός*, PG 32, 1045D.
633) 요한 크리소스톰, *Εἰς Aʹ Κορ.* Ὁμ. 41, 5 PG 61, 362.

에도 의인 욥은 결코 하느님께 원망하지 않았다고 강조한다! 잘 알다시피 이 사건은 구약시대 때 일어났던 일이다. 그것은 "부활이 이루어지기 전인, 은총 이전의 사건이다." 하물며 욥이 겪었던 그런 커다란 불행을 겪지 않았고, "예언자들과 사도들과 복음사들"의 설교를 듣고, 의인들의 수많은 예들을 보았으며, "부활에 대한 진리"를 배웠던 우리는 여전히 불안과 상심, 그리고 한탄을 멈추지 않는다.634)

거룩한 교부들은 많은 자식을 두었던 의인 욥을 훌륭한 투사의 좋은 사례로서 자주 인용한다.

크리소스톰 성인은 자식을 잃고 괴로워하는 부모를 위로하기 위해 자주 욥의 경우를 들었다. 성인은 성령의 비추임 속에 온정신과 마음을 다해 그의 설교의 능력으로 사랑하는 자식들을 한순간에 잃고 고통 받는 의인 욥의 힘든 아픔을 그려 낸다. 동시에 욥의 굳고 강렬한 믿음을 강조한다.

욥은 일곱 명의 아들들과 세 명의 딸들이 맏형 집에서 먹고 마시다가 세찬 바람에 집이 무너져 깔려 죽었다는 소식을 접했다.(욥기 1:18-19) 이렇게 "집은" 열 명의 자식들의 목숨을 앗아가는 "무덤"이 되었고 "식탁은 불행을 야기한 선박"이 되었다. 그럼에도 욥은 정신을 잃지 않았고 무너지지 않았다. 크리소스톰 성인은 이렇게 지적했다. 대개의 부모들은 자식의 임종을 앞두고 그 곁에 앉아서 자식의 마지막 말을 듣고 그의 손을 어루만져 주며 "부모의 마지막 입맞춤"을 자식에게 해 준다. 그리고 자식이 숨을 거두면 깨끗이 씻긴 후, 장례에 걸맞는 수의를 입히고 눈물 속에서 손을 십자형으로 포개 주고 눈을 감겨 주며 머리의 위치를 잡아 준다. 하지만 욥은 그런 기회를 갖지 못했다. 욥은 소식을 듣자마자 "한순간에 집이 무덤이 되고, 잔치가 난장판이 되고, 축제가 비탄"이 되어버린 장자의 집으로 달려갔다. 그리고 아수라장이 된 그곳의 이곳저곳을 파헤치며 "자식들의 지체들을 찾아 헤매다 술과 피", 빵과 손, 먼지와 눈을

---

634) 요한 크리소스톰, *Εἰς Φιλιπ. Ὁμ.* 8, 2 and 3 PG 62, 242· 243.

찾아내었다. 때로는 "손을", 때로는 "발을" 찾아내고 또 흙으로 뒤범벅이 된 나무와 돌들 밑에 깔려있던 머리를 찾아 끌어내었다. "하늘을 찌를 듯한 그 투사는" 산산이 흩어진 자식들의 몸을 보고 그 짝을 맞추려고 애썼다! 팔 가까이에 손을 놓고 목과 가슴 옆에 머리를 두고 허벅다리 가까이에 무릎을 놓았다. "진정한 인내의 다이아몬드"인 욥은 침착하게 딸의 지체들과 아들의 지체들을 구분했다. 그토록 참혹한 상황에서도 그는 전혀 하느님을 원망하지 않았다. "욥은 주님께 전혀 죄를 짓지 않았다!" 반대로 그는 하느님께 감사를 드리며 말했다. "주님의 이름은 영원히 찬양 받으소서"(욥기 1:21, 22)635)

대 바실리오스 성인도 "쉽게 상심하거나 눈물이 많은" 여자나 남자를 질책했다.636) 그러면서 슬픔에 빠진 부모들에게 가장 좋은 예로 의인 욥을 소개하며 그를 닮을 것을 장려하였다. 성인은 이렇게 적었다 : 혹시 욥의 심장이 "다이아몬드처럼" 단단한 사람인가? 혹시 그의 내장이 돌로 되어 있었는가? 한순간에 그는 열 명의 자식들을 잃었다. 기쁨의 자리에서, 즐거운 자리에서, 사탄에 의해 무너진 집에 깔려 그 자리서 죽었다. 욥은 피로 범벅된 식탁을 보았고 "서로 다른 날"에 태어난 자식들이 모두 같은 날에 "생의 종말"을 맞은 것을 보았다. 그럼에도 불구하고 그는 소리를 지르거나 머리카락을 짓뜯지 않았으며, 해서는 안 될 말은 하지 않았다. 오히려 그는 우리가 결코 잊을 수 없는 다음과 같은 놀라운 감사를 주님께 드렸다. "벌거벗고 세상에 태어난 몸, 알몸으로 돌아가리라. 주께서 주셨던 것, 주께서 도로 가져가시니 다만 주의 이름을 찬양할지라." 대 바실리오스 성인은 계속 말했다 : 그런데 너는 적절한 비가(悲歌)를 넘어 대성통곡하고 있으며 통곡하는 너의 그 몸으로 영혼을 손상 시키고 있다.637)

대 바실리오스 성인의 형제인 그레고리오스 성인도 위대한 욥의 경우

---

635) 요한 크리소스톰, Εἰς τὸν δίκαιον καὶ μακάριον Ἰώβ, Λόγ. α´, PG 56, 567.
636) 요한 크리소스톰, Εἰς Ἰω. Ὁμ. 62, 4 PG 59, 346. 크리소스톰 성인도 역시 비가나 운명한탄 그리고 머리카락을 쥐어뜯는 행위를 비판한다,
637) 대 바실리오스, Περὶ εὐχαριστίας 6, PG 31, 229B; 232AB.

를 예로 들면서 이렇게 적었다 : 다복한 자식들에 대해 사람들로부터 부러움을 샀던 욥은 열 자녀가 참혹한 죽음을 당했을 때, 영혼의 나약한 모습을 보이지 않았다. 그는 얼굴에 상처를 내지도 않았고 머리를 뜯지도 않았으며 가슴을 치지도 않았다. 그리고 "곡하는 사람들"을 부르지도 않았다. 반대로 그는 세상의 이치에 대해 고찰하기 시작했고 세상이 어디서 기원했고 누가 그것을 창조했는지 또 세상의 모든 것을 관장하는 분이 누구이신지를 생각했다. 그리고 인간의 창조가 하느님의 작품이며("주께서 주셨던 것 주께서 도로 가져가시니") 이성적 창조물들은 다시 창조주께 돌아간다고 생각했다. 자식을 주신 그분께서 자식들을 거둬들일 수 있는 권세가 있음을 알았으며 선하신 하느님께서 선한 의지로 그리고 지혜로 우리의 유익을 위해 일하신다고 믿었다. "하느님은 언제나 좋은 것을 생각하시고 그렇게 행하셨다. 주님의 이름이 찬양 받으소서." 성인은 다음과 같이 말을 맺는다 : 투사의 위대함이 얼마나 높은 곳까지 올랐는지 보았는가? 그는 고통의 순간을 세상을 깨닫는 순간으로 변화 시켰다.638)

거룩한 교부들은 성서의 많은 곳에서 다양한 예들을 인용한다.

임금이자 예언자인 다윗은 그의 자식이 중병에 걸려 죽음의 상황에 처하자, 방에 틀어박혀 베옷을 입고 금식을 하며 끊임없이 기도를 드렸다. 그런데 아이가 죽자 그는 바로 자리를 박차고 일어나 몸을 씻고 몸에 기름을 바른 후 예복을 입고 "하느님의 집으로 들어가 하느님께 경배를 드렸다." 그리고 나서 집으로 돌아와 음식을 청했다. 그의 행동을 보고 의아하게 생각한 신하들이 그에게 물었다 : 혹시 무슨 일이 있으신지요? 당신의 자식이 살아 있을 때에는 울고 금식하며 밤새워 기도하고 큰 슬픔에 젖어있더니 자식이 죽자 자리에서 일어나 씻고 몸에 기름을 바르고 먹고 마시다니요? 그러자 다윗은 그들에게 대답했다 : 자식이 살아 있을 때 나는 그 아이를 낫게 해 달라고 하느님께 간청하였다. 하지만 지금 아이는 죽었다. 주님께서 그렇게 원하신 결과이다. 그런데 왜 내가 기도

---

638) 니사의 그레고리오스, *Εἰς Πουλχερίαν*, PG 46, 873C-876C.

와 금식으로 슬퍼해야 하겠는가? 혹시 내가 그를 다시 살려낼 수 있겠는가? 그는 다시 내 곁으로 돌아올 수는 없지만 나는 죽어 그의 곁으로 갈 것이다.(사무엘하 12:15-23)

선조 아브라함의 경우를 보자. 의인 아브라함은 늙은 나이에 자식 하나를 얻었다. 그런데 하느님께서 그 아들을 아비의 손으로 직접 죽여 제물로 바치라고 명하였다! 니사의 그레고리오스 성인은 말했다. 자식을 가진 부모라면 누구나 선천적으로 자식에 대한 사랑이 깊다는 것을 잘 알 것이다. 그렇다면 아브라함이 하느님의 계명을 따르는 것이 과연 부모의 순리라 할 수 있겠는가? 특히 아브라함이 현생만 바라보고, "본성이라는 종(㛍)"에 충실했다면, 현생을 "달콤하게"만 여겼다면 과연 하느님의 뜻을 받아들일 수 있었겠는가? 하지만 그는 하느님의 그 명령에 순종했다. 왜냐하면 그는 믿음이 있었고 그 믿음으로 우리 눈으로 보지 못하는 것을 보았기 때문이다. 그는 물질적인 생의 마감이 "더욱 거룩한 삶"의 시작임을 알았다. 세상을 떠나는 사람은 "그림자를 없애고 진리를 얻는다." "속임과 오류와 혼란"을 버리고 "눈과 귀와 심장을 뛰어넘는 선물들을 발견한다." 아브라함이 하느님께 단 하나의 자식을 제물로 바친 이유이다.639)

크리소스톰 성인도 믿음의 바위인 아브라함에 대해 기록하고 있다. 아브라함은 외아들인 이사악의 죽음을 보지 않았다. 하지만 그는 그것과는 비교할 수 없이 더욱 고통스럽고 충격적인 것을 체험했다. 그것은 하느님께서 직접 그의 손으로 자신의 아들을 죽여 제물로 바치라고 명령했기 때문이다! 그가 계명을 받았을 때 그는 "나를 그 아이의 아버지로 세우시더니 이제는 나보고 아들을 죽이라고 하십니까?" 이렇게 아들을 나에게서 빼앗아 갈 것 같았으면 차라리 나에게 아들을 주시지 않은 것이 훨씬 좋았을 것입니다. 이사악을 데려가고 싶으십니까? 그런데 왜 내 손으로 아들을 죽여 내 손을 더럽히라고 하십니까? 당신은 나에게 나의 후손

---

639) Op. cit., PG 46, 872D; 873BC.

이 땅을 가득 채울 것이라 약속하셨습니다. 그런데 나무를 뿌리채 뽑아 가시면서 어떻게 열매를 맺게 하실 수 있으십니까? 누가 이런 것을 보고 들었습니까?...."라는 말로 하느님께 반항하거나 불편한 심기를 드러내지 않았으며 단 한마디의 말도 하지 않았다. 그는 계명에 따라 진행을 했고 아들을 제물로 바쳤다 - 그것은 비록 아들이 죽지 않았지만 의인의 마음이 이미 그러했기에 실제적으로 그를 희생한 것과 같았기 때문이다. 우리는 "아버지, 하느님께 제물로 바칠 동물이 어디 있나요?"라는 이사악의 말을 아브라함이 들었을 때, 또 자신의 아들인 이사악을 나무에 묶어 제물로 바칠 때, 그리고 아들을 죽이려 칼을 높이 들었을 때, 그의 고통이 이루 헤아릴 수 없었음을 백분 인정하며 공감한다. 이렇게 경건한 그의 영혼은 "그 어떤 형벌보다 감내하기 힘든" 아픔과 슬픔을 겪었다. 그럼에도 불구하고 그는 하느님의 계명을 어기지 않았다. 그리고 하느님을 욕되게 하지 않았다. 크리소스톰 성인은 부모들을 향해 이렇게 말을 맺었다 : 너희가 자식을 잃게 되면 "잘못된 통곡이나 오열이 아니라" "아브라함이 자신의 아들을 제물로 바치면서도 눈물도, 원망도 하지 않았음을" 꼭 기억하기 바란다.640)

구약의 복된 의인들이 보여 준 믿음으로부터 지금 신약의 시대에 살고 있는 우리 그리스도인들의 믿음이 얼마나 멀리 떨어져 있는지, 구약의 의인들이 신약시대의 우리가 보고 들었던 부활과 영생에 대해서 보고 들었다면, 과연 어떻게 자식의 죽음을 바라봤을지 우리는 깊이 되새겨야 할 것이다.

---

640) 요한 크리소스톰, 'Ὁμ. λα', Περί Θανάτου PG 63, 805; 806; 807.

너의 자식이 죽었는가? "하느님께 감사를 드려라!"

거룩한 교부들은 자식을 잃은 부모를 위로하는 것만이 아니라 그들에게 슬픔을 이겨내고 오히려 하느님께 영광을 드리라고 조언한다! 참으로 기이한 현상이다. 그럼에도 성인들은 이것을 권고한다. 따라서 자식을 잃고 고통 속에 있는 부모들과 우리는 교부들의 이 가르침을 깊이 새겨볼 필요가 있다.

크리소스톰 성인은 한 아버지에게 묻는다 : 너는 왜 오열하는가? 너의 재산을 물려받을 상속자를 잃었기 때문인가? 너는 아들이 너의 재산을 상속 받길 원하는가? 아니면 천상의 보화를 상속 받길 원하는가? 너에게 무엇이 더 좋은 것인가? 너는 아들이 장차 사라질 세상의 부를 얻기를 원하는가? 아니면 불멸하고 영원한 것을 얻기를 바라는가? 너는 상속자인 아들을 잃었지만 하느님께서는 네 아들을 당신의 상속자로 만드셨다. 하느님께서는 너의 재산을 물려받는 너의 다른 아이들의 공동상속자로 네 아들을 만드신 것이 아니라 그를 그리스도의 공동상속자가 되게 하셨다. 그런데도 너는 그 아이가 그토록 보고 싶은가? 그렇다면 경건하게 살기 바란다. 그러면 그의 "거룩한 모습"을 빨리 보게 될 것이다. 하느님의 아들께서 돌아가신 것을 생각하라. 그분께서는 너를 위해 돌아가셨지만 너는 너 자신만을 위해 죽는다. 아들께서는 인간으로서 십자가의 죽음 앞에서 엄청난 번민에 쌓여 하느님 아버지께 죽음을 피하게 해 달라고 요청했었지만 마침내 그 죽음을 거부하지 않고 받아들이셨다.(마태오복음 26:39) 예수 그리스도께서 모욕 당하고, 조소 당하고 채찍질 당하신 후 십자가에 못 박혀 끔찍한 죽음을 맞으셨음을 기억하라. 그분의 죽음과 부활은 너를 희망으로 가득 채워 줄 것이다. 네 자식이 더 이상 집으로 돌아오지 못함이 서러운가? 하지만 세상의 모든 것이 변화 속에 사라져 가는 것임을 잊지 말라. 더구나 너 또한 얼마 안 있어 그의 곁으로 갈 것이다. 만약 네가 자식을 사랑한다면 지금 기뻐해야 한다. 왜냐하면 그는 현생의 파도로부터 벗어났기 때문이다. 네가 불멸의 인간을 낳은 것이 아니라 필멸의 인간을 낳았음을 기억하라. 지금은 네가 살아있다 해도 너 역시 얼마 안가 죽음에 놓이게 될 것이다. 너는 그에게 못 다 해 준 것이 안타까운가? 하지만 네가 그곳에 가면 그와 행복하게 있게 될 것이다. 오히려 그가 죽지 않았다면 그가 성실하고 착하다 할지라도 그는 이 세상의 유혹에 빠지고 죄에 물들었을지도 모른다. 너는 자식들을 포기하고 사는 많은 부모들을 보지 못하는가? 이 모든 것을 깊이 고찰하고 세상의 현상에 대해 우리 모두 깊이 생각해 보아야 할 것이다.641)

대개 자식을 잃은 부모들은 원망을 한다. 왜냐하면 젊은 나이에 자식이 생을 마감했기 때문이다. 그들은 "아직도 한창 세상을 즐기며 살 수 있는 나이인데...."라고 말한다. 대 포티오스 성인은 딸을 잃고 깊은 슬픔에 잠긴, 고관이었던 그의 형제 타라시오에게 물었다. "인생이 짧고 긴 것이 뭐가 그리 대수인가?" 현세에서 내세로 조금 일찍 또는 조금 나중에 떠나는 것에 무슨 차이가 있겠는가? 그러면서 성인은 다음과 같이 말을 맺었다. 어차피 우리는 빨리 또는 늦게 죽음의 문을 지나 다 같은 종말을 맞이할 것이 아닌가?642)

크리소스톰 성인은 자식을 잃은 또 다른 아버지에게 말했다 : 너의 자식은 죽을 존재였다. 그래서 하느님께서 당신 곁으로 그를 부르신 것이다. "인간이 필멸의 존재로 태어났음을" 망각하지 말라. 왜 너는 "자연의 법칙에 따라 이루어진 것"에 분노하는가? 혹시 너는 음식을 먹을 때 기분이 언짢은가? 아니면 음식 없이 살기를 원하는가? "죽음의 경우도 이와 같다. 네가 필멸의 존재로 있는 한, 불멸을 찾지 말라. 왜냐하면 그것은 이미 정해져 있는 것이다." 하느님께서 너의 자식을 원하든 다른 사람을 원하든, 우리에게서 무엇을 가져가든 그것은 당신의 것을 가져가시는 것이다. 육신을 가져가든 영혼을 가져가든 그것은 당신의 것이다. 만

---

641) 요한 크리소스톰, *Εἰς Ματθ. Ὁμ*. 31, 4-5 PG 57, 375-376.
642) N. B. 토마다키, *Βυζαντινὴ Ἐπιστολογραφία*, page 227.

약 네 아들을 데려가셨다면 그것은 네 아들을 데려가신 것이 아니라, 그분께 속한 것을 가져가신 것이다. 하느님께서 네 자식을 데려갔다고 해서 네가 그 자식을 잃은 것은 아니다. 오히려 네가 그를 너의 영원한 재산으로 만들어 지금 더욱 안전한 곳에 보관하고 있는 지도 모른다. 이제 너는 필멸의 아들이 아닌 불멸의 아들의 아버지인 것이다. 물론 너는 굳게 닫혀 있는 네 아들의 입과 감겨 있는 눈, 그리고 굳어 있는 그의 시신을 지금 보고 있다. 하지만 그가 더 이상 말 못하고 보지 못하고 움직이지 못하는 것으로 생각하지 말라. 오히려 그의 입은 더 유용하게 쓰여 더욱 귀한 말을 할 것이고, "눈은 더욱 위대한 것을 볼 것이며, 발은 구름 위를 걷게 될 것이며, 부패한 육신은 불멸을 입게 되어" 마침내 영광스럽게 변하게 될 것이다. 그러니 너는 자식을 찾을 때 그가 어디로 갔는지 모른다고 말하지 말라. 왜냐하면 죽었다가 부활하신 예수를 믿는 사람은 하느님께서 그분을 믿다가 죽은 자들을 예수와 함께 생명의 나라로 데려가실 것이기 때문이다.(테살로니카전서 4:14 참조) 따라서 네가 아들을 찾고자 한다면 무덤이나 땅에서가 아니라 임금이 계시는 그곳, 천사단이 있는 그곳에서 찾기 바란다.643)

자식의 죽음으로 상심에 빠진 부모들을 위로하기 위해 니사의 그레고리오스 성인은 주님께서 제자들에게 말씀하신 그 가르침을 상기 시킨다 : "어린이들이 나에게 오는 것을 막지 말고 그대로 두어라. 하늘나라는 이런 어린이와 같은 사람들의 것이다."(마태오복음 19:14) 성인은 말한다 : 따라서 네 곁을 떠난 자식은 만물의 주관자이신 그리스도께로 갔다. 네 눈에는 그의 눈이 감긴 것처럼 보이나, 그는 영원한 빛 속에서 눈을 떴다. 너의 식탁에서 그는 사라졌지만, 그는 천사들의 식탁에 있다. 세상에서는 뿌리가 뽑혔지만 낙원에 심어졌다. 지상의 왕국에서 천상의 왕국으로 옮겨졌다. 무엇과 무엇이 서로 바뀌었는지 잘 보았는가? 사랑하는 그의 얼굴이 더 이상 보이지 않아 슬픈가? 충분히 그럴 수 있다. 왜냐하면 너는

---

643) 요한 크리소스톰, ‘Ομ. λα', Περί Θανάτου PG 63, 804-805· 808; Εἰς Β' Κορ. ‘Ομ. 1, 6 PG 61, 390-392.

천상의 축제에서 기뻐하는 영혼의 참된 아름다움을 아직 보지 못했기 때문이다. 하느님을 보는 그 눈은 얼마나 아름다운가! 거룩한 찬양으로 장식하고 있는 그 입은 얼마나 달콤한가! 자식이 백년해로하지 못하고 죽은 것이 서러운가? 늙은이에게 무슨 일이 있을 것 같은가? 눈은 침침하고 몸은 가렵고 얼굴에는 주름이 가득하며 이는 하나 둘씩 빠지고 혀는 둔해지고 손은 떨며 허리는 휘고 다리는 절고 사람들의 부축을 받아야 하는 것이 그리 좋은가? 이런 것을 겪지 않고 너무 일찍 세상을 떠난 자식이 미워서 그렇게 분노하는가? 거룩한 교부는 계속했다. 이 밖에 세상살이가 좋은 게 무엇인가? 슬픔과 쾌락, 분노와 공포, 희망과 욕망, 이런 것들이 아닌가? 바로 우리가 이런 것들과 "또 이와 유사한 것"들과 함께 "뒤섞여" 세상에서 살고 있는 것이다. 그렇다면 이런 고통의 손에서 벗어나 젊은 나이에 세상을 떠난 것이 무엇이 그리 나쁘단 말인가?644)

이 장을 마무리하면서 우리는 상심에 빠진 한 아버지에게 전하는 크리소스톰 성인의 훌륭한 위로의 가르침을 살펴보자 : 너의 아이가 죽었는가? 그 아이를 하느님께 드렸는가? 그렇다면 네게 맡겼다가 그를 데려가신 하느님께 "감사와 찬미와 경배를 드려라." "그를 창조하시고 선택하신 분께 그리고 너의 씨를 통해 나온 그 열매를 순결하게 받아들여 주신 그분께 영광을 드려라. 너의 후손을 구원하신 분께 영광을 드려라." 위대한 영혼인 욥처럼 하느님을 경배하라. 그리고 언젠가 "흠결 없는 제물, 자신의 아들인 이사악을 순수하게 주관자에게 봉헌했던" 아브라함처럼 하느님께 감사하라. "그리스도께서 거두셨으니 우리 모두 경배하자. 창조하신 분께서 다시 지으셨으니 우리 모두 원망 말자. 창조주께서 창조물을 원하셨으니" 우리는 하느님께 반목하지 말자. 어차피 우리는 하느님께 맞설 수 없지 않는가!645)

---

644) 니사의 그레고리오스, Εἰς Πουλχερίαν PG 46, 868D-869D.
645) 요한 크리소스톰, Περὶ ὑπομονῆς καὶ τοῦ μὴ πικρῶς κλαίειν τοὺς τελευτῶντας, PG 60, 726.

유아들의 죽음은 복되다

 유아기에 자식을 떠나보낸 부모들은 왜 그렇게 일찍 심장과도 같은 자식을 하느님께서 데려가셨는지, 그런 어린 자식을 잃고 어떻게 살아가라고 하시는 것인지 무척 하느님을 원망하게 된다. 그렇다. 유아의 죽음은 부모에게 상당한 아픔과 고통을 자아낸다. 어머니의 품을 떠난 아기의 순수하고 순백한 모습은 가족들에게 남다른 슬픔을 주며 부모의 영혼에 엄청난 상처를 남긴다. 그래서 거룩한 교회는 온화한 어머니가 자식의 아픔을 감싸주듯이 세례 받고 죽은 유아에 대해 특별한 성가들을 만들었다.646)

이 성가집은 "세상을 떠난 유아의 안식 카논"이라고 불린다. 이 카논 6오디 다음에는 두 개의 이코스 성가가 있는데 그 첫 번째 내용은 이러하다 : 그 무엇도 어머니만큼 마음 아픈 사람이 없고, 누구도 아버지보다 더 애처롭지 않다. 왜냐하면 아이들을 떠나보낸 "그들의 가슴이 산산이 찢어지기 때문이다." 특히 아이들이 한창 재롱을 부리고 있었다면 부모의 마음은 더욱 찢어지고 아팠을 것이다. 왜냐하면 아이들의 재롱이 눈에 아른거리고, 귓가를 울리기 때문이다. 두 번째 가사를 보자 : 아이들의 부모들은 자주 아이들의 무덤 앞에서 가슴을 치며 통곡한다 : "아들아, 너무나 사랑하는 내 자식아, 엄마의 소리가 들리지 않니? 그렇게도 말을 잘하더니 왜 아무 말도 하지 않는 거니?"647)

같은 예식의 에니 성가에서는 부모들이 죽은 아이에게 다음과 같이 말한다 : 애야, 그 누가 세상을 떠나간 너를 두고 지금 통곡하지 않겠니? 참새처럼, 어머니 품을 급히 떠나 "다 자라지 않은 아기"로 "만인의 창조주께로" 간 너를 두고 슬퍼하지 않겠니? 애야, 싱싱하고 예쁜 장미처

---

646) 요한 크리스소톰, Ὁμ. λς΄, Ὅτι χρὴ τὸν ἔχοντα χάριν οἵαν δήποτε ἐπιστήμης μεταδιδόναι τῷ χρείαν ἔχοντι. Καὶ περὶ πρεσβυτέρου, PG 61, 786.
647) ΕΥΧΟΛΟΓΙΟΝ τὸ ΜΕΓΑ (대 기도서), Κανὼν ἀναπαύσιμος εἰς νήπια, page 478-479.

럼 밝게 빛나던 네 얼굴이 차갑게 식어 버린 것을 보고 어찌 가슴이 저리지 않겠니? "아이들이 나에게 오는 것을 막지 말라."(마르코복음 10:14)고 말씀하셨던 주님의 교회는 부모의 심정으로 똑같이 가슴 아파하며 부모가 아이에게 하는 것처럼 너희에게 말한단다 : "애야, 누가 가슴 아파하지 않겠니?" 누가 "너의 순결한 모습과 아름다움"을 울면서 말하지 않겠니? 이 모든 것은 흔적도 없이 물속에 가라앉은 배처럼, 너는 우리 눈에서 너무 빨리 사라졌기 때문이란다. 친구, 친척, 이웃들이여, 우리에 앞서 무덤으로 떠나는 우리 아이와 마지막 입맞춤을 나누세.648)

우리는 유아의 죽음을 보며 자비의 하느님께서는 왜 세상을 살아 보지도 못한 어린 아기의 죽음을 허락하셨을까 하는 의문을 가져본다. 하지만 믿음의 영혼은 이 사건을 의문의 눈길로 바라보지 않는다. 왜냐하면 우리는 모든 현상들이 하느님의 섭리 안에서 일어나고 있음을 잘 알고 있기 때문이다. 니사의 그레고리오스 성인은 왜 어떤 이는 "천수"를 누리고 어떤 이는 갓 태어나 생을 마감하는가? 라고 물으며 이렇게 자답한다 : 만약 세상만사가 하느님의 뜻에 의해 이루어지고 좌우되며 그분의 "지혜와 예지" 속에 있다면, 모든 일에는 반드시 하느님의 지혜와 섭리의 뜻이 숨어 있을 것이다. 그렇지 않다면 그것은 하느님의 사역이 아니다. 성서는 "지혜 안에서 모든 것을 이루시는 것"이 하느님의 특징이라고 밝히고 있다.649)

그리스도인의 영혼은 여기서 더 이상 깊이 들어가려 하지 않는다. 그들은 대 바실리오스 성인이 기록한 것처럼, 우리 각자의 유익을 위해 전지하신 자비의 하느님께서 우리 인생의 말로를 섭리하고 계심을 절대적으로 믿고 받아들인다. 왜냐하면 우리가 "알 수 없는 나름의 이유가" 하느님께는 있기 때문이다. 하느님께서는 그 이유에 따라 어떤 이들은 일찍 세상을 떠나도록, 또 어떤 이들은 현생에서 좀 더 고생하는 삶을 살도록

---

648) Op. cit., page 481.
649) 니사의 그레고리오스, Περὶ τῶν νηπίων πρὸς ὥρας ἀφαρπαζομένων, πρὸς Ἱέριον, PG 46, 168A.

놔두신다.650)

우리에게 있어 유아의 죽음은 제때가 아닌 것으로 보인다. 하지만 그것은 우리의 생각일 뿐이다. 왜냐하면 성인이 말하는 것처럼, 어떤 때가 적절한 때인지, 왜 그 사건이 일어나야 하는지 우리의 머리로는 알 수 없기 때문이다. 그리고 무엇이 진정 우리 영혼에 더 유익한 것인지를 알지 못하기 때문이다. 따라서 우리는 인간의 수명에 대한 기준이나 기간을 설정할 수가 없다.651) 하지만 우리를 창조하시고 불사의 영혼을 선물로 주시는 하느님께서는 우리의 지력으로는 헤아릴 수도 없고 이해할 수도 없는 방법으로 만물을 지배하시면서, 우리 각자에게 서로 다른 삶의 방법을 정하시고 현생에서 서로 다른 시간에 떠나가도록 하셨다. 이렇게 당신의 섭리와 계획에 따라 또 당신의 지혜와 정의에 따라 어떤 이에게는 긴 수명을 주시고, 또 어떤 이에게는 육체의 구속에서 아주 빨리 벗어나게 하셨다.652)

대 포티오스 성인은 딸의 죽음을 슬퍼하는 그의 형제 타라시오스에게 위로의 편지를 보내며 때 이른 죽음에 대해 이렇게 적었다 : "때 이른 죽음이라고!" 그런데 형제는 딸이 태어났을 때 왜 이르다고 말하지 않았소? 오히려 형제는 딸이 태어났을 때 하느님께서 제때 이루어 주셨다고 말했소. 왜 우리는 창조주께로 돌아갈 때가 되면 우리 자신이 생의 주인이 되고 있는지 모르겠소. 창조주께서 우리를 세상으로 데려다 놓으신 것이 제때라면 우리를 당신 곁으로 데려갈 때 어떻게 이르다 말할 수 있겠소? 임신과 탄생, 그리고 성장은 "제때"이고 불멸의 생명으로 우리를 데려가실 때는 "제때"가 아니란 말이오? 포티오스 성인은 때 이른 죽음이라는 표현을 극히 거부하면서 그런 식으로 표현하는 사람은 하느님을 욕되게 하고 "질투의 관념"에 사로잡힌 개념 없는 사람이라고 평가했다. 필멸하는 육체를 떠난 아기의 영혼을 슬퍼할 것이 아니라 "불멸하는 정

---

650) 대 바실리오스, Ἐπιστολή 6, 4 PG 32, 241C; Ἐπιστολή 5, 2 PG 32, 240C.
651) 대 바실리오스, Ἐπιστολή 6, 2 PG 32, 244B.
652) 대 바실리오스, Εἰς μάρτυρα Ἰουλίτταν 3, PG 31, 248D-249A.

신"653)이 죽은 사람, 다시 말해 전혀 이성적이지 않고 하느님을 욕보이는 사람을 슬퍼해야한다고 말했다.

하느님의 말씀을 전하는 교부들은 유아의 죽음을 상실이라고 여기지 않는다. 대 바실리오스 성인은 경건한 친구 넥타리오스에게 보낸 편지에서 "우리는 아이를 잃은 것이 아니라 아이를 우리에게 잠시 빌려주신 하느님께로 다시 돌려보낸 것이다. 땅이 사랑하는 우리 아이를 삼킨 것이 아니라 하늘이 그 아이를 받아들인 것이다."라고 말했다.654)

성령의 빛을 받은 현자 솔로몬은 하느님께서 때로는 어린 나이나 젊을 때 사람들을 당신 곁으로 부르시는데 그 이유는 그들을 죄로부터 보호하길 원하시기 때문이라고 하였다. "하느님께서는 그가 악에 물들어서 바른 이성을 잃지 않도록, 또 그의 영혼이 간교에 넘어가지 않도록 그를 데려가신 것이다."(지혜서 4:11) 그래서 교회는 이렇게 찬양한다 : "만군의 임금이시여, 당신께서는 지극히 높은 곳에서 천사를 보내시어" "복된 아기"를 데려가심으로써 수없이 많은 덫에서 아기를 순결하게 지켜 주시고 구해 주셨나이다. 또한 당신께서는 그의 영혼이 형용할 수 없는 천상 왕국의 기쁨을 누리게 하시기 위해 그의 영혼을 천상의 거처에 안전하게 보호하시고 의인들의 영혼과 함께 있게 하셨나이다.655)

대 아타나시오스 성인은 "천수를 누리는 사람들도 있는데 왜 갓난아기들이 죽어야 합니까?"라는 질문에 다음과 같이 대답한다 : 그것은 인간의 머리로는 헤아릴 수 없는 심연이다. 그러나 우리는 성서를 통해 신자들의 자녀들이 죄 때문에 죽는 것이 아니라 때론 "부모들을 깨닫게 하기 위해" 죽는다는 것을 알 수 있다. 하느님께서는 이런 방법으로 두 가지의 선을 베푸신다. 하나는 유아들이 순결한 상태로 이 세상을 떠나 그곳에서 구원을 받고 영원 속에서 살게 하시는 것이다. 물론 하느님께서 당신의 섭리 하에 그 아이들을 좀 일찍 불러들이신 감은 있다. 하지만 그

---

653) N. B. 토마다키, page 227.
654) 대 바실리오스, Ἐπιστολή 5, 2 PG 32, 240D-241A.
655) ΕΥΧΟΛΟΓΙΟΝ τὸ ΜΕΓΑ (대 기도서), Op. cit., Ὠδή Θ΄, page 480.

것은 그들이 엄청난 죄 속에서 살아갔을 수도 있기 때문이다. 두 번째는 부모들을 좀 더 지혜롭게 하기 위함이거나 자식들에게 줄 재산을 (자식이 죽고 없는 지금) 가난한 사람들에게 베풀기 위한 것일 수도 있다. "아무튼" '우리에게는 알 수 없는 하느님의 판단과 결정에 따라 그 일은 이루어진다'고 성인은 부연한다.656)

죄 없이 세상을 떠난 순수한 유아들의 죽음은 사실상 복된 것이다. 크리소스톰 성인은 말했다 : "네가 오십년, 백년을 행복하게 지내고, 넉넉한 재산에" 자식도 얻고 아들 딸도 결혼 시키며 "민족을 다스리는 군주가 되어 권세를 얻는다고 치자." 하지만 이 모든 것이 끝나면 결국 네게 죽음이 찾아오고 "죽음 이후에 준엄한 심판이, 그리고 회개도 없는 순간이 찾아올 것이 아닌가.... 바로 이런 이유로 우리는 유아들의 죽음을 복되다고 하는 것이다." 그래서 우리는 이렇게 소리친다 : 우리가 어렸을 때 세상을 떠났다면 얼마나 좋았을까! 우리가 유아일 때 세상을 떠났다면 그 죽음의 잔이 우리의 구원이 되었을 텐데 이제는 죄에 물든 성인이 되었으니 그 죽음의 잔이 참으로 위험하게 되었구나. 죽음의 잔은 "우리에게는 형벌의 시작처럼" 다가오지만, 유아들에게 있어서는 "구원의 시작"이다. 사실 죄를 모르는 유아들이 무엇을 해명할 것이 있겠는가? "선과 악"을 알지도 못하는 아이들이 무엇 때문에 형벌을 받겠는가? 그러면서 크리소스톰 교부는 외친다 : "복된 유아들의 잠은 복되도다! 순결한 죽음은 영원한 생명의 시작이로다! 생의 마지막이 끝없는 기쁨의 시작이 되는도다!"657)

거룩한 교부들은 부모를 위로하는 가장 훌륭한 근거로써 아이들의 무죄성과 복된 죽음을 제시한다. 교부들은 자식을 잃은 부모를 위로하기 위해, 죽은 아이들이 그들의 부모에게 말하는 이야기를 이렇게 소개한다 :

---

656) 대 아타나시오스, Πρὸς Ἀντίοχον ἄρχοντα, Ἐρωταπ. ξθ' ΒΕΠΕΣ 35, 117(35-41) - 118(1-7).
657) 요한 크리소스톰, Περὶ ὑπομονῆς..., PG 60, 728.

아버지들, 우리를 위해 울지 마세요. 아버지들의 눈물과 통곡은 우리에게 아무런 도움이 되지 않는답니다. 아버지들은 온갖 슬픔과 아픔, 불안과 혼란으로 점철된, 사라질 이 세상에 우리를 곁에 두고 싶어 했지만 주관자이신 하느님께서는 우리를 사랑하셔서 사자의 입에서 우리를 빼내시듯이 이 헛된 삶에서 우리를 건져 주셨답니다. 또한 선하신 목자께서는 "지극히 사랑하는 새끼 양처럼" 우리를 어둠에서 당신 왕국의 빛으로 옮겨 주셨답니다. 아버지들, 지금 우리는 "생명의 나라…."에 와 있습니다. 그리고 천사들과 함께 찬양을 드리며 성인들과 함께 춤을 주고 있답니다." 우리는 지금 이곳에서 아직 죄 속에서 살고 계신 부모님들을 위해 중보기도를 드리고 있답니다. 그러니 사랑하는 부모님들, "우리를 위해 마음 쓰지 마시고 부모님 자신들을 위해 슬퍼하십시오." 그리고 심판자의 두려운 심판대에서 좋은 변론을 할 수 있는 삶을 살아가십시오.658)

대 포티오스 성인은 딸을 잃은 그의 형제 타라시오스을 위로하기 위해, 죽은 딸이 아버지 앞에 나타나 아버지의 손을 잡고 환한 웃음을 띤 얼굴로 아버지에게 입을 맞추며 아버지에게 말하는 모습을 이렇게 소개한다 : "아버지, 제가 나쁜 곳에 간 것처럼 왜 그리 슬피 우시는지요? 저는 지금 낙원에 있답니다. 이곳에서 제가 지켜보는 광경들은 무척 달콤하며 또 그것을 직접 누릴 때에는 감미로움에 더욱 젖는답니다. 제가 여기서 얻는 체험은 모든 믿음을 뛰어넘는답니다. 이곳 낙원에는 거짓된 속삭임으로 우리를 현혹하는 사악한 사기꾼인 뱀, 사탄이 없답니다. 우리 모두는 여기서 '거룩한 천상의 지혜'에 걸맞게 현자가 되었답니다. 우리의 모든 삶은 끝없는 축일이며 축제입니다. 아버지, 언젠가 당신께서도 제가 사랑하는 어머니와 함께 이곳으로 오실 겁니다."659)

"안드로니코스 성인과 동시대인이었던 아타나시아 성인"의 전기에는

---

658) Op. cit., PG 60, 729-730.
659) N. B. 토마다키, page 228.

다음과 같은 내용이 있다 : 아타나시아는 같은 날 두 아이를 잃고 너무도 깊은 상심에 빠져있었다. 그녀의 남편은 인내의 덕이 무척 깊은 사람이었다. 그런데 어느 날 밤에 율리아노스 순교자가 아타나시아에게 나타나서 이렇게 말했다 : 자식 때문에 울지 마라. 사람이 음식을 찾는 것이 자연스러운 것처럼, 네 아이들도 지금 심판의 날에 받을 "미래의 선물"에 대해서 "정당하게 심판하시는 이여, 우리가 세상적인 것을 버렸으니 우리에게서 천상의 것들을 빼앗아 가지 마소서"라고 하느님께 요청하고 있단다. 순교자의 이 말을 들은 순간 성녀는 깊은 감동을 받고 "아이들이 천상에 있는데 내가 울 필요가 있는가? 하면서 슬픔을 기쁨으로 바꿨다."660) 이렇게 부모들은 일찍 세상을 떠난 자식들이 살아 있고 또 "미래의 선물"을 하느님께 요청하고 있다는 확신을 통해 많은 위로를 받을 수 있다.

교회의 성가들도 이와 같은 진리를 소홀히 하지 않는다 : "나를 위해 그렇게 울지 마세요." 나는 당신들이 울 만한 그런 삶을 살지 않았답니다. 그러면서 죽은 아이는 이렇게 소리쳤다. 오히려 친척, 친구들이여, 지옥의 끔찍한 고통을 겪지 않으려면 당신 자신들을 위해 슬퍼하십시오. 죽은 아기가 보이지 않게 외친다. "왜 나를 슬퍼하나요? 나는 눈물에 어울리지 않답니다. 우리 아기들은 눈물을 흘릴 만한 죄를 짓지 않았답니다. 그래서 우리는 "모든 의인의 기쁨이" 있는 그곳으로 가기로 정해져 있답니다. 지금 우리는 천상에서 살고 있고 "성인들의 거룩한 모임"에 동참하고 있답니다. 이와 같이 우리는 세상을 떠난 아이들을 위해 울기보다 매일 죄를 짓고 살아가는 우리 자신을 위해 슬퍼해야 한다. 그럴 때 우리는 지옥으로부터 우리 자신을 구원할 수 있게 될 것이다.661)

만약 세상을 떠난 순결하고 순수한 아이들이 우리의 영원한 고향에서 행복하게 살고 있다면 부모들도 그들과 똑같은 행복을 누려야 한다. 그래

---

660) *MHNAION* Ὀκτωβρίου.
661) *ΕΥΧΟΛΟΓΙΟΝ τὸ ΜΕΓΑ* (대 기도서), Op. cit., Ὠδή ε', η', γ', δ', page 476, 477, 480.

서 크리소스톰 성인은 다음과 같이 적었다 : 주님께서 네 아기를 거두셨는가? 그분께 감사드려라. 그분께서도 너를 위해 아기가 되어 구유에 누우신 적이 있으셨다.662) 아울러 죄 없고 순결한 유아의 영혼은 만군의 임금 그리스도 옥좌 앞에서 그의 부모를 위한 아주 훌륭한 중보자가 된다.

---

662) 요한 크리소스톰, Op. cit., PG 60, 726.

어떤 것이 나쁜 죽음이고, 어떤 것이 좋은 죽음인가?

잔인하고 불의한 죽음이 나쁜 것인가?

우리 영혼은 자비의 하느님께서 무한한 지혜로 만사를 섭리하시고 죽음까지도 인간의 은혜가 되게 하신 것을 생각할 때 큰 기쁨을 느낀다. 우리는 지금까지 왜 신자가 죽음을 두려워해서는 안 되는지 그리고 왜 담대하게 죽음을 직시해야 하는지를 알아보았다. 또한 죽음이 왜 이 세상에서 다음 세상으로, 현세와는 비교도 되지 않는 복된 영원으로 우리를 인도해 주는지 그 이유를 살펴보았다.

그런데 어떤 사람들은 이렇게 주장한다 : 나는 죽음을 두려워하지 않는다. 내가 진정 두려워하는 것은 참수와 같은 끔찍하고 잔인한 죽임을 당하는 것이다. 또 어떤 사람들은 다르게 주장한다 : 우리는 그런 폭압적인 죽음도 두려워하지 않는다. 하지만 억울한 죽음은 싫다. 전혀 의심 받을 만한 죄를 짓지 않았음에도 죄인처럼 형벌을 받는 것은 원치 않는다.663)

하지만 아무리 잔인한 죽음이나 불의한 죽음일지라도 죽음에 대한 두려움은 정당화될 수 없다. 또한 그런 죽음이 나쁜 것처럼 여겨져서도 안 된다. 왜냐하면 우리는 수많은 성인들의 죽음을 통해 그런 예들을 충분히 보아 왔기 때문이다. 성인들의 일부는 억울하게 죽음을 맞았고, 또 일부는 참혹한 죽음으로 세상을 떠났다. 크리소스톰 성인은 묻는다 : 그렇다면 헤로데 왕에 의해 목이 잘려 죽은 선구자 세례 요한은 나쁜 죽음을 맞은 것인가? 그런 논리라면 첫 순교자 스테파노스 보제는 불의한 유대인들에 의해 돌에 맞아 죽었으니 "억울하게 죽은 것 아닌가?" 사도 바울로도 참수당하고 사도 베드로도 십자가에서 죽음을 겪지 않았는가? 수많은 순교 성인들도 참혹한 죽음을 맞지 않았는가? 수많은 순교 성인들이 어떻게 생을 마감했는가? 그들의 "일부는 화형으로 죽었고, 또 일부는

---

663) 요한 크리소스톰, *Εἰς Ἀνδριάντας*, Ὁμ. 5, 2 καί3, PG 49, 71-72.

칼로 죽음을 맞았다. 어떤 이들은 바다에 던져졌고, 또 다른 이들은 맹수에게 희생되었다. 그들은 이렇게 끔찍하게 죽었다."664)

억울한 죽음에 대해 요한 교부는 지적한다 : 형제여, 지금 무슨 말을 하고 있는가? 불의하게 죽는 것이 두렵다고 말하는가? 그래서 정당한 죽음을 맞고 싶다는 것인가? 하지만 누가 더 비참하고 불쌍한 사람인가? 불의하게 죽을 수 있음에도 불구하고 정당한 죽음을 바라는 사람인가? 아니면 불의의 죽음을 받아들이는 사람인가? 만약 우리가 죽음을 두려워해야 한다면 우리는 정당한 죽음을 두려워해야지 불의한 죽음을 두려워해서는 안 된다. 왜냐하면 불의하게 죽는 사람은 그의 억울한 죽음 때문에 성인들이 계시는 그곳으로 옮겨 갈 것이기 때문이다. 하느님을 기쁘게 하고 덕이 빛났던 사람들의 대부분이 불의한 죽음을 맞았다는 것은 이미 잘 알려져 있는 사실이다. 그런 불의한 죽음을 맞이한 첫 의인이 바로 아벨이다. 그는 형제 카인에게 죽임을 당했는데 그것은 형제인 카인에게 악한 행동을 해서 그런 것이 아니라 "하느님을 경외했기 때문이었다."(창세기 4:3-11 참조) 그렇다면 첫 번째 살인을 용인하신 하느님께서 아벨을 사랑했기 때문에 그것을 허락하신 것인가? 아니면 그를 미워해서 그러신 것인가? 하느님께서 의인 아벨을 사랑하시고 "너무 억울하게 죽음을 당한" 그에게 찬란한 덕의 관을 씌워 주시려 했다는 것은 자명하다.665)

이 모든 사실들은 잔인하고 끔찍하고 불의한 죽음이 우리가 두려워해야 할 나쁜 무언가가 아님을 분명히 확인해 준다. 동시에 순교자적 죽음이나 불의의 죽음이 오히려 하느님의 왕국에서 더 큰 상을 받고 더 빛나는 관을 받는 기회가 된다는 사실도 우리에게 알려 준다. 순교자들은 형용할 수 없는 기쁨으로 죽음을 받아 들였고 임금이신 그리스도의 은총 앞으로 나아가기 위해 참혹한 순교에 자신을 내놓고 불의의 죽음을 맞았다. 왜냐하면 그들은 의로우신 심판관 하느님께서 분명 기뻐하실 거라는

---

664) 요한 크리소스톰, Op. cit., 2 PG 49, 72; Εἰς Γέν. 66, 1-2 PG 54, 566-567.
665) 요한 크리소스톰, Op. cit., 3 PG 49, 72

절대적 신념을 가지고 있었기 때문이다.

따라서 크리소스톰 성인이 가르치는 것처럼, 자연사는 "크게 의식하지 않는" 죽음 중의 하나였다. 크게 의식된 끔찍하고 나쁜 죽음은 "죄 속에서" 맞는 죽음이었다. 진짜 해악은 죽어서 지옥으로 가는 것이다. 반대로 좋은 죽음은 이 세상을 떠나 그리스도와 성인들과 함께하는 죽음이다. 결국 우리는 "죽음 이후에" "좋은 죽음과 나쁜 죽음"으로 특징지을 수 있다. 따라서 우리는 단순히 죽었다 해서 슬퍼하거나, 살아 있다 해서 기뻐해서는 안 된다. 우리는 진정 죄인을 슬퍼해야 한다. 그들이 죄 속에서 죽었을 때뿐만 아니라 살아 있을 때도 그들을 슬퍼해야 한다. 왜냐하면 죄인은 비록 살아 있다 해도 이미 생명의 원천, 하느님과 떨어져 있기에 죽은 것이나 다름없기 때문이다. 또한 우리는 의인들이 살아 있을 때만 기뻐할 것이 아니라 죽었을 때도 기뻐해야 한다. 왜냐하면 의인은 죽었다 해도 살아 있는 것이며, 죽음을 통해 주관자이신 "그리스도께 돌아갔기 때문이다." 죄인은 하느님과 멀리 떨어져 있어 눈물의 대상이지만 의인은 이곳이든 그곳이든 "임금과 함께"하기에 모든 복에 합당하다. 특히 의인은 사후에 그리스도와 "얼굴을 맞대며"(고린토전서 13:14) 더욱 가까워진다.666)

카인과 아벨의 경우에서 분명히 알 수 있었던 것처럼, 모든 의인들의 삶에서 이점은 분명히 드러난다. 의인 아벨은 살인을 당하고 불의하게 죽었다. 반면에 살인자 카인은 "한숨과 두려움 속에서"(창세기 4:12-14) 세상의 삶을 이어 갔다. 그렇다면 누가 더 행복한가? 그것은 분명히 덕의 사람이었던 죽은 아벨이었다. 왜냐하면 살인자 카인은 양심의 가책과 살인자라는 중압감, 그리고 자신도 살인을 당할지 모른다는 끝없는 두려움 속에서 살아갔기 때문이다. 복된 사람은 불의하게 죽은 그 사람이지 하느님

---

666) 요한 크리소스톰, *Εἰς Φιλιπ.* 3, 3 PG 62, 202-203.

의 형벌을 받고 계속해서 살아가는 그 사람이 아니다.

죄인들의 죽음

하느님의 영감을 받은 시편 저자는 "죄 속에서의" 죽음만이 나쁜 죽음이라고 분명하게 밝히고 있다. 저자는 "죄인의 죽음은 악하다."(시편 33:22 70인역)라고 기록한다. 죄인의 죽음은 해롭고 고통스러우며 온갖 근심으로 가득 찬 죽음이다. 또한 두려움과 수치와 부끄러운 죽음이다. 여기서 "악하다"는 표현은 회개하지 않은 채 죽는 것이며, 양심의 가책을 심하게 받아 고통받는 것을 의미한다. 따라서 우리는 단순히 죽은 자들이 아닌, 회개하지 않고 죽은 자들을 슬퍼해야 한다. 그들은 "통곡과 오열과 눈물에" 합당하다. 왜냐하면 죄의 굴레에서 벗어날 수 있는 기회를 상실했기 때문이다. 그들은 살아 있을 때 죄를 고백하고 회개하며 삶을 바꿀 수 있는 기회가 있었지만 더 이상 무엇인가를 할 수 없는 저승에 내려간 이상, "통곡에 합당한 자"가 아닐 수 없다.

크리소스톰 성인은 지적한다 : 우리 모두는 죄인에 대해 눈물을 흘려야 한다. 하지만 겸손과 품위로 가지고 그들을 슬퍼하자. 그들에 대한 우리의 슬픔과 쓴 눈물은 죄가 얼마나 나쁜 것인지 다시 한 번 우리가 깨달을 수 있게 도와줄 것이다. 크리소스톰 성인은 영혼의 아픔을 느끼며 말을 맺는다 : 비신자들을 생각하며 눈물을 흘려라. 세례성사와 성령의 날인인 견진성사를 받지 못한 채 죽은 그들을 생각하고 슬퍼하라. 하느님의 왕국 밖에서 이미 심판 받은 자들과 함께 있는 그들이야말로 진정 통곡과 탄식에 합당한 자들이다. 왜냐하면 주님께서 니코데모를 통해 우리에게 "정말 잘 들어 두어라. 물과 성령으로 새로 나지 않으면 아무도 하느님 나라에 들어 갈 수 없다."(요한복음 3:5)라고 분명히 말씀하시기 때문이다. 많은 재산을 가지고도 자신의 영혼을 위해 아무 것도 하지 않은 채 세상을 떠난 이들을 생각하고 눈물을 흘려라. 또한 온전히 죄를 씻을 기회가 있었음에도 실천하지 않은 자들을 생각하고 슬퍼하라. 하지만 언제나 겸손하고 예의에 맞게 행하라. 하루 이틀이 아닌 우리 남은 여생동안 그들을 생각하고 슬퍼하자. 왜냐하면 이런 눈물은 그릇된 정욕에서 나오는 것이 아니라 따뜻한 마음에서 우러나오기 때문이다. 회개하지 못한 채 세상을 떠난 사람들을 위해 우리 모두 눈물을 흘리자. 그리고 우리가 할 수 있는 모든 힘을 다해 그들을 도와주자. 그들에게 도움이 될 만한 무언가를 생각하자. 그들의 마음을 다소라도 편안하게 할 수 있는 작은 도움이라도 생각하자. 과연 그 방법이 무엇일까? 그것은 다름 아닌 우리가 그들을 위해 기도하면서 다른 사람들에게도 그들을 위해 기도해 줄 것을 요청하는 것이다. 동시에 그들의 영혼을 위해 우리 모두 자선을 베푸는 것이다. 이것은 분명 그들에게 "나름의 위로가 될 것이다."[667]

우리는 추도예식과 성찬예배 때 드리는 기원, 그리고 잠든 이들을 위해 자선을 베푸는 것에 대해 앞으로 다루게 될 것이다.

사실 죄인들의 죽음은 충격적이고, 사울의 죽음처럼 탄식을 자아내기에 충분한 사건이다. 예수님을 배반한 유다의 죽음 또한 그러하다. 그는 목을 매 자살할 때 땅에 거꾸러져서 내장이 온통 밖으로 터져 나왔다.(사도행전 1:18 참조) 복음사 요한의 형제 야고보 사도를 참수하고 사도 베드로를 잡아들여 그리스도 교회를 박해했던 헤로데 왕의 손자 헤로데 아그리파 1세의 죽음도 마찬가지다. 그는 벌레들이 그의 육신을 파먹는 가운데 죽음을 맞았다.(사도행전 12:1-3, 23 참조) 죄인들의 죽음은 끔찍하다. 왜냐하면 그들이 저지른 죄와 잘못들이 그들의 생의 마지막 순간에 그들의 영혼을 동요 시켰기 때문이다. 그래서 크리소스톰 성인은 이렇게 언급했다

---

667) 요한 크리소스톰, *Εἰς Φιλιπ.* 3, 4 PG 62, 203-204.

: 우리는 끔찍한 광경이나 무서웠던 상황을 직접 체험했던 사람들의 말을 듣는다. 특히 임종을 눈앞에 둔 죄인들이 보았던 그 광경들은 너무도 무섭고 끔찍해서 제대로 쳐다보지 못할 정도라고 한다. 그래서 힘들게 육체를 떠나려 하는 그들의 영혼은 그들을 찾아오는 천사들의 모습을 쳐다보지 못한 채 갑자기 침대에서 일어나 엄청난 공포에 둘러싸여 있는 자신의 주변을 둘러본다.668)

죄인들의 죽음은 언제나 이와 유사하다. 왜냐하면 죄인들의 죽음은 "악하기" 때문이다. 수많은 사람들을 죽인 히틀러와 무솔리니의 죽음이 바로 그런 것이다. 하느님을 경외하지 않았던 냉혹한 범죄자, 그리스도의 교회를 잔인하게 박해했던 요셉 스탈린의 죽음도 아주 특징적이다. 스탈린이 생의 마지막 순간에 겪었던 끔찍함과 고통에 대해 그의 딸 스베틀라나는 다음과 같이 서술하고 있다 : 나의 아버지는 "굉장히 힘겹고 고통스러운 죽음을 맞았다. 하느님께서는 의인들에게 편한 죽음을 주신다는데…. 그의 출혈은 서서히 그의 뇌에 퍼져 나갔다." 그 뇌는 수백만 명의 목숨과 수많은 사람들의 억울한 죽음을 야기한 반인륜적인 계획을 꾸미고 실행했던 바로 그것이었다! "아버지의 심장은 무척 튼튼했다. 그래서 출혈은 아주 서서히 호흡기관으로 유입되었고 그에게 숨을 쉬지 못하게 만들었다. 그의 호흡은 점점 가빠지고 고통스러웠다. 마지막 열두 시간은 산소의 부족으로 숨을 거의 쉬지 못했다. 그의 얼굴은 점차 검게 변했고 그의 입술은 새파랗게 질려 있었으며 그의 얼굴은 알아보기 힘들 정도였다. 그의 마지막 시간은 서서히 그의 목을 고통스럽게 조이는 것이었다. 죽음을 맞는 그의 초조감은 공포 그 자체였다. 그는 진정 우리 눈앞에서 숨이 막혀 죽어 가고 있었다…. 그런데 숨이 넘어가기 바로 직전, 그는 갑자기 눈을 뜨며 방에 있는 사람들을 둘러보았다. 그의 시선은 끔찍했다. 그것은 광기 어린 시선, 죽음에 대한 분노와 두려움의 눈길이었다…. 그의 시선은 순식간에 사람들을 스쳐 지나갔다. 그리고 나서 아직도 기억이 생생

---

668) 요한 크리소스톰, Εἰς Ματθ. Ὁμ. 53, 5 PG 58, 532.

한 이해할 수 없는 일이 일어났다. 갑자기 그가 왼손을 들어 높은 곳의 뭔가를 가리키더니 곧 바로 우리를 저주하는 것처럼 손을 아래로 떨어뜨렸다. 그의 손짓은 위협적이었다. 그의 손짓이 누구를 겨냥한 것인지, 또 무슨 뜻인지 아무도 알지 못했다. 그리고 그의 마지막 몸짓 다음 순간에 그의 영혼이 육체를 떠났다."669)

그렇다. "죄인의 죽음은 악하다!"....

의인들의 죽음

죄인들의 죽음이 두렵고 끔찍하다면 의인들의 죽음은 평화롭고 영예로우며 영광스럽고 자발적인 죽음이다. 시편의 저자는 의인들의 삶뿐만 아니라 의인들의 죽음도 헤아릴 수 없는 영예와 관(冠)에 합당하다고 지적한다. "의인들의 죽음은 주님 앞에 영예롭다."(시편 115:6 70인역) 주님께서는 당신에게 온 삶을 바쳤던 그들의 죽음을 높이 사시고 당신을 위해 죽은 그들에게 헤아릴 수 없이 영예로운 관을 씌워 주신다. 그런데 많은 경우 의인들의 죽음은 자연의 법칙이 아닌 거룩한 하느님의 "생각에 따라" 이루어진다. 이렇게 모세가 "하느님의 명령에 따라서 죽었으며, 선구자 세례 요한도 하느님의 용인 하에 죽음을 맞았다." 세례자 요한은 타락한 한 여인 때문에 참수를 당했지만 "놀랍게도 그는 죽음을 통해 영예로워졌다." 선구자 세례 요한은 참수를 당했다. 왜냐하면 "진리를 위해" 투쟁했기 때문이다. 그의 죽음은 진정 영광스러웠고 하느님의 기쁨이 되었다. 그래서 요한을 죽이라고 명령했던 헤로데 안티파스는 예수와 그분의 기적에 대해 들었을 때 무서워하며 다음과 같이 말했다. "바로 요한이다. 내가 목을

---

669) ΣΒ. 알릴루게바, *20 Ἐπιστολές σ' ἕνα φίλο*, 번역 Ἀ. 아나니아디, 출판 "Νέος Κόσμος", Athens 1967, page 24-25.

벤 요한이 다시 살아난 것이다."

의인 아벨의 죽음도 하느님 눈에 "영예로운 죽음"이다. 그것은 아벨의 죽음 이후에 하느님께서 카인에게 한 질문에 잘 드러나 있다. 하느님께서는 형제를 죽인 카인에게 "네 아우 아벨이 어디 있느냐?"고 물으시며 "네 아우의 피가 땅에서 나에게 울부짖고 있다."(창세기 4:9-10)라고 말씀하셨다. 천사들이 아브라함의 품으로 데려간 거지 라자로의 죽음도 하느님 눈에 "영예로운 죽음"이었다.(루가복음 16:22 참조) 테살로니카의 위대한 교부인 그레고리오스 팔라마스 성인은 "라자로는 가난한 투사로서 천상의 영예와 함께 (천상의) 관(冠)을 향해 올라갔다"고 지적했다. 순교자들의 경우도 이와 같다. "하느님과 함께 살고자 했던 그들의 끝없는 투쟁과 그들의 삶의 전기가" 하나의 증거다. 순교자들은 그들의 운명에 따라 죽은 것이 아니라 "하느님께서 당신의 섭리에 따라 용인하셨을 때" 다시 말해 영혼 구원을 위한 당신의 지혜와 선하신 계획에 따라 죽음을 맞았다.670)

그렇다면 하느님께서는 성인들이 왜 잔인하고 고통스럽게 죽는 것을 허락하셨을까? 우리는 이미 이 질문에 대한 답을 지난 단원에서 살펴보았다. 따라서 지금은 그레고리오스 디알로고스 성인의 대답으로 이를 대신할까 한다 : 의인이 어떤 형태의 죽음을 맞는다 해도 그의 덕은 손상되지 않으며 천상의 왕국에서 그에 합당한 관을 받게 된다. 더욱이 특별한 경우에는 의인이 생전에 범했던 작은 잘못도 그런 순교적 죽음을 통해 용서 받는다. 그리스도의 적대자들은 때때로 그들의 권력을 의인들에게 휘둘러 의인들을 죽이곤 하였다. 하지만 이런 불의하고 잔인한 죽음 뒤에는 그것을 집행한 집행관의 잔인성에 형벌이 가해졌다. 우리는 그 사실을 성서를 통해 알 수 있다. 성서는 구약시대에 살았던 하느님의 사람의 경우를 우리에게 소개한다. 하느님의 사람은 처음에는 하느님께 순종했다. 하지만 나중에 그는 자신의 의지와는 상관없이 하느님의 뜻을 거역했다. 하느님께서는 사자가 하느님의 말씀을 거역한 하느님의 사람을 죽

---

670) 요한 크리소스톰, *Eiς Ψαλ*. 115, 4 and 5 PG 55, 325-326.

이는 것을 용인하셨다. 하지만 사자는 자신이 죽인 그의 시신을 먹지도 않았고 하느님의 사람을 데려왔던 그 동물도 건드리지 않았다. 사자는 아무것도 훼손하지 않은 채, 마치 죽은 시신과 동물의 보호자처럼 그 자리에 머물렀다!(열왕기상 13장) 그레고리오스 성인은 이 현상에 대해 다음과 같이 지적했다. 하느님의 사람은 거룩한 계명을 어긴 것에 대한 형벌로 사자에게 잔인한 죽임을 당했다. 하지만 그는 다시 복원되었고 정당성을 얻었다. 그래서 죄를 진 대가로 그를 물어 죽였던 사자는 즉시 그의 시체의 보호자이자 감시자가 된 것이다!....671)

대 아타나시오스 성인은 "의인들의 갑작스런 죽음이나 비참한 죽음을 어떻게 설명할 수 있습니까?"라는 질문에 다음과 같이 대답한다 : 분명이 현상은 우리가 알 수 없는 오직 하느님만의 영역이다. 하지만 어떤 사람들이 빌라도가 희생물을 드리던 갈릴래아 사람들을 학살하여 그 흘린 피가 제물에 물든 이유를 예수께 묻자 주님께서는 그들의 질문에 답하신 후 이렇게 부연하셨다 : 실로암 탑이 무너질 때 깔려 죽은 열여덟 사람은 예루살렘에 사는 다른 모든 사람보다 더 죄가 많은 사람들인 줄 아느냐? 아니다. 나는 분명히 말한다. 그들은 더 많은 죄를 짓지 않았다.(루가복음 13:1-5) 대 아타나시오스 성인은 '주님의 이 대답을 통해 우리는 "불경건한 자들이나 불의한 자들"만이 "참혹한" 죽음을 맞는 것이 아니라는 사실을 배운다' 라고 말했다. 왜냐하면 욥의 자식들도 비록 의로웠지만 끔찍한 죽음을 맞았기 때문이다. 대 아타나시오스 성인은 계속해서 말을 이었다. 따라서 우리는 두 가지를 생각해야 한다. 하나는 경건한 사람들이 끔찍하고 비극적인 말로를 통해 그들의 "작은 잘못"을 씻고 영예롭게 죽음을 맞았다는 사실이다. 또 다른 하나는 "의로운 사람이 겨우 구원을 받는다면 경건치 못한 죄인은 어떻게 되겠습니까?"(베드로전서 4:18)라는 사도 베드로의 말처럼 하느님께서 우리를 일깨우시기 위해 그런 끔찍한 죽음을 허락하셨다는 사실이다.672)

---

671) 에베르게티노스 (ΕΥΕΡΓΕΤΙΝΟΣ)... 3, page 234.
672) 대 아타나시오스, *Πρὸς Ἀντίοχον ἄρχοντα, Ἐρωταπ. οα'* ΒΕΠΕΣ 35, 119

"일부 의인들은 수일에 걸쳐 고통 속에서 생사를 드나드는데 일부 죄인들은 평화롭고 쉽게 죽음을 맞이하는 것을 어떻게 설명할 수 있습니까?"라는 질문에 대 아타나시오스 성인은 이렇게 대답한다 : 우리는 심연 같은 하느님의 뜻과 판단을 알 수 없다. 그래서 우리는 호기를 가지고 그것을 따지려 해서는 안 된다. 그러나 우리가 깊이 고찰해 보면, 의외로 "경건한 사람들이 죽음의 시간에 고통 받고 있음을" 알게 된다. 그것은 죽음의 고통을 바라보는 우리를 일깨워 주기 위한 것이거나 "성인들이 인간으로서 지은 작은 실수가 있을 때 죽음의 시간의 그 고통으로 그들을 완전히 씻어 세상을 떠나게 하는 것인지도 모른다."[673]

따라서 비참한 상황 하에서 죽은 사람들에 대해 우리는 불쌍한 말을 해서는 안 된다. 불쌍한 죽음은 오직 단 하나, 회개하지 않은 채 대궐 같은 집에서 죽든 모든 가족과 친구들이 모인 자리에서 죽든, 죄 속에서 죽은 경우이다. 현세를 떠날 때 이미 빛나는 덕으로 치장한 사람은 어떤 죽음을 맞이하든 간에 해를 입지 않는다. 사실 굉장히 많은 의인들이 죽었지만 우리에게 그들의 존재는 잘 알려져 있지 않으며 그들의 무덤 또한 그러하다. 하지만 믿음을 증거하기 위해 고통 받았던 그들의 죽음은 분명 하느님 앞에서 영예스럽다. 따라서 의인이 비록 강도의 손에 죽거나 맹수의 밥이 되었을지라도 덕을 소유하고 있는 한, 그의 죽음은 주님께 기쁨이 될 것이다. 크리소스톰 성인은 다음과 같이 말을 맺는다 : 따라서 우리는 "죄 속에서' 죽은 자들을 가슴 아파하고 의인들의 복됨을 노래하자. 그리고 우리가 현세에서 살아가는 동안 덕을 쌓기 위해 노력하자. 그래서 천상의 왕국의 관을 성취하도록 하자.[674]

(20-35).
673) Op. cit., Ἐρωταπ. ρε' ΒΕΠΕΣ 35, 131 (27-36).
674) 요한 크리소스톰, Εἰς Γέν. Ὁμ. 66, 1-2 PG 54, 566-567 참조.

죽은 자를 위한 보살핌

준비, 마지막 인사 그리고 장례

거룩한 교회는 세상 속에서 그리스도의 모습을 닮도록 우리를 보살피고 인도해 준다. 교회의 그런 사랑은 우리가 세상을 떠날 때나 또 세상을 떠난 후에도 언제나 우리와 함께한다. 이 모든 것들은 신앙심을 잘 담고 있는 장례 예식과 추도식 그리고 잠든 이들을 위한 일반적인 기원 속에 잘 들어 있다. 이 본격적인 주제들을 다루기에 앞서 우리는 교회가 죽은 형제들에게 마지막으로 행하는 보살핌에 대해 살펴보려 한다. 왜냐하면 교회의 보살핌들은 인간의 영혼과 아주 밀접한 관계가 있으며 오랜 교회 전통으로 내려오고 있기 때문이다.

신자들에 대한 교회의 보살핌은 대 바실리오스 성인이 세바스티아의 관리에게 보낸 편지에 잘 나타나있다. 언젠가 한 병사가 세바스티아에서 죽자 알렉산드리아에서 살던 병사의 가족에게 부고가 전해졌고, 세바스티아로 와서 시신을 알렉산드리아로 옮겨 장례를 치르도록 하는 요청도 전해졌다! 대 바실리오스 성인은 관리의 요청과 어쩔 수 없는 상황을 인식하고 병사의 가족인 신자들의 길고 험한 여행을 허락하였다. 동시에 병사의 시신을 알렉산드리아로 옮길 때 드는 운구 비용을 국가가 부담해 줄 것을 관리에게 요청하였다![675]

고요함을 사랑하고 노인들의 보호자로서 하느님의 자비를[676] 간구하며 살았던 신학자 그레고리오스 성인은 자신이 죽었을 때 누가 시신을 수습해 줄 것인지 궁금해 하며 이렇게 자문했다 : 내가 죽으면 과연 누가 나의 눈을 감겨줄까?[677] 이 물음은 "하느님께서 너로 하여금 나의 눈을 감기게 해 주시기를"이라는 백성들의 보편적 기원을 떠올리게 한다. 이러한

---

[675] 대 바실리오스 *Ἐπιστολή 306*, PG 32, 1053CD-1056AB.
[676] 신학자 그레고리오스, *Περὶ τὸν ἑαυτοῦ βίον* 1941-2 PG 37, 1165 참조.
[677] 신학자 그레고리오스, *Περὶ τὸν ἑαυτοῦ βίον*, 43; *Πρὸς ἑαυτόν...* 15 PG 37, 1347.

그레고리오스 교부의 바람은 그리스도 교회의 정신에서 벗어나 있지 않다. 그것은 노인이 된 야곱이 요셉을 만나러 이집트로 내려갈 때 "약속의 우물"에서 힘을 주셨던 하느님께서 사랑하는 그의 아들 요셉이 그의 눈을 감겨줄 것이라고 하신 말씀으로 확인된다.(창세기 46:4) 다시 말해 이것은 선조에게 주신 하느님의 축복이었다. 신학자 그레고리오스 성인 시대에 이 관습은 경건하게 지켜져 내려왔다. 대 바실리오스 성인의 자매인 마크리나 성녀도 동정의 삶을 마치고 세상을 떠나려 했을 때 자신의 남매였던 니사의 그레고리오스 주교가 그녀의 눈을 감겨 주기를 희망했다. 그래서 성인은 마크리나가 잠들었을 때 이미 눈을 감고 있었지만 그녀의 부탁에 따라 다시 그녀의 눈을 감겨주었다. 그녀는 숨을 거두기 직전에 기력이 쇠진했음에도 마지막 남은 온 힘을 다해 하느님께 뜨거운 기도를 올렸다. 그리고 눈과 입과 가슴에 십자성호를 했다.678) 크리소스톰 성인 역시 안티오키아의 백성을 위해 콘스탄티노플로 중재에 나서는 안티오키아의 주교 플라비아노스의 희생을 높이 칭송하면서 다음과 같이 말했다 : 플라비아노스 주교는 가족 중에 단 하나 남은 여동생이 임종을 앞두고 있었음에도 콘스탄티노플로 떠났다. 여동생은 오빠에게 자신이 죽으면 눈을 감겨 주고 입술을 잘 닫아 자신이 떠나는 마지막 길을 신경 써 달라고 그렇게 매일 간청했지만 플라비아노스 주교는 그녀의 청을 뒤로 한 채 길을 떠나갔던 것이다.679)

그리스도교는 애초부터 고인에 대한 보살핌을 성스러운 것으로 여겼다. 그래서 그리스도인들은 전염병에 걸려 죽은 환자들도 전혀 소홀하게 다루지 않았다. 역사가인 에프세비오스는 다음과 같이 기록하고 있다 : 그리스도인들은 죽은 신자의 시신을 품에 안은 후 그들의 눈과 입을 제대로 해 주었다. 그리고 시신을 씻기고 베옷을 입히기 위해 시신을 어깨에 메고 옮겼다. 반면에 이교도인들은 누군가가 전염병에 걸리면 그를 피해 달아났다. 그들이 비록 사랑하는 가족일지라도 포기했다.680) 마르키아노스

---

678) 니사의 그레고리오스, *Εἰς τὸν βίον τῆς ὁσίας Μακρίνης*, PG 46, 985B; 985A.
679) 요한 크리소스톰, *Εἰς Ἀνδριάντας* Ὁμ. 21, 1 PG 49, 212.

성인의 전기를 잠시 살펴보자. 마르키아노스 성인은 밤중에 "광장과 도시의 도로들을" 돌아다니며 굶주려 죽은 시신이 없는지 살펴보곤 하였다. 그러다가 그런 주검을 발견하면 마치 귀한 보물이라도 얻은 것처럼 기뻐하였다. 그는 주검을 거두어 필요한 모든 조치를 다한 후 살아 있는 사람처럼 주검을 향해 말했다. "형제여, 우리 함께 그리스도의 사랑의 인사를 나눕시다." 하느님께서 당신 종의 사랑에 보답하기 위해 죽었던 주검에게 은총을 베풀어 주시자 주검이 자리에서 일어나 "자기를 보살펴 준 성인에게" 입을 맞추었다! 그리고는 곧 바로 "원래의 모습으로 되돌아갔다."681)....

주검을 단장하는 이유는 일반적으로 시신의 품위를 유지하는 데 있었다. 조용히, 평화롭게, 평안히 생을 마쳤던 성인들은 숨을 거두기 전에 스스로 몸을 단장했다. 마크리나 성녀는 죽기 전에 자신의 눈과 입을 기품있고 자연스럽게 단장했다. 그리고 "단정하게" 자신의 팔을 가슴 위에 포개 놓음으로써 주검의 모습에 걸맞는 품격으로 몸을 정리했다. 이렇게 성녀의 시신은 잠들기 전에 모든 것이 제대로 갖춰져 있었다. 그래서 잠든 후에도 전혀 손길이 더 필요하지 않았다.682) 스투디오스 수도원장이었던 당시 75세의 고백자 니콜라스 성인은 하느님께 기도를 마친 후에 자신이 이미 세상을 떠나 천상의 왕국에 들어갔다는 생각으로 두 다리를 쭉 펴고 팔을 십자형으로 포갠 후 천상으로 데려가기 위해 찾아온 천사들에게 스스럼없이 자신의 영혼을 맡겼다.683) 멜라니아 성녀(5세기)의 경우에도 이와 유사한 기록이 있으며, 거룩한 이콘을 복원 시켰던 황후 테오도라 성녀(†867, 축일 2월 11일)의 경우에도 비슷한 기록이 있다. 테오도라 성녀의 유해가 발견 되었을 당시 그녀의 팔은 십자가 형태로 포개진 채로 발견되었다.

---

680) 에프세비오스, Ἐκκλησιαστικὴ Ἱστορία Z' 22, 9 ΒΕΠΕΣ 20, 27(26-32) 참조.
681) 번역자 시메온, Βίος καὶ Πολιτεία τοῦ ὁσίου πατρὸς ἡμῶν Μαρκιανοῦ, 17 PG 114, 449CD.
682) 니사의 그레고리오스, Op. cit., PG 46, 985C.
683) 아노니모스 (ΑΝΩΝΥΜΟΥ: 무명작가), Βίος τοῦ ὁσίου πατρός ἡμῶν καὶ ὁμολογητοῦ Νικολάου... PG 105, 921C.(성인은 AD899년에 안식.)

이 모든 것은 지상에 있는 투쟁의 교회가 세상을 떠나 승리의 교회로 먼저 올라간 형제들에게 보내는 애정의 표현이었다. 또한 사랑하는 사람을 떠나보내는 가족들에 대한 위로의 표현이기도 했다. 그래서 요한 크리소스톰 성인은 자식들을 먼저 보낸 아버지들을 위로하기 위해 다음과 같이 말했다 : 복된 욥은 죽은 자식들의 눈을 감겨 주지도 못했고 입을 제대로 닫아 주지도 못했다. 또한 그들의 흩어진 시신을 제대로 수습하지도 못했다. 반면에 너희는 죽은 자녀들의 시신을 "수습하여" 그들의 손과 발을 정리해 주고, 또 씻겨 주고 수의도 입혀 "자식의 불행을 위로 받지 않았느냐." 더구나 자식들이 떠나기 전에 전하는 마지막 말도 듣고 너희들 손으로 그들의 눈과 입을 잘 정리해 주지 않았느냐.684)

시신에 향료를 바르거나 베옷을 입히는 행위도 세상을 떠나는 형제에 대한 애정의 표현이다.685) 시신에 베옷을 입히고 향료를 바르는 것에 대해 교부들이 자주 언급하는데 그것은 교부들이 그런 행위를 인정하고 있다는 하나의 방증이다. 많은 시낙사리온에서는 이러한 행위가 특별히 강조되기도 한다.

우리는 아르테미오스 성인의 전기에서 아리스티 봉사자가 성인의 유해에 값비싼 향유와 몰약을 바르고 무덤에 안장했음을 볼 수 있다.686) 또한 경건한 그리스도인인 클레오파트라는 어느 날 밤 우아로스 순교자(축일 10월 19일)의 유해와 다른 유해들을 가져갔다. 그리고 순교자의 유해를 값비싼 향료로 바르고 화려한 수의를 입혔다. 하지만 박해가 계속되고 그리스도인들이 위험에 빠지자 순교자의 유해를 보호하기 위해 자신의 침대 밑에 경건하게 유해를 매장하고 그곳에 "꺼지지 않는 빛"을 보존했다. 그리고 향으로 그 유해를 기렸다.687) 또 다른 경건한 그리스도인인 클라

---

684) 요한 크리소스톰, *Εἰς τὸν δίκαιον καὶ μακάριον Ἰώβ*, Λόγ. 1, 2 PG 56, 567; *Εἰς τὸν παραλυτικόν*... 8 PG 51, 62.
685) 알렉산드리아인 클레멘스, *Παιδαγωγός* Β', VIII ΒΕΠΕΣ 7, 159[3]. 향유로 시신을 바르는 것은 오래된 관습이었다.
686) 다마스커스의 요한, *Ὑπόμνημα... τοῦ ἁγίου... μεγαλομάρτυρος καὶ Θαυματουργοῦ Ἀρτεμίου*, 67 PG 96, 1316AB.
687) 번역자 시메온, *Μαρτύριον τοῦ ἁγίου μάρτυρος Οὐάρου καὶ τῶν σὺν αὐτῷ*, 9 PG 115, 1152.

브디오스는 해변에서 하리티니 성녀(축일 10월 5일)의 유해를 발견했다. 하지만 박해가 계속되는 관계로 경건하게 유해를 수습하여 "품위 있게 향유를 바르고" "더욱 기품 있게" 유해를 단장한 후 임시 무덤에 안장했다.688) 니사의 그레고리오스 성인은 사람들이 안티오키아의 주교 멜레티오스(†381)의 시신을 깨끗한 시트와 비단천으로 싸고 향료를 발라 예의와 품위를 다해 장사 지냈다고 전해진다.689) 성인의 남매인 마크리나 성녀에 대해서도 이렇게 전한다. 겸손한 우에티아니가 깨끗하고 흠 없는 성녀의 시신에 수의를 입혔다. 그리고 사람들이 성녀 어머니의 짙은 색 옷을 그 위에 입혔을 때 놀라운 수덕을 쌓은 마크리나 성녀의 주검이 짙은 색의 옷 안에서 빛을 발했다. 왜냐하면 하느님의 능력이 그녀의 주검에 은총을 내리셨기 때문이다.690) 순교로 삶을 마감한 돔나도 인도인 순교자와 그의 동료 투사들의 유해를 온 마음을 다해 돌보았다. 먼저 그녀는 눈물로 그들을 씻긴 후에 다시 깨끗한 물로 그들을 씻겼다. 그리고 그녀를 도와주는 선원과 함께 주검에 향유를 바르고 아름다운 향으로 분향한 후, 깨끗한 새 시트로 유해를 감고 하얀 옷을 입혔다. 그러고 나서 최고의 예를 다해 그들을 땅에 안장했다.691)

고인을 떠나보낼 때 특히 고인이 부자인 경우에 고인의 가족들이 치르는 장례에는 자주 인간적인 허영이나 과시가 보였다. 그래서 교회는 그들의 이런 자세를 비판하였고 교부들도 강하게 질책하였다. 그래서 크리소스톰 성인은 고인에게 입힌 값비싼 수의와 많은 양의 향유를 허영이라 간주하고 이것은 고인을 욕되게 하는 원인이 된다고 지적했다. 성인은 신자들에게 말했다 : 주관자 그리스도께서 벌거벗은 채로 부활하셨음을 네가 알고 있다면 장례에 대한 허례허식을 중단하기 바란다. 전혀 유익하지

---

688) 번역자 시메온, *Μαρτύριον τῆς ἁγίας Χαριτίνης*. 6 PG 115, 1005.
689) 니사의 그레고리오스, *Ἐπιτάφιος εἰς τὸν μέγαν Μελέτιον Ἐπίσκοπον Ἀντιοχείας*, PG 46, 857.
690) 니사의 그레고리오스, *Εἰς τὸν βίον τῆς ὁσίας Μακρίνης*, PG 46, 988D; 989BC; 992D.
691) 번역자 시메온, *Μαρτύριον τῶν ἁγίων Ἴνδου καὶ Δόμνας*... 35 PG 116, 1080BC. 돔나와 인도인 순교자그리고 동료 순교자들의 축일은 12월 28일이다.

않는 과도한 소비는 장례를 치르는 이들에게 큰 부담을 줄 뿐만 아니라 고인에게도 전혀 도움이 되지 않는다. 또한 비싸고 화려하게 무덤을 치장하는 일은 자주 고인을 욕되게 하는 원인이 된다. 그래서 성인은 이렇게 소리쳤다 : 이 얼마나 큰 허영인가! "슬픔 속에서 위세를 떠는 이 어리석음이여!"692)

크리소스톰 성인은 부언해 말했다. 그리스도께서는 우리에게 정도를 넘어서지 말라고 말씀하셨다. 그런데 너는 배고픔에 지쳐있는 가난한 이들을 그대로 둔 채 어떻게 화려하게 시신을 꾸밀 수 있단 말인가? 너의 행위는 "부의 상징"과 이기적인 과시를 나타내기 위한 것으로 사람들의 조소와 비아냥거림이 될 뿐이다.693) 우리의 이런 행위들은 구더기에게 더 풍성한 식탁을 차려 주는 것이다!694).... 그러면서 성인은 오해의 소지를 없애기 위해 다음과 같이 말했다 : 내가 이런 말을 하는 것은 장례를 없애기 위한 것이 아니다. 결코 그런 일이 있어서는 안 될 것이다! 지금 내가 원하는 것은 과도한 낭비를 막고 옳지 못한 과시를 막기 위한 것이다.695)

많은 성인들은 이런 과시나 허영에 빌미를 주지 않으려 자신들이 죽으면 값비싼 수의를 입히지 말라고 부탁하였다. 시리아의 에프렘 성인은 잠들기 전, 그 자리에 모인 사람들에게 자신의 주검에 비싼 수의를 입히지 말 것을 요청하였다. 더불어 장례에 불필요한 돈을 쓰지 말고 가난한 사람들을 위해 사용하라고 하였다.696) 크리소스톰 성인은 펠라기아 순교성녀를 칭송하면서 다음과 같이 지적했다 : 그녀의 주검은 지금 침대에 뉘어져 있지 않고 땅 바닥에 누워 있다. 그러나 그녀의 시신은 전혀 "불명예"스럽지 않았다. 오히려 주검이 누워있는 땅이 영예로워졌다. 왜냐하면 영예로운 그녀의 몸을 땅이 받아들였기 때문이다. 그 몸은 그리스도를 위

---

692) 요한 크리소스톰, *Εἰς Ἰω. Ὁμ.* 85, 5 PG 59, 465; *Εἰς Ψαλ.* 48, 11 PG 55, 239.
693) 요한 크리소스톰, *Περί Θανάτου* PG 63, 811.
694) 요한 크리소스톰, *Εἰς τήν μεγαλομάρτυρα Δροσίδα...*, 6 PG 50, 692.
695) 요한 크리소스톰, *Εἰς Ἰω. Ὁμ.* 85, 5 PG 59, 466.
696) 니사의 그레고리오스, *Ἐγκώμιον εἰς τὸν ὅσιον Ἐφραίμ,* PG 46, 845D-848A.

한 순교의 무덤처럼 있었다. 순교자는 그리스도에 대한 흔들리지 않는 믿음을 고백함으로써 제왕의 화려하고 비싼 옷과는 비교가 되지 않는 옷으로 치장된다. 특히 순교자는 "동정과 순교"라는 두 가지 빛나는 옷을 입는다. 순교자는 이렇게 장사 지낸 모습으로 임금이신 그리스도 앞에 서게 될 것이다. 그러니 우리는 세상을 떠날 때 비난이나 허영을 드러내는 값비싸고 화려한 옷으로 치장하지 말고 성인과 같은 영적인 덕의 옷을 입고 세상을 떠나자.[697]

대 안토니오스 성인은 중요한 인물, 특히 거룩한 순교자들을 장례 지내는 이집트인들의 관습을 강하게 질책했다. 왜냐하면 시신을 시트로 감은 다음, "땅속에" 매장하지 않고 자신들의 집에 데려가 작은 의자 위에 앉혀 보관했기 때문이다! 성인은 지역 주교들에게 그들의 양들을 잘 인도해 줄 것을 각별히 요청했다. 그리고 성인은 신자들의 잘못을 지적하고 그런 행위를 하는 여자들을 꾸짖었는데 그것은 그런 행위가 거룩하지도 않을 뿐 아니라 사리에도 맞지 않았기 때문이다. 성인은 이런 관습이 하느님의 법에 부합되지 않는 것으로 보았다. 왜냐하면 선조와 예언자들의 시신이 오늘날까지도 무덤 속에 안치되어 전해져 오고 있었기 때문이다. 더욱이 주님의 거룩한 몸도 부활하실 때까지 무덤에 모셔졌고 거룩한 몸이 드러나지 않도록 돌로 봉인되었기 때문이다.[698]

교부들은 고급스런 장례식이나 화려하고 비싸게 무덤을 꾸미는 것을 질책했다. 대 바실리오스 성인은 이렇게 기록했다 : 네가 시신을 치장하고 고급스럽게 장례를 치르는 것은 비이성적이다.... 그렇게 화려하게 치러지는 장례가 과연 어디에 유익하겠는가? 우리는 그 비용을 사람이 살아가는 데 써야 할 것이다.... 따라서 좋은 방법은 네가 죽기 전에 네 스스로 장례 준비를 하는 것이다. "좋은 장례는 경건함이다."[699] 그리고 아름다운 수의는 덕과 성성의 삶이다. 크리소스톰 성인은 다음과 같이 지적

---

697) 요한 크리소스톰, *Εἰς τὴν ἁγίαν μάρτυρα Πελαγίαν*, 3 PG 50, 582.
698) 대 아타나시오스, *Βίος καὶ πολιτεία τοῦ ὁσίου πατρὸς ἡμῶν Ἀντωνίου*, 90 ΒΕΠΕΣ 33, 54 (35-43) - 55 (1-8).
699) 대 바실리오스, 'Ομ. Ζ', *Πρὸς τοὺς πλουτοῦντας* 9 PG 31, 304BC.

한다 : 일부 사람들의 허영은 너무 지나쳐서 무덤을 자신의 집보다 훨씬 화려하게 장식한다! 그런데 이런 일은 단지 비신자만이 아니라 많은 그리스도인들 사이에서도 벌어진다. 이곳에서의 현생만을 믿고 있는 비신자들에게는 그들 나름의 이유가 있다 할 수도 있겠다. 하지만 영생과 형용할 수 없는 선물을 알고 있는 너는 과연 무슨 변명을 하겠는가? 그렇게 먼지와 재, 그리고 무덤에 모든 것을 허비하는데 어떤 형벌이 네게 미치지 않겠는가? 네가 후손들에게 좋은 기억을 남겨 주려 한다면 수덕을 쌓는 데 힘을 쏟아라. 덕이야 말로 죽은 자의 이름을 길이길이 남길 수 있기 때문이다. 그러니 너는 너의 무덤을 화려하게 치장하지 말라. 그것은 너를 높이는 것이 아니라 조소가 될 것이며 너를 비난하는 화근이 될 것이다.700)

과시나 허영이 아닌 고인에 대한 정성스런 보살핌은 자애로운 그리스도 교회의 정신과 잘 부합된다. 이 점은 구약의 집회서에 잘 나타나 있다 : 사람이 죽으면 눈물을 흘리고 곡을 하여 깊은 슬픔을 나타내어라. 그리고, 의식을 갖추어 염을 하고 의례를 다 지켜 장사지내라. 비난을 사지 않을 정도로 하루나 이틀의 상례를 치른 후, 사람을 잃은 슬픔을 달래어라.(집회서 38:16-17)

고인에 대한 보살핌의 근거는 복음에서도 찾아 볼 수 있는데, 특히 지극히 거룩하신 구세주 그리스도의 몸을 장사지내는 모습에 잘 드러나 있다.(마태오복음 27:59-60, 마르코복음 15:46, 루가복음 23:53, 요한복음 19:40 참조) 키프로스 콘스탄디아의 주교 에피파니오스 성인은 니코데모와 함께 신인 주님의 "수난의 몸을 장사" 지낸 아리마태아의 요셉에 관한 설교를 하면서 이렇게 말했다 : 네가 어찌 헤루빔도 두려워 떠는 그분을 손으로 모시고 떨지 않을 수 있겠는가? 네가 어찌 두려움 없이 그분의 거룩한 몸을 감쌌던 그 천을 벗겨 낼 수 있겠는가? 네가 어찌 경건함 없이 그분의 눈을

---

700) 요한 크리소스톰, *Εἰς Ψαλ*. 48, 6 PG 55, 231-232.

감길 수 있겠는가? 네가 어찌 신성이 취한 육신을 알아보고 두려워하지 않겠는가? 요셉이여, 말을 해 봐라. 네가 어찌 태양 중의 태양인 그분의 몸을 동쪽으로 향하게 안장할 수 있었는가? 네가 어찌 흠 없는 손으로 장님의 눈을 뜨게 하신 그분의 눈을 여느 시신처럼 네 손으로 감길 수 있었는가? 네가 어찌 벙어리의 입을 열어 주신 그분의 입을 닫을 수 있었는가? 네가 어찌 중풍병자의 마비된 손을 펴게 해 주신 그분의 손을 묶을 수 있었는가? 네가 어찌 중풍병자의 다리를 고쳐 걷게 하신 그분의 발을 여느 시신처럼 묶을 수 있었는가? 네가 어찌 "네 침상을 들고 걸어 가라" 하고 명령하신 그분을 침상 위에 누일 수 있었는가? 네가 어찌 세상을 거룩하게 하시려고 자신을 "비우신" 천상의 향유이신 그분의 몸 위에 향유를 부을 수 있었는가? 네가 어찌 하혈병을 치료하신 하느님의 그 성스런 옆구리의 피를 감히 닦아 낼 수 있었는가? 네가 어찌 온 인류의 죄를 씻고 영혼을 깨끗하게 해 주신 하느님의 몸을 씻을 수 있었는가? 네가 어찌 인류를 비추는 참빛 앞에 다른 빛을 밝힐 수 있었는가? 네가 어찌 천사들로부터 끊임없는 찬송을 받으시는 그분께 어떤 장송곡을 불러 드릴 수 있었는가?[701]

이 모든 것은 교회가 언제나 죽은 자를 돌봐 왔음을 확인시켜 준다. 그것은 단지 교회가 인간을 사랑하고 하느님의 피조물인 인간의 몸을 존중하기 때문만이 아니라 주님의 거룩한 몸도 두 명의 겸손하고 정식적인 상주, 요셉과 니코데모로부터 이와 유사한 보살핌을 받았기 때문이다.

교훈적인 상징들

시신이 품위 있는 모습을 갖추는 데는 심오한 의미를

---

701) 키프로스의 에피파니오스, Τῷ ἁγίῳ καὶ Μ. Σαββάτῳ, Ὁμ. β', PG 43, 448C-449A.

가진 여러 상징들이 사용된다. 시신의 손은 가슴 위에 십자가 형태로 가
지런히 놓인다. 테살로니카의 시메온성인은 당시에 대주교나 사제가 죽으
면 해면을 적셔 "세례성사 때처럼" "십자가 모양으로" 시신을 깨끗이 닦
은 후702) "대주교나 사제의 제의"를 입히고 새 신발을 신겼다고 전한다.
수도사에게는 수도복과 "그 위에 망토"를 입혔다. 왜냐하면 망토는 수도
사에게 "무덤"과 같은 것이기 때문이다. 그리고 수도사의 시신 위에 "십
자성호를 함으로써" 세상을 떠난 수도사가 "그리스도를 위해 십자가에
박혔음을" 상기 시켰다.703) 시신에 입히는 하얀 수의와 새 옷은 이미 영
원에 들어선 고인이 입을 "불멸의 새 옷을" 상징한다.704)

　세상을 떠난 형제의 시신이 수습되어 다 마무리되면 시신 공개가 이어
진다. 왜냐하면 시신의 모습이 그곳에 모인 신자들에게 그리스도인답게
사색할 수 있도록 도와주기 때문이다. 시신은 동쪽을 향한다. 교부들의
가르침이나 성인들의 전기에 기록된 것처럼 숨을 거두기 직전의 사람의
머리도 동쪽을 향하게끔 뉘었다. 이 방향은 우리가 기도할 때 동쪽을 향
하는 것과 같다. 그리고 하느님께서 "동쪽" 에덴에 심으셨던 그 낙원, 우
리의 본향을 그리워하고 있음을 보여 준다.705) 니사의 그레고리오스 성인
도 같은 가르침을 준다 : 우리는 동쪽을 향한다. 그것은 우리의 본향이
"동쪽에" 있기 때문이다. 그리고 이 방향은 우리가 복된 낙원에서 죄를
짓고 추방 당했던 기억을 상기 시켜 주며706) 그 낙원에서 행복을 누릴
날을 다시 동경하게 해 준다. 크리소스톰 성인은 부연한다 : 우리는 시신
을 동쪽으로 향하게 한다. 왜냐하면 우리는 "이 자세를 통해" 부활을 예
시하기 때문이다.707) 또한 그리스도인인 순교자들이 "동쪽으로부터" 하늘
로 올라간다고 믿어왔기 때문이다.

---

702) 시신을 닦는 것은 이미 호메로스 시대에 볼 수 있었던 아주 오래된 관습이었다.
703) 테살로니카의 시메온, *Περὶ τοῦ τέλους ἡμῶν καὶ τῆς ἱερᾶς τάξεως τῆς κηδείας...*
　　τξα´, PG 155, 676A.C.
704) 요한 크리소스톰, *Περὶ ὑπομονῆς...*, PG 60, 725.
705) 대 바실리오스, *Περὶ τοῦ Ἁγίου Πνεύματος* 66, PG 32, 189C-192A.
706) 니사의 그레고리오스, *Εἰς τὴν προσευχήν, Λόγ*. 5, PG 44, 1184BC.
707) 요한 크리소스톰, *Περὶ ὑπομονῆς...*, PG 60, 725.

4세기에 살았던 이집트의 마리아 성녀의 전기는 조시마스 수도사가 요르단 사막에서 성녀의 시신을 발견하였을 때 동쪽을 향해 있었다고 전한다. 성녀는 미리 스스로 "죽음의 준비"를 마친 채 동쪽을 바라보며 숨을 거둔 것이다.708) 니사의 그레고리오스 성인은 남매였던 마크리나 성녀(379년 12월 또는 380년 1월에 잠듦)의 관을 동쪽으로 향하게 했다고 전한다.709) 데키우스 황제시대 때 소아시아의 즈미르니 근처에서 순교했던 피오니오스 순교자와 미트로도로스 사제순교자는 숨을 거둘 때 "모두 동쪽을 향하고 있었다."710) 요한 모스코스는 팔라디오스의 이야기를 전해 준다. 당시 알렉산드리아에 약 100세 정도 되는 한 그리스도인이 살았는데 그는 살인자의 공범이라는 누명을 쓰고 사형 판결을 받았다. 그는 집행관들에게 다음과 같이 간청했다 : "주님의 이름으로 부탁하니 내게 선처를 좀 베푸시게. 내가 교수형을 받으러 교수대에 오르면 내가 동쪽만을 바라볼 수 있도록 내 얼굴을 동쪽으로 향하게 목줄을 걸어 주게나." 집행관이 의아해 하자 그는 이렇게 대답했다 : "집행관들, 솔직히 말해 내가 세례성사를 받고 그리스도인이 된 지 이제 겨우 7개월밖에 되지 않았다네." 결국 그는 무죄로 밝혀지고 자유의 몸이 되었다.711)

테살로니카의 시메온 성인은 지적한다 : 십자가 형태로 포개진 시신의 손 위에 우리는 "그리스도에 대한 믿음"의 상징으로 이콘을 올려놓는다. 왜냐하면 세상을 떠난 고인이 생명을 주신 그리스도께 자신의 영혼을 맡겼기 때문이다. 수도사가 잠들었다면 그가 사랑했던 분, 즉 주님의 이콘을 올려놓는다. 사제나 주교가 잠들었다면 복음서를 올려놓는다. 만약 시간이 있다면, 세상을 떠나는 순간이나 세상을 떠난 후에 그 복음서를 읽는다. 우리는 이런 방법을 통해 사제나 주교가 "복음 안에서" 살았음을

---

708) *Acta Sanctorum*, April. 1 (p. XVII, 37), Parisii-Bruxellis.
709) 니사의 그레고리오스, Εἰς τὸν βίον τῆς ὁσίας Μακρίνης, PG 46, 984B.
710) R. KNOPF - G. KRÜGER, Ausgewähete Martyrerakten, Tübingen 1929³, p. 56, 24행부터. Γ. Κ. ΣΠΥΡΙΔΑΚΗ, Τὰ κατὰ τὴν τελευτὴν ἔθιμα τῶν Βυζαντινῶν ἐξ ἁγιολογικῶν πηγῶν, ΕΕΒΣ, 20, Athens 1950. page 94.
711) 요한 모스코스, Λειμών LXXII PG 87ˣ, 2925A.

보여 준다. 복음은 "그들의 속죄와 성화를 위해" 가장 성스러운 말씀을 발췌해 읽는다. 수도사들을 위해서는 복음서 대신 시편이 읽혀진다.712)

우리는 시신이 있는 관 주변에 촛불을 밝힌다. 그것은 고인을 훌륭한 투사로서 하늘의 예루살렘으로 앞서 보내는 것을 의미한다.713) 또한 불 밝힌 초는 어두웠던 이 세상에서 영원한 참 빛을 향해 고인이 가는 여정을 보여 준다. 성인들의 전기는 성인들이 생을 마감할 때 많은 촛불을 밝혔다고 전한다. 특히 스투디티스 테오도로스 고백 성인처럼, 일부 성인들은 그렇게 해 줄 것을 부탁했다. 테오도로스 성인은 그의 마지막이 가까이 온 것을 느끼고 "조용히 촛불을 밝히라고 지시하였다." 수도사들은 촛불을 밝히고 시편 119편 "복되어라, 그 행실 깨끗하고 주의 법을 따라 사는 사람...."을 노래하기 시작했다. 성인은 수도형제들이 시편의 93절인 "계명들을 주시어 살려 주셨으니 죽어도 그것을 아니 잊으리이다."라는 구절을 읽을 때 마침내 숨을 거두었다.714)

우리는 교부들이나 성인들의 전기를 통해 마크리나 성녀의 장례식 때처럼715), 사람들이 촛불을 들고 시신을 장지로 운구했음을 알 수 있다. 번역자 시메온은 에프세비아의 성녀(5세기 소아시아 밀라사에서 잠듦)의 전기에서 수많은 신자들이 "향료와 수많은 촛불을 밝히고 관을 들고 도시 한가운데를 지나갔다."라고 밝히고 있다.716) 알렉산드리아의 베드로 주교(311년 순교, 축일 11월 24일)의 장례행렬 때도 신자들은 종려나무가지와 촛불을 든 채 "향을 피우고 천상 승리의 찬가를 부르며" 장지로 성인을 배웅했다.717) 테살로니카의 시메온 성인은 불 밝힌 촛불은 "꺼지지 않는 거룩

---

712) 테살로니카의 시메온, Περὶ τοῦ τέλους ἡμῶν καὶ τῆς ἱερᾶς τάξεως τῆς κηδείας... τξα', τξβ' PG 155, 676A-D.
713) 요한 크리소스톰, Εἰς Ἑβρ. Ὁμ. 4, 5 PG 63, 43.
714) Βίος καὶ πολιτεία τοῦ ὁσίου πατρὸς ἡμῶν καὶ ὁμολογητοῦ Θεοδώρου, τοῦ τῶν Στουδίων ἡγουμένου..., 67 PG 99, 325C.
715) 니사의 그레고리오스, Εἰς τὸν βίον τῆς ὁσίας Μακρίνης, PG 46, 993C.
716) 번역자 시메온, Βίος τῆς ὁσίας Εὐσεβίας, PG 114, 997B.
717) Acta Sancti Petri... PG 18, 465CD.

한 그 빛"을 상징한다고 가르친다. 그리고 향을 피우는 것은 고인이 그의 영혼을 하느님께 맡기고 또 육신을 성스럽게 땅에 넘겼음을 보여 준다고 하였다. 또한 고인의 속죄를 위해 바쳐지며 또 하느님께서 향기롭게 받아들이시는 경건한 정교인의 삶의 증거로 바쳐진다고 하였다.718)

크리소스톰 성인은 지금까지 설명한 모든 것을 다음과 같이 요약한다 : "우리는 시편과 찬양과 감사로 주관자 하느님께 떠나는 고인을 배웅한다." 우리는 시신을 새 옷으로 갈아입혀 "불멸의 새 의복을 예시한다. 향유를 시신에 발라 세례성사의 미로가 그의 여정의 보급품임을 믿는다. 촛불을 밝히고 향을 피우면서 참빛으로 향하는 그들을 앞서 보낸다. 시신을 동쪽으로 향하게 함으로써 우리는 그가 장차 부활할 것을 예시한다."719)

무덤에서의 오랜 관습은 초를 밝히거나 등불을 밝히고 향을 피우는 것이다. 그 단적인 한 예로, 경건한 어떤 그리스도인은 지나이다 순교자(축일 10월 11일)의 유해를 안장한 후, "성녀의 무덤 앞에 초를 밝히고 향을 피우는 일"을 죽는 날까지 빼놓지 않았다.720)

---

718) 테살로니카의 시메온, Op. cit., τξα'.
719) 요한 크리소스톰, Περί ὑπομονῆς..., PG 60, 725.
720) Βίος τῆς ἁγίας Ζηναΐδος, *Acta Sanctorum*, Januarii-Novembris, Parisii-Bruxellis, Octobr. 5, 509 § 9.

장례 예식

교회의 가장 극적인 예식

인간에 대한 하느님의 자비와 선은 무한하다. 그래서 교회는 자비로운 주님께서 세상을 떠난 사람들에게도 그렇게 하실 것을 믿고 바란다. 그래서 교회는 감동적이고 깊은 의미를 담고 있는 장례 예식을 만들었다.

오랜 세월 이전부터 신자들의 장례식이 있을 때는 생명을 주시는 하느님께 찬송과 시편을 드렸다. 하지만 오늘날 우리가 드리는 장례 예식의 주된 부분은 주로 5세기에 형성된다. 그리고 세월이 흐르면서 이 예식은 더욱 많은 시편과 성가들로 풍성해져서 정교회의 "여느 예식들보다 다양하고 감성적이며 극적인 내용으로 모습을 갖추게 되었다."721)

정교회 장례 예식은 "정교회 신학이 하나의 건강한 문화를 형성하는 훌륭한 예가 된다." 왜냐하면 "1) 죽음에 대해 깊은 사고하고 인생의 의미를 고찰하도록 도와주고 2) 어떻게 죽음을 직시해야 할 것인지 도와주며 3) 그리스도인들에게 죽음이란 희망 없는 사람들과는 다른 사건임을 강조하고 4) 사랑하는 사람과의 이별의 슬픔에 공감하고 또 그들을 위로하고 용기를 주기 때문이다. 서방세계에서는 죽음이 야기하는 슬픔을 잠재우기 위한 노력의 일환으로 시신에 마스크 씌었다. 그들은 죽음의 모습을 감추기 위해 생명을 마스크로 덮은 것이다."722)

장례 예식에서 부르는 성가들과 봉독을 통해 사제는 고인의 친척, 친구 그리고 고인과 대화를 나눈다. 그리고 세상의 헛됨과 무한한 가치가 있는 영원한 왕국의 선물이 있음을 노래한다. 동시에 사제와 교인들은 참회하는 마음으로 잠든 고인을 위해서 서정적으로 만물의 주관자 하느님께 자비를 요청한다. 혹시 누군가가 장례 예식의 신심 어린 성가를 귀담아 듣

---

721) ΚΩΝΣΤ. 칼리니코스, Ὁ Χριστιανικὸς Ναὸς καὶ τὰ τελούμενα ἐν αὐτῷ, Athens 1958², page 597.
722) 필로테오스 파로스 대사제, Ἡ Ὀρθοδοξία ὡς πολιτικὴ ἔκφραση, "Γρηγόριος Παλαμᾶς", Thessaloniki, τ. 661(9월-10월, 1977), page 229-230.

는다면 그는 분명 깊은 위로와 많은 도움을 얻을 것이다. 왜냐하면 이 예식은 단지 잠든 형제에 대한 사랑의 표현만이 아니라 신학자 그레고리오스 성인이 기록하고 있는 것처럼, 구원적 삶의 회고와 내적 묵상, 그리고 경건한 신앙적 사색을 할 수 있는 성스러운 시간과 소중한 기회가 되기 때문이다.723) 장례 예식의 깊은 의미를 알고 나면 우리 영혼은 유순해지고 경건해진다. 그리고 무덤 저편으로 넘어간 고인의 안식과 죄의 용서를 기원하게 된다. 더불어 여생을 회개하며 하느님의 마음에 드는 그리스도인으로 살아가겠노라 다짐을 하게 된다.

크리소스톰 성인은 잘 지적해 준다 : 구약의 유대인들은 40일 동안 야곱과 모세를 위해 곡을 했다. 그러나 오늘날 교회는 "찬송과 기도와 시편"으로 신자를 떠나보낸다. 우리는 하느님께 영광과 감사를 드린다. 왜냐하면 "공포를 몰아내시고" "고통에서 건져 주셨으며" "고인에게 관(冠)을 씌워 주셔서" 당신 곁에 앉히셨기 때문이다. 이것이 우리가 구세주 그리스도의 찬란한 부활 이후의 죽음은 "희열이다"는 성가와 시편을 이 예식에서 부르는 이유이다. 야고보 사도가 "마음이 기쁜 사람은 찬양의 노래를 부르십시오."(야고보서 5:13)라고 했던 것처럼 시편과 찬양은 "기쁨의 상징"이다. 따라서 우리는 형제의 죽음에 실망하지 않고 용기를 북돋워 주는 찬양을 "주검 앞에서 부른다."724)

본 장례 예식에 앞서 우리는 먼저 시신이 모셔져 있는 곳에 가서 간단한 "삼성송 의식"을 거행한다. 삼성송 의식이라 이름 붙인 이유는 삼성송의 기도로 의식이 시작되기 때문이다. 삼성송 의식은 "거룩한 하느님이시여, 거룩하고 전능하신 이여, 거룩하고 영원하신 이여, 불쌍히 여기소서"를 세 번 반복하고 "지극히 거룩하신 삼위일체여"와 "주기도문"을 계속해서 읽는다. 성 삼위 하느님께 영광과 찬양과 감사를 드리며 간청하는 이 기도는 우리의 인생을 돌봐 주시는 성 삼위 하느님께서 잠든 이에게

---

723) 신학자 그레고리오스, Ἐπιστολὴ σκα΄, PG 37, 361B.
724) 요한 크리소스톰, Εἰς τὰς ἁγίας μάρτυρας Βερνίκην καὶ Προσδόκην... 3, PG 50, 634; Εἰς Ἑβρ. Ὁμ. 4, 5 PG 63, 43.

무한한 자비를 보여 주실 것이라는 교회의 깊은 믿음을 표현한다.

이어서 4개의 성가를 부른다. 우리는 이 성가를 통해 이미 구원받은 자들, 즉 사도 바울로가 명명했던 "완전히 올바른 사람들의 영혼"(히브리서 12:23)들과 함께 고인이 편안히 쉬게 해 달라는 기도를 주님께 드린다. 우리는 "저승에 내려가셔서" 그곳에 사로잡혀 있는 자들을 풀어 주신 주님께 이미 승리의 교회로 넘어간 "당신의 종의 영혼이" 평안히 쉴 수 있게 간청한다. 그리고 "순결하고 흠 없는 동정녀", 은총이 가득하신 테오토코스 성모 마리아께 우리 형제의 구원을 위해 당신의 아드님께 중보해 줄 것을 요청한다.

사제는 계속해서 죽음을 이기시고 사탄을 멸망 시키신, 그리고 죄로 흐르는 우리의 나약함을 손수 짊어지시고 우리에게 부활과 생명을 선물하신, 홀로 죄 없으신 "영육의 하느님", "천사와 산 자와 죽은 자...."의 하느님께 세상을 떠난 형제의 죄를 용서해 주실 것을 기원한다. "선하시고 자애로우신 분"으로서 그의 잘못을 눈감아 주셔서 그의 영혼이 기쁨과 평화가 넘치는 곳, 빛이 가득한 낙원에 들 수 있도록 간구한다. 테살로니카의 시메온 성인에 따르면 "삼성송"은 임종을 목전에 둔 사람들에게도 불려진다. 왜냐하면 그들도 성 삼위 하느님의 종들이기 때문이다. 그들도 하느님을 고백했고 또 하느님에 대한 믿음으로 생을 마감하기 때문이다. 그리고 마침내 성 삼위에게 나아가기 때문이다. 그들은 성 삼위께 끊임없는 찬양을 올리는 천사들이 있는 그곳으로 가서 그들과 함께 살게 될 것이다.725)

행실이 깨끗한 사람

예전에는 깊은 상징적 의미를 담고 있는 "지존하신 분의

---

725) 테살로니카의 시메온, *Περί τοῦ τέλους ἡμῶν...* τξγ' PG 155, 677A.

거처에 몸을 숨기고 전능하신 분의 그늘아래 몸을 숨기는 사람아"라는 시편 91편부터 장례 예식이 시작되었다.726) 그러나 오늘날에는 안타깝게도 예식에서 이 부분이 생략되었다. 이 부분은 주로 수도사들과 성직자들의 장례 예식에서만 볼 수 있다. 만약 하느님께서 우리의 보호자가 되신다면 누가 감히 우리와 맞설 수 있겠느냐?(로마서 8:31)라는 내용의 이 시편은 신자들의 높은 이상과 열정을 보여 주며 장례 예식의 목적과도 아주 잘 어울린다. 시편의 내용은 대화적이다. 첫 부분인 1-13구절은 영혼이 육체를 떠나 천상의 거처로 옮겨갈 때 사악한 영의 집요한 공격과 강력한 통제를 받는 영혼의 말이다. 악을 자행하면서 쾌락을 느끼는 사악한 영은 영혼에게 그동안 지은 죄를 상기 시키며 그의 영혼을 붙잡으려고 노력한다. 하지만 영혼은 지극히 높은 분께 희망을 걸고 그분의 손길에 의지한다. 영혼은 그의 영혼을 사로잡으려고 발악하는 사탄의 무리로부터 하느님께서 자신을 구해 주실 것이라는 확신을 갖는다. 주님께서 당신의 진리로 그의 영혼을 감싸시어 그들의 비난에도 영혼이 결코 흔들리지 않도록 하시고 또 사탄의 무리가 그를 방패로 보호하실 것임을 믿는다. 그리고 마침내 결정적인 그 순간이 오면 빛의 천사들을 보내 모든 위험으로부터 영혼을 보호하실 것임을 믿는다. 영혼의 이 모든 소망에 대해서 하느님께서는 14-16절에 그를 보호해 주고 믿음의 증인 그를 구원하실 것이며 그의 기도를 들어주고 두려운 그 시간에 그를 속박에서 풀어 주어 그가 영예롭게 영원히 당신과 함께 살 수 있도록 하시겠다고 약속하신다. "악을 부정하고 있는" 이 시편은 경건한 삶을 살다가 지금 모든 희망을 자비로우신 천상의 하느님께 맡기고 육신을 떠나는 그리스도인의 영혼에 잘 부합된다.

장례 예식은 여느 예식처럼 "우리 하느님은 이제와 항상 또 영원히 찬미 받으시 도다."라는 기도로 시작된다. 테살로니카의 시메온 성인은 이를 잘 지적해 준다 : 하느님을 찬미하는 그것은 이 시간에 가장 필요했

---

726) Π. Ν. 트렘벨라, *Τὸ Ψαλτήριον μετὰ συντόμου ἑρμηνείας*, 출판 "Ὁ Σωτήρ", Athens.

을 것이다. 왜냐하면 하느님께서 생의 마지막까지 우리를 인도하시고 우리 영혼을 받아 주시며, 우리 육신을 땅으로 돌아가게 하시고 또 육적인 죽음을 통해 경건하게 살도록 우리를 부르시어 헛된 현세에서 복되고 영원한 내세로 옮겨 주시기 때문이다. 또 진정으로 죽음의 형벌을 은혜로 바꿔 주셨기 때문이다. 하지만 우리가 이 시간에 주님께 찬미를 드리는 가장 주된 이유는 당신의 거룩한 육화와 십자가의 죽음으로 우리를 부활케 하시고 구원해 주셨기 때문이다. 그리고 자비의 하느님으로서 죽음에서 우리를 다시 부활케 하실 것이며 우리를 구원하실 것이기 때문이다.727)

"우리 하느님은 이제와 항상...." 다음에 시편 119편 "그 행실 깨끗하고 주의 법을 따라 사는 사람"을 노래한다. 그런데 하느님의 법을 높이 찬양하고 그리스도인의 윤리와 신심을 잘 표현해 주는 이 시편은 안타깝게도 오늘날 전체가 다 불리지 않는다! 다만 몇 구절만 발췌해서 세 스타시스(부분)로 나눠 부른다.

테살로니카의 시메온 성인에 따르면 이 시편의 발췌 구절들은 "성 삼위의 영광과 형태인" 세 스타시스로 나뉜다. 이 시편 구절들은 모든 경건한 신자들이 걸어가야 할 구세주 그리스도의 지상의 생애와 성인들의 삶을 표현한다. 성인에 따르면, 첫 번째 스타시스와 세 번째 스타시스의 시편 구절 다음에 반복해서 부르는 "알릴루이야"는 모든 죽은 자들을 부활 시킬 그리스도의 재림을 가리킨다. 두 번째 스타시스 시편 구절 다음에 반복되는 "주여, 저를 불쌍히 여기소서"는 성가대가 고인을 대신해서 하느님께 올리는 "가장 친숙하고 유익한 기도"이다.728) 스타시스의 시편 구절들은 고인의 고백처럼 성가대에 의해 불려진다. 그리고 장례 예식에 참례한 각 영혼은 그 심오한 내용에 심취된다. 만약 참회하는 마음으로 각 영혼이 귀를 기울인다면 그는 자기 죄의 무게를 벗어 던지기 위해 고

---

727) 테살로니카의 시메온, *Περὶ τοῦ τέλους ἡμῶν...* τξγ' PG 155, 681D-684A.
728) 테살로니카의 시메온, *Περὶ τοῦ τέλους ἡμῶν...*, τξγ' PG 155, 684AB.

백성사로 향하게 될 것이다. 그리고 회개하는 마음으로 경건하고 거룩한 삶을 살아가려 할 것이다.

감미롭고 교육적이며 간청조인 시편 119편은 예전부터 신자들의 영혼을 울리고 신심을 자극했다. 순교자 이에로노스와 그의 동료 순교자들은 순교하러 갈 때 이 시편을 노래했다. 두 명의 고백자 에브게니오스와 마카리오스 성인도 그리스도교를 박해했던 율리아노스 파라바티스에 의해 귀향을 떠날 때 그 여정에서 이 시편을 노래했다. 키프로스의 칸다라 수도원의 13명의 수도사들도 로마 가톨릭의 믿음을 받아들이지 않고 정교회의 믿음을 끝까지 고수하다가 잔인하게 죽임을 당할 때(1231년) 같은 시편을 노래했다.729)

우리는 시편 119편에서 어느 구절을 먼저 강조할 수 있을까? 119편은 "그 행실 깨끗하고 주의 법을 따라 사는 사람"으로 시작된다. 다시 말해 생명의 길을 걷고 또 주님의 법에 따라 살아가는 사람은 복되다는 말씀이다. 20절에는 "자나 깨나 당신의 결정을 갈망하다가...." 또 28절에는 "나의 영혼이 괴로워 잠 못 이루오니, 말씀하신 대로 나를 일으켜 주소서."라고 절절한 심정을 표현하고 있다. 73절의 "손수 나를 빚어 만드셨으니 깨우침을 주소서. 당신께서 명하신 것을 가르쳐 주소서."라는 말씀은 얼마나 우리의 심금을 울리는지! 또한 "이 몸이 당신의 것이오니 구원하소서. 애써 당신의 계명을 찾으리이다."라는 94절의 말씀도 우리의 마음을 잘 대변해 주고 있다!730) 우리는 우리의 영혼을 울리고 천사들과 성인들이 은총의 옥좌로 찬양 드렸던 노래, 파트모스의 요한 성인이 들었던 수많은 백성들의 함성인 "알릴루이야"(하느님을 찬양하여라)를 119편의 각 구절에 맞춰 노래한다!....

119편의 마지막 구절, 감미로우면서도 진실 되고 강렬한 영혼의 한숨인 "이 몸은 길 잃고 헤매는 한 마리 양, 어서 오시어 이 종을 찾아 주

---

729) 요한 카케트, *Ἱστορία τῆς Ὀρθοδόξου Ἐκκλησίας τῆς Κύπρου*, 번역 Χ. Ι. Παπαϊωάννου, Athens 1923, page 128-131.
730) Π. Ν. 트렘벨라, *Τὸ Ψαλτήριον μετὰ συντόμου ἑρμηνείας*.

소서. 당신의 계명을 소홀히 여긴 적은 한 번도 없사옵니다."(176절)라는 외침은 우리에게 많은 가르침을 준다.

이렇게 눈물과 고통의 땅을 떠나 영원한 행복으로 들어가는 우리 형제의 영혼은 감미로운 슬픔을 성가대와 함께 노래한다. (장례 예식 때 기도하는) 신자들의 영혼도 이와 같다. 그들의 영혼도 시편 119편을 들으며 구원을 가져다주는 기쁜 슬픔으로 채워지고 만족된다. "그 행실 깨끗하고 주의 법을 따라 사는 사람"으로 시작되는 119편은 서로 다른 3개의 조(각 스타시스는 각자 나름의 조(調)를 가지고 있음)로 나뉜다. 첫 번째 스타시스는 슬프지만, 감미로운 목소리로 간구하는 6조로 부른다. 두 번째 스타시스는 "조화 있게 불려지는" "애통"과 "연민"의 5조로 부른다. 세 번째 스타시스는 "남성적 아픔"에 가까운 3조로 부른다. 이 모든 노래와 음조는 우리 영혼에 깊은 신심과 거룩함 그리고 구원의 두려움을 자아낸다.

장례 예식의 에블로기타리아

시편 119편이 끝나면 깊은 신학적 의미를 내포하는 애통조의 성가인 에블로기타리아가 불려진다. 성가 제목을 이렇게 붙인 이유는 성가 첫머리에 "찬양되시는 주여, 주의 계명으로 나를 가르치소서."라는 시편 119편의 12절이 선행되기 때문이다. "장례 예식의 에블로기타리아"와 이에 상응하는 "부활 예식의 에블로기타리아"는 분명히 구분된다. 부활의 에블로기타리아는 주님의 찬란한 부활과 관련이 있으며 주일 조과 때 불린다.

장례 예식의 첫 번째 에블로기타리아를 통해 고인은 (성가대를 통해) 자비의 하느님께 자비를 간청한다. 비록 자신이 길 잃은 양이지만 주님께서 관용을 베푸시어 당신 곁으로 불러 주실 것을 용기 내어 간구한다. 왜냐하면 "성인들의 무리"가 생명의 샘과 낙원의 문을 자비의 하느님에게서 찾았기 때문이다.

두 번째 에블로기타리아를 통해 잠든 이는 우리를 무에서 유로 데려오시고 "하느님의 모습"으로 우리를 빛내 주신 창조주께 자비를 구한다 : 내가 주님의 계명을 어겼기에 형벌로서 육체의 죽음을 정하시고 나를 창조하셨던 그 땅으로 다시 돌아가게 하셨지만, 주여, 나를 예전의 영광으로 돌이켜 주소서. 나를 창조하셨을 때의 "예전의 미"와 찬란함을 입도록, 타락하기 이전의 영예와 영광으로 저를 데려가소서. 그래서 제가 다시 주님의 비슷한 모습이 되게 하소서.

세 번째 에블로기타리아를 통해 세상을 떠난 형제는 비록 자신이 죄의 흔적을 담고 있으나 형용할 수 없는 하느님의 영광의 모습을 계속 가지고 있음을 그의 창조주께 상기 시킨다. 그것은 우리가 죄를 지었지만 완전히 "하느님의 모습"을 상실하지 않았기 때문이다. 그러므로 나의 주관자시여, 피조물에 대한 당신의 연민을 계속 보여 주소서. 그리하여 자비로우시고 온유하신 분으로서 나를 깨끗이 씻어 내가 잃고 갈망했던 본향으로 다시 들어갈 수 있도록 은총을 베풀어 주소서. 그래서 내가 다시 낙원의 시민이 되게 하소서.

네 번째 에블로기타리아는 장례 예식에 참례한 신자들이 하느님께 올리는 내용이다. 그들은 잠든 당신의 종의 죄를 용서해 주실 것과 "해와 같이 빛날" 낙원에서 성인들과 의인들과 함께 그가 평안을 누릴 수 있도록 창조주께 간청한다.(마태오복음 13:43)

다섯 번째 에블로기타리아는 성 삼위께 올리는 찬양의 구절(영광이 성부와 성자와 성령께)이 선행된 후 불려진다. 우리는 시초가 없으신 아버지, 아들 그리고 성령 즉, "하나의 신성과 세 위격으로 빛나는" 성 삼위께 우리 영혼을 비추시고 또 주님께서 말씀하셨던 "영원한 불"(마태오복음 25:41, 마르코복음 9:43)에서 우리를 건져주실 것을 간청한다.

"이제와 항상 또 영원히 있나이다"에 이어 우리는 육화하신 주님을 세상에 데려오신 겸손하고 정결하며 은혜로우신 동정녀를 기쁘게 맞이한다. 그리고 성모님을 통해 구원을 찾은 우리 모두가 다시 낙원을 찾을 수 있도록 중보를 간청한다. 그리고 나서 '하느님을 찬양하라'는 의미의 "알 릴루이야"를 세 번 부르고 "하느님 주께 영화로다"로 찬송을 마친다.

교회의 대 기도서에 있는 장례 예식은 에블로기타리아 이후 시편 51편 즉, 다윗의 참회와 고백의 시편인 "하느님, 선한이여, 나를 불쌍히 여기소서...."를 봉독한다. 그리고 나서 테오파니 수도사의 아름다운 카논(아주 긴 교회성가)을 노래한다. 이 카논은 몇 개의 성가들을 담고 있는데, 이 성가들은 천상에서 승리의 관을 쓴 용맹했던 순교자들이 투쟁의 교회에 속해 있는 우리를 위해 끊임없이 하느님께 간청하고 있음을 상기 시켜 준다. 또한 첫 창조와 인간의 첫 타락을 우리에게 상기 시켜 준다. 순교자들은 지극히 선하신 하느님의 말씀을 낳으셨던 선한 나자렛의 딸에게 세상을 떠난 형제가 구원을 받을 수 있도록 "당신 태 속에 담으셨던 참 하느님", 죽음의 힘을 무력화 시킨 참 하느님께" 중보를 간청한다.

그러나 오늘날 장례 예식에는 안타깝게도 정교회 교리의 가르침과 깊은 의미를 담고 있는 이 카논과 참회하는 영혼의 절절함과 아픔을 표현하는 뜨거운 기원과 겸손의 간구인 시편 51편이 빠져있다!.... 다시 말해 우리는 요한 크리소스톰 성인이 시편 51편(카논 성가에도 적용)에 대해 다음과 같이 언급한 것을 잊고 있는 것이다 : 이 시편은 의인과 죄인에게 유용하다. 왜냐하면 의인에게는 영적 나태함을 방지해 주고 죄인에게는 악과의 투쟁에서 절망하지 않도록 또 그에게 구원이 없다는 생각을 갖지 않도록 예방해 주기 때문이다.

통곡과 오열, 의문과 희망

에블로기타리아 성가가 끝난 후 우리는 8조 곡조로 콘타키온을 부른다 : "그리스도시여, 병과 근심과 걱정이 없고 생명이 끝이 없는 곳에서 주의 종의 영혼을 모든 성인들과

같이 안식케 하소서."

계속해서 다마스커스의 요한 성인이 작곡한 자체 곡조의 성가가 불려진다. 비잔틴 음악의 특징이라 할 수 있는 8조곡의 성가들은 깊은 신학적 의미를 담고 있다. 장례 예식에 참례한 사람들의 영혼은 곡조가 바뀌는 성가와 가사를 들으며 슬픔과 위로, 실망과 희망이라는 교차된 감정을 느낀다. 그리고 신심과 구원을 향한 영적 다짐을 한다. 자체 곡조로 이루어진 이 성가는 오직 장례 예식에서만 불린다. 이 성가는 우리의 신심을 자극하며 회개와 겸손의 마음을 영혼에 불러일으킨다. 왜냐하면 엄숙한 성당 안에 있는 주검 앞에서 세상의 헛됨을 깨닫기 때문이다. 이렇게 영혼은 옛 생활을 청산하고 정욕에 썩어 가는 낡은 인간성을 벗어 버린다.(에페소서 4:22 참조) 그리고 "새로운" 인간으로 갈아입어 자기 창조주의 형상을 따라 끊임없이 새로워져 참된 지식을 가지게 된다.(골로사이서 3:10 참조)

우리 내면 속에 구원의 심금을 울리며 성스런 갈망을 자아내는 이 성가에 대해 좀 더 깊이 살펴보자.

자체 곡조로 이루어진 이 성가의 제 1조에는 두 개의 질문이 나온다 : "서러움을 모르고 끝없이 이어가는 기쁨이 이승에 하나라도 있으리이까? 변하지 않고 이어가는 영광이 땅 위에 하나라도 있으리이까?" 이 두 질문에 "만사가 그림자보다 더 덧없이 사라지고 꿈보다 더 허망하나이다. 죽음이 오매 그 모두가 단숨에 사라지고 걷히나이다!"라는 실질적인 대답이 주어진다. 그래서 우리는 그리스도께 이렇게 기도를 드린다. "그리스도여, 주의 얼굴의 빛나는 광채로 주께서 부르신 이에게 안식을 주소서."

제 2조는 육신을 떠날 때의 영혼의 아픔과 초조, 그리고 그 순간 영혼이 겪는 두려움과 놀라움 그리고 경이로움을 담고 있다 : "아, 영혼이 육신을 떠나는 순간 얼마나 힘든 투쟁을 벌이는가. 슬프도다, 영혼이 수없이 눈물을 흘려도 불쌍히 여기는 이 하나 없구나. 슬프도다, 천사들을 향해 간곡히 호소하고 사람들을 향해 두 손을 벌리건만 아무도 그 영혼 거

두지 않네." 정교회는 우리에게 비참한 죽음의 현실을 직시할 것을 요청한다. 세상의 헛됨과 영혼의 위대한 가치, 그리고 죄인으로서 하느님의 자비를 구할 것을 요청한다. 그래서 작가는 장례 예식에 참례한 이들을 이렇게 격려한다. "사랑하는 형제들이여, 인생이 덧없음을 깨닫고 우리를 떠나간 이들의 안식을 위해 그리스도께 간구하자."

제 3조곡은 세상의 헛됨을 상기 시킨다. 3조곡의 첫 문장은 쓰디쓴 세상의 고통과 아픔을 겪은 후 생의 마지막에 외쳤던 "헛되고 헛되다. 세상만사 헛되다."라는 전도서 1장 2절의 내용과 아주 비슷하다. 다마스커스의 요한 성인은 노래한다 : "인간의 모든 것은 그리도 헛되어라. 죽은 뒤 남는 것은 아무것도 없어라. 부유함은 사라지고 영광은 그치나니, 죽음이 덮치면 모두가 끝이 나네. 그러므로 영원한 임금이신 그리스도께 애원할 지어다. 우리와 헤어진 이를 '복된 이들의 처소'에 들게 하시어 안식을 주소서."

제 4조곡은 심금을 울리는 4개의 질문으로 시작한다 : "세상의 탐욕은 어디 갔는가? 헛된 사물을 잡으려는 환상은 어디 갔는가? 금과 은은 어디 갔는가? 수많은 하인들의 부산스러운 모습은 어디 갔는가?" 이 질문들에 이와 같은 답이 주어진다 : "이 모두가 먼지요, 모두가 재요, 모두가 그림자에 불과하여라." 다마스커스 요한 성인이 만든 이 성가는 대 바실리오스 성인이 한 설교의 내용을 거의 그대로 옮겨 놓았다 : "권력을 휘둘렀던 이들이 어디 갔는가? 그 누구도 견줄 수 없었던 설교가 들이 어디 갔는가? 장군들과 폭군들은 어디 갔는가? 이 모두가 먼지가 아닌가? 이 모두가 환상이 아닌가? 약간의 뼈만 남아 있지 않는가?"[731] 따라서 성가작가는 이 모든 것이 다 헛되니 불멸의 임금께 이렇게 외치자고 우리에게 권고한다 : "주여, 세상을 떠난 이에게 주의 영원한 보화

---

[731] 대 바실리오스, Περὶ Θανάτου, Λόγ. ιαˊ, 3, PG 32, 1261B.

를 베푸시어 끝없는 행복을 누리며 쉬게 하소서."

제 5조곡에서 요한 성인은 "흙이요 재"(창세기 18:27, 욥기 42:6)임을 고백했던 아브라함과 욥의 말을 회상하면서 무덤으로 그의 시선을 향한다. 그리고 "벌거벗은 뼈들"을 사색하며 다음과 같이 자문한다 : "임금이 누구며, 병사가 누구인가? 부자가 어디 있고 빈자가 어디 있는가? 누가 의인이고 누가 죄인인가?" "벌거벗은 뼈들"을 보고 누구의 것인지 알 수 없었던 요한 성인은 근심 어린 의문 속에 당신의 종들을 의인들과 함께 안식할 수 있게 해 달라고 주님께 간구하는 것에 만족한다. 5조곡의 질문들은 다시금 우리에게 대 바실리오스 성인의 가르침을 상기하게 해 준다 : "무덤 속을 살펴보고 누가 종이고 누가 주인인지, 누가 빈자이며 누가 부자인지 구분해 보라. 네가 할 수 있다면, 임금과 포로, 약한 자와 강한 자, 못생긴 자와 잘생긴 자를 구분해 보라."732)

제 6조곡에서는 인간의 창조를 아름답게 노래한다(창세기 2:7절 참조) : "흙으로 나의 몸을 빚어 만드시고 신성한 생명의 입김을 불어 넣으시어 내 영혼을 만드셨나이다." 그리고 그리스도께 간청하며 곡을 맺는다 : "그리스도시여, 주의 종으로 하여금 의인들의 처소에서 안식케 하소서."

제 7조곡은 생사의 비극의 원인이 인간을 시기하는 사탄에 속아 인간이 하느님의 계명을 어기고 금기의 열매를 따먹은 것에 있음을 알려 준다. 그래서 그가 태어났던 흙으로 다시 되돌아가도록 단죄 받았음을 보여 준다.

마지막 제 8조곡에서 작가는 인간의 처지를 생각하며 울며 탄식한다. 왜냐하면 하느님께서 지으신 창조물이 죄로 인해 부패에 넘겨지고 죽음과 엮이게 되었기 때문이다. 요한 성인은 인간 주변에서 펼쳐지는 신비에 대해 의문을 갖는다. "하느님의 모습"에 따라 지어진 인간의 아름다움이 "형체도 영광도 자취도 없이" 어떻게 무덤 속에 놓일 수 있는지 의아해 한다. 거룩한 교회는 인간의 이 비극을 굳이 숨기려 하지 않는다. 왜냐하

---

732) Ibid.

면 우리로 하여금 이 엄청난 불행과 죽음의 신비에 대해 자문하기를 원하기 때문이다. 그래서 작가는 묻는다 : "이상스럽기도 하여라! 이 무슨 신비스러운 일인가? 우리는 사그라질 운명에 넘겨져 있지 않은가? 어찌하여 죽음과 연결되었단 말인가?" 그러면서 작가는 그것이 하느님께서 시조에게 내린 "흙에서 왔으니 흙으로 돌아가리라."(창세기 3:19)라는 형벌이었음을 회고한다. 그러면서 전지하시고 선하신 하느님의 명에 의해 해득할 수 없는 이 씁쓸한 "죽음의 신비"가 이루어졌기에 하느님께서 분명 잠든 이를 안식케 하실 것이라는 확신 속에 작가의 슬픔과 의문을 정리한다.

구복단과 봉독

다마스커스의 요한 성인의 성가 후에 우리는 2조곡으로 된 구복단 성가를 부른다. 이것은 주님께서 산상설교에서 하신 말씀이다.(마태오복음 5:3-12 참조) 구복단은 "주여, 예수님께서 왕이 되어 오실 때에 저를 꼭 기억하여 주소서."(루가복음 23:42 참조)라는 구절로 시작한다. 이 내용은 강도가 십자가에서 죽음을 맞기 전, 주님께 자신의 죄를 고백하고 간청했던 그 기원이다. 죽음을 앞둔 강도의 이 기원은 그 순간 꼭 필요한 기도였다. 이와 같이 우리도 장례예식 때 잠든 형제를 대신해서 강도의 이 기도를 반복한다. 왜냐하면 하느님께서 당신의 "왕국에서" 세상을 떠난 형제를 기억해 주시는 일이 무엇보다 필요하기 때문이다.

구복단의 첫 구절인 "주여, 주의 나라에서 우리를 기억하소서"를 부른 후 이어서 5개의 구절들을 노래한다. 구세주께서는 영적으로 가난함을 느끼고 전적으로 하느님께 자신을 맡기는 사람들을 복되다고 말씀하신다. 자신들의 죄를 슬퍼하고 하느님의 자비를 구하는 사람은 행복하다고 말씀하신다. 온유하고 겸손한 사람, 힘들고 불행 속에 살아가는 이웃과 함께 하는 자비로운 사람은 행복하다고 말씀하신다. 구복단의 나머지 부분은 신실하게 불린다. 이 부분에서 작가는 회개한 강도를 언급하고 또 생명과 죽음의 권세를 지니신 주님께 호소하여 당신의 "왕국에서" 세상을 떠난 이를 기억해 주실 것을 간청한다. 어떤 성가는 우리의 호흡을 결정하는 주님께서(다니엘서 5:23 70인역 참조) 너를 안식케 해 주시고 네게 낙원의 문을 열어 주시며 너의 죄를 용서해 주시길 바란다고 고인을 위해 노래한다.

구복단의 나머지 부분들은 무덤 속의 모습을 직시할 것을 우리에게 요청한다. 사후에 인간에게는 "벌거벗은 유해, 구더기 그리고 악취"만이 남으며 세상적인 "부나 미"가 헛된 것이며 세상적인 권력과 사회적 체면도 하찮은 것임을 우리에게 일깨워 준다. 또한 불이 갈대를 태워 버리듯이 "대장간의 불길"처럼 오셔서 불의하게 살아가는 모든 이들을 태워 버릴 주님의 재림날에 대해(말라기 4:1 70인역 참조) 경건한 두려움을 갖게 만든다.

구복단 이후에 우리는 프로키메노를 노래한다. 우리는 영원한 안식에 든 형제를 "오늘 그대가 가는 길은 복 되도다"라는 이 성가로 배웅한다.

세상을 떠난 형제에 대한 우리의 진심 어린 기원 이후에 테살로니카전서 4:13-17절이 봉독된다. 사도 바울로는 이 편지에서 잠든 이들을 슬퍼하는 우리에게 소중한 위로의 말을 해 준다. 그리고 부활에 대한 희망이 없는 사람들처럼 슬퍼하지 말라고 권고한다. 그리스도인은 "그리스도께서 죽었다가 부활하셨다"는 신념이 있다. 따라서 그리스도인은 믿음으로 하느님께서 그리스도와 하나가 되어 세상을 떠난 형제들을 그리스도께서 계시는 영원한 생명으로 영광 속에 데려가신다는 확신을 가져야한다. 죽음은 무가 아니다. 그리스도인의 영혼은 (육체와 분리된 후) 주님의 현존을 누린다. 또한 무덤 속에 있는 시신은 죽은 자들의 보편적 부활 때까지 그분의 무한한 능력과 지혜의 섭리 하에 놓이게 된다. 주님께서는 사도 바울로에게 이와 관련하여 앞으로 있을 엄청난 사건을 직접 계시하셨다 :

재림 때 산 자들이 죽은 자들에 앞서 먼저 주님을 영접하지 못할 것이다. 그 때 산 자들은 죽은 자들이 누리는 특권이나 기쁨만큼 누리지 못할 것이다. 왜냐하면 주님의 명령이 떨어지고 천사가 부르는 소리가 들리고 나팔소리가 울리면 그리스도를 믿고 죽었던 이들이 먼저 부활할 것이기 때문이다. 그 때 산 자들은 순식간에 - 눈 깜짝할 사이도 없이(고린토전서 15:52 참조) - 불멸과 불사의 상태로 신비로운 변화를 겪을 것이다. 그리고 구름을 타고 공중으로 들리어 부활한 죽은 자들과 함께 모두 주님을 만나게 될 것이다. 그러면 그분과 함께 천상에서 영원히 그분과 함께 할 것이다.

위의 발췌된 테살로니카전서 4:13-17절 대신 고린토전서 15:47-57절, 로마서 14:6-9절, 고린토전서 15:20-28절 등이 대체되어 봉독될 수 있다.

사도 바울로는 고린토전서 15:47-57절에서 죽은 자들의 부활과 산 자들의 몸이 신비로운 방법으로 불사와 불멸의 옷을 입게 될 것임을 알려 준다. 그것은 "죽음이 완전히 패하고 사라져 어디에서도 볼 수 없을 것이다."(이사야서 25:8절, 호세아서 13:14절 70인역 참조)라는 예언의 실현을 의미한다. 우리 영혼은 죽음의 독침인 죄와 죽음을 이기시고 큰 승리를 이루신 주님이신 하느님께 진심으로 깊은 감사를 드린다.

사도 바울로는 로마서 14:6-9절에서도 우리 자신의 주인이 우리가 아님을 강조한다. 우리에게는 우리의 주인이자 주관자이신 하느님이 계시며 우리의 생명은 물론 죽음조차도 그분께 속함을 고백한다. 따라서 우리가 살아 있든 죽어 있든 우리가 지향해야 할 점은 어떻게 그리스도를 얻느냐에 있다. 왜냐하면 그분은 우리의 삶과 죽음의 핵이며 "모든 것"이기 때문이다. 사도 바울로는 이렇게 말했다 : 그래서 그리스도께서는 산 자와 죽은 자의 주인이 되기 위해 죽었다가 부활하셨으며 인간으로서 생명을 다시 취하셨다.

사도 바울로는 사도경의 세 번째 부분인 고린토전서 15:20-28절에서 죽음이 인간을 통해 인류에 유입되었듯이 죽은 자의 부활도 은총의 새 아담, 우리 주 예수 그리스도를 통해 유입될 것임을 강조했다. 첫 번째 아담의 후손들은 그와의 혈연으로 그와 함께 죽지만 새 아담과 혈연을 맺은 인간은 모두 다 다시 살아날 것이다. 그리스도께서는 죽음을 이기시고 부활하신 첫 번째가 되심으로써 "모든 잠든 이들의 시초가" 되셨다. 이어서 그리스도께 속한 이들이 그 뒤를 따른다. 그들은 주님의 영광의 재림 때 모두 다 부활할 것이다. 그리스도의 구원의 사역이 완성되어 주님의 모든 적들이 그분께 굴복하면 마침내 그리스도께서는 마지막 적인 죽음을 폐지할 것이다. 왜냐하면 주님께서 우리의 육신을 영혼과 결합 시켜 불사와 불멸의 몸으로 변화 시키고 영원히 살게 하실 것이기 때문이다. 그리고 나서 주님께서는 독생자이신 아들에게 모든 것이 굴복하도록 해 주신 하느님 아버지께 인성에 있어서 복종하실 것이다. 그러면 우리는 하느님이 우리의 전부임을 인정하고 선포하게 될 것이다.

   부활의 희망을 담은 사도경 이후에 "알릴루이야"가 세 번 반복된다. 테살로니카의 시메온 성인은 이것은 "주님의 오심"과 죽은 자들을 부활 시킬 주님의 재림을 보여 주는 것이라고 하였다. 따라서 "알릴루이야"는 "하느님의 오심의 표식이고 죽은 자들을 부활 시킬 재림의 선포이다. 사도경이 봉독되는 시간에 그리스도의 은총이 임하도록 교회의 믿음의 지체인 고인의 시신에 분향이 행해진다.733)

   "알릴루이야"와 "주여, 당신께서 선택하시고 취하신 그는 복되나이다." 라는 구절 다음에 요한복음 5:24-30절이 봉독된다. 이 복음을 통해 주님께서는 '누구든지 그리스도의 거룩한 가르침을 듣고 받아들이며 하느님 아버지를 믿는 자는 믿는 그 순간부터 이미 영원한 생명을 얻은 것이다.'라고 선포하신다. 그리스도를 믿는 자는 단죄나 심판을 받지 않는다. 왜냐하면 이미 죄로 인한 영적 죽음에서 벗어나 영원한 생명으로 들어섰기 때문이다. 죄로 인해 영적 죽음을 맞았던 이들이 선한 마음으로 하느님 아들의 말씀을 받아들이고 그 말씀에 따라 살아간다면 그들은 새롭고 영

---

733) 테살로니카의 시메온, *Περί τοῦ τέλους ἡμῶν...* τζς' PG 155, 685A.

원한 영적 생명을 살게 될 것이다. 왜냐하면 주님께서 하느님 아버지로부터 받은 생명을 간직하고 계시기 때문이다. 아버지와 함께 동질이시고 시초가 없으시며 영원하신 분, 주님께서는 마르지 않는 영원한 생명의 샘으로서 사람들에게 생명을 베푸신다. 또한 메시아로서 인간이 되신 그분은 인간을 심판하고 단죄할 수 있는 권한을 가지신다. 마침내 세상의 종말과 심판의 때가 찾아와 죽은 자를 일으키는 하느님 아들의 소리가 들리면 죽은 자들은 모두 무덤에서 나올 것이다. 선한 일을 한 사람은 부활하여 복되고 영원한 생명을 누릴 것이며, 악한 일을 한 사람은 부활하여 단죄를 받을 것이다. 주님께서는 말씀하신다 : 모든 이들은 나의 정의에 따라 심판 받을 것이다. 왜냐하면 하느님 아버지께서 인간이 된 아들인 내게 말씀하신 그대로 나는 심판할 것이기 때문이다. 나는 내 뜻이 아닌 나를 세상에 보내신 정의로운 아버지의 뜻을 세우려 한다. 더욱이 아버지와 함께 시초 없는 아들이자 말씀인 나는 내 뜻이 없으며 아버지와 아들의 오직 그 하나의 뜻만을 갖는다.

요한복음 5:24-30절 말고, 요한복음 15:17-24절이 대신 봉독될 수 있다. 주님께서는 요한복음 15:17-24절에서 서로 사랑하라고 제자들에게 요청하신다. 그리고 세상이 너희를 미워하거든 너희보다도 나를 먼저 미워했다는 것을 알아 두라고 말씀하신다. 왜냐하면 제자들이 세상과 같은 죄인의 정신을 가지고 있지 않기 때문이다. 그러니 이런 미움에 대해 이상하게 생각하지 말라. 그들이 나를 박해했으면 너희도 박해할 것이고 내 말을 지켰으면 너희의 말도 지킬 것이다. 너희는 세상에 아무런 잘못도 하지 않았지만 나를 믿었기에 그런 것이다. 세상은 나를 세상에 보내신 하느님에 대해 바르고 참된 지식을 갖추지 못했기에 그렇게 행동하는 것이다. 그러나 그들의 무지가 정당화되지 못하며 그들의 죄는 아주 무겁다. 왜냐하면 내가 세상에 와서 진리를 그들에게 알려 주었고 기적을 통해 내가 메시아임을 보여 주었기 때문이다. 따라서 그들의 죄는 크다. 나를 미워하는 자는 나를 보내신 아버지를 미워한다. 내가 일찍이 아무도 하지 못했던 일들을 그들 앞에서 하지 않았던들 그들에게는 죄가 없었을 것이다. 그러나 이제는 그 어떤 변명도 할 길이 없다. 왜냐하면 내가 한 일을 보고서도 그들은 나와 또 나의 아버지까지도 미워하기 때문이다.

조용하고 엄숙한 성당 안에서, 특히 장지로 떠나려 준비하는 우리 형제의 주검 앞에서 우리가 듣는 이 거룩한 복음의 진리는 아름다운 향과 꽃, 떨리는 등불과 초, 신심을 불러일으키는 성가들과 어우러져 우리 영혼을 그리스도와 하나가 되게 만든다.

사제는 복음경 후 시신이 성당에 옮겨지기 전에 행했던 "삼성송"의 기도를 다시 드린다.

선포와 마지막 인사

잠든 이를 위한 사제의 기도(주교가 집전할 경우 주교의 특별한 기도)가 끝난 후 장례 예식의 폐식 기도가 거행된다. 사제는 이 기도에서 "산 자와 죽은 자" 위에 권능을 떨치시고 영원하신 임금으로서 죽음으로부터 부활하신 예수 그리스도께 돌아가신 종이 의인들의 거처에 들고 아브라함의 품안에 안식케 하며 성인들의 무리와 함께 할 수 있게 해 주실 것을 간청한다. 그리고 힘겨운 세상을 살아가는 우리에게는 "선하시고 자비로우신 분으로서" 자비를 베풀어 주실 것을 간구한다. 사제는 이 모든 기도를 지극히 정결하시고 거룩하신 성모님과 거룩하고 영광스러운 사도들, 거룩한 교부들과 의로우신 선조 아브라함, 이삭, 야곱, 그리고 나흘 만에 부활한 라자로와 모든 성인들의 중보를 통해 하느님께 드린다.

다시금 부활의 희망을 심어 주고 인생의 항구적인 목표를 보여 주는 이 폐식 기도는 "복을 누리며 영원히 기억됨이 마땅한 우리 형제여, 그대는 영원히 기억되리이다"라는 사제의 세 번 반복되는 기도로 끝난다. 사제의 기도에 맞춰 성가대도 "영원히 기억하시리이다"라고 세 번 응송

한다. 테살로니카의 시메온 성인에 의하면 이것은 "잠든 이에 대한 (공식적인 인정) 선포"가 된다. 이 축제적인 선포는 잠든 이들이 성인들의 무리에 들었으며 믿음 속에 살았던 그들이 그곳에 합당했음을 보여 준다. 우리는 그것을 믿으며 찬양한다. 또한 우리는 "영원히 기억하시리이다"라는 선포를 통해 잠든 이들의 영혼을 영원히 살아계신 하느님의 손에 맡긴다. 이 선포는 우리가 고인을 승리자로서 영원한 하느님의 나라로 보낼 때 고인을 위해 올리는 우리의 기원이기도 하다. 그리고 우리의 이 기원은 창조주께 영육을 맡기고 떠나는 고인에게 드리는 우리의 선물이다.734)

폐식 기도와 "잠든 이에 대한 선포" 다음에 고인과의 마지막 인사가 이뤄진다. 장례 예식의 이 마지막 부분은 그리스도인인 우리가 어떤 식으로 고인을 보내야 하는지 잘 보여 준다. 인사의 방법은 지극히 인간적이고 단순하다. 마지막 인사는(부활의 희망이 있기에 비록 짧은 순간이지만) 언제나 사람들에게 깊은 슬픔을 안겨 준다. 하지만 이와 관련된 성가는 이 슬픔만을 표현(그런데 언제나 절제된)하지는 않는다. 성가는 이 슬픔을 하느님께서 기뻐하시고 영혼에 유익이 되게끔 승화 시킨다.

성가대는 예식에 참례한 이들이 "하느님께 감사를 드리는 가운데" 고인에게 마지막 인사를 나눌 수 있도록 12개의 성가를 부른다. 하지만 오늘날에는 이 12개의 성가들 중에 첫 번째 성가 단 하나만 부른다! 그러면 사람들의 심금을 울리는 12개 성가 중에 몇 개만 간략히 살펴보자. 첫 번째 성가는 다음과 같이 노래한다. "가족을 뒤로하고 급히 무덤으로 떠난다네." 이미 "헛된 세상사와 고된 육체의" 삶이 끝났다네. 우리가 이미 헤어졌으니 친척과 친구가 어디 있는가? 주님께서 그에게 안식을 주시도록 우리 모두 기원하세. 두 번째 성가는 "형제들이여, 어떤 슬픔, 어떤 애통"이 지금 이 순간을 무겁게 누르는가! '조금 전까지 우리와 함께 했던 그에게 마지막 인사를 보내세'라고 노래한다. 마지막 인사를 드릴 때 부르는 성가들은 대개 세상의 헛됨과 짧은 인생을 상기 시킨다. "우

---

734) 테살로니카의 시메온, Περὶ τοῦ τέλους ἡμῶν ..., τξη' PG 155, 685C.

리는 어디로 가는가?", "우리 모두는 흙이며 먼지 아닌가?"라는 가사 내용은 우리의 심금을 자극하여 다음과 같은 결론에 이르게 한다 : "세상의 기쁨과 영광 모두가 썩어 없어질 헛된 것이로다." "마침내 우리 모두가 죽어 떠날 것이거늘!"

"마지막 인사를 나누라"는 성가에서 각별히 우리의 마음을 울리는 것은 정의의 심판관 앞에 온전히 설 수 있도록 우리에게 기도를 부탁하는 고인의 요청이다. 그러면 우리는 고인이 된 우리 형제의 부탁에 따라 구세주께 그의 영원을 안식케 해 주실 것을 간청한다.

마지막 인사인 포옹의 입맞춤은 애정의 표현이기도 하지만 영혼에게 필요한 요소이다. 하지만 이 포옹의 입맞춤은 더 깊은 의미를 가지고 있다. 그것은 하느님의 길을 무사히 마치고 생을 마감한 형제가 사람들의 사랑과 영예에 합당한 자임을 보여 준다.[735] 포옹의 입맞춤은 장례 예식이 아직 제정되지 않았던 박해시대로 거슬러 올라간다. 오리게네스는 그리스도인 순교자들이 죽음을 맞기 전에 포옹의 입맞춤을 하였다고 전한다. 하지만 이후로 숨을 거둔 후 포옹의 입맞춤을 하는 관례가 자리를 잡았다. 4-5세기부터는 오늘날처럼 장례 예식 마지막에 포옹의 입맞춤이 행해졌다. 우리는 많은 성인 전기를 통해 이 사실을 볼 수 있다.

한 일화를 보자. 팔레스타인에 위치한 싸바스 성인의 라브라 수도원에는 아기오둘로스 수도원장이 있었다. 어느 날 세상을 떠난 한 수도사의 장례를 알리기 위한 시만드로(수도원에서 사용하는 가로로 된 긴 쇠막대기)소리가 나자 수도원장은 곧바로 시신이 모셔져 있는 성당으로 달려갔다. 원장은 그곳에 누워있는 형제의 주검을 보고는 마음이 아팠다. 왜냐하면 그 때까지 형제와 마지막 인사를 나누지 못했기 때문이다. 그래서 원장은 관에 가까이 가서 잠들어 있는 고인에게 말했다 : "형제여, 일어나 나와 인사를 나누세. 그러자, 죽은 자가 자리에서 일어나" 원장에게 포옹의 입맞춤을 하였다! 원장은 인사를 나눈 후 그에게 말했다 : "하느님의 아들이 자

---

735) 디오니시오스 아레오파기토스, *Περί ἐκκλησιαστικῆς ἱεραρχίας*, κεφ. Ζ', VIII PG 3, 564D-565A 참조.

네를 부활케 하실 때까지 다시 잠에 들기 바라네!"736) 금욕자 요한 성인 (6-7세기)의 전기에도 성인이 돌아가신 후에 뒤늦게 찾아온 지역 유지 닐로를 맞아 성인이 자리에서 일어나 포옹의 입맞춤을 해 주었다는 기록이 있다. 아토스의 수도사 아타나시오스 성인(10세기)도 라브라 대 수도원에서 행해진 장례 예식의 "성가가 다 불린 후" 마지막 입맞춤을 하고 고인을 장지로 떠나보냈다고 전한다.737) 이 모든 것을 비춰 볼 때 마지막 인사는 산 자가 죽은 자에게 행하는 하나의 책무였던 것으로 여겨진다. 후에 이 인사는 장례 예식에 정식으로 포함되었다.

테살로니카의 시메온 성인은 마지막 인사는 살아 있는 신자와 죽은 신자의 교감과 결속을 보여 주는 것이라고 지적한다. 지상에 있는 투쟁의 교회와 천상에 있는 승리의 교회는 불가분의 관계이다. 따라서 마지막으로 하는 우리의 이 인사는 일시적인 육체의 이별을 위한 순간적인 입맞춤이다. 교부는, 마지막 인사는 "다른 곳으로 이주할 때 그리고 이 세상을 떠나 서로 헤어질 때 한다. 하지만 서로의 교감과 결속이 존속하기에 죽음으로써 우리는 서로 결별하지 않는다."라고 적었다. 교부는 계속해서 말했다. 우리는 헤어짐이 없는 그곳에 도달하기 위해 모두 같은 길을 걸을 것이다. 왜냐하면 그리스도와 함께 살고 영원히 함께할 것이기 때문이다.(테살로니카전서 4:17 참조) 따라서 포옹의 입맞춤은 "그리스도 안에서 산 자와 죽은 자의 일치를" 보여 준다.738)

사제(또는 주교)는 마지막 인사가 끝난 후 "우리 하느님 주 예수 그리스도여...."라는 기원으로 장례 예식을 마친다.

지금 우리가 아주 간단하게 살펴본 장례 예식은 일반 남녀 신자들에게 행해지는 의식이다. 수도사와 사제 그리고 유아에 대한 장례 예식은 별도로 제정되어 있다. 그것은 하느님 앞에서 임금, 귀족, 평민 등 사회적 지위고하의 차별이 없음에도 불구하고 윤리적 차이로 말미암아 생긴 것이

---

736) 요한 모스코스, *Λειμών* XI PG 87$^\Gamma$, 2860D-2861A.
737) *Anal. Boll.* 25(1906), 54, στ. 28행부터.
738) 테살로니카의 시메온, Περὶ τοῦ τέλους ἡμῶν..., τξζ', τξη' PG 155, 685BC.

다. 따라서 이들의 장례 예식에서는 기도와 성가 그리고 봉독내용이 달라진다. 수도사의 삶이 다르고 사제의 삶이 다르며 복잡한 사회 속에서 살아가는 신자의 삶이 다르다. 더욱이 순결한 유아의 죽음에 우리가 어떻게 성인의 삶에 해당하는 성가 가사를 적용할 수 있겠는가?

장례 예식은 부활절 첫 주간과 부활절 종례일에는 거행되지 않는다. 왜냐하면 그 기간은 찬란하게 부활한 승리자를 기념하는 축제 기간이기 때문이다. 이 기간 동안 전국 방방곡곡에는 "그리스도께서 부활하셨습니다."라는 부활의 소식이 울려 퍼지며, 장례 예식 대신 "부활 첫 주간에 드릴 수 있는 장례 예식" 또는 부활 예식이 거행된다. 이 예식에서는 "그리스도께서 부활하셨네"라는 찬송이 주를 이루며 "부활의 날에 백성들이여, 마음 뿌듯해 할지어다...."라는 카논이 불린다. 우리가 흔히 드리는 장례 예식에서는 "영혼과 모든 육신의 하느님이시여...."라는 기도가 바쳐지고 이어서 부활의 색채를 띠는 폐회 기도가 드려지지만 부활 기간에 드리는 장례 예식에서는 "마지막 인사를 나누라"는 성가 대신 "부활의 날의 축제를 만끽할지어다...."라는 기쁨의 성가를 부른다. 그리고 사제는 "거룩한 교부들을 통하여...."라는 폐식 기도 대신에 "그리스도께서 부활하셨네"라는 찬송가를 노래한다.

거룩한 교부들에 의해 신심으로 그리고 진정 유익하게 만들어진 장례 예식은 참으로 지혜롭게 제정되고 구성되었다 하겠다.

"흙에서 왔으니 흙으로 돌아가리라"

테살로니카의 시메온 성인은 성당에서 장례 예식이 끝나면, 우리는 "한 분이신 성 삼위 하느님께 영광을 드리는 삼성송을 부르며" 장지까지 동행했다고 적었다.[739] 삼성송은

---

739) 테살로니카의 시메온, *Περί τοῦ τέλους ἡμῶν...* τξη' PG 155, 685D.

이 세상을 떠나는 형제를 그동안 지키고 살펴 주셨던 성 삼위 하느님께 바치는 영광송이다. 특히 우리는 삼성송을 통해 고인의 정교 믿음을 보여 준다. 만약 부활 첫 주간에 형제가 세상을 떠나면 우리가 이미 언급한 것처럼, 부활 예식이 거행되고 "부활의 날에...."라는 성가를 부르며 장지까지 함께한다.

과거에는 장지까지 시신을 운구할 때 장송시가로서 다음과 같은 시편이 불려졌다 : "의인들의 죽음은 주님의 영예로다."(시편 115:6 70인역) "주께서 너를 너그럽게 대하셨으니 내 영혼아, 너 이제 평안히 쉬어라."(시편 116:7) "착한 사람은 칭송을 받으며 기억되지만"(잠언 10:7) 혹은 "의인들의 영혼은 하느님의 손에 있어서"(지혜서 3:1)등의 구절들을 노래했다. 왜냐하면 죽은 자들의 부활에 대해 주님께서 사두가이파 사람들에게 말씀하신 것처럼(마태오복음 22:32), 하느님을 믿고 죽은 자들은 비록 죽었다 할지라도 "모두 하느님과 함께 살고 있어 죽은 것이 아니기 때문이다."740)

시신을 운구할 때 행렬이 이루어지는데 제일 먼저 죽음과 저승에 대한 승리의 상징인 구세주 그리스도의 십자가가 앞장선다. 뒤이어 초, 성가대, 그리고 향로를 든 사제가 뒤따른다. 그리고 시신이 누워 있는 관과 가족들, 신자들이 뒤따른다. 과거 특별한 경우에는 행렬에 동참한 모든 사람들이 위에 언급했던 시편을 한 목소리로 노래했다. 그래서 사람들은 행렬의 끝에서도 그 시편을 들을 수 있었다.741) 만약 고인이 순교했을 경우 신자들은 손에 초와 종려나무 가지, 그리고 아름다운 향이 피어오르는 향로를 들고 운구 행렬을 따랐다.742) 이것들은 순교자의 천상의 승리를 상징했다. 특별히 향은 순결과 덕행과 아름다운 향기와 같은 "정교인의 삶과 경건함의 표식"으로서 고인의 속죄를 위해 하느님께 드려지곤 했다.743)

요한 크리소스톰 성인은 신자들에게 이 모든 것의 의미를 깊이 고찰하

---

740) 로마의 클레멘트, Διαταγαί τῶν Ἁγίων Ἀποστόλων, 6:30, ΒΕΠΕΣ 2, 116(5-14).
741) 니사의 그레고리오스, Εἰς τὸν βίον τῆς ὁσίας Μακρίνης..., PG 46, 933C 참조.
742) Acta Sancti Petri... PG 18, 465CD 참조.
743) 테살로니카의 시메온, Περὶ τοῦ τέλους ἡμῶν... τξα' PG 155, 676C.

고 위로를 받으라고 조언했다. 성인은 이렇게 기록했다 : 불 밝힌 초들이 원하는 게 무엇이겠는가? 훌륭한 투사의 삶을 살았던 고인을 우리에 앞서 보내는 것을 의미하는 것이 아니겠는가? 무덤까지 고인을 동행하며 부르는 찬송가는 무엇을 상징하겠는가? 고인에게 승리의 월계관을 씌워 주신 하느님께 감사와 영광을 드리는 것이 아니겠는가? 우리가 그 때 무엇을 부르는가? "주께서 너를 너그럽게 대하셨으니 내 영혼아, 너 이제 평안히 쉬어라."(시편 116:7) "내 곁에 주님 계시오니 무서울 것 없어라." (시편 23:4) 혹은 "당신은 나에게 은신처, 내가 곤경에 빠졌을 때 건져 주시어"(시편 32:7)라고 부르지 않는가? 이 모든 시편들이 우리에게 무엇을 말하려는지 깊이 사색하기 바란다.744) "성직자들과 신자들"이 행렬을 이루며 "시편과 기도"로써 고인을 보내는 것은 너보고 울고 탄식하며 절망에 빠지라는 것이 아니라 너의 연인을 데려가신 하느님께 감사를 드리라는 것이다. 그것은 높은 벼슬자리에 올라 길을 떠나는 사람에게 환호와 덕담을 보내 주는 것처럼 우리도 하느님의 부름을 받고 더 나은 영예와 영광으로 가는 그들을 보내주어야 함을 의미한다.745)

운구 행렬이 장지에 도착하면 조심스럽고 경건하게 하관을 시작한다. 하관을 할 때 시신의 얼굴 방향은 우리의 영원한 본향인 동쪽을 향하게 한다. 고인의 얼굴은 "동쪽 중의 동쪽", 모든 이의 심판자를 소망하면서 동쪽을 향한다. 이렇게 우리 산 자들은 "흙에서 왔으니 흙으로 돌아가리라."(창세기 3:19)는 하느님의 명령을 실천하면서 시신을 땅에게 돌려준다. 동시에 "시신 위에 십자가 성호를 하거나" 혹은 시신 위에 십자가 형태로 기름을 부으며 "부활을 선포한다." 왜냐하면 우리는 죽을 몸이지만 예수 그리스도를 통해 부활할 것이기 때문이다.746) 사제가 "흙에서 왔으니 흙으로 돌아가리라"는 말을 하면서 시신 위에 뿌리는 약간의 흙은 창조되었을 때의 그 본래의 상태로 육체가 돌아감을 의미한다. 하지만 이것

---

744) 요한 크리소스톰, *Εἰς Ἑβρ.* Ὁμ. 4, 5 PG 63, 43.
745) 요한 크리소스톰, *Εἰς τὸν πτωχὸν Λάζαρον καὶ τὸν πλούσιον,* Ὁμ. 5, 2 PG 48, 1020.
746) 테살로니카의 시메온, *Περὶ τοῦ τέλους ἡμῶν...* τξη᾽ PG 155, 685D부터.

은 또한 세상의 헛됨과 우리의 죽음을 깨닫게 해 주는 아주 훌륭한 시각적 교육이 된다. 시신 위에 십자가 형태로 붓는 "기름"은 고인의 성스럽고 훌륭한 투쟁을 상징한다. 생전에 주님 안에서 투쟁하고 거룩한 삶으로 생을 마감한 고인은 이미 하느님의 자비와 "신성의 찬란한 빛의" 승리자로 자리매김 된다.747) 오늘날에는 기름을 부을 때 "정화수를 나에게 뿌리소서, 이 몸이 깨끗해지리이다. 나를 씻어 주소서, 눈보다 더 희게 되리이다."(시편 51:7)라는 죄의 용서를 상징하는 구절을 말한다.

이 모든 예식이 끝나면, 고인과 동행했던 사람들은 일상생활로 돌아간다. 하지만 그들은 테살로니카의 시메온 성인이 밝힌 것처럼, 이 모든 것을 통해 자신들도 흙으로 돌아갈 것이며 똑같은 과정을 거칠 것임을 사색하게 된다.

지금 우리의 사랑하는 연인의 육신이 땅속에 묻혀 있다면 그의 불사의 영혼은 과연 지금 어디에 있을까?

---

747) 디오니시오스 아레오파기토스, Περὶ ἐκκλησιαστικῆς ἱεραρχίας, 7, VIII PG 3, 565A; 테살로니카의 시메온, Περὶ τοῦ τέλους ἡμῶν... τξη' PG 155, 685· 688.

영혼의 검증

내세의 조용한 시작

시신의 하관이 끝나면 고인에 대한 절차는 확실히 모두 끝난 것처럼 보인다. 하지만 죽음과 무덤은 새 생명으로 고인을 인도해 주는 하나의 문이 된다! 물론 비신자들은 사후 세계를 받아들이지 않는다. 그래서 그들에게 죽음은 모든 것의 종말을 의미한다. 만약 그들에게 영생을 물으면 그들은 다음과 같이 대꾸할 것이다 : "사후세계가 있다는 것을 어떻게 알 수 있습니까? 혹시 그곳에서 누군가 살아 돌아와서 우리에게 그 세계를 말해 준 적이 있습니까?" 그들의 이런 대꾸에 살아계신 하느님, 인간의 창조주, 우리에게 진리를 계시해 준 복음을 믿는 우리는 요한 크리소스톰 교부와 함께 이렇게 답변한다 : 분명 그곳에서 돌아온 사람은 아무도 없다. "하지만 절대적으로 믿을 수 있는 하느님께서" 우리에게 이 모든 것을 알려 주셨다.748)

실제로 자비의 하느님께서는 이미 구약시대부터, 사후에 육체가 창조되었던(욥기 34:15) "먼지로"(시편 104:29) 돌아갈 것임을 우리에게 계시해 주셨다. 반면에 사람의 "얼굴에 생명의 숨을 불어넣어 인간이 생명을 갖게 하신"(창세기 2:7) 하느님의 영혼은 하느님께 돌아가게 하셨다.749) 구약의 전도서 12장 7절은 이 엄청난 진리를 아주 잘 보여 준다. "티끌로 된 몸은 땅에서 왔으니 땅으로 돌아가고 숨은 하느님께 받은 것이니 하느님께로 돌아가리라."750)

결과적으로 육적 죽음은 영혼을 없애지 못하며 영혼은 그의 영원한 본향으로 떠나간다. 따라서 죽음은 영원한 내세의 조용한 시작이 된다. 크리소스톰 성인은 하느님의 선물로서의 "현세는 달콤하고 기쁜 것이지만"

---

748) 요한 크리소스톰, Εἰς Β' Κορ. 9, 2 PG 61, 462.
749) 아토스 수도사 니코데모스, Ἑορτοδρόμιον..., page 73-74; 니코데모스 성인의 Νέα Κλῖμαξ, page 220 참조..
750) Π. Ν. 트렘벨라, Δογματική... 3, page 370-371.

또 다른 세계인 내세가 나타나면 그 때 현세가 "경시되는 것은 당연하다"고 말했다.751)

그런데 여기에는 여러 가지 의문과 호기심이 발동한다 : 내세를 믿긴 하지만 과연 사후의 영혼은 어디로 가는 걸까? 구세주 예수 그리스도의 영광스러운 재림과 육신의 보편적 부활을 기다리는 동안 영혼은 그곳에서 어떻게 살아갈까?

이런 의문들은 인간에게 아주 당연하다. 왜냐하면 인간은 "불명확하고 감춰진 것"에 대해 "끝없는 호기심"을 가지기 때문이다.752) 하지만 이보다 더 큰 이유는 종말에 대한 우리의 지식이 덕과 성성에 대한 우리의 관심과 불가분의 관계에 놓여 있기 때문이다. 현세로부터의 우리의 탈출은 주님의 재림을 향한 우리의 행로와 밀접하게 연결되어 있으며 정의로운 심판관 앞에 나서게 될 우리와 아주 밀접한 관계에 놓여 있다. 더욱이 이런 문제에 대해 우리가 알고자 하는 것이 하나도 이상하지 않은 것은 거룩한 사도들 역시 이와 유사한 의문들을 품고 있었기 때문이다. 그들은 주님의 수난 이전에 "그런 일이 언제 일어나겠습니까? 그리고 주님께서 오실 때와 세상이 끝날 때에 어떤 징조가 나타나겠습니까?"(마태오복음 24:3)라고 주님께 질문했다. 그리고 주님의 수난과 부활 이후 사도들이 주님을 만났을 때 "주님, 주님께서 이스라엘 왕국을 다시 세워 주실 때가 바로 지금입니까?"라고 다시 물었다.

그런데 우리가 자연스럽게 의구심을 품는 것과 전지하신 창조주께서 계시하지 않은 진리에 대해 우리가 개입하는 것에는 아주 큰 차이가 있다. 그래서 보잘것없는 인간의 머리로 자신의 범주를 벗어나 무덤 저편의 감춰진 세계에 깊이 들어가려 했던 사람들은 하나같이 "심한 오류에 빠지고" "불신의 깊은 수렁에 빠져" 길을 잃고 말았다.753) 오늘날 얼마나 많은 사람들이 자신이나 주변사람들의 운명과 미래를 알기 위해 미신을

---

751) 요한 크리소스톰, Εἰς τὴν προσκύνησιν τοῦ τιμίου καὶ ζωοποιοῦ Σταυροῦ..., 2 PG 52, 838.
752) 요한 크리소스톰, Εἰς Α' Θεσ. 9, 1 PG 62, 445.
753) 시나이인 아나스타시오스, Ὁδηγός, Ἐρωτ. 4β' PG 89, 158.

찾아 헤매는가! 안타깝게도 어리석은 그 사람들은 인간을 증오하는 사탄과 그 하수인들의 희생물이 되고 만다....

실제 이런 일이 발생하는 것은 그 어둠의 심연이 너무 깊고 두껍기 때문이다. 달리 말해 하느님께서 피조물에 대해 자애로우셔서 미래의 왕국에 대해 많은 것을 우리에게 감추셨기 때문이다. 하지만 하느님께서는 완전히 우리를 무지한 채로 두지 않으시고 우리 영혼에 유익한 부분만큼 그 진리를 계시하셨다. 따라서 우리는 하느님께서 우리에게 알려주신 만큼, 즉 복음이 전하는 구원의 빛 안에 머물러야만 한다. 그래야 우리는 진리를 호도하지 않고 오류를 피할 수 있게 된다. 복음도 우리의 편협한 시각으로 보거나 우리의 죄로 어두워진 정신으로 해석해서는 안 된다. 우리는 성령의 빛을 받았던 교부들의 지혜와 경험으로부터 도움을 받아야 한다. 왜냐하면 교부성인들은 빛이며 진리이기 때문이다. 그들은 우리가 원하는 그곳으로 우리를 인도해 줄 수 있다. 왜냐하면 그들의 신학은 진정한 하느님의 경외에 부응하기 때문이다. 그들은 교회의 눈부신 태양으로서 성령 안에서 교회의 구원의 가르침을 비춰 준다.

세상을 떠나는 사람은 "천사의 권세"를 본다

세상과 이별하는 사람은 자신의 곁을 지켜 주는 사람들을 보고 분명 많은 위로를 받을 것이다. 물론 순교자의 경우는 다르다. 왜냐하면 그들은 잔인하고 혐오스런 박해자의 눈길 속에서 그리스도를 위해 희생되기 때문이다. 지금 우리가 살피고자 하는 것은 자연스런 환경 속에서 세상을 떠나는 사람이다. 세상을 떠나는 그리스도인은 지켜보는 사람들의 슬픈 눈물 속에서 그들의 진정한 사랑과 애정을 본다. 실제로 세상을 떠나면서 세상 사람들이 자신을 칭송하고 또 자신이 영예로운 죽음을 맞는다는 느낌은 정말 큰 기쁨이 아닐 수 없다. 그가 느끼는 이러한 감정이 실제로 그의 거룩한 삶과 연관된다면 먼 여행을 떠나는 그는 진정 복되다. 왜냐하면 "주님 안에서 세상을 떠나는 그는" "수고에서 벗어나 편히 쉬리" 가기 때문이다. 그리고 "그의 선한 업적은 영원히 남아 있을 것이기 때문이다."(요한묵시록 14:13 참조) 따라서 무덤 저편의 세계까지 그의 뒤를 따르는 빛나는 동행은 바로 그의 선한 업적이요, 비참한 동행은 그의 사악한 행위이다. 이런 관점에서 볼 때 "현세에서 떠나는 날, 떠나는 각자는 이미 심판을 받았다."754)

죽음을 맞은 육신이 그를 아끼는 사랑하는 사람들에게 둘러싸여 있는 것처럼 육신과 이별을 고하고 영원한 거처로 옮겨가는 영혼도 영적 세계의 형제들에 의해 둘러싸인다. 즉, 선한 영혼은 선하고 환한 빛의 천사들에 둘러싸이고 죄인의 영혼은 사악하고 어두운 악령들에 둘러싸인다. 주님께서는 당신의 진실한 입으로 이 점을 분명히 밝혀 주셨다. 이처럼 가난한 라자로는 사후에 "천사들의 인도를 받아 아브라함의 품에 안기게 된다."(루가복음 16:22) 천사들은 의인의 영혼과만 동행하는 것은 아니다. 요한 크리소스톰 성인은 하느님께서 탐욕스런 부자에게 하신 "이 어리석은 자야, 바로 오늘 밤 네 영혼이 너에게서 떠나가리라."(루가복음 12:20)라는 말씀을 근거로 사악한 인간들의 영혼도 천사들이 동행한다고 지적했다. 성인은 그래서 라자로의 영혼은 선한 천사들이 동행하는 반면에 어리석은 부자의 영혼은 아마도 거기에 걸맞게 파견된 "어떤 두려운 세력"이 데려갔다고 지적하며 이렇게 부연했다 : 천사들은 부자를 이미 단죄 받는 죄인으로 데려갔고 라자로는 승리자로서 함께 갔다. 왜냐하면 영혼은 독자적으로 생명으로 갈 수 없기 때문이다. 아니 불가능하기 때문이다. 그것은 한 도시에서 다른 도시로 우리가 옮겨갈 때 우리에게 인도자가 필요하듯 육신과 이별한 후 다른 생명으로 옮겨가는 영혼에게도 역시 인도자가 필요하기 때문이다. 영혼이 육신을 빠져 나오려 할 때 수없이 표면까지 올라왔다가 다시 깊은 곳으로 숨어 들어가, 두려움에 떠는 이유가

---

754) 이폴리토스, *Εἰς τόν Δανιήλ* Δ' 18 ΒΕΠΕΣ 6, 85(37-38).

바로 여기에 있다.755) 철학자이자 순교자인 유스티노스 성인은 "칼에 맞아 죽지 않게 이 목숨 건져 주시고 하나밖에 없는 목숨, 개 입에서 빼내 주소서. 가련한 이 몸을 사자 입에서 살려 주시고"(시편 22:20-21)라는 시편 구절을 해석하면서 다음과 같이 지적했다 : 우리는 이 시편 구절처럼 우리가 세상을 떠나게 될 때 똑같은 것을 하느님께 간청 드려야 한다. 왜냐하면 오직 하느님만이 모든 "사악한 영"을 물리치셔서 우리의 영혼이 강탈 당하지 못하게 하실 수 있기 때문이다.756)

대 바실리오스 성인은 순교자 고르디오스(축일 1월 3일)가 죽음의 길을 떠날 때, 사형 집행관을 만나러 가는 것이 아니라 자신이 "새 순교자"가 되어, 마치 거지 라자로처럼 자신을 "복된 삶"으로 데려갈 천사의 손에 맡기러 가는 것 같았다고 전한다. 교부는 합당한 이유 없이 세례성사를 받지 않고 미루는 사람들을 깨우쳐 주기 위해 말했다 : "너희들은 아무 한테도 허황한 이론에 속아 넘어가지 말라."(에페소서 5:6 참조) 왜냐하면 천둥번개를 동반한 갑작스런 소나기처럼 "급작스럽게 멸망이 너희들에게 들이닥칠 것"(테살로니카전서 5:3 참조)이기 때문이다 "험상궂은 천사"가 내려와서 죄에 매여 있는 너의 영혼을 강제로 끌고 가면 그 때 네 영혼은 이곳 세상을 내려다보며 무언의 통곡을 할 것이다. 왜냐하면 이미 통곡의 도구(육신)와 이별을 했기 때문이다. 아, 죽음의 시간에 너는 네 자신을 두고 얼마나 가슴을 칠 것인가! 아, 너는 얼마나 많은 탄식을 할 것인가 !757)....

성인 전기에 나와 있는 많은 사건들은 위에 언급한 복음의 진리를 증명해 준다.758) 영성의 보고인 게론디콘(사막교부들의 금언집)에는 시소이 원로에 대한 이야기가 전해진다. 그가 세상을 떠날 때가 되자, 그의 얼굴은

---

755) 요한 크리소스톰, Εἰς τὸν πτωχὸν Λάζαρον καὶ τὸν πλούσιον, Λόγ. 2, 2, 2 PG 48, 984.
756) 유스티노스, Διάλογος πρὸς Τρύφωνα 105, 3-5 ΒΕΠΕΣ 3, 306-307.
757) 대 바실리오스, Ὁμ. 18, Εἰς Γόρδιον μάρτυρα, 8 PG 31, 505C; Ὁμ. 13, Προτρεπτικὴ εἰς τὸ ἅγιον βάπτισμα, 8 PG 31, 441D-444A.
758) "THE ORTHODOX WORLD", 출판. St. Herman of Alaska Brotherhood, Platina-Calif., U.S.A., No 83, 1978(Nov-Dec.), page 254-261.

환하게 빛났고 누군가와 대화를 나누는 것처럼 보였다. 그 옆을 지키고 있던 형제들이 누구와 대화를 나누는지 묻자 원로는 "천사가 나를 데리러 왔기에 회개할 시간을 조금만 달라고 요청하고 있었다네."라고 대답해 주었다759) 신학자 그레고리오스 성인은 대 바실리오스 성인의 죽음을 언급하면서 이렇게 서술했다 : 바실리오스가 그의 마지막 순간에 있었을 때, 그는 온 힘을 다해 천사들을 바라보았다. 그리고 천사들은 빨리 그를 그들 곁으로 데려가기 위해 서둘렀다. 마침내 바실리오스는 "나의 숨을 당신 손에 맡기나이다."(시편 31:5절 참조)라는 다윗의 구절을 끝으로 기쁨과 평화 속에 영혼을 천사들의 손에 맡겼고 천사들은 그의 영혼을 천상으로 데려갔다.760) 크리소스톰 성인은 세상을 떠나는 사람은 "눈부시다"라고 말했다. 왜냐하면 세상을 떠나는 사람은 자신을 둘러싸고 있는 "천사의 권세"와 "엄청난 천사군단"과 불멸의 군단을 보기 때문이다.761)

장례 예식의 성가들도 이런 영적 가르침을 준다. 장례 예식의 자체 2조곡의 성가는 영혼이 육신을 떠날 때 겪는 투쟁을 서술하면서 영혼이 천사들을 향해 부탁하지만 이미 모든 것이 끝났기에 아무런 대답도 얻지 못한다고 노래했다. 임종의 예식 카논(4오디)에서 우리는 이렇게 봉독한다 : 나의 눈은 빛나는 천사들을 향한다. 그리고 나는 큰 소리로 외친다. "나에게 조금만 더 시간을 주십시오." 하지만 아무도 나의 소리를 귀담아 듣지 않는다. 왜냐하면 죽음에는 유예가 없기 때문이다.762)

이 광경은 영혼에 자연스런 두려움을 일으킨다. 왜냐하면 그의 죄와 심판관 앞에 서야 하는 두려움을 일깨우기 때문이다. 거룩한 영혼들도 이 두려움을 경험한다. 일라리온 성인은 "생의 마지막 순간에 두려움에 사로잡혔다. 그래서 그는 그의 영혼에게" 말했다 : "가련한 영혼이여, 팔십 평생을 그리스도 안에서 살았던 네가 무엇이 두려워 육신을 떠나지 못하

---

759) *ΓΕΡΟΝΤΙΚΟΝ, Τοῦ Ἀββᾶ Σισώη τοῦ μεγάλου*, §14. *ΕΥΕΡΓΕΤΙΝΟΣ*, 1, 7, 12.
760) 신학자 그레고리오스, *Λόγ.* 43, *Εἰς τὸν Μ. Βασίλειον, ἐπιτάφιος* oθ' PG 36, 600C-601A.
761) 요한 크리소스톰, *Περὶ ὑπομονῆς...*, PG 60, 727.
762) *ΕΥΧΟΛΟΓΙΟΝ τὸ ΜΕΓΑ* (대 기도서), page. 413, 390

는가?" 주님께서는 "자비의 하느님이시니 그만 떠나거라."763) 크리소스톰 성인은 말한다 : 영혼은 이 두려움 때문에 내심 움츠리며 몸 깊숙한 곳으로 숨을 곳을 찾는다. 그리고 육신과 떨어지기를 주저하며 자기를 찾아오는 천사들의 모습을 감당하지 못한다. 왜냐하면 "무서운 사람"을 보고 두려움에 사로잡히는 것처럼 "무섭고 준엄한 천사들의 권세" 앞에서 영혼이 느끼는 그 공포는 상상 이상이기 때문이다. 게다가 육체와 이별하고 나온 영혼이 뒤늦게 후회하며 두려움에 운다면 더욱 그렇지 않겠는가? (부자와 라자로의 비유에 나오는) 그 부자가 사후에 후회하고 애통해 하였지만 그는 결코 아무런 혜택도 입지 못하였다!764)

의인과 죄인의 영혼의 검증

세상을 떠날 때 거룩한 영혼조차 이토록 두려운 감정에 사로잡힌다면 죄인의 영혼은 말할 나위도 없을 것이다. 더구나 "많은 실수를 범하고"(야고보서 3:2) 죄 없는 사람이 없기에(요한1서 1:8 참조), 그 죄를 빌미로 성인들의 영혼까지 사악한 영들이 공격한다면, 하물며 회개하지 않은 영혼은 오죽 하겠는가? 죽음의 시간에 영혼은 사탄에 의해서 아주 섬세하고 날카로운 검증을 받는다. 선한 천사와 악한 영 사이에는 영혼을 서로 차지하기 위한 눈에 보이지 않는 아주 처절한 투쟁이 존재한다. 만약 회개하지 않고 죄를 씻지 못한 채 떠나는 영혼이 있다면 악한 영들은 갖은 이유를 대며 그의 영혼을 자기 수중에 넣으려 할 것이다. 반면에 회개를 통해 죄를 씻고 떠나는 영혼에 대해서는 그 어떤 짓도 하지 못할 것이다. 그럼에도 악령은

---

763) 네아폴레오스의 레온디오스, Βίος Ἰωάννου τοῦ Ἐλεήμονος, 출판 Gelzer, page 82, 14행부터.
764) 요한 크리소스톰, Εἰς ΜατΘ. Ὁμ. 53, 5 PG 58, 532.

끝까지 선한 영을 차지하기 위해 온갖 계략을 다 꾸민다.

초대교회의 한 저자는 세금을 징수하는 세리를 언급하면서 다음과 같이 말했다 : 나는 또 다른 세리들을 안다. 만약 우리가 현세를 떠난 후 그들에게 빚진 것이 있다면 그들은 "우리를 징수하여 그들의 소유로 만들 것이다." 저자가 언급한 영혼의 "세리"는 주님께서 세상을 떠나시기 전에 말씀하셨던 "이 세상의 권력자가 가까이 오고 있다. 그가 나를 어떻게 할 수는 없지만"(요한복음 14:30)이라는 가르침에 그 기초를 두고 있다. 다시 말해, 하느님으로부터 멀리 떨어져 사는 인간을 지배하는 사탄이 나를 찾아와 나에게 최후로 강력한 공격을 할 것이다. 하지만 그 어떤 세력도 그 어떤 권한도 나에게 행사하지 못하게 될 것이다. 그러면서 저자는 다음과 같이 첨언한다 : 누군가가 참회하지 않은 대가로 단순한 세금만 부과되는 것이 아니라 붙잡혀 구속이 된다면 모든 것을 샅샅이 뒤지고 탐색하는 세리들 즉 사악한 영들의 괴롭힘이야 어찌 말도 다 표현할 수 있겠는가?[765]

대 바실리오스 성인도 이 점을 받아들인다. 그는 용맹한 믿음의 전사들에 대해 말하면서 그들도 역시 "세리들", 즉 사악한 영들에 의해 샅샅이 수색 당한다고 가르친다. 교부의 가르침 역시 "이 세상의 권력자가 가까이 오고 있다. 그가 나를 어떻게 할 수는 없지만"(요한복음 14:30)이라는 주님의 말씀에 근거한다. 그러면서 케사리아의 교부는 이렇게 부연했다 : 죄를 모르시는 주님께서는 사탄이 당신 위에 그 어떤 권세도 없음을 말씀하셨지만 이 세상의 권력자는 인간으로서 세상을 떠나는 주님으로부터 아주 사소한 잘못이라도 찾아내려 할 것이다.[766] 교부는 또 다른 곳에서 사악한 영들이 도시를 포위한 적들이나 보물창고를 탐내는 강도들보다 더 은밀하게 눈에 불을 켜며 영혼이 떠나는 것을 지켜보고 있다고 가르친다. 크리소스톰 성인은 성서에서는 사탄들이 "박해자, 세리, 세금 징수자"[767]

---

765) 오리게네스, *Εἰς τὸ κατὰ Λουκᾶν*, Ὁμ. 23 ΒΕΠΕΣ 15, 46 (23-30).
766) 대 바실리오스, *Εἰς Ψαλ*. 7, 2 PG 29, 232C-233A.
767) 요한 크리소스톰, *Περὶ ὑπομονῆς*..., PG 60, 727.

로 명명되어 있다고 말했다.

성서에 근거한 교부들의 가르침 외에도 우리는 사막의 용맹스런 투사, 위대하고 훌륭한 영적 수도사들의 가르침들을 많이 가지고 있다. 정교회의 기둥인 대 아타나시오스 성인이 저술한 대 안토니오스 성인의 전기에 보면 다음과 같은 일화들이 있다. 하느님에게서 예지의 은사(영적이고 신비적인 일이 일어나는 것을 보는 은사)를 받은 대 안토니오스는 언젠가 성 삼위의 거룩한 천사들이 암몬(니트리아의 저명한 수도사)의 영혼을 데리러 오는 것과 그를 만나는 기쁨에 넘쳐 있는 것을 보았다. 또 다른 경우를 들어보자. 언젠가 영혼과 마음이 순결한 안토니오스가 사후에 영혼이 거처할 장소와 그 여정에 대해 사람들과 대화를 나누었는데, 그 다음날 밤, 하늘 높은 곳에서 "안토니오스, 자리에서 일어나 밖으로 나와 보라" 하는 소리가 들렸다. 그 소리를 듣고 육신을 지닌 천사, 안토니오스가 밖으로 나왔더니 구름까지 키가 닿는 엄청나게 크고 흉악하게 생긴 누군가가 앞에 서 있었다. 그리고 그의 주위를 날고 있는 무언가가 눈에 띄었다. 그런데 그들 중 일부는 그가 뻗은 팔에 걸려 오르지 못하고 또 다른 일부는 전혀 방해 받지 않은 채 하늘 높이 날아올랐다. "키가 어마어마하게 컸던 거인은" 자기를 지나쳐 날아오르는 것을 보고 이를 "갈았지만" 오르다 떨어지거나 아예 오르지 못하는 것을 보고는 "매우 기뻐했다!" 그 순간 대 안토니오스의 영안이 열리며 그 영상이 사후에 생명으로 가는 영혼의 노정이며 어마어마하고 흉악한 거인은 신자들을 증오하는 적, 사탄이었음을 깨달았다. 위로 오르다 제재 당하거나 잡힌 자들은 생전에 사탄의 뜻에 따라 살았던 사람이었으며 그를 지나쳐 높이 올랐던 이들은 바로 경건한 덕의 삶을 살았던 사람들이었다.[768]

또 다른 "사막의 주민이요 육신을 취한 천사", 이집트의 대 마카리오스 수도사는 이렇게 말한다 : 네가 괴물이 존재하는 강과 사자의 입(히브리서 11:33, 시편 22:21), 그리고 "하늘 아래의 어둠의 세력이" 있음을 듣고

---

[768] 대 아타나시오스, Βίος καὶ πολιτεία τοῦ ὁσίου Ἀντωνίου, 60, 66 ΒΕΠΕΣ 33, 41-42 and 44(16-29).

또 "몸 속에서 맹렬한 불이 타오르면" 너는 반드시 이 점을 알아야 한다 : 성령의 보증(고린토후서 1:22, 5:5)없이 네 영혼이 육신을 떠나면 사악한 영들이 네 영혼을 덮쳐 하늘로 못 오르게 할 것이다. 교부는 또 다른 곳에서 이렇게 가르친다 : 영혼이 육신을 떠날 때 눈에 보이지 않는 큰 신비가 펼쳐진다. 만약 회개하지 않은 채 세상을 떠난다면 사탄과 악령들, 그리고 어둠의 세력들이 와서 그의 영혼을 사로잡고 그들의 장소로 끌고 갈 것이다. 하지만 회개한 이는 정반대가 될 것이다. 왜냐하면 천사들과 거룩한 영들이 이미 하느님의 충실한 종 옆에서 그들을 보호하고 있기 때문이다. 따라서 회개한 이들의 영혼들이 육체에서 빠져나오면 천사의 무리들은 그 영혼들을 영접하여 "순백의 영원"으로 인도할 것이다.769)

팔라디온에 따르면, 대 안토니오스 성인의 "덕의 상속자"였던 알렉산드리아의 마카리오스는 의인이나 죄인의 영혼을 데려가기 위해 천사들이 파송되면 영혼은 "갑작스럽고 두려운 천사들의 출현에 놀라 떤다."770)라고 하였다.

교회의 신비가 포티키의 주교 디아도호스 성인도 우리를 가르치기를, "어둠의 세력들", "어둠의 군단", 악령들은 영혼이 떠날 때 영혼을 사로잡으려 안간힘을 쓴다. 그런데 그것은 영혼을 심히 두렵게 만든다. 하지만 사악한 영들은 죄인의 영혼만을 사로잡을 뿐 죄를 회개하고 하느님의 사랑 속에서 다른 생으로 떠나는 영혼에 대해서는 힘이 미치지 못한다. 그래서 회개한 영혼들은 사탄의 군대를 무사히 넘어 "평화의 천사들에 의해" 주님께 인도된다.771)

예루살렘 교회의 사제, 이시히오스 성인(5세기)은 이렇게 적고 있다 : 우리는 반드시 죽음의 시간을 맞을 것이다. 그 때 "세상과 허공의 세력"

---

769) 이집트의 마카리오스, Ὁμιλίαι, Ὁμ. 16, 13· Ὁμ. 22 ΒΕΠΕΣ 41, 242(12-17)· 262-263.
770) 알렉산드리아의 마카리오스, Λόγος περὶ ἐξόδου ψυχῆς..., ΒΕΠΕΣ 42, 277(35)-278(1).
771) 포티키의 디아도호스, Τὰ Ἑκατὸν Γνωστικὰ Κεφάλαια (디오니시오스 수도원의 테오클리토스 수도사의 본문, 번역, 주석), 'Αγ. Ὄρος - Thessaloniki 1977, κεφ. ρ', page 231-233.

(요한복음 14:30, 에페소서 2:2 참조), 즉 사탄이 우리의 아주 사소하고 미미한 잘못만을 찾게 되길 바란다. "그래서 우리를 속박하지 않게 되기를 바란다. 그렇지 않으면 우리는 뒤늦은 탄식을 하게 될 것이다."772)

시나이인 요한 성인은 영적 유익이 되는 아주 슬픈 이야기를 전해 준다 : 성스런 시나이 산 정상 아래의 한 켈리(수도사의 거처)에 스테파노스 수도사가 살고 있었다. 그는 오랜 세월 수도생활에 정진하였고 수많은 금식과 다른 여러 가지 덕으로 치장되어 있었다. 그런데 어느 날 그가 병이 들어 세상을 떠나게 되었다. 그는 죽기 바로 전날 어떤 영상에 빠져 눈을 부릅뜬 채 좌우를 둘러보았다. 그리고 누군가에게 심문을 받고 있는 것처럼 대답을 주고받는 것이었다.(그의 주변에 있던 모든 사람들이 그의 말을 들었다) 어떤 때는 "그래, 맞다. 하지만 나는 오랜 기간 금식을 해 왔다."고 대답하고 또 어떤 때는 "아니다, 거짓말 하지마라. 난 그런 적이 없다."고 대답했다. 그리고 또 다른 질문에 "그래 그것은 사실이다. 내가 그런 적이 있다. 하지만 나는 회개의 눈물을 흘렸으며 사랑의 봉사를 했다."고 답했다. 그리고 어떤 때는 "나를 힐난조로 비난하는군."이라고 말하고 또 어떤 구체적인 질문에 대해서는 "그래, 그 비난에 대해서는 난 변명의 여지가 없지. 자비로운 하느님의 손에 맡길 수밖에."라고 말했다. 요한 성인은 다음과 같이 첨언했다 : 이 모든 광경은 참혹하고 두려운 것이었다. 그것은 눈에 보이지 않는 냉혹한 재판이었다. 그런데 우리를 더욱 두렵게 했던 것은 스테파노스 수도사가 범하지 않은 죄들에 대해서도 악령들이 모략을 했다는 사실이다. 스테파노스 수도사는 그가 지은 여러 가지 죄들에 대해 "그것들에 대해서 나는 아무 할 말이 없다."라고 말했는데 참으로 놀랍지 않은가! 40년을 수행했던 수도사가 회개의 "눈물"을 흘리다니! 그러면서 요한 성인은 스테파노스 수도사가 하느님의 은총을 입어 사막에서 손으로 표범을 먹였다는 사실도 확인해 주었다. 한편 법정의 심문이 계속되는 동안, 재판에 대한 어떤 판단이나 결론 그리고 결정이 내

---

772) 이시히오스 사제, *Πρὸς Θεόδουλον...* ρξα', *ΦΙΛΟΚΑΛΙΑ...* 1, page 166.

려지지 않은 채로 그의 영혼은 육신을 떠나갔다!773)

영혼의 검증에 대해 우리는 알렉산드리아의 총대주교 키릴로스 성인의 이야기를 첨언하려 한다. 정교회의 선봉장인 성인은 영혼이 떠나가는 것에 대해 다음과 같이 말했다 : 육신과 분리될 때 영혼은 "두렵고 잔인하며 끔찍하고 무자비한 암흑의 존재인 악령들을" 본다. 하지만 의인의 영혼은 "허공을 가로지르며 천사들의 호위 속에 하늘 높이 오른다." 의인의 영혼은 하늘로 오르면서 자신들을 "가로막고 방해하는" 악령들과 마주한다. 그리고 각 악령들은 영혼 앞에서 의인들의 죄들을 늘어놓는다. 키릴로스 성인은 먼저 오감 같은 다섯 악령들을 언급한다. "험담"의 악령은 혀와 입술이 범한 잘못들과 자신의 취향 때문에 범한 죄에 대해 영혼을 비난한다. "시각"의 악령은 "보지 말아야 할 것과 호기심, 무분별한 시선 그리고 눈속임"을 통해 지은 죄에 대해 영혼을 비난한다. "청각"의 악령은 "그 기관을 통해 더러운 영들을 받아들인" 죄에 대해 영혼을 비난한다. "후각"의 악령도 그 기관을 통해 범한 죄에 대해 영혼을 비난한다. "촉각"의 악령은 "손의 감각을 통해 저지른 사악하고 더러운" 죄에 대해 영혼을 비난한다. 키릴로스 성인은 계속해서 하느님께서 미워하고 혐오하는 죄들, 즉 "시기와 질투, 허영과 교만, 분노와 증오, 화와 격노 등...."의 죄에 대해 영혼을 비난하는 나머지 악령들에 대해서도 이야기한다. 그래서 필로테오스 주교는 영혼 각각의 정욕과 각각의 죄는 그들 각자의 "세리와 징수원"을 가지고 있다고 말했다. 그렇다고 거룩한 천사들이 악령의 손에 영혼을 맡기진 않는다. 영혼의 검증 시간이 되면 "천사들도" 영혼의 선한 업적에 걸맞는 것을 내놓는다. 특히 거룩한 천사들은 "악령들과 얼굴을 맞대고" "말과 행실, 생각과 의미"를 통해 행한 영혼의 선한 업적을 계산한다. 그래서 만약 영혼이 "경건하게 또 하느님께서 기뻐하시는" 삶을 살았다면 그 영혼은 천사들의 호위 속에 말할 수 없는 복된 기쁨과 영원한 생명이 있는 곳으로 향하게 된다. 반면에 "게

---

773) 시나이인 요한, *Κλῖμαξ*, Λόγ. 7, § v', page 67.

으르고 탕아처럼" 살았다면 그 영혼은 다음과 같은 냉혹한 말을 듣게 된다 : "악인이 주님의 영광을 보지 못하도록 없애주소서."(이사야서 26:10 70인역) 그 때 하느님의 천사들은 깊은 슬픔 속에서 영혼을 포기할 것이며 "어둠의 세력들은" 기쁨 속에서 "그 영혼을 거둬가서 저승의 감옥에 가둘 것이다."774)

우리의 거룩한 교회도 여러 기도 속에서 악령들에 의한 영혼의 검증을 상기하게 한다. 석후과에서 천사들의 어머니께 드리는 신실한 기도를 살펴보자 : "오! 성모여! 하느님의 다리시여, 흠 없고 순결하며 결백한 동정녀시여.... 현세에서는 심심한 원조와 보호로 원수들의 공격에서 나를 지켜주시고 구원으로 이끌어주시며, 내 죽음의 시간에는 내 불쌍한 영혼을 보살펴 주시고 악마들의 암울한 환상에서 멀리 떼어놓아주시며...."

토요일 밤 구세주께 드리는 기도(에프스트라디오스 성인의 기도)에서 우리는 다음과 같은 기원을 올린다 : "주여, 나의 죄를 씻어주소서." "나의 영혼이 사악한 영들의 음침하고 어두운 모습을" 보지 않게 하시고 "찬란하게 빛나는 천사들이" 나의 영혼을 거둬 가게 하소서.775) 또 다른 성가에서 우리는 은총의 성모님께 간구한다 : "죽음의 시간에 우리를 비난하는 악령들과, 두려운 심판에서 우리를 벗어나게 하소서."776) 우리 삶의 보호자인 거룩한 천사에게 간구하는 카논에서 우리는 다음과 같이 요청한다 : 거룩한 나의 천사여, "내가 흉측한 세상의 통치자(사탄)의 악령사이를 지나갈 때 나의 보호자, 나의 수호자가 되어 주소서."(9오디) 임종 예식의 여러 성가에서도 이와 비슷한 간절한 기원이 주님과 거룩한 천사들에게 드려진다.777)

크리소스톰 성인이 기술하고 있는 순수한 유아들의 영혼에 대한 검증은 우리의 심금을 울리기에 충분하다. 왜냐하면 극악한 사탄이 유아들의

---

774) 알렉산드리아의 키릴로스, Περὶ ἐξόδου ψυχῆς καὶ περὶ τῆς Δευτέρας Παρουσίας, PG 77, 1073C-1076D.
775) ΩΡΟΛΟΓΙΟΝ τὸ ΜΕΓΑ, 출판 A.Δ. page 50.
776) ΠΑΡΑΚΛΗΤΙΚΗ, Περίοδος Α΄ ἤχου, Εἰς τὸν Ὄρθρον.
777) ΕΥΧΟΛΟΓΙΟΝ τὸ ΜΕΓΑ (대 기도서), Κανὼν εἰς ψυχορραγοῦντα, α΄ Ὠδή.

영혼까지도 강탈하려 하기 때문이다! 그러나 교부들에 따르면 유아들은 다음과 같이 고백한다 : 우리는 어떤 영향도 받지 않은 채 사악한 영들을 지나왔습니다. 왜냐하면 어둠의 영들은 우리의 몸이 순결함을 보고 수치를 느꼈기 때문입니다. 그들은 맑고 깨끗한 우리의 영혼을 보고 망신을 당했습니다. 그들은 흠 없고 순수하고 죄 없는 우리의 말 앞에 꿀 먹은 벙어리가 되었습니다. 우리는 무사히 그들을 지나왔고 그들을 수치스럽게 만들었습니다. 그래서 우리를 영접했던 하느님의 거룩한 천사들은 "기뻐했고, 의인들은 우리를 안아 주었으며 성인들은 '그리스도의 양들이여, 어서 오라' 하면서 환희에 넘쳤습니다."778)

사랑하는 독자들이여, 지극히 정결하신 주님의 어머니와, 거룩한 천사들, 특히 우리의 수호천사들, 그리고 모든 성인들과 순교자들의 중보로 죄 없는 유아들의 영혼들이 하느님께 받아들여진 것처럼, "두려움이 휘감고, 아무도 없는" 그 죽음의 시간에 우리 영혼들도 받아들여질 수 있도록 기원하자! 형제들이여, 우리 현생만 바라보지 말고 참되고 영원한 내생에 관심을 기울이자. 언제 찾아올지 모르는 죽음에 앞서 제때 회개와 고백성사를 통해 미리 죽음을 예비하자. 만약 우리가 그렇게 산다면, 우리는 어둠의 세리(악령), 영혼을 미워하고 증오하는 우리의 적들을 전혀 두려워하지 않게 될 것이다. 그리고 찬란한 빛의 천사들이 우리를 "성인들의 거처", 생명의 나라로 인도해 줄 것이다.

---

778) 요한 크리소스톰, *Περὶ ὑπομονῆς...*, PG 60, 730.

영혼의 중간 상태

영혼은 존재하며 육신 없이 활동한다

생물학적으로 세상의 삶은 죽음으로 끝난다. 하지만 영혼은 사후에도 계속해서 존재한다. 시편의 저자는 슬프고 절망적인 순간에 이렇게 의문을 표했다 : "어느 누가 영원히 살아 죽음을 만나지 않으리이까? 저승의 갈고랑이에서 제 목숨을 구할 자 있으리이까?"(시편 89:48) 이 근심어린 질문에 저자는 스스로 시편 49장을 통해 그 답을 준다. 저자는 부자와 가난한 라자로에 대한 주님의 생생한 비유에 대한 전조로서 다음과 같이 기록하고 있다 : "하느님은 나의 목숨을 구하여 죽음의 구렁에서 건져 주시리라."(시편 49:15) 창세기에서도 "아브라함이 죽어…. 그의 백성에 들어갔다."(창세기 25:8 70인역 참조) 즉, 경건하고 하느님의 사랑을 받는 선조들의 품에 들어갔다고 기록하고 있다. 그의 아들 이즈마엘 역시도 그의 선조들의 품에 들어갔다.(창세기 25:17 70인역 참조) 결론적으로 아브라함과 이즈마엘의 선조들은 사후에 그의 선조들의 품에 들어가 계속 살았다.

그런데 여기에는 여러 의문들이 생긴다 : 그렇다면 영혼은 주님 재림 때까지 어디서 또 어떻게 살아가는 걸까? 육신의 사슬에서 벗어나 이제 홀로 되었는데 우리가 알지 못하는 곳에서 어떤 느낌으로 살아갈까? 그 곳에서도 자신의 정체성을 그대로 유지한 채 살아갈까? 생전의 삶과 세상에 있는 가족들과 지인들을 기억할까? 만약 기억하고 있다면 영혼들은 지금 그들과 어떤 관계를 유지하고 있는 걸까?

이 당연한 질문에 지금껏 그래 왔듯이, 우리는 성서와 교회의 거룩한 교부들의 가르침을 바탕으로 그 해법을 찾아보려 한다. 왜냐하면 교부들의 신학은 교회의 가르침으로서 한순간도 우리가 그들의 정신에서 멀리 떨어져서는 안 되기 때문이다. 만약 우리가 세상의 철학이나 인간의 지식에서 이 중요한 주제들에 대한 답을 구한다면 그것은 참으로 안타까운 일이 될 것이다.

먼저 영혼이 육신과 헤어졌다고 해서 영혼이 살 수 없거나 사고하지 못할 거라는 생각은 잘못된 것임을 강조한다. 왜냐하면 영혼은 그 자체의 존재이고 우리의 모든 행위와 생각의 중심으로서 우리 육신이 움직이게 하고 육신에 생명을 공급하는 존재이기 때문이다. 따라서 육신과 분리된 후에도 영혼은 계속해서 살고 존재하며 그 정체성을 갖는다. 만약 사후의 영혼들이 무로 돌아간다면 "그것은 죄인들에게 진정한 행운이며 절대적인 은혜가 된다!"779) 초대교회의 순교자인 변론자 유스티노스는 이를 아주 적절하게 설명한다 : 만약 죽는 자가 무감각으로 종결된다면 그것은 모든 불의한 자들에게 행운이 될 것이다.780) 즉, "무감각" 아니 더 옳은 표현으로 무(無)는 불의한 이들에게는 기대하지 않았던 엄청난 이득이 될 것이다! 왜냐하면 그들의 "자아"가 사라지고 영혼의 존재도 없어짐으로써 그들은 자신들이 저지른 죄에 대한 대가를 전혀 받지 않기 때문이다!781)

따라서 영혼은 육신과 이별한 뒤에도 하나의 개체로서 살아 있다. 주님께서는 제자들에게 말씀하실 때 이 점을 분명히 하셨다 : "육신은 죽여도 영혼은 죽이지 못하는 사람들을 두려워하지 말라."(마태오복음 10:28) 주님의 이 말씀은 사람이 육신은 죽일 수 있지만 영혼은 죽일 수 없다는 점을 분명하게 증명하며, 영혼이 사후에도 계속해서 독자적으로 살아가고 있음을 보여 준다. 또한 주님께서는 오른편에 못 박혀 있던 회개한 강도에게 "오늘 네가 정녕 나와 함께 낙원에 들어가게 될 것이다."(루가복음 23:43)라고 말씀하심으로써 영혼을 죽일 수 없다는 당신의 그 말씀에 추호로 의심의 여지가 없음을 다시금 확인 시켜 주셨다. 주님께서 강조하신 "오늘"이라는 단어는 생명이 끝나는 즉시 천상의 삶이 시작됨을 보여 준다. 사도 바울로도 그리스도를 너무도 사랑한 나머지 빨리 이 세상을 떠나 그분 곁에서 살고 싶다는 갈망으로 이 진리를 증명한다. 사도 바울로

---

779) 안드레아 테오도로스, *Ἡ Θεολογία τοῦ Ἰουστίνου, φιλοσόφου καὶ μάρτυρος καὶ αἱ σχέσεις αὐτῆς πρὸς τὴν Ἑλληνικὴν φιλοσοφίαν*, Athens 1960, page 140.
780) 유스티노스, *Ἀπολογία Α΄*, 18, 1 ΒΕΠΕΣ 3, 171.
781) I. N. 테오도라코풀로스, *Εἰσαγωγὴ εἰς τὸν Πλάτωνα*, page 195 참조.

는 "그러므로 우리는 오히려 육체를 떠나서 주님과 함께 평안히 살기를 원합니다."(고린토후서 5:8)라고 기록했다. 특히 사도 바울로는 필리비인들에게 보낸 편지에서 "죽는 것도 나에게는 이득이 됩니다. 그러나 내가 이 세상에 더 살아서 보람 있는 일을 할 수 있다면 과연 어느 쪽을 택해야 할지 모르겠습니다. 나는 그 둘 사이에 끼어 있으나 마음 같아서는 이 세상을 떠나서 그리스도와 함께 살고 싶습니다."(필립비서 1:21-23)라고 고백했다. 만약 영혼이 계속 살지 못하고 일부 어리석은 자들이 주장하는 것처럼 깊은 잠에 빠진다면 하느님의 사도가 어떻게 그토록 이 세상을 떠나는 것을 갈망할 수 있었겠는가? 그들의 주장이 사실이었다면 사도 바울로는 결코 "깊은 잠에 드는 것을 원하지 않았을 것이다."[782]

부자와 라자로의 비유(루가복음 16:19-31참조)와 주님의 놀라운 변모(마테오복음 17:1-9)도 잠든 이들이 계속해서 살아 있으며 그들의 정체성을 유지하고 있음을 보여 준다.

예언자 엘리야가 죽었던 사렙다의 과부의 아들의 영혼을 다시 돌아오게 한 기적도(열왕기상 17;21-22) 죽은 몸에서 분리된 영혼이 살아 있음을 보여 준다. 야이로의 딸이 살아난 기적도 이와 유사하다. "아이야, 일어나거라"라는 주님의 명령에 "그 아이에게 숨(영혼)이 다시 돌아왔다." 그리고 자리에서 "벌떡 일어났다."(루가복음 8:54-55) 영혼의 회귀는 영육의 이별이 전제된다. 또한 영혼이 독자적인 존재로서 자기 동료인 육신을 떠난 후에도 활동하고 있음을 보여 준다. 이것은 영혼이 "본질"이며 "생과 사의 주인이신 주님에 의해 그 영혼이 죽어 있는 육신으로 다시 불려 갈 수 있음을" 보여 준다.[783] 우리는 사도 바울로에 의해 살아난 유디코 청년의 이야기에서도 같은 점을 찾아 볼 수 있다. 그는 드로아의 신자들에게 "걱정하지 마시오. 아직 살아 있소."(사도행전 20:9-10 참조)라고 말했다.

물론 우리는 육신과 헤어진 영혼이 어떻게 살고 있는지 확실하게 설명

---

782) M. 크리토풀로스, *Ὁμολογία*... ιζ΄, I. N. 카르미리, Τὰ ΔΣΜ, II, 1968², page 548.
783) Π. N. 트렘벨라, *Ὑπόμνημα εἰς τὸ κατὰ Λουκᾶν Εὐαγγέλιον*, Athens. 1952, page 269.

할 수는 없다. "셋째 하늘까지 들려 올라갔던" 사도 바울로조차도 "몸째 올라갔는지 몸을 떠나서 올라갔는지 나는 모릅니다. 그러나 하느님께서는 알고 계십니다."(고린토후서 12:2-3)라고 말했다. 사도는 영적 세상으로 "들려 올라간 것"을 알고 있었지만 어떻게 "들려 올라갔는지" 육신과 영혼이 어떤 관계 속에 있었는지에 대해서는 알지 못했다. 아무튼 인간의 영적 세계는 육신이 일부 또는 완전히 멈춰 있더라도 쉬지 않고 활동한다. 언젠가 대 안토니오스 성인이 네 살 때 장님이 된 쌍둥이 수도사 알렉산드리아(313-398)에게 말했다. 형제여, 그대가 빛을 잃었다 해서 전혀 슬퍼할 일이 아니다. 너는 단지 파리나 모기가 보는 그런 눈이 없을 뿐이기 때문이다. 대신에 너는 영적 천사들이 보는 그런 놀라운 영적 눈을 가지고 있으니 기뻐하라. 너는 그 눈으로 하느님을 보고 그분의 빛을 "감지할 것이다."784)

진정 불멸의 영혼이 우리 존재의 본질인데 사람들은 이 세상의 생 말고 또 다른 생이 있다는 것을 왜 인정하지 않을까? 그리고 물질적 세상인 육신을 떠나 더욱 영적인 세계로 영혼이 가서 사는 것을 어떻게 부정할 수 있을까?

사후에 영혼은 어디에서 사는가?

그렇다면 육신과 헤어진 영혼들은 어디에서 사는 것일까? 정교회의 기둥인 아타나시오스 성인은 이와 유사한 질문에 다음과 같이 답했다 : "사실 이 질문은 인간에게 감춰져 있는 엄청난 신비이다." 왜냐하면 하느님께서 이곳을 떠난 영혼들에게 그들의 삶을 우리에게 말할 기회를 한 번도 허락하신 적이 없기 때문이다. 그러면서 성인은 이렇게 말했다. 하지만 우리는 성서를 통

---
784) 소크라테스, Ἐκκλησιαστικὴ Ἱστορία, IV, 25 PG 67, 525B-528B.

해 "죄인의 영혼들이 저 어둡고 깊은 곳, 저 구렁 속 밑바닥 저승"(시편 88:6 참조)과 "칠흑 같은 흑암, 영원한 어둠 속에"(욥기 10:22 참조) 있음을 알고, 주님께서 십자가의 강도에게 하신 "나와 함께 낙원에 들어갈 것이다."(루가복음 23:43 참조)라는 말씀처럼, 의인의 영혼들이 그리스도와 함께 함을 안다. 왜냐하면 "우리의 하느님 그리스도께서는 강도의 영혼만을 위해 낙원을 여신 것이 아니라 모든 거룩한 영혼들을 위해서도 낙원을 여셨기" 때문이다.785)

크리소스톰 성인도 같은 질문에 답한다 : 죽은 자는 모두 "그곳으로" 갔다. "그곳? 그곳이 어떤 장소이고 어떤 방식의 삶인가?" 하지만 그 누구도 이 질문에 답을 줄 순 없다! 우리가 알 수 있는 것은 단 하나 사후에 영혼이 "불멸과 영원이 있는 곳, 영육을 창조하신 오직 한분의 선하시고 자비로우신 창조자" 하느님이 계신 곳으로 간다는 것이다.786) 성인은 다른 곳에서 이렇게 말한다 : 영혼들은 세상을 "떠나" "어떤 장소로 옮겨진다." 그러나 그곳에서 이곳으로 다신 돌아오지 못한다. 그들은 "그곳에서 재림의 그 두려운 날을 기다리면서" 살아간다.787)

참으로 교부들은 지혜롭다. 그들은 성 삼위 하느님의 빛을 충만히 받았음에도 결코 자신들의 생각을 감히 내세우려 하지 않고 경건한 마음과 겸손으로 하느님의 신비를 표현했다! 대 아타나시오스 성인은 그것이 "인간에게 감춰져 있는 엄청난 신비"라고 고백했고 크리소스톰 성인은 "그 누구도 그것을 말 할 수 없다"라고 부언했다. 여기에 과연 우리는 무엇을 덧붙일 수 있을까? 같은 주제에 대해 아토스 수도사 니코데모스 성인의 가르침을 잠시 살펴보자. "의인과 죄인의 영혼들은 육체와 이별하는 순간 더 이상 세상적인 것에 연연하지 않는다. 그들은 바로 하느님께서 정하신 그곳으로 간다." 그의 견해를 뒷받침하기 위해 성인은 위에서 이

---

785) 대 아타나시오스, *Πρὸς Ἀντίοχον ἄρχοντα, Ἐρώτ. ιθ'* ΒΕΠΕΣ 35, 105(9-23).
786) 요한 크리소스톰, *Περὶ ὑπομονῆς...* PG 60, 724.
787) 요한 크리소스톰, *Εἰς Ματθ. Ὁμ.* 28, 3 PG 57, 353-354.

미 언급했던 요한 크리소스톰 성인의 주석과 라자로와 부자 비유의 해석을 인용한다. 더 나아가 시나이인 요한 성인의 다음과 같은 가르침을 언급한다 : 위를 생각하며 살았던 사람은 영육이 헤어진 후 "부분적으로", 즉 영혼이 하늘로 오를 것이다. 하지만 아래에 집착하며 살았던 사람은 아래로 내려갈 것이다. 이 둘 사이에 중간은 존재하지 않는다.[788] 니코데모스 성인은, 어떤 무명 주석가의 해석을 인용하며 그 가르침의 의미를 이렇게 설명했다 : "이별"은 죽음이다. 사람이 죽으면 육신은 아래에 놔두고 영혼은 하늘로 오르는 사람이 있는가 하면 어떤 사람들은 세상과 물질을 사랑해서 죽어 저승으로 내려간다. "결국 중간", 즉 "사후에 중간 세계에 머무는 사람은 아무도 없다." 니코데모스 성인은 다음과 같이 말을 맺는다 : "성인들의 가르침을 종합하면, 육신에서 빠져나온 의인과 죄인의 영혼들이 40일 간 세상에 머물며 생전에 살았던 장소들을 배회한다는 일부 사람들의 주장이 얼마나 헛되고 허구인지 알 수 있다." 따라서 이런 주장은 "전혀 신뢰할 수 없는 것이며 그 누구도 그것을 진실로 받아들여서는 안 된다."[789]

이처럼 사후의 영혼은 이 세상을 떠나 어떤 "장소" 또는 어떤 "주거지"로 향한다. 우리는 이 "공간"에 대해서 물질적 개념이 아닌 영적인 개념으로 받아들여야 한다. 다마스커스의 요한 성인은 "하느님의 장소"에 대해 말하면서 "정신적"인 곳이라고 했다. 그곳에는 정신적이고 무형인 존재가 있다. 그리고 정신적인 방식으로 존재하며 활동한다. 왜냐하면 "형체"를 가지고 있지 않기 때문이다. 따라서 물질적(육체적) 경계가 없다. 천사도 "특정한 장소에 있는 유형체"가 아니다. 그럼에도 우리가 여기, 저기 또는 어떤 곳에 있다고 흔히 장소를 표현하는 것은 우리의 이해를 돕기 위한 것이다. 오직 무한하고 설명되지 않는 하느님만이 "당신의 뜻에 따라 언제", "어디에나 현존하시며, 모든 것을 채우시는 분"으로서, 매 순간 당신의 방식으로 활동하신다. 다만 천사들은 그들의 특질에 따라

---

[788] 시나이인 요한, Κλῖμαξ, Λόγ. 26, page 136.
[789] 아토스 수도사 니코데모스, Νέα Κλῖμαξ, page 300-301.

아주 빨리 장소를 옮겨 가며 활동하고 언제든지 신속하게 이동할 수 있는 준비를 갖추고 있다.790) 영혼도 이와 비슷하게 이해해야 한다. 영적 존재로서의 영혼들은 "유형체"를 갖추고 있지 않다. 하지만 "정신적"인 장소에 "정신적으로" 있다. 하지만 그들은 이곳, 저곳으로 옮겨 다니지 않으며 일부가 믿고 있는 것처럼 여기, 저기 배회하지도 않는다. 또한 이 곳 세상에서 떠돌아다니지도 않는다.791) 그들은 정신적인 그곳에서 최후의 심판과 육신의 보편적 부활을 기다리며 살고 있다.

따라서 영혼이 육신을 떠나 검증 받을 때 그의 선행이나 악행에 따라 그 처지가 달라진다. "생전에 덕행을 하며 살았다면 그는 복되고 안전한 항구에 정박하게 될 것이다." 즉, 세상에서 하느님의 뜻에 따라 살았다면 그 영혼은 평화롭고 고요한 항구, 행복과 기쁨이 있는 어떤 정신적인 장소, 복된 "아브라함의 품"(루가복음 16:22 참조)에 들어갈 것이다. 반대로 불경한 자들과 회개하지 않은 영혼들은 의인들의 복된 선물들을 누리지 못한 채 "영혼을 서서히 짓누르며, 혹염의 불길이 치솟는 아주 고통스런" 어떤 곳으로 갈 것이다. 죄인들의 영혼은 감내할 수 없는 그 고통과 슬픔을 겪으며 거룩한 영혼들을 시원하게 적셔 주는 "복된 선물들"의 바다에서 단 몇 방울의 물만이라도 달라고 간절히 청할 것이다.792)

일부 교부들은 이런 일시적인 차별이 있음에도 불구하고, 주님께서 부활하시기 전에 저승에 내려가셔서 구원의 복음을 전하신 것처럼 죄인과 의인의 영혼들도 "공동의 장소인 저승으로 내려간다"793)고 가르친다. 물론 우리는 이 경우에도 구체적 장소로서의 개념이 아니라 다마스커스의 대 교부 요한 성인이 위에게 언급했던 것처럼 "정신적인 공간"으로 받아

---

790) 다마스커스의 요한, Ἔκδοσις 1, 13 PG 94, 852A-853A.
791) 요한 크리소스톰, Εἰς Ματθ. Ὁμ. 28, 3 PG 57, 353.
792) 니사의 그레고리오스, Περὶ ψυχῆς καὶ ἀναστάσεως, PG 46, 84C; 유스티노스, Διάλογος 5, 3 ΒΕΠΕΣ 3, 214; 이폴리토스, Λόγος πρὸς Ἕλληνας, Ι ΒΕΠΕΣ 6, 227.
793) Π. Ν. 트렘벨라, Δογματική..., 3 page 383.

들여야 한다. 니사의 그레고리오스 성인은 이 공간을 "형태 없는 무형의 삶의 상태"794)라고 하였다. 즉, 무형, 무지, 불명확, 불투명, 불확실하고 감춰져 있는 어떤 영적 삶의 상태이다.

아토스 수도사 니코데모스 성인은 저승은 "이름이 뜻하는 것처럼 눈에 보이지 않는 장소"로서 "고인들의 보이지 않는 영혼들을 수용한다"고 가르쳤다.795)

재림을 기다리는 일시적 상태

세상을 떠난 영혼이 주님의 재림을 기다리고 있는 상태를 교부들은 중간상태라고 이름 하였다. 그것은 영혼이 아직 생전에 행한 선행이나 악행에 대해서 최종적인 심판을 받지 않았기 때문이다. 영혼은 그 상태에서 영광스럽고 두려운 주님의 재림을 기다리는 일시적 상태에 놓인다. 영혼은 그곳에서 낙원의 복됨이나 지옥의 형벌을 미리 맛본다. 그러나 완전한 최종적 판단은 보편적 심판의 날에 영혼에게 내려진다.

부자와 라자로에 대한 주님의 비유를 보면 부자는 라자로를 자신의 형제 집으로 보내 달라고 아브라함에게 요청한다. 그는 라자로를 그의 다섯 형제에게 보내 사후에 겪게 될 고통을 설명하고 자기가 있는 곳에 오지 않게 해 달라고 부탁한다.(루가복음 16:28) 주님께서는 이 비유를 통해 "부자의 심판이 사후에 즉시 일어났음을" 말씀하신다. 이것은 "주님의 보편적인 최후의 심판 이전에, 사후에 바로 이어지는 일시적인 심판이 있다는 증거가 된다."796)

---

794) 니사의 그레고리오스, Περὶ ψυχῆς καὶ ἀναστάσεως, § 50, PG 46, 85B.
795) 아토스 수도사 니코데모스, Ἑορτοδρόμιον..., page 400.

대 아타나시오스 성인은 의인이 사후에 "부분적 복을 누리고" 죄인은 "부분적 고통을" 겪는다고 가르친다. 그것은 가령 왕이 연회를 하려고 친구들을 초대하는 동시에 형벌을 내리려고 죄인들을 부를 때, 왕궁에서 벌어질 연회를 기다리는 친구들은 기쁨에 넘치는 반면, 죄수는 감옥에 갇혀서 "집행관"이 올 때까지 "비통한 상태에 놓여 있는 것"과 같다. 우리는 세상을 떠난 의인과 죄인의 영혼이 이렇게 살고 있다고 생각해야 한다.797) 에브게니오스 불가리스는 왕에게 술잔을 드리는 시종장과 빵을 구워 올리는 시종장이 꿈을 꾼 것을 요셉이 해몽하는 구약(창세기 40장)을 주석하면서 다음과 같이 적었다 : "상당수의 사람들이 죽은 자의 영혼에 대해 궁금해 한다. 그리고 세상의 심판이 오기 전에 의인은 어떤 상태에 놓여 있으며 죄인은 어떤 상태에서 살아가는지를 우리에게 물어보곤 한다. 정교회의 가르침에 따르면 전자도 완전한 복을 누리는 상태가 아니며 후자도 끔찍하고 고통스러운 지옥의 형벌을 완전히 겪지는 않는다. 나는 요셉이 감옥에서 꿈을 해몽해 주었던 술잔을 드리는 시종장과 빵을 구워 올리는 시종장의 처지가 최후의 심판의 날이 오기 전에 의인과 죄인이 처해 있는 영혼의 상태와 아주 유사하다고 생각한다! 만약 요셉이 해몽해 주었던 그대로 이루어진다고 생각해 보자. 왕의 생일을 맞는 삼 일 간 그들은 어떤 심정으로 지냈겠는가? 술잔을 드리는 시종장은 비록 감옥에 있는 상태라 할지라도 다시 왕궁에서 지내게 될 것을 생각하고 있을 것이다. 반면에 빵을 구워 올리는 시종장은 지금 자신이 갇혀 있는 감옥이 자신을 형장의 이슬로 보내기 위한 끔찍한 장소라고 여길 것이다. 감미로운 미래의 행복을 누릴 것이라는 진정한 확신과 믿음은 분명 복된 상태이다. 반면에 엄청난 고초와 고통이 자기를 기다리고 있다는 분명한 인식은 진정한 지옥이 될 것이다."798)

---

796) Π. Ν. 트렘벨라, Ὑπόμνημα εἰς τὸ κατὰ Λουκᾶν Εὐαγγέλιον, page 487.
797) 대 아타나시오스, Πρὸς Ἀντίοχον ἄρχοντα, Ἐρωτ. κ' ΒΕΠΕΣ 35, 105 (24-35).
798) 에브게니오스 불가리스, Ἀδολεσχία Φιλόθεος, 출판, "Ἐκκλησία", Athens 1962, page 176.

크리소스톰 성인은 중간상태에 머물러 있는 경건한 영혼은 "영광의 관을 쓰지 않은 채" 기다리고 있다고 가르친다. 왜냐하면 모든 죽은 자들의 보편적 부활 때 그의 육체와 함께 심판자로부터 관을 받을 것이기 때문이다. 성인은 사도 바울로의 "이 사람들은 모두 믿음이 있었기 때문에 하느님의 인정을 받았습니다. 그러나 약속된 것을 받지는 못했습니다. 하느님께서 우리를 위해서 더 좋은 것을 마련해 두셨기 때문에 그들은 우리를 제쳐 놓고는 결코 완성에 이르지는 못하게 되어 있었던 것입니다." (히브리서 11:39-40)라는 구절을 언급하면서 지적했다 : 의인들은 비록 그들의 믿음에 대해서 칭송을 받았지만, 아직 영원한 생명에 대한 선물을 누리지는 못하고 있으며 우리를 기다리고 있는 중이다. 그러면서 성인은 부연한다 : 형제들이여, 아브라함과 사도 바울로가 우리와 함께 승리의 관을 쓰기 위해 우리를 기다리고 있다니 이 얼마나 놀라운 일인가. 그런데도 너는 하느님께서 아직 네게 보상을 해 주지 않았다고 마음 상해 불평하고 있는가? 의인 아벨을 보라. 그는 모든 인간에 앞서 처음으로 덕의 투쟁에서 승리했다. 하지만 그 역시도 아직 우리를 기다리며 승리의 관을 쓰지 못하고 있다. 의인 노아는 무엇을 하고 있다고 생각하는가? 또 구약의 다른 사람들은 무엇을 하고 있겠는가? 그들 모두 너와 또 네 뒤를 이을 그들을 기다리고 있지 않은가? 천상의 복된 상을 기다리는 시간이 그들에 비해서 훨씬 짧음에도 불구하고 우리 그리스도인들은 지나친 과욕을 부리고 있다.799)

알렉산드리아의 키릴로스 성인은 성서에 따르면 마지막 심판은 "죽은 자들의 부활 이후에" 이루어진다. 그리고 그리스도께서 재림을 위해 아직 하늘에서 내려오시지 않았기에 "부활도 아직 없었으며 행실에 대한 보상도" 뒤따르지 않았다고 지적했다.800)

---

799) 요한 크리소스톰, Εἰς Α' Κορ. Ὁμ. 39, 3 PG 61, 335-336; Εἰς Ἑβρ. Ὁμ. 28, 1 PG 63, 192.
800) 알렉산드리아의 키릴로스, Εἰς Λουκ. ιϚ' 19 PG 72, 821· 824· 825.

따라서 이곳에서 회개하지 않은 채 떠난 영혼들은 생전에 범한 그들의 죄에 대해 양심으로부터 제재 받고 심판 받는다. 이곳에서 그들이 누렸던 죄의 순간적 쾌락은 그곳에선 존재하지 않으며 슬픔과 악취, 불경의 흉측함만이 존재한다. 그리고 그들은 이 참담한 상황 속에서도 인간의 불행을 기뻐하는 어둠의 악령들의 위협을 받는다. 하지만 회개와 고백성사를 하고 이곳을 떠난 영혼들은 그곳에서 기쁨과 환희에 젖는다. 빛의 천사들과 함께 춤을 추며 형용할 수 없는 영원한 낙원의 희락과 한없는 복된 삶의 희망 속에 있는 기쁨을 만끽한다.

복음사도 요한이 본 계시의 환영은 바로 이것을 분명하게 보여 준다. 요한 사도는 다음과 같이 기록하고 있다 : "하느님의 말씀 때문에 그리고 그 말씀을 증언했기 때문에 죽임을 당한 사람들의 영혼이 제단 아래에 자리 잡고 있는 것을 보았습니다. 그들은 큰 소리로 "거룩하시고 진실하신 대왕님, 우리가 얼마나 더 오래 기다려야 땅 위에 사는 자들을 심판하시고 또 우리가 흘린 피의 원수를 갚아 주시겠습니까? 하고 부르짖었습니다."(실제로 순교자들은 복수를 청하지 않는다. 그렇다고 나약한 믿음을 표출하지도 않는다. 그들은 단지 윤리적 질서의 회복과 정의로운 심판을 간청한다. 그리고 신자들은 세상 사람들이 행하는 신자들에 대한 끊임없는 박해에 대해서 정당한 불만을 표출한다.) 신학자 요한은 계속했다 : "그들은 흰 두루마기 한 벌씩을 받았습니다. 그리고 그들처럼 죽임을 당하기로 되어 있는 동료 종들과 형제들이 다 죽어서 그 수가 찰 때까지 잠시 쉬라는 분부를 받았습니다."(요한묵시록 6:9-11, 흰 두루마기는 의인의 영광과 승리, 그리고 복된 삶을 상징한다. 그리고 보편적 부활 이후에 의인들의 육신이 입을 찬란한 영광을 암시한다.)

만약 사후에 성인이나 순교자들이 완전한 천상의 관을 받는다면, 심판자께서는 그들에게 심판의 날 "'너희는 내 아버지의 축복을 받은 사람들이니 와서 세상 창조 때부터 너희를 위하여 준비한 이 나라를 차지하여라.'"(마태오복음 25:34)라고 말씀하실 수 없었을 것이다. 그리고 그들이 완전한 왕국을 이미 누리고 있었다면 똑같은 왕국을 하느님께서 주시지 못했을 것이다. 따라서 완전하고 최종적인 낙원의 행복은 현세의 종말이 오고 내세의 영원하고 끝이 없는 왕국이 시작될 때 그들에게 주어질 것이다. 그 때 그들은 경건한 동료들과 하느님을 경외하는 형제들과 함께 정의의 관, 완전한 영광과 보상을 받을 것이다. 그리고 영원한 하느님의 품속에서 끝없는 기쁨에 넘칠 것이다.

그곳에서 영혼은 어떻게 살고 있을까?

영혼이 모든 감성을 지니고 또 생전의 삶을 기억하고 있다면 최후의 심판이 올 때까지 그곳에서 어떻게 살아갈까? 사실 우리는 영혼의 중간상태에 대한 상세한 부분을 잘 알지 못한다. 하지만 성서가 우리에게 계시해 주고, 주관자이신 하느님을 경외하고 사도들의 가르침을 성령의 영감 속에 권위있게 해석한 교부들을 따라 우리는 다음과 같이 말할 수 있다.

먼저, 의인과 죄인들은 서로 다른 환경 속에서 일시적 중간상태에 머무르게 된다. 신학자 그레고리오스 성인에 따르면, 하느님을 사랑하고 덕을 가꾸었던 영혼은 육신과 분리되는 순간, 앞으로 끝없이 누릴 선물들에 대해서 "놀라운" 내적 기쁨을 느낀다. 영혼은 어떤 드러나지 않은 사슬에서 풀려난 것처럼, 영혼을 짓누르고 정신의 날개를 아래로 끌어내리던 사슬을 부순 것처럼 "환희 속에" 속죄 받은 순백의 모습으로 영혼의 주님께 나아간다.801) 반면에 죄인들의 영혼은 "형벌의 천사들에 의해 포승줄에 매인 죄인처럼.... 강제로 왼편인 지옥 가까이까지" 끌려간다. 그곳에서 그들은 지옥의 "무서운 불의 광경을" 지켜보면서 "미래의 심판에 대한" 두려움에 사로잡힌다. 그들은 이미 "실질적으로" 그 형벌의 고통을 겪는다.802) 그들은 비록 육신과 분리되었지만 생전에 그들을 지배했던 정

---

801) 신학자 그레고리오스, Λόγ. 7, Εἰς Καισάριον, 21 PG 35, 781.

욕과 분리되지 않아 죄로 향하는 경향을 그대로 가져온다. 이 모든 것은 그들의 고통을 더욱 가중 시킨다.803)

회개하지 않은 사람의 영혼은 임금이신 그리스도와 멀리 떨어져 있는 반면에 의인의 영혼은 이곳 세상에서 "임금과 함께"했던 것처럼, 그곳에서도 그렇게 함께 한다. 아니 구세주께 훨씬 더 근접해 있다. 그들은 이곳처럼 그곳에서도 주님의 얼굴을 보지 못하고 믿음으로(고린토후서 5:7 참조)만 살아가는 것이 아니다. 그들은 이곳에서처럼 희미하거나 불완전하게 주님을 보는 것이 아니라 분명하고 깨끗하게 얼굴과 얼굴을 맞대고 본다.(고린토전서 13:12 참조)804) 그곳에서 그들은 현생에서 누렸던 것과는 비교가 되지 않는 완전히 다른 생, "지상"이 아닌 "천상의" 생을 산다. 그들은 "천상의 영들처럼" "하느님과 함께 그리고 하느님 안에서" 변함없고 평온하며 넘치는 영적 기쁨 안에서 살아간다.805) 형용할 수 없는 그 행복 속에서 의인들의 영혼들은 "하느님의 손에"(지혜서 3:1)서 만물의 주관자 하느님의 보호를 받는다. 이것은 십자가 위에서 돌아가시기 바로 전에 "아버지, 제 영혼을 아버지 손에 맡깁니다."(루가복음 23:46)라고 하신 주님의 말씀을 통해서도 확인된다. 첫 순교자였던 스테파노스 성인은 주님의 이 말씀을 염두에 두고 유대인의 돌에 맞아 죽을 때 "주 예수님, 제 영혼을 받아주십시오."(사도행전 7:59)라고 외쳤다. 하느님 아버지께서 예수의 영혼을 받아 주셨던 것처럼, 그렇게 예수께서도 "죽은 자들의 장자"로서 당신의 진실한 제자들의 영혼들을 받아 주신다.806)

알렉산드리아의 키릴로스 성인은 위에서 언급한 주님의 말씀을 해석하면서 다음과 같은 결론을 도출한다 : 따라서 "세상의 육신"을 떠난 성인들의 영혼은 "온정이 많으신 아버지"이신 하느님의 자비와 온유에 맡겨진다. 예수 그리스도를 믿고 그분의 뜻에 따라 덕행을 쌓아간 사람들은

---

802) 이폴리토스, *Λόγος πρὸς Ἕλληνας*, Ι ΒΕΠΕΣ 6, 227-228.
803) 니사의 그레고리오스, *Περὶ ψυχῆς καὶ ἀναστάσεως*, PG 46, 88.
804) 요한 크리소스톰, *Εἰς Φιλιπ. Ὁμ.* 3, 3 PG 62, 203.
805) 아티나고라스, *Πρεσβεία περὶ Χριστιανῶν*, 31 ΒΕΠΕΣ 4, 307(15-18)
806) Π. Ν. 트렘벨라, *Ὑπόμνημα εἰς τὸ κατὰ Λουκᾶν Εὐαγγέλιον*, page 648 참조.

사후에 자신들의 영혼이 하느님의 손에 맡겨지며 "육신과 함께" 세상을 살았을 때보다 훨씬 더 안전한 상태에 놓이게 된다는 "찬란한 희망"을 갖게 된다.807) 특히 그들은 그곳에서 자애로운 주님의 자비를 느끼고 이미 안전한 상태에 있음을 확신한다. 그런 이유로 중간상태에 놓여 있는 경건한 영혼은 "지옥을 두려워하지 않으며 심판을 무서워하지 않는다." 왜냐하면 어떤 죄에 대해서도 양심의 가책을 느끼지 못하기 때문이다. 이렇게 영혼은 지옥을 두려워할 필요가 전혀 없다.808)

이 모든 것은 회개한 강도에게 "오늘 네가 정녕 나와 함께 낙원에 들어가게 될 것이다."(루가복음 23:43)라고 하신 주님의 말씀을 우리도 영혼들에게 해야 함을 일깨워 준다. 즉, 오늘 네가 죽는 그 순간부터 너는 나와 함께 낙원에 들어가 나와 함께 형용할 수 없이 기쁜 복된 상태에 놓이게 될 것이다.

그렇다면 "영광스런 육신과 함께 계신 주님께서 이 세상을 떠난 영혼들과 친교 하는 곳이" 어디인가? 하고 독자는 물을 것이다. 하지만 성삼위 하느님께서는 이것을 우리에게 알려 주시지 않으셨다. 그런데 사실 장소가 무슨 큰 의미가 있겠는가? 중요한 것은 그리스도 신자의 영혼이 사후에 주님께서 계시는 그곳으로 옮겨 간다는 것이 아니겠는가? 진정 우리가 알아야 할 본질은, 보편적 부활이 있는 광명의 날, 불멸의 존재로 부활할 그들의 육신이 영혼과 하나 되는 날, 영육이 함께 천상의 끝없는 왕국의 선물을 누리는 그날까지 "영혼들이 그리스도의 현존과 그분과의 친교 속에서 평화와 기쁨 그리고 안식을 누리고 있다는 것이다."809)

---

807) 알렉산드리아의 키릴로스, Εἰς Ἰω. 19, 30 PG 74, 669.
808) 니사의 그레고리오스, Λόγος εἰς Πουλχερίαν, PG 46, 870C.
809) Π. N. 트렘벨라, Op. cit., page 646-647 참조.

잠든 영혼들은 우리를 지켜보며 우리를 위해 기도한다

 그렇다면 세상을 떠난 이들과 우리는 어떤 관계일까? 그들은 우리를 기억할까? 세상에서 힘겹게 투쟁하며 살아가는 우리에게 과연 관심이 있는 걸까? 당연하다! 대 아타나시오스 성인은 이렇게 지적한다 : 회개하지 않고 떠난 영혼들은 우리를 생각할 겨를이 없다. 왜냐하면 앞으로 그들이 받을 형벌에 온 정신이 집중되어 있기 때문이다.810) 하지만 회개하지 않고 생을 마감한 사람이 누군인지는 오직 하느님 한 분만이 아신다. 아무튼 "초대교회 본연의 모습의 보호자요", "초대교회의 양식이며, 하느님에 뜻에 따라 움직이는" 거룩한 교부들은 공통적으로 천상의 승리 교회는 "지상의 투쟁의 교회가 겪는 수난과 도움을 방관"하지 않는다는 점을 가르쳤다.811)

만약 이웃에 대한 사랑이 "덕의 가장 주요한 덕목"이라면 주님께로 간 형제들이 "세상에서 투쟁하며 살아가는 형제들을" 큰 사랑으로 품는 것은 아주 자연스럽다. 또한 우리에게 갖는 그들의 사랑은 분명 지상에서 "선한" 투쟁을 하면서 완덕의 투쟁을 하는 그리스도인들의 그것에 비해 훨씬 클 것이다.812) 특히 우리는 잠든 형제와 살아 있는 우리와의 사랑의 결속이 지금 더욱 친밀하고 견고하며 순수하다고 말하게 된다.

구약의 마카베오서는 잠든 의인들이 이스라엘을 위해 하느님께 기도 드리는 내용을 담고 있다. 유다는 영상 속에서 "선량한 사람으로서 외모가 단정하고 몸가짐이 온유한" 대사제를 보았다. 그리고 "민족과 거룩한 도성을 위해 열심히 기도 해 주는" 예레미야 예언자를 보았다. 오래전에 돌아가신 이 위대한 인물들은 이교도들과 싸우는 하느님의 백성 옆에서 눈에 보이지 않게 그들과 함께했다.(마카베오하서 15:11-16 참조)

신약도 구름같이 많은 믿음의 "순교자들이" 우리를 둘러싸고 있음을

---

810) 대 아타나시오스, Πρὸς Ἀντίοχον ἄρχοντα, Ἐρωτ., λβ' ΒΕΠΕΣ 35, 108-109.
811) Μ. 크리토풀로스, Ὁμολογία..., ιζ', I. N. ΚΑΡΜΙΡΗ, Τὰ ΔΣΜ, II, page 548.
812) 오리게네스, Περὶ εὐχῆς XI, 2 ΒΕΠΕΣ 10, 250(15-20) 참조.

증언한다. 그들은 선한 믿음의 투쟁에 매진하는 우리와 함께 승리의 관을 쓰기 위해 지금 인내 속에 재림을 기다리고 있다.(히브리서 11:39-12:1 참조) 그런데 사도 바울로가 히브리인들에게 보낸 편지 11장에서 열거한 이름에는 자연사로 세상을 떠난 성인들의 이름은 물론 순교로 생을 마감한 성인들의 이름도 들어 있다. 그것은 아마도 "순교자들"이라는 말로 구약의 모든 의인들을 통칭한 것으로 보여진다.

결과적으로 하느님과 인간 사이의 오직 한 분의 중재자이신 교회의 머리, 우리 주 예수 그리스도만 우리를 위해 하느님 아버지께 간청 드리는 것은 아니다.(디모테오전서 2:5 참조) 또한 육화하신 하느님의 어머니로서 은총의 옥좌 앞에서도 솔직하신 "은총이 가득한" "천상의 여왕", 테오토코스 성모님만도 아니다. "회개할 것 없는 의인 아흔 아홉보다 죄인 한 사람이 회개하는 것을" 더 기뻐하는 거룩한 천사들도 마찬가지다.(루가복음 15:7 참조) 이 모든 분들과 함께 우리를 위해 뜨겁게 그리고 끊임없이, 살아 계신 하느님 아버지께 기도해 주는 이들이 또 있다. 바로 잠든 신자들의 영혼들이다.[813] 이렇게 그분들은 모두 하나같이 우리의 영적 성장에 대한 온정과 관심 그리고 성스런 우려 속에서 우리를 지켜본다. 그리고 우리의 덕행을 기뻐하고 우리의 타락을 슬퍼하며 우리의 승리를 경축한다. 그러면서 "아버지의 집", 내세에서 우리를 영예롭게 맞이할 준비를 한다.

천상에 있는 우리 형제들은 현세에 살고 있는 우리를 방관하지 않는다. "영육의 분리인 세상적인 죽음은 신자와 교회의 관계를 전혀 손상 시키지 않으며 신자들의 친숙한 공간과 환경을 생소하게 만들지 않는다. 또한 그리스도 안에 있는 다른 형제 "지체들과"도 분리 시키지 않는다.[814] 아울러 사랑은 영혼처럼 영원하다. 그리고 사랑의 근원이시고 순백의 사랑이신 하느님처럼 영원하다. 그러므로 산 자와 죽은 자의 모든 세상적인 관계는 사라져도 사랑은 영원히 남아 유지된다.

교회사나 교회의 전승을 통해 우리는 "천상과 지상의 교회 구성원들이

---

813) 오리게네스, Op. cit., ΒΕΠΕΣ 10, 249-250 참조.
814) Γ. 플로로프스키, Ἀνατομία, page 122-123.

사랑과 기도를 통해 서로 영적 친교를 나누고 도와주며 협력하고 있음을" 본다. 그런데 그것은 우리 모두가 하나의 "거룩한 공동체"를 구성하고 있기 때문이다. 세상을 떠난 형제들과 이 세상에서 살고 있는 우리는 서로 신비적인 관계에 놓이며 초자연적인"형제의 사랑과 기도와 생명의" 친교를 나눈다.815) 이러한 사실은 세상을 떠난 형제들이 "앞으로 올 도성", 천상의 교회, 영원한 본향을 향해서 나아가는 우리를 위해 기도해 준다는 진리를 재차 확인 시켜 준다.

경건한 헤르메스는 그의 저서 "목자"에서 한 환영을 통해 이미 세상을 떠난 그의 사랑하는 부인, 로디가 온화하게 나무라기도 하고, 따뜻하게 위로하기도 하며 그곳에서 주님을 통해 자신을 도와주고 있는 것을 본다. 기원후 1세기 말이나 2세기 초에 제작된 이 책의 내용은 현세를 떠난 신자들의 영혼이 지상의 그리스도 형제들을 위해 기도해 준다는 당시 그리스도인들이 믿음이 얼마나 굳건했는가를 방증한다.816) 테오포로스 이그나티오스 성인의 "순교록"에는 그리스도인들이 성인의 순교적 죽음을 지켜보고 철야예배를 드렸다는 기록이 있다. 그들은 철야기도 때 무릎을 꿇고 눈물을 흘리며 사후의 순교자의 상태에 대해 알려 달라고 주님께 간절히 요청했는데, 그들이 잠시 잠이 든 순간, 그들 중 일부는 자신들을 품에 안아 주는 성인을 보았고, 또 어떤 이들은 그들을 위해 기도해 주는 성인을 보았으며, 다른 사람들은 아주 힘겹게 도착한 것처럼 땀을 뻘뻘 흘리며 주님 앞에 서 있는 성인을 보았다.817)

오리게네스는 그의 친구 암브로시오스가 두려움 없이 순교할 수 있도록 다음과 같은 말로 격려하였다. 혹시 암브로시오스 성인이 고아가 될 자식 생각에 나약한 믿음을 보일까 우려했기 때문이었다. 오리게네스는 이렇게 적었다 : 만약 네가 그리스도를 위해 순교한다면 살아서 자녀들과 함께 있을 때보다 그들에게 더 크게 도움이 될 것이다. 왜냐하면 너는

---

815) I. N. 카르미리, *Ὀρθόδοξος Ἐκκλησιολογία*, Athens 1973, page 797.
816) 헤르메스, *Ποιμήν*, Ὅρασις αʹ ΒΕΠΕΣ 3, 38-40.
817) 이그나티오스, *Μαρτύριον* ΒΕΠΕΣ 2, 341(11-20).

내세에서 "더욱 유익하게 그리고 더욱 지혜롭게 그들을 위해" 기도해 줄 수 있을 것이기 때문이다.818)

순교자 포타미에나를 순교지까지 수행했던 이방인 군인 바실리디스는 인간적인 호의를 베풀어준 것에 대한 감사로 그녀로부터 다음과 같은 말을 들었다 : 내가 나의 주님께 가면 나는 당신이 내게 보여 준 호의에 대해 주님께서 빨리 보상해 주시기를 간청할 것입니다. 또한 천상의 상이 당신에게 내리도록 요청할 것입니다. 그런데 놀랍게도 그녀의 말은 현실이 되었다. 바실리디스는 아주 짧은 시간 안에 진정한 그리스도의 고백자가 된 것이다! 그의 갑작스런 변화를 궁금해 하던 사람들에게 그는 이렇게 대답했다 : 포타미에나 성녀가 순교한 지 삼 일째 되던 날 밤에 그녀가 나에게 나타났었다네. 그리고 그녀는 나의 머리에 "관"을 씌워주고는 이렇게 말했다네. 내가 "주님께 당신을 위해" 간청 드렸더니 그분께서 나의 기도를 들어주셨습니다. 바실리디스 당신도 곧 찬란한 순교의 관을 쓰게 될 것입니다.819)

세계 제 4차 공의회에서 교부들은 강탈당한 에페소의 공의회에서 피살된 플라비아노를 회고하며 모두 한 목소리로 외쳤다 : "플라비아노스는 사후에도 살아 있도다. 순교자여, 우리를 위해 기원하소서." 대 바실리오스 성인은 이렇게 고백했다. "나는 거룩한 사도들과 예언자들, 그리고 순교자들"을 받아들일 뿐만 아니라 하느님께서 죄인인 나를 불쌍히 여기시고 자비를 베푸시어 나의 죄를 용서해 주시도록 그분들께 중보기도를 요청한다.820) 성인은 또한 40인 순교자를 칭송하면서 말했다 : 너를 위해 주님께 간청하는 단 한사람이라도 네가 찾고자 한다면 너는 많은 수고를 해야 할 것이다. 하지만 여길 보라. 한 명이 아니라 우리를 위해 "한 목소리로 기도"해 주는 40인이 있다. 그러면서 성인은 이렇게 외쳤다 : "아, 성인들의 무리여! 거룩한 군대여!…. 인류의 공동 보호자여!" 우리

---

818) 오리게네스, *Εἰς μαρτύριον προτρεπτικός*38 ΒΕΠΕΣ 9, 59(18-21).
819) 에프세비오스, *Ἐκκλησιαστικὴ Ἱστορία* 6 (교회사) 5,3-7 ΒΕΠΕΣ 19, 353-354.
820) 대 바실리오스, *Ἐπιστολὴ* τξ', PG 32, 1100B.

인간을 보살피는 "선한 참여자요, 기도의 협력자요, 강력한 중보자들이 여!"821)

니사의 그레고리오스 성인은 테오도로스 순교자를 칭송하면서 순교자를 향해 이렇게 말했다 : "눈에 띄지 않는 친구"처럼 당신을 영예롭게 여기는 이들에게 오소서. "조국을 위해 공동의 왕" 그리스도께 "중보하소서." 우리는 위험과 슬픔에 직면해 있습니다. 불경한 자들, 악한들, 야만인 스키티아인들이 와서 우리를 전쟁으로 위협하고 있습니다. 그러니 거룩한 순교자 테오도로스여, "강력한 군인으로서", 그리스도를 위해 희생하신 순교자로서 은총의 옥좌 가까이 계신 당신이 우리를 위해 빌어 주소서. 비록 당신이 현세를 떠났으나 당신은 우리의 고통과 슬픔, 그리고 우리가 무엇이 필요한지를 잘 알고 있나이다. 광란의 야만인이 우리의 성전과 제단을 짓밟고 더럽히지 않도록 하느님께 평화를 간청 드려 주소서. 만약 더욱 절실한 기도가 필요하다면 그곳에 있는 다른 모든 형제 순교자들과 함께 하느님께 간청 드려주소서. "많은 의인들의 간구는" "백성의 죄를" 풀어 줄 것입니다. 사도 베드로와 사도 바울로 그리고 신학자 요한 사도에게도 몸소 세운 교회, 감옥에 갇히고 위험을 겪으며 죽음까지도 불사하며 지키려 했던 그 교회를 보호해 달라고 요청하소서. 그래서 이교가 우리를 지배하지 못하도록, 포도밭이 가시덤불에 뒤덮여 숨이 막혀 죽지 않도록, 그리고 가라지가 밀을 훼손하지 못하도록 도움을 부탁하소서....822)

신학자 그레고리오스 성인은 경건한 처녀 테클라를 위로하기 위해 다음과 같은 편지를 썼다 : 나는 세상을 떠난 성인들의 영혼이 우리 영혼을 지켜보고 또 느끼고 있음을 확신한다.823) 성인은 그리스도에 대한 믿음을 지키기 위해 순교한 키프리아노 주교에게도 "위에서 사랑의 눈길로 내려다보고" "이 거룩한 양떼"를 인도해 줄 것을, 혹은 함께 인도해 줄 것을 요청한다. 그리고 신자들을 덕의 길로 이끌고, 야만적이고 잔인한

---

821) 대 바실리오스, Εἰς τοὺς ἁγίους τεσσαράκοντα μάρτυρας, 8, PG 31, 521C-524A,C.
822) 니사의 그레고리오스, Εἰς τόν μέγαν μάρτυρα Θεόδωρον,PG 46, 746D-748C.
823) 신학자 그레고리오스, Ἐπιστ. σκγ', Θέκλῃ PG 37, 368A.

늑대들(이단들)을 쫓아내며, 성 삼위의 곁에 계신 분으로서 신자들에게 "성 삼위의 완전하고 찬란한 빛"을 베풀어 줄 것을 간청한다.824) 성인은 주교였던 그의 아버지 그레고리오스를 안장할 때 이렇게 말했다 : 나는 세상을 떠난 아버지가 천상에서 우리를 위해 중보하셔서 생전에 가르침을 주었을 때보다 더 큰 위로를 줄 것을 확신한다. 왜냐하면 그분은 육신의 사슬을 끊고 정신을 혼탁하게 하는 흙에서 벗어나 본래의 지극히 순수하고 맑은 정신으로 "하느님의 지척에서" 천사들과 같은 위치에서 - 감히 그렇게 말할 수 있다면 - 하느님을 만나기 때문이다. 특히 성인은 세상을 떠난 아버지에게 "아버지"로 불리는 모든 "주교들과 목자들"을 안전하게 보호해 줄 것을 요청한다. 그리고 "영적으로나 목자로서나" 너무 "급하게" 신품을 받아들인 자신을 위해 각별한 부탁을 요청한다.825) 성인은 대 바실리오 성인의 장례 설교에서도 이렇게 말했다 : 지금 바실리오스는 천상에 있으며 그곳에서 우리를 위해 제물을 바치며 백성을 위해 기도한다. 왜냐하면 우리를 두고 떠났지만 우리를 완전히 떠나지는 않았기 때문이다.826)

우리는 성인들, 특히 순교자들이 산 자들을 위해 기도할 때 하느님께서 그들의 기도를 들어주신다는 사실을 어렵지 않게 생각해 낼 수 있다. 그러면 요한 크리소스톰 성인이 우리에게 전하는 가르침을 살펴보자 : 적과 싸우다가 부상 당한 군인들이 임금에게 상처를 보여 주며 거리낌 없이 대화하는 것처럼, 순교자들도 이와 똑같다. 그들은 천상의 임금에게 자신들의 참수당한 목을 보여 주고, 자신들이 원하는 것을 쉽게 얻는다.827)

이와 같이 순교자들과 성인들 그리고 경건하게 잠든 우리 형제들은 천상의 예루살렘에서 우리를 기다리며 언제나 우리를 위해 기도해 준다. 그

---

824) 신학자 그레고리오스, Λόγ. 24, *Εἰς τὸν ἅγιον Ἱερομάρτυρα Κυπριανὸν* 19, PG35, 1193B.
825) 신학자 그레고리오스, Λόγ. 18, *Εἰς τὸν πατέρα, παρόντος Βασιλείου*, 4· 40 PG 35, 989B· 1040AB.
826) 신학자 그레고리오스, Λόγ. 43, *Εἰς τὸν Μ. Βασίλειον, ἐπιτάφιος*, 80 PG 36, 601C.
827) 요한 크리소스톰, *Εἰς τοὺς μάρτυρας Ἰουβεβτῖνον καὶ Μαξιμῖνον*, 3 PG 50, 576.

들은 "교회 안에 있는" 천상의 시민으로서 사랑과 믿음과 기도로 우리와 굳건하고 긴밀한 결속을 유지한다. 그들은 우리의 투쟁과 불안, 승리와 패배, 그리고 피땀과 위험을 내려다보며 "주관자의 믿을 만한 협조자"로서, "적에 대항하는 강력한 보호자"828)로서 그리스도와 함께, 또 그리스도를 통해 투쟁의 교회를 이루는 우리를 위해 하느님께 중보 한다. 그런데 그들의 이런 사랑의 행위는 오직 한 분의 중재자,829) 우리 주 예수 그리스도의 중재 사역과 전혀 충돌하지 않는다.(디모테오전서 2:5 참조) 그것은 "세상을 떠난 성인들이" "중재자라 불리지 않고 우리를 위해 하느님께 간청하는 전구자 또는 중보자"라고 명명되는 이유이기도 하다.830) 성인들은 우리를 위해 성 삼위 하느님께 중보한다. 그래서 세계 제 7차 공의회 교부들은 "세상에 대한 중보의 은총이" 성인들에게 주어졌다고 가르쳤다. 따라서 "사후에도 성인들의 존재는 세상을 위한 끊임없는 기도이자 도움"이 된다.831) 왜냐하면 사랑은 "모든 것을 하나로 묶어 완전하게" 하기 때문이다.(골로사이서 3:14) 만약 성인들과 수도사들, 그리고 경건한 자들의 기도가 이곳에서 뜨거웠다면 은총의 옥좌 지척에 있는 현재에도 인류와 세상을 위한 그들의 기도는 더욱 더 뜨거울 것이다.

하느님께서는 우리가 필요로 하는 것을 의인에게 알려 주신다

그런데 다음과 같은 의문이 생긴다 : 그렇다면 어떻게 성인들과 잠든 형제들의 영혼이 우리의 문제와 요구를 알 수

---

828) 니사의 그레고리오스, Εἰς τοὺς ἁγίου Τεσσαράκοντα μάρτυρας, PG 46, 788B.
829) I. N. 카르미리, Ὀρθόδοξος Ἐκκλησιολογία, page 783 참조.
830) M. 크리토풀로스, Ὁμολογία 17; 도시테오스 Ἱεροσολύμων, Ὁμολογία 8, I. N. ΚΑΡΜΙΡΗ, Τὰ ΔΣΜ, II, page 549, 751.
831) Γ. 플로로프스키, Ἀνατομία, page 125.

있을까? 그리고 어떻게 우리의 기도를 들어줄 수 있을까? 우리는 이 질문에 대한 답을 성서에서 찾을 수 있다. 성서는 하느님의 성인들과 의인들을 언급한다. 그들은 비록 육신의 옷을 입고 세상에서 살아가지만 초자연적인 현상이나 계시로, 감춰진 생각이나 그들로부터 멀리 떨어진 곳에서 벌어지는 사건을 알게 된다.832)

이렇게 예언자 엘리사는 그의 종 게이사가 몰래 하는 행위를 알고 있었다. 즉 게이사가 시리아인 나아만에게 은 두 달란트와 옷 두 벌을 받아 낸 것을 알고 있었다.(열왕기하 5:21이하) 또한 시리아의 왕이 몰래 꾸민 전쟁 계획을 알고 이스라엘 왕에게 그 소식을 알렸다.(열왕기하 6:11-12) 사도 베드로도 아나니아와 삽피라가 땅을 팔고 몰래 의논한 후 일부를 숨긴 사실을 초자연적인 방법으로 알았다.(사도행전 5:3이하) 사도 바울로는 고린토인들에게 그가 비록 멀리 떨어져 있지만 마음으로 그들과 함께하며 "주 예수의 권능으로" 죄를 지은 그리스도인을 단죄했다고 밝혔다.(고린토전서 5:3-5 참조) 이렇게 "세상을 떠난 복된 영혼들은 영적으로 교회를" 도와준다. 아마도 그들은 세상에서 육신을 가지고 살아가는 이들보다 더욱 많은 도움을 줄 것이다.833)

이 밖에도 하느님께서 경건한 당신의 종들에게 영적 세계를 보는 은사를 베푸신 것에 대해 성서적 증거들이 많이 있다. 즉, 아직 육신을 가지고 살아가지만 눈에 보이지 않는 영적 세상에서 일어나는 현상들을 볼 수 있는 것이다. 예를 들어 선조 야곱은 눈을 들었을 때 그의 길을 막고 있는 천사단을 보았다. 그리고 그를 만난 하느님의 천사들은 그에게 힘을 북돋워 주었다.(창세기 32:1) 이사야 예언자는 여섯 날개를 가진 세라핌이 "드높은 보좌에 앉아 계시는 주님을" 삼성송으로 찬양하며 보필하는 것을 보았다.(이사야서 6:1-3) 복음사 요한도 하느님의 성령의 영감 속에서 무아지경에 빠져 환영을 보았다. 그는 하느님의 옥좌 앞에서 스물 네 명의 원로들이 어린 양(그리스도) 앞에 엎드려 성도들의 기도를 전하는 것을 보

---

832) Π. Ν. 트렘벨라, *Δογματική...* 2, page 395 참조.
833) 오리게네스, *Περί εὐχῆς* 31, 5 ΒΕΠΕΣ 10, 305(3-5).

았다.(요한묵시록 1:10, 5:8)

  살아 있던 성인들에게 하느님의 은사로 이런 영안이 실제로 있었다면 세상을 떠나 하느님의 거처에 사는 영혼들이 지상에 있는 우리들의 삶을 아는 것이 그리 어려운 일만은 아닐 것이다.

  "사실 세상을 떠난 이들은 우리의 기도를 듣지도 알지도 못한다." 하지만 "그들 자신이 우리의 기도를 듣거나 알지 못해도, 그들에게 풍성하게 주신 하느님의 은총과 계시로, 엘리사가 길에서 범한 그의 종의 행위를 알고 있었던 것처럼, 그들은 우리의 기도를 듣고 또 안다. 또한 하느님의 계시를 통해 성인들은 그들에게 중보를 간청하는 이들의 요청을 듣고 안다…. 성인들은 사후에 마치 천사와 같은 존재가 된다. 그래서 그들은 우리의 필요를 알고, 우리의 기도를 들어주며, 또 우리를 위해 중보해 준다."834)

  만약 멀리서 발생한 사건을 육신을 가진 우리가 즉시 알 수 있는 방법이 있다면, 영적인 상태가 된 그들에게는 우리보다 훨씬 뛰어난 어떤 방법이 분명히 있을 것이다. 물론 천상에 있는 성인들은 흔히 우리가 사용하는 "이야기나 편지", 전보, 전화, 기타 유사한 수단 등을 사용하지는 않는다. 그들에게는 이런 수단과는 비교 되지 않는, 언제 어디서나 모든 것을 알고 계시는 하느님께서 필요에 따라 알려 주시는 "성령의 계시"가 있다.835)

  물론 우리의 구원은 성인들의 기도에 좌우되지 않는다. 성인들, 즉 중보자들의 기도가 "극대화" 되기 위해서는 우리가 해야 할 일을 우리가 제대로 지켜 나가야 한다. 만약 우리가 죄와의 투쟁을 게을리 하고 오직 성인들의 기도에만 의지한다면 우리는 성인들의 중보기도를 통해 더 이상 얻을 것이 없을 것이다. 그것은 의인들이 힘이 없어서가 아니라 우리의 무관심과 나태함이 우리 자신을 스스로 "저버렸기" 때문이다.836)

---

834) П. 모길라. *Ὀρθόδοξος Ὁμολογία*, I. N. ΚΑΡΜΙΡΗ, *Τά ΔΣΜ*, II, page 679.
835) M. 크리토풀로스, *Ὁμολογία*... ιζ', I. N. ΚΑΡΜΙΡΗ, *Τά ΔΣΜ*, II, page 549; 도시테오스, *Ὁμολογία*, "Ὅρος η', ibid, page 751.
836) 요한 크리소스톰, *Εἰς Γεν*. 'Ομ. 44, 1 PG 54, 407.

추도예식

잠든 이들을 위한 기도

　이렇게 잠든 이들은 우리를 위해 기도하고 우리를 기억한다. 따라서 우리가 그들을 기억하고 기도해 주는 것은 지극히 당연한 귀결이다. 아울러 그리스도인의 사랑은 사후에도 흔들림 없이 강력한 결속을 유지한다.(고린토전서 13:8 참조) 더 나아가 생전에 함께 지냈던 형제의 잘못도 잊혀지는데 세상을 떠난 형제에 대한 우리의 아련한 사랑이야 오죽할까?

　이처럼 세상을 떠난 형제에 대한 우리의 사랑은 그대로 남아 있다. 그래서 어머니 교회는 잠든 이들에 대한 우리의 사랑을 표현하기 위한 방법으로 그들을 위한 특별한 기도를 제정하고, 또 그들을 위한 추도식을 특정한 날 거행하게 하였다. 크리소스톰 성인은 "'전율의 성사가 진행되는 동안' 거행되는 추도는 아주 오랜 역사를 지닌다. 그것은 성 사도들에 의해 제정되었다"고 전했다.[837] 다마스커스의 요한 성인에 의하면, "구세주의 제자들과 사도들은" "흠 없고 생명을 주는 전율의 성사에서" 잠든 신자들을 기억하게 한 제정자들이다. 그리스도의 교회는 사도들의 이 명령을 세상의 "끝에서 끝까지" 오늘날까지 흔들림 없이 지켜 오고 있으며 앞으로도 "세상 끝 날까지" 지켜갈 것이다. 요한 성인은 거룩한 사도들이 이것을 제정할 때 의미 없이 제정한 것이 아니라고 첨언했다. 왜냐하면 "그리스도의 진리의 종교"는 꼭 필요한 것만을 취하기 때문이다. 이 모든 것은 유용하고 하느님께 부합되며 유익하다. 그리고 그것들은 매우 소중한 구원을 제공해 준다.[838]

　테르툴리아노스(†200)는 이미 그의 저서 "관(棺)에 대하여"에서 잠든 이들을 위한 예식을 언급하고 있다. 카르타고의 주교순교자 키프리아노스(†250)는 그의 37번째 편지에서 그리스도인들은 순교자들을 위해 제물을 바

---

837) 요한 크리소스톰, Εἰς Φιλιπ. Ὁμ. 3, 4 PG 62, 204.
838) 다마스커스의 요한, Περὶ τῶν ἐν πίστει κεκοιμημένων... 3 PG 95, 249BC.

치고 기도를 드려야 할 기본 책무가 있다고 하였다. 아르노비오스 사제는 "이교도에 대항하여"(305년경)라는 그의 작품에서 그리스도인들은 예배에서 잠든 이들의 구원과 안식을 위해 기원을 드렸다고 전한다. 또한 밀라노의 주교 암브로시오스 성인(†330-397)은 우알렌디아노스, 테오도시오스 그리고 그의 형제 사티로스를 위해 성찬예배를 집전했다. "사도 규범"(4세기)은 "그리스도 안에서 안식한 우리 형제들을 위한" 기원을 아름답게 표현한다. 신자들은 이 기원을 통해 형제의 영혼을 받아 주신 "자비의 하느님께" "그가 알고 모르고 지은 모든 잘못을" 용서해 주실 것을 간청했다. 그리고 그를 "고통도 슬픔도 한숨도 없는"(이사야서 35:10) 곳, "선조들과 예언자들, 사도들과 하느님을 기쁘게 했던 모든 이들이 있는 곳에 들게 해 달라고" 간구했다.839) 이밖에 아브구스티노스 성인(†354-430)은 잠든 이들을 위한 예식서를 썼다.

우리가 드리는 모든 성찬예배에는 잠든 이들을 위한 기도와 기원이 담겨 있다. 성 마르코 성찬예배에서는 주관자 그리스도께 잠든 이들의 영혼을 "당신의 거처와 왕국에" 안식케 하시고 그들에게 당신의 약속을 "베풀어 주실 것"을 기원한다. 그리스도의 형제 성 야고보 성찬예배에서는 사도들과 예언자들, 그리고 기타 성인들을 기념한 후에, 우리가 기억하는 이들과 또 기억하지 못하는 모든 이들을 위해 하느님께 간청한다. 또한 그들이 "당신의 얼굴이 영원히 빛나는 곳", "아브라함과 이사악과 야곱의 품이 있는 포근한 낙원, 당신 나라의 산 자들의 거처에" 들게 하여 주실 것을 하느님께 간청한다. 사도 베드로의 제자였던 로마의 주교 성 클리멘스의 성찬예배에서는 사제가 "하느님을 기쁘게 했던 모든 성인들, 선조들, 예언자들, 의인들, 사도들, 순교자들, 고백자들, 주교들" 그리고 일반적인 모든 성직자들, "동정을 지킨 자들, 신자들, 그리고 하느님의 기억 속에 있는 모든 이들을 위해" 기도를 드린다.

예루살렘의 키릴로스 성인(†4세기)은 그의 저서 "가르침"에서 다음과

---

839) *ΔΙΑΤΑΓΑΙ*, 8, 41 ΒΕΠΕΣ 2, 168(15-35).

같이 기록하고 있다 : 거룩한 선물의 축성 이후에 "우리는 하느님께서 잠든 이들의 기도와 중보를 통해 우리의 기원을 받아 주시도록 먼저 선조들, 예언자들, 사도들, 순교자들 순으로 잠든 이들을 기억한다." 그리고 계속해서 "거룩한 교부들과, 주교들, 그리고 우리에 앞서 떠나간 모든 이들을 위해" 간구한다.840) 대 바실리오스 성찬예배와 성 요한 크리소스톰 성찬예배에서도 투쟁의 교회는 "믿음 안에서 잠든 선조들, 예언자들, 사도들, 교부들, 설교가들, 복음사가들, 순교자들, 고백자들, 금욕자들 그리고 믿음 안에서 의롭게 살다 떠난 이들...."을 위해 "정신적 예배"를 드린다. 그리고 봉헌물의 축성이 이루어진 바로 직후, 모든 성인들을 기념하고 이렇게 말한다 : "영원한 부활의 희망 속에 잠든 이들을 기억하소서." 그러면서 사제는 기억하고자 하는 이름들을 언급한다. 그런 후에 사제는 "우리의 하느님이시여, 당신의 얼굴이 빛나는 곳에서 그들을 안식케 하소서."라고 부언한다.

교회는 사도시대부터 특별한 보살핌 속에 '명부(두 겹)'를 보존했다. 이것은 교회가 성찬예배를 통해 초대 때부터 잠든 이들을 위해 기도해 왔음을 증명한다. 명부는 이미 잘 알고 있는 것처럼, 산 자와 죽은 자의 것이 있다. '명부'는 "둘로 접다"라는 뜻의 어원에서 기원했다. 왜냐하면 하나로 결합된 두 개의 조그만 나무판자로 만들어졌기 때문이다. 그것은 그의 이콘에서 볼 수 있는 것처럼 하느님을 목격한 모세가 들고 있던 두 개의 석판을 연상 시킨다. 그 두 개의 나무 판자에는 산 자와 죽은 자의 이름이 적혀 있었다. 그리고 세계 제 5차 공의회를 통해 우리가 알 수 있듯이 보제는 거룩한 봉헌물의 축성이 끝난 후 오늘날처럼 "성모송"이 불리는 동안 그들을 기렸다. 교인들이 불어나자 명부를 가리키는 '두 겹'은 '다 겹'이라는 이름을 가지게 되었다. 왜냐하면 여러 겹으로 접었기 때문이다. 하지만 대체로 첫 번째 이름이었던 '두 겹'이 그대로 사용되었다. 이 명부는 성찬예배 준비 예식 때도 기억된다. 그들이 기억될 때

---

840) 예루살렘의 키릴로스, *Μυσταγωγικαί Κατηχήσεις* Ε', 9 ΒΕΠΕΣ 39, 259(28-32).

그들의 몫은 어린 양(그리스도) 가까이에 놓인다. 하지만 성찬예배에서 봉헌물이 축성되고, 축성된 봉헌물, 즉 주님의 몸과 피를 신자들이 받아 모신 후에야, "성모님과 천사들, 산 자와 죽은 자들의 몫"은 "세상의 생명과 구원을 위해 흘리신"841) 주 예수 그리스도의 성혈과 흠 없는 성체가 모셔져 있는 성작으로 들어간다. 그리고 성찬예배가 종료된 후 집전한 사제는 경건한 마음과 두려움으로 성작에 남아 있는 모든 성체와 성혈을 깨끗하게 비운다.

거룩한 추도식

성찬예배에서 잠든 이들을 위해 하느님께 올리는 기원 외에도 교회는 정기적으로 잠든 이들을 위해 드리는 추도식을 제정하였다. 이 추도식의 시작은 성서에 근거한다. 구약을 보면 이스라엘 백성들은 먼저 잠든 선조들의 죄를 용서해 달라고 하느님께 간구하였다.(느헤미야서 9:2) 또한 죽은 이스라엘 군인들의 옷을 들춰냈을 때 이교도의 부적이 발견되자 이스라엘 백성들은 그것이 큰 죄임을 알고 죽은 이들이 범한 잘못과 그들의 영혼을 위해 하느님께 간구하였다.(마카베오하서 12:40-42) 신약에서도 우리는 사도 바울로가 이미 잠든 오네시포로를 위해 기도하는 것을 본다. 사도는 잠든 그에게 주님의 재림 때 자비를 베풀어 주실 것을 간구한.(디모테오후서 1:18) 이렇듯 추도식은 초대교회 때부터 행해졌다. 왜냐하면 그것은 산 자와 죽은 자 모두 "그리스도와 한 몸이고 그 몸의 지체들이기 때문이다."(고린토전서 12:27)

산 자(투쟁의 교회)와 죽은 자(승리의 교회)가 분리되지 않는 오직 하나의 그리스도 교회를 이룬다는 진리는 성찬예배 예비예식의 성반 위에서 극명

---

841) Π. N. 트렘벨라, *Δογματική*... 3 page 164.

하게 드러난다. 성반의 중심에는 어린 양이 계신다. 그분의 오른편에는 성모님의 몫이, 왼편에는 천사단과 모든 성인들의 몫이 자리한다. 그리고 아래에는 산 자와 죽은 자의 몫이 놓인다. 이렇게 그곳에는 상징적으로 "완전한 그리스도와 완전한 보편적 교회, 세상과 천상의" 모든 이들이 함께한다.842) 콘스탄티노플에 있는 호라 수도원 성당 입구의 아름다운 모자이크는 그리스도를 "산 자들의 거처"처럼 그리고 있다. 왜냐하면 "진정한 안식은 그리스도 안에 있기 때문이다." 그리스도를 믿고 성 삼위의 이름으로 세례 받은 우리 모두는 "그리스도 안에서 산다." 그리스도 왕국의 경계는 - 우리가 속하는 "거처" - 산 자와 죽은 자를 망라한다. 그래서 사도 바울로는 다음과 같이 말한다 : "우리는 살아도 주님의 것이고 죽어도 주님의 것입니다."(로마서 14:8) 이렇게 우리는 산 자와 죽은 자의 결속과 또 세상을 떠난 이들, 특히 가족 - 부모, 부부, 형제, 자녀 - 에 대한 사랑으로 잠든 영혼들을 위한 추도식을 드릴 책무를 느낀다.

"사도 규범"은 사후 삼 일째 되는 날에 시편과 성서 봉독 그리고 기도로써 고인을 위한 추도식을 하라고 권장한다. 왜냐하면 예수 그리스도께서 삼 일만에 부활하셨기 때문이다. 또한 "산 자와 죽은 자를 기념하기 위해 9일째와 40일째도 관례에 따라" 추도식을 거행하라고 하였다. 왜냐하면 이스라엘 백성두 모세를 이렇게 기념했기 때문이다. 이 밖에도 우리는 잠든 이들을 "기념하기 위한 연례" 추도식을 거행해야 한다.843) 이시도로스 필루시오티스 성인(†370-437)은 주님의 삼 일만의 부활을 기념하는 추도식으로서 삼일제를 권유한다. 성인은 구세주께서 무덤에서 보낸 삼 일 낮과 밤의 시간을 상세하게 구분하고 계산하면서 이렇게 부연했다 : 이처럼 우리도 사후 삼 일째 되는 날, 잠든 이들을 위한 추도식을 거행하는 관례가 있다.844)

테살로니카의 시메온 성인은 3일과 9일에 드리는 추도식에서 다른 의

---

842) I. N. 카르미리, Ὀρθόδοξος Ἐκκλησιολογία, page 789.
843) ΔΙΑΤΑΓΑΙ 8, 42, ΒΕΠΕΣ 2, 169(8-12).
844) 이시도로스 필루시오티스, Ἐπιστολή 114, PG 78, 260.

미를 찾는다. 성인은 이렇게 기록했다 : "3일의 추도식은 성 삼위를 기념해 드린다." 왜냐하면 그분은 우리의 존재와 생명의 원천이며 "생명과 구원의 모든 것이" 그분을 통해 우리에게 제공되기 때문이다. "9일의 추도식은" 잠든 형제가 이미 무형의 영이 되어 합류한 9개의 천사단을 상기 시켜 준다. "40일의 추도식은" 3일만의 부활 후 "40일" 뒤에 있었던 "구세주의 승천을 기념한다. 마지막으로 3개월, 6개월, 9개월은 "만인의 하느님, 성 삼위"를 상징하며 그 때 드리는 추도식은 고인을 위해 성 삼위께 영광을 드리는 추도식이 된다. 왜냐하면 성 삼위께서 창조한 그가 육신을 떠나 지금 다시 성 삼위께 돌아가고 있으며 또 성 삼위께서 그의 육신을 다시 부활 시켜 주실 것이라는 희망을 가지고 있기 때문이다.[845] 신학자 그레고리오스 성인은 그의 형제 케사리오스의 장례식에서 한 설교에서 연례 추도식을 언급한다 : 우리가 형제께 해야 할 의무의 일부분을 우리는 지켰습니다. 이제 우리는 형제께 다른 나머지를 약속합니다. 형제를 매년 기념하여 추도식을 드릴 것입니다.[846] 테살로니카의 시메온 성인도 연례 추도식을 언급하면서 다음과 같이 지적했다 : 이것은 세상을 떠난 고인이 영적으로 "죽지 않고 살아 있음을" 보여 준다. 특히 조물주의 뜻이 있을 때, 창조주께서 육신을 부활 시켜야 할 때, 그는 다시 부활할 것이다.[847]

위에 정한 날들 외에도 교회는 토요일을 거룩한 순교자들과 잠든 모든 영혼들을 위한 날로 정했다. 왜냐하면 창조 당시 일곱 번째 날인 토요일은 정의로운 하느님께서 인간에게 형벌로 내렸던 육체의 죽음이 있었던 날이기 때문이다. 인간의 죽음이 지속되는 한 이 날도 지속될 것이다. 반면에 주일은 "부활의 날", 여덟 번째 날로서 우리가 애타게 기다리는 무한한 영원, 죽은 자들의 부활, 그리고 영원한 왕국을 상징한다.[848]

---

845) 테살로니카의 시메온, Περὶ τοῦ τέλους ἡμῶν... τοα', τοβ' PG 155, 689C-692ABC.
846) 신학자 그레고리오스, Λόγ, 7, Εἰς Καισάριον, 17 PG 35, 776B.
847) 테살로니카의 시메온, Op. cit., 692CD.

영혼 토요일 - 콜리바

교회는 또한 일 년에 두 번 공동으로 드리는 추도식을 제정했다. 금육주일 전 토요일과 대 축일인 오순절 전 토요일이다.

교회는 잠든 모든 영혼들을 위해 금육 전 토요일에 추도식을 거행한다. 이것은 (초대교회 때) 하느님의 교부들에 의해 제정되었다. 왜냐하면 가족과 떨어진 먼 타향에서 바다나 험준한 절벽, 산에서 "이른 죽음을 맞이한 사람들과" 전염병이나 굶주림, 전쟁이나 화형, 얼어 죽거나 천재지변에 의해 죽은 사람들이 있었기 때문이다. 또 "교회의 찬송이나 추도를 받지 못한 채" 세상을 떠난 이들도 있었을 수 있기 때문이다. 이렇게 우리는 교회가 정한 이 공동 추도식을 통해 "전 세계에 잠들어 있는" 그 영혼들을 위해 기도하는 기회를 갖는다.

영혼 토요일이 제정된 또 다른 이유가 있다. 잘 알다시피, 영혼 토요일 다음날은 금육주일로서 교회는 주 예수 그리스도의 준엄한 심판과 재림을 상기 시킨다. 다시 말해 영혼 토요일은 주님의 심판 날 우리와 세상을 떠난 우리 형제들에게 자비를 베풀어 주실 것을 "준엄한 심판관"께 간청 느리는 날이다. 영혼 토요일의 카논과 애니 성가는 장례 예식처럼 죽음의 신비에 관해서 우리들 마음 속 깊이 전해 준다. 세상의 헛됨과 인간의 보잘것없음을 깨닫게 해 주며 저승을 멸하고 인간에게 부활과 생명을 선물하신 주님의 부활과 심판자의 자비를 우리에게 상기 시켜 준다.[849]

교회가 제정한 두 번째 공동 추도식 날은 주님의 승천 9일 뒤인 오순절 전 토요일이다. 교회는 이 영혼 토요일에 "영생의 부활의 희망 속에서 경건하게 잠든 모든 영혼들을 위해" 기도한다. 따라서 이날 우리는 그리스도인만을 위해 기도하지 않는다. 우리는 아담 때부터 오늘까지 잠

---

[848] 다음과 같은 축일에는 추도예식이 거행되지 않는다. 1)주님의 모든 축일 2)라자로의 토요일부터 토마주일까지 3)오순절(주일) 4) 성모님 안식축일.
[849] 트리오디온, 출판 A. Δ., Athens 1960, page 22-25 참조.

든 모든 영혼들, 깨끗한 삶으로 하느님을 예배했고 여러 다양한 방법으로 "선한 삶을 살다 하느님께 돌아간" 그들을 위해 기도한다. 교회는 이 모든 이들이 "심판의 시간에 선한 변론을" 하고 "기쁨 속에 하느님의 우편에 있는 의인과 성인들, 그리고 빛의 상속자의 무리에 들게 해 달라고" 또 "천상의 왕국에" 합당하게 해 달라고 주님께 간청한다.850) 물론 우리가 기도해 주는 그들은 당연히 그리스도 이전에 거룩한 삶을 살았던 의인들로서 주님께서 세상에 제공하시려 했던 구원의 몫을 가지고 있었던 사람들이다. 우리는 오순절 날 무릎을 꿇고 드리는 세 번째 기도문의 여섯 번째 기원에서 세상을 떠난 모든 그리스도인들을 위해 기도한다.851)

이미 잘 알고 있듯이, 교인들은 추도식 때 콜리바를 가져온다. 콜리바 사용의 기원은 4세기 중반까지 거슬러 올라간다. 예전에는 빵과 올리브주 또는 티리(치즈)나 쌀로 만든 술을 가져왔다. 콜리바는 자선의 의미를 가지고 있고, 추도식이 끝난 후 그것을 나눠 먹을 때 사람들은 "고인의 명복을 빕니다"라고 기원했다. '마카리아'라는 단어의 어원은 사도 규범에도 언급된 제사상에서 기원한다.852) 이 풍습은 오늘날까지 지속되어 고인의 가족들은 추도식 때 고인을 위해 함께 기도해 준 사람들에게 조그만 빵과 커피를 제공한다.

콜리바는 삶은 밀로서 추도식을 대표하는 음식이 되었다. 그리고 거기에는 나름의 깊은 의미가 숨어있는데 그것은 죽은 자들의 육신의 부활을 상징한다. 또 인간은 하나의 씨로서 밀알처럼 죽어 땅에 묻히는 존재임을 상기 시킨다. 그런데 이 씨는 하느님의 능력에 힘입어 다시 부활하게 될 것이다. 테살로니카의 시메온 성인이 지적한 바와 같이, 우리는 콜리바 안에 여러 가지 다른 씨들을 함께 집어넣는다. 그러나 주된 것은 밀이다. 그것은 구세주께서 당신의 거룩한 몸과 당신의 부활을 밀로 비유하셨기 때문이다. 주님께서는 "밀알 하나가 땅에 떨어져 죽지 않으면 한 알 그

---

850) *오순절 예식서*, 출판 A.Δ., Athens 1959, page 191부터.
851) 잡지 "ORTHODOX LIFE" No. 1, Jan-Feb. 1978, page 20-21 참조.
852) *ΔΙΑΤΑΓΑΙ*, 8:44, ΒΕΠΕΣ 2, 169(19-21) 참조.

대로 남아 있고 죽으면 많은 열매를 맺는다."라고 말씀하셨다.(요한복음 12:24)853) 사도 바울로는 주님의 이 말씀을 죽은 자들의 육신의 부활에 대한 가르침으로 보충설명한다.(고린토전서 15:35-49)

추도식은 유익한 것인가?

우리는 성찬예배와 추도식 때 잠든 이들을 위한 기원을 하느님께 드리는데 그것은 하느님의 자비와 자애, 온정과 관대함을 믿고 또 희망하기 때문이다. 사랑의 제자는 다음과 같은 말로 우리에게 힘을 북돋아 준다 : "무엇이든지 우리가 하느님의 뜻을 따라 청하면 하느님께서 우리의 청을 들어주시리라는 것을 우리는 확신합니다. 우리가 하느님께 청하는 것은 무엇이든지 다 들어주신다는 것을 알고 있으니 우리가 하느님께 청한 것은 이미 다 받은 것이나 마찬가지입니다."(요한서 5:14-15)

하느님께서는 사랑과 자비의 원천으로서 "모든 사람이 다 구원 받기를"(디모테오전서 2:4) 원하신다. 따라서 잠든 이들을 위해 드리는 우리의 기도는 하느님께서 기뻐하시고 또 원하시는 것이다. 다마스커스의 요한 성인은 '이것은 "온유하신 주님을" 우선 기쁘게 하는 것이며 우리 각자가 이웃을 돕기 위해 힘쓰는 것이다.'라고 하였다. 자비의 하느님께서는 "산 자와 죽은 자" 모두에게 당신의 자비를 베푸시기를 원하신다. 왜냐하면 지극히 선하신 주님께서는 우리의 구원을 "갈망하시고, 원하시며 찾고 계시기" 때문이다. 그리고 인간이 당신의 "거룩한 선물"을 누릴 때 "한 없이 기뻐하시기 때문이다."854) 여기에 요한 성인은 다음과 같이 덧

---

853) 테살로니카의 시메온, Περὶ τοῦ τέλους ἡμῶν... τοα', PG 155, 688D-689B.
854) 다마스커스의 요한, Περὶ τῶν ἐν πίστει κεκοιμημένων 15· 19 PG 95, 261B·265C.

붙였다 : "하느님의 영감을 받은 사도들....과 성령을 전하시는 교부들"은 잠든 이들을 위해 하느님의 뜻에 부합되게 "예배와 기도와 시편과 연례 추도"를 제정하였고 자비로우신 하느님의 은총에 힘입어 오늘날까지도 지속되고 있다. 교회는 "피 흘림 없는 희생 제사" 때 드리는 추도를 비롯해 "3일, 9일, 40일, 그리고 연례 추도식"도 "경건한 하느님의 백성이 손상 없이 보존해 온 것처럼" 그렇게 지켜 내려오고 있다. 이 모든 것은 추도식이 주님의 눈에 드는 하나의 방증임을 보여 준다.855)

거룩한 교부들은 세상을 떠난 이들에게 우리의 기도가 유익하다고 가르쳤는데 그 때 교부들은 주님의 말씀과 그분의 자애를 염두에 두고 있었다. 그래서 예루살렘의 키릴로스 성인은 이렇게 적었다 : "전율의 제물"이 제단에 모셔져 있는 그 시간에 우리가 잠든 이들을 위해 "드리는 기도"는 그들의 영혼에 아주 큰 은혜가 될 것이다.856)

크리소스톰 성인은 잠든 이들을 위한 우리의 기도는 그들에게 "나름의 위로가" 된다고 하였다. 또 "사도들이" 감사의 성사 때 잠든 이들을 기념하도록 제정한 것은 나름의 이유가 있다고 말했다. 거룩한 사도들은 이 제도를 제정하였다. 왜냐하면 세상을 떠난 이들에게 "많은 유익"과 "많은 도움"이 될 것을 알았기 때문이다. 실제로 모든 백성이 모든 "성직자들과" 함께 "전율의 제사가 거행되는 시간에" 하늘을 향해 손을 높이 들고 "하느님께 간구한다면 하느님의 마음이 왜 움직이지 않겠는가?"857) 성인은 다른 곳에서 이렇게 지적한다 : "우리가 죽은 이들을 위해 드리는 기도는 절대 헛되지 않는다." 그러니 그가 나름 유용한 열매를 얻게 될 것은 "분명하다." 보제는 아무런 이유도 없이 그냥 단순하게 "그리스도 안에서 잠든 이들을 위해" 신자에게 기도를 요청하지 않는다. 이 요청은 인간인 보제가 하는 것이 아니라 신품을 받은 보제를 통해 "성령"이 전하는 것이다. 그런데 너는 피 흘림 없는 제물이 사제의 손에 있고

---

855) 다마스커스의 요한, Op. cit., 265C-261C.
856) 예루살렘의 키릴로스, Μυσταγωγικαί Κατηχήσεις Ε', 9 B 39, 259(32-34).
857) 요한 크리소스톰, Εἰς Φιλιπ,. Ὁμ. 3, 4 PG 62, 204.

천사들과 대천사들이 보이지 않는 가운데 함께하며 하느님의 아들이 그곳에 계시고 모든 이가 "전율하며" 서 있는 이 시간에 "이 모든 것들이 단순하게" 말해진다고 생각하는가? 주관자 그리스도께서 현존하는 그 시간, "전율의 성사, 전율의 희생제"가 거행될 때 누군가의 이름이 불리는 것은 엄청난 영예이다.858)

테살로니카의 시메온 성인은 사도와 교회의 전승을 따르면서 "하찮은 우리를 위해" 흘리신 주님의 피와, 우리를 위해 십자가에서 수난을 겪으신 흠 없는 당신의 몸 말고는, 진정 잠든 이를 유익하게 해 주고 "하느님의 참된 기쁨과 빛으로 결합해 줄 수 있는 것"은 없다고 기록했다. 따라서 우리는 성스런 추도식을 경시해서는 안 된다. 그리고 거룩한 감사의 성사가 거행될 때 우리는 각별히 잠든 이들을 기억해야 한다. 왜냐하면 감사의 성사는 또한 이 목적을 위해서도 우리에게 주어졌기 때문이다.859)

여기에 우리가 주목해야 할 점이 있다. 그것은 성찬예배에서 거룩한 봉헌물의 축성이 이루어진 바로 직후, 사제가 잠든 이들을 기념 할 때가 바로 실질적인 추도라는 점이다. 하지만 다수의 사람들은 이 사실을 잘 모른다. 그래서 그들은 성찬예배 후에 드리는 짧은 추도예식이 실제적인 추도로 생각한다. 그래서 안타깝게도 사람들은 성찬예배에 참례하기보다 후에 드리는 추도식에 참례하려 한다!....

위에 언급한 교부들의 가르침을 종합해 볼 때, 우리가 드리는 추도식의 혜택을 받는 사람들은 회개를 했거나 또는 회개를 다 하지는 못했지만 회개를 하고자 노력하다 현세를 떠난 이들임을 알 수 있다. 트렘벨라는 이와 관련된 정교회 가르침과 지금껏 언급한 교부들의 가르침에 대한 결론을 우리에게 아주 잘 설명해 주고 있다.

"생전에 죄를 회개하지 못했거나 영적인 건강을 회복하지 못한 상태에서 세상을 떠난 영혼은 "감사의 성사 때 그들을 위해 드리는 우리의 기도를 통해 "참담한 상태에 놓여 있는 가운데에서도 나름의 유익과 위로

---

858) 요한 크리소스톰, Ομ. 45, Περὶ τοῦ μὴ πενθεῖν σφοδρῶς..., PG 63, 892.
859) 테살로니카의 시메온, Περὶ τοῦ τέλους ἡμῶν... τξθ'· τοχ' PG 155, 688D· 693A.

를 얻는다." 하지만 "어느 선까지 위로가 되고 유익이 되는지는 하나의 화두로 남아 있다." 따라서 우리 스스로 "어느 선까지 그 영향이 미치는지 규정할 수 없으며" 그리고 "이 유익이 정확하게 어떤 효력을 가져오는지도" 알 수가 없다. 아무튼 분명한 점은 "참담하고 악한 상태에서 성스럽고 복된 상태로의" "이동"이 전혀 불가능하다는 점이다.860)

우리는 지금까지 서로를 위해 기도해 주는 것이 하느님께서 기뻐하시는 성스런 행위라고 강조해 왔다. 그것은 영원으로 떠날 준비가 채 되지 않은 상태에서 세상을 떠난 형제들을 위해 우리가 기도해 주는 것 역시 하느님께서 기뻐하시는 성스런 행위임을 의미한다. 일부 사람들은 우리의 행위가 분명 "옳은 일이다"고 동의하면서도 다른 한편으로는 "저승에는 회개가 존재하지 않음을" 강조한다. 물론 성서에는 그들이 말하는 표현이 똑 같이 나와 있지 않다. 하지만 그들의 주장이 꼭 틀린 것은 아니다. 왜냐하면 실제로 사후에는 회개의 방법이 없기 때문이다. 다마스커스의 요한 성인은 이 주제와 관련하여 이렇게 말했다 : 사후에는 회개가 있을 수 없다. 그것은 하느님께서 회개를 받아 주시기 않기 때문이 아니라, 영혼이 고착되기 때문이다. 즉 타락한 이후의 악령들이 회개하지 못하고, 천사들이 지금 죄를 지을 수 없는 것처럼 인간도 사후에는 "불변"의 상태가 된다.861) 따라서 저승에서의 회개는 불가능하며 한 상태에서 또 다른 상태로 영혼이 이동하는 것도 불가능하다.

주님께서도 부자와 라자로의 비유(루가복음 16:19-31)와 열 명의 처녀의 비유(마태오복음 25:1-12)를 통해 이 진리를 가르치셨다. 이 비유들은 현세가 바로 영혼의 성화를 위한 투쟁의 때라는 사실을 강조한다. 만약 회개하지 않은 채 우리가 이곳을 떠난다면 우리는 성인들의 무리에 들어갈 수 없다. 그래서 사도 바울로는 외친다 : "지금이 바로 그 자비의 때이며, 오늘이 바로 구원의 날입니다."(고린토후서 6:2) 다른 곳에서 사도는 다시 외친다 : 우리가 현세에 있는 동안 "기회 있을 때마다 모든 사람에게 선을

---

860) Π. Ν. 트렘벨라, *Δογματική*... 3, page 410, 411.
861) 다마스커스의 요한, *Κατὰ Μανιχαίων διάλογος* 75 PG 94, 1574B.

행합시다."(갈라디아서 6:10)

거룩한 교부들은 끊임없이 이 중요한 진리를 분석한다. 반면에 "세상을 속이고 어지럽히는"(요한묵시록 12:9) 사탄은 갖은 방법을 다 써서 우리로 하여금 그 진리를 망각하게 만든다. 로마의 주교 클레멘스 성인은 세상에 있는 동안 온 힘을 다해 저지른 죄를 회개하고 "주님으로부터 구원받자"고 외친다. 왜냐하면 우리가 이 세상을 떠난 후에는 "그곳에서 고백이나 회개가 전혀 불가능하기" 때문이다.862) 대 바실리오스 성인은 "회개와 용서의 때는 바로 지금이다." 미래에는 "행위에 대한 정당한 심판이 있을 뿐이다"라고 상기 시킨다.863) 신학자 그레고리오스 성인은 적는다 : 저승에 내려간 자들은 더 이상 하느님께 영광을 드리거나 치유될 수 없다. 왜냐하면 하느님께서는 현세의 삶과 행위를 내세의 삶과 결부 시켜 현세에서 행한 모든 것을 검증하시기 때문이다.864) 크리소스톰 성인도 외친다 : 우리가 이 세상에 있는 동안 "우리는 유용한 희망을 가질 수 있다." 하지만 "우리가 그곳으로 가면" 우리는 더 이상 죄를 회개할 수도 또 깨끗해 질 수도 없다. 그곳에는 "심판"과 '지옥"만이 있을 뿐이다.865)

그럼에도 불구하고 거룩한 교부들은 "죄 속에" 떠난 형제들을 위해 기도하라고 권유한다. 사실 남의 영혼의 깊이를 알 수 있는 사람이 누가 있겠는가? 그리고 마지막 순간에 어떤 영혼의 변화가 있었는지 과연 누가 알겠는가? 숨을 거둔 형제가 얼마나 큰 죄인이었는지, 만인이 당신의 완전한 진리를 깨닫고 구원받기를 원하시는(디모토전서 2:4 참조) 자비의 주님께서 그의 영혼에 어떤 역할을 하셨는지 과연 어느 누가 알겠는가? 그래서 예루살렘의 키릴로스 성인은 "죄를 안고 이 세상을 떠난 영혼에게 어떤 유익이 있겠습니까?"라고 질문한 사람에게 다음과 같이 한 예를 들어 대답한다 : 어떤 왕이 있었다. 그런데 그는 반란을 일으킨 백성들을

---

862) 로마의 클레멘스, B' $Kop.$ VIII 3 ΒΕΠΕΣ 1, 42(35-39).
863) 대 바실리오스, $H\Theta\iota\kappa\acute{a}$, $H\Theta\iota\kappa\acute{a}$, PG 31, 700C.
864) 신학자 그레고리오스, $\Lambda\acute{o}\gamma.$ 16, $E\iota\varsigma$ $\pi\alpha\tau\acute{\epsilon}\rho\alpha$ $\sigma\iota\omega\pi\tilde{\omega}\nu\tau\alpha$, 7 PG 35, 944C.
865) 요한 크리소스톰, $E\iota\varsigma$ $\tau\grave{o}\nu$ $\pi\tau\omega\chi\grave{o}\nu$ $\Lambda\acute{a}\zeta\alpha\rho o\nu$ $\kappa\alpha\grave{\iota}$ $\tau\grave{o}\nu$ $\pi\lambda o\acute{\upsilon}\sigma\iota o\nu$, $\Lambda\acute{o}\gamma.$ 2, 3 PG 48, 985; $E\iota\varsigma$ $Ma\tau\Theta.$ $'O\mu.$ 36, 3 PG 57, 416· $E\iota\varsigma$ $\Psi a\lambda.$ 9, 4 PG 55, 127· $E\iota\varsigma$ $\Phi\iota\lambda\iota\pi.$ $'O\mu.$ 3, 4 PG 62, 203 참조.

잡아 멀리 귀양 보냈다. 그러자 그들의 친구들이 왕을 찾아와 자신들이 엮은 관을 왕에게 바치며 "귀양 보내진 그들에게" 선처를 베풀어 달라고 간청했다. 그러면서 성인은 그에게 말했다 : 친구들이 왕에게 계속해서 그들의 선처를 청한다면 왕이 어떻게 하겠는가? 결국 그들의 간청을 받아들여 그들의 "고통을 다소라도 줄여 주지" 않겠는가? 성인은 계속했다 : 이와 같은 방법으로 우리가 잠든 형제가 죄인이라 할지라도 잠든 이들과 우리를 위해 하느님께 용서를 구하고 또 용서를 받으며 형제의 영혼을 위해 하느님께 기원을 드린다면 우리는 엮은 관을 바치는 것이 아니라 우리 죄를 위해 희생하신 그리스도를 바치게 된다.866)

크리소스톰 성인은 거룩한 선물(봉헌물)을 축성한 직후에 사제와 신자들이 죽은 이들을 위해 바치는 기도와 관련해서 다음과 같이 지적했다 : 그 시간에 너의 이름이 기억된다는 것은 "크나큰 영예"가 아닐 수 없다. 왜냐하면 임금이 옥좌에 앉아있을 때 원하는 것을 얻는 것처럼 아주 큰 혜택을 입는 것이기 때문이다. 만약 임금이 그 자리를 떠나면 어떤 청도 할 수 없듯이, 거룩한 감사의 성사 시간도 이와 마찬가지다. 흠 없는 신비가 우리 앞에 펼쳐지는 시간, 그리스도 임금 자신이 제단위에 계시는 그 순간은 모든 이에게 "최상의 영예이며, 기념에 가장 합당한" 때이다. 그 시간에 "하느님께서 인류를 위해 당신 자신을 희생 제물로 내놓으신 전율의 성사"가 공개적으로 선포되며(고린토전서 11:26) 고백된다. 투쟁의 교회는 이 놀라운 기적과 함께 죄인들을 기억해 줄 것을 하느님께 부탁하며867) 또 당신 얼굴이 빛나는 곳, 모든 것을 살피시는 그곳에 영혼들을 안식케 해 달라고 간청한다.

다마스커스의 요한 성인은 "악한 삶"을 살고 회개를 하지 않은 채 떠나간 사람을 도울 수 있는 사람은 아무도 없다. 하지만 "게으름과 나태함으로" 또는 차일피일 미루고 주저하다가 많은 덕은 아니지만 약간의 덕을 쌓고 떠나간 사람에 대해서는 정의의 심판관이자 주관자이신 주님께

---

866) 예루살렘의 키릴로스, *Μυσταγωγικαί Κατηχήσεις* Ε' 10 ΒΕΠΕΣ 39, 259-260.
867) 요한 크리소스톰, Όμ. 45, *Περί τοῦ μὴ πενθεῖν σφόδρα...*, PG 63, 892.

서 그를 잊지 않으실 것이라고 하였다.868) 따라서 우리의 책무는 우리가 살아 있는 한 우리에 앞서 떠난 영혼들을 위해 계속해서 기도해 주는 것이다.

크리소스톰 성인은 감사의 성사 때, 앞서 떠난 형제들을 위해 드리는 우리의 추도가 그들에게 "많은 유익이" 된다고 가르치면서 다음과 같이 강조한다 : 속죄할 수 없는 곳으로 "죄와 함께" 떠난 그들에게는 희망이 존재하지 않는다. 그들에게는 오직 "슬픔과 탄식만이 남아 있다." 왜냐하면 이미 그들은 "심판 받은 자들과 함께" 하느님의 왕국 밖에 머물러 있기 때문이다. 그러면서 성인은 이렇게 부연했다 : "우리가 그들을 가슴 아파하는" 것과 별개로 "우리가 할 수 있는 한 최선을 다해 그들을 돕도록 하자." 그들에게 어떤 작은 도움이라도 될 만한 것을 "구상해 보자." 그렇다면 도울 수 있는 방법이 과연 무엇이 있을까? 그 방법은 다름 아닌 우리 자신이 그들을 위해 기도하면서 다른 이들에게도 그들을 위해 기도해 줄 것을 부탁하는 것이다.869) 성인은 다른 곳에서 이렇게 말했다 : 다른 생으로 떠나간 형제를 돕는 일을 귀찮아 하지 말자. 특히 감사의 성사가 드려지는 시간에 그들을 위해 기도할 때 피곤해 하지 말자. 왜냐하면 그 시간에 "인류의 속죄물이 계시기" 때문이다. 그러니 우리 모두 용기를 갖고 온 인류를 위해 기도하자. 그리고 순교자들과 고백자들, 그리고 성직자들과 함께 잠든 이들을 기념하자. 비록 일부 지체가 다른 지체에 비해 "더 밝게 빛나지만" 그래도 우리 모두는 하나인 영적 몸을 이루고 있기 때문이다. 우리 모두 그들을 기억하도록 하자. 그리고 우리가 할 수 있는 한, 우리의 기도로써, 그들을 위해 우리가 베푸는 자선으로써, 또 감사의 성사 때 잠든 이들과 함께 기억되는 성인들을 통해서, 그들의 용서를 구하자.870)

또 다른 경우에 크리소스톰 성인은 말했다 : 만약 사랑하는 우리의 형

---

868) 다마스커스의 요한, Περί τῶν ἐν πίστει κεκοιμημένων 21 PG 95, 268BC.
869) 요한 크리소스톰, Εἰς Φιλιπ. Ὁμ. 3, 4 PG 62, 203-204.
870) 요한 크리소스톰, Εἰς Α' Κορ. Ὁμ. 41, 5 PG 61, 361・Ὁμ. 45, Περί τοῦ μὴ πενθεῖν σφόδρα..., PG 63, 889.

제가 "죄 속에서" 떠났다면, 우리는 힘닿는 데까지, 그를 위해 기도와 기원으로 하느님께 간청하자. 그리고 가난한 이들을 돕고 자선을 베풀자. 왜냐하면 이런 행위는 나름 의미가 있기 때문이다. 이 행위는 "거룩한 성사에서 세상의 죄"를 짊어지고 "놓여 있는 어린 양", 그리스도께 그들을 위해 올리는 우리의 기도를 헛되게 하지 않으며 세상을 떠난 그들에게 "나름의 위로를" 선물한다. 또한 거룩한 제단 위에 있는 "거룩한 희생제물" 앞에서 "그리스도 안에서 잠든 모든 영혼들과" 또 그들을 기억해 주는 이들을 위한 사제의 외침도 헛되지 않다. 우리가 성당에서 드리는 예배는 유대인의 장막에서 드리는 그것과 조금도 유사하지 않다. 또 그래서도 안 된다! 왜냐하면 우리의 예배는 "성령의 명령에" 따라 바치기 때문이다. 욥기에는 욥이 드린 번제가 그의 아들들의 죄를 씻어 주었다고 기록되어 있다.(욥기 1:5 참조) 그렇다면 세상을 떠난 형제를 위해 하느님께 바치는 우리의 기도와 제물이 "그들에게 나름의 위로가 된다는 것은" 의심의 여지가 없다."871) 이와 같이 우리는 잠든 이들을 돕고 기념해야 한다.

대 아타나시오스 성인은 죄인들의 영혼도 피 흘림 없는 희생 제사에 의해 나름의 은혜를 입는다. 하지만 그것은 "오직 산 자와 죽은 자를 관장하시고 명령하시는 주권자인 우리 하느님에 의해서만" 가능한 것이라고 받아들였다.872) 그래서 대 아타나시오스 성인은 이 화두를 본인이 풀려고 하지 않고 하느님의 자비에 맡겼다.

지금까지 우리가 열거한 모든 것을 종합하면 거룩한 교회는 "회개 속에서" 세상을 떠난 형제뿐만 아니라 "죄 속에서" 떠난 형제를 위해서도 신랑 그리스도께 간구한다. 교회는 사랑으로 모든 이를 위해 기도한다. 그것은 구원이 우리의 심장을 꿰뚫어 보시는 죄 없으신 하느님에 의해 선물과 은총으로 모든 이들에게 제공되기 때문이다. 하지만 어머니 교회

---

871) 요한 크리소스톰, Ὁμ. 45, Περί τοῦ μή πενθεῖν σφόδρα..., PG 63, 888-889· Ὁμ. 31, Περί Θανάτου PG 63, 808· Εἰς Πράξ, Ὁμ. 21, 4-5 PG 60, 169-171.
872) 대 아타나시오스, Πρὸς Ἀντίοχον ἄρχοντα, Ἐρωτ. λδ' ΒΕΠΣΕ 35, 109(13-22).

는 회개하지 않고 세상을 떠난 형제를 위해 기도할 때, 그들의 죄가 용서된다고 가르치거나 약속하지 않는다. 마찬가지로 하느님의 지혜인 교부들도 죄인들을 위한 기도를 권장하면서도 우리의 기도와 추도가 그들을 저승의 고통에서 벗어나게 해 준다거나 형벌의 장소에서 낙원의 장소로 옮겨 준다고 주장하지 않는다. 그들은 단지 죄 속에서 떠난 형제들이 우리의 이 모든 것들을 통해 나름의 위로를 받으며, 우리의 기도로 그들의 형벌이 다소 완화된다고 표현할 뿐이다. 분명한 것은 피 흘림 없는 거룩한 감사의 성사는 올바른 믿음 속에서 구세주 그리스도께로 떠나간 이들을 위해서만 드려져야 한다는 것이다. 그것은 이교도나 타종교인, 더 나아가 예비교인조차도 성사를 통해 위로를 얻지 못하기 때문이다. 그들은 자신들의 영혼을 위해 행해지는 "오직 하나"의 자선을 제외하고는 이러한 종류의 도움을 받지 못한다. 하지만 자선은 그들에게 나름의 위로를 제공하며 "그들에게 나름의 위안이 된다."[873]

따라서 결론은 이렇다 : 감사의 성사 때나 추도식 때, 잠든 영혼을 위한 사제의 기도는 같은 믿음을 가지고 세상을 떠난 우리의 모든 형제들의 영혼에 꼭 필요하다. 또한 다마스커스의 요한 성인이 지적한 것처럼, 이 모든 것은 교부들이 나름의 이유를 가지고 제정되었다는 것이다. 따라서 우리는 추도가 필요 없다 하거나 그것을 소홀히 여기는 우를 범하지 말아야 한다.[874] 성찬예배 때나 추도식 때 우리가 드리는 기도는 산 자와 죽은 자 모두가 하나인 영적인 몸, 교회를 구성하고 있음을 증명해 준다. 우리는 이 기도를 통해 생명과 죽음의 주인이신 그리스도께 당신의 선하심으로 무덤 저편에 있는 우리 형제들에게 자비와 은총과 온정을 베풀어 주실 것을 간청한다. 아울러 많은 이들이 세상을 떠난 우리 가족을 위해 함께 기도 드려 준다는 사실은 우리를 적잖게 위로해 준다. 세상을 떠난 이들을 위한 기도와 추도는 우리로 하여금 세상이 헛되고 현생이 찰나라는 사실을 깨닫게 해 주고 죽음과 영원한 생명을 다시 기억하게

---

[873] 요한 크리소스톰, *Εἰς Φιλιπ.* Ὁμ. 3, 4 PG 62, 204.
[874] 다마스커스의 요한, Op. cit., 24 PG 95, 272A.

만든다. 아무튼 "잠든 이들의 영혼을 위한 기도는 비록 죄를 단절 시키지는 못하지만 아주 유익한다."875) 여기서 가장 중요한 것은 이 모든 것을 통해 유익을 얻는 이는 언제나 우리 산 자들이라는 점이다. 왜냐하면 세상을 떠난 이들과 또 우리 자신을 위해 하느님의 자비를 구하면서 "봉헌하는 제물, 그리스도가 결국 우리를 위한 것이기 때문이다."876) 다마스커스의 요한 성인은 '다른 이의 구원을 위해 기도해 주고 수고하며 투쟁하는 사람은 먼저 자기 자신을 이롭게 하는 것이고 그 다음에 이웃을 유익하게 하는 것이다'고 가르쳤다.877) 왜냐하면 "하느님은 불의한 분이 아니시므로 우리가 지금까지 성도들에게 봉사해 왔고 아직도 봉사하면서 당신의 이름을 위해서 보여 준 선행과 사랑을 결코 잊지 않기 때문이다.(히브리서 6:10 참조)

잠든 이들을 위한 선행

투쟁의 교회는 초대부터 자선을 잠든 형제들의 영혼을 위해 베풀었다. 3일, 9일, 연례 추도식을 규정한 "사도 규범"은 다음과 같이 기록한다 : 신자들은 잠든 이들을 "기념하기 위해" 가난한 사람들에게 자선을 베풀기 바란다. 하지만 이것은 회개를 하고 떠나간 형제에게만 유효하다. 왜냐하면 불경하게 세상을 떠난 이들에게는 세상의 모든 것을 가난한 자들에게 나누어 주어도 자신들에게 결코 유익이 되지 못하기 때문이다.878) 크리소스톰 성인은 신자들에게 "사악한 슬픔인" 통곡이나 비탄을 멀리하라고 충고하면서 다음과 같이 말했다 : 너는 고인을 영예롭게 기리고 싶은가? 그렇다

---

875) 키프로스의 에피파니오스, Κατὰ αἱρέσεων (...) Πανάριον 75 PG 42, 513B.
876) 예루살렘의 키릴로스, Μυσταγωγικαί ΚατηχήσειςE' 10 ΒΕΠΕΣ 39, 260(3-4).
877) 다마스커스의 요한, Op. cit., PG 95, 264D.
878) ΔΙΑΤΑΓΑΙ, Η' 42, 43 ΒΕΠΕΣ 2, 169(12-15).

면 통곡이나 비탄이 아닌 "자선, 호의, 예배"로써 그를 기려라. 만약 죽은 이가 죄인이라면 그에게 다소의 위로와 위안이 될 수 있는 일, "자선과 선행을 베풀어라."879) 크리소스톰 성인은 "상속자가 세상을 떠났는데 이제 옷과 집, 토지를 누구에게 맡겨야 합니까?"라는 질문에 이렇게 대답한다 : 그가 살아 있을 때보다 더욱 안전하게, 고인이 된 그에게 돌려주어라. 그것을 방해하는 것은 아무것도 없다. 만약 이교도들이 죽은 자의 시신과 함께 그의 재산도 불태워 버리는 것처럼, 신자인 너도 죽은 자의 재산을 고인과 함께 하늘로 보내 줄 수 있다. 그것은 재산을 태워 재를 만드는 것이 아니라 바로 가난한 자들에게 나눠 주는 것이다. 이렇게 하면 너는 네가 애도하는 그 고인을 매우 영광스럽게 만들 것이다. 만약 그가 죄인으로 죽었다면 그의 죄의 용서에 도움이 될 것이고, 의인으로서 죽었다면 그가 앞으로 받을 대가와 선행의 보상을 더욱 키워 줄 것이다.880)

다른 경우에 크리소스톰 성인은 이렇게 말했다 : 우리의 지속적인 기도와 자선은 "죄 속에서" 떠난 이들의 형벌을 다소 줄여 주는 - "지옥의 고통이 다소 완화되는" - 역할을 한다. 혹시 그가 거기에 합당치 않다면 하느님께서는 우리를 불쌍히 여기실 것이다. 만약 사도 바울로가 다른 사람의 간청으로 자비와 용서를 보여 주었다면 우리는 더욱 더 그리해야 한다. 죽은 자가 죄의 책임자라면 우리는 그를 위해 더욱 많은 자선을 행해야 한다. 수의나 무덤을 꾸미는 일에 집착하지 말라. 고인을 위한 "가장 훌륭한 장례"는 과부들을 불러 도움을 베풀고 그녀들에게 고인을 위해 끊임없이 기도해 달라고 하는 것이다. 그리고 그녀들의 고인을 위한 끝없는 간청은 하느님의 마음을 움직일 것이다. 고인의 영혼을 위한 자선으로 많은 사람들이 그 혜택을 입었다. 만약 충분한 혜택을 받지 못했다 해도 그들은 나름의 도움을 얻었다. 성인은 "고인들을 위한 기도와 기원 그리고 자선이" 그냥 실천되는 것이 아니라 "성령께서 이 모든 것을 명

---

879) 요한 크리소스톰, Εἰς Ἰω. Ὁμ. 62, 5 PG 59, 348.
880) 요한 크리소스톰, Εἰς Ματθ. Ὁμ. 31, 4 PG 57, 375.

하였다"고 말을 맺었다.881)

언젠가 성인은 고인을 위해 추도식을 거행할 것을 신자들에게 권장하면서 그들을 위한 자선도 "계속하라고" 충고하였다. 왜냐하면 자선이 고인들에게 "나름의 위로"가 되기 때문이다. 하느님께서 이사야 예언자를 통해 히즈키야 왕에게 한 말씀은 이런 성인의 견해를 뒷받침해 준다. "내가 나의 선함과 나의 자비로 이 도시, 예루살렘을 나 자신과 나의 종 다윗을 보아서 지켜 주리라."(열왕기하 20:6 참조) 성인은 지적한다 : 다윗에 대한 하느님의 기억이 이렇게 큰 힘이 된다면, "기억"만이 아니라 죽은 자들을 위한 "행실(선행)"은 얼마나 큰 힘이 되겠는가?882) 성인은 이 가르침을 보충하면서 강조했다 : 예비신자들은 거룩한 감사의 성사의 기도문에서 "위로를 얻지 못한다." 하지만 그들을 위한 자선을 통해 나름의 유익을 얻는다. 크리소스톰 성인은 이 자선은 "그들에게 나름의 위안을 제공한다"고 말했다.883)

테살로니카의 시메온 성인도 이와 같은 입장을 피력했다 : 그리스도인은 고인을 위한 자선이 고인에게 큰 도움이 된다는 것을 알아야 한다. 빈자를 도울 때, 포로들을 풀어줄 때, 그리고 일반적으로 하느님의 영광이 드러나는 모든 것을 행할 때, 그것들은 고인에게 "큰 기쁨"의 동기가 된다.884)

결론적으로 말하면, 잠든 이들을 위한 우리의 선행은 그들을 위한 거룩한 추도와 같은 결과를 가져온다. 하느님께서 잠든 형제를 위해 우리에게 바라시는 것은 주관자 그리스도께 끊임없이 바치는 우리의 기도와 열렬한 간구이다. 그것은 영혼들을 위한 사랑의 실천과 자선이다. 그것은 자비의 주님께서 우리의 이 모든 수고를 보시고 마음이 움직여 당신의 피조물에

---

881) 요한 크리소스톰, Ὁμ. 45, Περὶ τοῦ μὴ πενθεῖν σφοδρῶς, PG 63, 891· 892; Εἰς τὰς Πράξ. Ὁμ. 21, 4· 5 PG 60, 169-170.
882) 요한 크리소스톰, Εἰς Φιλιπ. Ὁμ. 3, 4 PG 62, 203-204.
883) 요한 크리소스톰, Ὁμ. 31, Περὶ Θανάτου 31, PG 63, 808· Εἰς Φιλιπ. Ὁμ. 3, 4 PG 62, 204.
884) 테살로니카의 시메온, Περὶ τοῦ τέλους ἡμῶν... τοχ' PG 155, 693AB.

게 "나름의 위로"와 "지옥의 고통을 완화" 시켜 주실 것이라고 믿는 간절한 희망 속에서 기다리는 겸손한 인내이다. 그런데 우리는 이 모든 것들이 "서로를 통해" 유익을 얻길 원하시는 "성령의 명령"임을 잊지 말아야 한다. 왜냐하면 고인을 위한 너의 기도와 자선이 "(세상을 떠난) 고인에게 유익을 가져다주는 동시에, 너 역시도 고인을 통해 유익을 얻기" 때문이다. 그러므로 이 모든 것이 세상을 떠난 이에게 "나름대로 유용한 열매가 된다"는 사실은 결코 "의심해서는 안 된다."885) 물론 이 열매는 회개하지 않고 죄 속에서 떠난 형제를 형벌의 장소에서 의인들의 장소로 이동 시켜 주는 것을 의미하지 않는다. 그럼에도 불구하고 에브게니코스 마르코스 성인은 우리의 기도와 추도식을 통해 제공되는 짧고 미약한 위로는 형벌의 고통 속에서 지내는 그들에게 "아주 큰 힘이 된다고 기록했다."886)

그런데 사랑하는 독자여, 우리가 죽고 난 후에 다른 형제들의 기도와 자선을 기다리는 것보다 지금 현세에서 불멸하는 우리 영혼을 보살피는 것이 어떻겠는가? 지금 우리는 "쓰라린 죄"를 씻어 버릴 수 있는 교회의 고백성사가 있지 않은가? 그러니 형제여, 하느님께서 우리에게 허락하신 이 시간에 그리스도께서 기뻐하시는 덕을 실천하고 회개에 매진하자. 그리스도께서는 악의 원흉인 사탄을 물리치시고887) 당신의 거룩한 피로 우리의 영원한 구원을 위해(히브리서 9:12 참조), 십자가 위에서 당신의 뜻에 따라 손수 쓸개를 맛보셨다. 회개를 주저하거나 거룩한 하느님의 길로 돌아서는 것을 미루지 말자. 죽음의 날이 언제 우리를 찾아올지 모른다! "오늘 (우리는) 생명이 붙어 있지만 내일 (우리는) 무덤 속에 있을 것이다!"....

---

885) 요한 크리소스톰, Ὁμ. 45, Περὶ τοῦ μὴ πενθεῖν σφοδρῶς... PG 63, 892; Εἰς τὰς Πράξ. Ὁμ. 21, 5 PG 60, 170.
886) 에페소인 에브게니코스 마르코스, Ἀποκρίσεις πρὸς τὰς ἐπενχθείσας αὐτῷ ἀπορίας καὶ ἐρωτήσεις ἐπὶ ταῖς ῥηθείσαις ὁμιλίαις (περὶ Καθαρτηρίου πυρός) παρὰ τῶν Καρδιναλίων καὶ τῶν ἄλλων Λατίνων διδασκάλων, De Purgatorio Disputationes in Concilio Florentino Habitae, CFDS, Ser. A', τόμ. VIII, fasc. II, page 117(25-30).
887) 트리오디온, 금식 첫 주간 수요일, 조과 3오디.

죽은 자들의 부활

윤회는 우매하고 어리석다

우리는 잠시 이곳 세상에 머물다 떠난다. 하지만 이 세상을 떠나면 우리는 영원한 존재가 된다. 하느님의 자비와 사랑의 열매인 우리의 생은 언젠가 우리가 해득할 수 없는 방법으로 시작되었지만 사후에도 그 생은 끝없이 지속될 것이다. 우리의 생은 출생으로 시작된다. 하지만 그 생은 끝이 없는 영원으로 이어진다. 자비의 하느님께서 형용할 수 없는 당신의 사랑으로 우리에게 선물하신 이 생은 다음과 같은 과정을 거친다. 1) 세상의 물질적인 삶 2) 육체적인 죽음으로 오는 영육의 일시적 이별. 이 기간(영혼의 중간상태)은 대기 기간으로서 성인들과 순교자들도 마찬가지다. 왜냐하면 그들도 "죽은 자들의 보편적 부활"을 기다리고 있기 때문이다. 3) 육신의 부활 4) 최후의 심판 5) "미래의 영원한 생명", 즉 여덟 번째 날의 신비.

우리는 태어나는 순간부터 이 과정을 거친다. "생명의 부활"이 될지, 아니면 "단죄의 부활"(요한복음 5:29)이 될지 모르지만 그 누구도 예외 없이 이 단계를 거쳐 간다. 다시 말해 우리는 영원한 생명과 복을 누리기 위해 부활하든지, 아니면 단죄와 형벌을 받기 위해 부활하든지 할 것이다. 지금껏 우리는 위에서 말하는 첫 두 단계에 대해서 설명해 왔다. 이제 우리는 나머지 세 단계에 대해 살펴보게 될 것이다.

시공(時空)과 물질의 제약을 받는 우리는 사실상 위에서 언급한 것을 모두 다 해득하기가 쉽지 않다. 그렇기 때문에 많은 이들은 그것을 부정하거나 또는 세상적인 개념을 통해 이해하려 노력한다. 그것을 부정하는 대부분의 사람들은 비신자와 유물론자, 그리고 무종교인 등이다. 또 그것을 세상적인 개념으로 이해하려는 사람들은 성령의 도움 없이 이성으로 그것을 파헤치려 노력한다. 이렇게 해서 그들은 인생이 윤회한다거나 또는 사후에 여러 단계의 형벌과 순화를 거친다는 결론을 내렸다. 오르페우스 숭배자들, 피타고라스 추종자들, 엠페도클레스와 소크라테스, 플라톤과 신 피타고라스 주의자들, 스토아학파와 플로티노스, 영지주의자들과 마니교, 그리고 이들 이전의 이교도들이었던 인도인과 이집트인, 불교 신자들이 다소의 이견을 두고 이런 이론을 믿었다. 오늘날도 신지주의자(神智主義者)들과 강신술사(降神術士)들이 영혼의 윤회, 더 옳게 표현한다면, 육신의 윤회를 가르친다.888) 즉, 그들은 사후에 자신들의 영혼들이 인간이나, 동물, 또는 식물로 다시 태어난다고 가르친다! 그들은 육신의 윤회가 영혼의 죄를 벌하거나 혹은 윤리적으로 영혼을 정화하기 위해 필요한 것이며 영혼의 완전한 정화가 성취될 때까지 계속된다고 가르친다....

하지만 하느님의 영감을 받은 사도 바울로는 사탄의 유혹인 이런 우매하고 병든 몽상을 강력하게 물리치며 이렇게 적었다 : 장막과 같은 이 몸에 우리가 머물러 있는 동안 우리는 무거운 짐에 짓눌려 신음하고 있습니다. 그렇다고 해서 우리가 이 장막을 벗어 버리고자 하는 것은 아닙니다. 다만 우리는 불멸과 영원한 천상의 몸을 덧입음으로써 육체의 죽음이 생명에게 삼켜져 없어지게 되기를 갈망하고 있는 것입니다.(고린토후서 5:4) 빛이 떠오르면 어둠이 사라지는 것처럼, 불멸의 생명은 죽음을 없앤다. 이와 같이 죽음은 생명에 의해 삼켜지고, 아니 더 옳게 표현하면 불멸로 변화된다.(고린토전서 15:53 참조) 사도 바울로는 이 말로써 "육신을 경시하는 이들에게 치명적 상처를 입혔을 뿐 아니라" 육신의 윤회에 대한 유혹을 "단호하게" 물리쳤다.889)

이렇게 그리스도의 교회는 육체적 윤회에 대한 이론이나 인간적인 "지혜", 아니, 인간의 어리석은 생각들을 받아들이지 않았다. 초대 교부들은 윤회에 대한 이론을 분명하게 거부하였다. 안티오키아의 테오필로스 성인은 인간이 다시 "늑대나 개, 또는 당나귀나 다른 동물"로 태어난다는 윤

---

888) 영혼이 매번 새로운 육신으로 들어간다고 믿기에 육신의 윤회라고 보는 것이 더 타당할 것이다.
889) Г. 플로로프스키, *Ανατομία*, page 172.

회 이론은 이성적 인간이라면 도저히 받아들일 수 없는 "참으로 부당한 교리"라고 하였다.890)

대 바실리오스 성인은 그의 저서 "엑사이메론"에서 윤회에 대한 엠페도클레스의 사상을 비판하면서 이렇게 적었다 : 부끄러운 줄도 모르고 개의 영혼과 자신의 영혼이 동일하다거나, 과거 언젠가 자신이 여자 또는 덤불이나 물고기였다고 "근엄하다는" 철학자들이 늘어놓는 허황된 잡담을 물리쳐라.891) 그러면서 성인은 다음과 같이 부연했다. 물론 나는 그들이 물고기였다고는 전혀 생각하지 않는다. 하지만 나는 그들의 이런 허황된 주장을 보며 그들이 분명 물고기보다 어리석고 우매하다고 말할 수 있다.892)

신학자 그레고리오스 성인도 윤회의 이론에 반대하는 입장을 취했다. 그는 그의 첫 번째 신학 설교에서 피타고리오스파와 플라톤파 그리고 다른 이방 철학자들의 입장을 비판하면서 이렇게 적었다 : 사랑하는 나의 형제여, 사후에 영혼이 다른 몸으로 들어간다거나 또는 돌아다닌다거나 전생을 기억한다거나 하는 플라톤의 이론을 물리치기 바란다.893)

크리소스톰 성인도 그들의 이런 어리석은 이론에 대해 강력하게 대처했다. 성인은 영혼이 "하느님의 본질로부터" 왔다고 말하는 범신론적인 이교도인들을 비판하면서 대개 그들의 가르침은 "올바른 하느님의 지식으로 가는" 우리를 가로막고, 윤회의 이론으로 "하느님을 인간이나, 식물 그리고 나무로" 격하 시킨다. 왜냐하면 그들의 주장처럼 우리 영혼이 "하느님의 본질에서" 기원했고, 영혼의 "윤회"가 참외, 양파, 파리, 유충 또는 동물로 귀결 된다면, 하느님의 본질이 마침내.... 참외가 되는 것이 아니겠는가! 성인은 계속 말을 이었다. 그런데도 그들은 부끄러운 줄도 모르고 이런 가르침을 여전히 주장한다! 그들의 주장대로라면 우리는 영혼의 "윤회"가 아닌 "하느님의 윤회"를 하는 것이니 이 얼마나 "수치스

---

890) 안티오키아의 테로필로스, Πρός ΑὐτόλυκονΒ', 7 ΒΕΠΕΣ 5, 54(2-4).
891) 디오게니스 라에르티오스, Βίοι Φιλοσόφων 8, 77.
892) 대 바실리오스, Εἰς τήν Ἑξαήμερον, Ὁμ. 8, 2 PG 29, 168AB.
893) 신학자 그레고리오스, Λόγ. 27, 10 PG 36, 24B.

러운" 일인가! 그러면서 성인은 이렇게 결론을 맺었다 : 이런 주장을 펼친 철학자들은 "성령의 도움"이 없어 "하느님이나 창조물에 대한" 온전한 지식을 갖지 못했다. 단순한 그리스도인 과부조차도 다 알고 있는 것을 피타고라스 자신은 결코 깨닫지 못한 것이다! 왜냐하면 그와 그의 추종자들은 어둠 속에서 혼미한 정신으로 그들의 사상이나 인생에 대해 논하고 행동했기 때문이다.894)

북미의 인디안과 뉴질랜드인, 라플란드인과 멕시코인, 줄루족(아프리카의 한 부족) 등뿐만 아니라, "문화인"이라 하는 신지주의자들과 강신술사들도 믿고 있는 이런 이론은 허황되다. 그것은 아주 어리석은 종교철학이자 성숙되지 않은 어린 생각으로서 스스로 그 이론을 무력화 시킨다. 왜냐하면 자신들의 주장을 뒷받침할 만한 그 어떤 근거도 제시하고 있지 못하기 때문이다. 그 밖에도, 플라톤 철학자가 윤회에 대한 자신의 이론을 뒷받침하기 위해 주장하는 "그런 류의 견해나 회고는 오늘날 온전치 못한 정신의 뚜렷한 특징 중 하나이다!...895)

연옥은 존재하는가?

앞 장에서 우리는 윤회를 믿는 이들에 대해 언급했다. 그런데 로마 카톨릭도 이와 유사한 이론에 영향을 받아 purgatorium, 또는 연옥을 선포한다. 즉, 영혼이 순결해지지 못하고 용서받지 못한 채 죄를 짊어지고 떠난 영혼이나, 고백성사로 죄는 사함 받았지만 그들에게 내려진 형벌의 기간을 다 채우지 못하고 세상을 떠난 영혼들은 사후에 연옥이라는 곳으로 간다고

---

894) 요한 크리소스톰, Εἰς Πράξ. Ὁμ. 2, 5 PG 60, 32; Εἰς Ἰω. Ὁμ. 66, 3 PG 59, 369-370; Εἰς Ἐφεσ. Ὁμ. 12, 3 PG 62, 91-92 참조.
895) ΕΠΕ, op. cit., page 29 참조.

가르친다. 그들은 그곳에서 윤리적 정화를 이루기 위한 나름의 일정기간의 형벌을 치른다.

하지만 로마 카톨릭의 이런 교의는 복음에 근거하지 않고 있다. 그 교의는 금을 제련하듯이 죽은 자들의 영혼을 깨끗하게 하는 불이 있다고 믿는 칼데아인들의 가르침으로부터 영향을 받은 것이다. 그리고 세계 제5차 공의회가 단죄했던 오리게네스의 유사한 가르침에서 영향을 받은 것이다. 그 밖에도 대 포티오스 성인이 "마테오포논(헛된 수고)"이라고 명명했던 단성론자이자 플라톤주의자였던 필로포노스(6세기 전반)의 이단적 가르침으로부터 따온 것이다. 따라서 정교회는 성서에 바탕을 두지 않은 로마 카톨릭의 이런 이론을 결코 받아들이지 않았다.896) 아울러 정교회가 이런 그들의 교의를 받아들일 수 없는 이유는 아래와 같다.

1) 연옥에서 오직 영혼만이 벌을 받는다는 것이다. 생전에 죄를 짓는 도구로 이용되었던 육체는 사후에 썩고 분해되어 형벌을 면한다는 것인데 영혼에게만 내려지는 형벌은 하느님을 불의한 분으로 만든다.

2) 많은 사람들이 연옥을 거쳐 갈 거라는 희망 속에 두려움 없이 죄를 범하고 좀 더 쉽게 악을 행할 수 있다. 그들은 일시적인 그 과정을 거쳐 마침내 자신들의 죄가 깨끗이 씻겨질 것이라 믿기 때문이다.

3) 그들의 이런 이단적 가르침은, (이미 우리가 언급했듯이) 사후에 영혼이 한 상태에서 또 다른 상태로 옮겨 가는 것이 불가능하며 특히 거룩한 삶에 대한 투쟁이나 열망 없이는 아무도 영광의 관을 쓰지 못한다는 큰 진리를 왜곡한다. 어떻게 "믿음의 싸움을"(디모테오전서 6:12) 경시하고 비웃었던 사람에게 상이 내려질 수 있겠는가?

4) 연옥은 불경한 교의이다. 그것은 고백성사를 무력화한다. 왜냐하면 진실로 회개하고 영적 사제에게 죄를 고백했다면 비록 그에게 내려진 벌의 기간을 다 채우지 못한 채 세상을 떠났어도 그의 죄는 이미 사해진 것이기 때문이다. 이 벌은 - 로마 카톨릭이 그들의 잣대로 주장하는 것

---

896) I. N. 카르미리, Ὀρθόδοξος Ἐκκλησιολογία, page 795 참조.

처럼 – 하느님의 정의를 만족 시키는 "벌"이 아니다. 왜냐하면 죄인인 인간은 결코 하느님의 무한한 정의를 만족 시킬 수 없기 때문이다. 죄를 고백하는 신자에게 주어지는 벌은 따뜻한 아버지로서, 그리고 영적 체험이 풍부한 영적 아버지로서 신자가 열매를 제대로 맺을 수 있도록 도와주는 사제의 교육적인 조치요, 치료약이다. 사제는 고백자의 마음 상태나 진실성 그리고 신심에 따라 때론 그 벌을 경감하거나 늘이기도 하며 때로는 그 벌을 면제하기도 한다. 따라서 죄인이 진실 되게 고백하고 신심과 겸손의 마음으로 하느님의 자비에 기대며 회개한다면 그는 죄를 용서 받는다. 이것은 "하느님께 올바른 사람으로 인정받고 집으로 돌아간 세리"(루가복음 18:14)에게 일어났으며, 주님께서 "오늘 이 집은 구원을 얻었다."(루가복음 19:9)라고 말씀하셨던 자캐오에게도 일어났다. 또한 십자가위에서 회개한 강도에게 "오늘 네가 정녕 나와 함께 낙원에 들어가게 될 것이다."(루가복음 23:43)라고 주님께서 말씀하심으로써 이 진리를 확인해 주셨다.

5) 연옥에 대한 로마 카톨릭의 교의는 모독이며 용납될 수 없다. 왜냐하면 그리스도께서 온 인류의 "죄에 대해" 십자가 위에서 "단 한 번" 죽으셨음에도 불구하고(베드로전서 3:18, 히브리서 9:28 참조) 그리스도께서 이루신 속죄의 희생에 대한 효력을 의심하게 만들기 때문이다. 또 주 예수 그리스도, 신인 구세주의 형용할 수 없는 무한한 희생의 가치를 감소 시키고 불완전하게 만들기 때문이다. 그리스도께서는 만인의 죄를 손수 짊어지셨다. 그것은 당신의 이 무한한 가치를 지닌 선물을 받아들이길 원한 사람들을 구원하기 위한 것이었다. 따라서 그리스도의 십자가의 희생은 "우리 죄의 빚을" 모두 갚고도 남는다.897)

이단적 교의를 깊이 검증하면 할수록 그 교의가 불경하고 빈약하다는 사실이 드러난다. 마르코스 에브게니코스 성인은 페라라 – 플로렌디아의 위(僞) 공의회(1438-1439)에서 이런 이단적인 교의에 정면으로 반대하며 그

---

897) Π. Ν. 트렘벨라, Δογματική... 3, page 273-282 참조.

곳에 참여했던 서방교회 대표들의 입을 봉쇄했다.898) 이처럼 정교인은 사후에 공심판이 오기 전에 잠든 이들을 일시적으로 벌하는 "연옥"의 교리를 "그와 관련하여 일언반구도 기록하지 않은 성서"의 정신에 따라 받아들이지 않는다.899)

그럼, 죽은 자들의 부활이 어떻게 이루어지는지 살펴보자

"죽은 자들의 부활을 기다리다"

영육이 분리된 후 영혼은 보편적 죽음의 부활을 기다리는 상태 속에서 살아간다. 따라서 우리가 말하는 죽은 자의 부활은 죽은 육신의 부활을 의미한다. 죽은 육신은 언젠가 그의 동료였던 불멸의 영혼과 다시 결합하기 위해 부활할 것이다.

메토디오스 올림보스(†311) 순교자가 지적한 것처럼, "아나스타시스(일어서다)"라는 단어는 바닥에 쓰러진 누군가가 일어설 때 사용된다. 아모스 예언자가 "내가 무너진 다윗의 초막을 일으키리라."(아모스서 9:11)라고 말했을 때의 바로 그런 의미였다. "영혼의 바람직한 거처"인 육신은 "티끌로" 돌아갔다.(다니엘서 12:2) 왜냐하면 죽는 것은 육신이고, 영혼은 불멸이기 때문이다.900) 크리소스톰 성인은 사도 바울로의 "이 썩을 몸은 불멸의 옷을 입어야 합니다."(고린토전서 15:53)라는 구절을 주석하면서 이렇게 지적한다 : 사도 바울로는 여기서 영혼을 의미하지 않았다. 왜냐하면 영

---

898) 에페소의 마르코 에브게니코스, Ἀπολογία πρὸς Λατίνους δευτέρα... 동일인의, Ἀποκρίσεις..., De Purgatorio Disputationes in Consilio Florentino Habitae, CFDS, Ser. A', τόμ. VIII, fasc. II, page 60-120 참조.
899) 베드로 모길라, Ὁμολογία (1638/42), Ι. Ν. ΚΑΡΜΙΡΗ, Τά ΔΣΜ, II, page 623; 미트로파니스 크리토풀로스, Ὁμολογία, Op. cit., II, page 765; 예루살렘의 도시테오스, Ὁμολογία, Op. cit., II, page 767.
900) 메토디오스 올림보스, Περί Ἀναστάσεως, 51 ΒΕΠΕΣ 18, 139(14-19).

혼은 썩지 않기 때문이다. "일어서다"라는 단어는 이미 쓰러진 그것에 대해 사용된다. 결국 "육신이 쓰러졌다."901)라는 것은 일어나야 할 그것이 바로 육신임을 의미한다.

다마스커스의 요한 성인은 교부들의 그 때까지의 가르침을 나름대로 요약하면서 다음과 같이 적었다 : "우리는 죽은 자들이 일어나는 그런 진정한 부활을 믿는다." 우리가 부활을 말할 때는 육신의 부활을 의미한다. 왜냐하면 부활은 쓰러졌던 이가 다시 일어서는 것이기 때문이다. 그런 관점에서 본다면 불멸하는 영혼은 부활이 불가능하다. 만약 죽음을 영육의 분리라고 규정한다면 그 때 부활은 분명 영육의 재결합이며 썩어 분해되었던 존재의 회복을 의미한다. 따라서 죽어 분해된 그 몸은 불멸의 몸으로 다시 부활하게 된다.902)

하느님께서는 구약시대 때부터 이 진리를 우리에게 계시하셨다. 에제키엘 예언자는 그의 예언서 37장에서 주님의 이름을 빌어 "말라 버린 뼈들의" 힘줄을 잇고 살을 붙이며 가죽을 씌우고 숨을 불어 넣어 뼈들이 제 발로 다시 일어서는 모습을 생생하게 그리고 있다. 이 생생한 묘사는 보편적 부활의 그 날에 있을 육신의 부활을 보여 준다. 이사야 예언자도 이와 유사하게 예언한다. 그는 승리에 찬 목소리로 이렇게 말했다 : "이미 죽은 당신의 백성이 다시 살 것입니다. 그 시체들이 다시 일어나고 땅속에 누워 있는 자들이 깨어날 것입니다."(이사야서 26:19) 다니엘 예언자도 "티끌로 돌아갔던 대중이 잠에서 깨어나 영원히 사는 이가 있는가 하면 영원한 모욕과 수치를 받을 사람도 있으리라."(다니엘서 12:2-3)라고 분명하게 밝혔다.

하지만 구약에서의 죽은 자들의 부활에 대한 핵심은 마카베오하서에 기록되어 있다. 솔로모니 성녀의 셋째 아들은 혀를 내밀라는 말을 듣자 곧 혀를 내밀 뿐 아니라 용감하게 손까지 내밀면서 이교도 왕에게 당당하게 말하였다 : "하느님께 받은 이 손발을 하느님의 율법을 위해서 내

---

901) 요한 크리소스톰, *Eἰς Ἰωάν. Ὁμ.* 66, 3 PG 59, 368.
902) 다마스커스의 요한, *Ἔκδοσις* 4, 27 PG 94, 1220A.

던진다. 그러므로 나는 이 손발을 하느님께로부터 다시 받으리라는 희망을 갖는다."(마카베오하서 7:10-11 참조) 우리는 또한 마카베오하서에서 "애국자"와 "유다인의 아버지"라는 칭호를 받은 라지스 원로가 성벽에서 뛰어내린 후 피가 콸콸 솟고 상처가 심한데도 우뚝 솟은 바위 위에 올라서서 자기 창자를 양손에 움켜쥐고 군중에게 내던지며 생명과 영혼의 주인이신 하느님께 자기 창자를 다시 돌려주시기를 호소하는 모습을 볼 수 있다.(마카베오하서 14:37-46 참조).

신인께서 구원의 복음을 선포하실 때 유다인들은 이미 죽은 자들의 부활에 대한 믿음을 하나의 신념처럼 가지고 있었다. 그래서 마르타는 그의 오빠 라자로를 살리기 위해 오신 주님께 이렇게 말하였다 : 마지막 날 부활 때에 다시 살아나리라는 것은 저도 알고 있습니다.(요한복음 11:24) 단 사두가이파나 이방인은 예외였다.903) 그래서 사도들은 죽은 자들의 부활을 선포할 때 그들의 반대에 부딪혔다. 사도 바울로도 자신을 "떠버리"라고 하는 아테네 철학자들의 조소와 아그리파와 펠릭스 총독의 부당한 대우를 감수해야만 했다.(사도행전 4:2, 17:18-32, 24:21, 26:8)

주님께서는 죽은 자들의 부활에 대해 언제나 분명하게 가르치셨고 어떤 의심도 남기지 않으셨다. 주님께서는 놀라워하는 유대인들에게 이렇게 말씀하셨다 : 내 말에 놀라지 말라. 죽은 이들이 모두 그의 음성을 듣고 무덤에서 나올 때가 올 것이다. 그 때가 오면 선한 일을 한 사람들은 부활하여 생명의 나라에 들어가고 악한 일을 한 사람들은 부활하여 단죄를 받게 될 것이다.(요한복음 5:28-29)

"마지막 날에" 부활할 그것이 육신이라는 사실은 주님께서 죽은 자들의 부활을 말씀하실 때마다 육신의 부활을 의미한 데서 드러난다. 아울러 주님 자신의 영광스러운 부활도 당신의 성스런 육신의 부활이었다.

---

903) 이교도인 켈소는 "육신의 부활을 희망하는 것은 땅의 구더기에게 훨씬 잘 어울린다"고 그리스도인들을 조롱했다. 그리고 이방인인 그는 그리스도인들을 육신의 신봉자라고 명명하였다....; Γ. 플로로프스키, $Ανατομία$, page 168-170 참조.

하느님의 사도들은 이 중요하고도 위대한 죽은 자들의 보편적 부활의 진리를 세상 끝까지 전파했다. 사도 바울로는 세례를 통해 "우리는 그리스도와 같이 죽어서 그분과 하나가 되었으니 그리스도와 같이 다시 살아나서 또한 그분과 하나가 될 것입니다."(로마서 6:5 참조)라고 확인 시켜 주며 "하느님의 자녀가 되는 날과 우리의 몸이 해방될 날을 고대"(로마서 8:23)하고 있음을 밝혔다. 그리고 "마지막 나팔소리가 울릴 때에 순식간에 눈 깜빡할 사이도 없이 죽은 이들은 불멸의 몸으로 살아날 것"(고린토전서 15:52, 테살로니카전서 4:16-17)이라고 가르쳤다. 또한 "우리가 들어 있는 지상의 장막집이 무너지면 우리는 하늘에 있는 영원한 집에 들게 된다는 것을 알고 있다."(고린토후서 5:1)라고 말했다. 왜냐하면 주님이신 구세주께서 보편적 부활의 날에 병과 고통, 그리고 부패에 놓여 있는 우리의 "비천한 몸을 당신의 영광스러운 몸과 같은 형상으로 변화 시켜 주실 것"(필립비서 3:20-21)이기 때문이다.

거룩한 교회는 하느님의 뜻을 실천하는 사도들을 따르면서 처음부터 이 진리를 강조하였다. 철학자인 유스티노스 순교자(기원후 2세기)는 부활을 부정하는 사두가이파인들이 유대인으로 불리지 못하는 것처럼, 죽은 자들의 부활을 부정하는 사람들을 그리스도인으로 절대 여기지 말라고 권고하였다.[904] 교회는 이 진리를 "죽은 자들의 부활을 기다리나이다."라는 구절로 마침내 신앙의 신조(니케아 신조)에 담아 우리의 믿음을 증거하였다. 성령의 영감으로 기록된 성서를 참된 신학자의 정신으로 해석했던 거룩한 교부들은 그 때부터 이 기쁜 사건을 신자들에게 교육하는 일을 게을리 하지 않았다. 대 바실리오스 성인은 '무덤 속에서 썩어 분해된 육신이 다시 부활하는 그 때, 생물학적 죽음으로 인해 육신과 이별했던 영혼은 다시 그 육신에 거하게 될 것이다'라고 말했다.[905] 신학자 그레고리오스 성인은 이렇게 가르쳤다 : 사후의 중간상태가 끝나면 - 하나로 영육을 결합하셨다가 죽음으로 그것을 분리 시키셨던 하느님께서 당신만이 아시

---

904) 유스티노스, *Διάλογος* 80, 2 ΒΕΠΕΣ 3, 285(15-20).
905) 대 바실리오스, Ὁμ. 8, *Ἐν λιμῷ καὶ αὐχμῷ*, 9 PG 31, 328C.

는 방법에 따라 - 영혼은 생전에 함께 살고, 함께 다투고, 함께 사색하다 땅으로 돌아갔던 그 육신을 다시 취해 영육이 함께 내세에서 영원한 영광을 누릴 것이다.906)

우리는 성당에서 8조곡의 8번째 아나바트미 성가를 부르면서 "육신은 고통을 겪거나 영원한 기쁨을 누리기 위해 그의 어머니인 땅의 품으로 돌아가 썩을 것이다."라는 진리를 반복한다. 아토스 수도사 니코데모스 성인은 이 아나바트미 성가를 해석하면서 다음과 같이 적었다 : "우리는 옛날 사람들이 땅을 지극히 거룩한 것이라 명명했음을 알아야 한다. 왜냐하면 땅이 어머니처럼 우리를 창조했고 양식처럼 우리를 부양했으며 무덤처럼 우리를 땅으로 받아들여 예전의 그 성분으로 돌아가게 하였기 때문이다. 우리는 태어날 때는 떠오르는 태양 같고, 무덤에 안장될 때는 석양으로 지는 태양 같다.... 그래서 성가작가는 '우리는 석양처럼 죽음과 무덤을 통해 모태인 땅속에 감춰졌다가 다시 보편적 부활 때 그곳에서 재환원될 것이다.'라고 말했다. 그러면 여기서 말하는 '재환원'은 무엇을 의미하는가? '환원'과 '재환원'은 서로 다른 것이다. 예를 들어보자. 벽은 돌과 진흙과 목재로 구성되어 있다. 만약 이 벽이 본디의 구성 요소인 돌과 진흙과 목재로 분해되면 그 때 벽은 '환원'이 된다. 그런데 돌과 진흙과 목재로써 이 벽이 재구성되면 그 때는 '재환원'이 된다. 왜냐하면 분해되었던 벽이 다시 예전 상태로 복원되었기 때문이다. 여기서 '재환원'은 주로 '재귀하다, 두 번째로 돌아오다.'라는 의미로 쓰인다. 왜냐하면 접두사 '재'는 다시 이루어지는 것을 의미하기 때문이다. 따라서 '흙, 물, 불, 공기, 네 가지 요소'로 이루어진 우리가 '죽음과 무덤을 통해' 예전의 구성된 요소로 분해되면 그 때 우리는 환원되었다고 말한다. 하지만 지금의 이 몸은 아니지만, 세상이 끝날 때 다시 몸을 취하면 그 때 우리는 재환원 되었다고 말할 수 있게 된다. 즉 다시 생명으로 돌

---

906) 신학자 그레고리오스, Λόγ. 7, *Εἰς Καισάριον*, 21 PG 35, 781C-784AB.

아왔다고 말할 수 있게 된다"…. 왜냐하면 "해득할 수 없는 하느님의 능력에 힘입어 저마다 생명으로 되돌아오기 때문이다." 다시 말해, 각자 육신을 취하고 부활하는 것이다. 만약 그가 죄인이라면 부활하여 "생전에 그가 지은 사악한 행실에 대한 대가로서 영원한 고통을" 받을 것이고, 만약 그가 의인이라면 "그가 행한 선한 행실"을 상과 관으로 보상 받을 것이다.907)

육신의 부활은 하느님의 정의다

인간은 영육일체의 존재이다. 따라서 죽음으로 영혼과 잠시 헤어졌던 육신은 다시 살아나야만 한다. 만약 "영혼만이 부활한다면" 인간의 부활은 "완전한 것이 아닌 반쪽의 부활이 된다."908) 결국 완전한 인간이 낙원의 복을 누리기 위해서나 지옥의 형벌을 받기 위해서는 다시금 영육일체가 되어 무덤 저편의 삶을 함께 살아야 한다.

성령께서는 사도 바울로를 통해 하느님의 정의가 육신의 부활을 요구하고 있음을 계시하셨다 : 우리가 다 그리스도의 심판대 앞에 나가는 날에는 우리가 육체에 머물러 있는 동안에 한 일들이 숨김없이 드러나서 잘한 일은 상을 받고 잘못한 일은 벌을 받게 될 것입니다.(고린토후서 5:10) 교부들과 교회의 저자들도 사도의 이 가르침을 같은 정신으로 해석한다.

철학자이자 순교자인 유스티노스 성인은 육신의 부활을 부정하는 사람들은 그리스도인이 아니라고 말했다.909) 그리고 인간은 영육일체의 존재

---
907) 아토스 수도사 니코데모스, *Νέα Κλῖμαξ*, page 295-297.
908) 요한 크리소스톰, *Περὶ τῆς τῶν νεκρῶν ἀναστάσεως* 7 PG 50, 437.

로서 육신이 부활할 것이라는 주장을 굽히지 않았다. 그는 이렇게 적었다 : 만약 인간이 영육으로 구성된 이성적 동물이 아니라면 무엇인가? 영혼 그 자체가 인간인가? 아니다. 그것은 인간의 영혼일 뿐이다. 그렇다면 인간의 육신이 인간인가? 그것도 아니다. 그것은 인간의 육신일 뿐이다. 만약 (영혼과 육신) 각 개체가 인간이 아니고 두 개체가 합해질 때 인간이라 한다면, 하느님께서 생명과 부활로 부르셨을 때의 인간은 분리된 영혼이나 육신이 아닌 영육 "전체"이다.910)

예루살렘의 키릴로스 성인은 우리는 생전에 육신과 모든 것을 함께했기 때문에 반드시 육신이 부활해야 한다고 가르쳤다. "우리는 입을 통해 험담을 하고, 입을 통해 기도를 한다. 또 몸을 통해 음행을 하고, 몸을 통해 순결을 지킨다. 그리고 손으로 훔치고, 손을 통해 자선을 베푼다...." 이처럼 육신은 생전에 우리와 모든 것을 함께했다. 따라서 내세에서도 "그 모든 것에 대해" 함께 책임져야 한다.911) 이시도로스 필루시오티스 성인은 이렇게 지적한다 : 만약 영혼만 수고하고 덕을 이루었다면 영혼만이 관(冠)을 받아야 할 것이다. 하지만 덕의 투쟁에서 육신도 그 몫을 치렀기에 육신도 함께 관을 받아야 한다. 왜냐하면 그것이 합리적이고 정당한 것이며 순리이고 당연한 것이기 때문이다.912) 신학자 그레고리오스 성인도 지상에서 함께 생활했고 함께 "사색"했던 육신과 영혼의 결합과 육신의 부활을 언급하면서 이렇게 부연했다 : 이런 방법을 통해 육신은 그곳의 영광을 영혼과 함께 "상속 받는다." 왜냐하면 생전에 육신과 함께 고통과 수고를 나누었던 영혼이 영생에서 자신이 누리는 것을 육신과 함께 나누기 때문이다. 그러면서 성인은 감성에 젖어 다음과 같이 자문한다 : 그런데 왜 나는 이런 희망에 대해 나약한 믿음을 보이는 걸까? 왜 순간적으로 지나가는 것들에 이렇게 매여 있는 걸까? 이제 나는 대천사의 소리와 마지막 나팔소리, 새로운 하늘의 모습.... 새로운 세상을 기

---

909) 유스티노스, *Διάλογος* 80, 2 ΒΕΠΕΣ 3, 285(17-19).
910) 유스티노스, *Λόγος περί άναστάσεως*, 8 ΒΕΠΕΣ 4, 229-230.
911) 예루살렘의 키릴로스, *Κατήχησις* 18, 19 ΒΕΠΕΣ 39, 240(21-26).
912) 이시도로스 필루시오티스, *Ἐπιστολή σα΄*, PG 78, 1288.

다릴 것이다. 그리고 그 때가 되면 나는 케사리오의 죽음에 대한 슬픔도 아픔도 안타까움도 없이 또 그를 안장하러 무덤에 갈 필요도 없이, 이제는 죽지 않는 나의 형제 케사리오를 보게 되겠지. 사랑하는 형제여, 그 때 나는 내 꿈속에 수없이 나타났던 너의 "찬란하고 영광스럽고 영예로운" 모습을 보게 될 것이다.913)

크리소스톰 성인은 이렇게 가르친다 : 고통과 죽음을 맛보았던 육신은 부활로 영광의 관을 쓰는 기쁨을 누려야 한다. 왜냐하면 하느님께서 인간에게 육신을 주고 하느님의 아들 역시 육신을 취했기 때문이다.914) 크리소스톰 성인은 "만일 그리스도를 믿는 우리가 이 세상에만 희망을 걸고 있다면 우리는 누구보다도 가장 가련한 사람일 것입니다."(고린토전서 15:19)라는 사도 바울로의 가르침과, 위에서 이미 언급했던 사도 바울로의 말씀을 고찰하면서 그는 한 설교에서 이렇게 지적했다 : 불멸의 영혼은 육신의 부활을 기다리고 있다. 왜냐하면 육신 없이는 "형용할 수 없는" 왕국의 "선물"을 누릴 수 없고 형벌 역시 받을 수 없기 때문이다. 만약 육신이 부활하지 않는다면, 영혼은 "천상에서 관을 쓰지 못하고, 그 복을 누리지 못하게" 될 것이다. 그러면 그곳에서 우리는 어떤 유익도 얻지 못할 것이며 우리가 생전에서 투쟁한 대가 역시도 현세에서 끝나고 말 것이다. 그렇다면 이보다 더 비참하고 불쌍한 존재가 어디 있겠는가?915) 그러면서 성인은 육신의 부활이 하느님의 정의임을 확실하게 일깨우려 교인들에게 이렇게 말했다 : 우리는 우리의 가르침이 아니라 성령의 가르침을 그대들에게 알려 주는 것이다. 그대들은 육신이 천상의 영광을 누리지 못할 거라 생각하는가? 하지만 생각해 보라. 생전에 영혼과 함께 수고도 하고 고통도 겪었던 육신인데 어떻게 그의 몫이 없겠는가? 생전에 투쟁하며 흘린 육신의 땀과 수고가 클진대 이제 와서 "영혼만이 영광의 관을 쓸 수는 없는 것이다."916)

---

913) 신학자 그레고리오스, Λόγ. 7, Εἰς Καισάριον, 21 PG 35, 781C-784B.
914) 요한 크리소스톰, Εἰς Ἰω. Ὁμ. 66, 3 PG 59, 368-369.
915) 요한 크리소스톰, Εἰς Α' Κορ. Ὁμ. 39, 3 PG 61, 335.
916) 요한 크리소스톰, Εἰς Γέν. Λόγ. 7, 4 PG 54, 614.

정교회의 이 중요한 가르침을 다마스커스의 요한 성인은 이렇게 요약했다 : 만약 영혼이 덕의 투쟁을 혼자 했다면 영혼만이 관을 써야 할 것이며 죄에 혼자 빠졌다면 당연히 영혼 혼자 벌을 받아야 할 것이다. 하지만 영혼이 홀로 "덕이나 악"을 행한 것이 아니고 육신과 함께 행하고 또 완전한 인간이 영육일체라는 점을 생각하면 영육이 함께 상을 받거나 형벌을 받아야 옳다 할 것이다.917)

육신이 부패될 때 기뻐하자!

육신이 전부 흙이 되어 버리는데 어떻게 육신의 부활이 가능한지 많은 사람들이 의문을 갖는다. 우리가 이 의문에 답하기 전에 먼저 밝히고자 하는 점이 있다. 그것은 거룩한 교부들이 육신의 부패를 하느님의 큰 은혜로 보았다는 사실이다.

니사의 그레고리오스 성인은 육신의 부패를 "하느님의 크나큰 은혜라고" 특징지었다. 특히 육신의 부패가 인간이 지닌 "하느님의 모습"을 전혀 손상 시키지 않는 이유가 죽음으로 "감각 부분(육신)은 썩지만" "없어지는 것은" 아니기 때문이라고 강조했다.918) 크리소스톰 성인은 농부는 자기가 뿌린 씨가 땅에서 썩는 것을 보면 기쁨을 느끼지만 씨가 썩지 않고 그대로 남아 있으면 수심에 잠긴다고 하였다. 왜냐하면 씨의 부패가 나중에 열매를 맺기 위한 전제임을 알고 있기 때문이다. 이처럼 우리도 "인간이 파종될 때(묻힐 때)" 기뻐한다. 무덤에 안장되는 것을 파종으로 표현한 사도 바울로의 비유는 참으로 적절하다. 왜냐하면 육신의 파종은 다

---

917) 다마스커스의 요한, Ἔκδοσις 4, 27 PG 94, 1220C.
918) 니사의 그레고리오스, Λόγος Κατηχητικός ὁ Μέγας 8 PG 45, 33A, D.

른 파종보다 더 큰 가치가 있기 때문이다. 씨의 파종은 "부패와 죽음을" 물려받지만, 하느님의 뜻대로 산다는 전제 하에서, 육신의 파종(안장)은 "불멸과 불사 그리고 엄청난 선물"을 보상 받기 때문이다.919)

크리소스톰 성인은 또 다른 가르침에서 육신의 부패를 하느님의 전지와 선하신 섭리의 역사로 바라본다. 그래서 성인은 죽어서 "썩은" 먼지가 될 때 우리는 더욱 기뻐해야 한다고 말했다. 성인은 계속 말을 이었다 : 누군가가 낡고 허름한 집을 허물고 새로 집을 지으려 한다면 그는 집에 살고 있는 사람들을 먼저 밖으로 내보낸 후에 그 집을 헐고 더 좋은 집을 지을 것이다. 그렇지만 집 밖으로 나온 사람들은 전혀 상심하지 않는다. 왜냐하면 더 새롭고 더 좋은 집이 들어설 것을 알고 있기 때문이다. 전지하신 하느님께서도 이처럼 역사하신다. 썩어 없어질 영혼의 거처를 부수고 더 훌륭한 거처로 만들기 위해 죽음으로 영혼을 육신의 거처에서 먼저 내보내신다. 그리고 더 큰 영광 속에 육신을 부활 시킨 후 다시 영혼을 육신에 들여보내신다! 따라서 우리는 육신의 부패를 의식할 것이 아니라 미래의 찬란한 영광에 우리의 관심을 집중해야 할 것이다.920)

크리소스톰 성인은 (니사의 그레고리오스 성인과 일맥상통하게) 죽음으로 "육신의 본질"이 사라지지 않는다고 지적했다 : 우리는 용광로에서 녹고 있는 청동상을 보며 그 물질이 소멸되었다고 보지 않는다. 오히려 더 멋진 동상으로 새롭게 태어날 거라 생각한다. 썩어 없어지는 육신도 이와 같다. 용광로에서의 용해가 소멸이 아닌 새 동상의 출현이 되듯이 육신의 죽음도 "소멸", 곧 무가 아니라 "일신", 곧 갱신이 된다. 따라서 그대는 육신의 부패를 볼 때 "새로운 창조"를 생각하고 더 나아가 지금 내가 들고 있는 이 예를 뛰어넘는 사고를 하기 바란다. 왜냐하면 제작자는 청동상을 용해해 다시 제작을 하는 단순한 차원이지만 하느님께서는 불멸과 금동상

---

919) 요한 크리소스톰, Εἰς Α' Κορ. Ὁμ. 41, 4 PG 61, 360; Περί τοῦ μή πενθεῖν σφορδρῶς..., PG 63, 887.
920) 요한 크리소스톰, Εἰς τὸν πτωχὸν Λάζαρον καὶ τὸν πλούσιον, Λόγ. 5, 1 PG 48, 1018-1019.

을 그대에게 만들어 주시기 위해 땅에서 육신을 분해해서 순결과 불멸의" 몸, 불사와 순백의 몸, 그리고 흠 없는 영원한 몸으로 만들어 그대에게 "돌려주기 때문이다.921)

육신이 부패되어야만 육신의 일신이 이루어지는 겁니까? 육신의 손상이나 부패 없이 그것이 이루어질 수는 없습니까? 라는 질문에 크리소스톰 성인은 이렇게 대답한다.

1) 만약 육신의 부패가 이루어지지 않으면 유익은 차치하고 오히려 해가 될 것이다. 육신이 부패되지 않는다면 악 중의 악인 에고이즘은 사라지지 않고 그대로 남아 있을 것이다! 육신이 썩어 구더기의 밥이 되었는데도 불구하고 많은 사람들이 자신들의 에고이즘으로 인해 죽은 자를 신처럼 선포하는데 만약 부패가 이루어지지 않는다면 과연 어떤 결과가 나오겠는가? 2) 만약 육신이 썩어 분해되지 않는다면, 사람들은 인간이 흙에서 왔다는 사실을 믿지 않을 것이다. 오늘날도 많은 사람들이 그 사실을 의심하고 있는데 만약 그들이 이런 현실을 직접 목격하지 않는다면 그들이 무엇인들 말하지 못하겠는가? 3) 만약 육신이 썩지 않는다면 사람들은 더 육적이고 더 물질적이 될 것이다. 4) 사람들은 내세의 삶을 그다지 열망하지 않을 것이다. 5) 세상이 영원하다고 주장하는 사람들은 더 강력한 주장을 펼치며 하느님께서 세상의 창조자라는 사실을 받아들이지 않을 것이다. 6) 영혼의 가치를 깨닫지 못하고 육신에게 미치는 영혼의 위상을 제대로 평가하지 못할 것이다. 7) 가족을 잃은 많은 사람들이 이미 죽은 가족과 함께 대화하기 위해 정신 나간 사람처럼 무덤에 가서 살다시피 할 것이다. 오늘날도 사람들이 캔버스에 죽은 가족을 그려 놓고 그 그림을 바라보며 세월을 보내고 있는데, 육신이 썩지 않고 온전히 그들 앞에 남아 있다면 얼마나 온당치 못한 일을 그들이 생각해 내겠는가? 그들은 주검을 위한 신전을 짓거나 우상 숭배자들이 될 수도 있을 것이다. 또한 악령들이 강령술을 이용하는 것처럼 악령들이 그들을 악용할 수

---

921) 요한 크리소스톰, Op. cit., PG 48, 1019.

도 있을 것이다. 하느님께서는 이런 옳지 못한 일들을 예방하기 위해서 우리의 눈에서 육신을 썩어 없어지게 하셨다. 만약 육신이 썩지 않으면 우리의 삶에는 엄청난 혼란이 야기될 것이다. 그리고 영혼을 위해 관심을 기울이거나 불멸과 무덤 저편의 삶을 사색하는 이는 아무도 없을 것이다.922)

그렇다면 진토된 육신은 과연 어떻게 부활하는 것일까?

육신의 부활

비신자들은 죽은 자들의 부활을 받아들이지 않는다. 초대교회 당시의 이교도 철학자들도 이와 똑같았다. 마르코스 아브릴리오스의 박해시대 때 이교도들은 길에 버려진 그리스도 순교자들의 육신을 태워 그 재를 로다노스 강물에 뿌리며 이렇게 조소했다 : 과연 그들이 지금 부활하는지 하느님께서 과연 그들을 도울 수 있는지 지켜보자.923) 하지만 그리스도인들은 어리석게 보이는 죽은 육신의 부활의 믿음을 이성적으로 굳게 지켰다. 왜냐하면 주님과 사도들이 이 진리를 증거하였으며 더 나아가 "그리스도인과 그리스도인의 믿음은 하나의 신비이기 때문이다." 진실한 믿음은 성령의 영감으로 기록된 하느님의 계시를 "의심 없이 수용"한다. 그래서 만약 거룩한 성서의 가르침과 계명을 이성적으로 따지거나 파헤치면 깊은 "불신의 수렁"에 빠질 것이며, 사탄이 영혼에 뿌려 놓은 그 "불신의 생각"을 그대로 방치하면 하느님조차도 불신하게 될 것이다. 따라서 우리는 "육신의 부활에 대한 가르침"을 믿음 안에서 받아들여야 한다.924)

---

922) 요한 크리소스톰, Εἰς ΜατΘ. Ὁμ. 34, 4-5 PG 57, 403-404.
923) 에프세비오스, 교회사 V 1, 63 ΒΕΠΕΣ 19, 321(13-16).

죽은 자들은 부활할 것이다. 우리는 아래의 사실들을 통해 그것을 알게 된다.

1) "죽은 자들 중에 첫 번째로 부활하신"(고린토전서 15:20 참조) 주님을 통해 이 부활은 확인된다. 주님의 부활은 우리 육신의 부활에 대한 보증이다. 이것은 고래가 예언자 요나를 삼켰다가 삼 일 후에 아무런 손상 없이 산 채로 뱉어 낸 구약에서 이미 예시되었다. 또한 주님께서 당신의 부활에 대해 유대인들에게 확인해 주셨던 그 말씀을 통해서도 드러났다 : "이 성전을 허물어라. 내가 사흘 안에 다시 세우겠다. 예수께서 성전이라 하신 것은 당신의 몸을 두고 하신 말씀이었다. 제자들은 예수께서 죽었다가 부활하신 뒤에야 이 말씀을 생각하고 비로소 성서의 말씀과 예수의 말씀을 믿게 되었다."(요한복음 2:19-22)

이 진리는 사도들 가르침의 핵심적인 내용이었다. 특히 구세주의 삼 일 만의 부활의 기적을 회고할 때마다 이 진리는 그리스도인의 영혼에게 형용할 수 없는 기쁨의 원천이 되었다. 그래서 교회는 이렇게 찬양했다 : 주여, 생명을 주는 당신의 부활의 열매는 인류의 보편적 부활이 되었나이다. 시조의 거역으로 잠겼던 낙원의 문이 당신의 부활로 열렸나이다.925)

2) 육신의 부활은 의심의 여지가 없다. 왜냐하면 주님의 십자가의 죽음과 부활로 영원한 죽음, 즉 죄에서 이미 우리가 부활했기 때문이다. 영육의 죽음은 죄에 기인한다. "육체가 죽음을 맞이한 이유도 바로 죄 때문이었다." 따라서 타락의 시작이 죄였다면 부활의 시작은 죄에서 벗어나는 것이다. 구세주의 희생에 힘입은 우리는 세례성사를 통해 윤리적으로 부활하였다. 곧, "끔찍한 죄의 죽음을 내던지고 예전의 옷을 벗어던져 가장 본질적으로 부활을 맞았다." 따라서 우리는 가장 작은 육신의 부활을 부정하지 말자. 그래서 죄로부터의 부활이 죽은 육신의 부활의 전조와 보증, 그리고 확실한 희망이 되도록 하자. 왜냐하면 가장 큰 핵심인 죄가 폐지된 마당에 육적 죽음의 폐지야 말할 필요조차 없기 때문이다.926)

---

924) 시나이인 아나스타시오스, Ὁδηγός, Ἐρωταπ. 4β' page 158.
925) 오순절 예식서, Κανὼν τῆς Ἀναστάσεως, Ὠδη στ'.

3) 죽은 자의 부활은 실현될 것이다. 왜냐하면 조물주의 무한한 지혜와 능력은 불가능이 없기 때문이다. 성서는 하느님께서 "무슨 일이나 다 하실 수 있다."(마르코복음 10:27)라고 확인 시켜 준다. 하느님의 전능은 모든 것을 다 하실 수 있다.926) 믿지 않는 사람들은 하느님께서 무엇을 할 수 없는지 잘 알아보기 바란다. 하느님께서는 "거짓을 모르시는 분이다."928) 하느님께서 당신의 사도들을 통해 가르치시고 약속하시고 말씀하신 모든 것은 그대로 실현될 것이다. 지금껏 하느님께서는 당신의 전능하신 뜻으로 수많은 사건들을 처리하셨다. 그런데 손수 "내 말에 놀라지 말라. 죽은 이들이 모두 그의 음성을 듣고 무덤에서 나올 때가 올 것이다. 그 때가 오면 선한 일을 한 사람들은 부활하여 생명의 나라에 들어가고 악한 일을 한 사람들은 부활하여 단죄를 받게 될 것이다."(요한복음 5:28-29)라고 말씀하신 육신의 부활이 실현되지 못할 이유가 과연 어디에 있겠는가?

4) 사도 바울로는 물론이고 주님께서도 땅에 뿌리는 씨의 비유를 통해 육신의 부활을 설명하셨다. 주님께서는 죽음과 부활에 관하여 이렇게 말씀하셨다. "밀알 하나가 땅에 떨어져 죽지 않으면 한 알 그대로 남아 있고 죽으면 많은 열매를 맺는다."(요한복음 12:24) 이렇듯 나는 나의 아버지 하느님의 뜻에 따라 죽었다가 부활하여 인류의 구원과 부활을 열매 맺을 것이다.

사도 바울로는 죽은 자들의 부활을 씨가 싹을 내는 것처럼 자연스러운 현상으로 보았다. 바울로 사도는 다른 주장을 하는 사람들에게 이렇게 대답했다 : "어리석은 자여, 심은 씨는 죽지 않고서는 살아날 수가 없다. 그대가 심는 것은 장차 이루어질 그 몸이 아니라, 밀이든 다른 곡식이든 다만 그 씨앗을 심는 것뿐이다. 몸은 하느님께서 당신의 뜻대로 지어 주시는 것으로 씨앗 하나하나에 각각 알맞은 몸을 주신다."(고린토전서

---

926) 요한 크리소스톰, *Κατά μεθυόντων*... 4 PG 50, 438행부터; *Εἰς Ρωμ*. Ὁμ. 10, 4 PG 60, 480.
927) 이집트인 마카리오스, *Ὁμιλίαι πνευματικαί* ΙΕ', 10 ΒΕΠΕΣ 41, 220.
928) 아우그스티노스, *Ἡ Πολιτεία τοῦ Θεοῦ*, 22:25 번역 A. Δαλεζίου, Athens, page 297.

15:36-37 참조) 여기서 우리가 주목해야 할 점은 사도 바울로가 믿지 못하는 그들을 지칭할 때 사용한 표현이다. 사도 바울로는 그들을 '어리석은 자, 생각이 없는 자!'라고 했다. 언제나 "온화하고 겸손한" 성품의 바울로가 여기서는 강하게 질책하는 용어를 사용했다. 그것은 모든 자연이 죽었다 소생하는 이치처럼 육신의 부활 역시 지극히 자연스러운 것임을 강조하기 위함이었다. 불신자는 매일 자기 자신에 의해 벌어지고 있는 일조차도 제대로 깨닫지 못하는 개념 없는 사람처럼 소개된다. 왜냐하면 자신의 씨로 "부활의 창조주"가 되고 있음에도 불구하고 "하느님께서 죽은 자들을 부활 시킬 수 있는지에 대해 의심을 품고 있기 때문이다." 불신자가 죽은 자들의 부활이 이루어질 수 없다고 내놓는 근거는 오히려 사도 바울로에게는 부활의 강력한 증거가 된다. "시신이 썩는다"고 불신자가 주장할 때 사도 바울로는 '씨 역시도 썩는다. 하지만 그것은 부활의 계기가 된다'고 대답한다.[929]

거의 모든 교부들이 예전부터 씨의 비유를 사용해 왔다. 예루살렘의 키릴로스 성인은 파종하는 밀알을 언급하면서 이렇게 지적했다 : 씨 자체는 죽고 썩어서 음식으로는 전혀 소용이 없다. 하지만 처음에 볼품없이 뿌려졌던 썩은 씨는 파란 새싹으로 피어나고 훌륭하게 성장한다! 이 씨들마저 인간을 위해 죽었다가 다시 소생하는데 하물며 인간이 죽었다가 자신들을 위해 왜 다시 부활하지 못하겠는가? 키릴로스 성인은 나무의 경우를 비유로 들었다 : 만약 잘린 나무가 나중에 다시 살아난다면 죽음으로 잘린 인간이 다시 살아나지 못할 이유가 무엇인가? 인간을 위해 존재하는 포도넝쿨이나 다른 나무 가지들이 나무의 몸통에서 잘렸다가 이식되어 열매까지 맺는데 인간이 땅에 묻혀 썩었다고 해서 다시 부활할 수 없단 말인가? 그러면서 성인은 이렇게 결론을 맺었다 : 하느님께서는 매년 겨울이 지나면 생명이 소생하도록 자연 이치를 만드셨다. 그러므로 영혼이 없는 자연 속에서 일어나는 현상을 보고 있는 그대는 영혼이 있는 이성적 존

---

929) 요한 크리소스톰, *Εἰς Α' Κορ. Ὁμ.* 41, 1 PG 61, 355-356.

재에게도 같은 현상이 일어나고 있음을 깨달아야 할 것이다.[930]

대 아타나시오스 성인은 '우리는 죽어 사라지는 것이 아니라, 부활하기 위해 씨처럼 뿌려지는 것이다. 왜냐하면 구세주의 은총으로 죽음이 이미 폐지되었기 때문이다' 라고 하였다.[931] 다마스커스의 요한 성인은 식물의 씨들을 염두에 두고 다음과 같이 묻는다 : 씨에게 뿌리와 줄기, 가지와 잎, 이삭과 미세한 털을 심은 이가 누구인가? 만물의 창조주 아니던가? 그분의 명령에 따라 만물이 생겨난 것이 아닌가? 그러므로 너는 하느님의 뜻에 따라 이루어질 죽은 자들의 부활을 믿어라. 전지하신 하느님께서는 당신의 의지와 함께 협력자인 능력도 함께 겸비하고 계시기 때문이다.[932]

2세기 라틴의 고백자 미누키오스 필릭스가 기록한 것처럼, 씨의 파종과 결실은 우리도 "우리 육신의 봄"을 기다려야 한다는 사실을 분명하게 확인 시켜 준다.[933] 인간의 육신은 지금 땅에 뿌려지지만, 현세의 종말이 오면 하느님의 능력으로 땅은 육신을 다시 꽃피울 것이다! 오늘 인간의 육신은 땅에 넘겨지지만 그 육신은 마지막 날에 있을 부활을 기다릴 것이다. 이처럼 "각각의 무덤은 불멸의 상자가 된다."[934] 그래서 요한 크리소스톰 성인은 부활절 설교에서 이렇게 외쳤다 : "그리스도께서 부활하시니, 죽은 자들의 무덤이 텅 비는도다."

5) 육신의 부활을 전능하신 하느님의 치적으로 가르친 거룩한 교부들과 교회의 저자들은 인간의 임신과 출생을 또 다른 하나의 예로 든다. 순교자 유스티노스 성인과 아타나고라스 성인, 그리고 안티오키아의 테오필로스 성인은 다음과 같이 지적한다 : 하느님께서 "단순한 하나의 씨", "한 방울의 인간의 정자"로 뼈와 핏줄, 신경과 살, 그리고 완전한 인간으로 발전 시키듯이, "진토 된" 육신을 하나로 다시 모아 죽은 자를 부활 시

---

930) 예루살렘의 키릴로스, Κατήχησις ΙΗ', 6-7 ΒΕΠΕΣ 39, 234-235.
931) 대 아타나시오스, Περί έναθρωπήσεως τοῦ Λόγου, 21 ΒΕΠΕΣ 30, 91(31-33).
932) 다마스커스의 요한, Ἔκδοσις 2, 27 PG 94, 1225C.
933) Minucius Felix, Octavius, cop. 36.
934) Γ. 플로로프스키, Ἀνατομία, page 173.

키실 수 있다.935) 예루살렘의 키릴로스 성인은 묻는다 : 현재 듣고 말하는 우리는 백년 전이나 이백 년 전에는 어디에 있었는가? 그대는 완전한 모습을 제대로 갖추지 못한 단순한 것으로부터 태어났다는 것을 진정 모른단 말인가? 단순하고 불완전했던 씨가 이렇게 완전한 형태와 모양을 갖추고 살아 있는 인간이 된다. 불완전한 씨가 잉태된 후 "튼튼한 핏줄을 형성하고, 빛을 보는 눈을 만들며, 냄새를 맡는 코, 듣는 귀, 말하는 혀, 뛰는 심장, 일하는 손을 갖춘다.... 그리고 완전치 못했던 그 씨가 선박제작자와 건축가, 설계사와 권력자, 법률가와 왕"이 된다. 그러면서 성인은 이렇게 결론을 맺는다 : 이렇게 보잘것없는 요소로 우리를 창조하시고 인간의 몸을 만드신 하느님께서 진정 "쓰러진 육신"을 다시 세울 수 없다는 것인가? 세상에 없던 피조물을 창조하신 분께서 비록 죽었다 해도 존재하고 있는 육신을 진정 부활 시킬 수 없다는 말인가?936)

시나이인 아나스타시오스 성인은 육신의 부활을 의심하는 자들을 향해 이렇게 적었다 : "무덤에서 이미 진토 되어 티끌이 된 육신이" "영혼을 가진 완전한 인간"으로 다시 부활 된다는 것이 의심스러우면 즉시 네 자신을 살펴보라. 그러면 너는 네 자신에게서 "육신의 부활에 대한 본보기"를 발견하게 될 것이다. "지금의 너는 어디에서 와서 영육을 취한 완전한 인간이 되었는가?" 하느님의 능력으로 잉태되고 자궁 안에서 성장하고 출생해서 오늘날의 네가 된 것이 아닌가? 그런데도 계속해서 "육신의 먼지에 대해" 의문이 들고, "어떻게 영혼이 없는 것이 영혼이 있는 것으로 다시 태어날 수 있는지"에 대해 의문이 풀리지 않는다면 너는 자연 속의 수많은 예들을 통해 그 답을 찾을 수 있을 것이다.937)

다마스커스의 요한 성인도 같은 가르침을 펼친다 : 하느님께서 당신의 뜻에 따라 흙으로 인간의 몸을 지으시고, 인간의 "작은 씨 한 방울로"

---

935) 유스티노스, *Α' Ἀπολογία* ιθ' 1-4 ΒΕΠΕΣ 3, 171; 아티나고라스, *Περὶ ἀναστάσεως τῶν νεκρῶν* 3 ΒΕΠΕΣ 4, 313; 안티오키아의 테오필로스, *Πρὸς Αὐτόλυκον* 1, 8 ΒΕΠΣΕ 5, 17(12-18).
936) 예루살렘의 키릴로스, *Κατήχησις ΙΗ'* 9 ΒΕΠΕΣ 39, 235-236.
937) 시나이인 아나스타시오스, *Ὁδηγός*, Ἐρωταπ. ϟβ', page 160-161.

소우주와 같은 인간의 모습을 갖추셨는데, 썩어서 먼지가 되었다고 해서 그 자취가 남아 있는 육신을 부활 시키지 못하시겠는가?938)

6) 하느님의 전능은 육신의 부활을 가능하게 한다. 사실 무엇이 더 쉬운가? 무에서의 창조인가? 아니면 존재하는 물질에서의 창조인가? 당연히 두 번째일 것이다. 그렇다면 첫 번째를 이루신 하느님께서 두 번째를 이루지 못할 이유가 어디 있겠는가?939) 요한 크리소스톰 성인은 육신의 부활을 의심하거나 믿지 않는 사람들에게 이렇게 말했다 : 하느님께서 너를 어떻게 창조하셨는가? "흙으로 너를 만들지 않았는가?" 어느 것이 더 쉬운가? 흙으로 "살, 핏줄, 피부와 뼈, 신경과 동맥" 등을 만드는 것인가? 아니면 썩어 분해된 것을 다시 불멸로 하는 것인가? 무에서 수많은 천군천사들을 창조하신 하느님께서 썩은 인간의 몸을 새롭게 하고 영광과 영예로 입히는 것이 뭐 그리 불가능하단 말인가? 어느 것이 더 쉬운 일인지 내게 말해보라. 무에서 무언가를 창조하는 것인가? 아니면 썩은 육신을 다시 살려내는 것인가?940) 대답은 자명하다. 무에서 능력의 천사들과 하늘, 땅과 바다, 눈에 보이는 세상과 보이지 않는 세상을 당신의 뜻과 말씀만으로 창조하신 하느님께는 죽은 육신의 부활과 재창조는 지극히 쉬운 일이다.941)

예루살렘의 키릴로스 성인도 성서에서 부활의 예를 들었다 : 이미 말라 죽어 있던 아론의 지팡이는 물도 공급받지 않은 채 꽃을 피웠다. 어떻게 보면 부활한 것인데 아론이라고 해서 왜 부활이 불가능한가? 모세의 메마른 지팡이도 괴물로 변했는데, 의인의 육신들이 부활하여 사는 것이 왜 불가능한가? 하느님의 명령의 힘이 오늘날은 그 힘을 잃었단 말인가?942) "육신의 부활은 하느님의 능력이다." 그것은 우리의 사고를 뛰어넘지만 믿음을 통해 확인되며 하느님의 치적으로 분명히 드러난다.943)

---

938) 다마스커스의 요한, Ἔκδοσις 4,27 PG 94,1225B.
939) 유스티노스, Περὶ ἀναστάσεως V, VI ΒΕΠΕΣ 4, 226-228 참조.
940) 요한 크리소스톰, Περὶ τῆς τῶν νεκρῶν ἀναστάσεως, 6 PG 50, 429; Εἰς Α' Θεσ. Ὁμ. 7, 2 PG 62, 436.
941) 시나이인 아나스타시오스, Op. cit. page 160.
942) 예루살렘의 키릴로스, Κατήχησις ΙΗ' 12 ΒΕΠΕΣ 39, 236-237.

7) 죽은 자들의 부활을 의심하는 사람들은 다음과 같은 질문을 던진다
: 사나운 맹수나 바다의 큰 물고기가 삼킨 사람들의 육신이 과연 부활할
수 있습니까? 사실 온 세상이 다 하느님의 권세 아래에 놓여 있다는 것
을 믿는다면(시편 95:4 참조) 죽은 육신의 부활을 전혀 불신하지 못할 것이
다. 육신이 썩어 먼지가 되었던지, 맹수에 잡혀 먹혔던지 간에 모든 것은
하느님의 전능하신 손 안에 놓여 있다. 불과 강, 바다와 땅, 맹수와 바다
의 고기들도 하나같이 하느님의 강력한 권세 아래에 놓여 있다. 하느님께
서는 당신의 무한하신 지혜로 그곳에서 육신을 빼내고 새롭게 만들어 부
활 시키실 것이다.944)

변론자 타티아노스는 죽은 자들의 부활과 관련하여 다음과 같이 말했
다 : 이전에 나는 존재하지 않았지만, 지금 생명의 존재가 된 것처럼, 내
가 죽어 눈에서 사라지고 육신이 흙이 되어도 나는 다시 부활하여 존재
할 것이다. 비록 불에 의해 나의 육신이 태워진다 해도 타 버린 그 육신
의 흔적은 이 세상에 그대로 남아 있을 것이다. 내가 강이나 바다에 빠
져 죽거나 또는 맹수에 의해 갈가리 찢겨지고 짐승의 밥이 되어 없어져
도 나는 다시 주관자의 품 안에 안길 것이다. 온 피조물을 지배하시는
그분께서 당신이 원하시는 날, 오직 당신만이 보고 알 수 있는 나의 존
재를 예전의 아름다움대로 다시 복원 시키실 것이다.945)

예루살렘의 키릴로스 성인 역시 반대 입장을 피력하는 사람들에게 이
와 유사한 가르침을 주었다. 그들은 이렇게 주장한다 : 구더기들이 썩은
육신을 먹고, 그 구더기들조차도 마침내 죽어 없어졌는데 어떻게 그 죽은
육신이 부활할 수 있겠습니까? 또 파선 되어 물에 빠져 죽은 사람들을
작은 물고기가 먹고, 큰 물고기가 다시 그 작은 물고기들을 잡아먹는데
어떻게 그 죽은 육신이 부활할 수 있겠습니까? 어떤 이들은 곰과 사자의
밥이 되고, 또 다른 이들은 독수리와 까마귀의 밥이 되며, 시체를 먹은

---

943) 유스티노스, Op. cit., IX ΒΕΠΕΣ 4, 231(13-15).
944) 시나이인 아나스타시오스, Ὁδηγός, Ἐρωταπ. 4β', page 158-159.
945) 타니아노스, Λόγος πρὸς Ἕλληνας 6 ΒΕΠΕΣ 4, 245(33-40).

독수리와 까마귀가 사방팔방으로 날아가 서로 다른 장소에서 죽음을 맞는 데 어떻게 그렇게 흩어져 버린 육신 조각이 하나가 되어 부활할 수 있다는 말입니까? 그들의 질문에 성인은 이렇게 대답했다 : 보잘것없고 나약한 인간에게는 이 모든 것이 불가능하게 보이겠지만 하느님께는 가능하다. 왜냐하면 모든 피조물들이 그분의 손안에 있기 때문이다. 따라서 너희는 너희들 능력에 견주어 하느님을 비난할 것이 아니라 무한한 하느님의 능력에 주의를 기울이기 바란다.946)

요한 크리스소톰 성인도 "어떤 사람이 파선을 당해 바다에 빠져 죽었는데 많은 물고기가 몰려와서 시신의 조각을 먹었습니다. 시신을 뜯어먹은 그 물고기의 일부를 근처에 있던 다른 물고기들이 잡아먹고, 시신을 먹고 다른 지역으로 옮겨 간 일부 물고기들도 또 다른 큰 물고기에 의해 잡아먹혔습니다. 그런데 나중에 사람들이 이 큰 물고기들도 잡아서 먹게 되었는데, 그 후에 이 사람들도 맹수에 의해 잡아먹혔습니다. 그렇다면 이 복잡한 과정 속에서 사라져 버린 육신이 어떻게 부활할 수 있겠습니까?"라고 주장하는 사람들에게 우매하고 쓸데없는 잡담이라 치부하면서 장황하게 설명했다 : 만약 너희가 말한 대로 되지 않고 어떤 사람이 자연사해서 흙이 되었다고 하자. 그렇다면 어떻게 이미 먼지와 티끌이 된 육신이 하나가 되어 영광을 찾을 수 있겠느냐? 너희는 왜 그 점을 의심하지 않느냐? 너희는 씨가 땅에 뿌려져 썩은 후에 생명을 잉태한다는 사도 바울로의 그 예를 알지 못하는가? "생명은 부패에서 싹튼다는" 점을 기억해 주길 바란다. 또한 "한 가지 성질"을 가지고 있는 물을 보라. 그 물은 포도나무를 통해 포도주가 되기도 하고 즙이 되기도 하며 잎이 되기도 한다. 또한 올리브기름이 되기도 하며 다양한 여러 가지 형태로 나타난다. 그런데 더 놀라운 것은 어떤 것은 "수분이 있고 어떤 것은 건조하며", 어떤 것은 달고 어떤 것은 시며, 또 어떤 것은 떫고 또 어떤 것

---

946) 예루살렘의 키릴로스, *Κατήχησις ΙΗ'*, 2-3 ΒΕΠΕΣ 39, 233; *ΔΙΑΤΑΓΑΙ* 5, 7, 2 ΒΕΠΕΣ 2, 79(12-15); 대 아타나시오스, *Πρὸς Ἀντίοχον ἄρχοντα*, Ἐρωτ. ριδ' ΒΕΠΕΣ 35, 134-135; 유스티노스, *Ἐρωτήσεις ἑλληνικαὶ πρὸς τοὺς Χριστιανούς*, ΒΕΠΕΣ 4, 182(35)-183(10) 참조.

은 쓰기도 하다는 것이다. 어떻게 이것이 가능한가? 이처럼 우리는 현세에서 이해도 설명도 되지 않는 수없이 많은 현상 속에서 매일 "죽음과 부활"을 지켜보면서도 여전히 깨닫지 못하고 몽상에 빠져 있다. 그러면서 성인은 이렇게 부탁했다 : "인간이여, 이곳 세상의 현상을 보고 배우라." 그리고 하느님의 일에 쓸데없이 관여하거나 집착하지 말라. 네가 태어나서 먹고 자라고 숨 쉬며 살아가고 있는 이 세상도 제대로 알지 못하면서 너와 엄청난 간극이 있는 일들을 네가 어떻게 설명하겠는가? 그러므로 우리는 하느님께서 성서를 통해 계시하신 그 말씀에 우리의 믿음을 두어야 한다. 그리고 성서를 배처럼 사용하면서 믿음의 돛을 펼쳐 눈에 보이는 위험에 빠지지 않도록 유의해야 한다.947) 그렇지 않으면 우리는 이교의 깊은 수렁에 빠지고 말 것이다.

형제여, 육신의 요소들이 끊임없는 변화와 대체를 반복한다 할지라도 우리의 실체적 존재인 영혼이 죽지 않고 살아 있는 한, 하느님의 전능은 죽은 육신의 부활의 기적을 이루실 것이다. 그리고 하느님의 전지는 현존하는 요소를 잘 구성해서 마침내 새로운 영광의 장막, 영원한 불멸의 육신을 만들어 내실 것이다.

---

947) 요한 크리소스톰, *Εἰς Α' Θεσ. Ὁμ.* 7, 2-3 PG 62, 436-440.

부활할 육신은 어떤 모습일까?

빛과 불멸과 영원의 특성

죽음에서 부활할 육신은 과연 어떤 모습일까? 성령의 영감 속에서 성서를 해석한 교회의 거룩한 교부들은 이런 답을 준다.

1) 교부들은 크리소스톰 성인이 의미한 것처럼, 우선 그 육신이 "그것이기도 하지만 또 그것이 아니기도 하다"라는 점에 주목한다. 곧, 그 육신이 생전의 그것이긴 하지만 다른 특성을 가지고 있다고 보았다. 메토디오스 순교자는 인간은 사후에도 여전히 인간으로 존재하며 천사나 다른 형태로 변하지 않는다고 하였다. 그것은 세상에 오신 그리스도께서 인간이 새로운 성질이 아닌 하느님의 은총에서 타락하기 이전, 죄를 짓기 이전의 본래 모습으로 돌아간다고 가르치셨기 때문이다.[948]

이집트인 마카리오스 성인은 부활할 육신은 자신의 성질을 그대로 유지한다고 가르친다. 그러면서 다음과 같은 예를 들었다 : 사물이 불이나 빛 속에 들어가면 변화를 일으키지만 그렇다고 해서 불이 되거나 소멸되는 것은 아니다. 바늘이 불에 던져져서 불처럼 빨갛게 달아올라도 철 성분은 그대로 있는 것처럼 부활할 육신도 이와 같을 것이다. "부활 때 모든 지체는 부활할 것이고 빛날 것이다." 하지만 각 지체는 성령이 충만한 가운데 자신의 성질과 존재성을 유지할 것이다. 베드로는 베드로로, 바울로는 바울로로, 필립보는 필립보로서 그대로 존재할 것이다.[949] 이것은 부자와 라자로의 비유를 통해서도 그대로 드러난다. 왜냐하면 부자는 사후에도 아무런 어려움 없이 선조 아브라함과 라자로를 알아보고 있기 때문이다.

크리소스톰 성인에 따르면, 부활로 새로워질 그 육신은 생전에 영육이 함께 했던 그 육신과 전혀 상관없는 완전히 새로운 창조물이 아니다. 죽

---

948) 올림보스 메토디오스, Περὶ Ἀναστάσεως 49 ΒΕΠΕΣ 18, 137(32-37).
949) 이집트인 마카리오스, Ὁμιλίαι πνευματικαί, Ὁμ. 15, Ἔρωτ. 10-12 ΒΕΠΕΣ 41, 220 (10-26).

은 육신과 부활할 육신 사이에는 동일성이 존재한다. 크리소스톰 성인은 "하느님께서 고통 받는 자신의 살갗도 다시 돌려주실 것이다. 왜냐하면 부활은 전능하신 하느님에게서 오기 때문이다."라는 욥의 말을(욥기 19:26 참조) 해석하면서 이렇게 지적한다 : 우리는 욥의 이 말을 통해 "교회의 교리"를 배우게 된다. 그것은 유혹과 고통을 받은 육신도 영혼과 함께 영원한 영광을 누리기 위해 부활할 것이라는 가르침이다. 왜냐하면 고통 받은 육신과 부활할 육신이 서로 다르다면 그것은 정당하지 않기 때문이다.950)

물론 죽은 육신과 부활할 육신 사이에는 분명 동일성과 함께 차이성도 존재한다. "이 동일성과 차이성은 밀알과 거기에서 생성된 싹, 또는 정자와 거기에서 생성된 태아, 그리고 완전한 인간이 되기 위해 태아에서 만들어지는 신체 기관과의 관계와 비슷하다."951) 크리소스톰 성인은 이 사실을 아주 잘 설명해 준다. 성인은 사도 바울로의 "여러분이 심는 것은 장차 이루어질 그 몸이 아니라, 밀이든 다른 곡식이든 다만 그 씨앗을 심는 것뿐입니다. 몸은 하느님께서 당신의 뜻대로 지어 주시는 것으로 씨앗 하나하나에 각각 알맞은 몸을 주십니다."(고린토전서 15:37-38)라는 말씀을 해석하면서 이렇게 적었다 : 사도 바울로가 여기서 의미하는 것은 우리가 밀알을 심는 것이지 싹을 심지는 않는다는 것이다. 비록 싹이 밀알과 근원은 같지만 뿌려진 밀알과 싹 사이에는 분명한 차이가 있다. 싹은 밀알과 본질이 같기에 밀이라고 할 수 있겠지만 싹은 새롭고 더 좋은 것이다. 육신의 부활도 이와 비슷하다. 죽은 그 육신과 부활할 그 육신의 본질은 동일하다. 같은 육신, 같은 본질이 부활하지만 더 좋고 더 빛나는 육신으로 부활한다. 만약 하느님께서 더 빛나고 더 훌륭한 육신으로 부활시키지 않는다면 굳이 오늘날 존재하는 육신을 굳이 폐하실 필요가 있었겠는가?952)

---

950) 요한 크리소스톰, Ἀποσπάσματα εἰς τὸν μακάριον Ἰώβ, PG 64, 620D.
951) Π. Ν. 트렘벨라, Δογματική.., 3, page 467.
952) 요한 크리소스톰, Εἰς Α Κορ. Ὁμ. 41, 2 PG 61, 356-357.

2) 부활할 육신이 영육이 함께 했던 생전의 "그것"과 동일하겠지만 동시에 "그것이 아니기도" 하다. 왜냐하면 내세를 위해 새로운 특성을 취할 것이기 때문이다. 크리소스톰 성인은 "내가 이제 심오한 진리 하나를 말씀드리겠습니다. 이 썩을 몸은 불멸의 옷을 입어야 하고 이 죽을 몸은 불사의 옷을 입어야 합니다."(고린토전서 15:51, 53)라는 사도 바울로의 가르침을 이렇게 주석하였다 : "썩을 몸과 죽을 몸이라 한 것은 몸이 그대로 있음을" 의미한다. 왜냐하면 그 몸이 불멸과 불사의 옷을 입어야 하는 그것이기 때문이다. 반면에 "부패와 죽음"은 사라진다. 왜냐하면 불멸과 불사가 몸에 입혀지기 때문이다. 그러므로 너는 불멸이 된다는 말을 들을 때 끝없는 영생에 대한 의심을 품지 말라.953)

성인은 부활할 육신은 죽었을 때의 그것과는 다르다고 주장하는 이교도들을 향해 이렇게 강조했다 : "다른 것이 죄를 짓고 다른 것이 지옥에 가는 것인가?" 그렇다면 사도 바울로가 "이 장막에 머물러 있는 동안 우리는 무거운 짐에 짓눌려 신음하고 있습니다. 그렇다고 해서 우리가 이 장막을 벗어 버리고자 하는 것은 아닙니다. 다만 하늘의 집을 덧입음으로써 죽음이 생명에게 삼켜져 없어지게 되기를 갈망하고 있습니다."(고린토후서 5:4)라고 가르친 것에 대해 너는 뭐라고 답하겠는가? 어떻게 죽음이 생명에 의해 "삼켜져" 버릴 수 있겠는가? 사도 바울로는 분명히 불멸의 몸에 의해 필멸의 몸이 삼켜져 없어지기를 갈망한 게 아니라, 생명에 의해 죽음이 삼켜져 없어지기를 갈망하였다. 왜냐하면 동일한 육신이 부활할 때 비로소 그것이 가능하기 때문이다. 만약 하느님께서 예전의 몸을 놔두시고 새로운 것을 창조해 내신다면 "죽음은 사라지지 않을 뿐만 아니라 자신의 세력을 유지한 채 그대로 남아" 있을 것이다. 따라서 그렇게 되어서는 안 된다. "필멸의 몸은" 그의 몸에 불사를 입어야만 한다. "썩어 없어질 것은 불멸의 것을 이어 받을 수 없고 생명에 의해 죽음은 사라져야 하기"(고린토전서 15:50, 고린토후서 5:4 참조) 때문이다. 또 이제는 죽음이

---

953) 요한 크리소스톰, Εἰς Α Κορ. 'Ομ. 42, 2 PG 61, 364-365.

불사를 이기는 것이 아니라 불사가 죽음을 이기고 지배하고 있기 때문이다. 초가 불을 녹이지 못하고 불이 초를 녹이는 것처럼, 불사는 죽음을 녹여 없애며 죽음은 결코 불사를 녹이거나 지배하지 못한다.954)

우리의 사고로는 해득이 안 되는, 자비의 하느님에 의해 게시된 이 위대하고 심오한 진리는(고린토전서 15:51 참조) 물질적 세상에서 일어나는 여러 현상들을 통해 분명하게 드러난다. 그 예로 물을 한번 살펴보자. 물에는 여러 가지 성질들이 나타난다. 얼리면 고체인 얼음으로, 열을 가하면 수증기의 상태로 변화한다. 부활할 인간의 육신도 전지하신 주님의 방법에 따라 이와 같은 현상을 신비하게 겪게 된다. "썩을 몸으로 묻히지만 썩지 않는 몸으로 다시 살아납니다. 천한 것으로 묻히지만 영광스러운 것으로 다시 살아납니다. 약한 자로 묻히지만 강한 자로 다시 살아납니다. 육체적인 몸으로 묻히지만 영적인 몸으로 다시 살아납니다. 육체적인 몸이 있으면 영적인 몸도 있습니다."(고린토전서 15:42-44) 아울러 "부활 후 인간이 들어갈 새로운 환경, 새로운 상태는 현세의 부패나 물질과는 아주 다르다. 그러므로 부활할 육신은 새로운 환경과 상태에 완전하게 적응할 수 있는 그런 육신이 되어야만 한다."955)

부활할 육신은 배고픔과 갈증을 느끼고 죽음에 종속되었던 육신과는 다르다. 부활할 육신은 영혼과 함께했던 육신인 것으로는 동일하지만 동시에 필멸의 약함과 유혹에서 벗어나 완전한 불멸을 이룬다. 따라서 둘 사이에는 확연한 차이가 분명하다. "음식으로 생명을 유지하지 않으며 높은 곳을 오르기 위해 사다리를 필요로 하지 않는다. 왜냐하면 놀라운 영적 몸이 되기 때문이다." 영적인 몸은 영광과 가치가 너무 커서 그 어떤 것과도 견줄 수 없다. 하지만 어떻게 이것이 가능한지에 대해서는 신비로 남는다. 그래서 예루살렘의 키릴로스 성인은 한 예를 들어 이렇게 적었다 : 불멸을 입은 육신은 불에 달궈진 쇠가 불 같이 되는 것처럼 그렇게 "변화한다." 하지만 이 예가 그렇게 성공적이지 못했기에 성인은 다음과

---

954) 요한 크리소스톰, *Εἰς B Κορ. Ὁμ.* 10, 3 PG 61, 470.
955) Π. Ν. 트렘벨라, *Δογματική*.., 3 page 473.

같이 부연했다 : 전지하신 주님께서 부활 시킬 그 육신은 오직 당신만이 아시는 방법에 따라 변화된다.956) 시리아의 이사악 성인은 '당신의 전지로 정하신 그 때가 오면 하느님께서는 당신만이 아시는 모습으로 우리를 부활 시키실 것이며 새로운 상태로 우리를 인도하실 것이다' 라고 말했다. 그렇다면 우리 인간만 이 모든 것을 희망하는 것인가? 그렇지 않다. 거룩한 천사들도 그 때를 기다린다.… 왜냐하면 그들은 우리 때문에 완성에 이르지 못하고 있기 때문이다. 그들은 단 한 번 영원의 문이 열리고, 새로운 세상이 와서 우리가 예전의 모습으로 복원된 후에야 자신들이 평안을 누릴 수 있다는 것을 잘 알고 있다.957)

주님께서는 부활할 육신이 취할 새로운 모습에 대해 말씀하셨다. "부활한 다음에는 장가드는 일도, 시집가는 일도 없이 하늘에 있는 천사들처럼 된다."(마태오복음 22:30) 그곳에서 사는 자들은 불멸과 불사의 특성을 지니고 천사들처럼 존재한다.(루가복음 20:35-36 참조) 내세에서는 배와 음식을 다 없애 버리실 것이다.(고린토전서 6:13)

3) 육신의 부활은 단순히 우리 본성을 예전의 상태로 회귀 시키거나 복원, 혹은 재구성하는 것이 아니다.958) 그것은 동시에 완전하고 더 좋은 상태로 높이는 것이다. 하느님의 성령께서는 사도 바울로를 통해 이 사실을 계시하셨다. "육체적인 몸으로 묻히지만 영적인 몸으로 다시 살아납니다. 육체적인 몸이 있으면 영적인 몸도 있습니다."(고린토전서 15:44)

하지만 사도 바울로가 말하는 영적인 몸에 대해서는 경험상 그 누구도 알지 못한다. 그래서 우리는 교부들이 사용한 용어를 고찰하면서 나름의 생각을 정리하려고 한다. 신학의 고상(高翔), 크리소스톰 성인은 성령께서 항구적으로 "의인의 육신에" 거하시고 지배하실 것이기 때문에 영혼도 함께 할 그 몸은 "영적"이며, 또한 "영적인 몸"이라 한 것은 "가볍고 용이하게 움직이며" 쉽게 천상을 향해 오를 수 있기 때문이라고 하였다.959)

---

956) 예루살렘의 키릴로스, Κατήχησις 18, 18 ΒΕΠΕΣ 39, 240(4-9).
957) 시리아의 이사악, Ἄπαντα.., λόχ. πε', page 344-345.
958) 니사의 그레고리오스, Λόγος ἐπικήδειος εἰς Πουλχερίαν, PG 46, 877A.
959) 요한 크리소스톰, Εἰς Α Κορ. 41, 3 PG 61, 359.

이곳 현세의 육신은 특성상 중량이 있고 특정한 형태와 부피가 있어 끊임없이 아래를 향하지만, 그 때에 가서는 "구름을 타고 공중으로 들리어 올라가서 주님을 만나게 될 것입니다."(테살로니카전서 4:17)라는 말처럼 변화된 모습으로 위를 향하게 될 것이다. 니사의 그레고리오스 성인도 그 때는 중량의 성질이 더 이상 육신에 남아 있지 않아 거룩한 상태로 변화된 그들은 무체(無體)적 성질과 함께 높은 곳을 향해 나아간다고 하였다.960) 그레고리오스 팔라마스 성인은 "현재의 인간 상태에서는 정신적인 영혼이 육체의 물질에 의해 가려지지만, 미래의 상태에서는 육체가 영적으로 변화되어 사실상 거의 비물질 상태가 된다고 하였다."961)

우리는 부활하신 주님의 거룩한 몸을 통해 앞으로 부활할 우리의 육신을 고찰한다. 크리소스톰 성인은 다음과 같이 지적한다 : 주님께서는 부활하시기 전에 제자들에게 천상의 왕국에 대해 가르치셨는데 제자들은 그 진리를 온전히 깨닫지 못했다. 그래서 주님께서는 손수 세 명의 제자들을 데리고 다볼산으로 가셔서 제자들이 보는 앞에서 변모하셨다. 그것은 미래의 영광과 부활 이후 우리의 육신이 어떻게 될 것인가를 예시해 주시기 위함이었다. 주님께서 부활 하신 후에 40일 간 제자들에게 나타나신 것도 우리의 육신이 부활 후 어떤 상태에 놓일 것이라는 것을 알려 주시기 위한 것이었다. 부활할 육신은 의식주를 필요로 하지 않으며 주님의 승천 때 주님의 거룩한 몸이 하늘로 "들려" 올라갔듯이, 그분의 몸과 "동일한" 우리 몸도 "구름을 타고 들려 올라갈 것이다." 왜냐하면 "주님과 우리는 머리와 몸"을 이루고 있기 때문이다.962)

부활하신 주님의 거룩한 몸은 음식을 필요로 하지 않았다. 주님께서는 제자들 앞에서 구운 생선과 약간의 꿀(루가복음 24:42-43 참조)을 드셨지만 그 음식이 필요해서 드신 것은 아니었다. 그것은 당신의 부활을 믿게 하시기 위한 행위였다. 음식을 드신 당신이 그들의 주님이시고 십자가에 못

---

960) 니사의 그레고리오스, Πρὸς τοὺς πενθοῦντας..., PG 46, 532행부터
961) Παρά Γ. 만자리디스, Παλαμικά, Thessaloniki 1973, page 260.
962) 요한 크리소스톰, Περὶ τῆς τῶν μελλόντων ἀπολαύσεως, 6 PG 51, 352-353.

박혀 돌아가셨던 그 몸임을 확인 시켜 주기 위한 행동이었다. "주님께서는 초자연적으로 음식을 드셨고 또 초자연적으로 드셨던 음식을 소화해 내셨다."963)

주님의 그 몸은, 우리가 7조 주간의 주일 조과에서 찬양하는 "돌로 막은 무덤에서" 부활하신 그 몸이다.964) 그래서 우리는 부활 주일 때 이렇게 노래한다 : "그리스도여, 당신은 적들이 당신의 무덤을 돌로 막았음에도 아무런 손상 없이 무덤에서 부활하셨나이다."965) 부활하신 주님께서는 두려움에 떨던 제자들이 예루살렘의 어떤 집에 모여 있었을 때, 문이 잠겨 있었음에도 아무런 제약을 받지 않고 그 집에 들어가셨다! 그것은 이미 주님의 거룩한 몸이 영광과 불멸의 존재가 되어 물질적 제약을 받지 않았기 때문이다. 생명을 주시는 주님의 육신은 물질적 세상의 공간적 개념을 초월하고 극복했다. 그런데 이것은 보편적 부활이 이루어지는 날, 우리의 육신이 입을 불사와 영광의 전조이다. 주님께서는 부활하신 몸으로 시골 엠마오로 가는 두 명의 제자들에게 나타나시어 길을 함께 하셨다.(마르코복음 16:12 참조) 제자들은 부활하신 주님의 모습이 십자가에 못 박히시기 전의 모습과 달라 처음에는 알아보지 못했지만 주님께서 빵을 축복하시자 비로소 영안이 열려 주님을 알아보았다. 하지만 이미 주님께서는 "사라진 뒤였다."(루가복음 24:13-31)

아토스 수도사 니코데모스 성인은 부활하신 주님의 육적인 특성에 대한 진리를 온전히 분석하면서 성서와 교부의 가르침에 따라 그 진리의 기초를 튼튼히 다졌다. 성인은 다음과 같이 기록했다 : 부활 이후의 주님의 육신은 "이미 불멸과 무정욕(無情慾)의 경지에 있었음에도... 무체(無體)로 변하지 않으셨으며 당신의 본래적 특성들도 버리지 않으셨다. 즉, 외형, 특징, 모습, 입체감 그리고 공간적 제약 등이다. 실제로 이 모든 특성들을 제거한다면 사실상 그것을 몸이라 할 수 없고 인간을 특징짓는

---

963) Π. Ν. 트렘벨라, *Δογματική*.., 3, page 474.
964) *ΠΑΡΑΚΛΗΤΙΚΗ*, Περίοδος βαρέος ἤχου. Κυριακὴ εἰς τὸν ὄρθρον.
965) *ΠΕΝΤΗΚΟΣΤΑΡΙΟΝ* (오순절예식서), 부활주일, ὁ Κανών, Ὠδὴ στ΄.

본질적 요소는 사라진다. 따라서 마카리오스 크리소케팔로스는 '주관자의 거룩한 몸은 불멸과 불사와 무정욕과 하느님의 영광을 입고 부활했다. 하지만 그 몸은 예전의 모습처럼 표현된다'라고 말했다. 다마스커스의 요한 성인도 '주님께서는 토마를 믿게 하셨고 그를 통해 다른 이들도 믿게 하셨다. 주님께서는 신인으로서 당신 안에 두 본성을 지니시고 두 본성 안에서 때에 따라 적절한 두 가지의 활동과 뜻을 펼치셨으며, 부활하신 후에는 영원 속에서 영원히 살아계신다'라고 하였다....

주님께서는 40일 간 사도들에게 나타나시어 같이 음식을 나누시고 하느님의 왕국에 대해 가르치셨다. 곧, 루가 복음사가 "사십 일 동안 사도들에게 자주 나타나시어 여러 가지 확실한 증거로써 당신이 여전히 살아계시다는 것을 보여 주시며 하느님 나라에 관한 말씀을 들려 주셨다."(사도행전 1:3)라고 기록한 것처럼 주님께서는 그 기간 동안 나타나셔서 감춰져 있었던 신비를 제자들에게 알려 주셨다. 테오필락토스는 '주님께서 자주 제자들에게 나타나셨다가 멀어지셨다'라고 기록했다. 테살로니카의 그레고리오스 성인도 루가 복음사가 주님께서 티베리아 호숫가에 있는 제자들에게 세 번 찾아오셨다는 표현을 안 쓰고 나타나셨다는 표현을 쓴 것은 주님께서 비록 그들과 함께하고 계셨지만 그들 눈에 보이지 않게 계시다가 당신께서 원하실 때 그들이 당신을 볼 수 있게 하셨음을 보여주는 것이라고 하였다. 왜냐하면 그것은 불멸의 육신의 능력이기 때문이다.

그렇다면 왜 부활하신 주님께서는 음식을 드셨는지, 그리고 어떤 방식으로 드셨는지 의문이 생긴다. 테살로니카의 그레고리오스 성인은 이 의문을 이렇게 풀어 주었다 : 주님께서는 부활하신 후, 흠 없는 당신의 몸으로 음식을 드셨다. 하지만 그것은 음식이 필요해서 한 것이 아니라 당신의 부활을 확인 시켜 주시고, 수난 이전에 제자들과 함께 음식을 먹었던 바로 그 몸임을 보여 주시기 위한 것이었다. 주님께서는 육신의 소화기관으로 그 음식을 소화하신 것이 아니라 하느님의 능력으로 음식을 소화하셨다. 불이 초를 녹이기 위해서는 불씨가 필요하지 않겠냐고 누군가 말할 수 있겠지만 불멸의 육신은 자체적인 생존을 위해 음식을 필요로

하지 않는다. 테오필락토스 성인도 같은 맥락으로 말을 한다 : 우리는 부활하신 주님의 몸이 모든 물질에서 벗어나 음식이나 다른 것들을 필요로 하지 않는 영적인 몸이라는 사실을 인식해야 한다. 주님께서 음식을 드신 것은 수난 받으신 당신의 몸이 부활하셨음을 제자들이 보고 믿게 하려는 섭리로써 한 것이지 본성에 따라 드신 것이 아니다. 당신의 본성은 잠긴 문을 아무런 제약 없이 통과하고 한 장소에서 다른 장소로 쉽게 옮겨 다닐 수 있다. 또 부활하신 주님의 몸은 혼이 아니라 모든 물질의 제약을 받지 않는 영적인 것으로서 성령의 지배를 받는다."966)

키프로스의 에피파니오스 성인은 이 모든 것을 요약하면서 이렇게 적었다 : 그리스도께서는 부활하셔서 당신을 "온전히 드러내셨고, 토마로 하여금 당신을 믿게 하셨으며 제자들과 함께 먹고 마시고 40일 밤낮을 함께 보내셨다. 닫혀 있는 문을 지나 당신의 핏줄과 뼈와 못 자국, 그리고 창에 찔린 자국을 보여 주면서 그것이 진정으로 육신이었음을 보여 주셨다." 그리고 육신을 "완전한 하나의 신성 속에서 영적인 몸으로 승화 시켜" 하늘로 올라 "성부 오른편에"(로마서 8:34) 앉으셨다. 그러면서 에피파니오스 성인은 "이와 유사한 방법으로, '육적으로' 뿌려지는 우리 육신들은 '영적으로' 부활할 것이요, '죽음과 부패로' 뿌려진 육신은 '불멸과 불사로' 부활할 것이다"라고 말했다.967)

신 신학자 시메온 성인은 이렇게 지적한다 : 부활 후의 육신은 "시조 아담의 육신과 많은 차이가 있다. 부활 후의 육신은 두 번째 아담인 우리 주관자 그리스도께서 죽은 자들 중에서 첫 번째로 부활하셨던 그 몸과 전혀 다르지 않은 영적 몸이다."968)

4) 부활할 육신은 또한 영광을 입는다. 주님께서는 "그 때에 의인들은 그들의 아버지의 나라에서 해와 같이 빛날 것이다."(마태오복음 13:43)라고 증언하셨다. 주님께서 해로 비유하신 이유는 "이 별"보다 더 빛나는 별

---

966) 아토스 수도사 니코데모스, Ἑορτοδρόμιον..., page 594, 484.
967) 키프로스의 에피파니오스, Κατὰ αἱρέσεων 2,17 PG 42, 817AB.
968) 신 신학자 시메온, Ἅπαντα..., 45, 5, page 213.

을 인간이 알지 못했기 때문이다.969) 주석가 지가비노스는 '실제로 그것은 실현될 것이다'라고 지적했다. 왜냐하면 하느님의 영광과 광채를 받은 육신은 "그 빛에 동화되고" 신성의 모습처럼 변화되어 "태양보다 더 빛나게" 될 것이기 때문이다.970)

크리소스톰 성인은 "우리의 비천한 몸을 당신의 영광스러운 몸과 같은 형상으로 변화 시켜 주실 것입니다."(필립비서 3:21)라는 사도 바울로의 말에 놀라움을 금치 못하면서 이렇게 외친다 : 참으로 놀랍다! 우리의 몸이 하느님 아버지 오른편에 앉아 계시는 그분의 몸처럼, 천사들의 경배를 받는 그분의 몸처럼, 능력의 천사들이 호위하는 그분의 몸처럼, 천사단보다 더 높고 모든 권위와 권세와 능력 위에 계시는 그분의 몸처럼 된다니 이 얼마나 놀라운 일인가!971)

주님께서 다볼산의 변모에서 보여 주셨던 영광의 광채와 다마스커스로 갈 때 갑자기 하늘에서 번쩍이며 바울로 주변을 비췄던(사도행전 9:3 참조) 그 빛은 부활할 육신이 입을 영광이 어느 정도인지 나름 느끼게 해준다. 사도 바울로는 우리에게 영광스러운 변화에 대한 확신을 준다. "우리는 모두 얼굴의 너울을 벗어 버리고 거울처럼 주님의 영광을 비추어 줍니다. 동시에 우리는 주님과 같은 모습으로 변화하여 영광스러운 상태에서 더욱 영광스러운 상태로 옮아 갑니다."(고린토후서 3:18)

의인들의 육신은 모두 형용도, 상상도, 표현도 할 수 없는 영광에 빛을 발하지만 그들 사이에는 성성의 등급에 따라 다소의 차이가 있다.(고린토전서 15:41 참조) 이집트인 마카리오스 성인은 이렇게 지적한다 : 하늘의 별들이 광도나 크기에서 서로 다르듯이 영적 세계도 이와 마찬가지이다. 각자는 믿음의 정도의 차이에 따라 성령의 빛을 받아 성장하며 서로 다른 영광을 누린다.972) 크리소스톰 성인도 사도 바울로의 위의 가르침을 해석하면서 이렇게 지적한다 : 부활은 하나이지만 "영광은 서로 다르다." 의

---

969) 요한 크리소스톰, *Εἰς Ματθ*. Ὁμ. 47, 1 PG 58, 482.
970) Π. Ν. 트렘벨라, *Δογματική*.., 3, page 477.
971) 요한 크리소스톰, *Εἰς Φιλιπ*. Ὁμ. 13, 2 PG 62, 278-279.
972) 이집트의 마카리오스, *Ὁμιλίαι πνευματικαί* 36, 1 ΒΕΠΕΣ 41, 314(27-31).

인들은 모두 하느님의 왕국에 들겠지만 모두 똑같은 영광을 누리지는 못한다. 육신은 영광 속에 부활하겠지만 모두 같은 영광과 광채에 빛나는 것은 아니다.973) 결과적으로, 대 바실리오스 성인이 기록한 것처럼, 영광을 입는 본질은 같지만 "하느님 아버지 곁에서 누리는 위치에는 나름의 차이가 있다."974) 이것은 "영광과 광채의 근원이 내면에 있고" 영혼의 광채가 영혼을 감싸고 있는 육신에 그대로 투영된다는 점을 감안하면 설명이 가능하다.975)

물론, 보편적 부활이 이루어질 때 경건한 자들과 불경한 자들 모두가 부활할 것이다. 하지만 불경한 자들의 육신은 영원하지만 영광스럽지 못하다. 분명 "우리 모두는 불멸로 부활할 것이다. 하지만 모두가 영광을 입는 것은 아니다. 지옥에 떨어지는 자들이 있는가 하면 영광을 받고 누리는 이들도 있다." 부활은 모든 이에게 공통적이지만 영광스런 부활은 덕을 쌓으며 살았던 이들을 위한 것이다.976) 예루살렘의 키릴로스 성인도 이와 같이 지적한다 : 우리 모두 불멸의 육신으로 부활할 것이다. 하지만 모두가 똑같지는 않다.... 죄인은 죄의 형벌을 견딜 수 있는 불멸의 몸이 되어 꺼지지 않는 불 속에서 영원히 고통 받을 것이다.977) 사도 바울로도 우리에게 이 점을 분명하게 밝혀 준다. "하늘에 속한 것들이 있고 또 땅에 속한 것들이 있습니다. 하늘에 속한 것들의 영광이 다르고 땅에 속한 것들의 영광이 다릅니다."(고린토전서 15:40) 사도 바울로는 이 말을 통해 의인들 사이뿐만 아니라 죄인들 사이에서도 서로 다른 차이가 있음을 보여 준다. "죄인들의 육신도 불멸과 불사로 부활하겠지만 그것은 '영원히' 불에 타며 고통 받는 지옥의 형벌이 될 것이다."978)

---

973) 요한 크리소스톰, *Εἰς Α' Κορ.* Ὁμ. 41, 2-3 PG 61, 357-358.
974) 대 바실리오스, *Κατὰ Εὐνομίου.* Λόγ. 3, 2 PG 29, 657.
975) Π. Ν. 트렘벨라, Op. cit., page 477.
976) 요한 크리소스톰, *Εἰς Ρωμ.* Ὁμ. 5, 3 PG 60, 425; *Εἰς Ψαλ.* 48, 5 PG 55, 230.
977) 예루살렘의 키릴로스, *Κατήχησις* 18, 19 ΒΕΠΕΣ 39, 240(16-20).
978) 요한 크리소스톰, *Εἰς Α' Κορ.* Ὁμ. 41, 3 PG 61, 358; *Περὶ τῆς τῶν νεκρῶν ἀναστάσεως,* 8 PG 50, 430.

그레고리오스 팔라마스 성인도 위와 같은 가르침을 준다 : 모두 다 부활할 것이다. 하지만 "각각 그 부류에 맞게" 부활할 것이다. 성령의 은총에 따라 이곳 세상에서 죄를 죽이고 살았던 사람은 그곳에서 그리스도와 함께 영원히 참된 생명을 누릴 것이다. 반대로 육체적 정욕과 탐욕으로 이곳에서 성령의 은총을 죽이고 살았던 사람은 그곳에서 악의 원흉(사탄)과 함께 심판을 받게 될 것이다.979)

이처럼 우리는 모두 다 부활할 것이다. 하지만 이 부활이 우리 전부에게 "생명의 부활"이 되지는 않을 것이다. 이곳 세상에서 덕행을 쌓기 위한 "선한 투쟁"을 한 자들만이 참된 부활을 누리게 될 것이다. 회개하지 않은 죄인들은 부활하여 "단죄를 받게 될 것이다."(요한복음 5:29) 따라서 우리가 진정 찾아야 할 것은 부활과 불멸이 아니다. 그것은 어차피 실현될 일이다. 우리가 진정 추구해야 할 것은 하느님과의 친교 속에서 영광 속에 부활하는 것이다. 왜냐하면 하느님과의 친교는 불멸과는 비교가 되지 않는, 모든 것 중에서 가장 위대한 것이기 때문이다!.....980)

우리도 그 때 하느님의 오른편에 앉아 능력의 천사들로부터 경배 받으시는 "영광스러운 주님의 몸과" 같은 몸을 온전히 취할 수 있기를.981)

---

979) 그레고리오스 팔라마스, *Πρὸς σεμνοτάτην ἐν μοναζούσαις Ξένην*, 출판 "Ὀρθόδοξος Κυψέλη" Thessaloniki 1974, page 24-25.
980) 요한 크리소스톰, Op. cit. PG 50, 430; *Εἰς Β' Κορ. Ὁμ*. 10, 2 PG 61, 469.
981) 트리키의 이쿠메니오스, *Εἰς Φιλιπ*. χ' 20-21 PG 118, 1312B.

보편적 심판

심판은 이루어질 것이다

한 세대가 지나고 또 한 세대가 찾아오듯이 우리는 세상을 심판할 주님의 그 날, 재림을 향해 나아간다. 그런데 그 날이 언제 올지는 아무도 모른다. 왜냐하면 하느님께서 정하신 날이기 때문이다. 하지만 주님께서는 재림이 오기 전에 일어날 몇 가지 전조들을 계시하셔서 신자들이 직면할 이 엄청나게 충격적인 사건을 미리 알려 주셨다. 그것은 성서가 천년 왕국이라고 기록하고 있는 것처럼 오랜 기간 동안 세상에 복음이 전파되는 것이고, 이 기간이 지나면 적그리스도가 나타나 광란의 독기를 품고 교회와 신자들을 공격하는 것이다. 하지만 "더 큰 승리를 거두기 위해서 나아가시는"(요한묵시록 6:2) 그리스도께서는 마침내 그 적을 산산이 부수실 것이다. 그러면 "밤의 도둑처럼" 그리고 한순간에 온 세상을 비추는 번개처럼 "하늘에서 구름을 타고 권능을 떨치며 천사들을 거느리고 영광에 싸여 내려오시는"(마태오복음 24:30 참조) 주님의 재림의 날이 찾아와 주님께서 "영광의 옥좌"(마태오복음 25:31)에 앉아 산 자와 죽은 자를 심판하실 것이다. 왜냐하면 그 날 죽은 자들의 보편적 부활이 이루어질 것이기 때문이다.

이렇게 심판은 이루어질 것이다. 자비의 하느님께서는 구약의 예언자들을 통해 이 사실을 우리에게 예시하셨고 손수 세상에 오신 신인 주님을 통해 그 예시를 분명하게 확인해 주셨다. 주님께서는 산상설교에서 그 날에 대해 말씀하셨다. "그 날에는 많은 사람이 나를 보고 '주님, 주님! 우리가 주님의 이름으로 예언을 하고 주님의 이름으로 마귀를 쫓아내고 또 주님의 이름으로 많은 기적을 행하지 않았습니까?' 하고 말할 것이다. 그러나 그 때에 나는 분명히 그들에게 악한 일을 일삼는 자들아, 나에게서 물러가라. 나는 너희를 도무지 알지 못한다고 말할 것이다."(마태오복음 7:22-23) 주님께서 복음을 믿지 않았던 이교도들의 도시에 대한 벌을 말씀하신 그 날도 바로 이 "심판의 날"을 의미했다. 주님께서는 그날 띠로와 시돈이, 회개하지 않았던 갈릴래아의 여러 도시들과 가파르나움보다 더 가벼운 벌을 받을 것이라고 경고하셨다.(마태오복음 11:20-24 참조) 주님께서는 "심판의 날이 오면 자기가 지껄인 터무니없는 말을 낱낱이 해명해야 될 것이다."라고 경고하셨다. 왜냐하면 "사람의 아들이 아버지의 영광에 싸여 자기 천사들을 거느리고 올 터인데 그 때에 모든 민족들을 앞에 불러 놓고 각자에게 그 행한 대로 갚아 줄 것이기"(마태오복음 16:27, 25:32 참조) 때문이다.

주님께서는 좋은 씨와 가라지(마태오복음 13:24-30), 바다에 그물을 쳐서 갖은 종류의 물고기를 거두는 그물, 열 명의 처녀들, 달란트(마태오복음 13:47-50, 25:1-13, 14-30)등을 미래에 있을 이 보편적 심판의 예로 드셨다. 주님께서는 당신의 겸손한 수난 이전에 이 보편적 심판에 대해 제자들에게 각별하게 언급하였다.

거룩한 사도들도 이 미래의 심판에 대한 확신을 반복적으로 표현한다. 사도 베드로는 백인대장 고르넬리오와 그의 집에 있는 모든 사람들에게 그리스도는 "하느님께서 산 이들과 죽은 이들의 심판자로 정하신 분"(사도행전 10:42)이라고 가르쳤다. 사도 바울로도 아테네인들에게 "하느님께서는 그분을 죽은 자들 가운데서 다시 살리셔서" 심판자로 정하셨고 그분을 통해 "온 세상을 올바르게 심판할 그 날을 정하셨다."(사도행전 17:31 참조)라고 가르쳤다.

그러면 예언자들과 사도들은 어떻게 해서 이 놀라운 심판에 대해 자세하게 알 수 있었을까? 우리는 신 신학자 시메온 성인의 지혜로운 글로 이에 대한 답을 대신할까 한다 : "예언자들과 사도들은 성령에 의해 주님의 날과 영광스러운 그분의 출현을 알았다. 그것은 주님께서 제자들에게 "이제 아버지께서 내 이름으로 보내 주실 성령 곧 그 협조자는 모든 것을 너희에게 가르쳐 주실 뿐만 아니라 내가 너희에게 한 말을 모두 되새기게 하여 주실 것이다."(요한복음 14:26)라고 말씀하신 데서 알 수 있다. 그렇다면 주님께서 그들에게 말씀하지 않으신 것을 성령께서 어떻게 그들을 찾아와 가르쳐 주셨을까? 우리는 다시 주님의 말씀을 통해 그 대답을 들을 수 있다. 주님께서는 제자들에게 이렇게 말씀하셨다. "아직도 나는 할 말이 많지만 지금은 너희가 그 말을 알아들을 수 없을 것이다. 그러나 진리의 성령이 오시면 너희를 이끌어 진리를 온전히 깨닫게 하여 주실 것이다. 그분은 자기 생각대로 말씀하시지 않고 들은 대로 일러 주실 것이며 앞으로 다가올 일들도 알려 주실 것이다."(요한복음 16:12-14) 자, 보았는가? 그들이 주님의 재림에 대해, 두려운 심판의 그 날에 대해, 그리고 의인들과 죄인들에게 어떤 일이 일어날 것인지에 대해 어디서 배우고 가르쳤는지를 알겠는가? 우리 눈에는 보이지 않지만 성령의 빛을 받은 그들은 그렇게 진리를 보고 글로 남겼다."982)

하느님께서 구약을 통해 계시한 이 진리는 주님과 성령에 의해 확인되었고 후에는 거룩한 사도들과 교부들을 통해 선포되었다. 교회는 이 기본 진리를 신앙의 신조(니케아 신경) "한 분이신 주 예수 그리스도를…. 참 하느님으로서…. 산 자와 죽은 자를 심판하러 영광 속에 오시리라 믿나니…."라는 구절을 통해 고백한다. 교회는 아나바트미 성가를 통해 이 진리를 찬양한다 : "우리는 모태인 흙으로 다시 돌아갔다가 기쁨을 누리기 위해 혹은 형벌을 받기 위해 육신과 함께 다시 부활할 것이다."983) 현생은 하느님의 사랑과 관용의 시간이다. 하지만 부활 후에는 하느님의 정의와 검증과 심판만이 우리를 기다린다. 하느님의 양면성은 한편으로는 서로 대립되는 것처럼 보인다. 하지만 그 날이 오기까지 우리에게 주어진 시간들을 생각한다면 그것은 결코 대립이 아니다. 하느님께서는 세례성사와 고백성사로 세상의 불의에서 우리를 벗어나게 하시고 내세에서는 불과 형벌을 통해 우리의 행위를 검증하신다.984)

크리소스톰 성인은 비록 해석은 다르지만 이교도들도 역시 미래의 심

---

982) 신 신학자 시메온, Ἅπαντα…, Λόγ. 63, 5, page 333.
983) ΠΑΡΑΚΛΗΤΙΚΗ, Περ. πλ. δ' ἤχου. Ἀναβαθμοί.
984) 요한 크리소스톰, Εἰς Ἐφεσ. Ὁμ. 4, 4 PG 62, 35.

판을 믿었다고 밝힌다. 그러면서 성인은 "그런데 하느님께서는 왜 이곳에서 벌하지 않고 그 때까지 심판을 미루는 것일까?"라고 자문한다. 그리곤 이렇게 자답한다 : 그것은 "회개를 통해 우리가 구원을 얻을 수 있도록" 하기 위한 것이며 또 당신의 관용을 보여 주시기 위한 것이다. 만약 하느님께서 즉시 형벌을 내리셨다면 "사도들 중의 으뜸인" 바울로나 베드로가 어떻게 구원을 받을 수 있었겠는가? 다윗도 어떻게 회개의 열매, 구원을 얻을 수 있었겠는가? 또 "갈라디아인들과 수많은 사람들이 어떻게 구원을 얻겠는가?" 물론 하느님께서는 이곳에서도 특정한 이들을 벌하신다. 하지만 또 어떤 이들은 그대로 놔두신다. 그것은 하느님께서 미래의 심판을 믿지 않는 그들에게 경종을 울리기 위함이며 비록 믿지만 영적인 삶에 태만한 이들을 자극하여 더욱 열심히 매진하게 하기 위함이다. 심판의 날에는 관용이 더 이상 허락되지 않는다. 따라서 우리가 현세에서 하느님의 관용을 온전히 활용하지 않으면 심판의 날에는 하느님께서 지체 없이 우리를 "심판" 하실 것이다. 따라서 우리는 짧은 쾌락적 현생에 집착하지 말자. 그것은 우리를 영원한 형벌로 빠뜨릴 것이다. 반대로 짧은 순간의 생을 잘 가꿔 승리자로서 영원한 월계관을 쓰자. 그리고 우리가 그리스도의 심판대 앞에 단순히 서는 것이 아니라 육체에 머물러 있는 동안에 한 일들을 낱낱이 고백하는 자리임을 잊지 말자.(고린토후서 5:10 참조)985)

불행하게도 어떤 사람들은 심판이 이루어질 것이라는 이 복음의 진리를 부정한다. 그러면서 "하느님께서 인간에게 공포심을 일으키기 위해 그렇게 위협하는 것"이라고 주장한다. 하지만 크리소스톰 성인은 이런 의심을 선을 증오하는 사탄의 계략, "사탄의 의도"라고 외친다. 이런 의심은 우리에게 "악"을 유발하고 덕의 삶을 나태하게 만든다.986) 그들의 주장은 영혼 안에 두려움이 없는 생각을 심어 놓기 위한 사탄의 허구이다.

---

985) 요한 크리소스톰, Εἰς Β' Κορ. Ὁμ. 9, 3-4 PG 61, 463-464· Ὁμ. 10, 3 PG 61, 471.
986) 요한 크리소스톰, Εἰς Α' Θεσ. Ὁμ. 8, 2 PG 62, 442.

성성의 길에서, "지옥의 고통"에서 우리를 벗어나지 못하게 하기 위한 책략이다. 그것은 "저승의 깊은 심연 속에 우리를 빠뜨리기 위한 모략이며" 구원의 삶에 매진하지 못하도록 우리를 방해하는 사악한 사탄의 날조이다.

성서가 이 주제와 관련하여 분명하고 완전한 하느님의 진리를 계시하고 있음을 분명히 하기 위해 요한 크리소스톰 성인은 허구를 주장하는 이들에게 이렇게 말했다 : 그렇다면 "이 어리석은 자들이여, 그대들은 거지 라자로를 무시했던 그 부자가 형벌을 받지 않고 있다고 생각하는가? (루가복음 16:20 참조) "신랑을 기다리던 어리석은 신부들이 밖에 내쫓기고 그리스도를 제대로 섬기지 못한 이들이 악마와 그의 졸도들을 가두려고 준비한 영원한 불 속에 들어가고 있음을 보지 못한단 말인가?"(마태오복음 25:12, 41) 아니면 음행한 자들에게 "그들을 갉아먹는 구더기는 죽지 아니하고 그들을 사르는 불도 꺼지지 않으리니 모든 사람이 보고 역겨워 하리라."(이사야서 66:24)라고 경고한 성서가 거짓이란 말인가? 그대들은 이 모든 것이 단순한 위협이라 생각하는가? 크리소스톰 성인은 성서의 인용에 만족하지 못하고 하느님께서 계명을 어긴 자들에게 내리신 수많은 형벌을 나열하며 반드시 미래의 심판이 있음을 사람들에게 다시 한 번 상기시켰다. 그러면서 성인은 이렇게 말했다 : 만약 우리가 "미래의 지옥에 대해" 믿지 않는다면 적어도 있었던 일에 대해서만은 믿어야 할 것이다. 왜냐하면 이미 있었던 것은 말이나 위협이 아닌 사실이기 때문이다. 그러면서 성인은 물었다 : 노아시대에 홍수로 세상을 멸하신 이가 누구신가? 소돔의 도시를 태우신 이가 누구신가? 홍해에서 강력한 이집트의 군대를 수장 시키신 분이 누구신가? 육십만 명이 사막을 헤매게 하신분이 누구신가? 땅이 갈라져 다단을 삼키고 아비람의 무리를 묻어 버리신 이가 누구신가?(시편 106:17) 이사야의 예언처럼 "한밤중에" 십팔만 오천 명을 죽이신 분이 누구신가?(이사야서 37:36) 크리소스톰 성인은 신약시대에 있었던 한 예를 들며 이렇게 말했다 : 유대인이 겪은 참사가 얼마나 끔찍했는지 기억해 보라. 여인들은 자기 자식들을 잡아 일부는 구워서 먹고 일부는 다른 방법으로 먹었다! 또 그들이 얼마나 흉악한 빈곤과 참혹한 전쟁에 놓여 있었는지 생각해 보라! 그런데 그리스도께서는 이 모든 것이 그들에게 내렸던 형벌이었음을, 당신 스스로 "내가 왕이 되는 것을 반대하던 내 원수들은 여기 끌어내다가 내 앞에서 죽여라."(루가복음 19:27)라는 "확연한" 비유로써 미리 말씀하셨다. 포도원과 결혼의 비유도 이와 마찬가지다. 주님께서 "사람들은 칼날에 쓰러질 것이며.... 지상에서는 사납게 날뛰는 바다 물결에 놀라 모든 민족이 불안에 떨 것이며 사람들은 세상에 닥쳐올 무서운 일을 내다보며 공포에 떨다가 기절하고 말 것이다."(루가복음 21:24-26) "그리고 이런 재난은 세상 처음부터 지금까지 없었고 앞으로도 다시 없을 것이다."(마태오복음 24:21)라고 말씀하셨을 때도 이를 의미하셨다. 또 너희는 약간의 돈을 감춘 죄로 아나니아와 삽피라가 어떻게 벌을 받았는지 이미 잘 알 것이다.(사도행전 5:1이하 참조) 이외에도 너희는 왜 인간의 죄로 인해 매일 겪고 있는 불행들을 보지 못하는가?987)

당시 지식인 중의 한 명인 파트미오스 마카리오스 보제(1688-1737)는 하느님의 심판을 믿지 않는 자들에게 이렇게 말했다 : "너희는 이미 일어난 일을 통해 미래에 일어날 진리를 깨달아야 한다. 홍수가 세상을 덮을 때 사용되었던 아르메니아에서 발견된 노아의 방주 잔해들이 바로 그 증거다. 당시에 인간들은 노아의 경고를 단순히 위협 정도로 생각하고 그의 말을 믿지 않았다. 결국 그들은 홍수의 형벌을 받았다. 그런데 불행하게도 그 때 심판 받았던 그 원인들이 오늘날에도 그대로 남아 있다. 그러니 어찌 그런 참사가 또 일어나지 않겠는가?.... 소돔과 고모라의 연기가 아직도 피어오르고 있는 그 땅이 바로 영원히 꺼지지 않는 불이 준비되어 있음을 너희에게 보여 주는 것이다.... 하느님의 선택된 그릇, 사도 바울로가 말한 것을 들어 보라. "어떤 사람들은 음행을 일삼다가 하루에

---

987) 요한 크리소스톰, Εἰς τὴν Βʹ Παρουσίαν τοῦ Κυρίου... 2, PG 59, 621-622.

다 죽어 넘어졌는데 그 수가 이만 삼천 명이나 됩니다. 우리는 그들처럼 음행에 빠져서는 안 되겠습니다. 또 어떤 사람들은 불평을 하다가 살육의 천사의 손에 멸망을 당하였습니다. 우리는 그들처럼 불평하는 자가 되어서는 안 되겠습니다."(고린토전서 10:8, 10) 이런대도 너희는 아직도 심판자가 어떤 분이시라는 것을 알지 못하겠는가?"988)

하느님께서 심판하신다는 것은 자연스러운 것이며 정당한 것이다. 왜냐하면 그분은 우리의 창조주시고 구세주시며 우리의 성화이시고 해방이시기 때문이다.(고린토전서 1:30 참조) 그분은 또한 심판자로서 우리의 생전의 행실을 심판하시기 위해 심판자로서 오실 것이다. 지금 하느님께서는 우리 영혼을 가꾸시고 씨를 뿌리는 농부로 계시지만 그 때에는 수확하고 타작하는 분으로서 나타나실 것이다. "천상의 씨를 뿌린 분으로서, 인간의 영혼에 거룩하고 영원한 진리의 씨를 뿌린 분으로서 쾌락의 진흙탕 속에서 그 씨가 얼마나 썩었는지, 정욕의 가시덤불속에서 얼마나 숨이 막혀 죽었는지, 죄의 불 속에서 얼마나 말라 버렸는지, 거룩한 열매를 얼마나 맺었는지 살펴보러 내려오실 것이다. 그리고 잘 여문 세상의 밀 이삭을 수확하여 타작하실 것이다. 이것은 지극히 자연스러운 일이다."989)

하느님께서 우리를 심판하시는 것은 당연하다. 왜냐하면 그분은 영원한 생명의 길을 우리에게 알려 주셨고 죄와 사탄으로부터 우리 자신을 어떻게 보호해야 하는 지 당신의 거룩한 법으로 가르쳐 주셨기 때문이다. 하느님께서는 우리의 죄를 깨끗이 씻기 위해서 당신의 아들을 세상에 보내셨고 십자가에 못 박히게 하셨으며 거룩한 피를 흘리도록 하셨다. 천상의 모든 선물들을 우리에게 베푸시고 구원에 필요한 모든 방법을 우리에게 알려 주셨다. 따라서 심판은 하느님의 정의이다.

---

988) 파트미오스 마카리오스 보제, *Εὐαγγελική Σάλπιγξ*, Athens 1973⁵, page 39-40.
989) I. 포포비츠, *Ὀρθόδοξος Ἐκκλησία καὶ Οἰκουμενισμός*, 출판 "Ὀρθόδοξος Κυψέλη", Thessaloniki 1974, page 127-128.

누가 심판자가 될 것인가?

　누가 미래의 심판자가 될 것인가? 구세주 그리스도의 고백에 따르면 하느님 아버지께서는 당신의 아들에게 모든 권한을 주셔서 누가 생명을 얻을 자격이 있는지 또는 없는지 심판하도록 하셨다.(요한복음 5:22) 그리고 사도 바울로에 따르면 "하느님께서는 당신이 택하신 분을 시켜 온 세상을 올바르게 심판하실 날을 정하셨고, 또 그분을 죽은 자들 가운데서 다시 살리심으로써 모든 사람들에게 그 증거를 보이셨다."(사도행전 17:31)

주님께서는 제자들에게 "너희는 나를 따랐으니 새 세상이 와서 사람의 아들이 영광스러운 옥좌에 앉을 때에 너희도 열두 옥좌에 앉아 이스라엘 열두 지파를 심판하게 될 것이다."(마태오복음 19:28)라고 말씀하셨고, 바울로 사도도 "여러분은 성도들이 세상을 심판하게 되리라는 것을 모르십니까?"(고린토전서 6:2)라고 하였다. 그런데 위에서 말하는 "심판자"와 "심판하다"라는 말의 의미는 "단죄자"와 "단죄하다"라는 의미다. 의인들의 거룩한 삶과 행실은 구세주 그리스도의 복음을 받아들이지 않은 이스라엘 열두 지파를 단죄한다. 한편 주님께서는 사도들과 "사도적인 삶"을 살았던 이들을 언급하는 반면, 사도 바울로는 이방인이었다가 의인이 된 이들을 언급한다. 거룩한 생활과 열정으로 사도적인 삶을 살았던 이들이 올바른 삶의 기준이 되어 이스라엘 백성을 단죄하게 될 것이다.990)

크리소스톰 성인도 "심판자"라는 단어를 "단죄자"라고 해석하면서 이렇게 부연했다 : 사도들은 판사나 심판자로 자리하지 않을 것이다. 하지만 주님께서 "심판 날이 오면 니느웨 사람들이 이 세대와 함께 일어나 이 세대를 단죄할 것이다. 심판 날이 오면 남쪽 나라의 여왕도 이 세대와 함께 일어나 이 세대를 단죄할 것이다."(마태오복음 12:41-42)라고 말씀하

---

990) 오리게네스, *Εἰς τὸ κατὰ Ματθαῖον*, 5, 24 B ΕΠΕΣ 13, 384(31-39) - 385(1-13).

신 것처럼 사도들도 그렇게 단죄할 것이다. 그들은 "이스라엘의 열두 지파를" 단죄할 것이다. 왜냐하면 사도들도 여느 유대인들과 똑같이 같은 율법과 같은 관습 그리고 같은 전통 속에서 성장했기 때문이다. 그래서 세상을 심판하는 날 유대인들이 "우리가 그리스도를 믿지 못한 것은 모세의 법이 주님의 가르침을 받아들이지 못하게 막았기 때문이라고" 주장할 때, 심판자는 같은 율법을 가지고 있었지만 그리스도를 믿었던 사도들을 그들 앞에 내세우며 그들의 주장이 허구임을 드러내실 것이다. 이렇게 제자들의 거룩한 삶은 "그들을" 단죄하게 될 것이다. 게다가 주님께서는 이것을 이미 그들에게 강조하셨다. "그들이(나의 제자들이) 너희(유대인)의 말이 그르다는 것을 지적할 것이다."(마태오복음 12:27 참조)991) 이 밖에도 크리스소톰 성인은 심판의 날에 주님께서 오른편에 있는 자들에게 하신 "너희는 내가 굶주렸을 때에 먹을 것을 주었고 목말랐을 때에 마실 것을 주었다."는 말씀을 주석하면서 이렇게 지적했다 : 주님께서 이 말씀을 하신 이유는 죄인들이 자신들에게는 남들을 도와줄 기회나 위로할 방법이 없었다고 주장하지 못하게 하시기 위해서였다. 즉, 그들에게 이렇게 말씀하신 것과 다름이 없다. "나는 너희들의 동료를 보고 너희를 죄인으로 심판한다." 그것은 현명한 신부들과 어리석은 신부들을 비교해서 심판하는 것과 같다. 또한 진탕 먹고 마신 불경의 종과 주인의 뜻을 잘 따른 믿음의 종, 땅속에 달란트를 묻어둔 종과 그것을 불린 종, 그리고 의인들과 죄인들을 비교해서 심판하는 것과 똑같다.992)

신 신학자 시메온 성인에 따르면, 미래의 심판 때 주님께서는 이렇게 심판하실 것이다 : 하느님께서는 "죄를 지은 선조들 앞에, 거룩한 삶을 살았던 선조들 즉 요한 크리소스톰 성인과 자비의 요한 성인 그리고 신학자 그레고리오스 성인과 이그나티오스 성인.... 등을 내세우실 것이다. 그리고 죄를 지은 대주교들 앞에는 거룩한 삶을 살았던 대주교들, 즉 대바실리오스 성인과 기적의 성인 그레고리오스, 암브로시오스 성인과 니콜

---

991) 요한 크리소스톰, *Εἰς Ματθ. Ὁμ.* 64, 2 PG 58, 610.
992) 요한 크리소스톰, *Εἰς Ματθ. Ὁμ.* 79, 2 PG 58, 718-719.

라오스 성인.... 등을 내세우실 것이다. 그리고 죄인들에게 이렇게 말씀하실 것이다. 너희들도 나를 예배하고 나를 섬겼던 그들과 똑같은 공간에서 살았던 자들이 아니냐? 그리고 그들과 같은 위치에 있었던 자들이 아니냐? 그런데 왜 너희는 그들의 거룩한 삶을 본받지 않았느냐?.... 너희의 더러운 손과 더러운 영혼으로 흠 없고 깨끗한 나를 만지고 먹는 것을 왜 두려워하지 않았느냐?.... 이처럼 지도자들은 지도자들에 의해 단죄를 받을 것이며, 종과 자유인은 종과 자유인에 의해 단죄 받을 것이다. 그리고 부자와 빈자는 부자와 빈자에 의해, 기혼자와 미혼자는 기혼자와 미혼자에 의해 단죄 받을 것이다. 다시 말해, 각 죄인은 두려운 심판의 날 때 영원한 생명과 영원한 빛 속에 있는, 그들과 같은 위치에 있었던 사람에 의해 단죄 받게 될 것이다.... 그리고 지옥에 있는 죄인 백성들은 천상의 왕국에 있는 의인 백성들을 보고, 죄인 임금들은 천상에 있는 의인 임금들을 보며, 죄인 부자와 기혼자는 천상의 의인 부자와 기혼자를 보면서 하나같이 수치를 느끼며 할 말을 잃을 것이다."993)

이렇게 미래의 심판자는 인간의 해방자, 구세주로서 세상에 오신 신인 주님이 되실 것이다. 그분은 인간으로 세상을 사셨고 세상에서 수난을 당하셨으며 세상을 위해 십자가에 못 박히셨다. 그분은 인간의 본질을 잘 알고 계시는 하느님으로서뿐만 아니라 우리처럼 인간이 겪을 수 있는 모든 유혹을 당하시고도 죄를 짓지 않으셨던(히브리서 4:15) 인간으로서도 우리를 심판하실 것이다. 그분은 믿음의 주인이시자 머릿돌로서뿐만 아니라 우리에게 완전한 믿음을 이루게 하신 분으로서 세상을 심판하실 것이다. 그분은 수난과 고통스런 십자가의 죽음을 통해 완전한 구세주이심을(히브리서 12:2, 2:10 참조) 보여 주신 분으로서뿐만 아니라 "은혜를 모르는 자들과 악한 자들에게도" 성 삼위의 자비를 베풀어 주시는 자비의 처음이자 마지막이신(루가복음 6:35 참조)분으로서도 심판하실 것이다.

"모든 심판"이 아들에게 주어진(요한복음 5:22) 또 다른 이유가 있다. 그

---

993) 신 신학자 시메온, Ἄπαντα..., Λόγ. 66, 6, page 353.

것은 "사람으로 태어나 인생의 어려움과 고통을 직접 겪어 보지 못한 하느님은 인간을 심판할 자격이 없다고, 하느님께 항명하는 죄인들이 들고 일어나지 못하도록 하시기 위함이다." 따라서 지극히 선하신 하느님의 이 행위는 하느님의 여느 역사나 마찬가지로 정의의 행위이다.994)

이렇게 모든 시간과 날과 해는 우리를 한 발자국씩 "마지막 날"(요한복음 6:39)과 "영광스러운 날"(사도행전 2:20), "심판 날"(마태오복음 10:15)과 "하느님의 공정한 심판이 내릴 진노의 날"(로마서 2:5), 그리고 준엄한 심판관 앞에 서야 할 중대한 날과 두려운 시간으로 인도한다!....

모든 민족들을 모을 것이다

주님께서는 우리에게 "사람의 아들이 영광을 떨치며 모든 천사들을 거느리고 와서 영광스러운 왕좌에 앉게 되면 모든 민족들을 앞에 불러 놓을 것이다."(마태오복음 25:31-32)라고 말씀하셨다. 두 명의 천사도 예수께서 승천하실 때 하늘만 쳐다보고 있던 제자들에게도 나타나, "너희 곁을 떠나 승천하신 저 예수께서는 너희가 보는 앞에서 하늘로 올라가시던 그 모양으로 다시 오실 것이다"라고 알려주었다. 이렇게 주님께서는 찬란한 영광 속에 육신을 취하신 그 모습으로 구름을 타고 다시 오실 것이다.(사도행전 1:10-11)

신약성서는 "주님의 날"이나 "주님의 출현"이라는 표현을 많이 담고 있다. 신약성서의 마지막 책인 요한묵시록은 마지막 구절에 이렇게 적고 있다 : "이 모든 계시를 보증해 주시는 분이 '그렇다. 내가 곧 가겠다' 하고 말씀하셨습니다. 아멘. 오소서, 주 예수여!"(요한묵시록 22:20) 이 성서 구절은 요한 사도는 물론 모든 교회가 주님의 재림을 강력하게 갈망했던

---

994) I. 포포비츠, Ὀρθόδοξος Ἐκκλησία καὶ Οἰκουμενισμός, page 129.

증거이다. 그래서 초대교회 교인들은 "주님께서 오실 날이 얼마 남지 않았습니다."(필립비서 4:5)라는 말로 주님의 오심을 기다리며 살았다. 기원후 2세기 초의 저서인 '열두 사도들의 가르침'은 강력한 소망을 담은 사랑의 감사기원으로 이렇게 장을 맺는다 : "은총이 내려오고 이 세상이 사라지게 하소서. 다윗의 하느님께 호산나.... 주여, 어서 오소서. 아멘."995)

주님의 재림에 대한 진리는 교회의 예식에서도 강조된다. 심야과 예식에서 우리는 시편 119편 다음에 "볼지어다. 교회의 신랑이 한 밤중에 오시나니...."라는 신심을 자극하는 아름다운 성 대 주간 성가를 부르며 열 처녀의 비유에서 영감을 받고 작곡한 "내 영혼아, 두려운 재림의 그 날을 생각하며 깨어 있어라...."라는 성가를 이어서 부른다. 또 심야과의 특별기원(성 대 바실리오스)을 통해서 주님께 이렇게 간구한다 : "주여, 전능하신 이여.... 우리 생각과 마음이 언제나 깨어 있는 가운데 심판관으로서 영광 속에 오실 당신의 외아들 우리 하느님 구세주 예수 그리스도를 우리가 온전히 맞이할 수 있게 하소서...." 우리는 석후과 예식이나 대 카논, 특히 대 카논 속에 있는 신심의 콘타키온에서 재림에 대한 이 사건을 체험한다 : "내 영혼아, 내 영혼아, 두려운 마지막 심판의 때가 가까웠으니 그만 잠에서 일어나라. 정신을 차리고 너의 영적 맑음을 회복하여 하느님 그리스도의 은혜를 입으라." 또한 성찬예배와 만과에서 드리는 연도도 우리에게 이 진리를 상기 시켜 준다 : "우리가 고통도 부끄러움도 없이 평안히 신자답게 생을 마치어, 그리스도의 두려운 심판에서 좋은 결과를 얻게 하소서."

수도사들은 일상적으로 미래의 심판과 재림을 기억하며 살아간다. 그래서 수도사들은 (열 처녀의 비유에서처럼) 주님께서 "한밤중에" 오실 사건을 암시하는 밤의 "공포"와 적막이 있는 "깊은 어둠 속에서" 깨어난다. 수도원에서 사용하는 시만드로, "탈란도", 그리고 종소리는 재림 때 울려 퍼질 나팔소리를 상징한다. 수도사들은 심판대 앞에 모이는 것처럼(심판대

---

995) ΔΙΔΑΧΗ (열두 사도들의 가르침), Χ, 6 ΒΕΠΕΣ 2, 218(35-37).

는 성 제단을 상징), 중앙 성당에 모여 미래의 심판을 준비하며 하느님께 찬송을 드리고 하느님의 자비와 성화와 비추심을 간청한다.

크리소스톰 성인은 언제나 깨어 있고 거룩한 구원을 기다리는 마음으로 재림을 기다리라고 가르쳤다. 성인은 "사람마다 나에게 무릎을 꿇고 모든 민족들이 제 나라 말로 나에게 신앙을 고백하리라."(이사야서 45:23)라는 예언의 구절을 해석하면서 이렇게 적었다 : 그러므로 우리는 우리 자신을 하느님 앞에 고백해야 한다. 단순히 "나에게 무릎을 꿇는다"라고 말하지 않고 "고백하리라"라고 말한 것에 주목하라. 그것은 각자가 자기의 행실에 대해 고백해야 함을 의미한다. 그러니 그리스도인들이여, "옥좌에 앉아 계시는 만인의 주관자를 보면서 언제나 영적으로 깨어 있으라."[996]

형제여, 주님께서는 다시 오실 것이다. 그날 "하늘의 문이 활짝 열려" "수천 수만의 천사들, 대천사들, 헤루빔과 세라핌, 그리고 모든 능력의 천사들을" 대동하고 하느님의 독생자께서 내려오실 것이다. 그 때 주님의 영광은 너무도 커서 태양과 달과 그리고 모든 별들이 그 빛을 잃을 것이다. 그리고 놀라운 주님의 권능과 영광 앞에서 만물과 천사들이 경이에 놀라 떨 것이다.[997]

흠 없는 동정녀를 통해 힘없는 아기로 동굴에서 태어나신 그리스도의 첫 출현은 초라했다. 또 헤로데에 의해 죽음의 위험을 느끼고 이집트로 피난을 떠나기도 했다. 겸손하고 온유한 분으로서 율법학자들과 바리새인들의 시기와 조소를 겪으셨다. 그리고 마침내 그들에 의해 십자가에 못 박히셨다! 그렇지만 재림 때의 주님은 하늘과 땅의 주인이요, 전능하신 분으로서 수를 헤아릴 수 없는 능력의 천사들의 호위를 받고 빛 속에서 오실 것이다. 하늘과 땅은 흔들릴 것이고 태양은 그 빛을 잃으며 달과 별도 어두워질 것이다. "인간이 되어 내려오셨다가 천상으로 다시 승천하셨던 주님께서는 천상에서 다시 내려오실 것이다. 생소한 모습이 아닌,

---

996) 요한 크리소스톰, *Εἰς τὴν Β΄ Παρουσίαν τοῦ Κυρίου...* 1, PG 59, 619-620.
997) 요한 크리소스톰, *Εἰς Ρωμ. Ὁμ.* 14, 10 PG60, 537-538.

육신을 취한 인간의 모습으로 오실 것이다. 그러나 배에서 잠을 청하시고 목을 축이기 위해 우물에서 물을 청하시며, 어린 나귀에 타는 겸손한 이전의 모습이 아닌, 구름을 타고 권능을 떨치는 모습으로 오실 것이다. (사람 낚는) 어부가 아니라 천사들의 호위를 받는 분으로서, 재판석에 피고로 서시는 것이 아니라 온 세상을 심판하시는 분으로서 오실 것이다."998) 신학자 그레고리오스 성인은 '육신을 초월하는 신성으로 다볼산에서 변모하셨던 그 육신으로 주님께서는 오실 것이다'라고 하였다.999) 그레고리오스 성인은 "세례성사에서"라는 그의 저서에서 이렇게 가르쳤다 : 주님께서는 영광 속에 다시 오셔서 산 자와 죽은 자를 심판하실 것이다. 육신을 취하신 단순한 모습이나 무형으로 오시는 것이 아니라 오직 당신만이 아시는 신성화된 육신으로 오실 것이다. 그 때 그분을 십자가에 못 박은 자들이나 창으로 그분을 찌른 자들은 모두 그분을 볼 것이며(요한묵시록 1:7 참조) 더 이상 손에 잡히거나 촉감이 느껴지는 하느님으로 계시지 않을 것이다.1000)

주님이 오시는 날 우리 모두는 한숨을 내쉬고 통탄할 것이다. 땅은 갈대처럼 흔들리고 하늘은 종이처럼 말릴 것이다. 달은 더 이상 빛을 발하지 못하고 별들은 떨어질 것이다. 그리고 태양은 빛을 잃어 어둠에 잠길 것이다. 신 신학자 시메온 성인은 세상에서 일어날 이 엄청난 광경과 영광스러운 주님의 재림을 생각하며 두렵고 떨리는 마음으로 이렇게 적었다 : "미래의 심판에 관한 내용은 너무도 해득하기 어렵다. 왜냐하면 현재 눈에 보이는 현상이 아니라 보이지 않는 미래에 관한 일이기 때문이다. 그래서 나는 이것에 대해서 제대로 알고 말할 수 있도록 또 너희가 그것을 제대로 이해하고 받아들일 수 있도록 우리 모두 많은 기도와 준비, 연구와 맑은 정신이 필요하다고 생각한다…. 두려운 주님의 날"이라고 한 이유는 "세상의 마지막 날, 또는 그 날 주님께서 오시기 때문이라기보

---

998) 요한 크리소스톰, *Εἰς τὴν Ἀνάληψιν τοῦ Κυρίου...*, Ὁμ. 1 PG 52, 792.
999) 신학자 그레고리오스, *Ἐπιστολὴ* ρα', PG 37, 181AB.
1000) 신학자 그레고리오스, Λόγ. 40, *Εἰς τὸ ἅγιον Βάπτισμα* 45 PG 36, 424C.

다.... 만물의 하느님이시자 주관자이신 우리 주 예수 그리스도의 신성이 그날 영광 속에서 빛을 발하는 날이기 때문이다. 그날 주관자의 광채에 태양은 빛을 잃고, 별들은 사라지며, 눈에 보이는 온 세상이 책처럼 둘둘 말려 창조주께 그의 자리를 내주게 될 것이다. 그러면 그날이 바로 우리 하느님, 주님의 날이 될 것이다. 만인에게 보이지 않는 그분, 접근 할 수 없는 빛에 계시는 그분께서는 그 때 영광 속에 모든 이들에게 나타나실 것이며 당신의 빛으로 만물을 채우실 것이다. 그리고 하느님의 성인들에게 그날은 영원한 기쁨이 넘치고 영원히 빛이 사라지지 않는 날이 될 것이다." 시메온 성인은 "능력의 천사들이 놀라워할 것이다."(마태오복음 24:29 참조)라는 주님의 말씀을 이렇게 해석하였다 : "그 때 천사들은 그 때까지 한 번도 보지 못했던 갑작스러운 광경을 보고 경이로움에 사로잡힐 것이다."1001)

재림이 이루어지기 전에 "사람의 아들의 표징이" 선행된다. 그것은 "번개처럼 빛나는 거룩한 천사들이 들고 있는" 십자가이다. 하지만 이 "표징"에 앞서 "아담부터 세상 종말 때까지 잠들어 있던 이들을 깨우는 대천사 미카엘의 나팔소리"가 우선한다. 사도 바울로는 주님의 "명령이 떨어지고, 대천사의 부르는 소리가 들리고, 하느님의 나팔소리가 울리면 주님께서 친히 하늘로부터 내려오시고 그리스도를 믿다가 죽은 사람들이 먼저 살아날 것"(테살로니카전서 4:16)이라고 하였다.1002) 그래서 성직자를 위한 장례 예식에서 우리는 이렇게 노래한다 : "기상나팔처럼 나팔이 울려 퍼졌도다...."1003) 물론 죽은 자들의 부활이 천사들의 능력에 기인하진 않는다. 죽은 자들의 부활은 하느님 말씀의 능력에 기인한다.

초자연적인 마지막 나팔소리가 울릴 때 그 때까지 살아 있던 자들은 모두 변화할 것이다. 물론 죽어서 부활을 기다리던 자들도 변화할 것이다. 이 변화는 "눈 깜빡할 사이도 없이 순식간에"(고린토전서 15:51-52 참조)

1001) 신 신학자 시메온, Ἄπαντα.., Λόγ. 57, 1 · Λόγ. 45, 10, page 287 and 229.
1002) 요한 크리소스톰, Εἰς τὴν Βʹ Παρουσίαν τοῦ Κυρίου..., PG 61, 775.
1003) ΕΥΧΟΛΟΓΙΟΝ τὸ ΜΕΓΑ (대 기도서), Ἀκολουθία Νεκρώσιμος εἰς ἱερέα, page 467.

이루어질 것이다!1004) 이 변화는 우리가 이미 언급했던 것처럼 하느님께서만 아시는 방법에 따라 불멸과 영원과 영적인 변화가 될 것이다. 육신은 변화할 것이다. 왜냐하면 살과 피, 필멸의 성질은 천상의 왕국에 적합하지 않기 때문이다.1005) 제일 먼저 죽은 자들이 "불멸"로 부활할 것이고 이어서 그 때까지 살아 있던 자들이 불멸로 부활할 것이다. 그런 후에 주님과의 만남이 이루어 질 것이다. 인류 최초로 죽은 의인 아벨은 모든 세대의 신자들과 그 때 살아 있을 이들과 함께 내려오시는 주님을 영접할 것이다.1006)

이제 우리 모두는 준엄한 심판관 앞에 서게 될 것이다. 그 때 "세상에 남게 될 이들에게 어떤 공포와 두려움이 엄습할까?.... 얼마나 무섭고 얼마나 두려울까?" "죄를 모르는 거룩한 천사들조차 그날을 두려워한다면 죄인들은 얼마나 몸서리치며 떨고 있을까?" 진정 바라건대 아무도 이 심판이 "환영"이나 "꿈속에서 벌어지는 것"으로 생각하지 않기 바란다. 크리소스톰 성인은 외친다. "인간이여, 착각하지 말라." 꿈속에서 벌을 받는 자는 "상상에 머물 뿐 몸과 영혼은 잠자리에 편히 있다." 하지만 심판의 날에는 영육이 함께 "편견도 한 치의 틈도 없는 심판관"께서 계시는 두려운 심판대 앞에 서게 될 것이다. 그곳에서 우리는 "완전히 벌거벗겨진 채 우리의 모든 행실을 그대로 고백해야 할 것이다. 그리고 부모와 자녀, 남편과 아내가 함께 심판 받을 것이다.... 그러니 우리는 그날을 생각하며 전율해야 할 것이다."1007)

형제들이여, 우리는 지금 세상과 민족과 인류사뿐만 아니라 우리 각자의 행실을 준엄하게 심판하실 신인 주님의 두려운 그 날을 준비하고 있는가? 하느님께서는 세상을 창조하신 후 당신의 업적을 보시며 "창조하신 모든 것이 참으로 좋다"고 말씀하셨다. 이처럼 하느님께서는 "영광의

1004) 요한 크리소스톰, *Εἰς Α' Κορ.* Ὁμ. 42, 2 PG 61, 364.
1005) Π. Ν. 트렘벨라, *Δογματική...*,3, page 485.
1006) 요한 크리소스톰,*Εἰς Α' Θεσ.* Ὁμ. 8, 1 PG 62, 440-441.
1007) 요한 크리소스톰, *Εἰς Α' Θεσ.* Ὁμ. 8, 2 PG 62, 441; *Εἰς τὴν Β' Παρουσίαν τοῦ Κυρίου...,* PG 61, 775-776.

옥좌"에 앉아서 정의의 심판을 하러 오실 때 다시 한 번 당신의 모든 피조물들과 인류를 살피실 것이며 하느님의 정의는 환하게 빛날 것이다. 그렇다면 우리는 어떻게 될까? 우리에 대한 그분의 심판은 과연 어떤 것일까? 진정 우리는 그분의 두려운 심판의 기준을 생각하고 있는 것일까? 죽기 전에 죄와 악의 모든 요소를 버리고 우리가 심판자와 화해해야만 한다는 사실을 깊이 깨닫고 있을까? 오히려 적그리스도에 의해 세상에 현혹된 우리가 죄에 익숙해져 만물이 두려워하는 그날을 우리 영혼만 두려워하지 않는 것은 아닐까? 이제부터라도 우리는 구원에 관심을 기울여야 하겠다. 왜냐하면 신학자 그레고리오스 성인이 말한 것처럼, "현재"만이 "우리에게 주어진 시간이며, 미래는 현세에 대한 대가의 시간"이기 때문이다. 또한 테오필락토스 성인이 말한 것처럼, "이곳을 떠난 다음에는 회개의 시간도 덕행의 시간도 존재하지 않는다."1008)

따라서 우리는 이제부터라도 준비를 해야 한다. 왜냐하면 현세만이 회개와 투쟁이 가능한 삶이기 때문이다. 미래는 현세의 삶에 대한 보상의 기간이다. 더욱이 우리가 지금 즉시 준비해야 하는 이유는, 신학자 그레고리오스 성인이 외친 것처럼, 우리가 생각지도 않은 날, 알지 못하는 그 시간에 갑자기 종말이 찾아올 것이기 때문이다. 그레고리오스 성인은 이어서 이렇게 말했다 : 현세의 축제가 끝난 후에 상품을 사겠다고 나서는 것은 참으로 어리석은 일이다. 만나가 다 떨어진 이후에 음식을 찾는 것도 참으로 어리석다. 회복이 불가능하다는 것을 알았을 때, 현세를 떠났을 때, 현세에서의 행실과 업적의 치부책이 덮였을 때, 죄인으로서 벌을 받게 되었을 때, 현세에서 정화되어 영광과 찬란한 빛을 입은 이들을 보게 되었을 때, 그 때 비로소 뒤늦은 후회를 하는 사람은 참으로 어리석다.1009)

형제들이여, 이제부터라도 우리의 죄를 고백하고 감미로운 우리 주 예수 그리스도께 그 죄를 용서 받자. 신심과 눈물과 참회의 모습으로 거룩

1008) 아토스 수도사 니코데모스, Ἑορτοδρόμιον.... page 304.
1009) 신학자 그레고리오스, Λόγ. 40, Εἰς τὸ ἅγιον Βάπτισμα, 24 PG 36, 392BC.

한 덕의 초에 불을 붙이자. 그래서 주님의 영광스럽고 찬란한 재림 때 우리도 빛의 자녀로서 찬란하게 우리의 신랑 그리스도를 영접하자. 준비되어 있는 "현명한 처녀들처럼" 그분과 함께 영원한 천상의 신방으로 들어가도록 하자!....

심판은 어떻게 이루어지는가?

모든 이성적 피조물들, 눈에 보이는 인간들과 보이지 않는 영들이 두려운 심판관 앞에 선다. 하지만 은혜를 모르고 하느님의 계명을 거역하며 항명했던 악령들은 이미 하느님의 찬란한 왕국에서 쫓겨나 영원한 죽음으로 단죄 되었다. 따라서 이제는 인간이 심판을 받아야 할 순서가 되었다. 수많은 방법을 통해 당신의 "인자와 자비", 그리고 "구세주 하느님의" 관용을 우리에게 넘치게 보여 주셨던 주님께서 이제 우리를 심판하러 오신다. 정당하고 단호한 판결을 내리시기 위해 오신다. 하느님께서는 이사야 예언자를 통해 이 사건에 대해 이미 경고하셨다. "나는 탐욕가들의 강탈을 보았고 비난자들의 막된 험담을 들었다. 살인자와 불의한 판관의 칼을 보았고 타락한 자의 문란을 지켜보았다. 교만한 자들의 거만을 감내했고 수많은 불법을 보고도 나는 참고 또 침묵했다. 인간의 탈선과 퇴폐에 대해 엄청난 아픔을 겪으면서도 해산하는 여인이 고통을 참아내는 것처럼 나 역시 그렇게 참았다. 하지만 이제 내가 말할 때가 왔다. 이제 나는 뿌리 채 뽑고 말려버릴 것이다. 이제 내가 감춰진 것을 드러내고 교만과 거만을 무너뜨릴 것이며 숨겨진 것들을 검증할 것이다."(이사야서 42:14절 이하 참조) "아, 그 날, 그 시간은 얼마나 두려울까!" 그날은 "우리에게 환난의 날이며 질책과 치욕의 날이다."(열왕기하 19:3) 어린 양 그리스도의 심판의 날에 하느님의 분노를 보화처럼 쌓아둔 회개하지 않은 그들은 참으로 불행하다. 심판관은 만인에게 그들의 삶에 대한 책임을 물을 것이며 편견 없이 정의롭게 심판하실 것이다. 그리고 "각 사람에게 그 행실대로 갚아 주실 것이다."(로마서 2:6) 그 때에는 "인간의 감춰진 모든 것이" 그분 앞에서 밝혀질 것이다. 왜냐하면 "피조물치고 하느님 앞에 드러나지 않는 것이 없으며 하느님의 눈앞에는 모든 것이 다 벌거숭이로 드러나 언젠가는 그분 앞에서 심판을 받아야 하기 때문이다."(히브리서 4:13) "주님께서는 어둠 속에 감추어진 것을 밝혀내시고 사람의 마음속 생각을 드러내실 것이다."(고린토전서 4:5) 그분은 우리의 숨겨진 행위를 심판하실 것이고(로마서 2:16 참조) 큰 죄뿐만 아니라 쓸데없이 지껄이는 말조차도 그 책임을 물으실 것이다.(마태오복음 12:36 참조) 또 우리가 마땅히 해야 할 일을 등한시 하고 하느님의 선하심으로 우리 각자에게 베풀어 주신 은총을 저버린 행위에 대해서도 그 책임을 물으실 것이다.

성서는 요한 사도의 묵시록을 통해 심판이 어떻게 이루어질 것인가를 보여 준다. 요한 사도는 인간이 창조된 이래 죽은 이들 모두가 심판관의 "옥좌 앞에" 서 있고 "많은 책들이 펼쳐져 있고... 죽은 자들은 그 많은 책에 기록되어 있는 대로 자기들의 행적에 따라 심판 받았다."(요한묵시록 2:12)라고 우리에게 전해 준다. 다니엘 예언자가 말한 조서(책, 다니엘서 7:10 참조)는 겉으로 드러난 것뿐만 아니라 감춰진 행실조차도 알고 계시는 하느님의 전지와, 주님에 의해 "그들이 행했던 모든 행위"가 기억될 "인간의 기억력"을 보여 준다. 그것은 저마다 저지른 잘못을 들춰내어 각자 어떤 벌을 받게 될지 알려 준다. 왜냐하면 우리가 했던 모든 행위나 말이 그 때 기억을 통해 우리 앞에 펼쳐지기 때문이다.1010) 대 바실리오스 성인은 다른 곳에서 이렇게 적었다 : 책이 펼쳐져 있는 것은 선과 악, 드러나고 감춰진 것, 행위와 생각 등을 가감 없이 드러내어 천사와 인간 모두 그것을 듣고 알게 하기 위한 것이다.1011)

1010) 대 바실리오스, *Εἰς τὸν προφήτην Ἠσαΐαν* 1, 43·3, 120 PG 30, 201B· 312CD.
1011) 대 바실리오스, *Ἐπιστολὴ* μς', 5 PG 32, 380AB.

각 인간은 "자신의 양심에 따라" 심판 받게 될 것이다. 왜냐하면 "심판관의 위엄 하신 얼굴이" 우리로 하여금 "진리"를 말하도록 할 것이기 때문이다. 아니 우리가 침묵을 지킨다 해도 심판관이 우리를 검증하실 것이다. 왜냐하면 우리 각자의 "죄나 정의가" 심판관 앞에서 모두 펼쳐질 것이기 때문이다. 이런 관점에서 볼 때 우리의 모든 행실은 하나도 빠짐없이 다 기록되어 심판 때 그대로 드러날 것이다. 예루살렘의 키릴로스 성인은 "너의 기도와 찬양이 기록되어 있다"라고 지적했다. 그리고 이어 말했다 "너의 자선과 금식, 올바른 결혼생활" 그리스도를 위한 "너의 절제"도 기록되어 있다. 그중 "첫째가는 관은" "순결과 동정으로서 천사처럼 빛나게 될 것이다." 또한 "탐욕과 음행, 거짓맹세와 모욕, 마법과 도둑질 그리고 사기 등도 적혀 있다."1012)

크리소스톰 성인은 외쳤다 : 그 때 "놀라운 일"이 벌어질 것이다. 그리고 "생소한 기준"을 보게 될 것이다. 왜냐하면 "어부였던 사도가 위선자 바리새인을, 천막장이였던 바울로 사도가 한숨으로 변명하고 있는 대사제를 단죄하고 있는 모습을" 네가 볼 것이기 때문이다.1013) 우리 모두는 바로 이런 기준 앞에 놓일 것이다. 그리고 우리의 성화를 위해 하느님께서 선물하신 "인간 자유의 비극과 신비가 이 기준에 따라 평가될 것이다."1014)

그렇다면 과연 누가 우리를 이 두려운 시간에 도와 줄 수 있을까? 아무도 없다! 그래서 크리소스톰 성인은 이렇게 외쳤다. 우리의 생은 한순간이다. 내가 무릎을 꿇고 너희에게 "간절히 부탁하니" 제발 우리 모두 회개하자. 그래서 그곳에서 가슴을 치며 후회하지 말자. "그곳 법정"은 오직 우리의 행실을 심판할 뿐 다른 길은 보여주지 않는다. 지금 내가 너희에게 이 말을 하는 이유는 너희를 슬프게 하거나 좌절케 하기 위한 것이 아니라 너희가 헛되고 쓸데없는 곳에 희망을 두어 그리스도의 덕행

1012) 예루살렘의 키릴로스, Κατήχησις 15, 25· 23 ΒΕΠΕΣ 39, 197· 196.
1013) 요한 크리소스톰, Εἰς τὴν Ἀνάληψιν τοῦ Κυρίου, Ὁμ. 1 PG 52, 793.
1014) Γ. 플로로프스키, Θέματα Ὀρθοδόξου Θεολογίας, page 82.

을 소홀히 하지 않을까 걱정스러워 그러는 것이다.1015)

주님께서는 심판의 날에 목자가 "양과 염소를 갈라놓듯이"(마태오복음 25:32) 의인과 죄인들을 갈라놓을 것이라고 말씀하셨다. 니사의 그레고리오스 성인은 갈라놓는 일은 아주 쉽다고 말한다. 왜냐하면 각자 자신의 행실에 따라 "그 특징"이 드러나기 때문이다. 그날 각자의 모습에는 "덕의 특징이나 악의 특징"이 나타날 것이다. 그레고리오스 성인은 이렇게 부연한다 : 그것은 현세에서 살고 있는 우리에게 일어나는 현상과 유사하다. 왜냐하면 "내면에 감춰져 있는 영혼의 상태"가 우리 얼굴 모습에 그대로 투영되는 것과 같기 때문이다. 우리가 우울한지 아니면 화가 났는지 쉽게 구분 되는 이유도 여기에 있다. 또 지혜를 갖춘 "밝고 온순한 모습도" 얼굴에 그대로 투영된다. 이처럼 현세에서의 인간은 자신 내면의 상태에 따라 투영된(빛, 광채, 결과, 열매) 모습을 취한다. 인성이 변화할 때도 이와 똑같다. 그 때 각자는 자신의 행실에 걸맞은 모습을 취한다. 그래서 자신의 실제 모습과 다른 위선적인 모습은 존재하지 않는다. "현명하고 정의로우며, 온화하고 깨끗하며, 자애롭고 경건한"1016) 모습이거나 반대로 여우같은 헤로데(루가복음 13:32 참조)를 닮은 "음흉하거나" "가르멜의 나발처럼 개로 불렸던" "무례한" 모습으로 드러날 것이다.1017)

대 바실리오스 성인은 이것은 전혀 불가능한 것이 아니라고 지적한다. 왜냐하면 죄는 불순한 것으로서 "영혼의 표면을" 변질 시키고 영혼이 지닌 "본래의 미"를 파괴하기 때문이다.1018) 예루살렘의 키릴로스 성인도 이와 유사한 가르침을 준다 : 목자가 양과 염소를 어떻게 갈라놓는가? 당연히 책의 그림을 통한 것이 아니라 눈에 보이는 그들의 실제 모습에 따른 것이다. "양은 털이 부드럽지만 염소는 털이 길고 거칠다." 이처럼 참회와 고백성사를 통해 죄를 사함 받고 깨끗해진 의인은 "깨끗한 털을 가진 양처럼 영혼의 옷이 순백으로 남아 있다." 반대로 죄인은 정신면에

1015) 요한 크리소스톰, *Eἰς A' Kop. Ὁμ*. 42, 3 PG 61, 367-368 참조.
1016) 니사의 그레고리오스, *Πρὸς τοὺς πενθοῦντας...*, PG 46, 532-536.
1017) 대 바실리오스, *Εἰς τόν Ψαλ*. 44, 1 PG29, 3880.
1018) 대 바실리오스, *Εἰς τὸν προφήτην Ἠσαΐαν* 4, 137 PG 30, 341A.

서 "방탕했던" 털복숭이 에사오처럼 거친 털로 뒤덮여 있다.1019)

이렇게 의인과 죄인을 구분하는 일은 쉽고, 시간도 많이 소요되지 않는다. 대 바실리오스 성인은 이렇게 기록하고 있다 : 우리의 정신은 보이지 않는 힘에 이끌려 순간적으로 생전의 모든 행실을 기억하고 마치 거울 앞에서 그 모습을 보는 것처럼 된다. 그러면 우리의 행실을 심판하실 편견 없고 전지하신 심판관께서는 우리 각자의 행실에 부합되게 "정의의 판결"을 내려1020) 보상하신다. 그 심판은 지극히 정의로워 죄인으로 심판받은 그들조차 "내려진 심판이" 절대적으로 "정의"에 부합된다는 사실을 인정하게 된다.

나의 동료 죄인들이여, 우리 모두 주님의 두려운 기준을 잊지 말고 자주 기억하자. 그 기준에는 "웃음이 없고 슬픔만이 있으며", "미는 없고 어둠만이 있다." "세상 관심은 온데간데없고 검증만이 존재하며", "편견 없는 정의로운 심판만이 있을 뿐이다." 그 기준에 따라 일부는 "수치스러운 존재로", 또 다른 일부는 "월계관을 쓴 존재"로 심판대 앞에 서게 될 것이다. 그러니 "임금의 부귀가 어디 있고, 부자들의 몰인정이 어디 있는가? 재판관의 편애가 어디 있고 허영에 빠진 젊은 미가 어디 있는가? 마냥 오래 살 것만 같은 젊음과 반항하고 쾌락에 치우치는 젊음이 어디 있는가? 옳지 못하게 육체를 만족 시키려는 젊음과 그릇된 길로 현혹하는 젊음이 어디 있는가? 쉽게 말라 버리는 진흙과 풀, 그리고 망각의 꿈인 젊음과 실체 없는 그림자, 하느님을 외면하고... 남의 아픔에 공감하지 않던 젊음이 어디 있는가? 거만한 눈빛에.... 혈기가 왕성한 젊음과 일탈된 젊음이 어디 있는가? 제어되지 않던 말(馬)과 모든 것을 삼킬 듯한 젊음, 그 젊음이 어디 있는가?" 현세에서 "근엄하던 이"가 그곳에서 "불쌍한 이"로 드러나고 이곳에서 술에 취해 살던 이가 그곳에서 물 한 방울을 간청한다. 그러니 너는 "나에게 오늘을 주고 너는 내일을 가

1019) 예루살렘의 키릴로스, *Κατήχησις 15*, 25· 23 ΒΕΠΕΣ 39, 197(37-39) - 198(1-6).
1020) 대 바실리오스, Op. cit. 3, 120· 119 PG 30, 312CD· B.

겨라"고 내게 말하지 말라. 왜냐하면 나는 이곳에 있는 너를 보지 않고 네가 그곳 어디에 있을 것인지 지켜 볼 것이기 때문이다! 너는 "내가 비록 죄를 지었지만 자비의 하느님께서 나를 불쌍히 여기실 것이라는 말을 하지 말라." 너는 이곳에서 연민을 보여주셨던 그분이 그곳에선 엄격히 검증을 하고, 이곳에서 회개를 받아주셨던 그분이 그곳에선 불 속에 집어 넣을 것임을 "깨닫기 바란다!"[1021]

이곳 현세에서 영원으로 들어갈 준비를 마친 후에 세상을 떠나는 사람은 참으로 복되다. 왜냐하면 그가 모든 것을 뒤로하고 현세를 떠나는 마지막 순간, 아니 만물과 만인이 그를 놓아주는 마지막 순간, 그는 참회와 회개의 삶을 살고 수고의 땀을 흘린 보상으로 천상에 성성과 덕의 보화를 쌓아 두었다는 위로를 받을 것이기 때문이다.

[1021] 요한 크리소스톰, Περὶ ὑπομονῆς, καὶ τοῦ μὴ πικρῶς κλαίειν τοὺς τελευτῶντας, PG 60, 725.

죽음의 불사

지옥은 존재하는가?

하늘의 심판관께서는 의인과 죄인을 갈라놓으신 후에 정당하고 분명한 불변의 판결을 내리실 것이다. 왜냐하면 생전에 그리스도 안에서 살 것인지 아닌지를 우리 스스로 선택했기 때문이다. 우리는 생전에 "그리스도와 함께" 죽는 삶을 선택하든지, 아니면 그리스도를 벗어나 죄의 어둠 속에 머무르든지 하나를 스스로 선택한다. 그래서 현세에서는 자신이 선택한 삶을 살지만 사후에는 심판의 대상이 된다.1022) 심판에서 의인들은 상을 받을 것이고 죄인들은 벌을 받을 것이다. 만인에게 있을 보편적 부활에서 죄인들의 부활은 "단죄의 부활"(요한복음 5:29)이 된다. "그러면 인간의 자유의지의 비극이 그날 드러날 것이다!" 그 때 주님께서는 의인들에게 "'너희는 내 아버지의 축복을 받은 사람들이니 와서 세상 창조 때부터 너희를 위하여 준비한 이 나라를 차지하여라.''(마태오복음 25:34)라고 말씀하실 것이고 죄인들에게는 "'이 저주받은 자들아, 나에게서 떠나 악마와 그의 졸도들을 가두려고 준비한 영원한 불 속에 들어가라.''(마태오복음 25:41)라고 말씀하실 것이다. 지금껏 의인들의 보상과 복됨은 한 번도 의심의 여지가 없었다. 하지만 죄인들의 형벌에 관해서는 언제나 많은 반발과 의문이 제기되어 왔다. 그래서 우리는 죄인들과 관계되는 심판관의 결정을 먼저 살펴보고자 한다.

많은 사람들은 이렇게 주장한다 : "지옥은 존재하지 않는다. 성서에 적혀 있는 것은 단지 위협일 뿐이다. 악인들에게 경각심을 불러일으키기 위해 기록된 것이다. 사실 하느님의 선과 피조물에 대한 무서운 형벌이 공존한다는 것은 하나의 모순이 아닌가?" 그들의 이런 주장에 우리는 우리 주 예수 그리스도 "말씀의 전달자", 곧 "영적 세계의 빛나는 별"인 거룩한 교부들의 "귀한 입"을 통해 그 답을 대신하려 한다.

1) 요한 크리소스톰 성인은 주님께서 지옥에 대해 직접적으로 말씀하셨

1022) 요한 크리소스톰, *Εἰς Ματθ. Ὁμ.* 36, 3 PG 57, 416 참조.

음에도 불구하고 지옥을 부정하는 사람들은 "하느님을 거짓말쟁이"라고 선언하고 성서가 "진리가 아닌 단순한 생각이나 말을" 기록한 책에 불과한 것으로 모독한다고 질책했다! 특히 성인은 그들의 이런 주장들이 선을 증오하는 사탄이 부추겨서 있게 된다고 강조한다. 그래서 성인은 '인간들이여, 사탄을 신봉해서 너희 자신을 함정에 빠뜨리지 말라'고 외친다. 왜냐하면 그들의 그런 생각은 사탄의 생각이고 또 거기에서 흘러나오기 때문이다.1023) 영혼의 적인 영악한 사탄은 하느님의 선물인 이성을 무력화시켜 "내일이면 죽을 테니 먹고 마시자."(고린토전서 15:32)라고 우리를 선동한다. 그러고는 이성 없는 동물처럼 만들어 버린다. 사탄은 심판을 부정해서 하느님의 존재를 부정하려 한다. 왜냐하면 인간에게서 하느님의 존재를 제거하는 것이 사탄의 본질적 목표이기 때문이다. 사악한 사탄은 직접적으로 우리를 공격하지 않고 다양한 수단을 써서 우리를 현혹 시킨다. 그래서 제때 조치를 취하거나 예방할 수 없게 만든다. 크리소스톰 성인에 따르면, 사탄은 대개 이런 식으로 현혹한다 : 만약 심판이 없다면 그 때 (인간적 사고로) 하느님은 정의로운 분이 아니다. 그런데 하느님이 정의롭지 않다면, 당연히 하느님은 존재의 이유가 없다. 그리고 하느님이 존재하지 않는다면 그 때 모든 것은 우연이고 덕도 악도 존재하지 않는다. 그런데 사탄은 우리에게 이렇게 드러내 놓고 말하지 않는다. 크리소스톰 성인은 이렇게 부연했다 : "사탄의 삼단논법적인 사고를 보았는가? 금수 같은 사탄이 아니고서야 어떻게 인간들이 그런 동물 같은 짓을 할 수 있겠는가?" 우리는 사탄의 부추김에 신뢰를 가져서는 안 되겠다. 왜냐하면 "심판은 실제로 존재하기 때문이다. '사탄의 생각'을 듣는 어리석고 불쌍한 인간이여", 사탄은 너에게 "결코 유익하지 않은 호의"를 베풀면서 너의 구원의 길을 가로막고 있다.1024)

1023) 요한 크리소스톰, Εἰς τὴν Β΄ Παρουσίαν τοῦ Κυρίου..., PG 59, 621-622; Εἰς Κολασ. Ὁμ. 2, 5 PG 62, 315; Λόχ. 25, Περὶ τῆς μελλούσης κρίσεως, PG 63, 743.

1024) 요한 크리소스톰, Εἰς Κολοσ. Ὁμ. 2, 5 PG 62, 315; Εἰς Α΄ Θεσ. Ὁμ. 8, 2 PG 62, 442.

2) 크리소스톰 성인은 다음과 같은 "보편적 원칙과 조건"이 있음을 지적한다 : 덕이 있는 사람은 심판과 지옥에 관한 가르침을 불신하지 않는다. 반면에 극히 일부를 제외한 대부분의 죄인들은 죽은 자들의 부활을 믿지 않는다. 물질과 향락에 빠져 사는 사람들은 죽은 자들의 부활과 심판 그리고 지옥을 부정한다. 왜냐하면 양심의 가책을 견뎌 내지 못하기 때문이다. 그래서 죄인들은 "죄를 짓는 것이 나쁜 것임"을 알면서도 그건 나쁜 게 아니야! 라고 자기 자신에게 최면을 걸려고 노력한다. 성인은 죄인을 향해 이렇게 말했다 : 네가 심판과 지옥을 부정하는 이유를 나는 잘 안다. 그것은 많은 죄를 지은 네가 하느님 앞에 설 자신이 없기 때문이다. 또 성인은 "비록 지옥이 있다 해도 세상을 즐기는 동안 나는 지옥이 없다고 내 영혼을 설득하겠다"라는 죄인의 주장에 이렇게 대답한다 : 너는 왜 지금까지 지은 죄에다가 불경한 짓을 하나 더 추가하는가? 너는 하느님의 계명을 어긴 것으로는 모자라는가? 그래서 지옥이 없다고 다른 사람들까지 선동해서 죄를 짓게 만드는가? 너는 왜 "순박한 사람들을 현혹 시키는가?" 행여 다른 사람들을 죄짓게 하면 "네 죄가 용서"될 거라 생각하는가? 이 모든 행실은 사탄의 짓이다. "인간이여, 죄를 지었는가? 자비의 주관자께 간청하라. 한숨과 눈물로 간구하라. 다른 이들에게도 경종을 울려" 너와 같은 죄에 빠지지 않도록 조치하라. 최소한 그 부자를 본받아라. 그는 아브라함에게 "저에게는 다섯 형제가 있는데 라자로를 보내 그들만이라도 이 고통스러운 곳에 오지 않게 해 달라."(루가복음 16:27-28 참조)고 간절히 청했다.

언젠가 크리소스톰 성인이 심판과 보상과 지옥이 확실히 있음을 알려주려고 청중에게 이렇게 쓴소리를 했다 : 나 역시도 지옥이 없기를 바란다. 아니 나는 너희보다 그것을 더 원하고 희망한다. 내가 그것을 왜 원하는지 아는가? 너희는 너희 각자의 영혼만 책임지면 되겠지만 주교인 나는 사탄으로부터 나의 영혼뿐만 아니라 너희의 영혼까지도 보호해야 할 책무를 지고 또 하느님 앞에서 그 책임을 져야 하기 때문이다. 따라서 나는 너희보다 형벌을 피하기가 더 힘들다. 그럼에도 지옥과 지옥의 형벌은 존재한다!1025)....

3) 하느님께서는 구약시대는 물론 신약시대에 들어와서도 지옥의 존재를 증명하셨다. 다니엘 예언자는 이렇게 예언했다 : "티끌로 돌아갔던 대중이 잠에서 깨어나 영원히 사는 이가 있는가 하면 영원한 모욕과 수치를 받을 사람도 있으리라."(다니엘서 12:2) 오늘날까지 하느님의 단죄를 받았던 민족들과 백성들 그리고 개인들의 사례들과 또 우리가 일상에서 보는 하느님의 계명을 거약한 이들에게 내려지는 형벌들은 "그것을 어기거나 따르지 않는 자들은 모두 응분의 징벌을 받았다."(히브리서 2:2)라는 말씀의 증거가 된다. 이곳에서 회개가 없었다면 그곳에서 처벌을 받는 것은 극히 자연스러운 일이다. 지극히 자비로우신 하느님은 이것을 요구한다. "왜냐하면 그 때는 동정과 연민의 때가 아닌 모든 것을 밝히고 처벌을 내릴 때이기 때문이다. 또 분노와 노기와 하느님의 정의가 드러나고 '강력한 손을 높이 들어'(이사야서 5:25 참조) 불경한 자들을 치실 때이기 때문이다. 우상처럼 죽은 존재가 아니라 영원히 살아 계시는 하느님의 손에 걸린 자는 참으로 불행하다!"1026) 이것은 지극히 자연스러운 현상이다. 왜냐하면 이곳에서 자비하신 하느님이셨다면 그곳에서는 당연히 정의로우셔야 하기 때문이다. 또 정의로운 분이시라면 수많은 하느님의 은혜와 은총 그리고 경고를 받고도 "지옥에 합당한" 삶을 살았던 그를 벌하시는 것이 당연하기 때문이다.

하느님께서는 자비로우신 분이라 벌하시는 것이 불가능하다고 주장하는 이들에게 크리소스톰 성인은 이렇게 말했다 : 네가 감히 하느님을 그렇게 재단하면서 어찌 두려워하지 않을 수 있단 말인가? 네 말대로라면, 벌을 내리시는 하느님은 자비로우신 분이 아니란 말인가? 그런데 하느님께서는 이미 이 모든 것을 네게 다 말씀해 주시지 않았는가? 그리고 너의 구원을 위해 수없이 주의를 주시고 다양한 방법을 사용하시지 않았는가? 그러면서 성인은 이렇게 말을 맺었다 : 인간들이여, 사탄에게 믿음을 표하

1025) 요한 크리소스톰, Εἰς Α' Θεσ. Ὁμ. 8, 4 PG 62, 446.
1026) 그레고리오스 팔라마스, Πρός τήν σεμνοτάτην... Ξένην, page 25-26.

면서 너희 자신을 함정에 빠뜨리지 말아라. 왜냐하면 너희의 이 모든 생각들은 다 사탄의 것이다.1027)

4) 불경한 자들에게 형벌이 있을 거라는 사실을 우리는 아래의 가르침을 통해 확인한다 : 만약 사악한 자들이 벌을 받지 않는다면, 그들이 범한 죄에 대해 "그 어떤 대가도 존재하지 않는다면" "선한 사람들 역시도 월계관을 쓰지 못할 것이다." 그렇다면 "음행과 간음과 온갖 악행을 저지른 자들이" 지혜와 성성과 절제와 천사의 삶을 살았던 그들과 같은 복을 누린단 말인가? 광야와 산과 동굴과 땅굴에서 놀라운 수덕을 쌓았던 수도사들과 고행자들이 자신들이 쌓은 덕의 상급도 받지 못한 채 영원히 살아야 한단 말인가? 만약 지옥의 불과 부활이 없다면, 그 때 사악한 자들도 의인들과 똑같은 복을 누리게 될 것이다! 하지만 어느 인간이, 비록 정신을 놓았다 할지라도, 그런 주장을 용납할 수 있단 말인가? 아니 어떤 악령이 그런 것을 주장할 수 있단 말인가?1028) 그러면서 요한 성인은 다음과 같은 충고로 그의 빛나는 주장을 마무리한다 : "지옥에 떨어지지" 않으려면 지옥이 있음을 불신하지 말라. 지옥을 불신하는 사람은 수덕에서 나태해지고 태만해진다. 그리고 수덕에서 나태하고 태만한 사람은 회개할 줄을 몰라 마침내 지옥으로 떨어진다. 그러므로 우리는 주저하지 말고 지옥의 존재를 믿자. 그리고 끊임없이 그것에 대해 논하자. 그래서 손쉽게 죄에 빠지는 일이 없도록 하자. 지옥에 대한 기억은 아주 쓴 약처럼, 악을 치료하고 제어해 준다.1029)

5) 지옥이 없다는 생각을 심어 줘 인간을 현혹 시키는 사탄조차도 그 자신은 지옥의 존재를 믿으며 두려워 떤다! 아울러 주님께서 말씀하신 것처럼, 악마와 그의 졸개들을 가두려는 영원한 불(마태오복음 25:41)과 형언할 수 없는 선물인 영원한 왕국이 하느님의 뜻에 따라 사는 피조물인 인간을 위해 준비되어 있다. 이렇게 악령들은 지옥이 있음을 고백한다. 그래

1027) 요한 크리소스톰, *Περὶ τῆς μελλούσης κρίσεως*, PG 63, 743; *Εἰς τὴν Β΄ Παρουσίαν τοῦ Κυρίου...*, 3 PG 59, 624.
1028) 요한 크리소스톰, *Εἰς τὴν Β΄ Παρουσίαν τοῦ Κυρίου...*, 3 PG 59, 624 참조.
1029) 요한 크리소스톰, *Περὶ τῆς μελλούσης κρίσεως*, PG 63, 744

서 그들은 "하느님의 아들이여, 어찌하여 우리를 간섭하시려는 것입니까? 때가 되기도 전에 우리를 괴롭히려고 여기 오셨습니까?" 하고 소리 질렀다."(마태오복음 8:29) 그래서 크리소스톰 성인은 '인간들이여, 악령들도 지옥의 존재를 고백하고 받아들이는 데 너희는 어떻게 그것을 부정하고서 떨지 않는단 말인가?' 하고 말했다. 우리가 창조되었을 때부터 적이었던 사탄은 "영악한 교리"의 제공자였다. 그래서 그는 지옥이 없다고 사람들을 꼬드겨 그들을 지옥으로 끌고 내려갔다. 반대로, 지극히 자비로우신 "하느님께서는 지옥을 준비하시고 또 지옥이 있음을 경고하셔서" 경건한 삶을 살도록 우리를 인도하시고 "지옥에" 빠지지 않게 하셨다.1030)

하느님께서 심판과 형벌을 경고하셨을 때 우리는 매정하고 가혹하신 하느님으로서가 아니라 "긍휼과 자비"가 충만하신 하느님으로서 경고하셨음을 알아야 한다. 이처럼 하느님의 선하심은 우리를 죄에서 보호하고 회개로 이끌기 위해 우리를 위해 "모든 것을 행하신다." 그리고 이 사실은 "죄를 지은 죄인들에게는 지옥을, 그리고 덕을 이룬 의인들에게는 월계관을" 주심으로써 분명히 드러난다. 인자하신 하느님께서는 우리에게 닥쳐올 형벌을 현세에서 미리 알려주심으로써 우리가 예방하게 하신다. 지옥이 있음을 미리 경고하시고 그곳에 우리가 떨어지지 않도록 하신다. '고통에 빠지기 전에 차라리 경고를 받아 예방하는 것이 낫다'고 우리에게 말씀하시는 것이다. 성령의 빛을 받은 교부는 인자하신 하느님의 이 교육 방법이 영혼에게 커다란 유익을 가져다준다는 사실을 알고서 이렇게 외친다 : "주관자시여, 당신의 약속은 훌륭합니다. 우리가 기다리는 당신의 왕국도 훌륭합니다." "경고하시는 이 지옥도" 훌륭합니다. 왜냐하면 "당신의 왕국이" 우리를 선하게 이끌듯이 "지옥도 우리에게 유용한 두려움을 제공하기 때문입니다!"1031)

테오도리토스 성인은 니느웨인들의 회개를 언급하는 요나예언서 3장을

1030) 요한 크리소스톰, Εἰς τὴν Β΄ Παρουσίαν τοῦ Κυρίου... 3, PG 59, 624; Εἰς Ρωμ. Ὁμ. 31, 5 PG 60, 676; Εἰς Ἰω. Ὁμ. 45, 4 PG 59, 256.
1031) 요한 크리소스톰, Περὶ τῆς μελλούσης κρίσεως, PG 63, 746· 748· 750.

해석하면서 이렇게 지적한다 : 만약 하느님께서 니느웨인들을 벌하시려 했다면 경고하지 않으시고 즉시 그들에게 벌을 내리셨을 것이다. 하지만 하느님께서는 오직 인간의 구원을 바라고 기뻐하시기에 경고로써 당신께서 내리실 그 형벌을 피하게 하신다.[1032]

크리소스톰 성인은 이렇게 결론을 맺는다 : 따라서 지옥도 우리에 대한 하느님의 사랑의 결실이다. 그러므로 우리는 하느님께서 세우신 그 뜻을 온전히 깨닫고 하느님을 사랑하자. 하느님께서는 우리가 당신을 무시해도 끝까지 우리를 부르신다. 하지만 끝끝내 우리가 당신 곁에 가는 것을 거부할 때 하느님께서는 우리에게 벌을 내리신다. 그렇지만 그것은 우리를 벌하고 싶어서 그런 것이 아니라 우리를 사랑하시기 때문이다![1033]

무엇이 지옥의 형벌인가?

그렇다면 재림 때 정의로운 심판관이 내릴 형벌은 과연 무엇일까?

1) 그것은 "하느님의 냉대" 그리고 평화와 행복의 근원인 당신께서 죄인들을 멀리하시는 것이다. 왜냐하면 "하느님 영광의 부재는 상상할 수 없는 무거운 형벌이 되기 때문이다."[1034] 크리소스톰 성인은 이렇게 적었다 : 나는 많은 사람들이 지옥의 형벌을 두려워하고 있음을 안다. "하지만 나는 하늘의 영광에서 추락한 것"이 우리가 생각하는 지옥의 형벌보다 훨씬 더 큰 고통이라 생각한다. 왜냐하면 심판관 하느님께서 "나에게서 떠나가라."(마태오복음 25:41)고 하시며 우리를 멀리 내치시기 때문이다. 다시 말해, 하느님의 놀라운 영광과 광채가 넘치

1032) 아토스 수도사 니코데모스, Ἑορτοδρόμιον page 307.
1033) 아토스 수도사 니코데모스, Νέα Κλῖμαξ.., page 303.
1034) Π. Ν. 트렘벨라, Δογματική.., 3, page 489.

는 나라에 들어가지 못하고 그 앞에서 "불명예"를 뒤집어쓰고 쫓겨나는 것이야 말로 진정 "지옥의 고통"이 되는 것이다. 천상의 왕국의 일원이 되지 못하고, 형용할 수 없는 영광도 누리지 못하며 축제에서 멀리 쫓겨나 "형용할 수 없는 선물"에서 제외된 네가 어찌 그것을 "작은 형벌(지옥)"이라고 여기는가?1035) 죄인들은 하느님의 선물을 잃은 그 자체가 너무도 큰 슬픔과 고통이기에 다른 형벌의 가중 없이도 지옥보다 더 큰 고통에 몸부림친다. 따라서 우리는 온화한 주님의 얼굴과 눈망울이 우리를 거부하는 것을 지켜보기보다 "수많은 벼락"을 감내하는 것이 오히려 더 쉬울 것이다.1036)

하느님의 지혜로 단장하신 아토스 수도사 니코데모스 성인은 두려운 지옥의 형벌, 즉 하느님과 인간의 친교의 단절을 고찰하면서 이렇게 적었다 : "오! 불쌍한 죄인이여, 완전한 기쁨이고 행복이며 완전한 희망이고 끝없이 채워 주시는 하느님을 잃은 것이 작은 손해요 작은 슬픔이란 말인가? 그분께서는 완전한 빛이고 빛의 기원이며, 완전한 생명이고 생명의 근원이며, 완전한 지혜이자 지혜의 시작이 아니신가? 모든 미를 초월하는 미, 모든 지혜를 뛰어넘는 지혜, 모든 기쁨을 뛰어넘는 기쁨, 그리고 영광의 한 줄기 빛만 저승에 비춰도 저승이 즉시 낙원이 되게 하시는 하느님을 잃은 것이 작은 슬픔이란 말인가?…. 어리석은 인간이여, 네 존재의 시작이고 중간이며 끝이신 선하신 하느님을 잃은 것이 어찌 작은 슬픔이란 말인가?…. 무한한 불행이여! 상상할 수 없는 비운이여! 형제여, 내가 장담하거늘, 만약 네가 네 죄로 인한 엄청난 불행을 한 번만이라도 제대로 보았다면 죽을 때 모든 것을 잃었다고 외쳤던 그 왕처럼, 너도 분명 그렇게 외쳤을 것이다. 왜냐하면 왕은 하느님을 잃으면서 육신과 영혼, 땅과 하늘, 순간과 영원 등 모든 것을 잃고 말았기 때문이다!"1037)….

1035) 요한 크리소스톰, Περί τῆς μελλούσης κρίσεως, PG 63, 751; Εἰς Β' Κορ. Ὁμ. 10, 3 PG 61, 471.
1036) 요한 크리소스톰, Εἰς Θεόδωρον ἐκπεσόντα 1,10 PG 47, 291; Εἰς Ματθ. Ὁμ. 23, 8 PG 57, 317-318.
1037) 아토스 수도사 니코데모스, Ἐξομολογητάριον, page 187, 188.

대 바실리오스 성인도 '성 삼위 하느님과의 친교의 단절은 모든 해악보다 더 참기 힘든 고통이다'라고 분명하게 밝혔다. 왜냐하면 하느님과 소원하고 괴리되는 것은 지옥의 형벌보다 더 견디기 힘들기 때문이다. 그것은 비록 아픔이 없어도 빛을 보지 못하는 눈과 같다.1038)

유스티노스 포포비츠는 따라서 "그리스도 없는 영원보다 더 큰 불행", 더 큰 해악은 없다. "(나의 이런 해괴한 주장을 용서하시길!) 차라리 나는 그리스도께서 계시지 않는 낙원보다 그리스도께서 계시는 지옥에 있기를 원한다. 왜냐하면 그리스도께서 계시지 않는 그곳은 모든 것이 저주와 고통과 참담이 되기 때문이다."1039) 따라서 우리가 진정 두려워해야 할 것은 영원한 지옥이 아니라, 모든 생명과 영광과 미의 원천인 성 삼위 하느님의 사랑과 친교에 대한 단절이다. 지옥, 곧 지극히 선하신 하느님과의 친교의 단절이야말로 진정 모든 악의 결정체이고 죄의 승리이며 하느님과 인간을 증오하는 인간에 대한 사탄의 승리이다!

2) 그 때 죄인들이 겪는 형용할 수 없는 수치 역시 참혹한 형벌이다. 대 바실리오스 성인이 지적한 것처럼, 왜냐하면 죄인들은 사악한 자신들의 행실을 기억하고 그 흔적과 치욕을 자기 자신들이 보게 될 것이기 때문이다. 그들이 겪을 그 치욕은 어둠이나 영원한 불보다 더욱 참혹할 것이다. 죄인들은 지워지지 않는 물감처럼 영원히 그들 영혼 속에 깊이 새겨진 죄의 흔적들을 자신들의 눈으로 지켜보며 영원히 그런 치욕 속에서 살아갈 것이다. 심판관께서 옥좌에 앉아 계시고 그분 앞에서 만물이 떠는 그 시간에 죄인들이 겪는 "질책과 영원한 치욕"은 그 어떤 형벌보다도 견디기 힘든 형벌이 될 것이다.1040) 왜냐하면 환하게 드러나는 무대 위에서 아는 사람들과 낯선 사람들이 지켜보는 가운데 자신들의 죄들이 낱낱이 밝혀져 수치를 당할 것이기 때문이다! "금과 보석과 태양보다" 더욱 빛나는 성인들과 "영광스러운 천사들과 대천사들, 옥좌와 주권과 권세와

1038) 대 바실리오스, Ὅροι κατά πλάτος, Ἐρωτ. 2, 2 PG 31, 912B.
1039) I. 포포비츠, Ἄνθρωπος και Θεάνθρωπος, page 20.
1040) 대 바실리오스, Εἰς Ψαλ. 33, 4· 8 PG 29, 360-361· 372B.

세력의 천상존재들이" 관객이 되어 이 모든 것을 지켜볼 것이다.1041)

신 신학자 시메온 성인은 자신과 다른 수도사들이 사명을 완수하지 못했을 때 겪을 두려움과 수치를 생각하며 이렇게 적었다. "그 때 우리가 겪을 두려움과 수치를 생각하면 참으로 슬프지 않은가? 형제들이여, 우리가 겪는 수치는 세상에서 온갖 죄를 짓고 살았던 죄인들이 겪는 영원한 형벌보다 더 참담한 형벌이 될 것이다. 왜냐하면 세상을 부정하고 수도사가 된 내가 부인과 자식과 함께 온갖 세상일에 파묻혀 살았던 그들과 똑같은 형벌에 처해져 죄인들과 나란히 함께 서 있을 때 '세상을 버리고 수도사가 된 당신이 왜 우리와 함께 서 있소?'라고 나에게 물을 것이기 때문이다. 그 때 그 참담함이야 어찌 말로 다 할 수 있겠는가? 그들의 질문에 과연 내가 무슨 변명을 할 수 있겠는가? 그리고 그 때 내가 겪을 그 엄청난 슬픔을 누가 제대로 말해 줄 수 있겠는가?"1042)

막시모스 성인도 죄인들이 겪을 영원한 수치를 우려하면서 이렇게 적었다 : 내가 변화되지 못하고 악에서 자유로워지지 않는다면 "나는 이런 수치에서 결코 벗어나지 못할 것이다."1043)

3) 하지만 이것으로 형벌이 끝나는 것은 아니다. 이 밖에도 회개하지 않은 죄인은 "언제나 적인 악령들과 동료가 되어 함께 살아간다!" 막시모스 성인에 따르면 그것은 "어떤 종류의 지옥보다 더 나쁜 것이다." 성인은 하느님과의 단절과, 죄인들과 사악한 사탄이 함께 지옥에 있는 것과의 관계를 연관 지어 이렇게 적었다 : "하느님과 천상의 거룩한 능력들과 단절하고 사탄과 사악한 악령과 긴밀한 관계를 형성"하는 것은 "참으로 참담하고 심각하다고 말하지 않을 수 없다." 사실 나는 이것을 언급하는 것만으로도 마음이 아프다. 그런데 실제로 누가 그것을 겪는다면 그 고통은 오죽하겠는가? 누군가가 자기를 미워하고 자기가 누군가를 미워하면서 영원히 함께 산다는 것은 "아주 끔찍한 지옥 중의 지옥이다." 니코

1041) 요한 크리소스톰, *Εἰς Ρωμ. Ὁμ.* 5, 6 PG 60, 430; *Εἰς Θεόδωρον ἐκπεσόντα Α΄*, 11 PG 47, 292.
1042) 신 신학자 시메온, *Λόγ. 66*, 6, *Ἅπαντα..*, page 354.
1043) 아토스 수도사 니코데모스, *Νέα Κλῖμαξ..*, page 36.

데모스 성인은 막시모스 성인의 이 말에 강한 인상을 받아 이렇게 외친다 : "나를 괴롭히는 저주 받은 죄여, 나는 결코 너의 순간적 쾌락을 즐기기 위해 영원한 고통을 사지는 않을 것이다."1044) 크리소스톰 성인은 그 치욕스런 수치와 "고통" 외에도 죄인들은 꺼지지 않는 불과 지옥으로 끌려가 인간을 증오하는 사탄에게 넘겨질 것'이라는 사실을 첨가하라고 말한다. 죄인은 "칠흑 같은 어둠이 있는 곳"으로 보내질 것이다. 그곳에는 "심연 같은 어둠" 외에도 비탄과 치를 떠는 고통이 있을 것이다.1045)

대 바실리오스 성인은 다음과 같이 서술한다 : 눈에 불을 켜고, 또 불을 내뿜는 두렵고 험상궂은 악령들이 죄인에게 나타난다. 왜냐하면 그들은 쓰디쓴 독기를 품고 있기 때문이다. 악령들의 얼굴은 캄캄한 밤과 같은데, 인간에 대한 증오로 가득 차 있기 때문이다. 그곳에는 "깊은 심연"과 빛을 내지 못하지만 태우는 성질은 그대로 남아 있는 출구 없는 어둠이 있다. 그리고 결코 배를 채우지 못하는 식인 독성 구더기가 죄인을 게걸스럽게 갉아먹으며, 이 갉아먹는 구더기로 인해 죄인은 감당할 수 없는 고통을 겪는다!1046)....

4) 크리소스톰 성인은 지옥의 형벌을 좀 더 생동감 있게 표현하기 위해 이렇게 서술했다 : 만약 어느 지체 높은 귀족이 살인자들과 범죄자들과 함께 쇠사슬에 묶여 불결하고 캄캄한 감옥에 갇힌다면 그에게 내려진 이 형벌이 죽음보다 가볍다고 감히 누가 말할 수 있겠느냐? 또 그것이 사실이라면, 서로 얼굴도 보지 못하고 "인류의 살인자들과 함께 불에 타고 있는 우리의 고통은 얼마나 끔찍하겠는가?" "칠흑 같은 암흑"만이 있는 그곳에서는 옆에 있는 사람조차 서로 알아보지 못한다. 만약 어둠 하나만으로도 우리 영혼이 두려움에 떤다면 이 어둠과 함께 "꺼지지 않는 불과 어둠이" 있는 그곳은 어떻겠느냐?1047) 이렇게 그곳에는 일체의 기

1044) 아토스 수도사 니코데모스, *Ἐξομολογητάριον*, page 218.
1045) 요한 크리소스톰, *Εἰς Θεόδωρον ἐκπεσόντα Α'*, 12 PG 47, 294-295; *Εἰς Ματ. Ὁμ.* 69, 2 PG 58, 651.
1046) 대 바실리오스,*Εἰς Ψαλ.* 33, 8 PG 29, 372AB.
1047) 요한 크리소스톰, *Εἰς Ἑβρ. Ὁμ.* 1, 4 PG 63, 18.

쁨이 없는 형용할 수 없는 또 다른 삶이 존재하고 영육의 이별보다 더 고통스럽고 힘겨운 또 다른 죽음이 지배한다. 그 죽음은 결코 위로 받을 수 없는 슬픔과 함께 하는 영원한 지옥이다!....

지옥의 형벌에 대한 표현이 좀 과장된 것이 아닌가 하는 생각이 들 수도 있다. 하지만 지금까지 언급한 모든 것은 주님의 가르침에 절대적으로 부합되는 내용들이다. 죄인들에게 내려질 형벌을 주님께서는 "멸망"(마태오복음 7:13)이라 하셨다. 주님께서는 죄인들이 "영원히 벌 받은 곳으로 들어갈 것"(마태오복음 25:46)이라고 하셨으며, 남을 죄짓게 하는 자는 "영원한 불, 지옥 불"(마태오복음 18:8, 9)에 들어갈 것이라고 가르치셨다. 그리고 그곳에는 "영원히 그들을 파먹는 구더기와 영원히 그들을 태우는 불이 있다."(마르코복음 9:43-49 참조)라고 하셨다. 다시 말해 죄인들에 대한 형벌은 끝이 없는 영원임을 말씀하셨다. 주님께서는 또한 다른 이를 죄짓게 하는 사람은 "불구덩이에 처넣어 거기에서 가슴을 치며 통곡할 것이다."(마태오복음 13:42)라고 말씀하셨으며 달란트의 비유를 통해 "이 쓸모없는 종을 바깥 어두운 곳에 내어 쫓아라. 거기에서 가슴을 치며 통곡할 것이다."(마태오복음 25:30)라고 가르치셨다.

하느님의 사도들 역시도 죄인들의 무덤 이후의 삶을 언급하였다. 사도들은 사후의 죄인의 삶을 "멸망"(필립비서 3:19), "영원한 멸망"(테살로니카후서 1:9), "큰 환난"(요한묵시록 2:22), "진노의 축적"(로마서 2:5 참조), 하느님의 뜻을 반역하는 자들을 삼켜 버릴 "분노의 불"(히브리서 10:27 참조), "불과 유황이 타오르는 바다"(요한묵시록 21:8), 회개하지 않은 죄인들에게 내려질 영원한 형벌로서 준비된 지옥의 "깊은 암흑"(베드로후서 2:17, 유다서 1:13), "죽음"(로마서 6:21) "두 번째 죽음"(요한묵시록 2:11)이라고 특징지었다.

사도들이 특징지은 이러한 이름들은 이루 헤아릴 수 없는 지옥의 형벌에 대한 단적인 묘사이다. 니사의 그레고리오스 성인은 이렇게 지적한다: 심판관에 의해 단죄 받은 죄인들의 슬픔과 고통의 정도는 우리가 생전에 느꼈던 그런 슬픔과는 비교가 되지 않는다. 행여 그곳에서의 형벌을 암시하기 위해 우리가 익히 알고 있는 용어를 사용한다 해도 실제로 그 차이는 엄청나다. 따라서 지옥의 불이라는 단어를 들을 때 우리는 우리가 흔히 알고 있는 그런 불로 알아들어서는 안 된다. 왜냐하면 그 불은 우리가 알고 있는 불과는 엄연히 다른 특성들을 가지고 있기 때문이다. 이곳의 불은 우리가 끌 수 있지만 그곳의 불은 끌 수 없다. 이처럼 우리가 쉽게 끌 수 있는 불과 그 어떤 수단과 방법으로도 끌 수 없는 불에는 크나큰 차이가 있다. 따라서 그 불은 우리가 알고 있는 불과는 본질적으로 다르다. 또한 지옥의 "구더기"를 말할 때 땅에 있는 구더기를 연상해서는 안 된다. 왜냐하면 그곳의 "구더기"는 "영원히 죽지 않는" 특성을 가지고 있기 때문이다. 이렇게 그 구더기와 우리가 잘 알고 있는 구더기와는 본질적으로 차이가 있다.1048)

크리소스톰 성인은 이렇게 기록한다 : "그러므로 우리가 그것을 들었을 때 우리가 아는 불로 생각하지 말라." 왜냐하면 물질적인 불은 불붙은 것을 "태워 없애지만" 그곳의 불은 "쉬지 않고 그 안에 있는 것을 영원히 태운다. 그 불이 꺼지지 않는 불"이라 불리는 이유이다.1049) 다마스커스의 요한 성인도 위에서 언급한 성서적 관점에서 유사한 해석을 내린다 : "사탄과 그의 악령들, 그의 인간 적그리스도와 불경한 자들, 그리고 죄인들은 영원한 불에 던져질 것이다." 하지만 그 불은 우리가 흔히 알고 있는 세상적인 그 불이 아니다. 그 불은 하느님만이 아시는 그런 불이다.1050)

다마스커스의 요한 성인은 그의 저서 '마니교도에 대한 반박'에서 다음과 같이 말하면서 지옥의 불에 대한 영적인 해석을 내렸다 : 지옥은 "악과 죄에 대한 정욕의 불이고 또 그 정욕에 대한 실패의 불" 그 이상도 그 이하도 아니다. 그러면서 성인은 이렇게 말했다. "죄인들은 그곳에서도 여전히 그들의 정욕을 만족 시키기 위한 탐욕에 사로잡혀 있지만

1048) 니사의 그레고리오스, *Λόγος Κατηχητικὸς ὁ μέγας*, 40 PG 45, 104D-105A.
1049) 요한 크리소스톰, *Εἰς Θεόδωρον ἐκπεσόντα* 1, 10 PG 47, 289.
1050) 다마스커스의 요한, *Ἔκδοσις* IV, 27 PG 94, 1228A.

'악과 죄의 기운이 들어설 곳이 없는' 그곳에서 그들의 탐욕은 실현불가능하다. 왜냐하면 그곳은 먹고 마시고 입고 결혼하고 부를 쌓을 수 있는 곳이 아니기 때문이다. 따라서 그들은 탐욕을 추구하지만 그 탐욕을 이룰 수 없어 그 고통의 불에 활활 탄다." 성인은 또 다른 가르침에서 이렇게 말했다 : "죄인들은 죄를 열망하면서도 그 죄의 물질을 가지고 있지 못해 위로는 고사하고 불과 구더기에 갉아먹히며 지옥의 형벌을 겪는다."1051)

우리는 무덤 저편의 생을 정확히 알거나 인지할 수 없다. 그래서 회개하지 않은 죄인이 받을 형벌의 성격을 완전히 규정하는 것이 사실 불가능하다. 하지만 우리는 부자와 라자로의 비유를 통해 그것을 간접적으로나마 알 수 있다. 비유를 통해 우리는 부자가 생전에 누렸던 모든 것을 사후에 누리지 못하고 있음을 보게 된다. 부자는 엄청난 고통과 심한 갈증, 끝없는 초조, 그리고 잘못에 대한 끊임없는 양심의 가책을 느낀다. 그럼에도 불구하고 그는 참된 회개의 모습을 보이지 않는다. 동시에 그는 라자로처럼 자신이 경멸하고 무시했던 이들이 영원한 축복과 행복을 누리고 있음을 보면서 절망을 느낀다. 우리는 부자가 겪고 있는 이 모든 것을 "꺼지지 않는 불", "영원한 구더기", "지옥의 불" 같은 성서적 표현으로 대신할 수 있다.

그렇다면 이 "고통스러운 곳"(루가복음 16:28)은 어디인가? 그곳은 분명 의인들이 누리는 무한한 행복이 깃든 그곳과는 "엄청난 간극"이 있는 또 다른 한 "곳"일 것이다. 죄인들은 기쁨이 없는 캄캄한 그곳에서 "잔인하고 악의로 가득한 형용할 수 없는 악령들과 함께" 살 것이며1052) 그곳의 삶이 너무 고통스러워 "하느님 선물을 누리지 못하는 자신의 비참한 신세조차도 인식할 수 없을 것이다."1053)

"고통스러운 곳"이 어디 있는가? 란 질문에 크리소스톰 성인은 이렇게

1051) 다마스커스의 요한, *Διάλογος κατά Μανιχαίων*36· 75 ΕΠΕ 5, 188· 238.
1052) Π. Ν. 트램벨라, *Δογματική*.., 3 page 493.
1053) 요한 크리소스톰, *Εἰς Ματθ*. 'Ομ. 23, 7 PG 57, 317.

대답한다 : 너는 왜 장소에 관심을 갖는가? 네가 관심을 기울여야 할 것은 장소가 아닌 그 존재이다. 그러면서 성인은 이렇게 가정했다 : 내가 생각하기에 그곳은 이 세상 밖 어딘가에 있을 것이다. 감옥이나 광산이 궁전에서 멀리 떨어져 있는 것처럼, 지옥 역시도 이 세상 밖 어딘가에 있을 것이다. 그러면서 성인은 이렇게 부언했다 : 우리는 그 장소를 찾기보다 어떻게 하면 그곳을 피할 수 있을까에 심혈을 기울여야 한다.[1054]

지옥은 왜 영원한가?

형벌 기간에 대해서 많은 이견이 있었다. 이견을 품은 자들의 일부는 죄인들의 형벌은 영원할 수가 없으며 그것은 "착한 사람들"이 "나쁜 사람들"을 염두에 두고 의도적으로 만든 사상이라고 주장했다. 또 그것은 지극히 인간적인 생각으로서 종교적 윤리와 신학에 근거하지 않은 "무지한 민중의 견해"라고 주장했다. 또 다른 일부는 "영원한 지옥은 하느님의 실패이며 어둠의 세력에 의한 하느님의 패배"라고 주장했다.(불가코프)[1055]

우리는 이미 지옥과 지옥의 영원성을 부정하도록 부추기는 자가 누구인지 언급했다. 성서의 내용과 정신은 지옥의 영원성을 부정하는 그런 주장을 단호하게 반박한다. 주님께서는 지옥의 불을 "꺼지지 않는 불"이라고 신약에서 분명히 말씀하셨으며 이사야 예언서의 "갉아 먹는 구더기는 죽지 아니하고 그들을 사르는 불도 꺼지지 않으리니"(이사야서 66:24)라는 구절을 언급하시며 이 사실을 재차 확인하셨다. 최후의 심판 때 일어날 사건을 말씀하셨을 때도 이 점을 분명히 하셨고 당신의 심판에 따라 "그

[1054] 요한 크리소스톰, Εἰς Ρωμ. Ὁμ. 31, 4-5 PG 60, 673-674.
[1055] N. 베르디아예프, Ἀλήθεια καὶ Ἀποκάλυψη, 출판 "Δωδώνη", Athens, page 191 참조

들은 영원히 벌 받는 곳으로 쫓겨 날 것이며, 의인들은 영원한 생명의 나라로 들어갈 것이다."(마태오복음 25:46)는 것을 분명히 밝히셨다.

우리는 위의 마태오복음 구절을 통해 지옥의 영원성에 한 치의 의심도 없음을 본다. 위의 구절은 "영원"이라는 단어를 두 번 사용한다. 한번은 의인에게 사용하고 또 한 번은 죄인에게 사용한다. 만약 의인에게 사용되는 "영원"의 의미가 끝없고 무한한 복을 의미한다면 - 실제로 그렇다 - 죄인에게 "영원"의 의미는 과연 다를까?

그레고리오스 팔라마스 성인은 세례자 요한의 "그분은 손에 키를 드시고 타작마당의 곡식을 깨끗이 가려 알곡은 모아 곳간에 들이시고 쭉정이는 꺼지지 않는 불에 태우실 것이다"라는 말씀과 관련해 이렇게 적었다 : 주님께서는 곡식을, 즉 온 세상을 깨끗이 가려, "알곡(영적 열매에 합당한 이들)"은 "곳간(천상의 거처)"에 들이시고, "쭉정이(덕의 열매를 맺지 못한 이들)는 꺼지지 않는 불에 태우실 것이다." 그런데 만약 그 불이 꺼지지 않는 불이라면 불씨는 영원히 남아 있을 것이고 그것은 바로 영원성을 나타낸다.1056) 사도 바울로도 복음을 믿지 않는 자는 "영원한 멸망"(테살로니카후서 1:8, 9)하는 벌을 받을 것이라고 확인한다. 사랑의 제자도 "악마도 불과 유황의 바다에 던져졌는데 그곳은 그 짐승과 거짓 예언자가 있는 곳입니다. 거기에서 그들은 영원무궁토록 밤낮으로 괴롭힘을 당할 것입니다."라고 적었다. 또 생명의 책에 등록되지 않은 이들은 모두 같은 장소에 던져질 것이라고 하였다. 불바다에 던져지는 이 행위를 성서에서는 "두 번째 죽음"으로 표현한다. 즉, 하느님과의 영원한 결별, 결코 복원되지 못하는 결정적인 죽음을 의미하는 것이다.

하느님의 말씀인 성서를 깨닫고 해석한 교회의 거룩한 교부들도 지옥의 영원성을 받아들이고 가르쳤다. 즈미르니의 폴리카르포스 사도 교부는 불에 집어넣겠다고 협박하는 총독에게 이렇게 대답했다 : 너는 일시적인 불로 나를 위협하고 있지만 불경한 자들을 벌할 "심판의 불, 영원한 지

1056) 그레고리오스 팔라마스, Ὁμ. 59, 출판 Σοφ. Κ. τοῦ ἐξ Οἰκονόμων, page 244.

옥의 불이 있음을 네가 모르고 있기 때문이다."1057) 사도 교부인 로마의 클레멘스도 고린토인들에게 보낸 그의 둘째 편지에서 불경한 자들과 믿지 않는 자들 그리고 받아들이지 않는 자들과 관련해서 "그들을 갉아 먹는 구더기는 죽지 아니하고 그들을 사르는 불도 꺼지지 않으리니"(이사야서 66:24)라는 이사야 예언서의 구절을 반복적으로 사용한다.1058) 철학자이자 순교자인 유스티노스 성인은 사탄에 대해 언급하면서 "그리스도께서 예시하신 것처럼" "사탄은 그의 수하들"과 그를 따르던 인간들과 함께 지옥의 형벌을 받기 위해 "영원한 불에 던져질 것"이라고 하였다. 또 "불의 한 자들"에 대해서는 "그들을 파먹는 구더기는 죽지 않을 것이며 불도 꺼지지 않을 것"이라고 하였다. 그리고 그들이 회개한다 해도 그 때 그들의 회개는 아무런 도움이 되지 못한다고 하였다. 이것은 결국 단죄가 영원하며 불변하다는 사실을 보여 준다. 성인은 또 다른 그의 저서에서 단죄 받은 그들은 영원무궁토록 벌을 받는 곳으로 보내진다고 하였다.1059)

안티오키아의 주교 테오필로스 성인도 "영원한 형벌"에 대해 가르친다.1060) 예루살렘의 키릴로스 성인 역시 '죄인들은 죄의 형벌을 견딜 수 있는 영원한 육신을 죽은 자들의 보편적 부활 때 취해 불사의 상태에서 끝없는 불의 고통을 겪을 것이다'라고 가르쳤다.1061)

대 바실리오스 성인도 사탄의 계략에 빠져 주님의 분명한 가르침을 망각하고 지옥에도 끝이 있다고 주장하며 무례하게 죄를 짓는 이들을 꾸짖으면서 같은 가르침을 주었다. 성인은 특히 "죄인들은 영원히 벌 받는 곳으로 쫓겨 날 것이며, 의인들은 영원한 생명의 나라로 들어갈 것이다." (마태오복음 25:46)라는 심판관의 결정을 근거로 이렇게 강조했다 : 만약 영

1057) 즈미르니의 폴리카르포스, *Μαρτύριον* XI ΒΕΠΕΣ 3, 24.
1058) 로마의 클레멘스, *Εἰς Β′ Κορ.* VII, XVII ΒΕΠΕΣ 1, 42(28-30) - 46(28-31). "현존하는 가장 오래된 그리스도교 설교편지로 보여진다."(ΒΕΠΕΣ 1, 6).
1059) 유스티노스, *Ἀπολογία Α′* 28, 1· 52, 3, 8; *Διάλογος πρός Τρύφωνα* 45, 4 ΒΕΠΕΣ 3, 175(32-34)· 189(6-7, 14-15)· 248(11-62).
1060) 안티오키아의 테오필로스, *Πρός Αὐτόλυκον* Α′, 14 ΒΕΠΕΣ 5, 20 참조.
1061) 예루살렘의 키릴로스, *Κατήχησις ΙΗ′*, 19 ΒΕΠΕΣ 39, 240(18-20).

원한 지옥이 언젠가 끝난다면 그 때 영원한 생명도 반드시 끝나야만 할 것이다. 하지만 영원한 생명에 대한 우리의 생각이 바뀌지 않는 한 어떻게 영원한 지옥에 끝이 있다고 이성적으로 말할 수 있겠는가? "영원"은 의인과 죄인 모두에게 똑같이 적용되는 것이다.1062)

요한 크리소스톰 성인도 영원한 지옥에 대해 직설적으로 설명한다. 성인은 이렇게 지적했다 : 이곳 현세의 선행이나 악행은 언젠가 끝날 것이고 아주 빨리 사라질 것이다. 하지만 무덤 저편에서의 보상과 형벌은 영원 속에서 끝없이 계속될 것이다. 혹시 누군가가 "영혼이 그렇게 힘든 형벌을 어떻게 영원히 감당할 수 있는가?"라고 말한다면, 그는 "사라지지 않는 불멸의" 육신을 영혼이 취한 후에는 "무한"으로 지옥이 확장되는 것을 막을 수 있는 것은 아무것도 없다는 사실을 꼭 염두에 두기 바란다. 육신은 "영혼과 함께 영원히 형벌을 받을 것"이며, 끝이 없을 것이다.1063) 언젠가 성인은 이렇게 외쳤다 : 우리는 죄를 짓지 말자. 왜냐하면 "불사의 죽음"이 현세에서 지은 우리의 죄와 양심을 철저하게 검증할 것이며 "영원한 지옥이" 우리를 기다릴 것이기 때문이다. 성인은 "저승에 양들을 둔 것처럼, 죽음이 그들을 이끌 것이다."(시편 48:15 70인역 참조)라는 성서구절을 해석하면서 이렇게 지적한다 : "그 죽음은 아마도 죽음의 실체보다 훨씬 고통스러울 것이다." 왜냐하면 그런 류의 죽음에는 "불사의 죽음이 뒤를 잇기 때문이다." 따라서 죽음이 그들의 목자가 된다는 것은 "그들이 영원한 멸망 아래에 놓여 있음"을 말해 준다.1064)

언젠가 성인은 주검 앞에 서서 사색하며 이렇게 말했다 : 나는 네가 육신의 부패와 구더기, 그리고 무덤까지만 가고 그 너머 그곳에는 가지 않길 바란다. 왜냐하면 "죽지 않는 구더기와 꺼지지 않는 불, 그리고 엄청난 고통과 감내하기 힘든 지옥이 영원히 그곳에 있기" 때문이다.1065) 특히 성인은 죄가 주는 순간적 쾌락과 지옥의 영구성을 비교하면서 이렇

1062) 대 바실리오스, Ὅροι κατ' ἐπιτομήν, Ἐρώτ. 267 PG 31, 1265A.
1063) 요한 크리소스톰, Εἰς Θεόδωρον ἐκπεσόντα Α΄, 9, 10 PG 47, 289-290.
1064) 요한 크리소스톰, Εἰς Ἰω. Ὁμ. 5, 4 PG 69, 59; Εἰς Ψαλ. 48, 9 PG 55, 236.
1065) 요한 크리소스톰, Περὶ Θανάτου PG 63, 810.

게 말했다 : 비이성적인 죄의 쾌락은 꿈이나 그림자와 전혀 다르지 않다. 왜냐하면 죄가 채 끝나기도 전에 순간적인 죄의 기쁨은 사라지기 때문이다. 반면에 죄에 대한 형벌은 끝이 없고 그 고통은 영원히 지속된다.1066)

알렉산드리아의 키릴로스 성인은 '영혼의 탈거 및 재림'에 대한 그의 가르침에서 이렇게 고백한다 : "나는 지옥의 형벌이 두렵다. 왜냐하면 끝이 없기 때문이다.... 나는 끝이 없는 지옥이 두렵다.... 나는 풀리지 않는 사슬이 두렵다.... 나는 죄의 순간적인 쾌락 때문에 불멸의 고통을 받는다." 그곳에는 "끝없는 슬픔과 영원한 비통, 치를 떨며 멈추지 않는 한숨이 있다. 또 이곳저곳에서 한탄해도 나서서 도와주는 사람 하나 없다."1067)

아토스 수도사 니코데모스 성인도 영원한 지옥의 불과 일반적인 지옥의 영원성에 대해 이렇게 가르친다 : "영원이라는 것은 결코 끝이 없는 무궁한 것을 말하는 데 비참한 죄인들은 지옥의 불 속에서 이렇게 영원히 고통 받으며 살아간다.... 그런데 형제 죄인이여, 무엇보다도 미래에 네게 닥칠 지옥 불의 분노와 끔찍함을 기억하라. 사도 바울로는 그 지옥의 불을 "심판과 반역자들을 삼켜 버릴 맹렬한 불"로 표현하며 우리 모두 그것을 두려운 마음으로 기다리는 길밖에 없다고 하였다. 테오필락토스 성인은 사도 바울로의 이 말씀을 해석하면서 이렇게 적었다 : "짐승은 누군가가 괴롭히면 사납게 변하듯이, 그 불도 나름의 격노 속에서 하느님의 적인 죄인들을 끊임없이 집어 삼킨다." 그러니, 사랑하는 형제여, 말과 행동과 생각으로 지은 너의 모든 죄를 말끔히 씻고 지옥의 불에 대비하라. 눈물과 참회와 고백, 그리고 계명을 실천하며 덕을 쌓아 그 죄를 씻어라. 네가 이곳에서 이렇게 죄를 씻어 낸다면 너는 그곳에서 불에 타지 않을 것이며 마침내 구원을 받아 심판관의 오른편에 있는 의인들과 함께할 것이다. 그리고 "너희는 내 아버지의 축복을 받은 사람들이니 와

1066) 요한 크리소스톰, Λόγ. 25, Περὶ τῆς μελλούσης κρίσεως, PG 63, 746.
1067) 알렉산드리아의 키릴로스, Περὶ ἐξόδου ψυχῆς..., PG 77, 1072BC· 1073A· 1076D.

서 세상 창조 때부터 너희를 위하여 준비한 이 나라를 차지하여라."(마태오복음 25:34)라는 복된 말씀을 들을 것이다.1068)

그런데 지옥의 영원성을 부정하는 사람들은 하느님의 자비와 정의를 그 이유로 내세운다. 그들은 "사소한 잘못이나 죄를 지은 일시적인 삶 때문에 꼭 그렇게까지 영원한 형벌을 받아야 하는가?"라고 주장한다. 하지만 그들의 주장에 우리는 이렇게 대답한다 : 죄는 회개와 자비, 그리고 용서를 구하지 않고 죄 속에서 살기를 고집하는 사람들의 영혼을 복속해서 타성에 젖게 하고 완악하게 만든다. 그래서 이런 상황 하에서는 하느님의 선이 인간의 자유를 말살하는 것이 최상의 방법이다. 하지만 하느님께서는 결코 우리의 자유를 강제하지 않으신다. 결국 하느님께서는 죄인 스스로 선택한 그 상태를 벌하시기 위해 정의를 나타내신다. 아니 좀 더 옳게 표현하면, 사악하고 불경스런 방법으로 하느님의 뜻을 짓밟고 죄를 선택한 그를 벌하시기 위해 오신다. 결과적으로 지옥은 인간이 자발적으로 회개하지 않은 것에 대한 귀결이며 인간 자신에 의해 인간 안에서 실현된다! 예루살렘의 사제 이시히오스 성인은 특징적으로 말했다 : "자기 자신을 불쌍히 여기지 않는 자가 어떻게 하느님의 연민을 바라는가?" 대 안토니오스 사부를 방문했던 사람들 중 한 명이 천사 같은 삶을 사는 대 사부에게 부탁했다. "사부님, 저를 불쌍히 여기시고 저를 위해 기도해 주십시오." 그러자 사막의 대 스승인 안토니오스 사부가 이렇게 대답했다 : "만약 네가 네 자신을 불쌍히 여기지 않는다면, 나는 물론이고 하느님께서도 너를 불쌍히 여기지 않을 것이다!"(곧, 네 스스로 네 자신을 불쌍히 여기지 않고 성심성의껏 죄와 맞서 싸우지 않으면 하느님께서도 너를 불쌍히 여기시지 않으실 것이다) 따라서 회개하지 않은 죄인은 하느님의 무한하신 사랑과 크나큰 관용 앞에서도 완악한 채로 머물러 있는 사탄과 그의 악령들을 닮는다. 성령께서는 다양한 방법을 통해 회개와 수많은 구원의 기회를 제공하지만 그들은 그런 것들을 끊임없이 무시하며 잘못도 뉘우치지 않는다. 이렇게 그들은 주님께서 말씀하신 "영원한 심판의 죄인으로"(마르코복음 3:29 참조)

1068) 아토스 수도사 니코데모스, *Νέα Κλῖμαξ*..., page 188, 191.

또는 "영원한 죄" 속에 머문다. "영원한 죄는 자신의 죄인에게 영원한 형벌을 내리는데, 그것은 죄인들에 대한 형벌의 철학이다."1069)

이 밖에도 신약성서를 주의 깊게 연구하는 사람은 성서의 다른 부분에서처럼, 사도 바울로가 로마인들에게 보낸 편지의 9장을 통해 하느님의 성령께서 지옥의 영원성을 불신하는 이들의 주장으로부터 우리를 보호하고 계심을 본다. 그것은 사도 바울로가 "진노의 그릇"에 대해 말할 때 하느님께서 그 그릇들을 부수기 위해 만드신 것이 아니라 "부서지게끔 되어 버렸다."(로마서 9:22 참조)라고 증언하고 있기 때문이다. 즉, 사도 바울로는 하느님께서 그것들을 부수기 위해 준비하셨다고 말하지 않고 오히려 인간 "스스로가 자신들을 멸망하게끔 단련 시켰다"라고 강조한다. 한편으로, 사도 바울로는 "자비의 그릇"이 하느님께서 당신의 거룩한 계명을 지켜, "당신의 자비에 합당한 자"가 된 신자들에게 당신의 영광을 주시기 위해 미리 만들어 놓은 그릇임을 부언한다.1070) 결과적으로 지옥의 어둠에 갇혀 있는 이들은 형벌의 경중에 대해 어느 누구도 아닌 바로 자기 자신을 탓해야 한다.

하느님의 무한한 성성은 대개 죄인들의 영원한 형벌을 요구한다. 왜냐하면 성성은 본질적으로 "부정한 모든 것과의 결속"이 불가능하기 때문이다.1071) 지극한 거룩하신 하느님과 죄의 더러움의 공존이 어떻게 가능하겠는가? 지극히 선하신 하느님께서 인간 구원 계획을 무력화 시키려 광적으로 대항하는 사탄의 시기나 악과 어떻게 공존할 수 있겠는가? 이 밖에도 요한묵시록은 "새 예루살렘(천상의 왕국)이 신랑인 예수 그리스도를 맞을 신부가 단장한 것처럼 차리고 하느님께서 계시는 하늘로부터 내려온다."라고 기록했다. 하느님께서 인간들과 함께 머무를 그 거처는 죄의 오점이 전혀 없는 순결무구한 곳이다. 그곳은 하느님의 영광과 광채로 빛난

1069) Π. Ν. 트렘벨라, *Δογματική..*, 3, page 504-505; *Ὑπόμνημα εἰς τὸ κατὰ Μᾶρκον*, Athens 1951, page 66 참조.

1070) Π. Ν. 트렘벨라, *Ὑπόμνημα εἰς τὰ ἐπιστολὰς τῆς Κ. Διαθήκης*, 1, Athens 1956, page 145-146.

1071) Κ. 칼리니코스, *Ἡ ἁμαρτία κατὰ τὴν χριστιανικὴν ἀντίληψιν*, Athens 1958, page 125 참조.

다. "네모로 둘러싸인 벽들"과 진주로 만들어진 열두 개의 대문이 있는 "새 예루살렘"에는 진리에 반하는 행위나 혐오스런 짓을 한 자와 더러운 것이 들어갈 그 어떤 여지도 없다. 그곳에는 죄인이 설 자리가 하나도 없다.(요한묵시록 21:16, 21, 27 참조)

그렇다면 일시적인 죄 때문에 왜 끝없이 벌을 받아야 하는지에 대한 이유를 살펴보자.

1) 죄책감 없이 자신의 의지에 따라 하느님의 법과 계명을 어기는 죄는 일시적이지만 하느님께서는 무한하고 영원하신 분이다. 따라서 영원하시고 전능하신 제정자의 법을 함부로 짓밟고 경멸하는 자에 대한 벌은 영원하다.1072)

2) 하느님께서 내리시는 벌은 죄의 무게보다 가볍다. 왜냐하면 "죄의 무게가 아닌 당신의 자비로 대하시기 때문이다. 따라서 영원히 벌을 받고 있는 죄인은 그가 받아야 할 벌보다 가벼운 벌을 받는다. 그래서 그는 욥처럼 '나는 죄를 지었다. 나는 부정을 저질렀다. 그런데, 그는 나의 죄를 벌하시지 않았다.'(욥기 33:27)라고 말하게 된다."1073) 이 밖에도 이곳 현세에서 지은 많은 행위의 결과들은 "행위의 동기들과 함께 동시에" 단죄 받지 않는다. 그것은 수 초간의 지진이 도시 전체를 폐허로 만들고, 범죄 역시 한순간에 이뤄지지만, 범죄자가 무기징역이나 사형에 처해지는 것과 같다.1074)

크리소스톰 성인은 다음과 같이 지적한다 : 많은 사람들은 "한순간 살인을 했고 잠시 간음을 했는데 영원한 형벌을 받아야만 한단 말인가?" 하고 말한다. 성인은 그들의 이런 질문에 이렇게 답한다 : 죄는 죄를 범한 시간의 양에 따라 심판 받는 것이 아니다. 죄는 그 행위의 성질이나

1072) 아토스 수도사 니코데모스 성인은 "신학자들에 따르면, 죄는 영원하신 하느님에 대한 모욕으로서 무궁하다."고 적었다. 하지만 죄를 "무궁한" 악으로 특징지은 신학자들의 이름은 언급하지 않고 있다.
1073) 아토스 수도사 니코데모스, Ἐξομολογητάριον, page 234.
1074) K. 칼리니코스, Ἡ ἁμαρτία κατὰ τὴν χριστιανικὴν ἀντίληψιν, page 125-126 참조.

경중에 따라 심판 받는다.1075) 성인은 언젠가 다시 말했다 : 순간적으로 지은 죄라고 판단하고 회개하지 않은 죄인이 받을 형벌을 일시적이라 생각하지 말라. 너는 순간적으로 범한 한 번의 강탈이나 간음 때문에 배고픔이나 죽음과 싸우며 평생 감옥에 갇히거나 강제로 부역에 동원된 사람들을 보지 못했는가? 죄를 지은 시간만큼만 벌을 받고 풀어 주어야 한다고 말한 자가 과연 누가 있었는가?1076)

3) 죄를 짓고도 회개하지 않는 것이 악령들의 특징이라면 누군가가 기록한 "심판의 시간에 회개하지 않은 죄인들은 악령들과 전혀 다를 바 없다. 왜냐하면 그들은 삶의 시간을 매일 더러운 악령들에 동화되어 살았기 때문이다"라는 그 말 역시 진리다!1077) 따라서 숨을 거둘 때까지도 회개하지 않는 인간은 죽는 순간까지 죄를 지을 뿐만 아니라 죽어서도 끊임없이 죄를 짓고자 하는 사악한 의지를 가지고 세상을 떠난다. 당연히 "그는 하느님의 정당한 판단에 따라 영원히 지옥의 형벌을 받게 된다."1078)

4) 교만하고 불경한 태도로 죄를 고집하는 자는 하느님의 무한한 사랑과 자비를 경멸한다. 왜냐하면 그는 죄를 고집하며 우리를 위해 모든 것을 다해 주시는 하느님을 모독하기 때문이다. 크리소스톰 성인은 "단 한 번의 죄를 진" 아담에게 내리신 하느님의 형벌과 "후손인 우리가" 아직도 그 죄에 "머물러 있음"을 예로 들며 말했다. 죽음은 그 때부터 세상에 들어왔고 아직도 단 한 번의 그 죄에 대한 형벌이 끝나지 않았다! 물질적인 낙원이 아닌 고귀한 선물로 영예를 입은 우리, 천상의 보화를 하느님으로부터 약속받은 우리, 오랜 세월 전부터 말씀을 듣고 수많은 예들을 보았던 우리가 이렇게 매일 죄를 짓는데 어찌 그 책임이 크지 않겠는가? 아담은 우리가 본 것들을 보지 못했다. "왜냐하면 그는 처음이며 혼

1075) 요한 크리소스톰, *Εἰς Ἰω.* 38, 1 PG 59, 211.
1076) 요한 크리소스톰, *Εἰς Α' Κορ.* Ὁμ. 9, 1 PG 61, 77.
1077) 잡지 "'Ο Ὅσιος Γρηγόριος", 출판 아토스의 성 그레고리오스 수도원, 1976, 1, page 32.
1078) 파트모의 마카리오스, *Εὐαγγελικὴ Σάλπιγξ*, page 317.

자였기 때문이다. 그럼에도 그는 벌" 아니 아주 심한 벌을 받았다! 그렇다면 하나, 둘, 셋도 아닌 "수없는 죄를" 달고 다니는 우리는 얼마나 큰 형벌을 받겠는가? 그러면서 크리소스톰 성인은 이렇게 부연했다 : 자애로우신 하느님의 자비의 정도에 따라, 그분의 심판도 역시 준엄할 것이다. 따라서 하느님께서 자비로우신 분이라는 것을 네가 인정한다면 네가 받을 형벌 역시 크다는 것을 너는 인정해야 할 것이다. 왜냐하면 지극히 자애로우신 분으로 특징되는 하느님 앞에 너는 죄를 짓고 있기 때문이다.1079)

신 신학자 시메온 성인도 이렇게 기록한다 : 하느님께서는 자비로우신 분이다. "하지만 그 자비는 당신의 자비를 느끼고 그분을 경배할 때, 또 합당하게 그분께 감사드릴 줄 알 때 내려지는 자비다."1080) 하느님께서는 만인의 구원을 원하신다. 그래서 신인이신 주님께서는 모두를 위해 십자가에 못 박히셨다. 하느님의 자비는 경계가 없으며 그분의 자애는 무한하다. 그레고리오스 팔라마스 성인은 이 진리에 감명 받아 이렇게 외친다 : 나에게 주어진 이 시간, 회개로 "심판관의 자비를" 구하지 않으면 "아, 그것은 얼마나 슬픈 일인가! 그 때 받을 혹독한 형벌을 내가 어떻게 감내할 수 있을까?"1081) 다마스커스의 요한 성인도 신실한 장례예식서를 편찬할 때 이와 같은 입장에서 슬프게 곡을 썼다 : "탕아 같은 삶을 산 자에게 지옥은 무한하다…. 심판관은 동정하지 않는데 눈물만 헛되이 흐르는구나."1082)

독자들이여, 알렉산드리아의 키릴로스 성인은 깊은 사색 끝에 이렇게 적었다. "하느님의 심판은 정의에 부합된다. 왜냐하면 나는 하느님의 부름을 받고도 순종하지 않았고 그분의 가르침을 듣고도 주의를 기울이지 않았기 때문이다. 나에게 확인해 주었던 모든 것들을 나는 조소하며 지나

1079) 요한 크리소스톰, Εἰς Α' Κορ. 9, 1-2 PG 61, 75-77.
1080) 신 신학자 시메온, Λόγ. 82, 6, Ἅπαντα…, page 457.
1081) 그레고리오스 팔라마스, Λόγος ἐπιστολιμαῖος, 출판 Οἰκονόμου, page 295.
1082) ΕΥΧΟΛΟΓΙΟΝ τὸ ΜΕΓΑ (대 기도서), Ἀκολουθία νεκρώσιμος εἰς Ἱερεῖς, page 467.

쳐 버렸고, 의심 없이 하느님의 말씀을 공부하고 그 말씀을 배웠지만 게으름과 나태함, 부주의와 죄의 탐욕 그리고 세상적인 관심에 신경을 빼앗겨 나의 삶을 허송하며 보냈다. 또 나는 세상적이고 썩어 없어질 순간적인 것들을 위해 땀을 흘리며 나의 날과 달을 채웠다.[1083]

신 신학자 시메온 성인도 이렇게 적는다 : "만인의 주관자이신 그리스도께서 어둠이 오기 전에 빛이 있을 때 그 빛을 향해 달려가라고 말씀하셨듯이 우리는 회개를 통해 그리스도의 계명의 길로 달려가야 한다." 하지만 "우리가 주관자 그리스도께 순종하지 않고 현세에서 나태하게 지내며 마음속에 하늘의 왕국을 세우지 않으면, 우리는 그곳에서 이렇게 말씀하시는 그리스도를 보게 될 것이다 : 네가 너희에게 주려고 했을 땐 원하지 않더니 왜 이제 와서 요청하는 것이냐? 내가 너희에게 하늘의 왕국을 주려고 그렇게 약간의 수고를 원했건만 너희는 끝내 그것을 받아들이지 않았다. 아니 하늘의 왕국을 경멸하고 썩어 없어질 세상적인 것을 선택했다. 그래 놓고 왜 이제 그것을 찾는 것이냐? 이미 일할 때가 지나서 보상의 때가 왔는데 이제 와서 무슨 말과 행동으로 그 왕국을 얻을 수 있단 말이냐?"[1084]

우리는 주님의 말씀을 통해 하느님의 심판이 정당하며 또 죄인들 사이에서 형벌에 차이가 있음을 본다. "자기 주인의 뜻을 알고도 아무런 준비를 하지 않았거나 주인의 뜻대로 하지 않은 종은 '매를 많이 맞을 것'이다. 왜냐하면 알고 있는 상태에서 주인의 뜻을 거슬렀기 때문이다. 하지만 주인의 뜻을 몰랐다면 매 맞을 만한 짓을 하였어도 '덜 맞을 것'이다.(루가복음 12:47-48 참조) 대 바실리오스 성인에 따르면, '매를 많이 맞는 것'과 '덜 맞는 것'은 형벌의 끝이 아니라 형벌의 경중을 의미한다. 정의의 심판관은 '각자에게 그 행한 대로 갚아 줄 것'(마태오복음 16:27)이기 때문에 각자의 죄의 경중에 따라 어떤 이들은 영원한 불 속에서, 또 어떤 이들은 없어지지 않는 구더기에 의해 서로 다른 고통을 겪을 것이다.

1083) 알렉산드리아의 키릴로스, Περὶ ἐξόδου ψυχῆς..., PG 77, 1073A.
1084) 신 신학자 시메온, Λόγ. 25, 2, Ἅπαντα.., page 136.

또 어떤 이들은 바깥 어두움(하느님의 왕국에서 완전히 격리된 어두움)에 처해져 끊임없는 고통 속에서 치를 떨고 눈물을 흘리며 지내게 될 것이다.1085)

주님께서는 사도들이 전하는 복음을 받아들이지 않는 도시들을 말씀하시며 영원한 지옥에 형벌의 경중이 있음을 알려주셨다. "나는 분명히 말한다. 심판 날이 오면 소돔과 고모라 땅이 오히려 그 도시보다 가벼운 벌을 받을 것이다."(마태오복음 10:15) 또 코라진과 베싸이다 도시를 책망하면서 악으로 유명했던 띠로와 시돈이 심판 날에 오히려 가벼운 벌을 받을 것이라고 말씀하셨다. 왜냐하면 회개한 이들이 그 도시들에 더 많았기 때문이다. 이와 같이 영광을 입었던 가파르나움도 소돔 땅에 비해 심판 날 더욱 무거운 벌을 받을 것이다.(마태오복음 11:21-24 참조) 크리소스톰 성인은 사도 바울로의 "악한 일을 행하는 사람이면 누구든지 궁지에 몰리고 고통을 당하게 될 것입니다. 먼저는 유다인들이 당하고 그 다음에는 이방인들까지 당할 것입니다."(로마서 2:9)라는 말씀을 주석하며 이렇게 지적한다 : 유대인들은 더 중한 벌을 받게 된다. 왜냐하면 더 많은 가르침을 받았기 때문이다. 따라서 그들이 하느님의 법을 어기면 더 큰 형벌을 받는다. 우리가 현명하면 현명할수록, 또 알면 알수록 죄를 지을 때 더 큰 형벌에 처해진다.1086)

크리소스톰 성인은 의인들 사이에 - 별과 별 사이에도 그 영광이 다르듯 - 보상의 차이가 있듯이 죄인들 사이에서도 형벌에 차이가 있다고 지적한다. 그러면서 성인은 "그 차이와 하느님의 정의로운 심판"을 보여주는 다양한 예들을 들었다 : 아담과 이브는 함께 죄를 지었지만 각자의 책임의 무게가 서로 달랐기 때문에 둘이 똑같은 형벌을 받지 않았다. 카인과 라멕도 똑같이 살인을 저질렀지만 서로 다른 환경과 상황이었기에 형벌이 달랐다. 따라서 카인은 "지옥의 형벌을 받았지만" 라멕은 "그런 형벌을 겪지 않았다." 마찬가지로 "홍수 때 죄인들이 받은 형벌과 소돔

1085) 대 바실리오스, Ὅροι κατ' ἐπιτομήν, Ἐρώτ. 267 PG 31, 1265AB.
1086) 요한 크리소스톰, Eἰς Ρωμ. Ὁμ. 5, 3 PG 60, 426.

에서의 죄인들이 받은 형벌이 서로 달랐다."1087)

형제 죄인들이여, 우리가 누리는 현세적 삶의 마지막(죽음)이 참으로 두렵지 않은가. 지극히 선하시고 정의로운 심판관, 우리 주관자 그리스도께서 내리실 세상의 심판은 참으로 우리를 전율케 한다.1088)

그러므로 우리는 이러한 주제에 집착하거나 하느님의 자비와 정의로운 심판을 의심할 것이 아니라 수덕과 성성을 쌓으며 형벌을 피하는 데 주력해야 한다. 만약 우리에게 "욕망의 불이 피어오르면" 우리는 형벌로 내릴 "그 불을" 즉시 생각해야 한다. 그래서 죄의 욕망의 불을 바로 꺼야 한다. 만약 우리가 혀를 놀려 죄를 지을 것 같으면 고통 속에서 "치를 떨고 있는" 그 모습을 떠올리자. 그러면 그 두려움이 우리를 구원해 주는 재갈이 될 것이다. 만약 우리가 남의 것을 탐하고 싶을 때는 "이 사람의 손발을 묶어 바깥 어두운 데로 내쫓아라. 거기서 가슴을 치며 통곡할 것"이라는 심판관의 말을 떠올리자. 그러면 우리는 그 욕구를 물리치게 될 것이다. 만약 우리가 죄의 쾌락을 즐기려 한다면 고통 속에 있는 부자가 "아브라함 할아버지, 저를 불쌍히 보시고 라자로를 보내어 그 손가락으로 물을 찍어 제 혀를 축이게 해 주십시오."라고 애원하는 그 모습을 기억하자.1089) 이처럼 우리는 끊임없이 이런 말씀들을 염두에 두고 또 서로 독려하면서 형벌을 피해 나가야 하겠다. 왜냐하면 지옥의 형벌에 대한 기억은 우리를 지옥에 빠지지 않도록 경각심을 불러일으키기 때문이다.1090)

막시모스 성인은 주님을 믿는 사람은 "지옥을 두려워한다. 그리고 지옥을 두려워하는 사람은 정욕(情慾)을 자제한다."라고 적었다.1091) 탈라시오스 성인도 이렇게 조언한다 : 내세의 심판 때 "죽은 자로 부활하거나 작은 죽음에서 큰 죽음(영원한 죽음)으로 넘어가지 않으려면 악을 죽여라

1087) 요한 크리소스톰, Op. cit., 'Oμ. 31, 4 PG 60, 673.
1088) 오순절 예식서, Σάββατον Ζ' Εβδομάδος.
1089) 요한 크리소스톰, Εἰς Β Κορ. 'Oμ. 10, 4 PG 61, 472; 'Oμ. ΚΖ', Εἰς τὴν Β' Παρουσίαν τοῦ Κυρίου... 1 PG 59, 621 참조.
1090) 요한 크리소스톰, Εἰς Ρωμ. 'Oμ. 31, 5 PG 60, 674.
1091) 고백자 막시모스, Τὰ 400 κεφάλαια περὶς ἀγάπης, 3, page 25.

."1092) 따라서 우리는 이곳 현세에서 바른 삶과 회개의 삶을 살아야 한다. 왜냐하면 그곳에서는 회개의 시간도 없을 뿐만 아니라 아예 불가능하기 때문이다.1093)

신 신학자 시메온 성인은 이렇게 적었다. "현세에서 영혼이 임금이신 그리스도의 지배 하에 놓이진 않는다면 그 영혼은 구원을 얻지 못할 것이다. 왜냐하면 먼저 이곳 현세에서 위로부터 내려오는 하느님의 은총으로 거듭날 때 하느님의 왕국을 볼 수 있기 때문이다." 또 다른 그의 저서에서 성인은 이렇게 말했다 : "따라서 우리 각자는 어떤 죄에 빠졌을 때 아담을 탓할 것이 아니라 우리 자신을 책망해야 한다. 또 천상의 왕국에 들고자 한다면 거기에 부합하는 진정한 회개를 보여 주어야 한다." 만약 이러한 회개를 보이지 않으면, 우리는 "나의 육화의 섭리와 수많은 기적, 그리고 세상을 향한 나의 가르침을 듣고도 내 말을 무시하고 차일피일 회개를 미뤘던 이들에게 경고하는" 주님의 말씀을 들을 것이다 : '더 이상 천체가 참지 못하고 나에게 불순종하며 감사할 줄 모르는 완고한 이들을 덮칠 것이다. 그들은 천체가 흔들리는 것을 보고 또 자기 발등에 불이 떨어진 것을 보고 두려움에 사로잡힐 것이다. 왜냐하면 땅이 흔들리고 천체가 흔들리며 책이 펼쳐지듯 굉음이 날 것이기 때문이다. 마음이 완고하고 굳은 그들은 죽음 앞에서 겁먹은 겁쟁이처럼 이 엄청난 현상 앞에서 공포에 떨 것이다. 그리고 빛은 어둠에 잠기고 별들이 떨어지며 태양과 달은 그 빛을 잃을 것이다. 또한 갈라진 땅 틈사이로 불길이 솟아올라 불바다처럼 타오를 것이다.' 홍수 때 하늘이 열려 비를 쏟아 붓고 서서히 모든 인류를 뒤덮었듯이 그 때에도 땅이 열려 불이 모든 것을 삼킬 것이다. 하지만 이 불은 그 홍수 때와는 달리 한 번에 모든 것을 집어삼켜 불바다를 이룰 것이다. 그 때 천상의 왕국을 저버리고 현세를 선택했던 그들은 어떤 결과를 맞겠는가? 그 때 웃고 지냈던 그들은 과연 어떻게 되겠는가? 또 우리는 어떻게 해야 하겠는가? 날마다 하염없

1092) 리비아의 탈라시오스, *Πρὸς Παῦλον Πρεσβύτερον*, Φιλοκαλία, 2, page 225.
1093) 다마스커스의 요한, *Κατὰ Μανιχαίων διάλογος*, οε' PG 94, 1573B.

이 울고만 있어야 하겠는가? 진정 그렇게 되기를 바라는가? 반복하고 불평하고 못된 짓을 일삼던 우리가 그 때 무슨 변명을 하겠는가? 그리스도를 몰랐다고, 아니 가르침을 듣지 못했다고 말하겠는가? 아니면 주관자(그리스도)의 이름과 권세와 능력과 힘을 알지 못했다고 하겠는가? 우리는 그런 말은 일체 할 수가 없을 것이다. 왜냐하면 우리의 주관자 그리스도께서 '어리석은 자들아, 내가 예언자들과 사도들 그리고 나의 종들을 통해 얼마나 너희에게 부탁했는지 또 내가 손수 너희에게 얼마나 많은 말을 들려주었는지 아는가?' 라고 말씀하실 것이기 때문이다."1094)

요한 크리소스톰 성인은 지옥의 형벌에 대해 많은 가르침을 할애했다. 특히 천상의 삶과 구원의 복음에서 벗어나도록 하는 윤리적 타락의 시대인 오늘날 성인의 이 가르침은 우리에게 절대적인 교훈이 된다. 인간의 심리를 누구보다 잘 파악하고 있는 성인은 이렇게 말했다 : "지옥의 형벌을 고찰하는 사람은 어떠한 위험에도 노출되지 않으며 영혼을 위해 아주 현명하게 대처한다." 그러면서 성인은 이렇게 묻는다 : 너는 왜 침묵하는가? 단어의 중압감이 너를 짓누르는가? 혹시 침묵으로 "지옥의 불을 끌 수 있다고" 여기는가? 아니 침묵하지 않으면 다시 그 불이 피어오를 것으로 생각하는가? 네가 지옥의 불에 대해 말을 하든 침묵을 하든 "그 불은 부글부글 타 오를 것이다." 만약 네가 지옥의 불을 끊임없이 마음에 두고 살아간다면 너는 "그 불에 떨어지지 않을 것이다." 특히 성인은 지옥에 대한 가르침이 영혼을 지혜롭게 하고 부드럽게 만든다고 강조한다. 왜냐하면 영혼은 초와 같아서 온기 없는 말로 가르치면 딱딱하게 굳어 버리지만 "뜨거운 말로" 가르치면 부드러워져서 원하는 모습으로 쉽게 제작이 가능하고 그 위에 "왕국의 모습"을 쉽게 새겨 넣을 수 있기 때문이다.1095)

지옥에 대해 수시로 설교하고 또 생생하게 묘사하며 강조하는 크리소스톰 성인에게 일부 사람들이 반감을 보이자 성인은 이렇게 말했다 : 우

1094) 신 신학자 시메온, Λόγ. 23· Λόγ. 66, 6 Ἅπαντα.., page 128· 350-351.
1095) 요한 크리소스톰, Εἰς Β Θεσ. Ὁμ. 2, 3· 4 PG 62, 477· 478.

리를 우리 자신의 적이 되게 만드는 사탄의 계략을 보았는가? 우리 모두 정신을 바짝 차리고 주의 깊게 살펴 영생을 꼭 붙들도록 하자. 그리고 우리에게서 죄의 수마(睡魔)를 벗어 던지자. "심판과 지옥은 분명 존재한다." "주님께서 구름을 타고 오시고, 불의 강이 그분 앞에 흐르며, 죽지 않는 구더기와 꺼지지 않는 불, 바깥 어둠과 치를 떠는 고통이 우리를 기다린다." 비록 나의 설교로 너희가 언짢은 일이 많다 해도 나는 지옥에 대한 나의 설교를 멈추지 않을 것이다. 왜냐하면 그곳에는 우리를 보호해 주고 위안 해 줄 사람 하나 없는 영원한 형벌의 지옥만이 있기 때문이다.1096)

그러므로 형제들이여, 우리 모두 슬픔과 아픔, 회개와 깊은 한숨으로 지극히 선하신 성 삼위 앞에 엎드리자. 그리고 그분의 거룩한 계명을 무시하던 우리의 그런 삶을 중지하자. 죄가 천상의 빛나는 별이었던 천사를 음침한 저승에서 영원히 사는 불행한 사탄으로 전락 시켰다는 사실을 잊지 말도록 하자!....

1096) 요한 크리소스톰, *Εἰς Α Θεσ. Ὁμ.* 9, 5 PG 62, 454.

영원한 낙원

미래의 왕국

이제 의인들이 누리는 영원한 행복을 맛볼 시간에 이르렀다. 심판의 날, 심판관께서는 온화하고 환한 눈빛으로 의인들을 바라보며 "'너희는 내 아버지의 축복을 받은 사람들이니 와서 세상 창조 때부터 너희를 위하여 준비한 이 나라를 차지하여라."(마태오복음 25:34)라고 감미로운 음성으로 그들에게 말씀하실 것이다.

영원한 왕국! 그곳은 우리 마음과 거룩한 희망이 향하는 곳, 우리의 성스런 열망이 추구하는 곳이다. 그곳은 또한 우리의 성스런 투쟁의 최종 목적지이다. 지상의 낙원에서 쫓겨난 그 때부터 우리는 바로 그곳을 그리워했으며 주님께서 승리자로서 천상에 들어가신 그날 이래 우리는 슬플 때나 기쁠 때나 언제나 그곳을 향해 달려왔다. 우리는 진정한 안식처인 그곳에 들어가기 위해 지금까지 믿음으로 달려왔다. 우리가 이곳 현세에서 "눈물을 흘리며 씨를 뿌렸다면" 우리는 그곳에서 "기뻐하며 거둘 것이다."(시편 126:5 참조) 귀족이나 평민이나, 지식인이나 비지식인이나, 남녀노소 할 것 없이 모든 성인들이 땀 흘려 뿌린 씨는 바로 풍성한 열매를 수확할 이 영원한 날을 염두에 두었다. 이렇게 성인들은 전 세계를 아우르는 군대처럼 하나의 무리가 되어 영생을 물려받기 위해 저 높은 곳을 향해 영원을 지나 나아간다.

이처럼 우리도 현세의 사악한 세상사와 혼잡에서 벗어나 저 높은 곳을 향해 나아가자. 그리고 우리의 거룩한 생각과 우리의 삶이 찬란하고 끝이 없는 "고귀한 영원"이 되도록 하자. 그러면 앞으로 누릴 행복의 기억만으로도 우리의 영혼은 형용할 수 없는 위안과 희망으로 날아오를 것이다. 왜냐하면 폭풍우 같은 현세 속에서 겪는 우리의 투쟁은 아름답고 향기로운 꽃으로 엮은 월계관이 되어 우리에게 돌아올 것이기 때문이다. 또한 이곳에서 잃고 방치했던 성스럽고 아름다운 것을 그곳에서 찾을 뿐만 아니라, 현세와는 비교가 되지 않는 참된 미와 상상할 수 없는 성스러운 것들을 그곳에서 얻을 것이라는 확신을 우리는 갖고 있기 때문이다.

낙원의 행복은 현세에서 누리는 그 어떤 기쁨과도 비교되지 않는다. 왜냐하면 그것은 현세를 사는 동안 하느님의 거룩한 뜻을 거역하거나 구원의 길에서 벗어나지나 않을까 하는 걱정 속에서 이루어지는 기쁨이기 때문이다. 달리 말해 그것은 우리가 육신을 입고 있는 이상 언제나 위험에 노출되어 있음을 의미한다. 하지만 내세에서의 우리는 이 모든 것에서 영원히 해방될 것이다. 그리고 그곳에서 우리는 더 이상 심판관의 분노에 직면하지 않을 것이다. 영원한 구원에 대한 이 기쁨과 그토록 갈망했던 낙원의 성취는 현세에서는 절대 상상할 수 없는 기쁨으로 우리 영혼을 채워 준다. 태어날 때부터 장님인 사람이 색상과 형태, 빛, 그리고 별의 아름다움을 설명할 수 없듯이, 새로운 생명의 경이로움을 우리의 경험과 사고와 단어와 묘사로는 설명할 수 없다. 오히려 미래의 왕국을 설명하기 위해 우리가 사용하는 단어나 묘사는 그 실체를 흐리게 할 수 있다! 하느님의 사람들이 하느님의 계시를 통해 우리에게 낙원의 복된 삶의 단편을 알려 주었어도 영원한 왕국의 달콤함을 우리가 제대로 아는 것은 불가능하다. 왜냐하면 꿀이 무엇인지도 모르는 사람에게 꿀의 달콤함을 느끼라고 하는 것과 다름 아니기 때문이다.[1097]

이런 우리의 약점 때문에 신 신학자 시메온 성인은 아버지 같은 마음으로 우리에게 이렇게 조언했다 : "그러므로 형제들이여, 우리는 설명할 수 없는 하느님의 그 선물들을 단지 말로 이해하려 해선 안 된다. 왜냐하면 영적이고 거룩한 것에 대해서 말을 하는 사람들이, 분명한 증거를 제시하거나 완벽하게 진리를 설명하지 못하듯이 그 말을 듣는 사람들도 말로써는 그 내용을 온전히 알 수 없기 때문이다. 따라서 하느님의 선물을 직접 체험하고 경험하며 깨닫고 알기 위해서는 수많은 영적 투쟁을 해야 한다."[1098]

[1097] ΜΑΡΚΟΥ ΕΦΕΣΟΥ τοῦ ΕΥΓΕΝΙΚΟΥ, *Ἀποκρίσεις...*, CFDS, Ser. A', VIII, fasc. II, page 114 참조.

성서에서는 여러 가지로 묘사로 낙원을 설명했고 세 번째 하늘까지 "사로잡혀" 올라갔던 사도 바울로는 "눈으로 본 적이 없고 귀로 들은 적이 없으며 아무도 상상조차 하지 못한 일을 하느님께서는 당신을 사랑하는 사람들을 위하여 마련해 주셨다."(고린토전서 2:9)라고 가르쳤다. 사도 바울로는 그곳에서 사람의 말로는 표현할 수 없는 이상한 말을 들었다고 고백했다.(고린토후서 12:4) 요한묵시록 21장, 22장에는 낙원 또는 "새 예루살렘"을 신랑을 맞을 준비가 된 신부, 하느님께서 인간들과 함께 영원히 거하시는 장막처럼 설명한다. 손으로 짓지 않은 천상의 도시는 형용할 수 없이 아름답고 언제나 빛이 넘치는 곳으로서 그곳에 사는 주민들에게 영원한 행복의 안식처가 된다. 그 도시의 기초인 열두 사도들은 온갖 값진 보석인 벽옥, 사파이어, 옥수, 비취옥, 홍마노, 홍옥수, 감람석, 녹주석, 황옥, 녹옥수, 청옥, 자수정으로 장식된다. 도시의 벽과 그 안에 있는 모든 것들은 벽옥과 순금으로 이루어져 있으며 그곳에 사는 주민들은 "생명수"와 "생명나무의 열매"(요한묵시록 2:7)를 먹고 살아간다. 그리고 어린 양 그리스도와 얼굴을 맞보며 살아간다. 그곳에는 성전이 존재하지 않는데, 그것은 그 도시 자체가 만물의 주관자 하느님과 어린 양의 거처가 되기 때문이다. "영원한 도성"(히브리서 13:14), "낙원"(루가복음 23:43), "하느님의 도성", "하늘에 등록된 장자들의 교회와 축제"(히브리서 12:22-23), 신자들을 위해 하늘에 마련한 "썩지 않고 더러워지지 않고, 시들지도 않는 분깃"(베드로1서 1:4), "큰 잔치"(루가복음 14:15, 16)에서 주님께서는 우리와 함께 "새"(마태오복음 26:29) 포도주를 마실 것이다.1099) 그리고 그곳에서 주님께서는 허리에 띠를 띠고 의인들을 식탁에 앉히고 곁에 와서 시중을 들어 줄 것이다.(루가복음 12:37)

신약성서는 지금 우리가 겪고 있는 수고와는 비교가 되지 않을, 장차 우리가 받을 그 영광을 "만찬", "결혼", 그리고 잔치에 "초대" 받는 것으로 표현한다. 하지만 우리가 주의 깊게 새겨야 할 점이 있다. 그것은

1098) 신 신학자 시메온, Λόγ. 65, Ἅπαντα... page 341.
1099) 케사리아의 에프세비오스, Εἰς τὸ κατὰ Λουκᾶ, ΒΕΠΕΣ 23, 279(19-31).

우리가 그렇게 쉽게 말하는 낙원을 신약성서는 단 세 번만 언급하고 있다는 점이다! 주님께서 오른쪽에 있는 강도에게 말씀하셨을 때(루가복음 23:43), 사도 바울로가 "낙원에 붙들려 올라갔을 때"(고린토후서 12:4), 그리고 요한 복음사가 "생명나무의 열매"(요한묵시록 2:7)에 대해 말했을 때이다. 이것은 주님의 시대 때 이 단어가 물질적 개념으로 받아들여져 사람들이 천상적이고 거룩한 것들을 세상적으로 또 물질적으로 인식하고 있었음을 보여 준다. 동시에 이것은 거룩한 것을 물질적으로 인식하고 대화하려는 우리에게도 경종을 울리며 좀 더 조심스럽고 절제된 용어로 천상의 실체를 말하도록 우리를 일깨워준다.

형용할 수 없고 해독할 수 없는 미(美)

그렇다면 의인들이 누리는 영원한 복에 대해 교부들은 어떻게 설명하고 있는지 살펴보자. 왜냐하면 신학자 그레고리오스 성인이 말하듯이, 교부들은 영적인 것을 "세상적인 것으로", "고귀한 것을 미천한 것으로" 보지 않고, 경외심과 놀랄만한 정확함으로 천상의 왕국의 신비를 말하고 있기 때문이다!

크리소스톰 성인은 이렇게 적는다 : 네가 할 수 있는 한 최대한 그 복된 상태를 상상하기 바란다. 왜냐하면 우리는 기록된 글을 통해 상징적이고 암시적으로 어렴풋하게 그 삶을 인식하고 있기 때문이다. "아픔과 한숨은 간데없이 스러진"(이사야서 35:10) 그 복된 삶은 마침내 흔들리지 않는 믿음으로 그리스도를 향해 꿋꿋하게 나아간 이들에게 펼쳐진다. 그곳에는 병 걸린 자, 빈곤한 자, 불의한 자, 억울한 자는 존재하지 않는다. 그곳에는 분노하는 자, 시기하는 자, "불경스런 욕망"에 불타는 이도 없다. 또 "권세와 폭정에 고통 받는 이도 없다." 인간의 정욕이 사라지고 평화와 환희 그리고 기쁨이 가득하다. 모든 것이 평온과 희열, "낮과 찬란한 빛"이다. 우리가 알고 있는 그 빛과는 전혀 다른 새로운 빛이며, 등불과 태양을 비교할 수 없는 것처럼 태양보다 더 강렬한 광채를 내는 빛이다. 그곳에는 "불로(不老)하고 노쇠(老衰)하는 현상들"이 존재하지 않는다. 부패와 관련된 모든 것은 그곳에서 사라지며 불멸의 영광만이 지배한다. 그러나 모든 선물들 중에 가장 정수는 무엇보다도 "그리스도와 대천사, 천사들과 능력의 천사들과의 끊임없는 친교"이다. 또한 그곳에는 반목과 다툼이 존재하지 않는다. 왜냐하면 왕국을 이루는 모든 성인들과 백성들 사이에는 사랑과 화합, 일치가 자리하고 있기 때문이다.1100) 죽음에서 벗어난 진정한 삶이 바로 그런 삶이다. 그곳에는 "기쁨과 평화, 사랑과 희열, 환희와 진실만이 존재하며" 아주 견고하다. 그곳에는 "분노와 슬픔, 돈에 대한 탐욕과 육욕, 빈곤과 부, 그리고 불명예 등과 유사한 것들은 존재하지 않는다."1101)

대 바실리오스 성인은 이렇게 기록하고 있다 : 그 나라는 살아 있는 자들의 나라이다. 그곳에는 밤도 없고 잠도 없으며 죽음과 같은 현상도 존재하지 않는다. 그리고 우리의 약함을 지탱해 주는 음식과 술 같은 것도 존재하지 않는다. 그곳에는 병과 아픔, 고통과 슬픔이 없으며 의학적인 치료도 없다. 더 나아가 법원도, 사업도, 기술도, 돈도, 그리고 모든 악의 근원, 전쟁의 원인, 그리고 적개심의 뿌리도 없다. 그곳은 죄로 인해 죽은 자들의 나라가 아니라 예수 그리스도께서 주신 진정한 생명을 누리는 산 자들의 나라이다.1102)

천상의 나라는 무기력한 삶이 아니며, 단순한 영원에서 영원으로의 확장이 아니다. 무감각한 잠이나 나태한 상태 속에 있는 것이 아니다. 그곳은 인간의 사고와 정도를 뛰어넘는 생동하는 삶이다. 성령은 이것을 우리에게 보여 주셨다. 성령은 사르데온 주교에게 어떤 편지를 써야할 지를

1100) 요한 크리소스톰, *Εἰς Θεόδωρον ἐκπεσόντα*, 1, PG 47, 291.
1101) 요한 크리소스톰, *Εἰς Ψαλ. 114*, 3 PG 55, 319; *Περὶ κατανύξεως καὶ ὑπομονῆς*, PG 63, 883-885.
1102) 대 바실리오스, *Εἰς Ψαλ. 114*, 5 PG 29, 493C.

복음사 요한에게 이렇게 알려주었다. : "사르디스에는 자기 옷을 더럽히지 않은 사람이 몇 있다. 그들은 하얀 옷을 입고 나와 함께 다니게 될 것이다."(요한묵시록 3:4) 이처럼 "미래의 복된 삶은 정체적이지 않고 역동적이다."1103) 그곳의 삶은 창조적이고, 이곳 현생의 삶의 모습과는 완연한 차이가 있다. 그곳은 이곳보다 훨씬 더 역동적인 삶이다. 그곳에서의 모든 것은 밤낮의 교차와 시공 안에서 이루어지지 않는다. 그리고 현세와 같은 혼잡과 초조와 강박 그리고 조급하고 신경질적인 움직임이 없다. 그곳에서 일어나는 모든 일은 눈물과 고통으로 점철된 "헛된 일이 아니다."(전도서 1:2, 13) 그곳의 삶에는 근심과 걱정 또는 비극이 없다. 언제나 영원한 현재로서 창조적인 면만이 존재한다. 빛의 원천, 지극히 선하시고 복되신 성 삼위의 품 안에의 진실 된 삶이다! 새롭고 상상도 할 수 없는 아름다운 세상으로의 끝없는 항해이다! 우리는 이렇게 "주 예수 그리스도의 은총과 하느님의 사랑과 성령께서 이루어 주시는 친교"(고린토후서 13:13)가 하느님의 자녀들을 감싸고 있는, 성스럽고 찬란하고 광채가 넘치는 새로운 세상에서 영원히 살 것이다. 사람의 생각이나 천사의 정신으로도 감히 생각할 수 없는 하느님의 평화 안에서 이 모든 것이 이루어질 것이다.(필립비서 4:7 참조)

대 포티오스 성인은 딸을 잃고 슬퍼하는 그의 형제 타라시오스에게 보낸 위로편지에서 이 모든 것을 잘 함축 요약하였다. 이미 세상을 떠난 딸이 아버지에게 나타나 자신이 머물고 있는 그곳의 삶에 대해 말하는 모습을, 성인은 편지에 이렇게 담았다 : 우리는 이곳 낙원에서 온전한 하느님의 지식과 "천상의 거룩한 지혜 속에" 이루 형용할 수 없는 선물들을 누리고 있답니다. 이곳의 삶은 언제나 "축일과 축제이며, 우리는 불멸과 순결의 몸으로 하느님을 뵙고 빛 속에 살아간답니다." 우리는 형용할 수 없고 설명할 수 없는 아름다움 속에서 넘치는 "기쁨을 누리고" 있으며 이런 풍성한 기쁨 속에서 우리는 더욱더 하느님에 대한 사랑을 느낀

1103) ΠΑΝ. I. 브라치오티스, *Η Αποκάλυψις τοῦ Ἰωάννου*, 1950 Athens page 104.

답니다. 그리고 하느님의 지식이 우리를 채워 주기 때문에 우리는 성스런 하느님의 지식을 더욱 더 갈망하며 지낸답니다. 그리고 이 성스런 갈망은 단 한 번도 사라진 적이 없답니다.1104)

인간의 신화

우리 주 예수 그리스도께서는 죄에 빠져 있는 우리 인간의 구원뿐만 아니라 우리가 과거에 잃었던 하느님과의 친교를 다시 복원 시켜 주시기 위해 인간이 되셨다. 대 아타나시오스 성인은 '주님께서 인간이 되신 이유는 우리 인간이 신이 될 수 있도록 하신 것이다.'라고 적었다.1105) 성인께서는 또 다른 곳에서 이렇게 지적한다 : 당신께서 인간이 되심으로써 우리를 신화 시키셨고 우리 인간을 아버지의 자녀가 되게 하셨다.1106) 하느님의 뜻에 맞게 우리에게 성서를 일깨워준 신학자 그레고리오스 성인은 이렇게 선포한다 : 그리스도께서는 우리에게 "최상", 즉 신화를 선물하시기 위해 최악, 즉 인성을 "취하셨다." 이처럼 우리는 우리를 위해 인간이 되신 그 분처럼 그분을 위해 우리도 신이 되어야 한다.1107)

그런데 신화는 단순히 경건한 열망이 아니다. "왜냐하면 인간의 신화는 하느님 창조의 목표이자 인간의 최종적 진리이기 때문이다."1108) 시조가 타락한 비극적 사건은 이 사실을 증명해 준다. 사악한 적이 이브에게 무엇이라 말했는지 살펴보라. 그는 이브에게 "절대로 죽지 않는다. 그 나무 열매를 따먹기만 하면 너희의 눈이 밝아져서 하느님처럼 선과 악을 알게

1104) 대 포티오스, *Ταρασίῳ Πατρικίῳ ἀδελφῷ*, page 228.
1105) 대 아타나시오스, *Περὶ ἐνανθρωπήσεως τοῦ Λόγου*, 54 ΒΕΠΕΣ 30, 119(11).
1106) 대 아타나시오스, *Κατὰ Ἀρειανῶν, Λόγ. Α΄*, 38 ΒΕΠΕΣ 30, 154(36-37).
1107) 신학자 그레고리오스, *Λόγ. 1, Εἰς τό Ἅγιον Πάσχα* 5 PG 35, 397C.
1108) ΑΘ. 예브티즈, *Οἱ ἄνθρωποι τοῦ Θεανθρώπου Χριστοῦ καὶ ὁ μηδενισμὸς τῶν συγχρόνων ὑπαρξιστῶν*, "Γρηγόριος Παλαμᾶ ς", 618 (1970), page 298.

될 줄을 하느님이 아시고 그렇게 말하신 것이다."라고 말했다.

하지만 하느님께서는 사기꾼에게 속아 넘어가 하느님 없이 신화를 성취하려 했던 인간을 그대로 방치하지 않으셨다. 신학자 그레고리오스 성인은 '하느님의 말씀인 아들께서는 육화와 십자가, 부활과 승천으로 지금까지도 나의 구원을 위해 중재하신다. 왜냐하면 내가 신이 될 때까지 당신께서는 육화하실 때 취하셨던 그 육신을 지니고 계시기 때문이다'라고 말했다.1109)

그렇다면 우리가 말하는 "인성의 신화나 의인들의 신화"는 무엇을 의미할까? 그것은 하느님의 육화에 힘입어 신화를 이룬 인간이 "하느님의 본성을 나누어 받고"(베드로후서 1:4) "아들"이 되는 것이다. 그것은 화염에 의해 빨갛게 달아오른 쇠처럼, 우리가 신성의 "은총에 젖어 신"이 되는 것이다.1110) "무한한 신성에 의해 인성이 흡수되지 않고 인성의 한계 안에서 범접할 수 없는 하느님의 영광과 생명에 동참한다는 전제 하에 우리는 하느님의 본성의 친교자"가 된다. 동시에 의인들의 "정체성은 비록 하느님의 본성과 접하여 성스러워지지만 그 한계를 그대로 유지한다."1111) 신화는 선하고 정의롭고 자비로운 하느님의 모습을 닮아 가려는 현세의 투쟁에서 시작하여 하느님의 왕국에서 완성되며 그곳에서 의인들의 인성은 불멸과 광채와 순결과 영광의 상태로 변화한다. 하지만 본성의 변질 없이 이 모든 것은 이루어질 것이다. 왜냐하면 신화는 본성의 변질이나, 감소 또는 "변동" 없이 "극치"에 오르는 것이기 때문이다.1112)

인간의 머리로는 도저히 해득할 수 없는 우리의 신화에 대한 "심오한 신비", 지극히 자애로우신 하느님께서 우리에게 베푸신 이 헤아릴 수 없는 은총과 영예는 그리스도 안에서 이루어진 인성의 신화에 기인한다. 즉, "하느님의 말씀께서" 신성에 아무런 변화 없이 "육화하신 그리스도

1109) 신학자 그레고리오스, Λόγ. 30, 14 PG 36, 121C; Λόγ. 38, Εἰς τά Θεοφάνεια..., 13 PG 36, 325C; Λόγ. 1, Εἰς τὸ Ἅγιον Πάσχα 5 PG 35, 397C.
1110) 알렉산드리아의 키릴로스, Βίβλος Θησαυρῶν, Λόγ. IB, PG 75, 200B.
1111) Π. Ν. 트렘벨라, Δογματική... 3 page 495.
1112) 시나이인 아나스타시오스, Ὁδηγός, 2, PG 89, 77C.

의 인성을 신화 시킨 것처럼" 이와 유사한 방법으로 말씀께서는 "복된 영혼을" 영적으로 재탄생 시키며 "신화 시킨다."1113) 따라서 천상에서 성 삼위의 각 위격이 분명이 구분되는 것처럼 의인들은 각자의 정체성을 그대로 유지할 것이다. 신화된 인간의 정체성은 "본질적으로나 존재론적으로" 성 삼위의 어떤 위격과도 결합되지 않는다. "영원한 하느님으로서의 말씀은 사람이 접근할 수 없는 빛 가운데 계신다."(디모테오전서 6:16) 하지만 우리 모두는 그분의 신화된 인성에 있어, 만물을 완성하시는 그분의 몸과 하나가 된다. 왜냐하면 하느님께서는 "그분을 교회의 머리, 천사와 대천사, 모든 것을 지배하시는 머리로 삼으셨기 때문이다."1114) 따라서 몸은 만물을 완성하는 그리스도, 즉 머리의 완성이다. 그리고 그 완성은 바로 교회이다. 따라서 크리소스톰 성인은 이렇게 결론을 맺는다 : 몸이 완성될 때 머리도 완성된다. 우리 모두 하나로 일치되고 결속되어 있을 때 그 때 비로소 완전한 몸을 이룬다.1115)

죽음을 짓밟으시고 부활하셔서 "육신과 함께" 하늘로 승천하신 주님께서 내세에서 주실 영적 불멸의 의복에 힘입은 우리는 이미 불멸과 영원의 존재가 된다. 물론 불멸은 "하느님 본성의 불변적 특성이지만, 하느님의 은총에 힘입어 그 본성에 들어가는 피조물은 신화를 이룬다." 따라서 "그리스도 안에서의 인성의 신화는 언제나 인성의 불멸과 영광이고 하느님의 불멸의 세계에 복되게 들어섬을 의미한다. 그리고 그것은 구세주께서 지상에서 이루신 구원 사업, 특히 죽음과 생명을 주시는 부활을 통해 성취된다."1116) 우리는 부활절에 정확히 이것을 노래한다 : 아이들을 불가마 속에서 구원하신 주께서는 사람 되시어 죽을 인생들처럼 고통을 받으심으로써 죽을 인생을 삭지 않는 옷으로 감싸 주시는도다.1117)

이제 우리는 그토록 염원했던 낙원에서 무궁한 행복을 누리고 있는 의

1113) 테오도로스, Ἡ οὐσία τῆς Ὀρθοδοξίας, Athens 1961, page 268.
1114) Π. Ν. 트렘벨라, Δογματική... 3, page 495.
1115) 요한 크리소스톰, Εἰς Ἐφεσ. Ὁμ. 3, 1 PG 62, 26.
1116) ΑΝΔΡ. 테오도로스, Πάσχα, Κυρίου Πάσχα, page 42.
1117) ΠΕΝΤΗΚΟΣΤΑΡΙΟΝ, Κυριακὴ τοῦ Πάσχα, Ὠδὴ ζ΄. χ

인들의 복된 삶을 통해 이 놀랍고 신비로운 진리에 대해 (아직 현세에서 살고 있는 관계로 비록 부분적일 테지만) 좀 더 넓은 이해의 폭을 갖게 될 것이다.

의인들의 복된 삶

모든 "인간의 아들들"보다 멋진 신랑 그리스도께서 신부인 교회에게 미래의 왕국에서 넘치도록 주실 영원한 선물을 우리는 설명도 이해도 인식도 제대로 할 수 없다. 또한 의인들의 영혼이 천상의 장막에 들어서서 누릴 그 영적 보화와 지극한 아름다움도 전혀 상상할 수 없다. 그래서 아토스 수도사 니코데모스 성인은 어떤 지혜롭고 경건한 스승이 "낙원이여, 우리는 너를 누릴 수 있지만 너를 해득하지는 못한다"라는 말을 계속해서 되새겼다고 기록했다.1118) 사도 바울로도 고린토인들에게 보낸 편지에서 "눈으로 본 적이 없고 귀로 들은 적이 없으며 아무도 상상조차 하지 못한 일을 하느님께서는 당신을 사랑하는 사람들을 위하여 마련해 주셨다."(고린토전서 2:9)라고 기록했다. 그러면 성서와 성령의 빛을 받은 교부들의 가르침을 주의 깊게 살펴보자.

크리소스톰 성인은 "세례를 받아서 그리스도 안으로 들어 간 여러분은 모두 그리스도를 옷 입듯이 입었습니다."(갈라디아서 3:27)라는 사도 바울로의 말씀을 해석하면서 이렇게 지적한다 : "세례를 받아 그리스도 안으로 들어간 이들이 하느님에게서 태어났다"라고 바울로 사도가 말하지 않은 이유는 세례 받은 자의 가슴 속에 이미 하느님의 아들이 있어 그리스도를 옷처럼 입었고 또 주님과 이미 동화가 되어 "한 가족 한 모습이" 되었기 때문이다. 성인은 또한 "그리스도 예수 안에서 여러분은 모두 한

1118) 아토스 수도사 니코데모스, Ἐξομολογητάριον, page 219.

몸"(갈라디아서 3:28)이라는 사도 바울로의 말씀을 해석하면서 이렇게 지적했다 : 그래서 사도 바울로는 "유다인이나 그리이스인이나 종이나 자유인이나 관계없이 우리 모두는 하나의 모습, 하나의 형상, 곧 천사나 대천사의 모습이 아닌 만인의 주관자 그리스도의 모습을 입고" 자신 속에 그리스도를 담아낸다고 하였다.1119) 따라서 우리가 세례성사 때나 주님의 축일 때 삼성송 대신에 부르는 "그리스도로 인하여 세례 받은 자들은 그리스도를 옷 입듯이 입었도다. 알릴루이야"라는 이 아름다운 성가는 성인들이 하느님의 왕국에서 살아갈 바로 그 무엇이며, 우리가 설명할 수 없는 이 기쁜 삶의 체험은 인간의 신화라고 이름 지은 그 속에 스며들어 있다.

복음사 요한은 우리에게 이렇게 말했다 : "우리가 장차 어떻게 될지는 분명하지 않지만 그리스도께서 나타나시면 우리도 그리스도와 같은 사람이 되리라는 것을 우리는 알고 있습니다. 그 때에는 우리가 그리스도의 참 모습을 뵙겠기 때문입니다."(요한 1서 3:2) 물론 신자는 그의 영적 체험과 거룩한 성사의 동참을 통해 이미 미래의 삶의 신비를 불완전하지만 부분적으로 누린다. 하지만 우리가 어떻게 되고 또 어떻게 그리스도의 "영광"을 보고 누릴 수 있는지는 그 때 완전히 알게 된다. 현세에서 우리가 순수하게 누리고 있는 하느님의 이 계시는 하늘의 왕국의 형용할 수 없는 복된 삶의 단면을 보여 준다. 우리가 그리스도의 빛나는 얼굴을 맞대고 볼 것이라는 사실(하느님의 본성이 아닌 창조되지 않은 하느님의 빛)과, 은총에 의해 하느님에 동화된 의인들이 "아버지의 나라에서 해와 같이 빛날 것"(마태오복음 13:43)이라는 사실은 상상할 수 없는 행복과 말할 수 없는 영광이 된다. 물론 여기서 말하는 의인들의 빛은 태양빛 정도에 그치는 것을 의미하지 않는다. 단지 태양의 표현을 빌린 것은 인간이 태양보다 더 빛나는 별은 아직 알지 못하기 때문이다.1120)

신자들은 그곳에서 이미 영원 속에 살고 있는 그들과 함께할 것이며 큰 빛과 어우러져 춤을 추는 "작은 빛"이 될 것이다.1121) "그곳은 성 삼

1119) 요한 크리소스톰, *Εἰς Γαλ.*, κεφ. Γʹ 5 PG 61, 656.
1120) 요한 크리소스톰, *Εἰς Ματθ.* 47, 1 PG 58, 482.

위와 또 성 삼위의 넘치는 광채가 지배한다."1122) 거룩한 삶을 살다가 성 삼위 하느님께서 계시는 천상의 왕국으로 간 고르고니아의 남매인 신학자 그레고리오스에 따르면 그곳은 축제를 즐기는 자들의 함성과 천사들의 춤, 천상의 질서와 영광, 그리고 우리 영혼을 비추는 지극히 높으신 성 삼위의 순결하고 완전한 신성의 빛이 있다.1123) 또한 성인의 형제 케사리오스도 하느님 곁에서 이러한 영광과 빛 속에서 영원히 산다. 언젠가 그레고리오스 성인은 돌아가신 아버지를 향해 이렇게 외쳤다 : 어느 정도의 영광 속에 계신지, 그리고 당신을 감싸고 있는 그 빛에 대해 알려 주십시오.1124)

그레고리오스 팔라마스 성인은 "의인들은 천상의 나라에서 성스런 빛을 받아 빛날 것이다. 그리고 "빛의 자녀답게 그리스도의 거룩한 광채를 볼 수 있을 것이다"라고 말했다. 테살로니카의 위대한 대주교가 가르친 "얼굴과 얼굴"을 맞대고 본다는 것은 "하느님의 신성을 의미하는 것이 아니라 하느님의 빛"을 의미한다. "하느님의 말씀과 결합된 인성에게 충만하게 전해지는" 이 거룩한 빛은 성령 안에서 인간에게 나누어지며 또 보여진다.1125) 다니엘 예언자는 죽은 자들의 부활을 언급하며 그들이 받을 영광을 이렇게 예언하였다. "슬기로운 지도자들은 밝은 하늘처럼 빛날 것이다. 대중을 바로 이끈 지도자들은 별처럼 길이길이 빛날 것이다."(다니엘서 12:3)

신 신학자 시메온 성인도 성 삼위 하느님의 영원한 왕국에서 의인들이 누리는 영광의 빛에 대해 이렇게 적고 있다 : "성인들의 양심의 책이 펼

1121) 신학자 그레고리오스, Λόγ. 18, Ἐπιτάφιος εἰς τὸν πατέρα... 42, PG 35, 1041B.
1122) ΑΝΔΡ. 테오도로스, Ἡ εἰκονικὴ - συμβολικὴ ἀναλογία τοῦ φωτὸς ἐν τῇ Θεολογίᾳ τοῦ ἁγίου Γρηγορίου τοῦ Νανζιανζηνοῦ, (Ἀνάτυπον ἐκ τῆς "Θεολογίας"), Athens 1976, page 79.
1123) 신학자 그레고리오스, Λόγ. 8, Ἐπιτάφιος εἰς τὴν ἀδελφὴν ἑαυτοῦ Γοργονίαν, 23 PG 35, 816C.
1124) 신학자 그레고리오스, Λόγ. 7, Εἰς Καισάριον...,21; Λόγ. 18, Ἐπιτάφιος εἰς τόν πατέρα..., 40 PG 35, 784Β· 1040A.
1125) 그레고리오스 팔라마스, Ὁμ. 34, Εἰς τὴν μεταμόρφωσιν τοῦ Σωτῆρος... PG 151, 432C. Γ. 만자리디스, Παλαμικά, page 261-262.

쳐지면 그들 안에 숨어 있던 우리 하느님 그리스도의 빛이, 영원 이전에 아버지로부터 빛났던 것처럼 그렇게 빛날 것이다. 그리고 성인들은 지극히 높으신 하느님을 닮을 것이다. 하지만 이렇게 말할 수 있는 근거가 어디에 있을까? 그것은 "그 때 의인들은 태양처럼 빛날 것이다"라는 구세주 그리스도의 말씀에서 기인한다. 사실 그 때가 주님의 재림 말고 언제이겠는가? 또 성인들을 비추시는 정의의 태양이 당신 말고 어디 있겠는가? 요한 사도는 이 점을 우리에게 분명하게 말해 준다. "이제 우리는 하느님의 자녀입니다. 우리가 장차 어떻게 될지는 분명하지 않지만 그리스도께서 나타나시면 우리도 그리스도와 같은 사람이 되리라는 것을 우리는 알고 있습니다."1126)

니코데모스 성인은 신자에게 이렇게 조언한다 : 네가 죄를 짓지 않으려면 너는 "형용할 수 없는 영원한 선물과 낙원의 달콤함, 감미로움과 형용할 수 없는 천상의 영광, 무궁한 기쁨과 지지 않는 빛, 복된 이들의 목표인 하느님에 대한 지식과 하느님과의 대면"을 언제나 기억 속에 담아 두고 살아가야 한다. 또 "그곳의 기쁨은 슬픔이 존재하지 않는 진정한 기쁨이고, 그곳의 생명은 죽음이 존재하지 않는 진정한 생명이며, 그곳의 빛은 어둠이 존재하지 않는 진정한 빛이고… 그곳의 모든 선물들은 해악이라고는 하나도 없는 진정한 선물"이라는 것을 언제나 기억해야 한다.1127)

구세주께서 다볼산에서 변모하셨을 때 세 명의 사도들이 체험했던 그 성스런 기쁨은 우리에게도 그 복된 순간을 어렴풋이 느끼게 해 준다. 잘 알다시피 다볼산에서의 변모 때 주님께서는 제자들에게 당신 신성의 지극히 작은 빛만을 보여 주셨고 신성의 광채에 대한 일부의 특성만을 드러내셨다. 그럼에도 불구하고 창조되지 않은 그 빛을 눈으로 직접 목격한

1126) 신 신학자 시메온, Λόγ. 45, 10, Ἅπαντα…, page 229-230.
1127) 아토스 수도사 니코데모스, Ἐξομολογητάριον, page 218-219.

세 명의 제자들은 너무도 큰 충격을 받았다. 그래서 베드로는 다른 제자를 대표해서 "주님, 저희가 여기에서 지내면 얼마나 좋겠습니까?"(마태오복음 17:4)라고 주님께 고백했다. 크리소스톰 성인은 이렇게 지적한다 : 이처럼 미래의 어렴풋한 모습만으로도 베드로의 영혼이 형용할 수 없는 기쁨으로 가득 차 "순간적으로 모든 것을 내버렸다면" 완전한 진리와 왕국이 우리 앞에 펼쳐져 구리거울을 보듯이 희미하고 불완전한 모습이 아니라 분명하고 확실하게 "얼굴과 얼굴을 맞대고" 직접 임금님을 대면하게 될 때에는 그 기쁨이야 이루 형언할 수 없지 않겠는가!1128) 그 때 아름다운 그리스도의 얼굴은 영원히 의인들을 "돌보고" 한없는 기쁨으로 채워줄 것이다.1129) 더 나아가 그토록 갈망하던 그리스도의 모습은 의인들을 더욱 기쁘게 해 줄 것이다. 왜냐하면 사도 바울로가 기록한 것처럼 "우리 모두 얼굴의 너울을 벗어 버리고 영적 거울처럼 주님의 영광을 비출 것이기 때문이다. 또한 주님과 같은 모습으로 변화하여 주님과 같은 영광의 모습을 취해 영광스러운 상태에서 더욱 영광스러운 상태로 옮아가기 때문이다."(고린토후서 3:18 참조)

그곳에서 "성인들의 육신은 주 변모 때 사도들에게 드러내셨던 주님의 영광스러운 몸을 닮을 것이다."1130) 그곳에서 "우리는 주님을 뵐 것이고, 가장 위대하고 성스럽고 순결한 기쁨이 가득찰 것이다. 그리고 그리스도의 거룩한 변모 때 거룩한 사도들을 비추었던 그 찬란한 빛이 우리 주변을 비출 것이다. 하지만 그분의 왕국은 눈에 보이는 신현에 국한되지 않을 것이다. 모든 물질과 정욕에서 완전히 벗어난 깨끗한 정신으로 우리는 하느님의 지극히 높으신 영적인 빛에 동참하게 될 것이다. 그 동참은 '정신을 뛰어 넘는 결속'이 될 것이다. 이것은 해득할 수 없는 방법에 따라 성 삼위의 빛의 은총에 힘입어 정신을 뛰어넘는 성 삼위와의 결속

1128) 요한 크리소스톰, *Εἰς Θεόδωρον ἐκπεσόντα* Α' 11 PG 47, 292.
1129) 알렉산드리아의 키릴로스, *Περὶ ἐξόδου ψυχῆς...*, PG 77, 1081A.
1130) ΒΛ. 루스키, *Ἡ μυστικὴ Θεολογία...*, page 280.

을 통해 성취될 것이다. 그리고 우리를 복된 자들로 만들고 성스런 방법에 따라 우리를 천상의 천사들과 같은 존재로 만들 것이다. 그 때 우리는 하느님의 아들과 천사와 같은 존재가 될 것이다. 그리고 부활의 실질적 아들이 될 것이다."1131) 신 신학자 시메온 성인은 내세에서 성인들이 누릴 "놀랍고도 놀라운 영광"을 생각하면서 이렇게 지적한다 : "모든 이들이 그리스도를 보고, 그리스도도 헤아릴 수 없이 많은 이들을 본다. 그들은 그리스도께서 그들 각자를 바라보고 계심을 느끼며 그분과의 대화를 즐긴다. 그리스도께서는 그들이 무시되었거나 소홀히 대해졌다는 아픔을 갖지 않도록 언제나 그들과 교감을 나누신다.... 그리스도께서는 당신 자신이 월계관이 되어 모든 성인들의 머리에 관을 씌어 주신다. 그리스도께서는 아무런 손상이나 변질됨이 없이 필요에 따라 각자에게 달리 나타나시며 각자에 걸맞게 당신 자신을 나누어 주신다."1132)

아토스 수도사 니코데모스 성인은 복된 낙원에서의 우리의 삶을 이렇게 기록했다 : "우리의 눈은 언제나 성 삼위 신성의 영광과 빛을 바라보며, 그 영광을 보는 것만으로도 만족할 것이다."(시편 17:15) 우리의 귀는 천사들과 성인들의 감미로운 찬송가를 들을 것이며 우리의 입과 혀는 "당신 집에 사는 사람, 복되오니 길이길이 당신을 찬미하옵니다."(시편 84:4)라고 영원히 하느님께 영광을 바칠 것이다. 우리의 손은 언제나 하느님을 향해 치켜올려지고 우리의 발은 천상의 예루살렘의 금잔디를 밟을 것이다. 그리고 우리의 모든 지체들은 영원히 찬양을 올릴 것이다!"1133)....

1131) 디오니시오스 아레오파키투, Περί Θείων ὀνομάτων 1, 4 PG 3 592BC.
1132) 신 신학자 시메온, Λόγ. 52, 1, Ἅπαντα..., page 264.
1133) 아토스 수도사 니코데모스, Ἐξομολογητάριον, page 220.

끝없는 낙원의 기쁨

　　　　신인이신 주님께서는 요한복음의 대사제의 기도를 통해 "영생" 곧, "영원한 생명은 곧 참되시고 오직 한 분이신 하느님 아버지를 알고 또 아버지께서 보내신 예수 그리스도를 아는 것"이라고 말씀하셨다. (요한복음 17:3, 14:8-9, 마태오복음 11:27 참조) 그 복된 삶은 결코 끝나지 않으며 의인들은 신성의 영광의 영원한 빛 속에서 그 복된 삶을 살아간다.

　나지안조스의 그레고리오스 성인은 다음과 같이 해석한다 : 보편적 심판이 끝나면, 형용할 수 없는 빛과, 예수 그리스도와 한 몸을 이룬 이들의 정신을 휘감고 있으면서 아주 찬란하고 순수하게 빛나는 "성 삼위 임금의 영광이", 선을 행하고 영생을 누리기 위해 부활할 의인들을 영접할 것이다. 그러면서 신학자 그레고리오스 성인은 이렇게 말했다. '나는 이 "광채"와 성 삼위의 "모습" 그리고 "하느님의 지식"이 참된 "천상의 왕국"이라 여긴다.'1134) 대 바실리오스 성인은 "마음이 깨끗한 자는 하느님을 보게 될 것"이라는 주님의 말씀을 묵상하고 이렇게 적었다 : 성서가 "복되다"고 한 것은 천상의 왕국에 대한 진정한 실체적 이해이다. 그러면서 성인은 천상의 왕국은 영적인 모습이라고 첨언했다.1135) 다마스커스의 요한 성인은 이렇게 지적한다 : 보편적 심판 이후에 의인들은 "우리 주 예수 그리스도와 천사들과 함께 영원한 생명이 있는 곳에서 태양처럼 빛날 것이다." 그들은 언제나 주님을 뵙고 또 그분의 눈길을 받으며 "영원 속에서 성부와 성령과 함께 주님을 찬양하며" 끝없는 환희를 누릴 것이다.1136)

　우리는 형용할 수 없이 아름다운 하느님과의 영적 만남과, 하느님에 대한 지식, 그리고 그 모습들이 이루 표현할 수 없는 기쁨을 의인들에게

1134) 신학자 그레고리오스, Λόγ. 16, *Εἰς τὸν πατέρα σιωπῶντα...* 9, PG 35, 945C.
1135) 대 바실리오스, *Επιστ.* 8, 12 PG 32, 265BC.
1136) 다마스커스의 요한, *Ἔκδοσις* 27, PG 94, 1228A.

제공한다는 사실을 쉽게 짐작할 수 있다. 왜냐하면 우리는 "하느님께서 무한한 완전이시고 모든 지혜와 화합, 선과 모든 미의 무한한 대양"이시라는 사실을 알고 있기 때문이다. 하느님으로부터 선택 받은 의인들은 "완전무결한 하느님의 대양 속으로" 들어가 경탄에서 경탄으로 점점 깊이 빠진다. 왜냐하면 "오직 참되시고 갈망의 대상인 하느님"께로 가까이 가면 갈수록 그들을 사로잡는 언제나 놀랍고 새로운 조화를 볼 것이기 때문이다. 그리고 이것은 그들에게 복된 경이를 불러 일으켜 일체이시고 생명을 주시는 성 삼위의 위대함을 언제나 찬양하게 한다. 그래서 거룩한 천사들은 언제나 끊임없이 성 삼위께 삼성송(이사야서 6:3 참조)을 부른다. 왜냐하면 삼성송은 "하느님의 놀라운 미와 무한한 완전성"을 계속해서 새롭게 계시하는 "경이의 외침"이기 때문이다.1137)

성 삼위 하느님의 왕국에서 의인들의 영혼은 언제나 새로운 기쁨에 넘쳐 천상의 아름다운 선율로 노래하는 천사들을 경험한다. 시편의 저자도 "당신 집에 사는 사람, 복되오니 길이길이 당신을 찬미하옵니다."(시편 84:4)라고 이 복된 상태를 노래했다. 그것은 아브구스티노스 성인이 지적한 바와 같이, "지금 우리가 보고 있는 육체의 지체들과 기관"들이 지금은 필요에 의해 여러 가지 기능을 수행하고 있지만, 그 법을 벗어나 불멸의 존재가 되면 "하느님께 찬송을 드리게 될 것"이기 때문이다.1138)

이 밖에도 한없이 깊어지는 하느님에 대한 지식과 계속되는 경이, 그리고 신랑에 대한 끝없는 경탄은 의인들로 하여금 그분에 대한 사랑이 더욱 깊어지게 만든다. 그분을 알면 알수록 그만큼 더 뜨겁게 그분을 사랑하고, 그분을 뜨겁게 사랑하면 할수록, 그만큼 더 그분을 감미롭게 찬양한다. 그것은 그분을 사랑하는 것만큼 그분을 알고, 그분을 알고 있는 만큼 그분을 사랑하는 거룩한 천사들의 경우와 상통한다. 또 니사의 그레고리오스 성인이 기록한 것처럼, 하느님을 보는 사람은 결코 만족하지 못한다! 그분을 보면 볼수록 그만큼 그분을 바라보고 싶은 욕망이 커진다. 하

1137) Π. N. 트렘벨라, Δογματική... 3, page 498.
1138) 아브구스티노스, Ή Πολιτεία τοῦ Θεοῦ, 30, page 310.

느님의 얼굴을 보면서 포만감을 느끼는 사람은 결코 존재하지 않는다.[1139]

그 때 우리의 염원인 주님께서는 모든 죄의 유혹에서 벗어나 온갖 선으로 가득 차 형용할 수 없는 환희와 영원한 감미로움을 누리고 있는 우리의 마음에 진정한 사랑의 대상이 된다. 그 때에는 우리 마음이 현세의 비참함이나 잘못을 기억하지 못하겠지만 그러한 망각이 "구세주에 대해 감사할 줄 모르거나 구세주의 그 구원을 기억 못하는 것은 아니다."[1140] 이러한 감사는 "천상에 등록된" 이들이 교회의 신랑에게 더욱 매진하게 한다. 언제나 깨끗하고 빛나는 눈동자 속에 하느님의 광채를 담고 있는 "그리스도의 신부, 순결한 영혼"은 천상의 왕국의 빛나는 신방으로 달려간다. 그리고 회개와 거룩한 삶으로 정결해진 거룩한 영혼들은 영원한 빛 속에서 신랑과 함께 "불로(不老)"의 삶을 살 것이다. 그들은 하느님의 왕국에서 언제나 "성 삼위의 빛"[1141], "행위와 빛의 일치의 결과"[1142]를 보게 될 것이다. 따라서 신부인 교회와 신랑 그리스도의 성스러운 이 환희의 결속은 "영원을 통해 흔들림 없이 계속 끈끈한 결합을 유지할 것이며, 신랑이 신부에게 베푸는 풍부한 선물과 친교는 결코 고갈되지 않고 지속적으로 커 나갈 것이다![1143]....

 ## 의인들의 염원인 생명

낙원의 행복은 또한 교회의 머리이신 구세주 그리스

1139) 니사의 그레고리오스, Περὶ τοῦ βίου τοῦ Μωυσέως, PG 44, 404D-405A.
1140) 아우구스티노스, Op. cit., page 313.
1141) 신학자 그레고리오스, Λόγ. 3, Πρὸς τοὺς καλέσαντας... 4, PG 35, 520C; Περὶ τῶν ἑτέρων, PG 37, 1467-1468; Ἔπη Ἠθικά, PG 37, 633; Ἔπη Ἱστορικά, PG 37, 1432.
1142) ΑΝΔΡ. 테오도로스, Ἡ εἰκονική..., page 81.
1143) Π. Ν. 트렘벨라, Op. cit., page 499.

도 아래서 모두 하나로 일치되는 데 있다. 의인들의 영혼은 그리스도와의 일치와 "임금이신 성 삼위와의 만남"으로 형용할 수 없는 무한한 기쁨을 누리며 그리스도의 수많은 상속자들 간의 일치 속에서 그 기쁨은 더욱 깊어간다. 그리스도에 동화된 의인들은 서로의 얼굴 속에서 "신랑의 매혹적인 특성을" 발견한다. 상대방을 끄는 이런 특성 때문에 의인 개개인은 상대방의 얼굴에서 사랑스런 이상형은 물론, 흠도 티도 없고 "향기와 고결한 덕성과 성성의 은사를" 내뿜는 매력을 느낀다.1144) 이 일치는 주님께서 하느님 아버지께 올렸던 대사제의 기도 "아버지께서 내 안에 계시고 내가 아버지 안에 있는 것과 같이 이 사람들도 우리들 안에 있게 하여 주십시오."(요한복음 17:21)라고 간절히 원했던 바로 그 일치이다. 주님께서는 이렇게 당신을 믿는 모든 이들이 사랑과 또 한 마음으로 서로 "하나" 되기를 간절히 원하셨다. 다시 말해 성령과의 일치와 조화 속에서 우리 모두 같은 정신을 가지고 하나가 되기를 원하셨다. 그리고 아들이신 말씀께서 본성적으로 그리고 실제적으로 하느님 아버지와 하나이신 것처럼 같은 범주(왜냐하면 우리 모두는 한분이신 하느님에 의해 창조되었고 인간의 본질은 하나이기 때문이다)에 속한 우리도 하느님 아버지와 아들의 "본성적 일치"를 본받아 우리 마음도 서로 하나가 되기를 원하셨다.1145)

따라서 예언자들과 복음을 전파했던 영광의 사도들, 승리의 월계관을 쓴 무적의 순교자들, 경건한 성인들과 고백자들과 모든 신자들은 그토록 염원했던 복된 삶 속에서 서로 하나가 되어 성 삼위의 신비로운 본성의 일치를 본받을 것이다. 물론 여기서 말하는 본성의 일치는 우리가 성 삼위와 "똑같아진다"는 것을 의미하지는 않는다. 왜냐하면 그것은 "불가능"하기 때문이다. 우리는 제약된 인성의 한계 안에서 가능한 만큼 하나로 일치할 것이다. 나뉘지 않는 성 삼위의 복된 생명을 가능한 만큼 누릴 것이다.1146)

1144) Π. Ν. 트렘벨라, *Δογματική*... 3, page 500.
1145) 대 아타나시오스, *Κατὰ Ἀρειανῶν Λόγ* 3, 20 ΒΕΠΕΣ 30, 267(6-9· 14-23).

물론 그곳에는 "별과 별사이의" "영광"이 다를 것이다.(고린토전서 15:41) 의인들은 생전에 하느님의 삶을 위해 투쟁한 그 그릇에 맞게 형언할 수 없는 복된 삶을 누리게 될 것이다. 그들 사이에 서로 다른 영광이 있다 할지라도, 니사의 그레고리오스 성인이 지적한 것처럼, 그들 각자는 상대방의 미를 보고 기뻐할 것이며 또 자신도 같은 기쁨을 주변에 전할 것이다. 그곳에서 의인들은 하나같이 기쁨을 주고 기쁨을 누릴 것이다.[1147] 의인들은 생전에 각자가 쌓아온 덕의 성과에 따라 그리스도의 몸 안에서 서로 다른 위치를 차지하겠지만, 그들 안에 있는 일치와 사랑은 그들 모두를 동등하게 만들 것이다. 왜냐하면 몸에게 모든 지체는 똑같은 것이며 또 모든 지체는 하나의 몸이기 때문이다.[1148] 또 그들 모두가 "빛의 아들"이 되어 "태양처럼" 빛날 때 "오직 하나의 은총만이" 그들 위에게 비출 것이기 때문이다.[1149] 천상의 시민으로 등록되어 있는 이들은 모두 "장자"(히브리서 12:23)로 불린다. 왜냐하면 모두가 다 같은 아버지의 자녀이고 "하느님의 상속자며 그리스도와 함께 상속을 받을"(로마서 8:17) 공동 상속자이기 때문이다.

주님께서는 "내 아버지 집에는 있을 곳이 많다."라는 말씀으로 낙원에 서로 다른 영예와 영광이 있음을 확인 시켜 주셨다. 사도 바울로도 "해의 영광이 다르고 달의 영광이 다르고 별의 영광이 다르며 또 별과 별 사이에도 그 영광이 다르다."(고린토전서 15:41)고 이 사실을 확인하였다. 대 바실리오스 성인은 "있을 곳이 많다"는 의미는 별과 별사이에 빛의 등급이 다르듯이 죽은 자들의 부활에서도 이와 같은 등급의 차이가 있음을 뜻하는 것이라고 말했다.[1150] 영예와 영광의 등급의 존재는 하느님의 검증이 철저함을 방증한다. 서로간의 등급의 차이가 아주 미세하더라도 하

1146) 대 아타나시오스, Op. cit., 267(24-39) 참조.
1147) 니사의 그레고리오스, Πρὸς τοὺς πενθοῦντας..., PG 46, 536BC.
1148) 요한 크리소스톰, Εἰς Α' Κορ. Ὁμ. 30, 1 PG 61, 250.
1149) 니사의 그레고리오스, Op. cit.
1150) 대 바실리오스, Περὶ τοῦ Ἁγίου Πνεύματος 16, 40 PG 32, 141B.

느님께서는 철저하게 그 차이를 찾아내실 것이다. 우리는 오랜 역사를 통해 그 사실을 확인할 수 있다. 롯은 분명 의인이었다. 하지만 그는 아브라함만큼은 아니었다. 에제키아도 마찬가지다. 그는 다윗만큼은 아니었다. 모든 예언자들도 의인이었지만 선구자 요한만큼은 아니었다. 결과적으로 모든 의인들은 서로간의 차이가 미세하더라도 서로 다른 영예와 영광을 누린다.1151)

시리아의 이사악 성인은 분명 모든 성인들이 "예외 없이" 낙원인 행복한 곳에 머물지만 영적인 태양의 빛은 그들의 가치에 걸맞게 비춰진다고 지적한다. 영적인 영예와 영광의 차이는 이렇다 : 각자는 그에게 주어진 은총에 따라, 그리고 그 등급에 따라 내적으로 기쁨을 누린다. 하지만 모든 이의 외형적 모습은 하나이며 그 기쁨도 하나이다.1152)

의인들 사이에 서로 다른 등급이 있다고 해서 서로간의 질투가 있다고 생각해선 안 된다. 왜냐하면 천상의 복된 선물들 중의 하나가 바로 거룩한 "천사들이 대천사들을 시기하지 않듯이" "자기보다 우월한 사람을 시기하지 않는 것"이기 때문이다. 의인 각자는 신체의 각 부분이 자기의 위치에 만족하면서 자기 역할을 수행하는 것처럼 그 이상의 행복을 바라지 않는다. 예를 들면, 손가락이 "눈을 탐하지" 않는 것과 같다. 그것은 두 지체가 "몸속에서 조화로운 구성을 이루고 있기" 때문이다.1153) 이사악 성인도 "슬픔과 한숨도 없는" 그곳에 시기나 질투가 "있어선" 안 된다고 지적한다.

낙원에는 그리스도와 잠든 의인들의 복된 친교가 있고 그리스도 안에서의 일치가 있다. 모든 인종과 민족, 모든 연령과 사회적 계층을 망라한 경건한 이들이 그곳에서 살아가며 "덕을 쌓은 여인들과 순결한 딸들", 사막의 고행자들과 겸손하고 지혜로운 가장들이 살아간다. 또 존경받는 어르신과 슬기로운 청년, 어린 나이에도 투쟁을 통해 승리의 월계관을 쓴

1151) 요한 크리소스톰, *Εἰς Ρωμ. Ὁμ.* 31, 4 PG 60, 672-673.
1152) 시리아의 이사악, *Ἅπαντα τά Ἀσκητικά*, Λόγ. 56, 224-225.
1153) 아브구스티노스, *Ἡ Πολιτεία τοῦ Θεοῦ*, 22, 30, page 311-312.

소년 소녀들도 살아간다. 이곳에서 회개의 눈물을 흘리며 뜨거운 기도와 성스런 삶을 살려고 노력했던 이들은 그곳에서 영원한 기쁨을 보상 받는다. 지극히 거룩하고 일체이신 성 삼위 하느님이 그곳에 있는 이들의 모든 것이 되며 그들의 복된 희망과 열망의 완성, 그리고 끝이 된다. 의인들은 그곳에서 끊임없이 한 분이신 하느님을 사랑하게 될 것이다. 왜냐하면 그 사랑이 진정 해득할 수 없는 "큰 보상이고 왕국이며, 기쁨과 환희, 영광과 영예, 그리고 빛과 무한한 행복"이기 때문이다.[1154] 경건한 영혼들은 그곳에서 우주보다 넓으신 지극히 높으신 하느님 한 분께 끝없는 영광을 바칠 것이다. 이곳에서의 신비는 그곳에서 드러날 것이며, 이곳에서의 의문은 그곳에서 풀릴 것이다. 그리고 이곳에서의 수수께끼도 그곳에서 해결될 것이다. 안팎에 글이 기록되어 있고 일곱 인을 찍어 봉한 두루마리는 "옥좌에 앉으신 분" 앞에 펼쳐질 것이며 복된 의인들은 그 내용을 알게 될 것이다. 오늘날 우리에게 신비로 남아 있는 것은 그 때 지극히 지혜롭고 거룩하며 완전한 것으로 드러날 것이며 오늘날 의미 없어 보이고 불의하게 여겨졌던 그것이 그 때는 지극히 좋은 것이고 정의와 빛으로 가득 차 있었던 것임을 알게 될 것이다. 이 모든 것은 우리가 자비의 하느님께 영광을 드리는 또 하나의 이유가 된다. 왜냐하면 그분께서 당신의 전지하신 방법으로 현재와 미래의 만물을 섭리하셨기 때문이다. "인간 영혼이 현세에서 끝없이 갈망하며 추구했던 하느님에 대한 무한한 지식과 영광, 한없는 행복과 형용할 수 없는 생명은 마침내 그곳에서 모두 다 채워질 것이다."[1155]

1154) 요한 크리소스톰, *Εἰς Ρωμ. Ὁμ.* 5, 7 PG 60, 431.
1155) Π. Ν. 트렘벨라, *Δογματική*... 3, page 500.

기쁨의 만남

그토록 염원했던 낙원의 복된 삶은 한층 깊어질 것이다. 왜냐하면 우리는 그곳에서 회개 속에서 잠든 우리의 친인척과 친구들을 만나게 될 것이기 때문이다. 우리는 이곳에서 "내가 사랑하는 사람들을 그곳에서 다시 볼 수 있을까? 함께 얘기하고 기쁨과 슬픔을 함께 나누며 염려해 주었던 사람들을 다시 만날 수 있을까?" 하고 우려하지만 그곳에서 우리는 이 모든 우려를 씻어낼 것이다. 그곳에서 우리는 영혼이 갈망했던 기쁜 만남을 가질 것이다. 신자 부부가 그곳에서 만나 다시 온 얼굴에 미소를 띨 것이며 경건한 어머니와 하느님의 사랑을 받았던 자녀가 서로 따뜻한 포옹을 나눌 것이다. 그것은 니사의 그레고리오스 성인이 말한 것처럼, "천상의 본질적인 삶은 사랑"이기 때문이다.1156)

우리는 성서에서 이와 관련된 여러 증거들을 살펴볼 수 있다. 구세주의 다볼산 변모 때 세 명의 제자들은 주님과 대화를 나누고 있는 모세와 일리야를 보았다.(루가복음 9:30 참조) 또한 라자로와 부자의 비유에서 부자는 죽은 뒤에 아브라함과 라자로를 보았다.(루가복음 16:23 참조) 주님께서도 당시의 제자들을 위로할 때 이 진리를 말씀하셨다. 당신께서는 제자들에게 다시 만날 것이라는 "참된 희망"을 주셨고 영광의 재림 때 다시 오셔서 주님께서 계시는 곳으로 그들을 데려가시겠다고 약속하셨다. 사도 바울로도 "우리 주 예수께서 다시 오시는 날 주님 앞에서 우리가 누릴 희망과 기쁨이 무엇이며 우리가 자랑할 수 있는 승리의 월계관이 무엇이겠습니까? 그것이 바로 여러분이 아니겠습니까?"(테살로니카전서 2:19-20)라고 하면서 주 예수 그리스도 재림 때 받을 그의 환희와 월계관을 생각했다.

그런데 그곳에서 우리를 결속 시켜 주는 사랑은 그릇된 감정에서 벗어

1156) 니사의 그레고리오스, *Περὶ ψυχῆς καὶ ἀναστάσεως (Τὰ Μακρίνια)* 59, PG 46, 96C.

난 순수하고 성스러운 사랑이다. 그곳의 사랑은 부부나 부모와 자식 같은 혈육의 관계에 놓이지 않는다. 그 사랑은 고귀하고 영적으로 순수한 "주님 안에서"의 사랑이다. 따라서 이곳에서 알고 지내며 사랑했던 사람들이 비록 낙원에 들지 못했다 할지라도 그것이 성스런 사랑을 통해 느끼는 기쁨을 전혀 손상 시키지는 못한다. 왜냐하면 혈육과 인척, 세상적인 친분 그리고 이와 유사한 관계는 성스런 그 삶에 발붙일 곳이 없기 때문이다. 그 때에는 영원하고 견고한 새로운 관계가 그들 사이를 결속 시키고 또 구세주 그리스도와 또 성 삼위의 두 위격과 결속 시킨다.

다마스커스의 요한 성인은 이 주제와 관련한 교회의 가르침을 훌륭하게 요약했다 : 그 때 서로를 알아보지 못할 거라고 생각하지 말라. 각자는 육체의 모습이 아닌 내면을 투시하는 영혼의 눈으로 서로를 알아볼 것이다.1157) 육체나 얼굴의 모습이 아닌 영혼의 눈으로 알아본다는 성인의 지적은 아주 각별하다. 그것은 우리가 예전에 언급한 것처럼, 필멸의 육적 특징들을 부활할 육신에 부여해서는 안 된다는 것을 의미하는 것이기 때문이다.1158)

다마스커스의 요한 성인은 자신의 가르침을 뒷받침하기 위해 요한 크리소스톰 성인과 대 바실리오스 성인 그리고 에프렘 성인의 견해를 인용한다. 다마스커스의 요한 성인에 따르면 크리소스톰 성인은 이렇게 말했다 : 그곳에서 우리는 이곳에서 알고 지내던 사람 외에도 우리가 한 번도 보지 못했던 사람들을 만나서 알게 될 것이다. 우리는 사실 아브라함과 이사악, 야곱은 물론 "초대 선조들"과 예언자들, 사도들과 순교자들을 한 번도 본 적이 없다. 하지만 놀랍고 두려운 보편적 재림 때 우리는 그들을 보고 아, 저분이 아브라함이고 저분이 이사악이며 저분은 야곱이구나라고 말할 것이다. 또 저분은 다윗이고 저분들은 예언자들이며 저분은 선구자 요한이구나라고 말할 것이다. 또한 우리는 첫 순교보제 스테파노스와 또 수많은 성인들도 알아볼 것이다. 다마스커스의 요한 성인에 따르

1157) 다마스커스의 요한, *Περί τῶν ἐν πίστει κεκοιμημένων* 29, PG 95, 276A.
1158) 대 아타나시오스, *Πρὸς Ἀντίοχον ἄρχοντα*, Ἐρωτ. κγ' ΒΕΠΕΣ 35, 106-107.

면 바실리오스 성인은 탐욕가들을 향해 이렇게 말했다 : 인류를 심판하는 그 재판에서 억울하게 당한 이들이 너를 둘러싸고 비난할 것이다. 왜냐하면 너의 눈길이 미치는 곳마다 네가 행한 "악행의 모습이" 선명하게 드러날 것이며 너에게 착취 당한 고아와 과부, 빈자들, 네가 괴롭혔던 종들과 이웃들이 여기저기에 보일 것이기 때문이다. 다마스커스의 요한 성인에 따르면, "그리스도 재림의 정확한 전수자" 에프렘 성인은 이렇게 가르쳤다 : 그 때 자녀들은 거룩하고 신실한 삶을 살지 않은 부모들을 단죄할 것이다. 결과적으로 그곳의 의인들은 서로 알아보고 기쁨을 누린다. 대 아타나시오스 성인에 따르면(다마스커스의 요한 성인이 아타나시오스 성인의 견해를 밝힘) 반대로 죄인들은 이런 기쁨을 누리지 못한다. 왜냐하면 그곳에서 그들은 서로 알아볼 수 있는 능력이 없어서 그 어떤 위로도 받지 못하기 때문이다.[1159]

신 신학자 시메온 성인은 이 주제와 관련하여 좀 더 구체적으로 분석한다 : "만약 성인들이 하느님처럼 되어 하느님께서 자신들을 아는 것만큼 하느님을 안다면, 또 하느님 아버지께서 아들을 아는 것처럼 그렇게 아들께서 하느님 아버지를 안다면, 성인들은 비록 현세에서는 한 번도 만나 본 적이 없다 할지라도 그 때 서로 알아볼 것이다." 특히 성인은 이 진리를 부정하는 사람들을 향해 다음과 같이 꾸짖는다 : "너희는 제대로 알지도 못하면서 인간의 능력을 뛰어넘는 지식을 소유한 것처럼, 또 하느님께서 선생으로 인정한 것처럼 함부로 행동하고 가르치는데 참으로 부끄럽지 않은가? 하느님 아버지께서 아들을 모르고 아들이 아버지를 모를 수 없듯이 하느님을 가슴에 담고 하느님의 은총으로 신화된 성인들이 서로 알아보지 못하는 일은 결코 있을 수 없다. 성인들은 하느님 아버지께서 아들의 영광을 보고 또 아들이 아버지의 영광을 보듯이 영원히 서로의 영광과 자신의 영광을 바라보며 살 것이다. 그렇다면 성인들이 누리는 영광은 무엇일까? 그것은 하느님 아들의 영광이다. 주님께서는 "아버지께

[1159] 다마스커스의 요한, *Περὶ τῶν ἐν πίστει κεκοιμημένων*, 29-31 PG 95, 276A-277A.

서 내게 주신 영광을 나도 그들에게 주었습니다. 그것은 아버지와 내가 하나인 것처럼 이 사람들도 하나가 되게 하려는 것입니다."(요한복음 17:22)라는 당신의 말씀으로 이 점을 분명히 하셨다. 그런데도 너희는 영원 이전에 하느님 아버지께서 아들에게 주었던 바로 그 영광을 아들이 성인들에게 주어 모두 하나 된 것을 아직도 모르겠는가?"

시메온 성인은 자신의 견해를 이렇게 밝힌 후에 다음과 같이 결론을 내린다 : "따라서 하느님 앞에서 성인들이 서로 알아보지 못한다고 주장하는 이들은 어둠 속을 헤매는 이들이며 온전히 하느님을 경험하지도 또 진실로 하느님을 알지도 못하는 자들이다. 그런데도 그들은 여전히 알지 못하고 보지 못한 것을 마치 자신들이 잘 알고 있는 것처럼 확언한다. 그들은 성인들이 가끔 이곳에서 경이에 빠져 자신은 물론 성인들과 함께 한 사람들을 인지하지 못한 것처럼 그렇게 그곳에서 경이에 빠지는 상태에 놓인다고 주장한다. 이들의 그런 주장은 결국 그들이 얼마나 성서를 잘못 이해하고 그릇되게 해석하는지를 쉽게 알 수 있게 만든다. 그들은 지상에서 어떤 성인이 하느님을 뵙고 그 경이에 빠져 밤낮으로 육체와 세상의 물질을 초월한 채 그 신비에 그의 온 영혼과 모든 감각이 몰입되어 있었다는 말을 들으면 다른 생인 천상의 왕국에서도 이와 같은 일이 일어날 것이라고 생각한다. 이렇게 어둠에 갇혀있는 그들은 신비롭게 감춰져 있는 하느님의 영적 신비에 완전히 무지하다.… 그 때 우리는 서로를 알아보는 데 부족함이 없을 뿐 아니라 더욱 깨끗하고 더 많은 빛의 광채와 모습을 즐기게 될 것이다. 그래서 형용할 수 없는 기쁨과 끝없는 환희 속에서 더욱 분명하고 더욱 확실하게 하느님을 뵙고 알게 될 것이며 서로를 알아보게 될 것이다."

시메온 성인은 주님께 올리는 아래의 기도로 말을 맺으며 영원한 구원을 가져다주는 이 엄청난 주제와 관련해 서로 다투고 쓸데없는 논쟁을 일삼지 말라고 사람들에게 조언한다. 그리고 논쟁을 일삼기보다 영원한 왕국에 합당한 자가 되어 천상의 기쁨을 누릴 수 있도록 성스런 삶을 경주하라고 충고한다.

"주여, 우리에게 은총을 내리시어 우리가 당신을 제대로 알고 당신을 두려워하며 당신의 거룩한 뜻 안에서 살게 하소서. 형제들이여, 쓸데없는 토론이나 논쟁을 멈추고 영혼이 영과 육의 온갖 더러움에서 깨끗해질 수 있도록 힘을 기울이게 하소서. 그리고 회개와 눈물, 겸손과 계명을 지켜 하느님의 계시와 깨달음, 그리고 하느님의 현존 속에서 현재와 미래의 선물을 누리게 하소서."1160)

의인들의 복된 삶은 영원하다

십자가 위의 강도처럼 낙원은 한순간의 진실한 회개로 보장 받는데, 그에 비해 낙원에서 누리는 기쁨과 행복은 무한하다! 낙원은 오늘, 내일에 제약을 받지 않는다. 낙원은 무한한 영원이다. "의인들의 최종 종착지"는 "끝이 없는" 영원이다. 천상의 왕국이 제공하는 영적 기쁨과 안식은 영원이고 불변이며 불사하여 영원히 존속한다. 천상의 왕국의 끝을 찾는 것은 불가능하다!1161) 그레고리오스 팔라마스 성인은 하느님 왕국의 "영원성"을 강조하면서 이렇게 적는다 : 그 어떤 것이 하느님의 왕국을 무너뜨릴 수 있겠는가? 모든 시간과 영원을 초월한 이 거처는 결코 무너지거나 정복되지 않는다.1162) 투쟁의 교회가 언제나 잠든 이들을 기억하고 추도하는 이유가 바로 여기에 있다. 우리는 장례 예식에서 "복을 누리며 영원히 기억됨이 마땅한 우리 형제(자매)여, 그대는 영원히 기억되리이다."라고 잠든 형제를 위로하며 천상의 왕국을 약속한다. 이렇게 영생은 우리에게 "근심이 아닌 희망을 불러일으킨다."1163) 우리는 열망과 갈망과 기쁨으로

1160) 신 신학자 시메온 Λόγ. 45, 10, Ἅπαντα..., page 230-233.
1161) 요한 크리소스톰, Εἰς Ἰω. Ὁμ. 44, 2 PG 59, 250.
1162) 그레고리오스 팔라마스, Ἀντιρρητικὰ πρὸς Ἀκίνδυνον 2, 15, 69, Thessaloniki, 3, page 134 (19-22).
1163) Γ. 만자리두, Μέθεξις Θεοῦ, 출판 "Ὀρθόδοξος Κυψέλη", Thessaloniki 1979,

영생을 기다린다. 앞으로 있을 영원은 우리에게 두려움이 아니라 성스런 우리의 희망이요 소망의 완성이고 승리이다. 그래서 세속적인 낙원을 믿는 사람들은 그릇된 천년왕국을 꿈꾸는 것과 같다. 결론적으로 우리는 다음과 같은 패러독스를 발견한다. 즉, 하느님의 왕국은 진실한 참회와 회개로 매 순간 가능하다. 하지만 현세에서 시작된 영원한 복은 영원무궁하다!....

의인들의 행복이나 죄인들의 형벌은 끝이 없는 영원이다. 의인들은 그때 묵시록에 기록된 승리의 "알릴루이야"를 외칠 것이다. 왜냐하면 만물의 주관자 하느님 주님께서 통치하시기 때문이다. 기뻐하고 즐거워하며 하느님께 영광을 드리자. 어린 양이신 영원한 하늘의 신랑 예수 그리스도의 때가 왔기 때문이다. 영적 신부인 교회가 아름답게 단장되고 준비되었기 때문이다.... 어린 양의 혼인잔치에 초대 받은 사람들은 행복하다. 그들은 영원한 기쁨과 행복을 맛볼 것이다. 파트모스의 독수리, 사도 요한은 영원한 그 기쁨에 대해 한 치의 의심도 생기지 않도록 이렇게 말했다 : 천사는 또 나에게 말했다. "그리스도와의 일치를 통해 신자들의 행복을 확인 시켜 준 이 말씀은 하느님의 참된 말씀이다."(요한묵시록 19:6-9 참조)

그리스도의 교회는 오랜 옛날부터 신랑이신 우리의 주님 예수 그리스도와 각 영혼의 신비로운 결합을 기쁨의 혼인으로 묘사하였다. 구약의 호세아 예언서의 중심 사상도 이와 같다 : 그날이 오면, 내가 선택한 백성 이스라엘, 즉 은총의 새로운 백성인 교회는 나를 "낭군"이라고 부를 것이며 나는 그에게 너와 나는 약혼한 사이, 우리 사이는 영원히 변할 수 없다고 말할 것이다.(호세아서 2:18, 21 참조) 이렇게 의인들의 영혼과 성 삼위 하느님과의 신비로운 결합은 영원하며 견고하다.[1164]

거룩한 교회는 매일 드리는 심야과에서 "볼지어다, 교회의 신랑이 한밤중에 오시나니....", "너의 신랑이.... 그분의 거룩한 영광의 신방을 네게 주시며...."라는 성가를 부르는데 그것은 거룩하고 감미로운 기다림 속에

---

page 248.
1164) 고백자 막시모스, *Tὰ 400 κεφάλαια περὶ ἀγάπης*, page 83.

서 신자의 영혼이 살아갈 것을 요청하는 것이다. 영혼이 "순결하고 환한 빛의 초를 들고" 신랑이신 그리스도를 맞이할 준비를 하면 할수록 그만큼 그는 영생의 높은 수준에 머무르게 된다. 신 신학자 시메온 성인은 "우리가 임금의 친구들과 함께 임금의 결혼식에 참석하려면" 곧, 성인들의 무리가 전부 있는 그리스도의 영원한 왕국에 동참하려 한다면 "우리는 선행의 옷을 입고" 이 세상을 떠나야 한다고 하였다.1165)

그렇다면 우리에게 현생의 시간이 주어진 이유는 무엇일까? 그것은 무덤 저편의 영원한 생을 준비하게 하기 위한 것이다. 다시 말해 우리의 영적 투쟁과 교회 성사의 은사로 현세에서 영혼의 성화를 이뤄 천상에서 영광과 영원한 복을 누리게 하기 위한 것이다. 비록 우리의 생이 짧고 - 때론 너무 짧지만 - 각자가 서로 다른 시간에 세상을 떠나지만 각자에게 주어진 시간을 잘 활용한다면 우리는 영원한 미래를 보장 받을 것이다. 십자가 위에서 강도가 (비록 주님께서 십자가에 악인처럼 못 박히셨어도) 임금이신 예수님을 진실로 믿고 간절한 고백으로 낙원에 들어갔던 것처럼, 언젠가 "예수님, 예수님께서 왕이 되어 오실 때에 저를 꼭 기억하여 주십시오"라는 우리의 한순간의 진실한 고백 역시 우리에게 영원한 복을 가져다줄 것이다. 하느님께서 어떤 사람들에게는 긴 수명을 또 어떤 사람들에게는 짧은 수명을 주시는 이유를 우리가 이곳에서는 알지 못하지만 우리의 염원인 미래의 왕국에서 그 답을 얻게 될 것이다.

그러므로 두려운 심판의 기준이 우리를 겁주지 못한다면 적어도 염원하던 낙원의 "한없는" 기쁨과 환희가 우리를 감동 시키게 하자. "인류의 목숨을 거두어 가는 죽음"을 두려워하지 말고 죄의 잠에서 깨어나 정신을 바짝 차리고 "인류의 파괴자"인 사탄과 죄를 두려워하자. 진정한 죽음은 영육을 일시적으로 갈라놓는 것이 아니라 하느님과 우리 영혼을 영원히 갈라놓는 것이기 때문이다. 만약 그 때 "내가 그리스도의 군인들을

1165) 신 신학자 시메온, Λόγ. 69, Ἅπαντα..., page 374.

이겼도다!"라는 사탄의 사악한 소리를 듣게 된다면, 그것은 참으로 두려운 일이 될 것이다! 우리는 죄의 삶으로 "더러운 악령들을 기쁘게 하지 말고" 신인이신 주님의 도우심과 흠 없으신 성모님의 중보, 눈에 보이지 않는 우리의 수호자인 천상의 천사들의 보호와 영광스러운 성인들의 기도를 무기로 "용감하게 싸워 더러운 악령들을 이겨내자." 이렇게 우리가 앞으로 나아간다면 또 "하느님에 대한 경외를 우리 가슴 속에 담아 두며, 죽음을 우리 영혼 속에 담아 두고 살아간다면 우리를 대항하기 위해 무장하고 굴복 시키기 위해 전열을 정비했던 모든 악령들이" 마침내 우리가 난공불락의 요새임을 알게 될 것이다. 왜냐하면 주님께서 우리와 함께 계시기 때문이다.1166) 그러면 그 때 우리는 다음과 같이 주님의 복된 소리를 듣게 될 것이다 : "너희는 내 아버지의 축복을 받은 사람들이니 와서 세상 창조 때부터 너희를 위하여 준비한 이 나라를 차지하여라.... 이리하여 우리는 영원한 생명의 나라로 들어 갈 것이다."(마태오복음 25:34, 46 참조)

1166) 알렉산드리아의 키릴로스, Ὁμ. 14, Περὶ ἐξόδου ψυχῆς καὶ περὶ τῆς Δευτέρας Π̓αρουσίας, PG 77, 1089.

세상의 종말

"보아라, 내가 모든 것을 새롭게 만든다"(요한묵시록 21:5)

육신의 부활과 보편적 심판이 있은 후, 세상에 대한 개혁과 재편, 그리고 일신이 뒤따를 것이다.1167) 그러면, 성대 토요일 예식의 찬양송처럼, 만물의 "안식일"인 "축복된 토요일"이 찾아올 것이다. 그리고 부활의 에논 성가처럼, "지지 않는 왕국의 날", 심오한 창조의 "여덟 번째 날"이 시작될 것이다. 그리고 "새로운" 파스카가 시작될 것이다. 그래서 영생과 부활의 기쁨은 부활 주일 밤을 "믿음의 축제"로 변화 시키고, 그 축제 때 각각의 신자는 "부분적으로나마 아주 짧게" 무한한 영원으로 이어지는 "여덟 번째 날"에 동참하게 될 것이다."1168) 부활주일은 부활카논 8오디에서 노래하는 것처럼, "선택받은 거룩한" 날이다. 곧, 공식적인 거룩한 날이다. 왜냐하면 새 날이고 구원의 영원한 시작이며 "구원의 탄생"이고 영원하신 하느님의 영원의 날이며 지극히 복된 "여덟 번째 날"의 시작이기 때문이다. 현자 솔로몬은 암시적으로 이날을 언급했으며 다윗왕도 그날을 생각하고 "여덟 번째 날을 위한" 시편들을 봉헌하였다.1169) 교회의 성가에 따르면, 인간이 되신 하느님의 아들이시자 말씀께서 팔 일째 할례를 받으셨던 것도, 바로 그날의 예시이다.1170)

그레고리오스 팔라마스 성인에 따르면, "주님 변모에서 본 여덟 번째 날(즉, 영원한 내세)의 찬란한 빛의 놀라운 광경은 신비이다. 왜냐하면 여덟 번째 날에 하느님의 왕국의 강력한 권세가 드러날 것이기 때문이다." 특히 구세주의 거룩한 변모는 "축일이며 영원한 내세의 신비"이기에 "교회는 모든 시과에서 주 변모 콘타키온인 '산에서 변모하시어....'를 읽도록 정하였다. 그래서 신자들이 언제나 그 기억 속에서 미래의 영광을 열망할

1167) 요한 크리소스톰, *Εἰς Ματθ. Ὁμ.* 76, 3 PG 58, 697-698 참조.
1168) Βλ. 루스키, *Ἡ μυστικὴ Θεολογία τῆς Ἀνατολικῆς Ἐκκλησίας*, page 298.
1169) 신학자 그레고리오스, *Λόγ.* 44, *Εἰς τὴν Καινὴν Κυριακήν*, 5 PG 36, 612C-613A.
1170) *MHNAION*, 1월 1일, 축일 카논, 1오디, Τροπ. αʹ.

수 있도록 하였다." 이렇게 "교회는 그들에게 기쁨을 주고 용감하게 투쟁할 수 있도록 힘을 북돋워 순결하고 복된 월계관에 합당하도록 하였다."1171)

신 신학자 시메온 성인도 "여덟 번째 날"을 끝이 없는 영원한 내세의 형상으로 여겼다. 그는 이와 관련해 이렇게 기록했다 : "(하느님께서는) 나중에 사라질 일곱 개의 영원의 형상으로서 일곱 개의 날들을 정하셨다. 그리고 일곱 개의 날들 이후에 영원한 내세의 형상으로 낙원을 심으셨다. 그런데 왜 성령께서는 이 여덟 번째 날을 일곱 개의 날들과 함께 세지 않으셨을까? 그것은 주간과 연도와 세기가 수없이 반복되는 일곱이라는 숫자와 어울리지 않았기 때문이다. 여덟 번째 날은 일곱과는 별개로, 시작도 끝도 없는 날처럼 있어야만 했다. 왜냐하면 지금이 아니라 미래에 시작될 날이며 영원 이전에도 있었고 현재도 있으며 미래에도 영원히 있는 날이기 때문이다. 그런데 왜 지금이 아니라 미래에 시작될 날이라고 했을까? 그것은 반드시 올 날로서 우리에게 최후의 날로 나타나 영원무궁할 것이기 때문이다."1172)

결국 시간은 언젠가 시작되었지만 멈출 날이 올 것이다. 왜냐하면, 하느님의 빛을 받은 다마스커스의 요한 성인이 우리에게 가르치는 것처럼, 보편적 부활과 심판이 있은 후에는 더 이상 밤낮으로 된 시간은 존재하지 않기 때문이다. 그 때에는 "아마도 영원한 하나의 날"만이 존재할 것이다.1173) "그 때 시간은 존재하지 않겠지만 피조물은 분명 새로운 형태로 "유지될 것이다." "창조된 세상은 존재하겠지만 '시간 속에' 있지는 않을 것이다. 피조물은 시작되었지만 존재가 사라지지는 않을 것이다!" 나지안조스의 그레고리오스 성인도 '영혼과 천사들의 존재는 시작이 있지만 끝은 없다'고 하였다.1174) 그것은 플로로프스키가 기록한 것처럼, "피

1171) "Αθωνικοί Διάλογοι", 55-56, 6월-8월 1978, page 3.
1172) 신 신학자 시메온, Λόγ. 45, 1, Ἅπαντα..., page 207-208.
1173) 다마스커스의 요한, Ἔκδοσις 2, 1 PG 94, 864B.
1174) 신학자 그레고리오스, Λόγος 29, Θεολογικός Γ' 13 PG 36, 89D-92A.

조물은 기하학적인 한 점이나 시초에서 시작해서 선의 무한한 연장이나 무한으로 확장되는 빛과 같다." 우주는 전능하신 하느님의 "생겨라"(창세기 1:3)라는 말씀에 의해 무에서 유로 탄생했다. 곧, 언젠가 시작된 것이다. 그런데 "밖으로 나온 하느님의 그 말씀은 사라지지 않는다." 하느님의 사도는 주님의 말씀은 "영원히 살아 있으며" 우리를 거듭나게 해 주시는 그 생명도 영원하다고 확인해 준다. 그 밖에도 하느님께서는 모든 것을 살아가게끔(지혜서 1:14) 또 "'일시적'이 아니라 '영원히' 존재하도록 만드셨다. 당신의 창조의 말씀으로 피조물을 영원한 존재로 가져오셨다." 그런데 전능하신 하느님의 "창조적인 이 결정은 철회될 계획이 전혀 없다." 따라서 "우주는 하느님의 뜻에 따른 시작이었지만 끝이 없는 존재이며 하느님의 불변의 뜻에 의해 존재한다."1175)

하느님의 지혜는 하느님의 영감을 받은 예언자들을 통해 이 모든 것들을 보여 주셨다. 시편의 저자는 이렇게 노래했다 : 손수 만드신 저 하늘들이 사라질지라도 하느님은 그대로 계시옵니다. 옷처럼 모든 것이 삭아 빠져도 갈아입는 헌옷처럼 모든 것이 바뀌어도 하느님은 언제나 같으신 분, 해가 바뀌고 또 바뀌어도 영원히 계시옵니다.(시편 102:26-27) 눈에 보이는 세상과 보이지 않는 세상을 무에서 창조하셨던 하느님께서는 새로운 창조의 명령으로 피조물을 새로운 모습으로 입히실 것이다. 이사야 예언자도 이와 같은 진리를 선포하며(이사야서 34:4, 51:6 참조) "새 땅과 새 하늘이" 되게 하기 위해 이것이 이루어진다고 부언하였다.(이사야서 65:17) 신약성서에서 주님께서는 "하늘과 땅은 사라질지라도"(마태오복음 24:35), "세상 끝날"까지 항상 당신 사람들과 함께 하겠다(마태오복음 28:20 참조)고 말씀하셨다. 또 엄청난 재앙이 있은 후에 현세가 사라지면 새 세상(마태오복음 19:28)이 올 것이라고 말씀하셨다. 사도 바울로도 피조물이 "멸망의 사슬"(로마서 8:21)에서 풀려날 것이라고 말하며 같은 맥락의 가르침을 주었다. 사도 베드로도 요란한 소리를 내면서 하늘과 땅이 사라진 후 새 하

1175) Γ. 플로로프스키, Ἀνατομία, page 9-10; Θέματα Ὀρθοδόξου Θεολογίας, page 96.

늘과 새 땅이 떠오를 것이며 그곳에는 덕과 성성이 자리하게 될 것이라고 기록했다.(베드로후서 3:7, 10, 13) 우리는 또한 파트모스의 독수리, 사도 요한으로부터 세상이 재편된 후 "새 하늘과 새 땅이" 뒤따를 것이라는 소식을 듣는다. 사도 요한 자신도 "그 때 옥좌에 앉으신 분이 보아라, 내가 모든 것을 새롭게 만든다."라고 그에게 말했음을 증언한다.(요한묵시록 21:1-5)

거룩한 교부들은 그들의 정신을 비추고 그들의 거룩한 영혼을 인도하는 "위로부터 오는 지혜"에 힘입어 그리스도 교회 신자들이 처음부터 가졌던 이런 확신을 깊이 해석하고 발전 시켰다. 예루살렘의 키릴로스 성인은 다음과 같이 우리에게 가르친다 : "우리의 주님 예수 그리스도께서 하늘로부터 오신다. 이 세상 종말과 관련해 오신다…. 왜냐하면 이 세상의 종말이 이루어지면 새로운 세상으로 다시 태어날 것이기 때문이다." 그러면서 성인은 계속 말을 이어 나갔다 : "그것은 타락과 착취와 간음과 온갖 종류의 죄가 세상에 만연 되었고" 피가 세상을 물들였기에 인간의 "이 놀라운" 거처가 더 이상 불의로 가득 차지 않도록 이 세상을 없애고 더 좋은 세상을 만들기 위한 것이다. 키릴로스 성인은 그의 이 가르침을 위해 우리 주 예수 그리스도의 가르침과(마태오복음 24:29 참조) 이사야 예언자(이사야서 34:4 참조), 그리고 시편의 저자(시편 102:26-27 참조)의 글을 인용한다.1176)

그리스도 교회의 관점에서 볼 때 현세는 인간의 역사와 불가분의 관계에 놓인다. 그것은 현세가 만물의 임금, 인간 역사의 발자취를 한 걸음 한 걸음 뒤따르게 하는 이유가 된다. 현세에 존재하는 만물이 인간을 섬기는 것처럼 새로운 세상 역시 인간을 섬기게 된다. 크리소스톰 성인은 이 진리와 또한 인간의 윤리적 변화가 피조물의 변화를 가져온다는 사실을 아주 잘 강조한다. 성인은 "하늘들이 사라질지라도 하느님은 그대로 계시옵니다."(시편 102:26-27)라는 시편 구절과 로마의 그리스도인들에게 보

1176) 예루살렘의 키릴로스, *Κατήχησις ΙΕ'*, 3 ΒΕΠΕΣ 39, 186(37-40)-187(1-18).

낸 사도 바울로의 편지(로마서 8:19-22 참조), 그리고 이사야 예언자가 선포한 가르침(이사야서 51:6 참조)을 언급하면서 이렇게 지적한다 : 인간이 사라지지 않고 변화하여 불멸의 존재가 되는 것처럼, 이와 같이 "피조물"도 부패의 종살이에서 해방될 것이다. 즉, "부패"가 아닌 "아름다운 모습"을 가진 부활할 인간 육신의 성질을 따를 것이다. 왜냐하면 피조물도 죄로 인해 인간의 몸이 부패하게 된 것처럼 부패하게 되어 인간과 함께 "지금까지 신음하며 진통을 겪게 되었기" 때문이다.(로마서 8:21 참조) 같은 방법으로, 육신이 불멸로 변하면 피조물도 불멸로 변한다.1177) 지금 피조물은 부패에 넘겨져 있기에 부패의 육신이 겪는 것과 같이 수많은 변화를 거치며 고통 받는다. 하지만 그 때는 불멸을 입고 위대하게 우리 앞에 나타날 것이다. 왜냐하면 육신이 불멸을 받아들이게 되는 것처럼 피조물도 가장 훌륭하고 가장 뛰어난 모습으로 변화할 것이기 때문이다.1178) 이렇게 훌륭한 모습으로 변화된 피조물은 세상에서 섬겼던 인간의 영광을 높인다. 대 바실리오스 성인도 사후의 영혼들이 새로운 삶의 방식을 살게 되듯이 이 세상도 그렇게 변할 필요가 있다고 가르쳤다. 왜냐하면 현세의 삶이 현세의 속성에 맞는 것처럼, 내세에서 있을 영혼의 삶도 거기에 걸맞게 새로운 환경을 갖춰야 하기 때문이다.1179)

신학자 그레고리오스 교부는 "나는 한 번 더 내 음성으로 세상을 뒤흔들겠다. 이번에는 땅뿐 아니라 하늘까지도 뒤흔들겠다."(히브리서 12:26)라는 말을 주석하며 이렇게 지적한다 : 나는 이 예언의 말씀이 이 세상의 찬란한 변화를 보여 주는 거라고 생각한다. 그리고 이 마지막 지진은 "그리스도의 재림"을 나타내며 세상이 평온과 안정의 상태로 변화하고 이동함을 의미한다고 생각한다. 교부는 이 지진이 앞으로 있을 다른 지진들보다 결코 작거나 약하지 않을 것이라고 여겼다.1180) 영혼이 없는 피조물은

1177) 요한 크리소스톰, *Εἰς Ρωμ.* Ὁμ. 14, 5 PG 60, 529-530.
1178) 요한 크리소스톰, *Εἰς Θεόδωρον ἐκπεσόντα* 11 PG 47, 291행부터.
1179) 대 바실리오스, *Εἰς Ἐξαήμερον*, Ὁμ. 1, 4 PG 29, 12C.
1180) 신학자 그레고리오스, Λόγ. 21, *Ἐγκώμιον εἰς τόν Μ. Ἀθανάσιον* 25 PG 35, 1109D-1112A.

인간의 영광과 또 의인들이 누릴 새로운 불멸의 삶을 간절히 열망한다. 왜냐하면 피조물 역시도 인간들과 함께 복원될 것이라는 희망 속에서 살기 때문이다.(로마서 8:19-21 참조) 하느님께서는 "인간을 불멸과 불사와 영적인 존재로 새롭게 만드실 때 피조물도 새롭게 하셔서 영원히 썩지 않는 존재로 만드실 것이다."1181)

세상의 종말과 일신에 대한 교회의 가르침은 중요한 근간을 이루고 있기에 니사의 그레고리오스 성인은 이렇게 말했다 : 만약 누군가가 세상의 종말을 받아들이지 않는다면 그는 하늘과 땅의 창조주가 하느님이심을 믿지 않는 것이 확실하다. 분명 우리는 세상의 종말이 어떻게 이루어질 것인지 알지 못하지만, 우리는 세상이 "무에서" 창조되었다는 사실을 믿는 것처럼, 우리의 지력으로 접근할 수 없는 세상 종말의 이 심오한 진리를 받아들인다. 하느님의 전능으로 무에서 만물이 창조된 것처럼, 우리는 하느님의 같은 능력을 믿고 새로운 세상의 "재편"을 받아들인다. 왜냐하면 그런 믿음이 온전한 믿음이며 당연한 믿음이기 때문이다.1182)

아우구스티노스 성인은 동방 정교회의 다른 교부들과 맥을 같이하며 이렇게 적었다 : 심판 이후에 새 하늘과 새 땅이 나타나면 현세의 하늘과 땅은 사라질 것이다. 현 세상은 무로 사라지는 것이 아니라 변화를 통해 사라질 것이다. 성인은 "우리가 보는 이 세상은 사라져가고 있다."(고린토전서 7:31)라는 사도 바울로의 가르침을 "사라지는 것은 형태이지 본질이 아니다"라고 해석했다. 또 요한묵시록의 "이전의 하늘과 이전의 땅은 사라지고 새 하늘과 새 땅을 보았습니다."(요한묵시록 21:1)라는 구절을 주석하면서 이렇게 지적했다 : "홍수 때 모든 것이 물로 변했던 것처럼, 그 때의 세상은 불바다로 변할 것이다." 이런 변화를 겪은 후 불멸의 육신으로 "새로워진 인간과 완전한 조화를 이루는 새롭고 더욱 향상된 새 세상이 나타날 것이다."1183) 따라서 신 신학자 시메온 성인은 이렇게 말

1181) 신 신학자 시메온, *Λόγ. 45*, 4, *Ἅπαντα...*, page 213.
1182) 니사의 그레고리오스, *Περὶ κατασκευῆς ἀνθρώπου*, 23 PG 44, 209BC-212C.

했다. 피조물은 "죄에 물들고 낡아 버려 창조주 하느님의 불로 제련될 것이다. 그리고 우리가 보고 있는 현세와는 비교도 되지 않는 새롭고 찬란한 모습으로 탄생할 것이다."1184)

따라서 세상의 종말과 일신은 지극히 높으신 하느님의 전능과 전지에서 뿜어져 나오는 불로 실현될 것이다. 주님의 날에 천체는 타서 녹아 버리고 땅과 그 위에 있는 모든 것은 다 타 없어지고 말 것이다.(베드로후서 3:10 참조) 그 때 하느님의 전지전능은 "새 하늘과 새 땅을" 일으킬 것이다.1185) 새로운 세상의 백성들은 "주님에 의해 구원 받은 사람들이" 될 것이며 "개들과 마술쟁이들과 음란한 자들과 살인자들과 우상숭배자들과 거짓을 사랑하고 일삼는 자들은 다 그 문 밖에 남아 있게 될 것이다."(요한묵시록 22:15) 그곳은 덕과 성성만이 영원히 자리할 것이다.

시리아의 이사악 성인은 만물의 새로운 질서를 생각하고 경이에 사로잡혀 이렇게 외쳤다 : 모든 생각을 뛰어넘는 하느님의 지혜와 선의 섭리가 얼마나 놀라운가! 이 엄청난 질서를 폐지하고 "새로운 영원"이 오게 하는 하느님의 능력은 얼마나 놀라운가! 새로운 영원한 세계의 피조물은 지금의 피조물을 완전히 잊을 것이다. 왜냐하면 "새롭게 변화"되어 "다른 사고와 다른 관심"이 그곳을 지배할 것이기 때문이다. 의인들은 더 이상 이 세상과 또 이전의 삶의 방식을 기억하지 못할 것이다. 왜냐하면 새로운 왕국에서 살아갈 의인들의 정신은 "그곳의 삶에" 몰입하여 더 이상 "영육의" 싸움이 있는 과거로 회귀하지 않을 것이기 때문이다. 또 현세가 사라지는 즉시 바로 미래의 영원이 시작되기 때문이다.1186)

신 신학자 시메온 성인은 다음과 같이 적는다 : "영적으로 새로워진 피조물은 불멸과 영적인 거처가 될 것이다. 하늘은 완전히 새로워져 지금과는 비교가 되지 않을 만큼 찬란하게 빛날 것이다. 땅도 표현할 수 없을 만큼 새롭고 아름다운 모습으로 또 화려하고 다양한 영적인 꽃으로

1183) 아브구스티노스, Ἡ Πολιτεία τοῦ Θεοῦ, XX, 14, 16, page 107, 111.
1184) 신 신학자 시메온, Λόγ. 45, 4, Ἅπαντα..., page 212.
1185) ΑΝΔΡ. 테오도로스, Ἡ Θεολογία τοῦ Ἰουστίνου..., page 142행부터
1186) 시리아의 이사악, Ἅπαντα, Λόγ. πε', page 345.

수를 놓은, 정의로운 장소가 될 것이다. 그곳에서 태양은 일곱 배 더 강렬하게 비출 것이고... 또 우리의 모든 생각과 언어를 초월할 것이다. 정신적인 세상과 결합된 성스럽고 영적인 이 세상은 또 다른 하나의 정신적 낙원, 천상의 예루살렘, 즉 아무도 빼앗아 갈 수 없는 하느님의 자손들의 유산이 될 것이다."1187)

그러니 "끝없는 끝에 무엇이 있겠는가? 영원무궁한 왕국에 우리가 도달하는 것 말고 우리에게 또 다른 끝이 무엇이 있을 수 있겠는가?"1188) 그 왕국에서 "구원 받은 이들"은 새롭고 영원한 친교를 나누며 주님과 또 서로간의 강한 결속 속에 천상의 멜로디와 새롭고 영원하고 감미로운 기쁨의 시가를 노래할 것이다. 하느님께서는 그곳에 있는 "이들의 눈물을" 닦으실 것이며 더 이상 그곳에는 죽음과 "슬픔, 울부짖음과 고통이" 없을 것이다. 그곳의 순수한 사랑은 지속적으로 깊어질 것이며 그 어떤 침범도 받지 않을 것이다. 또 그곳의 모든 것은 평온하고 성스럽고 순결할 것이다. 왜냐하면 사람들이 손으로 짓지 않은 "하느님의 장막에서" 살 것이며 영원하신 하느님께서도 친히 당신의 백성들과 함께하실 것이기 때문이다.(요한묵시록 21:1-4 참조)

우리는 이 이상 무엇을 더 말할 수 있을까? 이제 우리가 부연할 수 있는 말은 없는 것 같다. 신비는 말 그래도 드러나지 않은 채 남아 있을 것이다. 성서가 드러나지 않는 영원의 이 신비를 "영원 속의 영원!"....이라는 두 단어로 표현한 이유이기도 하다.

사랑하는 독자들이여, 지극히 거룩하시고 일체이시고 생명을 주시는 성삼위의 도움으로 마지막에 다다른 지금 우리는 현자 솔로몬이 이 세상이 "헛되고 또 헛되다. 모든 것이 헛되다"라고 성찰하며 그의 희망과 절망을 피력한 전도서의 마지막 구절을 깊이 묵상하자. 솔로몬은 그 구절을 통해 우리 각자에게 이렇게 충고했다. "들을 만한 말을 다 들었을 테지

1187) 신 신학자 시메온, Λόγ. 45, 5, Ἅπαντα..., page 214-215.
1188) 아브구스티노스, Op. cit., XXII, κεφ. 30, page 315.

만, 하느님 두려운 줄 알아 그의 분부를 지키라는 말 한 마디만 결론으로 하고 싶다. 이것이 인생의 모든 것이다. 좋은 일이든 나쁜 일이든, 심지어 남몰래 한 일까지도 사람이 한 모든 일을 하느님께서는 심판에 붙이신다는 사실을 명심하여라."(전도서 12:13-14)

그러므로 모든 것에 있어 그리스도인답게 사고하라. 매번 치는 시계 종소리는 비록 부드럽지만 분명하고 확실하게 우리를 주님의 재림의 영광스럽고 두려운 그날로 서서히 밀어낸다. 빛나는 모든 낮들은 하얀 강처럼, 그리고 어두운 모든 밤들은 검은 강처럼, 존재의 심연과 절벽을 뛰어넘어 우리를 그날로 데려간다. "수없이 많은 날들은" 주님께서 발현할 영광스러운 그날을 향해 나아간다. 현세의 변화와 변질 속에서 날과 달과 해와 천년의 세월이 지나가며 그 세월 속에서 인간과 세상은 하나같이 오직 한 방향, 끝이 없는 신비의 영원인 "영원 속의 영원"으로 달려간다. 그래서 교부들은 우리에게 이렇게 충고한다 : "시간이 있다고, 기회를 기다리지 말라!" 왜 노인들만 죽음을 향해 간다 생각하고 청년에게 다가오는 죽음은 간과하는가?

나는 이 책의 마지막 장을 장식할 만한 가치 있는 말을 알지 못한다. 아울러 지금까지 기록한 모든 것도 나에게서 나온 것이 아니다. "온갖 훌륭한 은혜와 모든 완전한 선물은 위로부터 오는 것입니다. 하늘의 빛들을 만드신 아버지께로부터 내려오는 것입니다."(야고보서 1:17) 만약 내 것이 있다면 기록의 누락이나 부족이 될 것이다. 영적의 "빈곤" 속에 있는 나는 "나는 미련하여 아무 것도 몰랐습니다. 당신 앞에서 한 마리 짐승이었습니다."(시편 73:22)라는 말처럼, 죽음의 심오한 신비의 섭리를 깨닫지 못한다. 또한 덕과 성성에 있어서 "빈자"인 나는 성령의 빛을 온전히 받지도 못한다. 따라서 나는 "신학자 속의 성인이고 성인 속에 신학자인" 아토스 수도사 니코데모스 성인의 말을 빌려 마지막 장을 갈무리하려 한다.

"나는 이제 신 신학자 시메온 성인과 함께 다음과 같은 말로 마무리하고자 한다. 우리 모든 그리스도인들은 죄의 정욕과 상처에서 치유되어야 한다. 그런 후에 주님의 모든 계명을 지키며 덕을 실천하며 살아야 한다. 만약 주님의 여러 계명들과 덕들을 실천할 수 없다면, 적어도 회개라는 계명과 덕으로 죄의 병과 상처에서 건강을 회복해야 한다. 왜냐하면 회개는 죄의 정욕을 치유해 건강한 상태로 세상을 떠나게 해 주고 천상의 왕국으로 들어갈 수 있게 해 주기 때문이다. 반대로 회개하지 않으면 병을 치유 받지 못한 채 세상을 떠나 지옥에 떨어질 것이기 때문이다. 천상의 왕국은 병자들과 장애를 가진 이들을 받아들이는 병원이 아니라 건강하고 튼튼한 사람을 받아들이는 거처이고 궁전이다. 그러니 형제 죄인들이여, 우리 모두 '하느님이시여, 우리를 살펴보시고 당신의 이름으로 우리의 병을 낫게 하소서.' 또 '하늘의 임금이시여, 선하시고 자비로우신 하느님으로서 회개하고 고백하는 우리를 받아주소서."라는 교회의 기원을 언제나 소리 높여 하느님께 바치자.1189)

이 책에 기록된 모든 것을 지금까지 읽은 형제 영혼이여, 하느님에 대한 성스럽고 순결한 두려움으로 나그네생활 같은 현세에 남아 있는 시간을 살아가자. 만약 우리가 위대하신 하느님과 우리 구세주 예수 그리스도께서 영광스럽게 나타나실 그 복된 희망의 날을 기다리면서 "현세에서 지혜와 정의와 경건 속에" 살아간다면 우리의 염원인 주님께서는 우리가 잔악한 악령들의 "놀림거리"가 되는 것을 허락하지 않으실 것이다. 곧, 악령들이 축제를 즐기도록 그냥 두지 않으실 것이다. 오히려 주님께서는 우리에게 "죄의 고백과 찬송 속에 당신 앞으로 나올 것을" 요청하실 것이며, "정의로 세상을" 심판하러 오실 때 거룩한 천사들과 함께 즐거운 함성을 외칠 것을 요청하실 것이다. 그러면 그 때 우리도 "하늘에 등록된" 거룩하고 영광 받은 복된 무리가 되어 만군의 주님께 아름다운 화음에 맞춰 끝없는 기쁨의 찬양을 올리게 될 것이다.

1189) 아토스 수도사 니코데모스, Ἐξομολογητάριον, page 281-282.

그분께 영광과 나라와 영예와 경배가 이제와 항상 또 영원히 있나이다.
아멘